Die Gleichstellung der mittelbaren mit der unmittelbaren Beteiligung im Ertragsteuerrecht

Inauguraldissertation

zur Erlangung des Grades eines Doktors

des Rechts

durch die

Rechts- und Staatswissenschaftliche Fakultät

der Rheinischen Friedrich-Wilhelms-Universität

Bonn

vorgelegt von Ruven Erchinger

aus Kaiserslautern

2020

Dekan: Prof. Dr. Jürgen von Hagen

Erstreferent: Prof. Dr. Rainer Hüttemann

Zweitreferent: Prof. Dr. Andreas Herlinghaus

Tag der mündlichen Prüfung: 24. September 2020

Ruven Erchinger

Die Gleichstellung der mittelbaren mit der unmittelbaren Beteiligung im Ertragsteuerrecht

Bonner Schriften zum Steuer-, Finanz- und Unternehmensrecht

herausgegeben von

Prof. Dr. Rainer Hüttemann
Prof. Dr. Andreas Herlinghaus
Prof. Dr. Stephan Schauhoff

Band 33

LIT

Ruven Erchinger

Die Gleichstellung der mittelbaren mit der unmittelbaren Beteiligung im Ertragsteuerrecht

LIT

Gedruckt auf alterungsbeständigem Werkdruckpapier entsprechend
ANSI Z3948   DIN ISO 9706

Bibliografische Information der Deutschen Nationalbibliothek
Die Deutsche Nationalbibliothek verzeichnet diese Publikation in der
Deutschen Nationalbibliografie; detaillierte bibliografische Daten sind
im Internet über http://dnb.dnb.de abrufbar.

ISBN 978-3-643-14816-2 (br.)
ISBN 978-3-643-34816-6 (PDF)
Zugl.: Bonn, Univ., Diss., 2020

© LIT VERLAG Dr. W. Hopf Berlin 2020
  Verlagskontakt:
  Fresnostr. 2   D-48159 Münster
  Tel. +49 (0) 2 51-62 03 20
  E-Mail: lit@lit-verlag.de   http://www.lit-verlag.de

  Auslieferung:
  Deutschland: LIT Verlag, Fresnostr. 2, D-48159 Münster
  Tel. +49 (0) 2 51-620 32 22, E-Mail: vertrieb@lit-verlag.de

Meiner Frau Katharina
sowie
unseren Söhnen Paul und Oskar

Vorwort

Die vorliegende Arbeit wurde im Sommersemester 2020 von der Rechts- und Staatswissenschaftlichen Fakultät der Rheinischen Friedrich-Wilhelms-Universität Bonn als Dissertation angenommen. Die Arbeit berücksichtigt Rechtslage, Rechtsprechung und Literatur bis April 2020, dem Zeitpunkt ihrer Einreichung im Rahmen des Promotionsverfahrens.

In erster Linie bedanke ich mich bei meinem Doktorvater, Herrn Prof. Dr. Rainer Hüttemann, für dessen Offenheit gegenüber meinem gewählten Ansatz im Rahmen der vorliegenden Arbeit sowie dessen ausgezeichnete Betreuung. Mein Dank gilt zudem Herrn Prof. Dr. Andreas Herlinghaus für die Zweitbegutachtung. Darüber hinaus danke ich diesen beiden sowie Herrn Prof. Dr. Stephan Schauhoff als Herausgeber der Bonner Schriften zum Steuer-, Finanz- und Unternehmensrecht für die freundliche Aufnahme in deren Schriftenreihe.

Bedanken möchte ich mich auch bei meinen Eltern, die mich auf meinem bisherigen Lebensweg gefördert und begleitet sowie meine rechtswissenschaftliche Ausbildung ermöglicht haben.

Im Besonderen aber gilt mein Dank meiner Frau Katharina Erchinger, die mich während dieser aufregenden, intensiven und entbehrungsreichen Zeit stets unterstützt hat und ein großer Rückhalt für mich war. Ihr und unseren Söhnen Paul und Oskar ist diese Arbeit gewidmet.

Frankfurt am Main, September 2020
Ruven Erchinger

Inhaltsübersicht

Vorwort	I
Abbildungsverzeichnis	xiii
Kapitel 1: Grundlagen	1
§ 1 Einleitung	1
§ 2 Die „unmittelbare Beteiligung" im Ertragsteuerrecht	20
§ 3 Die „mittelbare Beteiligung" im Ertragsteuerrecht	61
Kapitel 2: Die Gleichstellung der mittelbaren mit der unmittelbaren Beteiligung im Ertragsteuerrecht ohne spezialgesetzliche Grundlage	89
§ 4 Ausgangspunkt: Restriktiver Lösungsansatz der Rechtsprechung	89
§ 5 Rechtsprechungspraxis: Tatsächlich oftmals extensive Auslegung	109
Kapitel 3: Die Gleichstellung der mittelbaren mit der unmittelbaren Beteiligung im Ertragsteuerrecht mit spezialgesetzlicher Grundlage	141
§ 6 Kategorisierung der spezialgesetzlichen Gleichstellungsnormen des Ertragsteuerrechts	141
§ 7 Sinn und Zweck der spezialgesetzlichen Gleichstellungsnormen des Ertragsteuerrechts	160
§ 8 Überschreitung der gesetzgeberischen Typisierungsbefugnis?	191
Kapitel 4: Abschließende Würdigung	221
§ 9 Fazit	221
§ 10 Ausblick	225
Literaturverzeichnis	227
Rechtsprechungsverzeichnis	235
Anhang 1: Übersicht zu den verschiedenen spezialgesetzlichen Gleichstellungsnormen des Ertragsteuerrechts	239

Inhaltsübersicht

Anhang 2: Übersicht zur Rechtsprechung zur Gleichstellung der mittelbaren mit der unmittelbaren Beteiligung im Ertragsteuerrecht ohne spezialgesetzliche Grundlage. 247

Anhang 3: Übersicht zur Kategorisierung der spezialgesetzlichen Gleichstellungsnormen des Ertragsteuerrechts 311

Anhang 4: Übersicht zum Sinn und Zweck der spezialgesetzlichen Gleichstellungsnormen des Ertragsteuerrechts 335

Inhalt

Vorwort I

Abbildungsverzeichnis xiii

Kapitel 1: Grundlagen 1

§ 1 Einleitung 1
    A. Einführung in die Thematik 1
        I. Entscheidung des Bundesfinanzhofs vom 20. Oktober 2016 1
            1. Sachverhalt und Auffassung der Beteiligten 1
            2. Entscheidung durch den Bundesfinanzhof 5
        II. Entscheidung des Großen Senats des Bundesfinanzhofs vom 25. September 2018 7
            1. Sachverhalt und Auffassung der Beteiligten 7
            2. Entscheidung durch den Großen Senat des Bundesfinanzhofs 10
        III. Problemaufriss ausgehend von diesen beiden Entscheidungen 11
            1. Welche Maßstäbe gelten zur Bestimmung einer „unmittelbaren" bzw. einer „mittelbaren Beteiligung"? 11
            2. Wie geht die Rechtsprechung mit „ungeregelten" Fällen der Gleichstellung im Ertragsteuerrecht um? . . 13
            3. Wie setzt der Gesetzgeber die spezialgesetzliche Gleichstellung im Ertragsteuerrecht um? 14
            4. Welchen Sinn und Zweck verfolgen die spezialgesetzlichen Gleichstellungsnormen des Ertragsteuerrechts? 15
    B. Stand der Forschung 15
    C. Untersuchungsgegenstand und Gang der Untersuchung . . . 16
    D. Ziel dieser Dissertation 17
    E. Beschränkung auf das Ertragsteuerrecht 18
    F. Methodologisches Vorgehen 19

INHALT

§ 2 Die „unmittelbare Beteiligung" im Ertragsteuerrecht. 20
    A. Keine (Legal-) Definition des Begriffs der „unmittelbaren Beteiligung" 20
    B. Auslegung des Begriffs der „unmittelbaren Beteiligung" auf Basis rein zivilrechtlicher Grundsätze 21
        I. Zivilrechtliche Grundsätze gemäß § 39 Abs. 1 AO 21
        II. Übertragung dieser Grundsätze auf die Auslegung des Begriffs der „unmittelbaren Beteiligung" 23
    C. Regelmäßige Überlagerung der zivilrechtlichen Grundsätze durch steuerrechtliche bzw. wirtschaftliche Maßstäbe 24
        I. Anhaltspunkte in der Abgabenordnung 25
            1. „Wirtschaftliches Eigentum" gemäß § 39 Abs. 2 Nr. 1 Satz 1 AO 26
            2. Beispielsfälle des § 39 Abs. 2 Nr. 1 Satz 2 AO 27
                a) Treuhandverhältnisse als Beispielsfall gemäß § 39 Abs. 2 Nr. 1 Satz 2 AO 27
                    aa) Voraussetzungen 27
                    bb) Rechtsfolge 28
                b) Zwischenergebnis 29
            3. Fiktion der Bruchteilsbetrachtung gemäß § 39 Abs. 2 Nr. 2 AO 29
                a) Voraussetzungen 30
                    aa) Gesamthandsgemeinschaften 30
                    bb) Erforderlichkeit der getrennten Zurechnung . 31
                b) Rechtsfolge 33
            4. Zwischenergebnis 33
        II. Anhaltspunkte im Rahmen der Auslegung ertragsteuerrechtlicher Vorschriften 34
            1. Wirtschaftlicher Eigentümer als „unmittelbar Beteiligter" 34
                a) Wirtschaftlicher Eigentümer als „unmittelbar Beteiligter" gemäß § 17 Abs. 1 Satz 1 EStG 35
                b) Wirtschaftlicher Eigentümer als „unmittelbar Beteiligter" gemäß § 14 Abs. 1 Satz 1 Nr. 1 Satz 1 KStG 37
                c) Treugeber als „unmittelbar Beteiligter" gemäß § 20 Abs. 2 Satz 3 EStG 38

2. Anteilige „unmittelbare Beteiligung" bei Beteiligung
über vermögensverwaltende Personengesellschaft. . . 39
   a) Bruchteilsbetrachtung im Rahmen des § 17
Abs. 1 Satz 1 EStG 39
   b) Bruchteilsbetrachtung im Rahmen des § 8b
Abs. 6 Satz 1 (in Verbindung mit § 8b Abs. 1–5)
KStG 41
   c) Bruchteilsbetrachtung im Rahmen des § 8b
Abs. 4 Sätze 4 und 5 (in Verbindung mit § 8b
Abs. 4 Satz 1) KStG. 42
3. Einordnung des „wirtschaftlich Beteiligten" als
Mitunternehmer gemäß § 15 Abs. 1 Satz 1 Nr. 2
Satz 1 EStG 43
4. Zwischenergebnis 45
III. Anhaltspunkte im Rahmen des Gesetzeswortlauts 45
1. Gesetzeswortlaut des § 20 Abs. 5 Sätze 1 und 2 EStG. 45
2. Gesetzeswortlaut des § 20 Abs. 2 Satz 3 EStG 46
3. Gesetzeswortlaut des § 23 Abs. 1 Satz 4 EStG 47
IV. Zwischenergebnis. 47
D. Ausnahme: „Strikte" zivilrechtliche Auslegung des
Tatbestands 47
I. Rein zivilrechtliche Auslegung ertragsteuerrechtlicher
Vorschriften durch die Rechtsprechung 48
1. Ablehnung der Bruchteilsbetrachtung durch die
Rechtsprechung 48
   a) Bundesfinanzhof vom 4. Oktober 1990 48
   b) Bundesfinanzhof vom 10. Juli 1996 49
   c) Finanzgericht München vom 29. Juli 2013 50
   d) Bundesfinanzhof vom 21. Oktober 2014. 51
2. Rein zivilrechtliche Grundsätze des § 8 Abs. 4 Satz 2
KStG a.F. 52
   a) Bundesfinanzhof vom 20. August 2003 52
   b) Bestätigung durch weitere Entscheidungen des
Bundesfinanzhofs 53
3. Zwischenergebnis 54

INHALT

		II.	Teilweise rein zivilrechtliche Auslegung des Begriffs der „unmittelbaren Beteiligung" durch Teile der Literatur	54
			1. Teilweise rein zivilrechtliche Auslegung des § 8b Abs. 3 Satz 4 KStG	54
			2. Teilweise rein zivilrechtliche Auslegung des § 8c Abs. 1 Satz 1 KStG	57
			3. Teilweise rein zivilrechtliche Auslegung des § 8c Abs. 1 Satz 4 KStG	58
			4. Zwischenergebnis	60
		III.	Zwischenfazit	60
	E.	Ergebnis		60
§ 3	Die „mittelbare Beteiligung" im Ertragsteuerrecht			61
	A.	Anhaltspunkte zur Auslegung des Begriffs der „mittelbaren Beteiligung" in der Abgabenordnung		61
		I.	„Mittelbare Beteiligung" für Zwecke des § 179 Abs. 2 Satz 3 AO	61
		II.	Rückschlüsse für Zwecke des Ertragsteuerrechts	63
	B.	„Mittelbare Beteiligung" für Zwecke des Ertragsteuerrechts		65
		I.	Anhaltspunkte im Rahmen des Gesetzeswortlauts einzelner ertragsteuerrechtlicher Vorschriften	67
			1. Gesetzeswortlaut des § 15 Abs. 1 Satz 1 Nr. 2 Satz 2 EStG	67
			2. Gesetzeswortlaut des § 14 Abs. 1 Satz 1 Nr. 2 Satz 5 KStG	67
			3. Gesetzeswortlaut des 8b Abs. 6 Satz 2 KStG	68
			4. Zwischenergebnis	68
		II.	Anhaltspunkte im Rahmen der Auslegung ertragsteuerrechtlicher Vorschriften	68
			1. Auslegung des § 17 Abs. 1 Satz 1 EStG	68
			2. Auslegung des § 8a Abs. 2 KStG	69
			3. Auslegung des § 8c Abs. 1 Satz 1 KStG	70
		III.	Zwischenergebnis	71
	C.	Einschränkungen dieser Auslegung		72
		I.	Beteiligung über eine vermögensverwaltende Personengesellschaft regelmäßig als eine anteilige unmittelbare Beteiligung	72
			1. Bruchteilsbetrachtung im Rahmen des § 17 Abs. 1 Satz 1 EStG	73

INHALT

- 2. Bruchteilsbetrachtung im Rahmen des § 8c Abs. 1 Satz 1 KStG ... 74
- 3. Bruchteilsbetrachtung im Rahmen des § 8b Abs. 6 Satz 1 (in Verbindung mit § 8b Abs. 1 – 5) KStG ... 74
- II. Gesetzeswortlaut verlangt eine mittelbare Beteiligung über eine Außen-Gesellschaft in einer bestimmten Rechtsform ... 76
  - 1. Gesetzeswortlaut des § 15 Abs. 1 Satz 1 Nr. 2 Satz 2 EStG ... 76
  - 2. Gesetzeswortlaut des § 8b Abs. 6 Satz 2 KStG ... 77
- III. Zwischenergebnis ... 77
- D. Beteiligungen über „reine" Innen-Gesellschaften streitig ... 77
  - I. Ausdrückliche Anordnung durch den Gesetzeswortlaut ... 78
    - 1. Gesetzeswortlaut des § 15 Abs. 4 Satz 6 EStG ... 78
    - 2. Gesetzeswortlaut des § 8b Abs. 6 Satz 1 KStG ... 79
    - 3. Gesetzeswortlaut des § 8b Abs. 4 Satz 4 KStG ... 80
    - 4. Zwischenergebnis ... 80
  - II. Bejahung durch die Rechtsprechung im Rahmen des § 15 Abs. 1 Satz 1 Nr. 2 Satz 2 EStG ... 81
    - 1. Entscheidung des Bundesfinanzhofs vom 2. Oktober 1997 ... 81
    - 2. Erweiterung durch das Finanzgericht Baden-Württemberg vom 11. Juli 2006 ... 82
    - 3. Weitgehende Anerkennung durch das Schrifttum ... 83
  - III. Weitgehend anerkannt im Rahmen des § 20 Abs. 2 Satz 3 EStG und § 23 Abs. 1 Satz 4 EStG ... 83
  - IV. Streitige Konstellationen ... 84
    - 1. § 17 Abs. 1 Satz 1 EStG ... 84
    - 2. § 8c Abs. 1 Satz 1 KStG ... 85
  - V. Zwischenergebnis ... 86
- E. Ergebnis ... 86

Kapitel 2: Die Gleichstellung der mittelbaren mit der unmittelbaren Beteiligung im Ertragsteuerrecht ohne spezialgesetzliche Grundlage ... 89

- § 4 Ausgangspunkt: Restriktiver Lösungsansatz der Rechtsprechung ... 89
  - A. Ausgangssituation des vorliegenden Kapitels ... 89
  - B. Grundsätzlich restriktiver Lösungsansatz der Rechtsprechung ... 92

INHALT

C.	Beispiele für diesen restriktiven Lösungsansatz	93
I.	Mittelbare Beteiligungen im Rahmen des § 19 Abs. 1 Ziffer 2 KStG a.F. grundsätzlich unbeachtlich	93
	1. Restriktive Auslegung des § 19 Abs. 1 Ziffer 2 (erste Voraussetzung) KStG a.F..	93
	2. Restriktive Auslegung des § 19 Abs. 1 Ziffer 2 (letzte Voraussetzung) KStG a.F..	95
II.	Keine Bruchteilsbetrachtung für Zwecke des § 23 Abs. 1 Nr. 1 Buchst. a EStG, des § 49 Abs. 1 Nr. 2 Buchst. f Satz 2 EStG und der verdeckten Gewinnausschüttung . .	97
	1. Keine Bruchteilsbetrachtung für Zwecke des § 23 Abs. 1 Nr. 1 Buchst. a EStG a.F..	97
	2. Keine Bruchteilsbetrachtung für Zwecke des § 49 Abs. 1 Nr. 2 Buchst. f Satz 2 EStG	98
	3. Keine Bruchteilsbetrachtung für Zwecke der verdeckten Gewinnausschüttung.	98
III.	Unbeachtlichkeit der mittelbaren Beteiligungen im Rahmen des § 10a GewStG.	99
	1. Weiterhin bestehende mittelbare Beteiligung kann Verlustabzugsmöglichkeit nicht „retten".	99
	2. Gesellschafterwechsel auf mittelbarer Beteiligungsebene nicht schädlich	101
IV.	Keine Durchschau für Zwecke von Sonderbetriebsvermögen und von Sonderbetriebseinnahmen.	102
	1. Kein Sonderbetriebsvermögen in Bezug auf Wirtschaftsgüter eines lediglich mittelbar Beteiligten .	103
	2. Keine Sondervergütungen bei Zahlungen an einen lediglich mittelbar Beteiligten	104
V.	Unbeachtlichkeit von mittelbaren Anteilsübertragungen für Zwecke des § 8 Abs. 4 KStG a.F.	106
D.	Zwischenergebnis	108
§ 5 Rechtsprechungspraxis: Tatsächlich oftmals extensive Auslegung .		109
A.	Extensive Auslegung durch die Rechtsprechung	109
I.	Durchschau durch ausschließlich aus natürlichen Personen bestehende Personengesellschaft	110

INHALT

- II. Bruchteilsbetrachtung im Rahmen des § 17 Abs. 1 Satz 1 EStG.... 112
  1. Veräußerung einer Beteiligung an einer vermögensverwaltenden Personengesellschaft, die Kapitalgesellschaftsbeteiligung hält.... 112
  2. Veräußerung einer Kapitalgesellschaftsbeteiligung durch die vermögensverwaltende Personengesellschaft.... 114
  3. Entscheidungen des Bundesfinanzhofs vom 9. Mai 2000.... 116
- III. Bruchteilsbetrachtung für Zwecke des § 9 Nr. 1 Satz 2 GewStG.... 117
- IV. Durchgriff durch Personengesellschaft für Zwecke des § 82 f Abs. 3 EStDV.... 118
- V. Mittelbar über Personengesellschaft Beteiligter als „Gesellschafter" im Sinne des § 9 Nr. 1 Satz 5 GewStG.... 119
- VI. Mittelbare Beteiligung ausreichend für Zwecke des gewerbesteuerrechtlichen Schachtelprivilegs.... 122
- VII. Mittelbare Beteiligung ausreichend im Rahmen des § 15 Abs. 4 EStG.... 124
- VIII. Mittelbare Beteiligung von sog. Freiberuflern im Rahmen von doppelstöckigen Freiberufler-Personengesellschaften.... 126
- IX. Zwischenergebnis.... 128
- B. Keine klare Linie der Rechtsprechung erkennbar.... 128
  - I. Durchgriff durch eine vermittelnde Personengesellschaft vs. Durchgriffsverbot (Einheits- vs. Vielheitsbetrachtung).... 129
  - II. Bruchteilsbetrachtung bei Beteiligung über eine vermögensverwaltende Personengesellschaft anwendbar vs. Bruchteilsbetrachtung nicht anwendbar.... 133
  - III. Betonung der Abschirmwirkung einer vermittelnden Kapitalgesellschaft vs. Durchschau bei Gestaltungsmissbrauch.... 134
- C. Ergebnis dieses Kapitels.... 138

Kapitel 3: Die Gleichstellung der mittelbaren mit der unmittelbaren Beteiligung im Ertragsteuerrecht mit spezialgesetzlicher Grundlage ... 141

§ 6 Kategorisierung der spezialgesetzlichen Gleichstellungsnormen des Ertragsteuerrechts ... 141
    A. Grundlagen und Ziel dieses Paragraphen ... 141
    B. Kategorisierung ausgehend von zwei Ober-Kategorien ... 143
        I. Ober-Kategorie 1: Spezialgesetzliche Gleichstellungsnorm betrifft ausdrücklich beide Beteiligungsformen ... 144
        II. Ober-Kategorie 2: Spezialgesetzliche Gleichstellungsnorm betrifft ausdrücklich nur die mittelbare Beteiligungsform ... 145
    C. Weitere Ausdifferenzierung dieser beiden Ober-Kategorien durch Unter-Kategorien ... 148
        I. Unter-Kategorie 1: Gleichstellung unabhängig von der Rechtsform der vermittelnden Gesellschaft ... 149
        II. Unter-Kategorie 2: Gleichstellung erfolgt nicht unabhängig von der Rechtsform der vermittelnden Gesellschaft ... 151
        III. Unter-Kategorie 3: Mittelbare Beteiligung muss besondere bzw. spezifische Voraussetzungen erfüllen ... 152
        IV. Unter-Kategorie 4: Mittelbare Beteiligung muss keine besonderen bzw. spezifischen Voraussetzungen erfüllen ... 154
    D. Verhältnis der verschiedenen Kategorien von spezialgesetzlichen Gleichstellungsnormen des Ertragsteuerrechts ... 155
        I. Ober-Kategorie 1 vs. Ober-Kategorie 2 ... 155
        II. Unter-Kategorie 1 vs. Unter-Kategorie 2 ... 156
        III. Unter-Kategorie 3 vs. Unter-Kategorie 4 ... 157
    E. Ergebnis und abschließendes Strukturbild ... 158

§ 7 Sinn und Zweck der spezialgesetzlichen Gleichstellungsnormen des Ertragsteuerrechts ... 160
    A. Grundlagen und Ziel dieses Paragraphen ... 160
    B. Kategorisierung der spezialgesetzlichen Gleichstellungsnormen des Ertragsteuerrechts möglich ... 162

C. Die drei Kategorien von spezialgesetzlichen
Gleichstellungsnormen des Ertragsteuerrechts 165
   I. Kategorie 1: Typisierende Missbrauchs- und
      Gestaltungsverhinderungsvorschriften 165
      1. Die typisierende Missbrauchs- und
         Gestaltungsverhinderungsvorschrift des § 6 Abs. 5
         Sätze 5 und 6 EStG 166
      2. Die typisierende Missbrauchs- und
         Gestaltungsverhinderungsvorschrift des § 8c Abs. 1
         Satz 1 KStG. 169
      3. Die typisierende Missbrauchs- und
         Gestaltungsverhinderungsvorschrift des § 10a
         Satz 10 Hs. 2 Nr. 2 GewStG. 174
   II. Kategorie 2: Spezialgesetzliche Gleichstellungsnormen
       des Ertragsteuerrechts mit rechtsprechungsbrechendem
       oder rechtsprechungsanpassendem Charakter. 175
       1. § 15 Abs. 1 Satz 1 Nr. 2 Satz 2 EStG als Folge der
          Entscheidung des Großen Senats des
          Bundesfinanzhofs vom 25. Februar 1991 176
       2. § 23 Abs. 1 Satz 4 EStG als Folge der Entscheidung
          des Bundesfinanzhofs vom 4. Oktober 1990. 179
       3. § 8b Abs. 4 (Sätze 4 und 5) KStG als Folge der
          Entscheidung des Europäischen Gerichtshofs vom
          20. Oktober 2011 181
   III. Kategorie 3: Begünstigungsvorschriften 184
        1. Die Begünstigungsvorschrift des § 32d Abs. 2 Nr. 3
           Satz 1 EStG. 184
        2. Die Begünstigungsvorschriften des § 8b Abs. 6
           Sätze 1 und 2 KStG. 186
        3. Die Begünstigungsvorschrift des § 8c Abs. 1 Satz 4
           KStG 187
D. Relevanz der drei Kategorien. 188
E. Ergebnis 190
§ 8 Überschreitung der gesetzgeberischen Typisierungsbefugnis? . . . 191
A. Grundlagen und Ziel dieses Paragraphen. 191

Inhalt

- B. Überschreitung der gesetzgeberischen Typisierungsbefugnis? . . 192
  - I. Die typisierende Missbrauchs- und Gestaltungsverhinderungsvorschrift des § 6 Abs. 5 Sätze 5 und 6 EStG 192
    1. Negative Rechtsfolgen können nicht durch eine Ergänzungsbilanz vermieden werden (anders als bei § 6 Abs. 5 Satz 4 EStG) 193
    2. Ausschließlich aus Körperschaftsteuersubjekten bestehende Personengesellschaft ebenfalls vom Anwendungsbereich umfasst 195
    3. Weitere Verschärfung durch die siebenjährige Betrachtungsfrist nach § 6 Abs. 5 Satz 6 EStG 196
    4. Problemfeld mittelbare Begründung oder Erhöhung des Anteils eines Körperschaftsteuersubjekts 199
    5. Weiterhin doppelte Steuerverstrickung bleibt unberücksichtigt 200
    6. Zwischenergebnis 201
  - II. Die typisierende Missbrauchs- und Gestaltungsverhinderungsvorschrift des § 8c Abs. 1 Satz 1 KStG 201
    1. Schädlicher Beteiligungserwerb allein kein typischer Missbrauchsfall 202
    2. Typische Missbrauchskonstellation „Mantelkauf" in keinster Weise im Rahmen des § 8c Abs. 1 Satz 1 KStG abgebildet 203
    3. Fallbeileffekt bei einem Beteiligungserwerb von 50,01 % 205
    4. Negative Auswirkungen eines schädlichen Beteiligungserwerbs betrifft verbleibende (Alt-) Gesellschafter 205
    5. Problemfeld mittelbare Beteiligungen 206
    6. Auch Gesetzgeber ist von überschießender Wirkung überzeugt 207
    7. Zwischenergebnis 208

III. Die typisierende Missbrauchs- und
Gestaltungsverhinderungsvorschrift des § 10a Satz 10
Hs. 2 GewStG 209
1. Inbezugnahme der nicht zulässig typisierenden
Vorschrift des § 8c Abs. 1 Satz 1 KStG 210
2. Kombination von mittelbaren mit (weiteren)
mittelbaren Beteiligungskonstruktionen möglich ... 211
3. Wertungswidersprüche gegenüber einer
doppelstöckigen Personengesellschaft 212
4. Keine Anwendbarkeit des § 8d KStG im Rahmen des
§ 10a Satz 10 Hs. 2 GewStG (anders bei § 10a
Satz 10 Hs. 1 GewStG) 215
5. Überschießende Wirkung des § 10a Satz 10 Hs. 2
GewStG insbesondere auch in Konzernstrukturen ... 216
6. Zwischenergebnis 217
C. Ergebnis 217

Kapitel 4: Abschließende Würdigung 221
§ 9 Fazit 221
§ 10 Ausblick 225

Literaturverzeichnis 227

Rechtsprechungsverzeichnis 235

Anhang 1: Übersicht zu den verschiedenen spezialgesetzlichen
Gleichstellungsnormen des Ertragsteuerrechts 239

Anhang 2: Übersicht zur Rechtsprechung zur Gleichstellung der
mittelbaren mit der unmittelbaren Beteiligung im
Ertragsteuerrecht ohne spezialgesetzliche Grundlage 247

Anhang 3: Übersicht zur Kategorisierung der spezialgesetzlichen
Gleichstellungsnormen des Ertragsteuerrechts 311

Anhang 4: Übersicht zum Sinn und Zweck der spezialgesetzlichen
Gleichstellungsnormen des Ertragsteuerrechts 335

Abbildungsverzeichnis

Abb. 1: Strukturbild zur Entscheidung des Bundesfinanzhofs vom 20. Oktober 2016 2

Abb. 2: Strukturbild zur Entscheidung des Großen Senats des Bundesfinanzhofs vom 25. September 2018 8

Abb. 3: Die einstufige und die mehrstufige mittelbare Beteiligung im Ertragsteuerrecht 66

Abb. 4: Strukturbild zur Entscheidung des Bundesfinanzhofs vom 22. März 1966 94

Abb. 5: Strukturbild zur Entscheidung des Bundesfinanzhofs vom 11. Oktober 1966 96

Abb. 6: Strukturbild zur Entscheidung des Bundesfinanzhofs vom 24. Juni 1981 100

Abb. 7: Strukturbild zur Entscheidung des Bundesfinanzhofs vom 13. November 1984 102

Abb. 8: Strukturbild zur Entscheidung des Bundesfinanzhofs vom 12. November 1985 104

Abb. 9: Strukturbild zur Entscheidung des Großen Senats des Bundesfinanzhofs vom 25. Februar 1991 105

Abb. 10: Strukturbild zur Entscheidung des Bundesfinanzhofs vom 20. August 2003 107

Abb. 11: Strukturbild zur Entscheidung des Bundesfinanzhofs vom 2. November 1960 111

Abb. 12: Strukturbild zur Entscheidung des Bundesfinanzhofs vom 13. Juli 1999 113

Abb. 13: Strukturbild zur Entscheidung des Bundesfinanzhofs vom 7. April 1976 115

Abb. 14: Strukturbild zur Entscheidung des Bundesfinanzhofs vom 26. Januar 1978 119

Abb. 15: Strukturbild zur Entscheidung des Bundesfinanzhofs vom 15. Dezember 1998 121

Abb. 16: Strukturbild zur Entscheidung des Bundesfinanzhofs vom 17. Mai 2000 123

Abb. 17: Strukturbild zur Entscheidung des Bundesfinanzhofs vom 1. Juli 2004 125
Abb. 18: Strukturbild zur Entscheidung des Bundesfinanzhofs vom 28. Oktober 2008 127
Abb. 19: Strukturbild zur Kategorisierung der verschiedenen spezialgesetzlichen Gleichstellungsnormen des Ertragsteuerrechts . 159

Kapitel 1: Grundlagen

§ 1 Einleitung

A. Einführung in die Thematik

Die Frage der Gleichstellung der mittelbaren mit der unmittelbaren Beteiligung im Ertragsteuerrecht war streitentscheidende Thematik im Rahmen von zwei aktuellen Entscheidungen des Bundesfinanzhofs vom 20. Oktober 2016[1] und vom 25. September 2018[2]. Diese beiden Entscheidungen gaben den Anlass, diese Fragestellung im Rahmen der vorliegenden Dissertation mit Blick auf den unten beschriebenen Untersuchungsgegenstand näher zu untersuchen. In die Thematik der Gleichstellung der mittelbaren mit der unmittelbaren Beteiligung im Ertragsteuerrecht soll daher auch ausgehend von diesen beiden Entscheidungen eingeführt werden.

I. Entscheidung des Bundesfinanzhofs vom 20. Oktober 2016

Der VIII. Senat des Bundesfinanzhofs entschied im Rahmen seiner Entscheidung vom 20. Oktober 2016, dass eine lediglich mittelbare Beteiligung vom Anwendungsbereich der ertragsteuerrechtlichen Vorschrift des § 32d Abs. 2 Satz 1 Nr. 1 Buchst. b Satz 1 EStG nicht umfasst sei, sondern insoweit allein eine unmittelbare Beteiligung als tatbestandsmäßige Beteiligungsform in Betracht komme.[3]

1. Sachverhalt und Auffassung der Beteiligten

Der dieser Entscheidung des Bundesfinanzhofs zugrunde liegende Sachverhalt stellte sich dabei vereinfacht wie folgt dar[4]:

Miteinander verheiratete Steuerpflichtige gewährten einer inländischen Kapitalgesellschaft in der Rechtsform einer GmbH ein Darlehen. Diese Steuerpflichtigen bezogen aus dem dieser GmbH gewährten Darlehen entsprechende Zinszahlungen, die durch die GmbH an die Steuerpflichtigen geleistet wurden. An dieser

---

[1] BFH, Urteil vom 20. Oktober 2016 – VIII R 27/15, BStBl. II 2017, 441; Ausgangsentscheidung: FG Rheinland-Pfalz, Urteil vom 24. Juni 2015 – 2 K 1036/13, EFG 2015, 1711.
[2] BFH, Großer Senat, Beschluss vom 25. September 2018 – GrS 2/16, BStBl. II 2019, 262; Vorlagebeschluss: BFH, Vorlagebeschluss vom 21. Juli 2016 – IV R 26/14, BStBl. II 2017, 202.
[3] BFH, Urteil vom 20. Oktober 2016 – VIII R 27/15, BStBl. II 2017, 441; Ausgangsentscheidung: FG Rheinland-Pfalz, Urteil vom 24. Juni 2015 – 2 K 1036/13, EFG 2015, 1711.
[4] Vgl. zum zugrunde liegenden Sachverhalt der Entscheidung die Rn. 1 bis 5 des BFH-Urteils vom 20. Oktober 2016 – VIII R 27/15, BStBl. II 2017, 441.

die Darlehenszinsen zahlenden GmbH waren die Steuerpflichtigen jedoch nicht direkt als zivilrechtliche Gesellschafter, sondern lediglich indirekt über eine andere inländische GmbH als „vermittelnde" Gesellschaft beteiligt. Diese andere inländische GmbH war an der die Darlehenszinsen zahlenden GmbH als zivilrechtliche Gesellschafterin mit 94 % beteiligt, während die beiden Steuerpflichtigen zunächst mit 54,33 % bzw. 10,86 % und später zu jeweils 22,80 % als zivilrechtliche Gesellschafter an der anderen GmbH beteiligt waren. Daraus ergab sich für die beiden Steuerpflichtigen eine über die andere GmbH vermittelte bzw. durchgerechnete Beteiligung an der die Darlehenszinsen zahlenden GmbH von jeweils mehr als 10 %:

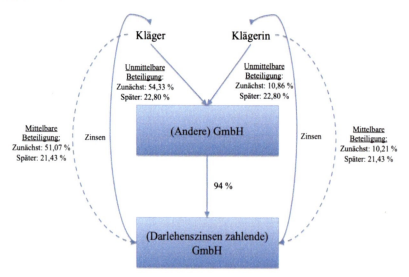

Abb. 1: Strukturbild zur Entscheidung des Bundesfinanzhofs vom 20. Oktober 2016

Streitig war in diesem Verfahren im Wesentlichen, ob die Ausnahmevorschrift des § 32d Abs. 2 Satz 1 Nr. 1 Buchst. b Satz 1 EStG allein für den Fall der unmittelbaren oder auch im Fall einer lediglich mittelbaren Beteiligung Anwendung finden kann.[5] Hiervon hing ab, ob die von der GmbH gezahlten Darlehenszinsen auf Ebene der Steuerpflichtigen gemäß § 32d Abs. 1 Satz 1 EStG mit dem Abgeltungsteuersatz in Höhe von 25 % (zzgl. Solidaritätszuschlag und ggf. Kirchensteuer) oder aufgrund der Ausnahmevorschrift des § 32d Abs. 2 Satz 1 Nr. 1 Buchst. b Satz 1 EStG mit dem jeweiligen – in der Regel höheren – tariflichen Einkommensteuersatz[6] zu versteuern waren.

---

[5] BFH, Urteil vom 20. Oktober 2016 – VIII R 27/15, BStBl. II 2017, 441 (Rn. 5, 7 und 8).
[6] Gemäß § 32a Abs. 1 Satz 2 Nr. 5 EStG beträgt die tarifliche Einkommensteuer im Veranla-

§ 1 Einleitung

Der Gesetzeswortlaut der Ausnahmevorschrift des § 32d Abs. 2 Satz 1 Nr. 1 Buchst. b Satz 1 EStG war bzw. ist insoweit nicht eindeutig und hätte beide Auslegungsmöglichkeiten zugelassen. Denn dieser verlangt lediglich allgemein eine mindestens 10 % betragende „Beteiligung" des relevanten Steuerpflichtigen an einer Darlehenszinsen zahlenden Kapitalgesellschaft, ohne dabei näher zu spezifizieren, ob es sich insoweit um eine unmittelbare Beteiligung handeln muss oder auch eine lediglich mittelbare Beteiligung als tatbestandsmäßige Beteiligungsform in Betracht kommen kann:

„[§ 32d] Absatz 1 [also der Abgeltungsteuersatz in Höhe von 25 %] gilt nicht

Nr. 1 für Kapitalerträge im Sinne des § 20 Absatz 1 Nummer 4 und 7 sowie Absatz 2 Satz 1 Nummer 4 und 7,

(...)

b) wenn sie von einer Kapitalgesellschaft oder Genossenschaft an einen Anteilseigner gezahlt werden, der <u>zu mindestens 10 Prozent an der Gesellschaft oder Genossenschaft beteiligt</u> ist. (...)."[7]

Die beiden Steuerpflichtigen waren dabei der Ansicht, dass die Ausnahmevorschrift des § 32d Abs. 2 Satz 1 Nr. 1 Buchst. b Satz 1 EStG im Streitfall nicht anwendbar sei, da an der die Darlehenszinsen zahlenden Kapitalgesellschaft ihrerseits lediglich eine mittelbare und gerade keine unmittelbare Beteiligung bestanden habe. Erforderlich für die Anwendung dieser Ausnahmevorschrift sei vielmehr eine unmittelbare Beteiligung, so dass die bezogenen Kapitalerträge gemäß der ertragsteuerrechtlichen Vorschrift des § 32d Abs. 1 Satz 1 EStG mit dem Abgeltungsteuersatz in Höhe von 25 % zu besteuern seien.[8]

Diese restriktive Auslegung der Ausnahmevorschrift des § 32d Abs. 2 Satz 1 Nr. 1 Buchst. b Satz 1 EStG – wonach es für deren Anwendung einer unmittelbaren Beteiligung bedürfe und eine lediglich mittelbare Beteiligung nicht ausreiche – entsprach der zu diesem Zeitpunkt herrschenden Auffassung im Schrifttum.[9] Auch dieses ging davon aus, dass es für Zwecke des § 32d Abs. 2 Satz 1

---

gungszeitraum 2020 (vorbehaltlich der §§ 32b, 32d, 34, 34a, 34d und 34c) für zu versteuernde Einkommen von EUR 270.501 an grundsätzlich 45 %.

[7] Gesetzeswortlaut des § 32d Abs. 2 Satz 1 Nr. 1 Buchst. b Satz 1 EStG in der im Streitjahr 2011 geltenden Fassung (die Unterstreichungen wurden seitens des Verfassers eingefügt); diese Fassung des Gesetzeswortlauts des § 32d Abs. 2 Satz 1 Nr. 1 Buchst. b Satz 1 EStG entspricht der zum Zeitpunkt dieser Dissertation geltenden Fassung des § 32d Abs. 2 Satz 1 Nr. 1 Buchst. b Satz 1 EStG.

[8] BFH, Urteil vom 20. Oktober 2016 – VIII R 27/15, BStBl. II 2017, 441 (Rn. 5).

[9] Insoweit beispielsweise: *Behrens/Renner*, BB 2008, 2319 (2322); *Elser/Bindl*, FR 2010, 360 (362); *Werth*, in Blümich, EStG-Kommentar, 130. Auflage 2015, § 32d EStG, Rn. 76.

Kapitel 1: Grundlagen

Nr. 1 Buchst. b Satz 1 EStG einer unmittelbaren Beteiligung bedürfe und die mittelbare Beteiligung dagegen nicht als tatbestandsmäßige Beteiligungsform in Betracht komme.[10] Begründet wurde diese restriktive Auslegung zum einen durch einen Umkehrschluss aus der ertragsteuerrechtlichen Vorschrift des § 32d Abs. 2 Nr. 3 EStG.[11] Denn dieser Tatbestand ordnet – anders als die Ausnahmevorschrift des § 32d Abs. 2 Satz 1 Nr. 1 Buchst. b Satz 1 EStG[12] – ausdrücklich an, dass auch eine lediglich mittelbare Beteiligung vom Tatbestand umfasst ist.[13] Zum anderen wird zur Begründung auf eine Entscheidung des Bundesfinanzhofs vom 20. August 2003[14] hingewiesen.[15] In dieser Entscheidung entschied der Bundesfinanzhof, dass – mangels ausdrücklicher Anordnung der Tatbestandsmäßigkeit einer mittelbaren Beteiligung – die ertragsteuerrechtliche Vorschrift des § 8 Abs. 4 KStG a.F.[16] nur für den Fall anzuwenden sei, dass eine unmittelbare Beteiligung an einer verlusttragenden Körperschaft übertragen werde; mithin mittelbare Anteilsübertragungen nicht tatbestandsmäßig seien.[17] Damit sei auch im Rahmen des

---

[10] *Behrens/Renner*, BB 2008, 2319 (2322); *Elser/Bindl*, FR 2010, 360 (362); *Werth*, in Blümich, EStG-Kommentar, 130. Auflage 2015, § 32d EStG, Rn. 76.

[11] *Werth*, in Blümich, EStG-Kommentar, 130. Auflage 2015, § 32d EStG, Rn. 76; *Behrens/Renner*, BB 2008, 2319 (2322); *Elser/Bindl*, FR 2010, 360 (362).

[12] Vgl. zum Wortlaut des § 32d Abs. 2 Satz 1 Nr. 1 Buchst. b Satz 1 EStG die Ausführungen oben.

[13] Aktueller Wortlaut des § 32d Abs. 2 Nr. 3 EStG (die Unterstreichungen wurden seitens des Verfassers eingefügt):
„*Absatz 1 gilt nicht*
(...)
Nr. 3 auf Antrag für Kapitalerträge im Sinne des § 20 Absatz 1 Nummer 1 und 2 aus einer Beteiligung an einer Kapitalgesellschaft, wenn der Steuerpflichtige im Veranlagungszeitraum, für den der Antrag erstmals gestellt wird, unmittelbar oder mittelbar
a) zu mindestens 25 Prozent an der Kapitalgesellschaft beteiligt ist oder
b) zu mindestens 1 Prozent an der Kapitalgesellschaft beteiligt ist und durch eine berufliche Tätigkeit für diese maßgeblichen unternehmerischen Einfluss auf deren wirtschaftliche Tätigkeit nehmen kann. (...)".

[14] BFH, Urteil vom 20. August 2003 – I R 61/01, BStBl. II 2004, 616.

[15] *Behrens/Renner*, BB 2008, 2319 (2322) im Rahmen der Fußnote 16; *Elser/Bindl*, FR 2010, 360 (362) im Rahmen der Fußnote 8.

[16] Wortlaut des § 8 Abs. 4 Sätze 1 und 2 KStG in der im Streitjahr 1991 geltenden Fassung:
„*Voraussetzung für den Verlustabzug nach § 10d des Einkommensteuergesetzes ist bei einer Körperschaft, daß sie nicht nur rechtlich, sondern auch wirtschaftlich mit der Körperschaft identisch ist, die den Verlust erlitten hat. Wirtschaftliche Identität liegt insbesondere dann nicht vor, wenn mehr als drei Viertel der Anteile an einer Kapitalgesellschaft übertragen werden und die Gesellschaft danach ihren Geschäftsbetrieb mit überwiegend neuem Betriebsvermögen wieder aufnimmt.*".

[17] BFH, Urteil vom 20. August 2003 – I R 61/01, BStBl. II 2004, 616.

§ 8 Abs. 4 KStG a.F. keine Gleichstellung der mittelbaren mit der unmittelbaren Beteiligung vollzogen worden.

Das für die Veranlagung zuständige Finanzamt vertrat dagegen die gegenteilige Auffassung, wonach im Rahmen der Ausnahmevorschrift des § 32d Abs. 2 Satz 1 Nr. 1 Buchst. b Satz 1 EStG auch mittelbare Beteiligungen zu berücksichtigen und unmittelbaren Beteiligungen insoweit gleichzustellen seien[18], so dass die vereinnahmten Darlehenszinsen der beiden Steuerpflichtigen der tariflichen Einkommensteuer (und nicht dem Abgeltungsteuersatz) unterlägen.[19]

2. Entscheidung durch den Bundesfinanzhof

Der Bundesfinanzhof schloss sich im Rahmen seiner Revisionsentscheidung der Auffassung der beiden Steuerpflichtigen (und des herrschenden Schrifttums) an und lehnte die extensive Auslegung der Ausnahmevorschrift des § 32d Abs. 2 Satz 1 Nr. 1 Buchst. b Satz 1 EStG durch das Finanzamt ab. Das Revisionsgericht ging damit – im Einklang mit dem Ausgangsgericht[20] – davon aus, dass die Voraussetzungen der Ausnahmevorschrift des § 32d Abs. 2 Satz 1 Nr. 1 Buchst. b Satz 1 EStG durch die lediglich mittelbare Beteiligung der beiden Steuerpflichtigen an der die Darlehenszinsen zahlenden Gesellschaft nicht erfüllt seien, sondern insoweit vielmehr eine unmittelbare Beteiligung erforderlich sei.[21] Die vereinnahmten Darlehenszinsen würden nach Ansicht des Gerichts daher dem Abgeltungsteuertarif des § 32d Abs. 1 Satz 1 EStG in Höhe von 25 % und nicht der tariflichen Einkommensteuer unterfallen.[22]

Der Bundesfinanzhof begründete diese Entscheidung damit, dass die Gleichstellung einer mittelbaren mit der unmittelbaren Beteiligung im Grundsatz einer ausdrücklichen gesetzlichen Einbeziehung in den maßgebenden Tatbestand be-

---

[18] Das zuständige Finanzamt verwies zur Begründung auf die Auslegung im Rahmen der folgenden beiden BMF-Schreiben:
BMF, Schreiben vom 9. Oktober 2012 betreffend *„Einzelfragen zur Abgeltungsteuer; Ergänzung des BMF-Schreibens vom 22. Dezember 2009 (BStBl 2010 I S. 94) unter Berücksichtigung der Änderungen durch das BMF-Schreiben vom 16. November 2010 (BStBl I S. 1305)"* – IV C 1 – S 2252/10/10013, 2011/0948384, Tz. 137: *„Bei der Berechnung der 10%-igen Beteiligungsgrenze sind sowohl unmittelbare als auch mittelbare Beteiligungen einzubeziehen."*; und BMF, Schreiben vom 18. Januar 2016 betreffend *„Einzelfragen zur Abgeltungsteuer; Neuveröffentlichung des BMF-Schreibens"* – IV C 1 – S 2252/08/10004 :017, 2015/0468306, Tz. 137: *„Bei der Berechnung der 10 %igen Beteiligungsgrenze sind sowohl unmittelbare als auch mittelbare Beteiligungen einzubeziehen."*.

[19] BFH, Urteil vom 20. Oktober 2016 – VIII R 27/15, BStBl. II 2017, 441 (Rn. 8).
[20] FG Rheinland-Pfalz, Urteil vom 24. Juni 2015 – 2 K 1036/13, EFG 2015, 1711.
[21] BFH, Urteil vom 20. Oktober 2016 – VIII R 27/15, BStBl. II 2017, 441 (442, Rn. 13 ff.).
[22] BFH, Urteil vom 20. Oktober 2016 – VIII R 27/15, BStBl. II 2017, 441 (442, Rn. 12).

Kapitel 1: Grundlagen

dürfe. Dies sei im vorliegenden Fall aber gerade nicht geschehen, da der Tatbestand der Ausnahmevorschrift des § 32d Abs. 2 Satz 1 Nr. 1 Buchst. b Satz 1 EStG die Gleichstellung der mittelbaren mit der unmittelbaren Beteiligung nicht spezialgesetzlich anordne, sondern lediglich „Beteiligung" als Tatbestandsmerkmal verwende. Eine Ausnahme von diesem Grundsatz könne sich in Einzelfällen nur dann ergeben, wenn sich die Gleichstellung der mittelbaren mit der unmittelbaren Beteiligung aus dem Sinn und Zweck der relevanten Norm eindeutig ergeben würde.[23] Im Rahmen der Ausnahmevorschrift des § 32d Abs. 2 Satz 1 Nr. 1 Buchst. b Satz 1 EStG bestand nach Ansicht des Bundesfinanzhofs für eine solche Gleichstellung der mittelbaren mit der unmittelbaren Beteiligung jedoch keine Veranlassung. Denn der im Gesetzgebungsverfahren diskutierte Wortlaut als auch der Umkehrschluss zu der ertragsteuerrechtlichen Vorschrift des § 32d Abs. 2 Nr. 3 EStG, in deren Rahmen mittelbare Beteiligungen den unmittelbaren im Tatbestand ausdrücklich gleichgestellt würden[24], würden ein gesetzgeberisches Redaktionsversehen insoweit vielmehr ausschließen. Mittelbar beteiligte Gesellschafter als Gläubiger der Kapitalerträge seien daher – anders als unmittelbar beteiligte Gesellschafter – nicht vom Anwendungsbereich der Ausnahmevorschrift des § 32d Abs. 2 Satz 1 Nr. 1 Buchst. b Satz 1 EStG umfasst.[25] Die vereinnahmten Darlehenszinsen der beiden Steuerpflichtigen unterfielen auf Basis dieser restriktiven Auslegung durch den Bundesfinanzhof daher im Ergebnis dem Abgeltungsteuertarif des § 32d Abs. 1 Satz 1 EStG in Höhe von 25 % und nicht der tariflichen Einkommensteuer.[26]

Die Finanzverwaltung schloss sich im Folgenden dieser restriktiven Auslegung der Ausnahmevorschrift des § 32d Abs. 2 Satz 1 Nr. 1 Buchst. b Satz 1 EStG an.[27] Als Folge dieser Entscheidung wurde das Schreiben des Bundesministeriums der Finanzen vom 18. Januar 2016 (in dem noch ausdrücklich vertreten wurde, dass mittelbare Beteiligungen im Rahmen der Ausnahmevorschrift des § 32d Abs. 2 Satz 1 Nr. 1 Buchst. b Satz 1 EStG zu berücksichtigen seien[28]) durch

---

[23] BFH, Urteil vom 20. Oktober 2016 – VIII R 27/15, BStBl. II 2017, 441 (442, Rn. 15).
[24] Vgl. zum Wortlaut des § 32d Abs. 2 Nr. 3 EStG die Ausführungen oben.
[25] BFH, Urteil vom 20. Oktober 2016 – VIII R 27/15, BStBl. II 2017, 441 (442, Rn. 16).
[26] BFH, Urteil vom 20. Oktober 2016 – VIII R 27/15, BStBl. II 2017, 441 (442, Rn. 12).
[27] Dies lässt sich bereits aus der Veröffentlichung dieser Entscheidung des BFH im Bundessteuerblatt (vgl. BStBl. II 2017, 441) ableiten.
[28] BMF, Schreiben vom 18. Januar 2016 betreffend „*Einzelfragen zur Abgeltungsteuer; Neuveröffentlichung des BMF-Schreibens*" – IV C 1 – S 2252/08/10004 :017, 2015/0468306, Tz. 137: „*Bei der Berechnung der 10 %igen Beteiligungsgrenze sind sowohl unmittelbare als auch mittelbare Beteiligungen einzubeziehen.*".

Schreiben vom 12. April 2018[29] dergestalt angepasst, dass im Rahmen des § 32d Abs. 2 Satz 1 Nr. 1 Buchst. b Satz 1 EStG nur noch unmittelbare Beteiligungen Berücksichtigung finden würden.[30]

II. Entscheidung des Großen Senats des Bundesfinanzhofs vom 25. September 2018

Die zweite aktuelle und diesem Themenbereich zuzuordnende Entscheidung betrifft den Beschluss des Großen Senats des Bundesfinanzhofs vom 25. September 2018[31]. In diesem Beschluss entschied der Große Senat, dass die erweiterte gewerbesteuerrechtliche Kürzung gemäß § 9 Nr. 1 Satz 2 GewStG auch dann zur Anwendung kommen könne, wenn die die erweiterte Kürzung in Anspruch nehmende Gesellschaft zwar nicht unmittelbare zivilrechtliche Eigentümerin von Grundbesitz sei, diesen Grundbesitz aber indirekt über eine rein vermögensverwaltende Personengesellschaft halten würde.[32]

1. Sachverhalt und Auffassung der Beteiligten

Der dieser Entscheidung zugrunde liegende Sachverhalt stellte sich dabei vereinfacht wie folgt dar[33]:

Eine gewerblich geprägte GmbH & Co. KG war an einer rein vermögensverwaltenden GbR beteiligt. Diese GbR (und nicht die gewerblich geprägte GmbH & Co. KG) war zivilrechtliche Eigentümerin von Grundbesitz, aus dem diese Mieterträge bezog. Die GmbH & Co. KG machte für ihre aus der Beteiligung an der GbR

---

[29] BMF, Schreiben vom 12. April 2018 betreffend „*Einzelfragen zur Abgeltungsteuer; Ergänzung des BMF-Schreiben vom 18. Januar 2016 (BStBl. I S. 85)*" – IV C 1- S 2252/08/10004 :021, 2018/0281370.

[30] BMF, Schreiben vom 12. April 2018 betreffend „*Einzelfragen zur Abgeltungsteuer; Ergänzung des BMF-Schreiben vom 18. Januar 2016 (BStBl. I S. 85)*" – IV C 1- S 2252/08/10004 :021, 2018/0281370, Tz. 137: „*In die Berechnung der 10 %-igen Beteiligungsgrenze sind ausschließlich die unmittelbaren Beteiligungen einzubeziehen (BFH-Urteil vom 20. Oktober 2016, VIII R 27/15, BStBl 2017 II S. 441). (...)*".

[31] BFH, Großer Senat, Beschluss vom 25. September 2018 – GrS 2/16, BStBl. II 2019, 262; Vorlagebeschluss: BFH, Vorlagebeschluss vom 21. Juli 2016 – IV R 26/14, BStBl. II 2017, 202.

[32] BFH, Großer Senat, Beschluss vom 25. September 2018 – GrS 2/16, BStBl. II 2019, 262; *Levedag* geht in GmbHR 2019, R123 davon aus, dass der Große Senat des BFH mit dieser Entscheidung eine zentrale Frage des Anwendungsbereichs der erweiterten gewerbesteuerrechtlichen Kürzung gemäß § 9 Nr. 1 Satz 2 GewStG beantwortet habe, was die Bedeutung dieser Entscheidung verdeutlicht.

[33] Vgl. zum zugrunde liegenden Sachverhalt der Entscheidung die Rn. 5 bis 8 des Beschlusses des Großen Senats des BFH vom 25. September 2018 – GrS 2/16, BStBl. II 2019, 262 (263).

bezogenen bzw. zugerechneten anteiligen Mieterträge die erweiterte gewerbesteuerrechtliche Kürzung gemäß § 9 Nr. 1 Satz 2 GewStG geltend.

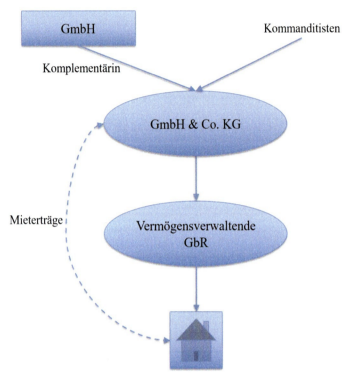

Abb. 2: Strukturbild zur Entscheidung des Großen Senats des Bundesfinanzhofs vom 25. September 2018

Gemäß § 9 Nr. 1 Satz 2 GewStG tritt auf Antrag an die Stelle der sog. einfachen gewerbesteuerrechtlichen Kürzung nach § 9 Nr. 1 Satz 1 GewStG die sog. erweiterte gewerbesteuerrechtliche Kürzung, wenn ein Unternehmen ausschließlich eigenen Grundbesitz oder neben eigenem Grundbesitz eigenes Kapitalvermögen verwaltet und nutzt oder daneben Wohnungsbauten betreut oder Einfamilienhäuser, Zweifamilienhäuser oder Eigentumswohnungen errichtet und veräußert:

„An Stelle der Kürzung nach Satz 1 tritt auf Antrag bei Unternehmen, die ausschließlich eigenen Grundbesitz oder neben eigenem Grundbesitz eigenes Kapitalvermögen verwalten und nutzen oder daneben Wohnungsbauten betreuen oder Einfamilienhäuser, Zweifamilienhäuser oder Eigentumswohnungen im Sinne des Ersten Teils des Wohnungseigentumsgesetzes in der im Bundesgesetzblatt Teil III, Gliederungsnummer 403-1, veröffentlichten bereinigten Fassung, zuletzt geändert durch Artikel 28

§ 1 Einleitung

des Gesetzes vom 14. Dezember 1984 (BGBl. I S. 1493), errichten und veräußern, die Kürzung um den Teil des Gewerbeertrags, der auf die Verwaltung und Nutzung des eigenen Grundbesitzes entfällt."[34]

Das veranlagende Finanzamt lehnte die Voraussetzungen der erweiterten gewerbesteuerrechtlichen Kürzung gemäß § 9 Nr. 1 Satz 2 GewStG unter Hinweis auf die Entscheidung des Bundesfinanzhofs vom 19. Oktober 2010[35] ab.[36] „Eigener Grundbesitz" im Sinne des § 9 Nr. 1 Satz 2 GewStG erfordere auf Basis dieser Entscheidung des Bundesfinanzhofs, dass das relevante Grundstücksunternehmen unmittelbarer zivilrechtlicher Eigentümer des relevanten Grundbesitzes sei; die wirtschaftliche Zurechnung genüge dagegen nicht. Die Bruchteilsbetrachtung gemäß der allgemeinen Zurechnungsregelung des § 39 Abs. 2 Nr. 2 AO, die zur unmittelbaren Zurechnung des von der vermögensverwaltenden Personengesellschaft gehaltenen Grundbesitzes zur GmbH & Co. KG führen würde, sei dagegen nicht anwendbar, da eine getrennte Zurechnung für die Besteuerung nicht erforderlich sei (wie dies die Zurechnungsregelung des § 39 Abs. 2 Nr. 2 AO[37] verlangen würde).[38]

Dieser restriktive Ansatz, den der Bundesfinanzhof im Rahmen seiner Entscheidung vom 19. Oktober 2010[39] vertrat und auf den sich das veranlagende Finanzamt im Streitfall stützte, wurde im Schrifttum dagegen kritisiert.[40] Dieses ver-

---

[34] Aktueller Wortlaut des § 9 Nr. 1 Satz 2 GewStG, der zugleich dem Wortlaut des § 9 Nr. 1 Satz 2 GewStG entspricht, welcher in den für dieses Verfahren relevanten Streitjahren 2007 bis 2013 Anwendung fand.

[35] BFH, Urteil vom 19. Oktober 2010 – I R 67/09, BStBl. II 2011, 367: Danach seien die Voraussetzungen der erweiterten gewerbesteuerrechtlichen Kürzung gemäß § 9 Nr. 1 Satz 2 GewStG nicht erfüllt, wenn sich eine grundstücksverwaltende GmbH an einer vermögensverwaltenden, nicht gewerblich geprägten KG beteilige. Der von der vermögensverwaltenden KG verwaltete und genutzte Immobilienbestand könne insbesondere nicht als ausschließlich „eigener" Grundbesitz der grundstücksverwaltenden GmbH zugerechnet werden. Die allgemeine Zurechnungsregelung des § 39 Abs. 2 Nr. 2 AO ändere daran nach Auffassung des Bundesfinanzhofs nichts.

[36] BFH, Großer Senat, Beschluss vom 25. September 2018 – GrS 2/16, BStBl. II 2019, 262 (263, Rn. 11).

[37] Aktueller Wortlaut des § 39 Abs. 2 Nr. 2 AO:
„Abweichend von Absatz 1 gelten die folgenden Vorschriften:
1. (…).
2. Wirtschaftsgüter, die mehreren zur gesamten Hand zustehen, werden den Beteiligten anteilig zugerechnet, soweit eine getrennte Zurechnung für die Besteuerung erforderlich ist.".

[38] BFH, Großer Senat, Beschluss vom 25. September 2018 – GrS 2/16, BStBl. II 2019, 262 (263, Rn. 11).

[39] BFH, Urteil vom 19. Oktober 2010 – I R 67/09, BStBl. II 2011, 367.

[40] Vgl. insoweit insbesondere: *Sanna*, DStR 2012, 1365; *Kohlhaas*, FR 2015, 397; *Borggräfe/Schüppen*, DB 2012, 1644; *Schmid/Mertgen*, FR 2011, 468; *Güroff*, in Glanegger/Güroff,

trat vornehmlich die Auffassung, dass in solchen Konstellation, in denen Grundbesitz indirekt über eine rein vermögensverwaltende Personengesellschaft gehalten würde, die Bruchteilsbetrachtung gemäß § 39 Abs. 2 Nr. 2 AO Anwendung finden müsse, so dass der Grundbesitz der vermögensverwaltenden Personengesellschaft der an ihr beteiligten Gesellschaft als „eigener Grundbesitz" für Zwecke des § 9 Nr. 1 Satz 2 GewStG zuzurechnen sei.[41] Auf Grundlage dieser extensiven Auslegung würde somit die mittelbare Beteiligung an Grundbesitz, welcher über eine rein vermögensverwaltende Personengesellschaft gehalten würde, zur Tatbestandsmäßigkeit des § 9 Nr. 1 Satz 2 GewStG ausreichen.

2. Entscheidung durch den Großen Senat des Bundesfinanzhofs

Der Große Senat des Bundesfinanzhofs schloss sich dieser Kritik des Schrifttums – im Einklang mit dem vorlegenden IV. Senat des Bundesfinanzhofs[42] – im Wesentlichen an. Nach Auffassung des Großen Senats verwalte und nutze eine gewerblich geprägte Personengesellschaft ausschließlich „eigenen Grundbesitz" im Sinne des § 9 Nr. 1 Satz 2 GewStG auch dann, wenn eine Beteiligung an einer grundstücksverwaltenden, nicht gewerblich geprägten Personengesellschaft gehalten würde. Der zivilrechtlich im Eigentum der rein vermögensverwaltenden Personengesellschaft stehende Grundbesitz sei in diesem Fall ihrer Gesellschafterin, also im vorliegenden Fall der GmbH & Co. KG, anteilig unmittelbar zuzurechnen und in diesem Umfang zugleich „eigener Grundbesitz" für Zwecke des § 9 Nr. 1 Satz 2 GewStG.[43]

Der Große Senat hat damit die Frage, ob „eigener Grundbesitz" im Sinne des § 9 Nr. 1 Satz 2 GewStG vorliegt, nicht nach rein zivilrechtlichen, sondern nach (ertrag-) steuerrechtlichen Grundsätzen beantwortet.[44] Zu diesen Grundsätzen zähle nach Auffassung des Großen Senats auch die Bruchteilsbetrachtung gemäß der allgemeinen Zurechnungsregelung des § 39 Abs. 2 Nr. 2 AO[45]. Danach seien die Wirtschaftsgüter einer vermögensverwaltenden Personengesellschaft den an ihr beteiligten Personengesellschaftern anteilig unmittelbar zuzu-

---

GewStG-Kommentar, § 9 GewStG, Rn. 21.
[41] *Sanna*, DStR 2012, 1365 (1367); *Kohlhaas*, FR 2015, 397 (403).
[42] BFH, Vorlagebeschluss vom 21. Juli 2016 – IV R 26/14, BStBl. II 2017, 202.
[43] BFH, Großer Senat, Beschluss vom 25. September 2018 – GrS 2/16, BStBl. II 2019, 262 (270, Rn. 75); anders dagegen bei einer Beteiligung an einer gewerblich geprägten, grundstücksverwaltenden Personengesellschaft, vgl. hierzu BFH, Urteil vom 27. Juni 2019 – IV R 44/16, BFH/NV 2019, 1306.
[44] BFH, Großer Senat, Beschluss vom 25. September 2018 – GrS 2/16, BStBl. II 2019, 262 (270 f., Rn. 76).
[45] Vgl. zum Wortlaut des § 39 Abs. 2 Nr. 2 AO EStG die Ausführungen oben.

rechnen, soweit eine getrennte Zurechnung für die Besteuerung erforderlich sei. Dies führe dazu, dass der gesamthänderisch in einer vermögensverwaltenden Personengesellschaft gebundene Grundbesitz im Umfang der Beteiligung des relevanten Personengesellschafters zugleich anteilig „eigener Grundbesitz" des Personengesellschafters für Zwecke des § 9 Nr. 1 Satz 2 GewStG sei.[46] Der im zivilrechtlichen Eigentum der GbR stehende Grundbesitz wurde daher auf Grundlage dieser extensiven Auslegung der die erweiterte Kürzung in Anspruch nehmenden GmbH & Co. KG als „eigener Grundbesitz" für Zwecke des § 9 Nr. 1 Satz 2 GewStG zugerechnet.[47] Auf Grundlage dieser extensiven Auslegung reichte somit die mittelbare Beteiligung der GmbH & Co. KG an dem zivilrechtlich im Eigentum der GbR stehenden Grundbesitz aus, um die Voraussetzungen der erweiterten gewerbesteuerrechtlichen Kürzung gemäß § 9 Nr. 1 Satz 2 GewStG auf Ebene der GmbH & Co. KG zu erfüllen.

III. Problemaufriss ausgehend von diesen beiden Entscheidungen

Aus diesen beiden skizzierten Entscheidungen des Bundesfinanzhofs vom 20. Oktober 2016[48] und vom 25. September 2018[49] ergeben sich mit Blick auf die Thematik der Gleichstellung der mittelbaren mit der unmittelbaren Beteiligung im Ertragsteuerrecht im Wesentlichen die folgenden Fragestellungen bzw. Themenkreise:

1. Welche Maßstäbe gelten zur Bestimmung einer „unmittelbaren" bzw. einer „mittelbaren Beteiligung"?

Die Maßstäbe zur Bestimmung einer „unmittelbaren Beteiligung" bzw. einer „mittelbaren Beteiligung" für Zwecke des Ertragsteuerrechts gehen aus den beiden oben skizzierten Entscheidungen des Bundesfinanzhofs nicht klar hervor und bleiben daher zunächst unklar. So ging der Bundesfinanzhof im Rahmen seiner Entscheidung vom 20. Oktober 2016[50] ohne nähere Erläuterung davon aus, dass

---

[46] BFH, Großer Senat, Beschluss vom 25. September 2018 – GrS 2/16, BStBl. II 2019, 262 (271, Rn. 82 f.); anders dagegen bei einer Beteiligung an einer gewerblich geprägten, grundstücksverwaltenden Personengesellschaft, vgl. hierzu BFH, Urteil vom 27. Juni 2019 – IV R 44/16, BFH/NV 2019, 1306.
[47] BFH, Großer Senat, Beschluss vom 25. September 2018 – GrS 2/16, BStBl. II 2019, 262 (274, Rn. 111).
[48] BFH, Urteil vom 20. Oktober 2016 – VIII R 27/15, BStBl. II 2017, 441; Ausgangsentscheidung: FG Rheinland-Pfalz, Urteil vom 24. Juni 2015 – 2 K 1036/13, EFG 2015, 1711.
[49] BFH, Großer Senat, Beschluss vom 25. September 2018 – GrS 2/16, BStBl. II 2019, 262; Vorlagebeschluss: BFH, Vorlagebeschluss vom 21. Juli 2016 – IV R 26/14, BStBl. II 2017, 202.
[50] BFH, Urteil vom 20. Oktober 2016 – VIII R 27/15, BStBl. II 2017, 441.

die zivilrechtliche Beteiligung der beiden Steuerpflichtigen an der vermittelnden GmbH als „unmittelbare Beteiligung" und die Beteiligung an der die Darlehenszinsen zahlenden GmbH, die über die vermittelnde GmbH gehalten bzw. vermittelt wurde, als „mittelbare Beteiligung" für Zwecke der Ausnahmevorschrift des § 32d Abs. 2 Satz 1 Nr. 1 Buchst. b Satz 1 EStG zu werten sind.[51] Der Bundesfinanzhof wandte in dieser Entscheidung damit zivilrechtliche Grundsätze zur Bestimmung einer „unmittelbaren Beteiligung" für Zwecke des Ertragsteuerrechts an. Denn die beiden Steuerpflichtigen waren allein an der vermittelnden GmbH als zivilrechtliche Gesellschafter beteiligt, nicht dagegen an der die Darlehenszinsen zahlenden GmbH. An dieser die Darlehenszinsen zahlenden GmbH war allein die vermittelnde GmbH als zivilrechtliche Gesellschafterin beteiligt, weswegen der Bundesfinanzhof insoweit von einer mittelbaren Beteiligung der beiden Steuerpflichtigen an dieser Gesellschaft ausging.

Dagegen rechnete der Große Senat des Bundesfinanzhofs im Rahmen seiner Entscheidung vom 25. September 2018[52] den Grundbesitz, der zivilrechtlich im Eigentum einer vermögensverwaltenden Personengesellschaft stand, den Gesellschaftern dieser vermögensverwaltenden Personengesellschaft als „eigener" bzw. unmittelbarer Grundbesitz für Zwecke des § 9 Nr. 1 Satz 2 GewStG zu.[53] Der Große Senat des Bundesfinanzhofs ignorierte in dieser Entscheidung damit zivilrechtliche Grundsätze und wandte zur Auslegung dieses Tatbestands insoweit vielmehr steuerrechtliche bzw. wirtschaftliche Maßstäbe an.[54] Dies hatte zur Folge, dass die Gesellschafter der vermögensverwaltenden Personengesellschaft an dem zivilrechtlich der vermögensverwaltenden Personengesellschaft zustehenden Grundbesitz „unmittelbar" für Zwecke des § 9 Nr. 1 Satz 2 GewStG beteiligt waren und nicht lediglich „mittelbar" über die vermögensverwaltende Personengesellschaft.

Die Begrifflichkeiten der „unmittelbaren Beteiligung" und der „mittelbaren Beteiligung" bzw. die Maßstäbe zur Einordnung einer Beteiligung als „unmittelbar" oder als „mittelbar" für Zwecke des Ertragsteuerrechts werden durch die

---

[51] Vgl. zum Sachverhalt und zur Beteiligungsstruktur die Ausführungen unter § 1, A, I, 1 oben.
[52] BFH, Großer Senat, Beschluss vom 25. September 2018 – GrS 2/16, BStBl. II 2019, 262; Vorlagebeschluss: BFH, Vorlagebeschluss vom 21. Juli 2016 – IV R 26/14, BStBl. II 2017, 202.
[53] BFH, Großer Senat, Beschluss vom 25. September 2018 – GrS 2/16, BStBl. II 2019, 262 (270, Rn. 75).
[54] BFH, Großer Senat, Beschluss vom 25. September 2018 – GrS 2/16, BStBl. II 2019, 262 (270 f., Rn. 76).

§ 1 Einleitung

beiden eingangs skizzierten Entscheidung des Bundesfinanzhofs vom 20. Oktober 2016[55] und vom 25. September 2018[56] daher nicht zweifelsfrei geklärt.

2. Wie geht die Rechtsprechung mit „ungeregelten" Fällen der Gleichstellung im Ertragsteuerrecht um?

Der Gesetzgeber verwendet – wie auch die eingangs dargestellte Entscheidung des Bundesfinanzhofs vom 20. Oktober 2016[57] zeigt – in einigen ertragsteuerrechtlichen Vorschriften das abstrakte Tatbestandsmerkmal der „Beteiligung" bzw. „beteiligt", ohne dabei näher zu spezifizieren, ob insoweit allein die unmittelbare oder zugleich auch die mittelbare Beteiligung vom relevanten Tatbestand umfasst wird.[58] In solchen „ungeregelten" Fällen, in denen der Gesetzgeber die Gleichstellung der mittelbaren mit der unmittelbaren Beteiligung somit nicht ausdrücklich durch eine spezialgesetzliche Grundlage anordnet, obliegt es bei Streitigkeiten der Rechtsprechung, im Rahmen der Auslegung der entsprechenden ertragsteuerrechtlichen Vorschrift zu ermitteln, ob der Anwendungsbereich allein die unmittelbare oder zugleich auch die mittelbare Beteiligungsform umfasst.[59]

Für Zwecke des § 32d Abs. 2 Satz 1 Nr. 1 Buchst. b Satz 1 EStG entschied der Bundesfinanzhof, dass unter das Tatbestandsmerkmal der „Beteiligung" allein eine unmittelbare Beteiligung, nicht jedoch zugleich auch eine mittelbare Beteiligung fallen könne.[60] Der Bundesfinanzhof vertrat insoweit also eine restriktive Auslegung mit Blick auf das Tatbestandsmerkmal der „Beteiligung" und lehnte eine Gleichstellung der mittelbaren mit der unmittelbaren Beteiligung für diese Zwecke ausdrücklich ab. Dagegen rechnete der Große Senat des Bundesfinanz-

---

[55] BFH, Urteil vom 20. Oktober 2016 – VIII R 27/15, BStBl. II 2017, 441; Ausgangsentscheidung: FG Rheinland-Pfalz, Urteil vom 24. Juni 2015 – 2 K 1036/13, EFG 2015, 1711.

[56] BFH, Großer Senat, Beschluss vom 25. September 2018 – GrS 2/16, BStBl. II 2019, 262; Vorlagebeschluss: BFH, Vorlagebeschluss vom 21. Juli 2016 – IV R 26/14, BStBl. II 2017, 202.

[57] BFH, Urteil vom 20. Oktober 2016 – VIII R 27/15, BStBl. II 2017, 441; Ausgangsentscheidung: FG Rheinland-Pfalz, Urteil vom 24. Juni 2015 – 2 K 1036/13, EFG 2015, 1711.

[58] Neben dem bereits angesprochenen Gesetzeswortlaut des § 32d Abs. 2 Satz 1 Nr. 1 Buchst. b Satz 1 EStG (vgl. dazu oben), insoweit beispielsweise auch § 6b Abs. 10 Satz 10 EStG (die Unterstreichungen wurden seitens des Verfassers eingefügt):
„*Für die zum Gesamthandsvermögen von Personengesellschaften oder Gemeinschaften gehörenden Anteile an Kapitalgesellschaften gelten die [§ 6b Abs. 10] Sätze 1 bis 9 [EStG] nur, soweit an den Personengesellschaften und Gemeinschaften keine Körperschaften, Personenvereinigungen oder Vermögensmassen beteiligt sind.*".

[59] Insoweit kann insbesondere auf das bereits skizzierten Urteil des BFH vom 20. Oktober 2016 – VIII R 27/15, BStBl. II 2017, 441 verwiesen werden.

[60] BFH, Urteil vom 20. Oktober 2016 – VIII R 27/15, BStBl. II 2017, 441 (vgl. oben).

Kapitel 1: Grundlagen

hofs im Rahmen seiner Entscheidung vom 25. September 2018[61] den Grundbesitz, der zivilrechtlich im Eigentum einer vermögensverwaltenden Personengesellschaft stand, den Gesellschaftern dieser Personengesellschaft als „eigener" bzw. unmittelbarer Grundbesitz für Zwecke des § 9 Nr. 1 Satz 2 GewStG zu.[62] Auf Grundlage dieser extensiven Auslegung reichte somit bereits der mittelbar über eine vermögensverwaltende Personengesellschaft gehaltene Grundbesitz aus, um die Voraussetzungen der erweiterten gewerbesteuerrechtlichen Kürzung gemäß § 9 Nr. 1 Satz 2 GewStG erfüllen zu können. Da sich diese beiden Entscheidungen des Bundesfinanzhofs somit in gewisser Weise gegenüberstehen, gilt es, die ertragsteuerrechtlichen Grundsätze der Rechtsprechung zur Behandlung von solchen „ungeregelten" Fällen der Gleichstellung der mittelbaren mit der unmittelbaren Beteiligung im Ertragsteuerrecht – über diese beiden Entscheidungen hinaus – zu untersuchen.

3. Wie setzt der Gesetzgeber die spezialgesetzliche Gleichstellung im Ertragsteuerrecht um?

Der Bundesfinanzhof betonte im Rahmen seiner Entscheidung vom 20. Oktober 2016, dass die Gleichstellung der mittelbaren mit der unmittelbaren Beteiligung im Grundsatz einer spezialgesetzlichen Grundlage bedürfe.[63] Im Ertragsteuerrecht finden sich auch zahlreiche Vorschriften, die die Gleichstellung der mittelbaren mit der unmittelbaren Beteiligung durch eine spezialgesetzliche Grundlage im Gesetzeswortlaut ausdrücklich anordnen.[64] Daraus ergibt sich die weitere Fragestellung, wie der Gesetzgeber die spezialgesetzliche Gleichstellung der mittelbaren mit der unmittelbaren Beteiligung im Rahmen der verschiedenen spezialgesetzlichen Gleichstellungsnormen des Ertragsteuerrechts gesetzessystematisch bzw. gesetzestechnisch umsetzt. Dazu bedarf es einer Analyse der verschiedenen spezialgesetzlichen Gleichstellungsnormen des Ertragsteuerrechts mit Blick auf das gesetzgeberische Vorgehen.

---

[61] BFH, Großer Senat, Beschluss vom 25. September 2018 – GrS 2/16, BStBl. II 2019, 262; Vorlagebeschluss: BFH, Vorlagebeschluss vom 21. Juli 2016 – IV R 26/14, BStBl. II 2017, 202.

[62] BFH, Großer Senat, Beschluss vom 25. September 2018 – GrS 2/16, BStBl. II 2019, 262 (270, Rn. 75).

[63] BFH, Urteil vom 20. Oktober 2016 – VIII R 27/15, BStBl. II 2017, 441 (442, Rn. 15).

[64] Vgl. hierzu die Übersicht zu den verschiedenen spezialgesetzlichen Gleichstellungsnormen des Ertragsteuerrechts in Anhang 1.

4. Welchen Sinn und Zweck verfolgen die spezialgesetzlichen Gleichstellungsnormen des Ertragsteuerrechts?

Der Bundesfinanzhof ging im Rahmen seiner Entscheidung vom 20. Oktober 2016[65] davon aus, dass für die Gleichstellung der mittelbaren mit der unmittelbaren Beteiligung grundsätzlich eine spezialgesetzlichen Rechtsgrundlage erforderlich sei. Eine Ausnahme von diesem (restriktiven) Grundsatz solle seiner Ansicht nach nur dann gelten, wenn sich die Gleichstellung der mittelbaren mit der unmittelbaren Beteiligung eindeutig aus dem Sinn und Zweck der relevanten (ertrag-)steuerrechtlichen Norm ergeben würde.[66] Die Thematik der Gleichstellung der mittelbaren mit der unmittelbaren Beteiligung im Ertragsteuerrecht ist daher eng mit der Teleologie der zugrunde liegenden ertragsteuerrechtlichen Vorschrift verknüpft. Eine weitere Fragestellung ist daher, welchen Sinn und Zweck der Gesetzgeber mit den verschiedenen spezialgesetzlichen Gleichstellungsnormen des Ertragsteuerrechts verfolgt.[67]

B. Stand der Forschung

Die beiden eingangs dargestellten Entscheidungen des Bundesfinanzhofs vom 20. Oktober 2016[68] und vom 25. September 2018[69] verdeutlichen die praktische Bedeutung der Thematik der Gleichstellung der mittelbaren mit der unmittelbaren Beteiligung im Ertragsteuerrecht. Gleichwohl wurde diese Thematik monographisch – soweit ersichtlich – weder zusammenfassend noch systematisierend in einem Werk dargestellt bzw. thematisiert. So behandelt eine aktuelle Arbeit aus dem Jahr 2018 zwar die Thematik der mittelbaren Beteiligung an einer Publikumspersonengesellschaft über einen Treuhänder.[70] Zudem thematisiert eine Arbeit aus dem Jahr 2013 die einkommensteuerrechtliche Zurechnung bei mittelbaren Beteiligungen an Personengesellschaften.[71] Diese beiden Arbeiten beschränken sich damit allerdings auf mittelbare Beteiligungsverhältnisse an (Publikums-) Personengesellschaften. Es wurde daher bisher noch kein Versuch unternommen, die

---

[65] BFH, Urteil vom 20. Oktober 2016 – VIII R 27/15, BStBl. II 2017, 441.
[66] BFH, Urteil vom 20. Oktober 2016 – VIII R 27/15, BStBl. II 2017, 441 (442, Rn. 15).
[67] Vgl. zu den verschiedenen spezialgesetzlichen Gleichstellungsnormen des Ertragsteuerrechts die entsprechende Übersicht in Anhang 1.
[68] BFH, Urteil vom 20. Oktober 2016 – VIII R 27/15, BStBl. II 2017, 441; Ausgangsentscheidung: FG Rheinland-Pfalz, Urteil vom 24. Juni 2015 – 2 K 1036/13, EFG 2015, 1711.
[69] BFH, Großer Senat, Beschluss vom 25. September 2018 – GrS 2/16, BStBl. II 2019, 262; Vorlagebeschluss: BFH, Vorlagebeschluss vom 21. Juli 2016 – IV R 26/14, BStBl. II 2017, 202.
[70] *Adams*, Mittelbare Beteiligung an einer Publikumspersonengesellschaft über einen Treuhänder.
[71] *Werner*, Einkommensteuerrechtliche Zurechnungen bei mittelbaren Beteiligungen an Personengesellschaften.

Kapitel 1: Grundlagen

Thematik der Gleichstellung der mittelbaren mit der unmittelbaren Beteiligung im Ertragsteuerrecht in einem Werk zusammenfassend und systematisierend darzustellen.

C. Untersuchungsgegenstand und Gang der Untersuchung

Die vorliegende Dissertation soll die im Rahmen des Abschnitts III angesprochenen Fragestellungen bzw. Schwierigkeiten im Zusammenhang mit der Thematik der Gleichstellung der mittelbaren mit der unmittelbaren Beteiligung im Ertragsteuerrecht, die sich aus den beiden eingangs skizzierten Entscheidungen des Bundesfinanzhofs ablesen lassen, untersuchen. Die dort angesprochenen Fragestellungen bzw. Schwierigkeiten bilden damit zugleich den wesentlichen Untersuchungsgegenstand dieser Dissertation.

Der Gang der Untersuchung orientiert sich dabei an der im Rahmen des Abschnitts III gewählten Reihenfolge:
- So werden zunächst die Maßstäbe, die für die Einordnung als „unmittelbare Beteiligung" bzw. als „mittelbare Beteiligung" im Ertragsteuerrecht gelten, analysiert. Auf dieser Grundlage wird jeweils eine Art Definition der „unmittelbaren Beteiligung" und eine der „mittelbaren Beteiligung" für Zwecke des Ertragsteuerrechts erarbeitet, die diese Maßstäbe abbilden.[72] Dieses Begriffsverständnis mit Blick auf eine „unmittelbare" bzw. „mittelbare Beteiligung" dient zugleich als Grundlage der vorliegenden Dissertation.
- In einem zweiten Schritt wird untersucht, welche Grundsätze die Rechtsprechung mit Blick auf „ungeregelte" Fälle der Gleichstellung der mittelbaren mit der unmittelbaren Beteiligung im Ertragsteuerrecht anwendet. Es werden also die von der Rechtsprechung entschiedenen Sachverhaltskonstellationen analysiert, in denen ertragsteuerrechtliche Vorschriften streitentscheidend waren, die keine spezialgesetzliche Gleichstellung der mittelbaren mit der unmittelbaren Beteiligung vornehmen, sich aber gleichwohl die streitentscheidende Frage stellte, ob der relevante Tatbestand allein die unmittelbare Beteiligung oder zugleich auch die mittelbare Beteiligung umfasst.[73]
- Im Anschluss wird analysiert, wie der Gesetzgeber die spezialgesetzliche Gleichstellung der mittelbaren mit der unmittelbaren Beteiligung im Rahmen der verschiedenen spezialgesetzlichen Gleichstellungsnormen des Ertragsteuerrechts gesetzestechnisch umsetzt. Es wird zugleich untersucht, ob

---

[72] Siehe hierzu § 2 dieser Dissertation mit Blick auf den Begriff der „unmittelbaren Beteiligung" und § 3 dieser Dissertation mit Blick auf den Begriff der „mittelbaren Beteiligung".
[73] Siehe hierzu § 4 und § 5 dieser Dissertation.

§ 1 Einleitung

insoweit ein einheitliches System bzw. Vorgehen des Gesetzgebers erkennbar oder jedenfalls eine Kategorisierung der verschiedenen spezialgesetzlichen Gleichstellungsnormen des Ertragsteuerrechts möglich ist.[74]
- Schließlich wird untersucht, welchen Sinn und Zweck der Gesetzgeber mit den verschiedenen spezialgesetzlichen Gleichstellungsnormen des Ertragsteuerrechts verfolgt und ob insoweit ein einheitlicher Sinn und Zweck erkennbar ist.[75]

D. Ziel dieser Dissertation

Das Ertragsteuerrecht verwendet in einer Vielzahl von Vorschriften den Begriff der „unmittelbaren" bzw. „mittelbaren Beteiligung". Zugleich beinhaltet es eine Reihe von spezialgesetzlichen Gleichstellungsnormen, welche die Gleichstellung der mittelbaren mit der unmittelbaren Beteiligung ausdrücklich anordnen.[76] Darüber hinaus beschäftigt sich die Rechtsprechung, wie die beiden eingangs skizzierten Entscheidungen des Bundesfinanzhofs vom 20. Oktober 2016[77] und vom 25. September 2018[78] belegen, mit solchen ertragsteuerrechtlichen Vorschriften, welche die Gleichstellung der mittelbaren mit der unmittelbaren Beteiligung nicht spezialgesetzlich regeln, sich aber gleichwohl die Frage stellt, ob der jeweilige Tatbestand allein die unmittelbare oder zugleich auch die mittelbare Beteiligungsform umfasst. Die Thematik der Gleichstellung der mittelbaren mit der unmittelbaren Beteiligung im Ertragsteuerrecht bringt daher eine besondere Vielschichtigkeit und „Breite" mit sich. Um somit im Rahmen dieser Dissertation überhaupt „übergeordnete" Erkenntnisse mit Blick auf diese Thematik erzielen zu können, die unabhängig vom jeweiligen Einzelfall oder der jeweils anwendbaren ertragsteuerrechtlichen Vorschrift gelten, ist es erforderlich, die Thematik der Gleichstellung der mittelbaren mit der unmittelbaren Beteiligung im Ertragsteuerrecht zu systematisieren. Dies soll dadurch erreicht werden, dass die über den jeweiligen Einzelfall oder die jeweils anwendbare Vorschrift hinaus geltenden Grundsätze herausgearbeitet und deren Ausnahmen dargestellt oder jedenfalls einzelne Kategorien gebildet werden, die es ermöglichen, den jeweiligen Themenbereich

---

[74] Siehe hierzu § 6 dieser Dissertation.
[75] Siehe hierzu § 7 und § 8 dieser Dissertation.
[76] Vgl. zu den verschiedenen spezialgesetzlichen Gleichstellungsnormen des Ertragsteuerrechts die entsprechende Übersicht in Anhang 1.
[77] BFH, Urteil vom 20. Oktober 2016 – VIII R 27/15, BStBl. II 2017, 441; Ausgangsentscheidung: FG Rheinland-Pfalz, Urteil vom 24. Juni 2015 – 2 K 1036/13, EFG 2015, 1711.
[78] BFH, Großer Senat, Beschluss vom 25. September 2018 – GrS 2/16, BStBl. II 2019, 262; Vorlagebeschluss: BFH, Vorlagebeschluss vom 21. Juli 2016 – IV R 26/14, BStBl. II 2017, 202.

zu systematisieren und zu strukturieren. Hierdurch soll zugleich der Zugang zu dieser vielschichtigen Thematik der Gleichstellung der mittelbaren mit der unmittelbaren Beteiligung im Ertragsteuerrecht erleichtert und ein systematischer Überblick gegeben werden. Diese Dissertation hat sich daher – neben der reinen Analyse des oben umrissenen Untersuchungsgegenstands – zum Ziel gesetzt, die Thematik der Gleichstellung der mittelbaren mit der unmittelbaren Beteiligung im Ertragsteuerrecht zu systematisieren.

E. Beschränkung auf das Ertragsteuerrecht

Der Untersuchungsgegenstand dieser Dissertation und das beschriebene Ziel der Systematisierung der Thematik der Gleichstellung der mittelbaren mit der unmittelbaren Beteiligung werden dabei auf das Ertragsteuerrecht – also den Anwendungsbereich bzw. die (ertrag-) steuerrechtlichen Vorschriften des Einkommen-, Körperschaft- und Gewerbesteuergesetzes[79] – beschränkt.[80] Zwar ließe sich der Untersuchungsgegenstand und die angestrebte Systematisierung mit Blick auf die Thematik der Gleichstellung der mittelbaren mit der unmittelbaren Beteiligung durchaus auch auf steuerrechtliche Vorschriften außerhalb des Ertragsteuerrechts ausweiten. Denn so finden sich beispielsweise auch in zahlreichen steuerrechtlichen Vorschriften außerhalb des Ertragsteuerrechts spezialgesetzliche Gleichstellungsnormen, die die Gleichstellung der mittelbaren mit der unmittelbaren Beteiligung ausdrücklich anordnen.[81] In diesem Fall würde sich allerdings erneut die Frage stellen, wie der Untersuchungsgegenstand weiter eingeschränkt werden könnte, um überhaupt noch „übergeordnete" Erkenntnisse erzielen sowie eine entsprechende Systematisierung der Thematik der Gleichstellung der mittelbaren mit der unmittelbaren Beteiligung vornehmen zu können.[82]

Durch die Beschränkung auf das Ertragsteuerrecht soll dagegen zum einen dem Umstand Rechnung getragen werden, dass es sich dabei um die wohl re-

---

[79] Zum Begriff der Ertragsteuern insoweit auch: *Hey*, in Tipke/Lang, Steuerrecht, § 7 Rn. 22; *Birk/Desens/Tappe*, Steuerrecht, Rn. 587 ff.

[80] Wird im Rahmen dieser Dissertation daher vom „Ertragsteuerrecht" gesprochen bzw. auf das „Ertragsteuerrecht" Bezug genommen, bezieht sich dies auf die Vorschriften des EStG, KStG und GewStG.

[81] So finden sich beispielsweise allein in den grunderwerbsteuerrechtlichen Vorschriften des § 1 Abs. 2a, 3 und 3a GrEStG mehrere spezialgesetzliche Gleichstellungsnormen, die die Gleichstellung der mittelbaren mit der unmittelbaren Beteiligung ausdrücklich anordnen.

[82] Im Übrigen finden sich allein im Ertragsteuerrecht bereits rund 40 spezialgesetzliche Gleichstellungsnormen, die die Gleichstellung der mittelbaren mit der unmittelbaren Beteiligung ausdrücklich anordnen; vgl. hierzu die Übersicht zu den verschiedenen spezialgesetzlichen Gleichstellungsnormen des Ertragsteuerrechts im Anhang 1.

§ 1 Einleitung

levanteste Materie für die steuerrechtliche Wissenschaft, aber zugleich auch die steuerrechtliche Praxis handelt. Zum anderen handelt es sich bei dem Ertragsteuerrecht – trotz des Umstands, dass sich die Normen des Ertragsteuerrechts über insgesamt drei Gesetze (d.h. Einkommen-, Körperschaft- und Gewerbesteuergesetz) erstrecken – um eine weitgehend „abgeschlossene" Materie. Denn durch den Begriff der Ertragsteuern wird bereits vermittelt, dass die ertragsteuerrechtlichen Vorschriften gemeinsam den Zweck verfolgen, den „Ertrag", also das Einkommen bzw. den Gewinn, zu besteuern. Aus dem Einkommen-, Körperschaft- und Gewerbesteuergesetz ergeben sich hierbei die verschiedenen Methoden zur Ermittlung des zu versteuernden Einkommens bzw. Gewinns und resultiert zugleich die Pflicht zur Zahlung der entsprechenden Ertragsteuern. Die Fokussierung auf das Ertragsteuerrecht beschränkt den Untersuchungsgegenstand – und mit ihm die Bandbreite der Teleologie sowie die angestrebte Systematisierung – damit auf Fragen der Ertragsteuerpflicht und der Methoden zur Ermittlung von Erträgen für Zwecke der entsprechenden Ertragbesteuerung; zumal die gewerbesteuerrechtliche Bemessungsgrundlage über § 7 Satz 1 GewStG unmittelbar mit den Vorschriften und Ermittlungsmethoden des Einkommen- und Körperschaftsteuergesetzes verknüpft ist[83]. Durch die Fokussierung auf das Ertragsteuerrecht werden somit hinreichend vergleichbare und damit verallgemeinerungsfähige Fallgruppen erfasst, die es überhaupt erst ermöglichen, „übergeordnete" Erkenntnisse im Rahmen der Thematik der Gleichstellung der mittelbaren mit der unmittelbaren Beteiligung zu erzielen sowie entsprechende Systematisierungen vorzunehmen.

F. Methodologisches Vorgehen

Diese Dissertation bedient sich im Rahmen ihres methodologischen Vorgehens der allgemeinen juristischen Methodik. Hauptmaßstab zur Auslegung von gesetzlichen Vorschriften sind daher die grammatikalische, systematische, historische sowie teleologische Auslegung.[84]

---

[83] Denn danach ist der für die Gewerbesteuer maßgebliche Gewerbeertrag der nach den Vorschriften des EStG bzw. KStG ermittelte Gewinn, vermehrt um bestimmte Hinzurechnungs- und vermindert um bestimmte Kürzungsbeträge, vgl. insoweit den aktuellen Wortlaut des § 7 Satz 1 GewStG:
„*Gewerbeertrag ist der nach den Vorschriften des Einkommensteuergesetzes oder des Körperschaftsteuergesetzes zu ermittelnde Gewinn aus dem Gewerbebetrieb, der bei der Ermittlung des Einkommens für den dem Erhebungszeitraum (§ 14) entsprechenden Veranlagungszeitraum zu berücksichtigen ist, vermehrt und vermindert um die in den §§ 8 und 9 bezeichneten Beträge.*".
[84] *Larenz/Canaris*, Methodenlehre der Rechtswissenschaft, Seite 141 ff.

Kapitel 1: Grundlagen

Diese Dissertation hat sich zum Ziel gesetzt, die Thematik der Gleichstellung der mittelbaren mit der unmittelbaren Beteiligung im Ertragsteuerrecht zu systematisieren. Zudem sollen die verschiedenen spezialgesetzlichen Gleichstellungsnormen des Ertragsteuerrechts im Hinblick auf deren Sinn und Zweck ausgehend von der teleologischen Auslegung untersucht werden. Dies hat zur Folge, dass die systematische sowie teleologische Auslegung im Rahmen dieser Dissertation einen besonderen Stellenwert einnehmen.

§ 2 Die „unmittelbare Beteiligung" im Ertragsteuerrecht

A. Keine (Legal-) Definition des Begriffs der „unmittelbaren Beteiligung"

Der erste Zugang zu dem Begriff der „unmittelbaren Beteiligung" im Ertragsteuerrecht wird insbesondere dadurch erschwert, dass das Ertragsteuerrecht den Begriff der „unmittelbaren Beteiligung" gesetzlich nicht (legal-) definiert bzw. näher ausformt. Der Begriff der „unmittelbaren Beteiligung" wird zwar als Tatbestandsmerkmal in einer Vielzahl von ertragsteuerrechtlichen Vorschriften abstrakt verwendet. So unterfallen beispielsweise gemäß § 8b Abs. 4 Satz 1 KStG sog. Streubesitzdividenden[85] – d.h. Dividenden, die aus einer „unmittelbaren Beteiligung"[86] an einer Kapitalgesellschaft bezogen werden, die weniger als 10 % des Grund- oder Stammkapitals dieser Kapitalgesellschaft beträgt – nicht der für Dividendeneinkünfte grundsätzlich geltenden Steuerbefreiung nach Maßgabe des § 8b Abs. 1 Satz 1 KStG, sondern sind voll körperschaftsteuerpflichtig."[87] Weiterhin zählen zu den gewerblichen Einkünften einer natürlichen Person gemäß § 17 Abs. 1 Satz 1 EStG auch Veräußerungsgewinne, die aus der Veräußerung einer „unmittelbaren

---

[85] Zum Begriff der Streubesitzdividenden in diesem Zusammenhang beispielsweise: *Intemann*, BB 2013, 1239 ff.; *Rengers*, in Blümich, KStG-Kommentar, § 8b KStG, Rn. 116.

[86] § 8b Abs. 4 Satz 4 KStG rechnet dabei jedoch Beteiligungen, die über eine Mitunternehmerschaft gehalten werden, den jeweiligen Mitunternehmern der relevanten Mitunternehmerschaft für Zwecke des § 8b Abs. 4 Satz 1 KStG anteilig unmittelbar zu. Eine dem Mitunternehmer nach Maßgabe des § 8b Abs. 4 Satz 4 KStG zugerechnete Beteiligung wird dabei gemäß § 8b Abs. 4 Satz 5 KStG für Zwecke der Anwendung des § 8b Abs. 4 KStG als „unmittelbare Beteiligung" angesehen bzw. fingiert.

[87] Aktueller Wortlaut des § 8b Abs. 1 Satz 1 KStG (die Unterstreichungen wurden seitens des Verfassers eingefügt, um das Tatbestandsmerkmal der „unmittelbaren Beteiligung" hervorzuheben):
„*Bezüge im Sinne des [§ 8b] Absatzes 1 [KStG] sind abweichend von [§ 8b] Absatz 1 Satz 1 [KStG] bei der Ermittlung des Einkommens zu berücksichtigen, wenn die Beteiligung zu Beginn des Kalenderjahres unmittelbar weniger als 10 Prozent des Grund- oder Stammkapitals betragen hat; (...).*".

§ 2 Die „unmittelbare Beteiligung" im Ertragsteuerrecht

Beteiligung" an einer Kapitalgesellschaft erzielt werden[88], vorausgesetzt, dass der Veräußerer innerhalb der letzten fünf Jahre am Kapital der Gesellschaft, deren Anteile er veräußerte, unmittelbar oder mittelbar zu mindestens 1 % beteiligt war."[89] Dieser abstrakte Begriff bzw. das Tatbestandsmerkmal der „unmittelbaren Beteiligung" wird im Rahmen des Ertragsteuerrechts gesetzlich allerdings nicht näher konkretisiert, so dass die entsprechenden Maßstäbe und Merkmale vom Gesetzgeber insoweit nicht einheitlich geregelt werden.

B. Auslegung des Begriffs der „unmittelbaren Beteiligung" auf Basis rein zivilrechtlicher Grundsätze

Einen ersten Ansatzpunkt zur Auslegung des Begriffs der „unmittelbaren Beteiligung" für Zwecke des Ertragsteuerrechts enthält allerdings die allgemeine Zurechnungsregelung der Abgabenordnung gemäß § 39 Abs. 1 AO. Danach sind Wirtschaftsgüter, und damit grundsätzlich auch Beteiligungen, im Regelfall dem zivilrechtlichen Eigentümer zuzurechnen:

„Wirtschaftsgüter sind dem Eigentümer zuzurechnen."[90]

I. Zivilrechtliche Grundsätze gemäß § 39 Abs. 1 AO

Nach dem Wortlaut des § 39 Abs. 1 AO werden Wirtschaftsgüter somit dem Eigentümer zugerechnet.[91] Diese Zurechnungsregelung ist aus zivilrechtlicher Sicht jedoch nicht gänzlich zutreffend formuliert.[92] Denn § 39 Abs. 1 AO rechnet Wirtschaftsgüter (ein steuerrechtlicher Begriff) dem Eigentümer (ein zivilrechtlicher

---

[88] Zwar geht aus dem Gesetzeswortlaut des § 17 Abs. 1 Satz 1 EStG nicht ausdrücklich hervor, dass insoweit allein die Veräußerung einer „unmittelbaren Beteiligung" tatbestandsmäßig ist und nicht zugleich auch die Veräußerung einer lediglich „mittelbaren Beteiligung". Es ist jedoch allgemein anerkannt, dass insoweit allein die Veräußerung einer „unmittelbaren Beteiligung" tatbestandsmäßig ist und eine „mittelbare Beteiligung" allein für die Frage des Erreichens der Wesentlichkeitsgrenze von mindestens 1 % Bedeutung erlangt: Vgl. insoweit BFH, Urteil vom 4. März 2008 – IX R 78/06, BStBl. II 2008, 575 (576); *Weber-Grellet*, in Schmidt, EStG-Kommentar, § 17 EStG, Rn. 67; *Gosch*, in Kirchhof, EStG-Kommentar, § 17 EStG, Rn. 28.
[89] Aktueller Wortlaut des § 17 Abs. 1 Satz 1 EStG (die Unterstreichungen wurden seitens des Verfassers eingefügt, um das Tatbestandsmerkmal der „unmittelbaren Beteiligung" hervorzuheben):
„Zu den Einkünften aus Gewerbebetrieb gehört auch der Gewinn aus der Veräußerung von Anteilen an einer Kapitalgesellschaft, wenn der Veräußerer innerhalb der letzten fünf Jahre am Kapital der Gesellschaft unmittelbar oder mittelbar zu mindestens 1 Prozent beteiligt war.".
[90] Aktueller Wortlaut des § 39 Abs. 1 AO.
[91] Vgl. zum Wortlaut des § 39 Abs. 1 AO die Ausführungen oben.
[92] *Drüen*, in Tipke/Kruse, AO/FGO-Kommentar, § 39 AO, Rn. 20; *Schmieszek*, in Gosch, AO/FGO-Kommentar, § 39 AO, Rn. 19.

Kapitel 1: Grundlagen

Begriff) zu und verbindet damit zwei Begriffe, die nicht in jeder Hinsicht deckungsgleich sind.[93]

Zivilrechtliches Eigentum kann nach Maßgabe des § 903 Satz 1 BGB grundsätzlich nur an Sachen im Sinne des § 90 BGB bestehen.[94] Solche Sachen im Sinne des § 90 BGB sind indes ausschließlich körperliche Gegenstände und umfassen damit beispielsweise nicht auch Forderungen oder andere immaterielle Werte.[95] Der steuerrechtliche Begriff des Wirtschaftsguts ist dagegen wesentlich weiter und geht über den zivilrechtlichen Begriff des Eigentums bzw. der Sachen hinaus.[96] Denn Wirtschaftsgüter im steuerrechtlichen Sinn sind nicht nur Sachen, Tiere und Rechte im Sinne des Zivilrechts, sondern auch tatsächliche Zustände, konkrete Möglichkeiten und vermögenswerte Vorteile, deren Erlangung sich ein Kaufmann etwas kosten lässt, die einer selbständigen Bewertung zugänglich sind, regelmäßig eine Nutzung für mehrere Jahre erbringen und zumindest mit dem entsprechenden Betrieb übertragen werden können.[97]

Mit der Zurechnungsregelung des § 39 Abs. 1 AO wollte der Gesetzgeber jedoch über die Zurechnung von bloßen Sachen im Sinne des § 90 BGB hinausgehen und zugleich auch die Zurechnung von Forderungen, Rechten und bestimmten wirtschaftlichen Vorteilen zum jeweils zivilrechtlich Berechtigten regeln.[98] Die Zurechnungsregelung des § 39 Abs. 1 AO ist deswegen im Wege einer teleologisch extensiven Auslegung so auszulegen, dass „Eigentum" im Sinne des § 39 Abs. 1 AO als zivilrechtliche Berechtigung absoluter Herrschaftsmacht über einen Vermögensgegenstand zu verstehen ist und es damit auf die dem „Eigentum" entsprechende persönliche Zurechnung nach zivilrechtlichen Grundsätzen ankommt.[99] Diese teleologisch extensive Auslegung des § 39 Abs. 1 AO hat zur

---

[93] *Heidner*, DB 1996, 1203; *Schmieszek*, in Gosch, AO/FGO-Kommentar, § 39 AO, Rn. 19.
[94] Aktueller Wortlaut des § 903 Satz 1 BGB:
   „Der Eigentümer einer Sache kann, soweit nicht das Gesetz oder Rechte Dritter entgegenstehen, mit der Sache nach Belieben verfahren und andere von jeder Einwirkung ausschließen.".
[95] Aktueller Wortlaut des § 90 BGB:
   „Sachen im Sinne des Gesetzes sind nur körperliche Gegenstände.".
[96] *Heidner*, DB 1996, 1203; *Schmieszek*, in Gosch, AO/FGO-Kommentar, § 39 AO, Rn. 19.
[97] BFH, Großer Senat, Beschluss vom 7. August 2000 – GrS 2/99, BStBl. II 2000, 632 (635); *Ratschow*, in Klein, AO-Kommentar, § 39 AO, Rn. 8; *Koenig*, in Koenig, AO-Kommentar, § 39 AO, Rn. 7.
[98] BT-Drucksache 7/4292 vom 7. November 1975, Seite 19: *„Wirtschaftsgüter sind wie bisher dem Eigentümer im Sinne des bürgerlichen Rechts bzw. dem Rechtsinhaber [so dass nicht nur der zivilrechtliche Eigentümer von Sachen im Sinne des Zivilrechts angesprochen wird, sondern auch (sonstige) zivilrechtlich Berechtigte] zuzurechnen."*; *Heidner*, DB 1996, 1203.
[99] *Koenig*, in Koenig, AO-Kommentar, § 39 AO, Rn. 10; *Ratschow*, in Klein, AO-Kommentar, § 39 AO, Rn. 13; *Heidner*, DB 1996, 1203.

§ 2 Die „unmittelbare Beteiligung" im Ertragsteuerrecht

Folge, dass – ausgehend vom Maßstab der zivilrechtlichen Berechtigung – Sachen im Sinne des § 90 BGB dem zivilrechtlichen Eigentümer, Rechte dem Rechtsinhaber, Forderungen dem jeweiligen Gläubiger und Geschäfts- bzw. Gesellschaftsanteile dem relevanten Gesellschafter als den insoweit zivilrechtlich Berechtigten zuzurechnen sind.[100]

II. Übertragung dieser Grundsätze auf die Auslegung des Begriffs der „unmittelbaren Beteiligung"

Überträgt man diese rein zivilrechtlichen Grundsätze der Zurechnungsregelung des § 39 Abs. 1 AO zur Zurechnung von Wirtschaftsgütern auf die Auslegung des Begriffs der „unmittelbaren Beteiligung" für Zwecke des Ertragsteuerrechts, so hat dies zur Folge, dass die Einordnung als „unmittelbare Beteiligung" bzw. als „unmittelbar Beteiligter" nur dann in Betracht kommen könnte, wenn der relevante Beteiligte als zivilrechtlicher Eigentümer bzw. als zivilrechtlich Berechtigter des relevanten Wirtschaftsguts einzustufen wäre. Denn nur in diesem Fall würde ihm das entsprechende Wirtschaftsgut (auch) für steuerliche Zwecke gemäß § 39 Abs. 1 AO zugerechnet werden. Eine rein „wirtschaftliche" Beteiligung an dem relevanten Wirtschaftsgut würde auf dieser Grundlage dagegen nicht ausreichen, um eine „unmittelbare Beteiligung" für Zwecke des Ertragsteuerrechts begründen zu können.

Allerdings knüpfen die (ertrag-) steuerrechtlichen Vorschriften regelmäßig an durch wirtschaftliche Aspekte getriebene Sachverhalte und Gestaltungen an.[101] Diese wirtschaftlichen Sachverhalte und Gestaltungen vollziehen sich dabei lediglich in bestimmten Formen des Zivilrechts bzw. verwenden insoweit dem Zivilrecht entlehnte Begrifflichkeiten.[102] Zum Zwecke der „zutreffenden" – d.h. an der wirtschaftlichen Leistungsfähigkeit orientierten – Besteuerung dieser wirtschaftlichen Sachverhalte und Gestaltungen ist daher regelmäßig – abweichend von der zivilrechtlichen Erscheinungsform – der tatsächliche wirtschaftliche Gehalt dieser Sachverhalte und Gestaltungen zu erfassen.[103] Die (ertrag-) steuerrechtlichen Vorschriften bedürfen deswegen im Regelfall einer am wirtschaftlichen – und nicht einer am reinen zivilrechtlichen – Gehalt des Sachverhalts orientierten Inter-

---

[100] *Drüen*, in Tipke/Kruse, AO/FGO-Kommentar, § 39 AO, Rn. 20; *Koenig*, in Koenig, AO-Kommentar, § 39 AO, Rn. 10; *Ratschow*, in Klein, AO-Kommentar, § 39 AO, Rn. 13.
[101] *Englisch*, in Tipke/Lang, Steuerrecht, § 5, Rn. 70; *Ratschow*, in Blümich, EStG-Kommentar, § 2 EStG, Rn. 50.
[102] *Ratschow*, in Blümich, EStG-Kommentar, § 2 EStG, Rn. 50.
[103] *Ratschow*, in Blümich, EStG-Kommentar, § 2 EStG, Rn. 50.

pretation.[104] Die zivilrechtlichen Begriffe, die vom Gesetzgeber im Rahmen von (ertrag-) steuerrechtlichen Vorschriften verwendet werden, sind daher vielfach abweichend vom zivilrechtlichen Begriffsverständnis nach Maßgabe und unter Berücksichtigung ihres jeweiligen wirtschaftlichen Gehalts zu interpretieren.[105] Da Zivil- und Steuerrecht zwei „autonome" Rechtsgebiete mit eigenständigen Zwecken und Wertungen sind, stellt es auch keinen Wertungswiderspruch dar, wenn es insoweit zu einer unterschiedlichen Beurteilung kommt.[106]

Auch das Bundesverfassungsgericht geht in Bezug auf das Verhältnis zwischen Zivil- und Steuerrecht davon aus, dass ein Vorrang oder eine Maßgeblichkeit des Zivilrechts für die Auslegung von (ertrag-) steuerrechtlichen Vorschriften bzw. Tatbestandsmerkmalen nicht bestehe.[107] Dies wird durch das Bundesverfassungsgericht damit begründet, dass Zivil- und Steuerrecht nebengeordnete und damit grundsätzlich gleichrangige Rechtsgebiete seien, die den konkret zu beurteilenden Sachverhalt aus einer jeweils anderen Perspektive und unter anderen Wertungsgesichtspunkten beurteilen würden.[108] Steuerrechtliche Tatbestandsmerkmale seien daher, auch wenn sie einem anderen Rechtsgebiet (wie insbesondere dem Zivilrecht) entnommen seien, nach dem steuerrechtlichen Bedeutungszusammenhang, nach dem Zweck des jeweiligen Steuergesetzes und dem Inhalt der einschlägigen Einzelfallregelung zu interpretieren.[109]

C. Regelmäßige Überlagerung der zivilrechtlichen Grundsätze durch steuerrechtliche bzw. wirtschaftliche Maßstäbe

Eine allein zivilrechtlichen Grundsätzen folgende Auslegung des Begriffs der „unmittelbaren Beteiligung" kommt daher für Zwecke des Ertragsteuerrechts grundsätzlich nicht in Betracht. Die zivilrechtlichen Grundsätze zur Auslegung des Begriffs der „unmittelbaren Beteiligung" werden stattdessen regelmäßig durch steuerrechtliche bzw. wirtschaftliche Maßstäbe überlagert. Dies ist jedenfalls dann

---

[104] *Englisch*, in Tipke/Lang, Steuerrecht, § 5, Rn. 70; *Lüdenbach*, StuB 2019, 19 f.; *Eibelshäuser*, DStR 2002, 1426 (1429); vgl. zur Problematik der steuerrechtlichen Bedeutung zivilrechtlicher Begriffe bzw. zur (Nicht-) Maßgeblichkeit des Zivilrechts die grundsätzlichen Beiträge von *Hüttemann*, in Droege/Seiler, Eigenständigkeit des Steuerrechts, S. 115 ff. und *Vogel*, Die Auslegung privatrechtlich geprägter Begriffe im Ertragsteuerrecht – Ein Beitrag zum Verhältnis zweier Teilrechtsordnungen.
[105] *Eibelshäuser*, DStR 2002, 1426 (1429); *Englisch*, in Tipke/Lang, Steuerrecht, § 5, Rn. 70; *Weber-Grellet*, in Schmidt, EStG-Kommentar, § 2 EStG, Rn. 39.
[106] *Hüttemann*, in Droege/Seiler, Eigenständigkeit des Steuerrechts, 115 (126).
[107] BVerfG, Beschluss vom 27. Dezember 1991 – 2 BvR 72/90, BStBl. II 1992, 212 (213).
[108] BVerfG, Beschluss vom 27. Dezember 1991 – 2 BvR 72/90, BStBl. II 1992, 212 (213).
[109] BVerfG, Beschluss vom 27. Dezember 1991 – 2 BvR 72/90, BStBl. II 1992, 212 (214).

§ 2 Die „unmittelbare Beteiligung" im Ertragsteuerrecht

der Fall, wenn die zivilrechtliche und die „wirtschaftliche" Berechtigung[110] mit Blick auf einen Vermögensgegenstand nicht in einer Personen zusammenfallen. In diesem Fall setzt sich für steuerliche Zwecke regelmäßig die „wirtschaftliche" gegenüber der zivilrechtlichen Berechtigung durch, so dass für diese Zwecke allein der „wirtschaftlich" (und nicht der zivilrechtlich) Berechtigte als unmittelbar Beteiligter des relevanten Wirtschaftsguts anzusehen ist. Eine solche steuerrechtliche bzw. wirtschaftliche Auslegung des Begriffs der „unmittelbaren Beteiligung" lässt sich zunächst aus der allgemeinen Zurechnungsregelung des § 39 Abs. 2 AO[111] ableiten. Dies ergibt sich zusätzlich aus der Auslegung verschiedener ertragsteuerrechtlicher Vorschriften[112] sowie darüber hinaus aus dem Gesetzeswortlaut einzelner ertragsteuerrechtlicher Vorschriften[113].

I. Anhaltspunkte in der Abgabenordnung

Die Zurechnungsregelung des § 39 Abs. 2 AO sieht – abweichend von den zivilrechtlichen Grundsätzen nach § 39 Abs. 1 AO – eine Zurechnung von Wirtschaftsgütern zum sog. wirtschaftlichen Eigentümer[114] statt zum zivilrechtlich Berechtigten vor, sofern zivilrechtliche und wirtschaftliche Berechtigung nicht in einer Person zusammenfallen:

> *„Abweichend von [§ 39] Absatz 1 [AO] gelten die folgenden Vorschriften:*
> 1. *Übt ein anderer als der Eigentümer die tatsächliche Herrschaft über ein Wirtschaftsgut in der Weise aus, dass er den Eigentümer im Regelfall für die gewöhnliche Nutzungsdauer von der Einwirkung auf das Wirtschaftsgut wirtschaftlich ausschließen kann, <u>so ist ihm das Wirtschaftsgut zuzurechnen</u>. Bei Treuhandverhältnissen sind die Wirtschaftsgüter dem Treugeber, beim Sicherungseigentum dem Sicherungsgeber und beim Eigenbesitz dem Eigenbesitzer zuzurechnen.*
> 2. *Wirtschaftsgüter, die mehreren zur gesamten Hand zustehen, werden den <u>Beteiligten anteilig zugerechnet</u>, soweit eine getrennte Zurechnung für die Besteuerung erforderlich ist."*[115]

---

[110] Im Steuerrecht regelmäßig als „wirtschaftliches Eigentum" benannt: Vgl. *Fischer*, in Hübschmann/Hepp/Spitaler, AO/FGO-Kommentar, § 39 AO, Rn. 71; *Drüen*, in Tipke/Kruse, AO/FGO-Kommentar, § 39 AO, Rn. 21a; *Mayer*, DStR 2009, 674 (675).
[111] Siehe hierzu die Ausführungen unter § 2 C I unten.
[112] Siehe hierzu die Ausführungen unter § 2 C II unten.
[113] Siehe hierzu die Ausführungen unter § 2 C III unten.
[114] *Fischer*, in Hübschmann/Hepp/Spitaler, AO/FGO-Kommentar, § 39 AO, Rn. 71; *Drüen*, in Tipke/Kruse, AO/FGO-Kommentar, § 39 AO, Rn. 21a; *Mayer*, DStR 2009, 674 (675).
[115] Aktueller Wortlaut des § 39 Abs. 2 AO (die Unterstreichungen wurden seitens des Verfassers eingefügt).

Kapitel 1: Grundlagen

1. „Wirtschaftliches Eigentum" gemäß § 39 Abs. 2 Nr. 1 Satz 1 AO

Die Zurechnungsregelung des § 39 Abs. 2 Nr. 1 Satz 1 AO ordnet somit ausdrücklich an, dass ein Wirtschaftsgut abweichend von der Grundregel des § 39 Abs. 1 AO nicht dem zivilrechtlich Berechtigten, sondern einem Dritten – dem sog. wirtschaftlichen Eigentümer[116] – für steuerliche Zwecke zuzurechnen ist. Voraussetzung für diese von den zivilrechtlichen Grundsätzen des § 39 Abs. 1 AO abweichende Zurechnung zum wirtschaftlichen Eigentümer ist dabei, dass dieser die tatsächliche Herrschaft über das relevante Wirtschaftsgut in der Weise ausübt, dass er den zivilrechtlich Berechtigten im Regelfall für die gewöhnliche Nutzungsdauer von der Einwirkung auf das entsprechende Wirtschaftsgut wirtschaftlich ausschließen kann.[117]

Die Generalklausel gemäß § 39 Abs. 2 Nr. 1 Satz 1 AO enthält damit die allgemeine Definition des wirtschaftlichen Eigentums, welche auf die sog. Leasingrechtsprechung des Bundesfinanzhofs[118] zurückgeht.[119] Der Bundesfinanzhof hatte insoweit entschieden, dass eine wirtschaftliche Betrachtungsweise für die steuerliche Beurteilung von Leasingverträgen maßgeblich sei.[120] Wirtschaftsgüter, die Gegenstand eines solchen Leasingvertrages seien, seien für steuerliche Zwecke daher unter Umständen allein dem wirtschaftlichen Eigentümer und gerade nicht dem zivilrechtlich Berechtigten zuzurechnen.[121] Der wirtschaftliche Eigentümer werde nach Auffassung des Gerichts dadurch charakterisiert, dass er im Regelfall, d.h. in dem für die Situation typischen Fall, den zivilrechtlich Berechtigten auf Dauer von der Einwirkung auf das relevante Wirtschaftsgut wirtschaftlich ausschließen könne, so dass ein Herausgabeanspruch des zivilrechtlich Berechtigten mit Blick auf das relevante Wirtschaftsgut keine wirtschaftliche Bedeutung mehr habe.[122] Durch die Generalklausel des § 39 Abs. 2 Nr. 1 AO werden diese von der Rechtsprechung im Rahmen der sog. Leasingrechtsprechung entwickelten Grundsätze zum wirtschaftlichen Eigentum aufgegriffen und im Rahmen dieser Zurechnungsregelung gesetzlich fixiert. Bei Vorliegen der im Rahmen des § 39 Abs. 2 Nr. 1 Satz 1 AO normierten Voraussetzungen reicht somit die „wirtschaft-

---

[116] *Fischer*, in Hübschmann/Hepp/Spitaler, AO/FGO-Kommentar, § 39 AO, Rn. 71; *Drüen*, in Tipke/Kruse, AO/FGO-Kommentar, § 39 AO, Rn. 21a; *Mayer*, DStR 2009, 674 (675).
[117] Siehe zum Wortlaut des § 39 Abs. 2 Nr. 1 Satz 1 AO die Ausführungen oben.
[118] BFH, Urteil vom 26. Januar 1970 – IV R 144/66, BStBl. II 1970, 264.
[119] BT-Drucksache 7/4292 vom 7. November 1975, Seite 19: *„Absatz 2 Nr. 1 Satz 1 enthält eine Definition des „wirtschaftlichen Eigentums" im Sinne der vom Bundesfinanzhof im Rahmen der Leasing-Rechtsprechung entwickelten Auffassung."*; *Mayer*, DStR 2009, 674 (675).
[120] BFH, Urteil vom 26. Januar 1970 – IV R 144/66, BStBl. II 1970, 264 (Leitsatz 1).
[121] BFH, Urteil vom 26. Januar 1970 – IV R 144/66, BStBl. II 1970, 264 (272).
[122] BFH, Urteil vom 26. Januar 1970 – IV R 144/66, BStBl. II 1970, 264 (272).

liche Herrschaft" eines zivilrechtlich Nichtberechtigten über ein Wirtschaftsgut aus, um diesem statt dem zivilrechtlich Berechtigten das relevante Wirtschaftsgut für steuerliche Zwecke zuzurechnen.

2. Beispielsfälle des § 39 Abs. 2 Nr. 1 Satz 2 AO

Die Zurechnungsregelung des § 39 Abs. 2 Nr. 1 Satz 2 AO nennt in diesem Zusammenhang Beispielsfälle, in denen Wirtschaftsgüter – abweichend von den zivilrechtlichen Grundsätzen gemäß § 39 Abs. 1 AO – üblicherweise dem wirtschaftlichen Eigentümer statt dem zivilrechtlich Berechtigten zuzurechnen sind.[123] Danach sind die Wirtschaftsgüter bei Treuhandverhältnissen regelmäßig dem Treugeber, beim Sicherungseigentum dem Sicherungsgeber und beim Eigenbesitz dem Eigenbesitzer zuzurechnen.[124] Diese Aufzählung des § 39 Abs. 2 Nr. 1 Satz 2 AO ist dabei jedoch nicht abschließend.[125]

a) Treuhandverhältnisse als Beispielsfall gemäß § 39 Abs. 2 Nr. 1 Satz 2 AO

Gemäß § 39 Abs. 2 Nr. 1 Satz 2 Var. 1 AO sind Wirtschaftsgüter bei Treuhandverhältnissen für steuerliche Zwecke regelmäßig dem Treugeber als wirtschaftlichem Eigentümer und nicht dem Treuhänder als dem insoweit zivilrechtlich Berechtigten zuzurechnen. Anhand von solchen Treuhandverhältnissen soll im Folgenden exemplarisch dargestellt werden, wie die Zurechnung von Wirtschaftsgütern – abweichend von den zivilrechtlichen Grundsätzen gemäß § 39 Abs. 1 AO – nach Maßgabe des § 39 Abs. 2 Nr. 1 AO zum wirtschaftlichen Eigentümer erfolgt.

aa) Voraussetzungen

Die Voraussetzungen für das Vorliegen eines steuerlich anzuerkennenden Treuhandverhältnisses im Sinne des § 39 Abs. 2 Nr. 1 Satz 2 Var. 1 AO sind weder im Zivil- noch im Steuerrecht gesetzlich ausdrücklich geregelt.[126] Kennzeichnend für solche Treuhandverhältnisse ist jedoch, dass allein der Treuhänder zivilrechtlich Berechtigter eines bestimmten Vermögensrechts (das sog. Treugut[127]) ist, dieser im Innenverhältnis mit dem Treugeber aber nur nach dessen Weisungen mit Blick

---

[123] *Drüen*, in Tipke/Kruse, AO/FGO-Kommentar, § 39 AO, Rn. 30; *Ratschow*, in Klein, AO-Kommentar, § 39 AO, Rn. 60.
[124] Siehe zum Wortlaut des § 39 Abs. 2 Nr. 1 Satz 2 AO die Ausführungen oben.
[125] *Drüen*, in Tipke/Kruse, AO/FGO-Kommentar, § 39 AO, Rn. 30; in diesem Sinne wohl auch Anwendungserlass zur Abgabenordnung (AEAO), AEAO zu § 39 AO, Nr. 1 Satz 2 zu verstehen: „*Beispiele für die Anwendung des Grundsatzes des § 39 Absatz 2 Nr. 1 Satz 1 AO enthält Satz 2*".
[126] *Müller/Wangler*, DStR 2010, 1067; *Ratschow*, in Klein, AO-Kommentar, § 39 AO, Rn. 62 f.
[127] *Lang/Seer*, FR 1992, 637; *Ratschow*, in Klein, AO-Kommentar, § 39 AO, Rn. 63.

auf das entsprechende Treugut handeln darf.[128] Daher fallen rechtliches Können und rechtliches Dürfen in der Person des Treuhänders regelmäßig auseinander.[129] Das Innenverhältnis zwischen dem Treuhänder und dem Treugeber wird dabei durch die Treuhandvereinbarung bestimmt, welche aus zivilrechtlicher Sicht regelmäßig als Geschäftsbesorgungsvertrag im Sinne des § 675 BGB oder als Auftrag im Sinne des § 662 BGB ausgestaltet ist.[130]

Steuerrechtliche Anerkennung mit der Folge der Zurechnung des Treuguts zum Treugeber gemäß § 39 Abs. 2 Nr. 1 Satz 2 Var. 1 AO kann das Treuhandverhältnis nur dann erlangen, wenn der Treuhänder auf Rechnung und Gefahr des Treugebers handelt und dieser nach der konkreten Ausgestaltung des Treuhandverhältnisses und nach den sonstigen Umständen gegenüber dem Treuhänder eine derart beherrschende Stellung innehat, dass er wirtschaftlich die mit der Verwaltung des relevanten Treuguts verbundenen Rechte und Pflichten trägt.[131] Dies ist regelmäßig dann der Fall, wenn der Treugeber dem Treuhänder mit Blick auf die Verwaltung des Treuguts Weisungen erteilen kann sowie das Treugut von dem Treuhänder grundsätzlich jederzeit – ohne wesentliche wirtschaftliche Einbußen – herausverlangen kann.[132] Aus diesen Umständen muss sich eindeutig ergeben, dass die mit dem zivilrechtlichen Eigentum bzw. der zivilrechtlichen Berechtigung verbundene Verfügungsmacht des Treuhänders über das relevante Treugut im Innenverhältnis zu Gunsten des Treugebers in dem Maße eingeschränkt ist, dass die zivilrechtliche Berechtigung wirtschaftlich nur als „leere Form" bzw. „leere Hülle" erscheint.[133]

bb) Rechtsfolge

Als Rechtsfolge bestimmt § 39 Abs. 2 Nr. 1 Satz 2 AO, dass das relevante Wirtschaftsgut bzw. Treugut für steuerliche Zwecke allein dem Treugeber als wirtschaftlichem Eigentümer und dagegen nicht dem Treuhänder als zivilrechtlich Berechtigtem zuzurechnen ist. Die Zurechnung der damit verbundenen Einkünfte, die aus dem Treugut generiert werden, regelt die Zurechnungsregelung des § 39

---

[128] *Rödder*, DB 1998, 195; *Lammel/Martens*, GmbH-Steuerpraxis 2015, 107 (108); *Koenig*, in Koenig, AO-Kommentar, § 39 AO, Rn. 50.
[129] *Ratschow*, in Klein, AO-Kommentar, § 39 AO, Rn. 62.
[130] *Heidner*, DB 1996, 1203 (1204); *Fischer*, in Hübschmann/Hepp/Spitaler, AO/FGO-Kommentar, § 39 AO, Rn. 253.
[131] BFH, Urteil vom 27. Januar 1993 – IX R 269/87, BStBl. II 1994, 615 (617); *Heidner*, DB 1996, 1203 (1204).
[132] BFH, Urteil vom 27. Januar 1993 – IX R 269/87, BStBl. II 1994, 615 (617); *Heidner*, DB 1996, 1203 (1204); *Müller/Wangler*, DStR 2010, 1067 (1068).
[133] BFH, Urteil vom 20. Januar 1999 – I R 69/97, BStBl. II 1999, 514 (516); *Heidner*, DB 1996, 1203 (1204); *Müller/Wangler*, DStR 2010, 1067 (1068).

§ 2 Die „unmittelbare Beteiligung" im Ertragsteuerrecht

Abs. 2 Nr. 1 Satz 2 AO dagegen nicht, da die Vorschrift allein die Zurechnung von Wirtschaftsgütern betrifft.[134] Maßgebend für die Zurechnung von Einkünften ist dabei, wer den Tatbestand der Einkünfteerzielung selbst oder durch Dritte verwirklicht.[135] Gleichwohl werden dem Treugeber regelmäßig nicht nur das relevante Wirtschaftsgut, sondern für steuerliche Zwecke darüber hinaus auch die damit erzielten Einkünfte zugerechnet.[136] Dies resultiert daraus, dass der Treugeber den jeweiligen Einkünftetatbestand aufgrund seiner wirtschaftlich beherrschenden Stellung regelmäßig selbst verwirklicht.[137] Dem entspricht es, dass Aufwendungen des Treuhänders, die im Rahmen der Erfüllung der Treuhandvereinbarung anfallen, ebenfalls dem Treugeber als eigene Aufwendungen zugerechnet werden.[138]

b) Zwischenergebnis

Die Zurechnungsregelung des § 39 Abs. 2 Nr. 1 Satz 2 AO nennt Beispielsfälle, in denen Wirtschaftsgüter – abweichend von den zivilrechtlichen Grundsätzen gemäß § 39 Abs. 1 AO – üblicherweise dem wirtschaftlichen Eigentümer im Sinne des § 39 Abs. 2 Nr. 1 Satz 1 AO zuzurechnen sind, wobei insoweit insbesondere bei den praktisch relevanten Treuhandverhältnissen im Sinne des § 39 Abs. 2 Nr. 1 Satz 2 Var. 1 AO eine abweichende Zurechnung vom zivilrechtlich Berechtigten zum wirtschaftlichen Eigentümer vorgenommen wird.

3. Fiktion der Bruchteilsbetrachtung gemäß § 39 Abs. 2 Nr. 2 AO

Neben der Zurechnungsregelung des § 39 Abs. 2 Nr. 1 AO enthält auch die Regelung des § 39 Abs. 2 Nr. 2 AO einen weiteren Anwendungsfall des wirtschaftlichen Eigentums, der die zivilrechtlichen Grundsätzen gemäß § 39 Abs. 1 AO durch steuerrechtliche bzw. wirtschaftliche Maßstäbe überlagert. Nach dieser Zu-

---

[134] BFH, Urteil vom 27. Januar 1993 – IX R 269/87, BStBl. II 1994, 615 (616); *Fischer*, in Hübschmann/Hepp/Spitaler, AO/FGO-Kommentar, § 39 AO, Rn. 29; *Koenig*, in Koenig, AO-Kommentar, § 39 AO, Rn. 61.

[135] BFH, Urteil vom 27. Januar 1993 – IX R 269/87, BStBl. II 1994, 615 (617); *Ratschow*, in Klein, AO-Kommentar, § 39 AO, Rn 9; *Koenig*, in Koenig, AO-Kommentar, § 39 AO, Rn. 6.

[136] BFH, Urteil vom 24. Mai 1977 – IV R 47/76, BStBl. II 1977, 737 (740); BFH, Urteil vom 20. Januar 1999 – I R 69/97, BStBl. II 1999, 514 (516); *Rödder*, DB 1988, 195 (196, 202); *Lang/Seer*, FR 1992, 637; *Koenig*, in Koenig, AO-Kommentar, § 39 AO, Rn. 61; *Drüen*, in Tipke/Kruse, AO/FGO-Kommentar, § 39 AO, Rn. 44.

[137] BFH, Urteil vom 27. Januar 1993 – IX R 269/87, BStBl. II 1994, 615 (617); *Fischer*, in Hübschmann/Hepp/Spitaler, AO/FGO-Kommentar, § 39 AO, Rn. 33; *Koenig*, in Koenig, AO-Kommentar, § 39 AO, Rn. 61; *Brühl*, in BeckOK AO, § 39 AO, Rn. 61 f.; *Drüen*, in Tipke/Kruse, AO/FGO-Kommentar, § 39 AO, Rn. 44.

[138] *Koenig*, in Koenig, AO-Kommentar, § 39 AO, Rn. 61; *Drüen*, in Tipke/Kruse, AO/FGO-Kommentar, § 39 AO, Rn. 44.

Kapitel 1: Grundlagen

rechnungsregelung werden Wirtschaftsgüter, die zivilrechtlich mehreren zur gesamten Hand zustehen, den Gesamthändern für steuerliche Zwecke – wie bei einer Bruchteilsgemeinschaft – anteilig unmittelbar zugerechnet, soweit eine getrennte Zurechnung für die Besteuerung erforderlich ist:

> *„Wirtschaftsgüter, die mehreren zur gesamten Hand zustehen, werden den Beteiligten anteilig zugerechnet, soweit eine getrennte Zurechnung für die Besteuerung erforderlich ist."*[139]

a) Voraussetzungen
aa) Gesamthandsgemeinschaften

Der Anwendungsbereich der Zurechnungsregelung des § 39 Abs. 2 Nr. 2 AO umfasst Gesamthandsgemeinschaften. Zu diesen Gesamthandsgemeinschaften zählen die GbR, die OHG, die KG, die Partenreederei und die EWIV sowie die Partnerschaftsgesellschaft, die eheliche Gütergemeinschaft, die Erbengemeinschaft und der nichtrechtsfähige Verein.[140] Das Gesamthandsvermögen einer solchen Gesamthandsgemeinschaft stellt dabei zivilrechtlich ein dinglich gebundenes Sondervermögen dar, das von dem sonstigen Vermögen der einzelnen Gesamthänder zu unterscheiden und davon zu trennen ist.[141] Die Gesamthänder sind an diesem Gesamthands- bzw. Sondervermögen als einem „Inbegriff von Sachen und Rechten" im Ganzen und ungeteilt berechtigt.[142] Dies bedeutet, dass aus zivilrechtlicher Sicht keinem der Gesamthänder ein Teilrecht bzw. eine Einzelberechtigung an dem „Inbegriff der Sachen und Rechte" bzw. an den einzelnen Gegenständen des Gesamthandsvermögens zusteht.[143] Die Berechtigung eines jeden Gesamthänders an dem Gesamthandsvermögen wird damit letztlich eingeschränkt durch die gleiche Berechtigung der übrigen Gesamthänder.[144] Dementsprechend kann ein Gesamthänder nach Maßgabe des § 719 Abs. 1 Satz 1 Hs. 1 BGB auch nicht über seinen Anteil an dem Gesellschaftsvermögen und an den einzelnen der dazu gehörenden Gegenständen verfügen.[145] Aus zivilrechtlicher Sicht findet damit bei

---

[139] Aktueller Wortlaut des § 39 Abs. 2 Nr. 2 AO.
[140] *Ratschow*, in Klein, AO-Kommentar, § 39 AO, Rn. 75; *Koenig*, in Koenig, AO-Kommentar, § 39 AO, Rn. 68; *Fischer*, in Hübschmann/Hepp/Spitaler, AO/FGO-Kommentar, § 39 AO, Rn. 293.
[141] *Schäfer*, in Münchener BGB-Kommentar, § 718 BGB, Rn. 6; *Schöne*, in BeckOK BGB, § 718 BGB, Rn. 1.
[142] *Sprau*, in Palandt, BGB-Kommentar, § 719 BGB, Rn. 1; *Schäfer*, in Münchener BGB-Kommentar, § 719 BGB, Rn. 8; *Koenig*, in Koenig, AO-Kommentar,, § 39 AO, Rn. 68.
[143] *Sprau*, in Palandt, BGB-Kommentar, § 719 BGB, Rn. 1; *Schäfer*, in Münchener BGB-Kommentar, § 719 BGB, Rn. 8; *Koenig*, in Koenig, AO-Kommentar, § 39 AO, Rn. 68.
[144] *Drüen*, in Tipke/Kruse, AO/FGO-Kommentar, § 39 AO, Rn. 81.
[145] Aktueller Wortlaut des § 719 Abs. 1 Satz 1 BGB:

§ 2 Die „unmittelbare Beteiligung" im Ertragsteuerrecht

Gesamthandsgemeinschaften – im Gegensatz zu sog. Bruchteilsgemeinschaften – gerade keine quotale bzw. anteilige Zuordnung des Gesamthandsvermögens zu den einzelnen Gesamthändern statt.[146]

bb) Erforderlichkeit der getrennten Zurechnung

Nur soweit es für die Besteuerung erforderlich ist, wird das Gesamthandsvermögen – abweichend von den dargestellten zivilrechtlichen Grundsätzen – den Gesamthändern für steuerliche Zwecke gemäß § 39 Abs. 2 Nr. 2 AO quotal bzw. anteilig zugerechnet. Dieses Tatbestandsmerkmal soll dem Umstand Rechnung tragen, dass die materiellen Steuergesetze nicht in jedem Fall die Gesamthand als Steuerschuldner erfassen, sondern je nach Inhalt des jeweiligen Steuergesetzes entweder die Gesamthand als solche oder die an ihr beteiligten Gesamthänder als Steuersubjekt erfasst werden.[147]

Soweit die materiellen Steuergesetze die Gesamthand als solche als Steuerschuldner erfassen, wird von den zivilrechtlichen Grundsätzen gemäß § 39 Abs. 1 AO nicht abgewichen.[148] In diesen Fällen ist es für die Besteuerung nicht erforderlich, die relevanten Wirtschaftsgüter des Gesamthandsvermögens den einzelnen Gesamthändern quotal bzw. anteilig zuzurechnen; es bleibt in diesen Konstellationen also im Einklang mit den zivilrechtlichen Grundsätzen dabei, dass die entsprechenden Wirtschaftsgüter der Gesamthandsgemeinschaft als solche zugerechnet werden und nicht den an ihr beteiligten Gesamthändern.[149] So bleibt es beispielsweise für Zwecke der Besteuerung nach dem Umsatzsteuergesetz, dem Gewerbesteuergesetz (vgl. §§ 2 Abs. 1, 5 Abs. 1 Satz 3 GewStG), dem Grundsteuergesetz (vgl. § 10 GrStG) und dem Grunderwerbsteuergesetz (vgl. § 13 (insbesondere Nr. 6) GrEStG) bei der Regelzurechnung auf Basis zivilrechtlicher Grundsätze.[150] Diese Steuergesetze erfassen bzw. erkennen nämlich die Gesamt-

---

„Ein Gesellschafter kann nicht über seinen Anteil an dem Gesellschaftsvermögen und an den einzelnen dazu gehörenden Gegenständen verfügen; er ist nicht berechtigt, Teilung zu verlangen.".

[146] *Ratschow*, in Klein, AO-Kommentar, § 39 AO, Rn. 75; *Fischer*, in Hübschmann/Hepp/Spitaler, AO/FGO-Kommentar, § 39 AO, Rn. 297; *Drüen*, in Tipke/Kruse, AO/FGO-Kommentar, § 39 AO, Rn. 81; *Schöne*, in BeckOK BGB, § 718 BGB, Rn. 2.

[147] *Drüen*, in Tipke/Kruse, AO/FGO-Kommentar, § 39 AO, Rn. 87; *Ratschow*, in Klein, AO-Kommentar, Rn. 77.

[148] *Fischer*, in Hübschmann/Hepp/Spitaler, AO/FGO-Kommentar, § 39 AO, Rn. 295; *Ratschow*, in Klein, AO-Kommentar, Rn. 77.

[149] *Drüen*, in Tipke/Kruse, AO/FGO-Kommentar, § 39 AO, Rn. 87 f.; *Koenig*, in Koenig, AO-Kommentar, § 39 AO, Rn. 73 f.

[150] *Drüen*, in Tipke/Kruse, AO/FGO-Kommentar, § 39 AO, Rn. 89; *Fischer*, in Hübschmann/Hepp/Spitaler, AO/FGO-Kommentar, § 39 AO, Rn. 298 f.; *Ratschow*, in Klein, AO-Kommentar, § 39

handsgemeinschaft als solche als Steuersubjekt an, sofern es sich um steuerrechtliche Vorgänge handelt, an denen die Gesamthandsgemeinschaft auch als solche beteiligt ist.[151]

Soweit die materiellen Steuergesetze dagegen die jeweiligen Gesamthänder und nicht die Gesamthandsgemeinschaft als Steuerschuldner mit Blick auf Sachverhalte erfassen, die auf Ebene der Gesamthandsgemeinschaft verwirklicht werden, wird von den zivilrechtlichen Grundsätzen der Regelzurechnung des § 39 Abs. 1 AO nach Maßgabe des § 39 Abs. 2 Nr. 2 AO abgewichen.[152] So erfassen insbesondere die materiellen Steuergesetze des Einkommen- und des Körperschaftsteuergesetzes die Gesamthänder und nicht die Gesamthandsgemeinschaft als Steuerschuldner, so dass es insoweit im Sinne des § 39 Abs. 2 Nr. 2 AO erforderlich ist, von den zivilrechtlichen Grundsätzen der Zurechnungsregelung des § 39 Abs. 1 AO abzuweichen und die Wirtschaftsgüter der Gesamthandsgemeinschaft den jeweiligen Gesamthändern für steuerliche Zwecke gemäß § 39 Abs. 2 Nr. 2 AO quotal bzw. anteilig zuzurechnen.[153]

Eine Einschränkung erfährt diese Betrachtung jedoch durch die Rechtsprechung des Bundesfinanzhofs.[154] Danach sei eine anteilige Zurechnung der Wirtschaftsgüter einer Gesamthandsgemeinschaft zu den Gesamthändern gemäß § 39 Abs. 2 Nr. 2 AO bei einer gewerblichen Personengesellschaft – im Gegensatz zu einer rein vermögensverwaltenden Personengesellschaft – nicht erforderlich.[155] Die gewerbliche Personengesellschaft sei zwar nicht Subjekt der Einkommensbesteuerung, aber jedenfalls Subjekt der Gewinnerzielung, Gewinnermittlung sowie Einkünftequalifikation und als solche partielles Steuerrechtssubjekt bei der Feststellung der Einkunftsart und der Einkünfteermittlung.[156] Daher werde § 39 Abs. 2

AO, Rn. 77.

[151] *Drüen*, in Tipke/Kruse, AO/FGO-Kommentar, § 39 AO, Rn. 89; *Ratschow*, in Klein, AO-Kommentar, § 39 AO, Rn. 77.

[152] *Drüen*, in Tipke/Kruse, AO/FGO-Kommentar, § 39 AO, Rn. 88; Ratschow, in Klein, AO-Kommentar, Rn. 77.

[153] *Drüen*, in Tipke/Kruse, AO/FGO-Kommentar, § 39 AO, Rn. 90; *Koenig*, in Koenig, AO-Kommentar, § 39 AO, Rn. 75.

[154] Vgl. insoweit insbesondere BFH, Großer Senat, Beschluss vom 25. Februar 1991 – GrS 7/89, BStBl. II 1991, 691; BFH, Urteil vom 27. Januar 2016 – X R 23/14, BFH/NV 2016, 1018; BFH, Urteil vom 27. Juni 2019 – IV R 44/16, BFH/NV 2019, 1306.

[155] BFH, Großer Senat, Beschluss vom 25. Februar 1991 – GrS 7/89, BStBl. II 1991, 691 (699); BFH, Urteil vom 27. Januar 2016 – X R 23/14, BFH/NV 2016, 1018; *Fischer*, in Hübschmann/Hepp/Spitaler, AO/FGO-Kommentar, § 39 AO, Rn. 301; *Koenig*, in Koenig, AO-Kommentar, 3. Auflage 2014, § 39 AO, Rn. 76.

[156] BFH, Großer Senat, Beschluss vom 25. Februar 1991 – GrS 7/89, BStBl. II 1991, 691 (699); *Drüen*, in Tipke/Kruse, AO/FGO-Kommentar, Rn. 90; *Koenig*, in Koenig, AO-Kommentar, § 39

Nr. 2 AO durch § 15 Abs. 1 Satz 1 Nr. 2 EStG als lex specialis verdrängt.[157] Das Ergebnis der Tätigkeit der gewerblichen Personengesellschaft werde ihren Gesellschaftern vielmehr als Anteil am Gewinn oder Überschuss zugerechnet, so dass kein Raum für eine anteilige Zurechnung der Wirtschaftsgüter gemäß § 39 Abs. 2 Nr. 2 AO bestehe.[158]

b) Rechtsfolge

Als Rechtsfolge ordnet § 39 Abs. 2 Nr. 2 AO an, dass die Wirtschaftsgüter der Gesamthandsgemeinschaft den Beteiligten (d.h. den Gesamthändern) – entgegen zivilrechtlichen Grundsätzen – für steuerliche Zwecke quotal bzw. anteilig zuzurechnen sind. Für steuerliche Zwecke wird die Gesamthandsgemeinschaft damit gemäß § 39 Abs. 2 Nr. 2 AO als Bruchteilsgemeinschaft fingiert bzw. „wirtschaftlich ausgedeutet"[159], indem die gesamthänderische Bindung des Gesamthandsvermögens für steuerliche Zwecke aufgelöst und die Gesamthandsgemeinschaft bzw. das Gesamthandsvermögen für Zwecke der Besteuerung auf Ebene der Gesamthänder in Bruchteile zerlegt wird.[160] Dies führt zur quotalen bzw. anteiligen – und damit den zivilrechtlichen Grundsätzen grundsätzlich widersprechenden – Zurechnung des Gesamthandsvermögens an die einzelnen Gesamthänder für Zwecke der Besteuerung auf deren Ebene.[161] Maßgebend für diese quotale Aufteilung des Gesamthandsvermögens unter den Gesamthändern für steuerliche Zwecke sind dabei regelmäßig die vermögensmäßigen Beziehungen der Gesamthänder untereinander, wie sie sich aus dem Gesellschaftsvertrag und dem Gesetz ergeben.[162]

4. Zwischenergebnis

Es lässt sich daher bereits aus der Abgabenordnung ableiten, dass eine rein auf zivilrechtlichen Grundsätzen basierende Auslegung des Begriffs der „unmittelba-

---

AO, Rn. 76.
[157] BFH, Großer Senat, Beschluss vom 25. Februar 1991 – GrS 7/89, BStBl. II 1991, 691 (699); *Fischer*, in Hübschmann/Hepp/Spitaler, AO/FGO-Kommentar, § 39 AO, Rn. 301; *Ratschow*, in Klein, AO-Kommentar, § 39 AO, Rn. 78; *Koenig*, in Koenig, AO-Kommentar, § 39 AO, Rn. 76.
[158] *Schmieszek*, in Gosch, AO/FGO-Kommentar, § 39 AO, Rn. 151; *Koenig*, in Koenig, AO-Kommentar, § 39 AO, Rn. 76.
[159] *Fischer*, in Hübschmann/Hepp/Spitaler, AO/FGO-Kommentar, § 39 AO, Rn. 294; *Drüen*, in Tipke/Kruse, AO/FGO-Kommentar, § 39 AO, Rn. 83.
[160] *Drüen*, in Tipke/Kruse, AO/FGO-Kommentar, § 39 AO, Rn. 83; *Koenig*, in Koenig, AO-Kommentar, § 39 AO, Rn. 70.
[161] *Drüen*, in Tipke/Kruse, AO/FGO-Kommentar, § 39 AO, Rn. 90; *Koenig*, in Koenig, AO-Kommentar, § 39 AO, Rn. 75.
[162] Anwendungserlass zur Abgabenordnung (AEAO), AEAO zu § 39 AO, Nr. 2 Satz 1; *Krömker*, in Lippross/Seibel, Basiskommentar Steuerrecht, § 39 AO, Rn. 27; *Ratschow*, in Klein, AO-Kommentar, § 39 AO, Rn. 81.

Kapitel 1: Grundlagen

ren Beteiligung" im Ertragsteuerrecht regelmäßig nicht möglich ist, sondern diese zivilrechtlichen Grundsätze durch steuerrechtliche bzw. wirtschaftliche Maßstäbe überlagert werden, sofern zivilrechtliche Berechtigung und wirtschaftliches Eigentum nach Maßgabe des § 39 Abs. 2 AO auseinanderfallen.

II. Anhaltspunkte im Rahmen der Auslegung ertragsteuerrechtlicher Vorschriften

Dass die zivilrechtlichen Grundsätze zur Bestimmung des Begriffs der „unmittelbaren Beteiligung" für Zwecke des Ertragsteuerrechts regelmäßig durch steuerrechtliche bzw. wirtschaftliche Maßstäbe überlagert werden, ergibt sich auch aus der Auslegung verschiedener ertragsteuerrechtlicher Vorschriften:

1. So wird für Zwecke verschiedener ertragsteuerrechtlicher Vorschriften vertreten, dass allein der wirtschaftliche Eigentümer – und nicht der zivilrechtlich Berechtigte – als „unmittelbar Beteiligter" anzusehen sei, sofern zivilrechtliche Berechtigung und wirtschaftliches Eigentum nicht in einer Person zusammenfallen würden.[163]
2. Zudem wird für den Fall, dass sich Steuerpflichtige über eine rein vermögensverwaltende Personengesellschaft an Vermögensgegenständen beteiligen, für Zwecke verschiedener ertragsteuerrechtlicher Vorschriften von einer (anteiligen) „unmittelbaren Beteiligung" der einzelnen Personengesellschafter dieser vermögensverwaltenden Personengesellschaft an den im zivilrechtlichen Eigentum der vermögensverwaltenden Personengesellschaft stehenden Vermögengegenständen ausgegangen.[164]
3. Schließlich wird für Zwecke des § 15 Abs. 1 Satz 1 Nr. 2 Satz 1 EStG vertreten, dass auch ein allein „wirtschaftlich" Beteiligter einer Mitunternehmerschaft, der nicht zugleich als zivilrechtlicher Gesellschafter an dieser Mitunternehmerschaft beteiligt sei, als deren Mitunternehmer im Sinne des § 15 Abs. 1 Satz 1 Nr. 2 Satz 1 EStG gelten könne, obwohl der Gesetzeswortlaut dieser Vorschrift eigentlich eine „streng" zivilrechtliche Auslegung verlangen würde.[165]

1. Wirtschaftlicher Eigentümer als „unmittelbar Beteiligter"

Sofern zivilrechtliche Berechtigung und wirtschaftliches Eigentum an einem Vermögensgegenstand nicht in einer Person zusammenfallen, wird im Rahmen der Auslegung von ertragsteuerrechtlichen Vorschriften regelmäßig vertreten, dass al-

---

[163] Siehe hierzu die Ausführungen unter § 2 C II 1 unten.
[164] Siehe hierzu die Ausführungen unter § 2 C II 2 unten.
[165] Siehe hierzu die Ausführungen unter § 2 C II 3 unten.

§ 2 Die „unmittelbare Beteiligung" im Ertragsteuerrecht

lein der wirtschaftliche Eigentümer – und dagegen nicht der zivilrechtlich Berechtigte – als „unmittelbar Beteiligter" für Zwecke der relevanten ertragsteuerrechtlichen Vorschrift gelte. Diese auf steuerrechtlichen bzw. wirtschaftlichen Maßstäben basierende Auslegung des Begriffs der „unmittelbaren Beteiligung" soll im Folgenden anhand der ertragsteuerrechtlichen Vorschriften des § 17 Abs. 1 Satz 1 EStG, des § 14 Abs. 1 Satz 1 Nr. 1 Satz 1 KStG und des § 20 Abs. 2 Satz 3 EStG exemplarisch dargestellt werden.

a) Wirtschaftlicher Eigentümer als „unmittelbar Beteiligter" gemäß § 17 Abs. 1 Satz 1 EStG

Gemäß § 17 Abs. 1 Satz 1 EStG gehört zu den Einkünften einer natürlichen Person aus Gewerbebetrieb auch der Gewinn aus der Veräußerung von Anteilen an einer Kapitalgesellschaft, wenn die natürliche Person innerhalb der letzten fünf Jahre am Kapital dieser Gesellschaft unmittelbar oder mittelbar zu mindestens 1 % beteiligt war:

„Zu den Einkünften aus Gewerbebetrieb gehört auch der Gewinn aus der Veräußerung von Anteilen an einer Kapitalgesellschaft, wenn der Veräußerer innerhalb der letzten fünf Jahre am Kapital der Gesellschaft <u>unmittelbar</u> oder mittelbar zu mindestens 1 Prozent beteiligt war."[166]

Der Tatbestand des § 17 Abs. 1 Satz 1 EStG wird dabei, auch wenn der Gesetzeswortlaut insoweit nicht ganz eindeutig ist, nur durch die Veräußerung einer „unmittelbaren Beteiligung" an einer Kapitalgesellschaft erfüllt.[167] Für die Prüfung, ob die maßgebliche Beteiligungsgrenze von mindestens 1 % erreicht wurde, sind unmittelbare und mittelbare Beteiligungen dann jedoch nach Maßgabe der rein kapitalmäßig zu bestimmenden Beteiligungsquoten zusammenzurechnen.[168] Mittelbare Beteiligungen sind daher im Rahmen des § 17 Abs. 1 Satz 1 EStG nur für die Berechnung der Beteiligungshöhe von mindestens 1 % von Bedeutung.[169]

---

[166] Aktueller Wortlaut des § 17 Abs. 1 Satz 1 EStG (die Unterstreichung wurde seitens des Verfassers eingefügt).
[167] BFH, Urteil vom 9. Mai 2000 – VIII R 41/99, BStBl. II 2000, 686 (688); *Vogt*, in Blümich, EStG-Kommentar, § 17 EStG, Rn. 286; *Gosch*, in Kirchhof, EStG-Kommentar, § 17 EStG, Rn. 28.
[168] BFH, Urteil vom 9. Mai 2000 – VIII R 41/99, BStBl. II 2000, 686 (688); *Vogt*, in Blümich, EStG-Kommentar, § 17 EStG, Rn. 286; *Gosch*, in Kirchhof, EStG-Kommentar, § 17 EStG, Rn. 28; *Weber-Grellet*, in Schmidt, EStG-Kommentar, § 17 EStG, Rn. 67.
[169] BFH, Urteil vom 9. Mai 2000 – VIII R 41/99, BStBl. II 2000, 686 (688); *Vogt*, in Blümich, EStG-Kommentar, § 17 EStG, Rn. 286.

Kapitel 1: Grundlagen

Hierbei sind auch solche mittelbare Beteiligungen in die Berechnung mit einzubeziehen, die die erforderliche Quote von 1 % für sich genommen nicht erreichen.[170] Die für die Tatbestandsmäßigkeit des § 17 Abs. 1 Satz 1 EStG somit entscheidende Frage, wann die relevante natürliche Person eine solche „unmittelbaren Beteiligung" im Sinne des § 17 Abs. 1 Satz 1 EStG veräußert hat, wird dabei nach Maßgabe der allgemeinen Zurechnungsregelung des § 39 Abs. 1 und 2 AO beantwortet.[171] Dies bedeutet, dass die veräußerten Anteile an der relevanten Kapitalgesellschaft dem Veräußerer nach den Grundsätzen des § 39 Abs. 1 und 2 AO für steuerliche Zwecke zuzurechnen sein müssen.[172] Eine „unmittelbare Beteiligung" des Veräußerers im Sinne des § 17 Abs. 1 Satz 1 EStG liegt auf dieser Grundlage dann vor, wenn dieser zivilrechtlich wirksamer Inhaber der veräußerten Anteile der relevanten Kapitalgesellschaft ist (§ 39 Abs. 1 AO) oder wenn ihm diese Anteile für steuerliche Zwecke als wirtschaftlicher Eigentümer zuzurechnen sind (§ 39 Abs. 2 AO).[173] Fallen zivilrechtliche Berechtigung im Sinne des § 39 Abs. 1 AO und wirtschaftliches Eigentum im Sinne des § 39 Abs. 2 AO dabei nicht einer Person zusammen, ist insoweit das wirtschaftliche Eigentum an den relevanten Kapitalgesellschaftsanteilen maßgebend bzw. vorrangig, so dass in diesem Fall allein der wirtschaftliche Eigentümer – und nicht der zivilrechtlich Berechtigte – als „unmittelbar Beteiligter" für Zwecke des § 17 Abs. 1 Satz 1 EStG anzusehen ist.[174] Für steuerlich anzuerkennende Treuhandverhältnisse hat dies zur Folge, dass die relevanten Anteile an einer Kapitalgesellschaft dem Treugeber gemäß § 39 Abs. 2 Nr. 1 Satz 2 AO als „eigene" bzw. „unmittelbare" Anteile für steuerliche Zwecke zuzurechnen sind, so dass dieser – obwohl zivilrechtlich

---

[170] *Vogt*, in Blümich, EStG-Kommentar, § 17 EStG, Rn. 286; *Gosch*, in Kirchhof, EStG-Kommentar, § 17 EStG, Rn. 29.

[171] BFH, Urteil vom 25. Mai 2011 – IX R 23/10, BStBl. II 2012, 3 (4); BFH, Urteil vom 17. Februar 2004 – VIII R 26/01, BStBl. II 2004, 651 (652); *Weber-Grellet*, in Schmidt, EStG-Kommentar, § 17 EStG, Rn. 66; *Vogt*, in Blümich, EStG-Kommentar, § 17 EStG, Rn. 260 ff.

[172] BFH, Urteil vom 25. Mai 2011 – IX R 23/10, BStBl. II 2012, 3 (4); *Weber-Grellet*, in Schmidt, EStG-Kommentar, § 17 EStG, Rn. 66; *Vogt*, in Blümich, EStG-Kommentar, § 17 EStG, Rn. 260 ff.

[173] BFH, Urteil vom 25. Mai 2011 – IX R 23/10, BStBl. II 2012, 3 (4); BFH, Urteil vom 17. Februar 2004 – VIII R 26/01, BStBl. II 2004, 651 (652); *Schmidt*, in Herrmann/Heuer/Raupach, EStG/KStG-Kommentar, § 17 EStG, Rn. 120; *Gosch*, in Kirchhof, EStG-Kommentar, § 17 EStG, Rn. 24.

[174] BFH, Urteil vom 17. Februar 2004 – VIII R 26/01, BStBl. II 2004, 651 (652); BFH, Urteil vom 25. Mai 2011 – IX R 23/10, BStBl. II 2012, 3 (4); *Vogt*, in Blümich, EStG-Kommentar, § 17 EStG, Rn. 261; *Weber-Grellet*, in Schmidt, EStG-Kommentar, § 17 EStG, Rn. 50.

§ 2 Die „unmittelbare Beteiligung" im Ertragsteuerrecht

nicht an der relevanten Kapitalgesellschaft beteiligt – und nicht der Treuhänder als „unmittelbar Beteiligter" für Zwecke des § 17 Abs. 1 Satz 1 EStG gilt.[175]

b) Wirtschaftlicher Eigentümer als „unmittelbar Beteiligter" gemäß § 14 Abs. 1 Satz 1 Nr. 1 Satz 1 KStG

Entsprechende steuerrechtliche bzw. wirtschaftliche Maßstäbe gelten auch im Rahmen des § 14 Abs. 1 Satz 1 Nr. 1 Satz 1 KStG. Danach setzt die finanzielle Eingliederung einer Organgesellschaft zu Gunsten des Organträgers im Rahmen einer körperschaftsteuerrechtlichen Organschaft voraus, dass der Organträger an der Organgesellschaft in einem solchen Maß beteiligt ist, dass diesem aufgrund seiner Beteiligung an der Organgesellschaft die Mehrheit der Stimmrechte an der Organgesellschaft zusteht:

„Der Organträger muss an der Organgesellschaft vom Beginn ihres Wirtschaftsjahrs an ununterbrochen in einem solchen Maße beteiligt sein, dass ihm die Mehrheit der Stimmrechte aus den Anteilen an der Organgesellschaft zusteht (finanzielle Eingliederung)."[176]

Nach Maßgabe des § 14 Abs. 1 Satz 1 Nr. 1 Satz 2 KStG sind mittelbare Beteiligungen des Organträgers an der Organgesellschaft insoweit zu berücksichtigen, wenn die Beteiligung an jeder vermittelnden Gesellschaft die Mehrheit der Stimmrechte gewährt:

„Mittelbare Beteiligungen sind zu berücksichtigen, wenn die Beteiligung an jeder vermittelnden Gesellschaft die Mehrheit der Stimmrechte gewährt."[177]

Maßgebend für das Vorliegen einer „unmittelbaren Beteiligung" des Organträgers an der Organgesellschaft gemäß § 14 Abs. 1 Satz 1 Nr. 1 Satz 1 KStG ist dabei wiederum die allgemeine Zurechnungsregelung des § 39 Abs. 1 und 2 AO.[178] Die relevanten Anteile an der Organgesellschaft müssen dem Organträger somit nach den Grundsätzen des § 39 Abs. 1 und 2 AO ertragsteuerlich zuzurechnen sein.[179] Fallen zivilrechtliche Berechtigung im Sinne des § 39 Abs. 1 AO und

---

[175] BFH, Urteil vom 10. Mai 2016 – IX R 13/15, BFH/NV 2016, 1556 (1557); *Weber-Grellet*, in Schmidt, EStG-Kommentar, § 17 EStG, Rn. 51; *Vogt*, in Blümich, EStG-Kommentar, § 17 EStG, Rn. 275a.
[176] Aktueller Wortlaut des § 14 Abs. 1 Satz 1 Nr. 1 Satz 1 KStG.
[177] Aktueller Wortlaut des § 14 Abs. 1 Satz 1 Nr. 1 Satz 2 KStG.
[178] BFH, Urteil vom 28. April 1983 – IV R 152/80, BStBl. II 1983, 690 (691 f.); *Kolbe*, in Herrmann/Heuer/Raupach, EStG/KStG-Kommentar, § 14 KStG, Rn. 102; *Neumann*, in Gosch, KStG-Kommentar, § 14 KStG, Rn. 127 f.
[179] *Neumann*, in Gosch, KStG-Kommentar, § 14 KStG, Rn. 127 f.; *Kolbe*, in Herrmann/Heuer/

wirtschaftliches Eigentum gemäß § 39 Abs. 2 Nr. 1 AO dabei nicht in einer Person zusammen, ist insoweit das wirtschaftliche Eigentum an den Anteilen an der Organgesellschaft maßgebend bzw. vorrangig, so dass in diesem Fall wiederum allein der wirtschaftliche Eigentümer – und nicht der zivilrechtlich Berechtigte – als „unmittelbar Beteiligter" für Zwecke des § 14 Abs. 1 Satz 1 Nr. 1 Satz 1 KStG gilt.[180] Bei steuerlich anzuerkennenden Treuhandverhältnissen werden die relevanten Anteile an der Organgesellschaft daher dem Treugeber gemäß § 39 Abs. 2 Nr. 1 Satz 2 AO für steuerliche Zwecke zugerechnet, so dass dieser – obwohl zivilrechtlich nicht an der Organgesellschaft beteiligt – als „unmittelbar Beteiligter" für Zwecke der finanziellen Eingliederung gemäß § 14 Abs. 1 Satz 1 Nr. 1 Satz 1 KStG einzustufen ist und ihm dies die Stellung als Organträger verschaffen kann.[181]

c) Treugeber als „unmittelbar Beteiligter" gemäß § 20 Abs. 2 Satz 3 EStG

Entsprechende steuerrechtliche bzw. wirtschaftliche Maßstäbe sollten auch mit Blick auf die Auslegung des Begriffs der „unmittelbaren Beteiligung" im Rahmen des § 20 Abs. 2 Satz 3 EStG gelten. Danach gilt die Anschaffung oder Veräußerung einer unmittelbaren oder mittelbaren Beteiligung an einer Personengesellschaft als Anschaffung oder Veräußerung der anteiligen Wirtschaftsgüter dieser Gesellschaft:

> *„Die Anschaffung oder Veräußerung einer unmittelbaren oder mittelbaren Beteiligung an einer Personengesellschaft gilt als Anschaffung oder Veräußerung der anteiligen Wirtschaftsgüter."*[182]

Auch insoweit wird vertreten, dass – sofern zivilrechtliche Berechtigung und wirtschaftliches Eigentum auseinanderfallen – steuerrechtliche bzw. wirtschaftliche Maßstäbe maßgebend bzw. vorrangig anzuwenden seien.[183] Denn auch im Rah-

---

Raupach, EStG/KStG-Kommentar, § 14 KStG, Rn. 102; so auch ableitbar aus BFH, Urteil vom 28. April 1983 – IV R 152/80, BStBl. II 1983, 690 (691 f.).

[180] BFH, Urteil vom 28. April 1983 – IV R 152/80, BStBl. II 1983, 690 (691 f.); *Rödder/Liekenbrock*, in Rödder/Herlinghaus/Neumann, KStG-Kommentar, § 14 KStG, Rn. 196; *Kolbe*, in Herrmann/Heuer/Raupach, EStG/KStG-Kommentar, § 14 KStG, Rn. 102; *Neumann*, in Gosch, KStG-Kommentar, § 14 KStG, Rn. 128.

[181] BFH, Beschluss vom 17. Oktober 2007 – I R 39/06, BFH/NV 2008, 614 (615); *Kolbe*, in Herrmann/Heuer/Raupach, EStG/KStG-Kommentar, § 14 KStG, Rn. 103; *Rödder/Liekenbrock*, in Rödder/Herlinghaus/Neumann, KStG-Kommentar, § 14 KStG, Rn. 196; *Neumann*, in Gosch, KStG-Kommentar, § 14 KStG, Rn. 129.

[182] Aktueller Wortlaut des § 20 Abs. 2 Satz 3 EStG.

[183] *Buge*, in Herrmann/Heuer/Raupach, EStG/KStG-Kommentar, § 20 EStG, Rn. 536; *Bleschick*, in Kirchhof, EStG-Kommentar, § 20 EStG, Rn. 145.

§ 2 Die „unmittelbare Beteiligung" im Ertragsteuerrecht

men des § 20 Abs. 2 Satz 3 EStG solle beispielsweise eine Beteiligung an der relevanten Personengesellschaft, die von einem Treuhänder treuhänderisch für den Treugeber gehalten werde, als „unmittelbare Beteiligung" des Treugebers einzustufen sein.[184]

2. Anteilige „unmittelbare Beteiligung" bei Beteiligung über vermögensverwaltende Personengesellschaft

Einen weiteren Anwendungsfall dieser steuerrechtlichen bzw. wirtschaftlichen Auslegung des Begriffs der „unmittelbaren Beteiligung" betrifft den Fall der Beteiligung an bzw. über eine vermögensverwaltende Personengesellschaft. Denn für diesen Fall wird regelmäßig von einer (anteiligen) „unmittelbaren Beteiligung" der einzelnen Personengesellschafter der vermögensverwaltenden Personengesellschaft an den im zivilrechtlichen Eigentum der vermögensverwaltenden Personengesellschaft stehenden Wirtschaftsgüter ausgegangen (sog. Bruchteilsbetrachtung[185]). Diese auf steuerrechtlichen bzw. wirtschaftlichen Maßstäben basierende Auslegung des Begriffs der „unmittelbaren Beteiligung" soll im Folgenden anhand der Vorschriften des § 17 Abs. 1 Satz 1 EStG, des § 8b Abs. 6 Satz 1 (in Verbindung mit § 8b Abs. 1 – 5) KStG sowie des § 8b Abs. 4 Sätze 4 und 5 (in Verbindung mit § 8b Abs. 4 Satz 1) KStG exemplarisch dargestellt werden.

a) Bruchteilsbetrachtung im Rahmen des § 17 Abs. 1 Satz 1 EStG

Gemäß § 17 Abs. 1 Satz 1 EStG gehört zu den Einkünften aus Gewerbebetrieb auch der Gewinn aus der Veräußerung von Anteilen an einer Kapitalgesellschaft, wenn der Veräußerer innerhalb der letzten fünf Jahre am Kapital dieser Gesellschaft unmittelbar oder mittelbar zu mindestens 1 % beteiligt war.[186] Es wurde insoweit bereits dargestellt, dass der Tatbestand des § 17 Abs. 1 Satz 1 EStG insoweit nur durch die Veräußerung einer „unmittelbaren Beteiligung" an einer Kapitalgesellschaft erfüllt werden kann[187] und „mittelbare Beteiligungen" im Rahmen

---

[184] BT-Drucksache 16/4841 vom 27. März 2007, Seite 56: *„Eine unmittelbare Beteiligung ist gegeben, wenn ein Steuerpflichtiger Gesellschafter einer Personengesellschaft ist oder wenn jemand treuhänderisch an einer Personengesellschaft beteiligt ist."*; *Buge*, in Herrmann/Heuer/Raupach, EStG/KStG-Kommentar, § 20 EStG, Rn. 536; *Bleschick*, in Kirchhof, EStG-Kommentar, § 20 EStG, Rn. 145.

[185] *Drüen*, in Tipke/Kruse, AO/FGO-Kommentar, § 39 AO, Rn. 92; *Ratschow*, in Klein, AO-Kommentar, § 39 AO, Rn. 76.

[186] Aktueller Wortlaut des § 17 Abs. 1 Satz 1 EStG (vgl. dazu die Ausführungen bereits oben): *„Zu den Einkünften aus Gewerbebetrieb gehört auch der Gewinn aus der Veräußerung von Anteilen an einer Kapitalgesellschaft, wenn der Veräußerer innerhalb der letzten fünf Jahre am Kapital der Gesellschaft unmittelbar oder mittelbar zu mindestens 1 Prozent beteiligt war."*.

[187] BFH, Urteil vom 9. Mai 2000 – VIII R 41/99, BStBl. II 2000, 686 (688); *Vogt*, in Blümich,

des § 17 Abs. 1 Satz 1 EStG nur für die Berechnung der Beteiligungshöhe von mindestens 1 % von Bedeutung sind[188].

Als eine solche „unmittelbare Beteiligung" eines Steuerpflichtigen an einer Kapitalgesellschaft im Sinne des § 17 Abs. 1 Satz 1 EStG gilt dabei auch eine Beteiligung an der relevanten Kapitalgesellschaft, die von dem Steuerpflichtigen indirekt über eine rein vermögensverwaltende Personengesellschaft gehalten wird.[189] Dies gilt unabhängig davon, dass in diesem Fall allein die vermögensverwaltende Personengesellschaft zivilrechtliche – d.h. gesellschaftsrechtliche – Inhaberin der relevanten Anteile an der Kapitalgesellschaft ist. Gehören die relevanten Anteile an einer Kapitalgesellschaft nämlich zivilrechtlich zum Gesamthandsvermögen einer rein vermögensverwaltenden Personengesellschaft, so sind diese Anteile den Gesellschaftern der vermögensverwaltenden Personengesellschaft gemäß § 39 Abs. 2 Nr. 2 AO anteilig – d.h. wie bei einer Mitberechtigung nach Bruchteilen – als unmittelbar „eigene" Anteile für Zwecke des § 17 Abs. 1 Satz 1 EStG zuzurechnen (sog. Bruchteilsbetrachtung[190]).[191] Diese steuerrechtliche bzw. wirtschaftliche Auslegung des § 17 Abs. 1 Satz 1 EStG hat zur Folge, dass sowohl die Veräußerung des Anteils an der vermögensverwaltenden Personengesellschaft, die die relevanten Anteile an der Kapitalgesellschaft zivilrechtlich hält, als auch die Übertragung der Anteile an der Kapitalgesellschaft durch diese vermögensverwaltende Personengesellschaft als anteilige „unmittelbare" Veräußerung der Anteile an der Kapitalgesellschaft durch die Gesellschafter der vermögensverwaltenden Personengesellschaft für Zwecke des § 17 Abs. 1 Satz 1 EStG zu werten sind.[192]

EStG-Kommentar, § 17 EStG, Rn. 286; *Gosch*, in Kirchhof, EStG-Kommentar, § 17 EStG, Rn. 28; *Weber-Grellet*, in Schmidt, EStG-Kommentar, § 17 EStG, Rn. 67.

[188] BFH, Urteil vom 9. Mai 2000 – VIII R 41/99, BStBl. II 2000, 686 (688); *Vogt*, in Blümich, EStG-Kommentar, § 17 EStG, Rn. 286; *Weber-Grellet*, in Schmidt, EStG-Kommentar, § 17 EStG, Rn. 67.

[189] BFH, Urteil vom 7. April 1976 – I R 75/73, BStBl. II 1976, 557 (558); BFH, Urteil vom 13. Juli 1999 – VIII R 72/98, BStBl. II 1999, 820 (822); BFH, Urteil vom 9. Mai 2000 – VIII R 41/99, BStBl. II 2000, 686 (688); *Gosch*, in Kirchhof, EStG-Kommentar, § 17 EStG, Rn. 25; *Weber-Grellet*, in Schmidt, § 17 EStG, Rn. 56.

[190] *Drüen*, in Tipke/Kruse, AO/FGO-Kommentar, § 39 AO, Rn. 92; *Ratschow*, in Klein, AO-Kommentar, § 39 AO, Rn. 76.

[191] BFH, Urteil vom 7. April 1976 – I R 75/73, BStBl. II 1976, 557 (558); BFH, Urteil vom 13. Juli 1999 – VIII R 72/98, BStBl. II 1999, 820 (822); BFH, Urteil vom 9. Mai 2000 – VIII R 41/99, BStBl. II 2000, 686 (688); *Schmidt*, in Herrmann/Heuer/Raupauch, EStG/KStG-Kommentar, § 17 EStG, Rn. 88.

[192] BFH, Urteil vom 7. April 1976 – I R 75/73, BStBl. II 1976, 557 (558); BFH, Urteil vom 13. Juli 1999 – VIII R 72/98, BStBl. II 1999, 820 (822); BFH, Urteil vom 9. Mai 2000 – VIII R 41/99, BStBl. II 2000, 686 (688); *Schmidt*, in Herrmann/Heuer/Raupauch, EStG/KStG-Kommentar,

b) Bruchteilsbetrachtung im Rahmen des § 8b Abs. 6 Satz 1 (in Verbindung mit § 8b Abs. 1–5) KStG

Entsprechende steuerrechtliche bzw. wirtschaftliche Maßstäbe mit Blick auf eine Beteiligung, die über eine rein vermögensverwaltende Personengesellschaft erfolgt, gelten auch im Rahmen der Auslegung des § 8b Abs. 6 Satz 1 (in Verbindung mit § 8b Abs. 1 – 5) KStG. Die ertragsteuerrechtliche Vorschrift des § 8b Abs. 6 Satz 1 KStG erstreckt die Anwendung der Absätze 1 bis 5 des § 8b KStG (und damit insbesondere die Steuerbefreiungen für Dividendeneinkünfte gemäß § 8b Abs. 1 KStG sowie für Anteilsveräußerungsgewinne gemäß § 8b Abs. 2 KStG) auf solche Sachverhalte, in denen das relevante Körperschaftsteuersubjekt nicht direkt, sondern lediglich indirekt über eine Mitunternehmerschaft an der entsprechenden (Ziel-) Körperschaft beteiligt ist:

„Die Absätze 1 bis 5 gelten auch für die dort genannten Bezüge, Gewinne und Gewinnminderungen, die dem Steuerpflichtigen im Rahmen des Gewinnanteils aus einer Mitunternehmerschaft zugerechnet werden, sowie für Gewinne und Verluste, soweit sie bei der Veräußerung oder Aufgabe eines Mitunternehmeranteils auf Anteile im Sinne des Absatzes 2 entfallen."[193]

Der Gesetzeswortlaut des § 8b Abs. 6 Satz 1 KStG erfasst dabei nur solche indirekten Beteiligungen, die über eine Mitunternehmerschaft erfolgen. Beteiligungen, die über eine rein vermögensverwaltende Personengesellschaft gehalten werden, unterfallen dagegen nicht dem Anwendungsbereich des § 8b Abs. 6 Satz 1 KStG.[194] Allerdings kommt in diesem Fall (d.h. bei einer Beteiligung des relevanten Körperschaftsteuersubjekts über eine rein vermögensverwaltende Personengesellschaft) wiederum die Bruchteilsbetrachtung nach Maßgabe des § 39 Abs. 2 Nr. 2 AO zur Anwendung.[195] Dies hat zur Folge, dass die Anteile an der relevanten (Ziel-) Körperschaft, die zivilrechtlich von einer rein vermögensverwaltenden Personengesellschaft gehalten werden, den Gesellschaftern dieser vermögensverwaltenden Personengesellschaft anteilig „unmittelbar" zugerechnet werden. Ein

---

§ 17 EStG, Rn. 88.
[193] Aktueller Wortlaut des § 8b Abs. 6 Satz 1 KStG.
[194] *Watermeyer*, in Herrmann/Heuer/Raupach, EStG/KStG-Kommentar, § 8b KStG, Rn. 203; *Rengers*, in Blümich, KStG-Kommentar, § 8b KStG, Rn. 402; *Gosch*, in Gosch, KStG-Kommentar, § 8b KStG, Rn. 523.
[195] BMF, Schreiben vom 28. April 2003 betreffend *„Schreiben betr. Anwendung des § 8b KStG 2002 und Auswirkungen auf die Gewerbesteuer"* – IV A 2 – S 2750a – 7/03, Rn. 56; *Herlinghaus*, in Rödder/Herlinghaus/Neumann, KStG-Kommentar, § 8b KStG, Rn. 492; *Rengers*, in Blümich, KStG-Kommentar, § 8b KStG, Rn. 402; *Gosch*, in Gosch, KStG-Kommentar, § 8b KStG, Rn. 523.

Kapitel 1: Grundlagen

Körperschaftsteuersubjekt, das über eine solche vermögensverwaltende Personengesellschaft an einer (Ziel-) Körperschaft beteiligt ist, bezieht die Einkünfte aus der relevanten (Ziel-) Körperschaft damit „unmittelbar" bzw. als „unmittelbar Beteiligte", so dass die Regelungen der Absätze 1 bis 5 des § 8b KStG unmittelbar zur Anwendung kommen und es der Anwendung dieser Regelungen über den Verweis in § 8b Abs. 6 Satz 1 KStG nicht bedarf.[196]

c) Bruchteilsbetrachtung im Rahmen des § 8b Abs. 4 Sätze 4 und 5 (in Verbindung mit § 8b Abs. 4 Satz 1) KStG

Entsprechende Maßstäbe gelten auch im Rahmen des § 8b Abs. 4 Sätze 4 und 5 (in Verbindung mit § 8b Abs. 4 Satz 1) KStG. Gemäß § 8b Abs. 4 Satz 1 KStG unterfallen sog. Streubesitzdividenden[197] – d.h. Dividenden, die aus einer „unmittelbaren Beteiligung" an einer Körperschaft bezogen werden, die weniger als 10 % des Grund- oder Stammkapitals dieser Gesellschaft beträgt – nicht der für Dividendeneinkünfte grundsätzlich geltenden Steuerbefreiung nach § 8b Abs. 1 Satz 1 KStG, sondern sind voll körperschaftsteuerpflichtig:

> „*Bezüge im Sinne des [§ 8b] Absatzes 1 [KStG] sind abweichend von [§ 8b] Absatz 1 Satz 1 [KStG] bei der Ermittlung des Einkommens zu berücksichtigen, wenn die Beteiligung zu Beginn des Kalenderjahres <u>unmittelbar weniger als 10 Prozent des Grund- oder Stammkapitals</u> betragen hat; (...).*"[198]

Die Regelung des § 8b Abs. 4 Satz 4 KStG rechnet dabei Beteiligungen an einer Körperschaft, die über eine Mitunternehmerschaft gehalten werden, den jeweiligen Mitunternehmern für Zwecke des § 8b Abs. 4 Satz 1 KStG anteilig zu. Eine einem Mitunternehmer gemäß Satz 4 zugerechnete Beteiligung wird dabei gemäß § 8b Abs. 4 Satz 5 KStG für Zwecke der Anwendung des § 8b Abs. 4 Satz 1 KStG als „unmittelbare Beteiligung" fingiert:

> „*<u>Beteiligungen über eine Mitunternehmerschaft</u> sind dem Mitunternehmer anteilig zuzurechnen; § 15 Absatz 1 Satz 1 Nummer 2 Satz 2 des Einkommensteuergesetzes*

---

[196] BMF, Schreiben vom 28. April 2003 betreffend „*Schreiben betr. Anwendung des § 8b KStG 2002 und Auswirkungen auf die Gewerbesteuer*" – IV A 2 – S 2750a – 7/03, Rn. 56; *Rengers*, in Blümich, KStG-Kommentar, § 8b KStG, Rn. 402; *Herlinghaus*, in Rödder/Herlinghaus/Neumann, KStG-Kommentar, § 8b KStG, Rn. 492.

[197] Zum Begriff der Streubesitzdividenden in diesem Zusammenhang beispielsweise: *Intemann*, BB 2013, 1239 ff.; *Rengers*, in Blümich, KStG-Kommentar, § 8b KStG, Rn. 116.

[198] Aktueller Wortlaut des § 8b Abs. 4 Satz 1 KStG (die Unterstreichungen wurden seitens des Verfassers eingefügt, um das Tatbestandsmerkmal der „unmittelbaren Beteiligung" hervorzuheben).

§ 2 Die „unmittelbare Beteiligung" im Ertragsteuerrecht

gilt sinngemäß. Eine dem Mitunternehmer nach Satz 4 zugerechnete Beteiligung <u>gilt für die Anwendung dieses Absatzes als unmittelbare Beteiligung</u>."[199]

Rein vermögensverwaltende Personengesellschaften unterfallen gemäß dem Gesetzeswortlaut dagegen nicht der Regelung des § 8b Abs. 4 Sätze 4 und 5 KStG. Allerdings kommt in diesem Fall (d.h. bei einer Beteiligung des relevanten Körperschaftsteuersubjekts über eine rein vermögensverwaltende Personengesellschaft) die Bruchteilsbetrachtung gemäß § 39 Abs. 2 Nr. 2 AO zur Anwendung.[200] Dies hat zur Folge, dass die Anteile an der relevanten (Ziel-) Körperschaft, die von einer vermögensverwaltenden Personengesellschaft gehalten werden, den Gesellschaftern dieser vermögensverwaltenden Personengesellschaft anteilig unmittelbar zugerechnet werden. Die Gesellschafter der vermögensverwaltenden Personengesellschaft gelten daher mit Blick auf die relevante (Ziel-) Körperschaft als „unmittelbar Beteiligte" im Sinne des § 8b Abs. 4 Satz 1 KStG, so dass diese Vorschrift unmittelbar zur Anwendung kommt und es der Anwendung über § 8b Abs. 4 Sätze 4 und 5 KStG nicht bedarf.[201]

3. Einordnung des „wirtschaftlich Beteiligten" als Mitunternehmer gemäß § 15 Abs. 1 Satz 1 Nr. 2 Satz 1 EStG

Schließlich wird die Anwendung von steuerrechtlichen bzw. wirtschaftlichen Maßstäben – entgegen dem Gesetzeswortlaut des § 15 Abs. 1 Satz 1 Nr. 2 Satz 1 EStG – auch mit Blick auf die Einordnung als Mitunternehmer im Sinne des § 15 Abs. 1 Satz 1 Nr. 2 Satz 1 EStG vertreten. Gemäß § 15 Abs. 1 Satz 1 Nr. 2 Satz 1 EStG gelten als Einkünfte aus Gewerbebetrieb auch die Gewinnanteile von *Gesellschaftern* einer OHG, einer KG und einer anderen Gesellschaft, bei der der relevante *Gesellschafter* als Mitunternehmer des Betriebs der entsprechenden Gesellschaft anzusehen ist, und die Vergütungen, die dieser *Gesellschafter* von der entsprechenden Gesellschaft für seine Tätigkeit im Dienst der Gesellschaft oder für die Hingabe von Darlehen oder für die Überlassung von Wirtschaftsgütern bezogen hat:

---

[199] Aktueller Wortlaut des § 8b Abs. 4 Sätze 4 und 5 KStG (die Unterstreichungen wurden seitens des Verfassers eingefügt).

[200] FG Köln, Urteil vom 13. September 2017 – 2 K 2933/15, EFG 2018, 29 (Revision beim BFH anhängig unter dem Aktenzeichen I R 77/17); *Herlinghaus*, FR 2013, 529 (536); *Rengers*, in Blümich, KStG-Kommentar, § 8b KStG, Rn. 117c; *Watermeyer*, in Herrmann/Heuer/Raupach, EStG/KStG-Kommentar, § 8b KStG, Rn. 135.

[201] FG Köln, Urteil vom 13. September 2017 – 2 K 2933/15, EFG 2018, 29 (Revision beim BFH anhängig unter dem Aktenzeichen I R 77/17); *Herlinghaus*, FR 2013, 529 (536); *Watermeyer*, in Herrmann/Heuer/Raupach, EStG/KStG-Kommentar, § 8b KStG, Rn. 135; *Herlinghaus*, in Rödder/Herlinghaus/Neumann, KStG-Kommentar, § 8b KStG, Rn. 453.

Kapitel 1: Grundlagen

„Einkünfte aus Gewerbebetrieb sind
1. (...);
2. die Gewinnanteile der <u>Gesellschafter</u> einer Offenen Handelsgesellschaft, einer Kommanditgesellschaft und einer anderen Gesellschaft, bei der der <u>Gesellschafter</u> als Unternehmer (Mitunternehmer) des Betriebs anzusehen ist, und die Vergütungen, die der <u>Gesellschafter</u> von der Gesellschaft für seine Tätigkeit im Dienst der Gesellschaft oder für die Hingabe von Darlehen oder für die Überlassung von Wirtschaftsgütern bezogen hat."[202]

Der Gesetzeswortlaut des § 15 Abs. 1 Satz 1 Nr. 2 Satz 1 EStG verknüpft die Einstufung als Mitunternehmer einer Personengesellschaft damit mit der Gesellschafterstellung des relevanten Mitunternehmers bei dieser Personengesellschaft. Nach dem Gesetzeswortlaut kommen daher nur zivilrechtliche Gesellschafter einer Personengesellschaft als Mitunternehmer dieser Personengesellschaft in Betracht.

Die Rechtsprechung sowie die Literatur weichen von diesem Zusammenhang zwischen zivilrechtlicher Gesellschafterstellung und der Einstufung als Mitunternehmer im Sinne des § 15 Abs. 1 Satz 1 Nr. 2 Satz 1 EStG dagegen ab. Denn nach deren Auslegung komme neben dem zivilrechtlichen Gesellschafter in Ausnahmefällen auch derjenige als „unmittelbarer" Mitunternehmer einer Mitunterschaft in Betracht, welcher eine einem zivilrechtlichen Gesellschafter wirtschaftlich vergleichbare Stellung innehabe bzw. wirtschaftlicher Eigentümer des relevanten Gesellschaftsanteils an der Personengesellschaft gemäß § 39 Abs. 2 Nr. 1 AO sei.[203] Auf Basis dieser wirtschaftlichen Auslegung des § 15 Abs. 1 Satz 1 Nr. 2 Satz 1 EStG kann insbesondere bei steuerrechtlich anzuerkennenden Treuhandverhältnissen, die sich auf Anteile an einer Personengesellschaft beziehen, der Treugeber, als wirtschaftlicher Eigentümer des relevanten Personengesellschaftsanteils, als „unmittelbarer" Mitunternehmer der relevanten Personengesellschaft im Sinne des § 15 Abs. 1 Satz 1 Nr. 2 Satz 1 EStG einzuordnen sein, obwohl dieser zivilrechtlich kein Gesellschafter der relevanten Personengesellschaft ist.[204] Begründet

---

[202] Aktueller Wortlaut des § 15 Abs. 1 Satz 1 Nr. 2 Satz 1 EStG (die Unterstreichungen wurden seitens des Verfassers eingefügt).

[203] BFH, Großer Senat, Beschluss vom 25. Juni 1984 – GrS 4/82, BStBl. II 1984, 751 (768); BFH, Urteil vom 23. Januar 1974 – I R 206/69, BStBl. II 1974, 480 (481); BFH, Urteil vom 20. September 2018 – IV R 39/11, BStBl. II 2019, 131; *Wacker*, in Schmidt, EStG-Kommentar, § 15 EStG, Rn. 257; *Haep*, in Herrmann/Heuer/Raupach, EStG/KStG-Kommentar, § 15 EStG, Rn. 334; *Krumm*, in Kirchhof, EStG-Kommentar, § 15 EStG, Rn. 214; *Bode*, in Blümich, EStG-Kommentar, § 15 EStG, Rn. 343.

[204] BFH, Großer Senat, Beschluss vom 25. Juni 1984 – GrS 4/82, BStBl. II 1984, 751 (769); *Haep*, in Herrmann/Heuer/Raupach, EStG/KStG-Kommentar, § 15 EStG, Rn. 334; *Krumm*, in Kirch-

wird dies damit, dass der Treugeber durch sein Weisungsrecht gegenüber dem Treuhänder bei der Willensbildung der relevanten Mitunternehmerschaft mitwirken könne und dieser über den Treuhänder einen Gesellschaftsbeitrag leiste, so dass er für steuerliche Zwecke bzw. für Zwecke des § 15 Abs. 1 Satz 1 Nr. 2 Satz 1 EStG einem Gesellschafter gleichzustellen sei.[205]

4. Zwischenergebnis

Die oben angeführten Beispiele zur Auslegung und Anwendung der genannten ertragsteuerrechtlichen Vorschriften verdeutlichen, dass der Begriff der „unmittelbaren Beteiligung" für Zwecke des Ertragsteuerrechts regelmäßig auf Basis steuerrechtlicher bzw. wirtschaftlicher Maßstäbe ausgelegt wird und eine allein zivilrechtlichen Grundsätzen folgende Auslegung insoweit nicht möglich ist.

III. Anhaltspunkte im Rahmen des Gesetzeswortlauts

Anhaltspunkte dafür, dass, sofern zivilrechtliche Berechtigung und wirtschaftliches Eigentum nicht in einer Person zusammenfallen, die zivilrechtlichen Grundsätze zur Bestimmung des Begriffs der „unmittelbaren Beteiligung" regelmäßig durch steuerrechtliche bzw. wirtschaftliche Maßstäbe überlagert werden, lassen sich auch aus dem Gesetzeswortlaut der ertragsteuerrechtlichen Vorschriften des § 20 Abs. 5 Sätze 1 und 2 EStG, des § 20 Abs. 2 Satz 3 EStG und des § 23 Abs. 1 Satz 4 EStG ableiten.

1. Gesetzeswortlaut des § 20 Abs. 5 Sätze 1 und 2 EStG

Gemäß § 20 Abs. 5 Satz 1 EStG erzielt Einkünfte aus Kapitalvermögen im Sinne des § 20 Abs. 1 Nr. 1 und 2 EStG allein der „Anteilseigner". Gemäß § 20 Abs. 5 Satz 2 EStG gilt dabei als solcher „Anteilseigner" derjenige, dem die relevanten Anteile an dem Kapitalvermögen im Sinne des § 20 Abs. 1 Nr. 1 EStG im Zeitpunkt des Gewinnverteilungsbeschlusses nach Maßgabe des § 39 Abs. 1 und 2 AO zuzurechnen sind:

> „*Einkünfte aus Kapitalvermögen im Sinne des [§ 20] Absatzes 1 Nummer 1 und 2 [EStG] erzielt der Anteilseigner. Anteilseigner ist derjenige, dem <u>nach § 39 der Abgabenordnung die Anteile an dem Kapitalvermögen</u> im Sinne des [§ 20] Absatzes 1 Nummer 1 [EStG] im Zeitpunkt des Gewinnverteilungsbeschlusses <u>zuzurechnen sind</u>.*"[206]

---

hof, EStG-Kommentar, § 15 EStG, Rn. 214.
[205] BFH, Großer Senat, Beschluss vom 25. Juni 1984 – GrS 4/82, BStBl. II 1984, 751 (769).
[206] Aktueller Wortlaut des § 20 Abs. 5 Sätze 1 und 2 EStG (die Unterstreichungen wurden seitens des Verfassers eingefügt).

Demnach kommt als Anteilseigner im Sinne des § 20 Abs. 5 EStG entweder der zivilrechtliche Rechtsinhaber der relevanten Anteile an dem Kapitalvermögen im Sinne des § 20 Abs. 1 Nr. 1 EStG (§ 39 Abs. 1 AO) oder – sofern abweichend von der zivilrechtlichen Berechtigung wirtschaftliches Eigentum mit Blick auf diese Anteile besteht – der wirtschaftliche Eigentümer dieser Anteile gemäß § 39 Abs. 2 AO in Betracht.[207] Im Rahmen des § 20 Abs. 5 Sätze 1 und 2 EStG ordnet der Gesetzgeber diese „wirtschaftliche Betrachtungsweise" für Zwecke des § 20 Abs. 1 Nr. 1 und 2 EStG auf Basis des oben zitierten Gesetzeswortlauts somit ausdrücklich an.

2. Gesetzeswortlaut des § 20 Abs. 2 Satz 3 EStG

Auch der Gesetzeswortlaut des § 20 Abs. 2 Satz 3 EStG legt eine solche wirtschaftliche Betrachtungsweise für Zwecke der Auslegung der ertragsteuerrechtlichen Vorschrift des § 20 Abs. 2 EStG fest. Denn danach gilt die Anschaffung oder Veräußerung einer unmittelbaren oder mittelbaren Beteiligung an einer vermögensverwaltenden Personengesellschaft für Zwecke des § 20 Abs. 2 EStG als anteilige Anschaffung oder Veräußerung der zivilrechtlich im Eigentum der Personengesellschaft stehenden Wirtschaftsgüter:

„Die Anschaffung oder Veräußerung einer unmittelbaren oder mittelbaren Beteiligung an einer Personengesellschaft gilt als Anschaffung oder Veräußerung der anteiligen Wirtschaftsgüter."[208]

Auf Basis des Gesetzeswortlauts dieser ertragsteuerrechtlichen Vorschrift wird die zivilrechtliche Berechtigung einer vermögensverwaltenden Personengesellschaft an ihren Wirtschaftsgütern für Zwecke des § 20 Abs. 2 EStG somit ignoriert. Stattdessen wird auf Grundlage einer wirtschaftlichen Betrachtungsweise angeordnet, dass die Wirtschaftsgüter dieser vermögensverwaltenden Personengesellschaft den an ihr beteiligten Personengesellschaftern anteilig unmittelbar zugerechnet werden. Damit ordnet der Gesetzgeber auch im Rahmen dieser Vorschrift ausdrücklich an, dass insoweit steuerrechtliche bzw. wirtschaftliche Maßstäbe vorrangig anzuwenden sind.[209]

---

[207] *Bleschick*, in Kirchhof, EStG-Kommentar, § 20 EStG, Rn. 166; *Ratschow*, in Blümich, EStG-Kommentar, § 20 EStG, Rn. 440.

[208] Aktueller Wortlaut des § 20 Abs. 2 Satz 3 EStG.

[209] *Bleschick*, in Kirchhof, EStG-Kommentar, § 20 EStG, Rn. 145 und *Anemüller/Lohkamp*, ErbStB 2016, 121 (124) gehen dabei davon aus, dass die ertragsteuerrechtliche Vorschrift des § 20 Abs. 2 Satz 3 EStG die allgemeine Zurechnungsregelung des § 39 Abs. 2 Nr. 2 AO konkretisiert.

§ 2 Die „unmittelbare Beteiligung" im Ertragsteuerrecht

3. Gesetzeswortlaut des § 23 Abs. 1 Satz 4 EStG

Entsprechendes gilt für den Gesetzeswortlaut des § 23 Abs. 1 Satz 4 EStG, welcher demjenigen des § 20 Abs. 2 Satz 3 EStG entspricht.[210] Denn danach gilt die Anschaffung oder Veräußerung einer unmittelbaren oder mittelbaren Beteiligung an einer vermögensverwaltenden Personengesellschaft auch für Zwecke des § 23 Abs. 1 EStG als anteilige Anschaffung oder Veräußerung der zivilrechtlich im Eigentum der Personengesellschaft stehenden Wirtschaftsgüter durch die Personengesellschafter dieser Personengesellschaft.

IV. Zwischenergebnis

Diese Beispiele machen deutlich, dass auch der Gesetzgeber davon ausgeht (und dies im Rahmen der oben genannten Tatbestände gesetzlich ausdrücklich anordnet), dass die zivilrechtlichen Grundsätze zur Bestimmung des Begriffs der „unmittelbaren Beteiligung" für ertragsteuerrechtliche Zwecke regelmäßig durch steuerrechtliche bzw. wirtschaftliche Maßstäbe überlagert werden.

D. Ausnahme: „Strikte" zivilrechtliche Auslegung des Tatbestands

Die zivilrechtlichen Grundsätze zur Auslegung des ertragsteuerrechtlichen Begriffs der „unmittelbaren Beteiligung" können jedoch ausnahmsweise dann nicht durch steuerrechtliche bzw. wirtschaftliche Maßstäbe überlagert werden, wenn eine rein zivilrechtliche Auslegung der relevanten ertragsteuerrechtlichen Vorschrift vorzunehmen ist. In diesem Fall kommen mithin allein zivilrechtliche Grundsätze zur Bestimmung des Begriffs der „unmittelbaren Beteiligung" zur Anwendung, so dass allein der zivilrechtlich Berechtigte eines Vermögensgegenstandes als „unmittelbar Beteiligter" dieses Vermögensgegenstandes in Betracht kommt. So finden sich zunächst durch die Rechtsprechung entschiedene Konstellationen, in denen diese eine rein zivilrechtliche Auslegung mit Blick auf den Begriff der „unmittelbaren Beteiligung" für Zwecke des Ertragsteuerrechts vertrat.[211] Eine solche rein zivilrechtliche Auslegung des Begriffs der „unmittelbaren Beteiligung" wird zudem durch Teile der Literatur im Rahmen einzelner ertragsteuerrechtlicher Vorschriften vertreten.[212]

---

[210] Aktueller Wortlaut des § 23 Abs. 1 Satz 4 EStG:
„*Die Anschaffung oder Veräußerung einer unmittelbaren oder mittelbaren Beteiligung an einer Personengesellschaft gilt als Anschaffung oder Veräußerung der anteiligen Wirtschaftsgüter.*".
[211] Siehe hierzu die Ausführungen unter § 2 D I unten.
[212] Siehe hierzu die Ausführungen unter § 2 D II unten.

Kapitel 1: Grundlagen

I. Rein zivilrechtliche Auslegung ertragsteuerrechtlicher Vorschriften durch die Rechtsprechung

1. Ablehnung der Bruchteilsbetrachtung durch die Rechtsprechung

Die Rechtsprechung lehnte es im Rahmen mehrerer Entscheidungen ausdrücklich ab, die zivilrechtlich im Eigentum einer vermögensverwaltenden Personengesellschaft stehenden Wirtschaftsgüter ihren jeweiligen Gesellschaftern gemäß der Zurechnungsregelung des § 39 Abs. 2 Nr. 2 AO anteilig unmittelbar zuzurechnen. Stattdessen wurde eine rein zivilrechtliche Auslegung der streitentscheidenden ertragsteuerrechtlichen Vorschrift vertreten. Die Personengesellschafter der vermögensverwaltenden Personengesellschaft gelten auf Basis dieser zivilrechtlichen Auslegung – entgegen den steuerrechtlichen bzw. wirtschaftlichen Maßstäben der Zurechnungsregelung des § 39 Abs. 2 Nr. 2 AO – somit nicht als (anteilige) „unmittelbar Beteiligte" mit Blick auf die von der Personengesellschaft gehaltenen Wirtschaftsgüter, sondern insoweit lediglich als „mittelbar Beteiligte".

a) Bundesfinanzhof vom 4. Oktober 1990

Der Bundesfinanzhof lehnte in seiner Entscheidung vom 4. Oktober 1990 einen Durchgriff durch eine vermögensverwaltende Personengesellschaft auf die von dieser Personengesellschaft gehaltenen Grundstücke für Zwecke des § 23 Abs. 1 Nr. 1 Buchst. a EStG in der im Streitjahr 1983 maßgeblichen Fassung ausdrücklich ab.[213] Nach dieser ertragsteuerrechtlichen Vorschrift waren steuerbare Spekulationsgeschäfte im Sinne des § 22 Nr. 2 EStG a.F. solche Veräußerungsgeschäfte, bei denen der Zeitraum zwischen Anschaffung und Veräußerung von Grundstücken und Rechten, die den Vorschriften des bürgerlichen Rechts über Grundstücke unterlagen (z.B. Erbbaurecht, Erbpachtrecht, Mineralgewinnungsrecht), nicht mehr als zwei Jahre betrug.[214]

Im konkreten Fall stellte sich die Frage, ob dieser Tatbestand auch durch die Veräußerung einer Beteiligung an einer grundstücksbesitzenden, rein vermögensverwaltenden Personengesellschaft erfüllt werden konnte. Dies wäre zu bejahen gewesen, wenn die Grundstücke dieser vermögensverwaltenden Personengesell-

---

[213] BFH, Urteil vom 4. Oktober 1990 – X R 148/88, BStBl. II 1992, 211.
[214] Wortlaut des § 23 Abs. 1 Nr. 1 Buchst. a EStG in der im Streitjahr 1983 maßgeblichen Fassung:
„*Spekulationsgeschäfte (§ 22 Nr. 2) sind*
   1. Veräußerungsgeschäfte, bei denen der Zeitraum zwischen Anschaffung und Veräußerung beträgt:
      a) bei Grundstücken und Rechten, die den Vorschriften des bürgerlichen Rechts über Grundstücke unterliegen (z.B. Erbbaurecht, Erbpachtrecht, Mineralgewinnungsrecht), nicht mehr als zwei Jahre,
      b) (...)".

schaft den Gesellschaftern dieser Personengesellschaft gemäß § 39 Abs. 2 Nr. 2 AO anteilig unmittelbar zuzurechnen gewesen wären. Der Bundesfinanzhof lehnte dies aufgrund einer rein zivilrechtlichen Auslegung des § 23 Abs. 1 Nr. 1 Buchst. a EStG a.F. jedoch ausdrücklich ab. Der Tatbestand des § 23 Abs. 1 Nr. 1 Buchst. a EStG a.F. könne nach Ansicht des Gerichts vielmehr nur dann erfüllt werden, wenn das konkrekt veräußerte Recht unter die zivilrechtlichen Vorschriften für Grundstücke bzw. grundstücksgleiche Rechte gemäß §§ 873 ff. BGB fallen würde.[215] Dies würde auf die Veräußerung eines Kommanditanteils an einer vermögensverwaltenden Personengesellschaft jedoch gerade nicht zutreffen. Ein Durchgriff durch die vermögensverwaltende Personengesellschaft auf die von ihr gehaltenen Grundstücke bzw. eine anteilige unmittelbare Zurechnung dieser Grundstücke gemäß § 39 Abs. 2 Nr. 2 AO zu den Gesellschaftern der vermögensverwaltenden Personengesellschaft sei aufgrund der zivilrechtlichen Auslegung des § 23 Abs. 1 Nr. 1 Buchst. a EStG a.F. gerade nicht möglich.[216] Die Personengesellschafter der vermögensverwaltenden Personengesellschaft gelten daher – entgegen den steuerrechtlichen bzw. wirtschaftlichen Maßstäben des § 39 Abs. 2 Nr. 2 AO – auf Basis dieser rein zivilrechtlichen Grundsätzen folgenden Auslegung des § 23 Abs. 1 Nr. 1 Buchst. a EStG a.F. durch den Bundesfinanzhof nicht als anteilige „unmittelbar Beteiligte" mit Blick auf die von der vermögensverwaltenden Personengesellschaft gehaltenen Grundstücke, sondern insoweit lediglich als „mittelbar Beteiligte".

b) Bundesfinanzhof vom 10. Juli 1996

Dieses zivilrechtliche Auslegungsergebnis für Zwecke des § 23 Abs. 1 Nr. 1 Buchst. a EStG a.F. bestätigte der Bundesfinanzhof nochmals im Rahmen seiner Entscheidung vom 10. Juli 1996.[217] Auch in diesem Fall ging es um die Frage, ob der Erwerb und die Veräußerung einer Beteiligung an einer vermögensverwaltenden Personengesellschaft unter den Tatbestand des § 23 Abs. 1 Nr. 1 Buchst. a EStG in der im Streitjahr 1979 maßgeblichen Fassung fallen konnte, wenn das Gesellschaftsvermögen der vermögensverwaltenden Personengesellschaft ausschließlich aus Grundstücken bestand. Dies wurde vom Bundesfinanzhof im Einklang mit der Entscheidung vom 4. Oktober 1990[218] abgelehnt, da nach Ansicht des Gerichts weder der Erwerb noch die Veräußerung des Anteils an der vermögensverwaltenden Personengesellschaft ein Grundstück oder ein grund-

---

[215] BFH, Urteil vom 4. Oktober 1990 – X R 148/88, BStBl. II 1992, 211.
[216] BFH, Urteil vom 4. Oktober 1990 – X R 148/88, BStBl. II 1992, 211 (212).
[217] BFH, Urteil vom 10. Juli 1996 – X R 103/95, BStBl. II 1997, 678.
[218] BFH, Urteil vom 4. Oktober 1990 – X R 148/88, BStBl. II 1992, 211.

stücksgleiches Recht im zivilrechtlichen Sinne zum Gegenstand gehabt hätten.[219] Zudem hob der Bundesfinanzhof hervor, dass der seit dem Jahr 1994 geltende (und damit nicht auf das Streitjahr anwendbare) § 23 Abs. 1 Satz 2 EStG a.F.[220] – wonach die Anschaffung und Veräußerung einer unmittelbaren oder mittelbaren Beteiligung an einer Personengesellschaft als Anschaffung und Veräußerung der anteiligen Wirtschaftsgütern der Personengesellschaft zu werten ist – als Fiktion ausgestaltet sei, so dass sich daraus für die vorliegende Konstellation keine Rückschlüsse ziehen ließen.[221]

c) Finanzgericht München vom 29. Juli 2013

Diese beschriebenen zivilrechtlichen Grundsätze, die der Bundesfinanzhof im Rahmen des § 23 Abs. 1 Nr. 1 Buchst. a EStG a.F. anwandte, übertrug das Finanzgericht München mit rechtskräftiger Entscheidung vom 29. Juli 2013 auf die Regelung des § 49 Abs. 1 Nr. 2 Buchst. f) Satz 1 EStG in der im Streitjahr 2003 geltenden Fassung.[222]

Im Streitfall war dabei eine niederländische Kapitalgesellschaft, die in Deutschland nur beschränkt steuerpflichtig war, an einer inländischen vermögensverwaltenden Personengesellschaft beteiligt, die Eigentümerin eines inländischen Grundstücks war. Die niederländische Kapitalgesellschaft veräußerte einen Teil ihrer Beteiligung an der inländischen vermögensverwaltenden Personengesellschaft, so dass sich die Frage stellte, ob diese niederländische Kapitalgesellschaft hierdurch gewerbliche Einkünfte im Sinne des § 49 Abs. 1 Nr. 2 Buchst. f EStG a.F. erzielte.[223] Nach dieser Vorschrift unterlagen inländische Einkünfte, die durch die Veräußerung von unbeweglichem Vermögen erzielt wurden, der beschränkten Steuerpflicht.[224]

---

[219] BFH, Urteil vom 10. Juli 1996 – X R 103/95, BStBl. II 1997, 678 (678 f.).
[220] Nunmehr § 23 Abs. 1 Satz 4 EStG.
[221] BFH, Urteil vom 10. Juli 1996 – X R 103/95, BStBl. II 1997, 678 (679).
[222] FG München, Urteil vom 29. Juli 2013 – 7 K 190/11, EFG 2013, 1852.
[223] FG München, Urteil vom 29. Juli 2013 – 7 K 190/11, EFG 2013, 1852.
[224] Wortlaut des § 49 Abs. 1 Nr. 2 Buchst. f EStG in der im Streitjahr 2003 geltenden Fassung:
„*Inländische Einkünfte im Sinne der beschränkten Einkommensteuerpflicht (§ 1 Abs. 4) sind Nr. 2 Einkünfte aus Gewerbebetrieb (§§ 15 bis 17),*
f) die, soweit sie nicht zu den Einkünften im Sinne des Buchstaben a gehören, durch Veräußerung von unbeweglichem Vermögen, Sachinbegriffen oder Rechten im Sinne der Nummer 6 erzielt werden. Als Einkünfte aus Gewerbebetrieb gelten auch die Einkünfte aus Tätigkeiten im Sinne dieses Buchstabens, die von einer Körperschaft ohne Sitz oder Geschäftsleitung im Inland erzielt werden, die einer inländischen Kapitalgesellschaft oder sonstigen juristischen Person des privaten Rechts, die nach den Vorschriften des Handelsgesetzbuchs zur Führung von Büchern verpflichtet ist, gleichsteht;".

§ 2 Die „unmittelbare Beteiligung" im Ertragsteuerrecht

Das Finanzgericht München lehnte dies unter Hinweis auf eine zivilrechtliche Auslegung des relevanten Tatbestands ab. Die niederländische Kapitalgesellschaft habe – zivilrechtlich betrachtet – kein unbewegliches Vermögen veräußert, sondern lediglich einen Anteil ihres Kommanditanteils an der vermögensverwaltenden Personengesellschaft. Die Veräußerung eines Anteils an einer Personengesellschaft, in deren Gesamthandsvermögen sich ein im Inland belegenes Grundstück befinde, könne jedoch nicht mit der Veräußerung des Grundstücks gleichgestellt werden.[225] Das Finanzgericht München lehnte es aufgrund dieser rein zivilrechtlichen Grundsätzen folgenden Auslegung des § 49 Abs. 1 Nr. 2 Buchst. f EStG a.F. zugleich ab, die Wirtschaftsgüter der Personengesellschaft (d.h. den Grundbesitz) den Personengesellschaftern dieser Personengesellschaft anteilig unmittelbar nach Maßgabe des § 39 Abs. 2 Nr. 2 AO zuzurechnen.[226] Dies hatte zur Folge, dass die niederländische Kapitalgesellschaft mit Blick auf die von der inländischen vermögensverwaltenden Personengesellschaft gehaltenen Grundstücke – entgegen den steuerrechtlichen bzw. wirtschaftlichen Maßstäben des § 39 Abs. 2 Nr. 2 AO – nur „mittelbar" und dagegen nicht „unmittelbar" beteiligt war.

d) Bundesfinanzhof vom 21. Oktober 2014

Der Bundesfinanzhof entschied mit Entscheidung vom 21. Oktober 2014, dass eine verdeckte Gewinnausschüttung einer Kapitalgesellschaft an eine natürliche Person, die an dieser Kapitalgesellschaft nur über eine vermögensverwaltende Personengesellschaft beteiligt war, grundsätzlich nicht in Betracht komme.[227] Dies lehnte der Bundesfinanzhof deswegen ab, weil die natürliche Person nicht als Gesellschafterin der Kapitalgesellschaft für Zwecke der Prüfung der verdeckten Gewinnausschüttung zu behandeln sei. Gesellschafterin der Kapitalgesellschaft für Zwecke der Prüfung einer verdeckten Gewinnausschüttung sei allein die vermögensverwaltende Personengesellschaft als deren zivilrechtliche Gesellschafterin.[228]

Auch die Bruchteilsbetrachtung nach Maßgabe des § 39 Abs. 2 Nr. 2 AO aufgrund der Einstufung der vermittelnden Gesellschaft als vermögensverwaltende Personengesellschaft führe nach Auffassung des Gerichts nicht dazu, dass die natürliche Person als Gesellschafterin der Kapitalgesellschaft einzustufen sei. Eine unmittelbare Zurechnung der Beteiligung an einer Kapitalgesellschaft, die zum Gesamthandsvermögen einer vermögensverwaltenden Personengesellschaft ge-

---

[225] FG München, Urteil vom 29. Juli 2013 – 7 K 190/11, EFG 2013, 1852 (1853).
[226] FG München, Urteil vom 29. Juli 2013 – 7 K 190/11, EFG 2013, 1852 (1853 f.).
[227] BFH, Urteil vom 21. Oktober 2014 – VIII R 22/11, BStBl. II 2015, 687.
[228] BFH, Urteil vom 21. Oktober 2014 – VIII R 22/11, BStBl. II 2015, 687 (689).

höre, zu deren Gesellschaftern erfolge nach Auffassung des Gerichts nur im Rahmen des § 17 EStG. Um eine solche Konstellation würde es vorliegend aber nicht gehen.[229] Der Bundesfinanzhof lehnte es daher erneut ab, die Bruchteilsbetrachtung gemäß § 39 Abs. 2 Nr. 2 AO – und damit steuerrechtliche bzw. wirtschaftliche Maßstäbe – in Bezug auf eine Beteiligung über eine vermögensverwaltende Personengesellschaft anzuwenden. Damit wurde auch in dieser Konstellation der Tatbestand bzw. der Begriff der „unmittelbaren Beteiligung" rein zivilrechtlich ausgelegt.

2. Rein zivilrechtliche Grundsätze des § 8 Abs. 4 Satz 2 KStG a.F.

a) Bundesfinanzhof vom 20. August 2003

Der Bundesfinanzhof entschied mit Entscheidung vom 20. August 2003, dass der Verlust der wirtschaftlichen Identität im Sinne des § 8 Abs. 4 Satz 2 KStG in der im Streitjahr 1991 geltenden Fassung, der zum Untergang der aufgelaufenen Verluste der relevanten Kapitalgesellschaft führte, auf Basis einer zivilrechtlichen Betrachtungsweise auch bei konzerninterner Umstrukturierung vorliegen könne.[230] Im Rahmen dieser konzerninternen Umstrukturierung übertrug eine Konzern-Kapitalgesellschaft ihre Beteiligung an einer verlusttragenden Kapitalgesellschaft auf eine Konzern-Personengesellschaft. Alleingesellschafterin dieser Konzern-Personengesellschaft und deren Komplementär-GmbH war die „Konzern-Mutter", so dass sich (allein) der zivilrechtliche Anteilseigner der verlusttragenden Kapitalgesellschaft geändert hatte, die dahinter stehende „Konzern-Mutter" jedoch identisch blieb. Es stellte sich die Frage, ob solche konzerninternen Umstrukturierungen den Tatbestand des § 8 Abs. 4 KStG a.F.[231] erfüllen konnten, da sich zwar die unmittelbaren zivilrechtlichen Beteiligungsverhältnisse an der Verlust-Kapitalgesellschaft änderten, die mittelbaren Beteiligungsverhältnisse auf einer vorgelagerten Beteiligungsstufe dagegen unverändert blieben.[232]

Der Bundesfinanzhof bejahte im Ergebnis die Voraussetzungen des § 8 Abs. 4 Satz 2 KStG a.F. auf Basis einer zivilrechtlichen Auslegung, so dass auch bei kon-

---

[229] BFH, Urteil vom 21. Oktober 2014 – VIII R 22/11, BStBl. II 2015, 687 (690).
[230] BFH, Urteil vom 20. August 2003 – I R 81/02, BStBl. II 2004, 614.
[231] Wortlaut des § 8 Abs. 4 Sätze 1 und 2 KStG in der im Streitjahr 1991 geltenden Fassung:
„Voraussetzung für den Verlustabzug nach § 10d des Einkommensteuergesetzes ist bei einer Körperschaft, daß sie nicht nur rechtlich, sondern auch wirtschaftlich mit der Körperschaft identisch ist, die den Verlust erlitten hat. Wirtschaftliche Identität liegt insbesondere dann nicht vor, wenn mehr als drei Viertel der Anteile an einer Kapitalgesellschaft übertragen werden und die Gesellschaft danach ihren Geschäftsbetrieb mit überwiegend neuem Betriebsvermögen wieder aufnimmt."
[232] BFH, Urteil vom 20. August 2003 – I R 81/02, BStBl. II 2004, 614 (615).

§ 2 Die „unmittelbare Beteiligung" im Ertragsteuerrecht

zerninternen Umstrukturierungen der Verlust der wirtschaftlichen Identität gemäß § 8 Abs. 4 Satz 2 KStG a.F. drohte.[233] Nach Auffassung des Bundesfinanzhofs seien durch die zivilrechtliche Übertragung der bisherigen Alleinbeteiligung der an der verlusttragenden Kapitalgesellschaft beteiligten Konzern-Kapitalgesellschaft auf die Konzern-Personengesellschaft die Voraussetzungen des § 8 Abs. 4 Satz 2 KStG a.F. erfüllt worden. Der Umstand, dass sich die „Konzern-Mutter" nicht geändert habe, stehe dem nicht entgegen. Denn maßgeblich sei insoweit allein, dass sich die unmittelbaren zivilrechtlichen Beteiligungsverhältnisse an der verlusttragenden Kapitalgesellschaft geändert hätten.[234]

Nach Auffassung des Gerichts sei es auch unbeachtlich, ob die Beteiligung an der betreffenden verlusttragenden Körperschaft von einer Kapitalgesellschaft oder von einer Personengesellschaft übernommen würde. Dass eine Personengesellschaft aus ertragsteuerrechtlicher Sicht „transparent" behandelt werde und die Beteiligung an der Untergesellschaft den Gesellschaftern der Obergesellschaft gemäß § 39 Abs. 2 Nr. 2 AO anteilig unmittelbar zugerechnet würden, sei in diesem Zusammenhang unbeachtlich. Maßgebend im Rahmen des § 8 Abs. 4 Satz 2 KStG a.F., der lediglich auf die formale zivilrechtliche Übertragung der qualifizierten Anteilsmehrheit auf einen oder auf mehrere andere Gesellschafter abstelle, sei vielmehr eine rein zivilrechtliche Betrachtungsweise.[235] Damit hat der Bundesfinanzhof im Hinblick auf die Übertragung der qualifizierten Anteilsmehrheit auf der unmittelbaren Beteiligungsebene einer verlusttragenden Körperschaft im Rahmen des § 8 Abs. 4 Satz 2 KStG a.F. ein rein zivilrechtliches Verständnis zugrunde gelegt, so dass die Auslegung des Begriffs der „unmittelbaren Beteiligung" insoweit ebenfalls allein zivilrechtlichen Grundsätzen folgte.

b) Bestätigung durch weitere Entscheidungen des Bundesfinanzhofs

Diese Rechtsprechung des Bundesfinanzhofs im Rahmen seiner Entscheidung vom 20. August 2003[236] – wonach im Hinblick auf die Übertragung der qualifizierten Anteilsmehrheit auf der „unmittelbaren Beteiligungsebene" einer verlusttragenden Körperschaft im Rahmen des § 8 Abs. 4 Satz 2 KStG a.F. ein rein zivilrechtliches Verständnis zugrunde zu legen sei – wurde durch entsprechen-

---

[233] BFH, Urteil vom 20. August 2003 – I R 81/02, BStBl. II 2004, 614 (615 f.).
[234] BFH, Urteil vom 20. August 2003 – I R 81/02, BStBl. II 2004, 614 (615 f.).
[235] BFH, Urteil vom 20. August 2003 – I R 81/02, BStBl. II 2004, 614 (616).
[236] BFH, Urteil vom 20. August 2003 – I R 81/02, BStBl. II 2004, 614.

Kapitel 1: Grundlagen

de Entscheidungen des Bundesfinanzhofs vom 27. August 2008[237], vom 17. Mai 2010[238] und vom 20. Juni 2011[239] bestätigt.

3. Zwischenergebnis

Es finden sich damit mehrere durch die Rechtsprechung entschiedene Konstellationen, in denen diese eine rein zivilrechtliche Auslegung des Begriffs der „unmittelbaren Beteiligung" für Zwecke einzelner ertragsteuerrechtlicher Vorschrift vertrat.

II. Teilweise rein zivilrechtliche Auslegung des Begriffs der „unmittelbaren Beteiligung" durch Teile der Literatur

Teile der Literatur legen den Begriff der „unmittelbaren Beteiligung" im Rahmen einzelner ertragsteuerrechtlicher Vorschriften ebenfalls allein auf Basis zivilrechtlicher Grundsätze aus. In diesen Fällen wird somit vertreten, dass allein der zivilrechtlich Berechtigte als „unmittelbar Beteiligter" für Zweck der relevanten ertragsteuerrechtlichen Vorschrift gelten könne und der wirtschaftliche Eigentümer insoweit nicht als „unmittelbar Beteiligter" in Betracht komme. Diese zivilrechtliche Auslegung des Begriffs der „unmittelbaren Beteiligung" durch Teile der Literatur betrifft die ertragsteuerrechtlichen Vorschriften des § 8b Abs. 3 Satz 4 KStG, des § 8c Abs. 1 Satz 1 KStG sowie des § 8c Abs. 1 Satz 4 KStG. Allerdings widerspricht, wie im Folgenden näher ausgeführt, das herrschende Schrifttum und teilweise auch die Finanzverwaltung einer solchen zivilrechtlichen Auslegung im Rahmen dieser ertragsteuerrechtlichen Vorschrift.

1. Teilweise rein zivilrechtliche Auslegung des § 8b Abs. 3 Satz 4 KStG

Eine rein zivilrechtliche Auslegung des Tatbestandsmerkmals der „unmittelbaren Beteiligung" wird von Teilen der Literatur zunächst im Rahmen des § 8b Abs. 3 Satz 4 KStG vertreten. Nach dieser Vorschrift gehören zu den Gewinnminderungen im Sinne des § 8b Abs. 3 Satz 3 KStG[240], welche bei der Einkommensermittlung nicht einkommensmindernd berücksichtigt werden dürfen, auch solche im Zusammenhang mit einer Darlehensforderung oder aus der Inanspruchnahme von Sicherheiten, die für ein Darlehen hingegeben wurden, wenn das Darlehen oder die Sicherheit von einem qualifiziert beteiligten Gesellschafter gewährt wird:

---

[237] BFH, Urteil vom 27. August 2008 – I R 78/01, BFH/NV 2009, 497.
[238] BFH, Beschluss vom 17. Mai 2010 – I R 57/09, BFH/NV 2010, 1859.
[239] BFH, Beschluss vom 20. Juni 2011 – I B 108/10, BFH/NV 2011, 1924.
[240] Aktueller Wortlaut des § 8b Abs. 3 Satz 3 KStG:
„*Gewinnminderungen, die im Zusammenhang mit dem in Absatz 2 genannten Anteil entstehen, sind bei der Ermittlung des Einkommens nicht zu berücksichtigen.*".

§ 2 Die „unmittelbare Beteiligung" im Ertragsteuerrecht

> *„Zu den Gewinnminderungen im Sinne des [§ 8b Abs. 3] Satzes 3 [KStG] gehören auch Gewinnminderungen im Zusammenhang mit einer Darlehensforderung oder aus der Inanspruchnahme von Sicherheiten, die für ein Darlehen hingegeben wurden, wenn das <u>Darlehen oder die Sicherheit von einem Gesellschafter gewährt wird, der zu mehr als einem Viertel unmittelbar oder mittelbar am Grund- oder Stammkapital der Körperschaft, der das Darlehen gewährt wurde, beteiligt ist</u> oder war."*[241]

Für Zwecke der Tatbestandsverwirklichung des § 8b Abs. 3 Satz 4 KStG wird von Teilen der Literatur auf Basis einer wortlautgetreuen Auslegung des Tatbestandes vertreten, dass es sich insoweit stets um eine qualifizierte Beteiligung eines „Gesellschafters" handeln müsse und dieser Begriff des „Gesellschafters" im Sinne des § 8b Abs. 3 Satz 4 KStG rein zivilrechtlich zu bestimmen sei.[242] Da nur ein unmittelbar Beteiligter überhaupt als ein solcher zivilrechtlicher Gesellschafter in Betracht komme, könne dementsprechend auch nur eine solche unmittelbare Beteiligung eines zivilrechtlichen Gesellschafters den Tatbestand des § 8b Abs. 3 Satz 4 KStG verwirklichen.[243] Die im Rahmen des § 8b Abs. 3 Satz 4 KStG ebenfalls angesprochene mittelbare Beteiligung diene (ähnlich wie bei § 17 Abs. 1 Satz 1 EStG[244]) nur dazu, die qualifizierte Beteiligungsquote von mehr als 25 % zu bestimmen.[245] Diese Auslegung des § 8b Abs. 3 Satz 4 KStG durch Teile der Literatur verknüpft damit den Begriff der „unmittelbaren Beteiligung" an einer Gesellschaft mit der zivilrechtlichen Gesellschafterstellung an dieser Gesellschaft. Dies hat zur Folge, dass grundsätzlich nur ein zivilrechtlicher Gesellschafter einer Gesellschaft als deren „unmittelbar Beteiligter" in Betracht kommt und den Tatbestand des § 8b Abs. 3 Satz 4 KStG verwirklichen könnte. Der wirtschaftliche Eigentümer könnte auf Basis dieser zivilrechtlichen Auslegung dagegen weder als „unmittelbar Beteiligter" gelten noch den Tatbestand des § 8b Abs. 3 Satz 4 KStG verwirklichen.

---

[241] Aktueller Wortlaut des § 8b Abs. 3 Satz 4 KStG (die Unterstreichungen wurden seitens des Verfassers eingefügt).

[242] *Watermeyer*, in Herrmann/Heuer/Raupach, EStG/KStG-Kommentar, § 8b KStG, Rn. 112; zur zivilrechtlichen Auslegung des Begriffs des „Gesellschafters" für diese Zwecke auch: *Herlinghaus*, in Rödder/Herlinghaus/Neumann, KStG-Kommentar, § 8b KStG, Rn. 324, welcher nach Rn. 326 scheinbar aber auch rein mittelbare Beteiligungen eines Gesellschafters zur Tatbestandsmäßigkeit ausreichen lassen will, was im Widerspruch zur zivilrechtlichen Bestimmung des Gesellschafters stehen würde, da der mittelbar Beteiligte nicht als zivilrechtlicher Gesellschafter der relevanten (Ziel-) Gesellschaft in Betracht kommt.

[243] *Watermeyer*, in Herrmann/Heuer/Raupach, EStG/KStG-Kommentar, § 8b KStG, Rn. 112; *Neumann/Watermayer*, Ubg 2008, 748 (749).

[244] Siehe hierzu die Ausführungen unter § 2 C II 1 a) oben.

[245] *Watermeyer*, in Herrmann/Heuer/Raupach, EStG/KStG-Kommentar, § 8b KStG, Rn. 112; *Neumann/Watermayer*, Ubg 2008, 748 (749 f.).

Diese restriktive Auslegung des § 8b Abs. 3 Satz 4 KStG steht im Widerspruch zu den Grundsätzen, die im Rahmen der Auslegung des § 15 Abs. 1 Satz 1 Nr. 2 Satz 1 EStG angewandt werden.[246] Zwar verknüpft auch der Gesetzeswortlaut des § 15 Abs. 1 Satz 1 Nr. 2 Satz 1 EStG die Einordnung als Mitunternehmer einer Personengesellschaft mit der Gesellschafterstellung des relevanten Mitunternehmers bei dieser Personengesellschaft.[247] Gleichwohl gehen die Rechtsprechung und die herrschende Literatur davon aus, dass die zivilrechtlichen Grundsätze zur Bestimmung des Mitunternehmers von steuerrechtlichen Maßstäben überlagert werden können, so dass auch der lediglich wirtschaftlich Beteiligte als Mitunternehmer im Sinne des § 15 Abs. 1 Satz 1 Nr. 2 Satz 1 EStG gelten könne.[248]

Diesen regelmäßig vorrangig anzuwendenden steuerrechtlichen bzw. wirtschaftlichen Maßstäben entspricht es, dass andere Stimmen in der Literatur im Rahmen der Auslegung des § 8b Abs. 3 Satz 4 KStG vertreten, dass für die Zurechnung der Anteile für Zwecke des § 8b Abs. 3 Satz 4 KStG das wirtschaftliche Eigentum und nicht die zivilrechtliche Berechtigung bzw. Gesellschafterstellung entscheidend sei.[249] Diese Stimmen innerhalb der Literatur lassen es daher – im Einklang mit den Maßstäben des § 39 Abs. 2 AO (und daher überzeugenderweise) – zu, dass die zivilrechtlichen Grundsätze zur Bestimmung des Begriffs der „unmittelbaren Beteiligung" wiederum durch steuerrechtliche bzw. wirtschaftliche Maßstäbe überlagert werden.

---

[246] Siehe hierzu die Ausführungen unter § 2 C II 3 oben.
[247] Aktueller Wortlaut des § 15 Abs. 1 Satz 1 Nr. 2 Satz 1 EStG (die Unterstreichungen wurden seitens des Verfassers eingefügt):
„*Einkünfte aus Gewerbebetrieb sind*
1. (...);
2. die Gewinnanteile der <u>Gesellschafter</u> einer Offenen Handelsgesellschaft, einer Kommanditgesellschaft und einer anderen Gesellschaft, bei der der <u>Gesellschafter</u> als Unternehmer (Mitunternehmer) des Betriebs anzusehen ist, und die Vergütungen, die der <u>Gesellschafter</u> von der Gesellschaft für seine Tätigkeit im Dienst der Gesellschaft oder für die Hingabe von Darlehen oder für die Überlassung von Wirtschaftsgütern bezogen hat.".
[248] BFH, Großer Senat, Beschluss vom 25. Juni 1984 – GrS 4/82, BStBl. II 1984, 751 (768); BFH, Urteil vom 23. Januar 1974 – I R 206/69, BStBl. II 1974, 480 (481); BFH, Urteil vom 20. September 2018 – IV R 39/11, BStBl. II 2019, 131; *Wacker*, in Schmidt, EStG-Kommentar, § 15 EStG, Rn. 257; *Haep*, in Herrmann/Heuer/Raupach, EStG/KStG-Kommentar, § 15 EStG, Rn. 334; *Krumm*, in Kirchhof, EStG-Kommentar, § 15 EStG, Rn. 214; *Bode*, in Blümich, EStG-Kommentar, § 15 EStG, Rn. 343.
[249] *Pung*, in Dötsch/Pung/Möhlenbrock, KStG-Kommentar, § 8b KStG, Rn. 227; ausdrücklich gegen die Auslegung durch *Watermeyer*, in Herrmann/Heuer/Raupach, EStG/KStG-Kommentar, § 8b KStG, Rn. 112 und *Neumann/Watermayer*, Ubg 2008, 748 (749 f.) spricht sich auch aus *Pohl*, in BeckOK KStG, § 8b KStG, Rn. 614.

2. Teilweise rein zivilrechtliche Auslegung des § 8c Abs. 1 Satz 1 KStG

Eine rein zivilrechtliche Auslegung des Tatbestandsmerkmals der „unmittelbaren Beteiligung" wird von Teilen der Literatur auch im Rahmen des § 8c Abs. 1 Satz 1 KStG vertreten. Diese ertragsteuerrechtliche Vorschrift trifft Regelungen über den Verlustabzug bei Körperschaften. Werden danach innerhalb von fünf Jahren mittelbar oder unmittelbar mehr als 50 % des gezeichneten Kapitals, der Mitgliedschaftsrechte, der Beteiligungsrechte oder der Stimmrechte an einer verlusttragenden Körperschaft an einen Erwerber oder diesem nahe stehende Personen übertragen oder liegt ein vergleichbarer Sachverhalt vor (sog. schädlicher Beteiligungserwerb), sind bis zum schädlichen Beteiligungserwerb nicht genutzte Verluste der verlusttragenden Körperschaft vollständig nicht mehr abziehbar:

> *„Werden innerhalb von fünf Jahren <u>mittelbar oder unmittelbar</u> mehr als 50 Prozent des gezeichneten Kapitals, der Mitgliedschaftsrechte, der Beteiligungsrechte oder der Stimmrechte an einer Körperschaft an einen Erwerber oder diesem nahe stehende Personen übertragen oder liegt ein vergleichbarer Sachverhalt vor (schädlicher Beteiligungserwerb), sind bis zum schädlichen Beteiligungserwerb nicht ausgeglichene oder abgezogene negative Einkünfte (nicht genutzte Verluste) vollständig nicht mehr abziehbar."*[250]

Insoweit wird teilweise vertreten, dass eine Übertragung nur dann „unmittelbar" sei bzw. nur dann eine „unmittelbare Beteiligung" im Sinne des § 8c Abs. 1 Satz 1 KStG betreffen würde, wenn das zivilrechtliche und nicht nur das wirtschaftliche Eigentum an den Anteilen an der relevanten Verlust-Körperschaft von dem Übertragenden auf den Erwerber übergegangen sei.[251] Diese Auslegung steht jedoch im Widerspruch zu anderen Stimmen innerhalb der Literatur, die für Zwecke des schädlichen Beteiligungserwerbs gemäß § 8c Abs. 1 Satz 1 KStG wiederum vorrangig steuerrechtliche bzw. wirtschaftliche Maßstäbe anwenden wollen. Denn diese Stimmen stellen für Zwecke des § 8c Abs. 1 Satz 1 KStG auf den Übergang des wirtschaftlichen Eigentums gemäß § 39 Abs. 2 Nr. 1 AO und nicht auf den

---

[250] Aktueller Wortlaut des § 8c Abs. 1 Satz 1 KStG (die Unterstreichungen wurden seitens des Verfassers eingefügt).
[251] *Frotscher*, in Frotscher/Drüen, KStG-Kommentar, § 8c KStG, Rn. 36: *„Unmittelbar ist eine Übertragung, wenn das rechtliche Eigentum an den Anteilen bzw. die Stimmrechte von dem Übertragenden auf den Erwerber übergehen."*; so wohl auch *Lang*, DStZ 2007, 652 (655) und *Olbing*, in Streck, KStG-Kommentar, § 8c KStG, Rn. 25, welcher vertritt, dass für eine schädliche Anteilsübertragung die zivilrechtlich vollständige und endgültige Übertragung erforderlich sei, in Rn. 15 aber gleichwohl annimmt, dass bei einer vermögensverwaltenden Personengesellschaft als Erwerber eine anteilige Zurechnung nach § 39 Abs. 2 Nr. 2 AO (und damit steuerrechtliche bzw. wirtschaftliche Maßstäbe) gelte.

Kapitel 1: Grundlagen

Übergang des zivilrechtlichen Eigentums ab.[252] Bei vermögensverwaltenden Personengesellschaften als Erwerber von Anteilen an Verlust-Körperschaften wird zudem eine anteilige Zurechnung der Anteile an der relevanten Verlust-Körperschaft über die Bruchteilsbetrachtung gemäß § 39 Abs. 2 Nr. 2 AO zu den Gesellschafter dieser vermögensverwaltenden Personengesellschaft vertreten.[253]

Diese steuerrechtliche bzw. wirtschaftliche Auslegung des Tatbestandsmerkmals der Veräußerung einer „unmittelbaren Beteiligung" gemäß § 8c Abs. 1 Satz 1 KStG steht im Einklang mit der Auslegung durch die Finanzverwaltung.[254] Denn auch diese geht für Zwecke des schädlichen Beteiligungserwerbs gemäß § 8c Abs. 1 Satz 1 KStG davon aus, dass auf den Übergang des wirtschaftlichen Eigentums gemäß § 39 Abs. 2 AO abzustellen sei.[255] Die Finanzverwaltung geht ebenfalls davon aus, dass bei vermögensverwaltenden Personengesellschaften als Erwerber von Anteilen an Verlust-Körperschaften eine anteilige Zurechnung gemäß § 39 Abs. 2 Nr. 2 AO gelte und wendet damit auch für diesen Fall eine von zivilrechtlichen Grundsätzen abweichende steuerrechtliche bzw. wirtschaftliche Auslegung an.[256]

3. Teilweise rein zivilrechtliche Auslegung des § 8c Abs. 1 Satz 4 KStG

Diese divergierenden Auffassungen zur Auslegung des § 8c Abs. 1 Satz 1 EStG setzen sich im Rahmen des § 8c Abs. 1 Satz 4 EStG fort. Um betriebswirtschaftlich sinnvolle oder erforderliche Umstrukturierungen innerhalb eines Konzerns nicht durch die Anwendung der dargestellten Verlustuntergangsregelung des § 8c Abs. 1 Satz 1 KStG zu erschweren, sieht die sog. Konzernklausel[257] des § 8c Abs. 1 Satz 4 KStG abschließend für drei Fallkonstellationen vor, dass insoweit

---

[252] *Neumann*, in Rödder/Herlinghaus/Neumann, KStG-Kommentar, Rn. 66; *Suchanek*, in Herrmann/Heuer/Raupach, EStG/KStG-Kommentar, § 8c KStG, Rn. 27; *Brandis*, in Blümich, KStG-Kommentar, § 8c KStG, Rn. 43; *Thonemann-Micker/Kanders*, in BeckOK KStG, § 8c KStG, Rn. 101.1.

[253] *Neumann*, in Rödder/Herlinghaus/Neumann, KStG-Kommentar, Rn. 92; *Brandis*, in Blümich, KStG-Kommentar, § 8c KStG, Rn. 51.

[254] BMF, Schreiben vom 28. November 2017 betreffend „*Verlustabzugsbeschränkung für Körperschaften (§ 8c KStG)*" – IV C 2 – S 2745-a/09/10002 :004, 2017/0789973.

[255] BMF, Schreiben vom 28. November 2017 betreffend „*Verlustabzugsbeschränkung für Körperschaften (§ 8c KStG)*" – IV C 2 – S 2745-a/09/10002 :004, 2017/0789973, Rn. 6, 13.

[256] BMF, Schreiben vom 28. November 2017 betreffend „*Verlustabzugsbeschränkung für Körperschaften (§ 8c KStG)*" – IV C 2 – S 2745-a/09/10002 :004, 2017/0789973, Rn. 25.

[257] *Brandis*, in Blümich, KStG-Kommentar, § 8c KStG, Rn. 47b; *Roser*, in Gosch, KStG-Kommentar, § 8c KStG, Rn. 111.

§ 2 Die „unmittelbare Beteiligung" im Ertragsteuerrecht

ein schädlicher Beteiligungserwerb nicht vorliegt und damit kein Verlustuntergang gemäß § 8c Abs. 1 Satz 1 KStG ausgelöst wird[258]:

„Ein schädlicher Beteiligungserwerb liegt nicht vor, wenn

1. *an dem übertragenden Rechtsträger der Erwerber zu 100 Prozent mittelbar oder <u>unmittelbar beteiligt</u> ist und der Erwerber eine natürliche oder juristische Person oder eine Personenhandelsgesellschaft ist,*
2. *an dem übernehmenden Rechtsträger der Veräußerer zu 100 Prozent mittelbar oder <u>unmittelbar beteiligt</u> ist und der Veräußerer eine natürliche oder juristische Person oder eine Personenhandelsgesellschaft ist oder*
3. *an dem übertragenden und an dem übernehmenden Rechtsträger dieselbe natürliche oder juristische Person oder dieselbe Personenhandelsgesellschaft zu jeweils 100 Prozent mittelbar oder <u>unmittelbar beteiligt</u> ist."*[259]

Auch insoweit wird im Schrifttum teilweise vertreten, dass eine „unmittelbare Beteiligung" im Sinne des § 8c Abs. 1 Satz 4 KStG – entsprechend der Auslegung im Rahmen des § 8c Abs. 1 Satz 1 KStG – nur dann gegeben sei, wenn das zivilrechtliche Eigentum an den Anteilen an der relevanten Verlust-Körperschaft gehalten werde.[260] Andere Stimmen gehen dagegen – im Einklang mit den Maßstäben des § 39 Abs. 2 AO (und daher überzeugenderweise) – davon aus, dass es für Zwecke des § 8c Abs. 1 Satz 4 KStG ausreichend sei, dass sich das wirtschaftliche Eigentum an den betreffenden Anteilen in der Hand derselben Person befinden würde.[261] Eine anderweitige Zurechnung des zivilrechtlichen Eigentums an den Anteilen, beispielsweise aufgrund eines Treuhandverhältnisses, sei für die Prüfung einer vollständigen Anteilszurechnung folglich unbeachtlich.[262]

---

[258] BT-Drucksache 17/15 vom 9. November 2009, Seite 19; *Suchanek*, in Herrmann/Heuer/Raupach, EStG/KStG-Kommentar, § 8c KStG, Rn. 45.
[259] Aktueller Wortlaut des § 8c Abs. 1 Satz 4 KStG (die Unterstreichungen wurden seitens des Verfassers eingefügt).
[260] *Frotscher*, in Frotscher/Drüen, KStG-Kommentar, § 8c KStG, Rn. 112a in Verbindung mit Rn. 36, welcher allerdings in Rn. 114 davon ausgeht, dass die maßgebliche 100 %ige Beteiligung im Sinne des § 8c Abs. 1 Satz 4 KStG im Zeitpunkt desjenigen Erwerbs bestehen müsse, dessen Einordnung als „schädlich" infrage stehe und dies der Zeitpunkt des Übergangs des rechtlichen bzw. wirtschaftlichen Eigentums sei (was für eine steuerrechtliche bzw. wirtschaftliche Auslegung spricht).
[261] *Suchanek*, in Herrmann/Heuer/Raupach, EStG/KStG-Kommentar, § 8c KStG, Rn. 47; *Neumann*, in Rödder/Herlinghaus/Neumann, KStG-Kommentar, § 8c KStG, Rn. 201.
[262] *Suchanek*, in Herrmann/Heuer/Raupach, EStG/KStG-Kommentar, § 8c KStG, Rn. 47.

4. Zwischenergebnis

Teile der Literatur legen den Begriff der „unmittelbaren Beteiligung" in einzelnen ertragsteuerrechtlichen Vorschriften allein auf Basis zivilrechtlicher Grundsätze aus. Das herrschende Schrifttum (und zum Teil auch die Finanzverwaltung) widersprechen dieser zivilrechtlichen Auslegung jedoch und wenden – im Einklang mit § 39 Abs. 2 AO – insoweit vorrangig steuerrechtliche bzw. wirtschaftliche Maßstäbe zur Auslegung des Begriffs der „unmittelbaren Beteiligung" an.

III. Zwischenfazit

Sowohl die Rechtsprechung als auch Teile der Literatur wenden damit (nur) in Ausnahmefällen eine allein zivilrechtlichen Grundsätzen folgende Auslegung des Begriffs der „unmittelbaren Beteiligung" an.

E. Ergebnis

Auf Grundlage der oben geschilderten Erkenntnisse lassen sich die folgenden Grundsätze zur Auslegung des Begriffs der „unmittelbaren Beteiligung" für Zwecke des Ertragsteuerrechts zusammenfassen:

1. Fallen zivilrechtliche Berechtigung und wirtschaftliches Eigentum an einem Vermögensgegenstand in einer Person zusammen, so gilt diese Person in jedem Fall als „unmittelbar Beteiligter" für Zwecke der relevanten ertragsteuerrechtlichen Vorschrift.
2. Fallen zivilrechtliche Berechtigung und wirtschaftliches Eigentum an einem Vermögensgegenstand dagegen nicht in einer Person zusammen, so ist regelmäßig allein der wirtschaftliche Eigentümer als „unmittelbar Beteiligter" für Zwecke der relevanten ertragsteuerrechtlichen Vorschrift einzuordnen.
3. Die Vorrangigkeit des wirtschaftlichen Eigentums gegenüber der zivilrechtlichen Berechtigung nach Maßgabe der Nummer 2. gilt in Einzelfällen dann nicht, wenn ausnahmsweise eine rein zivilrechtliche Auslegung des Tatbestands der relevanten ertragsteuerrechtlichen Vorschrift erforderlich ist: In diesem Fall gilt allein der zivilrechtlich Berechtigte als „unmittelbar Beteiligter" für Zwecke der relevanten ertragsteuerrechtlichen Vorschrift.

§ 3 Die „mittelbare Beteiligung" im Ertragsteuerrecht

A. Anhaltspunkte zur Auslegung des Begriffs der „mittelbaren Beteiligung" in der Abgabenordnung

Einen ersten Anhaltspunkt zur Auslegung des Begriffs der „mittelbaren Beteiligung" für Zwecke des Ertragsteuerrechts könnte sich zunächst aus der Abgabenordnung ergeben. Denn die Abgabenordnung sieht für Zwecke der verfahrensrechtlichen Vorschrift des § 179 Abs. 2 Satz 3 AO eine Definition der „mittelbaren Beteiligung" vor.

I. „Mittelbare Beteiligung" für Zwecke des § 179 Abs. 2 Satz 3 AO

Gemäß § 179 Abs. 2 Satz 3 AO gilt eine Person dann als „mittelbar" beteiligt, wenn diese Person am relevanten Feststellungsgegenstand lediglich über eine andere Person beteiligt ist:

> „Ist eine dieser Personen <u>an dem Gegenstand der Feststellung nur über eine andere Person beteiligt</u>, so kann insoweit eine besondere gesonderte Feststellung vorgenommen werden."[263]

In diesem Fall (d.h. wenn eine solche „mittelbare Beteiligung" für Zwecke des § 179 Abs. 2 Satz 3 AO vorliegt) kann gemäß dem Gesetzeswortlaut eine besondere gesonderte Feststellung und somit ein zweistufiges Feststellungsverfahren durchgeführt werden.[264] Der Gesetzeswortlaut umschreibt dabei eine „mittelbare Beteiligung" für Zwecke des § 179 Abs. 2 Satz 3 AO abstrakt als eine Beteiligung, die „über eine andere Person" erfolgt bzw. vermittelt wird.[265] Eine solche mittelbare Beteiligung über eine andere Person im Sinne des § 179 Abs. 2 Satz 3 AO wird dabei dann angenommen, wenn eine unmittelbare zivilrechtliche Beteiligung des betroffenen Feststellungsbeteiligten an dem relevanten Feststellungsgegenstand nicht besteht, sondern dessen „mittelbare Beteiligung" an dem Feststellungsgegenstand auf einer „steuerrechtlichen Zurechnung" beruht.[266] Dies bedeutet, dass dem „mittelbar Beteiligten" der relevante Feststellungsgegenstand (z.B.

---

[263] Aktueller Wortlaut des § 179 Abs. 2 Satz 3 AO (die Unterstreichungen wurden seitens des Verfasser eingefügt).
[264] *Brandis*, in Tipke/Kruse, AO/FGO-Kommentar, § 179 AO, Rn. 14; *Koenig*, in Koenig, AO-Kommentar, § 179 AO, Rn. 27; *Seibel*, in Lippross/Seibel, Basiskommentar Steuerrecht, § 179 AO, Rn. 13.
[265] Vgl. insoweit den oben zitierten Gesetzeswortlaut.
[266] BFH, Urteil vom 21. Oktober 2015 – IV R 43/12, BStBl. II 2016, 517 (520); *Ratschow*, in Klein, AO, § 179 AO, Rn. 29; *Baum*, in AO – eKommentar, § 179 AO, Rn. 19.

die Einkünfte eines zivilrechtlichen Gesellschafters einer Personengesellschaft) aufgrund seiner rechtlichen Beziehungen zum relevanten zivilrechtlich Berechtigten (z.b. dem zivilrechtlichen Gesellschafter einer Personengesellschaft) für steuerliche Zwecke jedenfalls teilweise zuzurechnen sind.[267]

Eine solche „mittelbare Beteiligung" im Sinne des § 179 Abs. 2 Satz 3 AO wird insbesondere bei steuerlich anzuerkennenden Treuhandverhältnissen, die sich auf Beteiligungen an gewerblichen Personengesellschaften beziehen, angenommen.[268] Denn sofern die Beteiligung an einer solchen gewerblichen Personengesellschaft im Rahmen eines Treuhandverhältnisses gehalten wird, ist allein der Treuhänder zivilrechtlicher – d.h. gesellschaftsrechtlicher – Gesellschafter der relevanten Personengesellschaft.[269] Zurechnungssubjekt mit Blick auf den Feststellungsgegenstand, d.h. die entsprechenden Beteiligungseinkünfte aus der gewerblichen Personengesellschaft, ist gemäß § 39 Abs. 2 Nr. 1 AO für steuerliche Zwecke hingegen regelmäßig der Treugeber, obwohl dieser zivilrechtlich nicht an der relevanten Personengesellschaft beteiligt ist.[270] Bei steuerlich anzuerkennenden Treuhandverhältnissen ist deshalb grundsätzlich ein zweistufiges Feststellungsverfahren gemäß § 179 Abs. 2 Satz 3 AO durchzuführen.[271] Dabei ist zunächst eine einheitliche Feststellung für die Gesellschafter der relevanten gewerblichen Personengesellschaft einschließlich des Treuhänders gemäß § 180 Abs. 1 Satz 1 Nr. 2 Buchst. a AO durchzuführen, in deren Rahmen der Gewinn oder Verlust der relevanten Personengesellschaft festzustellen und auf die zivilrechtlichen Gesellschafter einschließlich des Treuhänders entsprechend dem maßgebenden Verteilungsschlüssel aufzuteilen ist (erste Stufe).[272] In einem zweiten Feststellungsbe-

---

[267] *Ratschow*, in Klein, AO, § 179 AO, Rn. 29; *Koenig*, in Koenig, AO-Kommentar, § 179 AO, Rn. 27; *Wagner*, in BeckOK AO, § 179 AO, Rn. 49.

[268] Anwendungserlass zur Abgabenordnung (AEAO), AEAO zu § 179 AO, Nr. 4 Satz 5: *„Die Regelung gilt für Treuhandverhältnisse, in denen der Treugeber über den Treuhänder Hauptgesellschafter der Personengesellschaft ist, entsprechend."*; *Ratschow*, in Klein, AO, § 179 AO, Rn. 29, 33; *Koenig*, in Koenig, AO-Kommentar, § 179 AO, Rn. 35; *Brandis*, in Tipke/Kruse, AO/FGO-Kommentar, § 179 AO, Rn. 19.

[269] BFH, Großer Senat, Beschluss vom 25. Juni 1984 – GrS 4/82, BStBl. II 1984, 751 (768 f.); *Brandis*, in Tipke/Kruse, AO/FGO-Kommentar, § 179 AO, Rn. 19; *Koenig*, in Koenig, AO-Kommentar, § 179 AO, Rn. 35.

[270] BFH, Großer Senat, Beschluss vom 25. Juni 1984 – GrS 4/82, BStBl. II 1984, 751 (769); *Brandis*, in Tipke/Kruse, AO/FGO-Kommentar, Rn. 19; *Koenig*, in Koenig, AO-Kommentar, § 179 AO, Rn. 35.

[271] BFH, Urteil vom 13. Juli 1999 – VIII R 76/97, BStBl. II 1999, 747 (748); *Koenig*, in Koenig, AO-Kommentar, § 179 AO, Rn. 36.

[272] BFH, Urteil vom 13. Juli 1999 – VIII R 76/97, BStBl. II 1999, 747 (748); *Kunz*, in Gosch, AO/FGO-Kommentar, § 179 AO, Rn. 53.

§ 3 Die „mittelbare Beteiligung" im Ertragsteuerrecht

scheid ist sodann gemäß § 179 Abs. 2 Satz 3 AO der Gewinnanteil des Treuhänders auf den oder die Treugeber aufzuteilen (zweite Stufe).[273] Bei „offenen" Treuhandverhältnissen, bei denen das Treuhandverhältnis allen Beteiligten gegenüber bekannt ist, können beide Feststellungen jedoch miteinander verbunden werden, so dass es keines besonderen gesonderten Feststellungsverfahrens nach Maßgabe des § 179 Abs. 2 Satz 3 AO bedarf (zweite Stufe).[274]

II. Rückschlüsse für Zwecke des Ertragsteuerrechts

Aus dieser verfahrensrechtlichen Auslegung des Begriffs der „mittelbaren Beteiligung" für Zwecke des § 179 Abs. 2 Satz 3 AO können jedoch nur begrenzt Rückschlüsse auf die Auslegung des Begriffs der „mittelbaren Beteiligung" für ertragsteuerrechtliche Zwecke gezogen werden. Dies ergibt sich zunächst daraus, dass die Einordnung des Treugebers für Zwecke der verfahrensrechtlichen Vorschrift des § 179 Abs. 2 Satz 3 AO von der Einordnung des Treugebers für ertragsteuerrechtliche Zwecke abweicht. Denn für Zwecke des Ertragsteuerrechts gilt der Treugeber – auf Basis einer steuerrechtlichen bzw. wirtschaftlichen Auslegung – regelmäßig als „unmittelbar Beteiligter" und nicht als lediglich „mittelbar Beteiligter".[275] Dagegen ist der Treugeber für Zwecke der verfahrensrechtlichen Vorschrift des § 179 Abs. 2 Satz 3 AO – auf Basis einer zivilrechtlichen Auslegung – lediglich als „mittelbar Beteiligter" und nicht als „unmittelbar Beteiligter" einzuordnen, da dieser am Gegenstand der Feststellung „über eine andere Person", nämlich den Treuhänder als zivilrechtlich Berechtigter, beteiligt ist.[276] Diese Einstufung des Treugebers als „mittelbar Beteiligter" für Zwecke des § 179 Abs. 2 Satz 3 AO weicht damit von dessen ertragsteuerrechtlicher Einstufung als „unmittelbar Beteiligter" ab.

Gleichzeitig werden die dargestellten zivilrechtlichen Grundsätze zur Auslegung des Tatbestandsmerkmals der Beteiligung „über eine andere Person" im Sinne des § 179 Abs. 2 Satz 3 AO nicht stringent angewendet. So wirkt sich nämlich die steuerrechtliche bzw. wirtschaftliche Auslegung des § 17 Abs. 1 Satz 1 EStG

---

[273] BFH, Urteil vom 13. Juli 1999 – VIII R 76/97, BStBl. II 1999, 747 (748); *Kunz*, in Gosch, AO/FGO-Kommentar, § 179 AO, Rn. 53.
[274] BFH, Urteil vom 13. Juli 1999 – VIII R 76/97, BStBl. II 1999, 747 (748); *Seibel*, in Lippross/Seibel, Basiskommentar Steuerrecht, § 179 AO, Rn. 13.
[275] Siehe hierzu die Ausführungen unter § 2 C II 1 oben.
[276] *Kunz*, in Gosch, AO/FGO-Kommentar, § 179 AO, Rn. 52; *Ratschow*, in Klein, AO-Kommentar, § 179 AO, Rn. 33; Anwendungserlass zur Abgabenordnung (AEAO), AEAO zu § 179 AO, Nr. 4 Satz 5.

Kapitel 1: Grundlagen

auch auf die Anwendbarkeit des § 179 Abs. 2 Satz 3 AO aus.[277] Denn so werden Beteiligungen an Kapitalgesellschaften, die über eine vermögensverwaltende Personengesellschaft gehalten werden, den Gesellschaftern dieser vermögensverwaltenden Personengesellschaft für Zwecke des § 17 Abs. 1 Satz 1 EStG anteilig unmittelbar zugerechnet.[278] Dies führt dazu, dass sowohl die Veräußerung des Anteils an der vermögensverwaltenden Personengesellschaft, die die relevanten Anteile an der Kapitalgesellschaft zivilrechtlich hält, als auch die Übertragung der Anteile an der Kapitalgesellschaft durch diese vermögensverwaltende Personengesellschaft als anteilige „unmittelbare" Veräußerung der Anteile an der Kapitalgesellschaft durch die Gesellschafter der vermögensverwaltenden Personengesellschaft für Zwecke des § 17 Abs. 1 Satz 1 EStG zu werten sind.[279] Diese steuerrechtliche bzw. wirtschaftliche Auslegung hat aus verfahrensrechtlicher Sicht zur Folge, dass solche Veräußerungsgewinne nicht gemäß § 180 Abs. 1 Satz 1 Nr. 2 Buchst. a AO gesondert und einheitlich festgestellt werden und deshalb auch nicht Gegenstand des besonderen gesonderten Feststellungsverfahrens gemäß § 179 Abs. 2 Satz 3 AO sein können.[280] Denn der relevante Steuerpflichtige, der über eine vermögensverwaltende Personengesellschaft an einer Kapitalgesellschaft beteiligt ist, verwirklicht in diesen Fällen die ihm zuzurechnenden Tatbestandsmerkmale des § 17 Abs. 1 Satz 1 EStG auf Basis dieser steuerrechtlichen bzw. wirtschaftlichen Auslegung vielmehr eigenständig in seiner Person, so dass kein Raum für ein besonderes Feststellungsverfahren gemäß § 179 Abs. 2 Satz 3 AO verbleibt.[281] Nur in diesem Fall soll also die steuerrechtliche bzw. wirtschaftliche Auslegung des § 17 Abs. 1 Satz 1 EStG auf die Auslegung der verfahrensrechtlichen Vorschrift des § 179 Abs. 2 Satz 3 AO durchschlagen.

---

[277] BFH, Urteil vom 9. Mai 2000 – VIII R 41/99, BStBl. II 2000, 686 (688); *Söhn*, in Hübschmann/Hepp/Spitaler, AO/FGO-Kommentar, § 179 AO, Rn. 238.

[278] BFH, Urteil vom 7. April 1976 – I R 75/73, BStBl. II 1976, 557 (558); BFH, Urteil vom 13. Juli 1999 – VIII R 72/98, BStBl. II 1999, 820 (822); BFH, Urteil vom 9. Mai 2000 – VIII R 41/99, BStBl. II 2000, 686 (688); *Schmidt*, in Herrmann/Heuer/Raupauch, EStG/KStG-Kommentar, § 17 EStG, Rn. 88; *Weber-Grellet*, in Schmidt, EStG-Kommentar, § 17 EStG, Rn. 56; *Gosch*, in Kirchhof, EStG-Kommentar, § 17 EStG, Rn. 25.

[279] BFH, Urteil vom 7. April 1976 – I R 75/73, BStBl. II 1976, 557 (558); BFH, Urteil vom 13. Juli 1999 – VIII R 72/98, BStBl. II 1999, 820 (822); BFH, Urteil vom 9. Mai 2000 – VIII R 41/99, BStBl. II 2000, 686 (688); *Vogt*, in Blümich, EStG-Kommentar, § 17 EStG, Rn. 279; *Schmidt*, in Herrmann/Heuer/Raupauch, EStG/KStG-Kommentar, § 17 EStG, Rn. 88.

[280] BFH, Urteil vom 9. Mai 2000 – VIII R 41/99, BStBl. II 2000, 686 (688); *Söhn*, in Hübschmann/Hepp/Spitaler, AO/FGO-Kommentar, § 179 AO, Rn. 238.

[281] BFH, Urteil vom 9. Mai 2000 – VIII R 41/99, BStBl. II 2000, 686 (688); *Söhn*, in Hübschmann/Hepp/Spitaler, AO/FGO-Kommentar, § 179 AO, Rn. 238.

§ 3 Die „mittelbare Beteiligung" im Ertragsteuerrecht

Schließlich wendet die Finanzverwaltung die verfahrensrechtliche Vorschrift des § 179 Abs. 2 Satz 3 AO neben Treuhandverhältnissen nur für den Fall der atypischen (und z.B. nicht auch für den Fall der typischen) stillen Unterbeteiligung an.[282] Der Fall von „klassischen" Beteiligungsketten, bei denen ein Beteiligter an einem Vermögensgegenstand durch bzw. über mehrere vermittelnde (Außen-) Gesellschaften in Personen- und/ oder Kapitalgesellschaftsform beteiligt ist, wird von der verfahrensrechtlichen Vorschrift des § 179 Abs. 2 Satz 3 AO dagegen nicht erfasst. Der Anwendungsbereich der verfahrensrechtlichen Vorschrift des § 179 Abs. 2 Satz 3 AO ist somit schließlich auch recht eingeschränkt, so dass sich daraus keine übergeordneten Rückschlüsse auf die Auslegung des Begriffs der „mittelbaren Beteiligung" für Zwecke des Ertragsteuerrechts ableiten lassen.

B. „Mittelbare Beteiligung" für Zwecke des Ertragsteuerrechts

Aus ertragsteuerrechtlicher Sicht liegt dem Begriff der „mittelbaren Beteiligung" vielmehr ein anderes Verständnis als dem für Zwecke der verfahrensrechtlichen Vorschrift des § 179 Abs. 2 Satz 3 AO zugrunde. Denn für ertragsteuerrechtliche Zwecke liegt eine „mittelbare Beteiligung" regelmäßig dann vor, wenn eine Beteiligung an einem Vermögensgegenstand durch bzw. über eine oder mehrere Außen-Gesellschaften vermittelt wird. Es werden daher – anders als im Rahmen der verfahrensrechtlichen Vorschrift des § 179 Abs. 2 Satz 3 AO – insbesondere „klassische" Beteiligungsketten vom ertragsteuerrechtlichen Begriff der „mittelbaren Beteiligung" erfasst, bei denen eine Beteiligung an einem Vermögensgegenstand durch bzw. über eine oder mehrere Außen-Gesellschaften erfolgt. Wesentliches Kriterium für das Vorliegen einer „mittelbaren Beteiligung" für ertragsteuerrechtliche Zwecke ist dabei, dass sich ein Steuerpflichtiger als zivilrechtlicher Gesellschafter an einer vermittelnden Außen-Gesellschaft beteiligt und diese vermittelnde Außen-Gesellschaft den relevanten Vermögensgegenstand entweder als zivilrechtlich Berechtigte hält oder diese ihrerseits an einer weiteren vermittelnden Außen-Gesellschaft als zivilrechtliche Gesellschafterin beteiligt ist. In diesem Fall gilt der an dem relevanten Vermögensgegenstand lediglich über die vermittelnde bzw. vermittelnden Außen-Gesellschaften beteiligte Steuerpflichtige als „mittelbar Beteiligter" dieses Vermögensgegenstands. Die mittelbare Beteiligung an dem relevanten Vermögensgegenstand kann damit grundsätzlich durch bzw.

---

[282] Anwendungserlass zur Abgabenordnung (AEAO), AEAO zu § 179 AO, Nr. 4, Nr. 5; so auch *Ratschow*, in Klein, AO, § 179 AO, Rn. 31 f.; kritisch hinsichtlich der Nichtanwendbarkeit auf die typische stille Unterbeteiligung dagegen *Söhn*, in Hübschmann/Hepp/Spitaler, AO/FGO-Kommentar, § 179 AO, Rn. 270.

Kapitel 1: Grundlagen

über lediglich eine Außen-Gesellschaft[283] oder aber auch über mehrere Außen-Gesellschaften[284] vermittelt werden. Die einstufige mittelbare Beteiligung steht damit der mehrstufigen mittelbaren Beteiligung grundsätzlich gleich.

Dies soll durch das folgende Schaubild illustriert werden[285]:

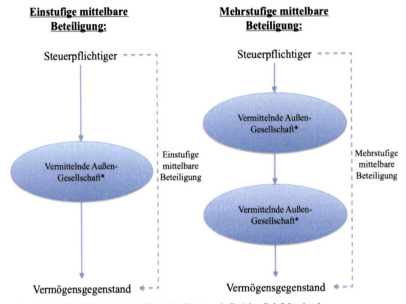

Abb. 3: Die einstufige und die mehrstufige mittelbare Beteiligung im Ertragsteuerrecht

Dieses ertragsteuerrechtliche Begriffsverständnis der „mittelbaren Beteiligung" als eine Beteiligung an einem Vermögensgegenstand, die durch bzw. über eine oder mehrere Außen-Gesellschaften vermittelt wird, lässt sich zunächst aus dem Gesetzeswortlaut verschiedener ertragsteuerrechtlicher Vorschriften ableiten.[286] Dieses Begriffsverständnis wird zudem im Rahmen der Auslegung verschiedener ertragsteuerrechtlicher Vorschriften vertreten bzw. angewandt.[287]

---

[283] In der folgenden Abbildung als „einstufige mittelbare Beteiligung" überschrieben.
[284] In der folgenden Abbildung als „mehrstufige mittelbare Beteiligung" überschrieben.
[285] Das folgende Schaubild illustriert als mehrstufige mittelbare Beteiligung die zweistufige mittelbare Beteiligung. Es wird jedoch darauf hingewiesen, dass die mehrstufige mittelbare Beteiligung an einem Vermögensgegenstand auch über mehr als zwei Beteiligungsstufen erfolgen kann (dies wurde aus Darstellungsgründen jedoch nicht im Schaubild verdeutlicht).
[286] Siehe hierzu die Ausführungen unter § 3 B I unten.
[287] Siehe hierzu die Ausführungen unter § 3 B II unten.

§ 3 Die „mittelbare Beteiligung" im Ertragsteuerrecht

I. Anhaltspunkte im Rahmen des Gesetzeswortlauts einzelner ertragsteuerrechtlicher Vorschriften

1. Gesetzeswortlaut des § 15 Abs. 1 Satz 1 Nr. 2 Satz 2 EStG

Der Gesetzeswortlaut des § 15 Abs. 1 Satz 1 Nr. 2 Satz 2 EStG erfordert mit Blick auf eine mittelbare Beteiligung an einer Mitunternehmerschaft eine Beteiligung an der relevanten Mitunternehmerschaft, die durch bzw. über eine oder mehrere Personengesellschaften erfolgt:

> *„Der mittelbar über eine oder mehrere Personengesellschaften beteiligte Gesellschafter steht dem unmittelbar beteiligten Gesellschafter gleich; er ist als Mitunternehmer des Betriebs der Gesellschaft anzusehen, an der er mittelbar beteiligt ist, wenn er und die Personengesellschaften, die seine Beteiligung vermitteln, jeweils als Mitunternehmer der Betriebe der Personengesellschaften anzusehen sind, an denen sie unmittelbar beteiligt sind;"*[288]

Eine mittelbare Beteiligung im Sinne des § 15 Abs. 1 Satz 1 Nr. 2 Satz 2 EStG liegt auf Basis des Gesetzeswortlauts dieser ertragsteuerrechtlichen Vorschrift demnach (nur) dann vor, wenn der mittelbar Beteiligte durch bzw. über eine Außen-Gesellschaft in Personengesellschaftsform oder eine Beteiligungskette, die aus vermittelnden Außen-Gesellschaften in Personengesellschaftsform besteht, an der relevanten Mitunternehmerschaft beteiligt ist.

2. Gesetzeswortlaut des § 14 Abs. 1 Satz 1 Nr. 2 Satz 5 KStG

Auch der Gesetzeswortlaut des § 14 Abs. 1 Satz 1 Nr. 2 Satz 5 KStG verlangt für eine tatbestandsmäßige mittelbare Beteiligung eines Organträgers an seiner Organgesellschaft im Sinne dieser ertragsteuerrechtlichen Vorschrift, dass die Beteiligung des relevanten Organträgers an der Organgesellschaft durch bzw. über eine oder mehrere Außen-Gesellschaften in Personengesellschaftsform vermittelt wird:

> *„Ist der Organträger mittelbar über eine oder mehrere Personengesellschaften an der Organgesellschaft beteiligt, gilt Satz 4 sinngemäß."*[289]

Eine mittelbare Beteiligung eines Organträgers an einer Organgesellschaft im Sinne des § 14 Abs. 1 Satz 1 Nr. 2 Satz 5 KStG liegt nach dem Gesetzeswortlaut dieser Vorschrift demnach (nur) dann vor, wenn der Organträger durch bzw. über

---

[288] Aktueller Wortlaut des § 15 Abs. 1 Satz 1 Nr. 2 Satz 2 EStG (die Unterstreichungen wurden seitens des Verfassers eingefügt).

[289] Aktueller Wortlaut des § 14 Abs. 1 Satz 1 Nr. 2 Satz 5 KStG (die Unterstreichungen wurden seitens des Verfassers eingefügt).

eine Außen-Gesellschaft in Personengesellschaftsform oder eine Beteiligungskette, die aus vermittelnden Außen-Gesellschaften in Personengesellschaftsform besteht, an der relevanten Organgesellschaft beteiligt ist.

3. Gesetzeswortlaut des 8b Abs. 6 Satz 2 KStG

Der Gesetzeswortlaut des § 8b Abs. 6 Satz 2 KStG erfordert mit Blick auf eine mittelbare Beteiligung eines Betriebes gewerblicher Art einer juristischen Person des öffentlichen Rechts an einer leistenden Körperschaft eine Beteiligung, die durch bzw. über andere juristische Person des öffentlichen Rechts vermittelt wird:

> *„Die Absätze 1 bis 5 gelten für Bezüge und Gewinne, die einem Betrieb gewerblicher Art einer juristischen Person des öffentlichen Rechts <u>über andere juristische Personen des öffentlichen Rechts zufließen, über die sie mittelbar an der leistenden Körperschaft, Personenvereinigung oder Vermögensmasse beteiligt ist</u> und bei denen die Leistungen nicht im Rahmen eines Betriebs gewerblicher Art erfasst werden, und damit in Zusammenhang stehende Gewinnminderungen entsprechend."*[290]

Eine tatbestandsmäßige mittelbare Beteiligung eines Betriebes gewerblicher Art einer juristischen Person des öffentlichen Rechts liegt nach dem Gesetzeswortlaut somit (nur) dann vor, wenn der mittelbar beteiligte Betrieb gewerblicher Art einer juristischen Person des öffentlichen Rechts durch bzw. über eine Außen-Gesellschaft in der Form einer (anderen) juristischen Person des öffentlichen Rechts an der relevanten leistenden Körperschaft beteiligt ist.

4. Zwischenergebnis

Es wird damit bereits durch den Gesetzeswortlaut einzelner ertragsteuerrechtlicher Vorschriften intendiert, dass für ertragsteuerrechtliche Zwecke eine Beteiligung dann als „mittelbar" gilt, wenn sie über eine oder mehrere vermittelnde Außen-Gesellschaften erfolgt.

II. Anhaltspunkte im Rahmen der Auslegung ertragsteuerrechtlicher Vorschriften

1. Auslegung des § 17 Abs. 1 Satz 1 EStG

Eine solche Auslegung des Tatbestandsmerkmals der „mittelbaren Beteiligung" – als eine Beteiligung, die durch bzw. über eine oder mehrere Außen-Gesellschaften vermittelt wird –, wird beispielsweise für Zwecke des § 17 Abs. 1 Satz 1 EStG vertreten. Gemäß § 17 Abs. 1 Satz 1 EStG gehört, wie bereits aufgezeigt, zu den

---

[290] Aktueller Wortlaut des § 8b Abs. 6 Satz 2 KStG (die Unterstreichungen wurden seitens des Verfassers eingefügt).

§ 3 Die „mittelbare Beteiligung" im Ertragsteuerrecht

Einkünften aus Gewerbebetrieb auch der Gewinn aus der Veräußerung von Anteilen an einer Kapitalgesellschaft, wenn der Veräußerer innerhalb der letzten fünf Jahre am Kapital dieser Gesellschaft unmittelbar oder mittelbar zu mindestens 1 % beteiligt war.[291] Als eine solche „mittelbare Beteiligung" an einer Kapitalgesellschaft für Zwecke der Tatbestandsverwirklichung des § 17 Abs. 1 Satz 1 EStG gelten dabei grundsätzlich solche Beteiligungen an einer Kapitalgesellschaft, die durch bzw. über eine oder mehrere Personen- und/ oder Kapitalgesellschaften, also Außen-Gesellschaften, als vermittelnde Gesellschaften gehalten werden.[292] Die einstufige mittelbare Beteiligung an einer Kapitalgesellschaft wird dabei der mehrstufigen mittelbaren Beteiligung gleichgestellt.[293] Für die Anrechnung einer solchen (ein- oder mehrstufigen) mittelbaren Beteiligung auf die 1 %-Grenze des § 17 Abs. 1 Satz 1 EStG kommt es dabei auf die durchgerechnete Beteiligungsquote an.[294] Dies bedeutet, dass sich die mittelbare Beteiligung im Sinne des § 17 Abs. 1 Satz 1 EStG nach dem rechnerischen Anteil an der relevanten Kapitalgesellschaft ermittelt, der dem relevanten Steuerpflichtigen durch bzw. über die zwischengeschaltete(n) Außen-Gesellschaft(en) vermittelt wird.[295]

2. Auslegung des § 8a Abs. 2 KStG

Entsprechende Grundsätze werden auch mit Blick auf das Tatbestandsmerkmal der „mittelbaren Beteiligung" im Rahmen des § 8a Abs. 2 KStG vertreten. Danach ist die Ausnahme von der Zinsschranke des § 4h Abs. 1 EStG für nicht oder nur anteilsmäßig zu einem Konzern gehörende Betriebe gemäß § 4h Abs. 2 Satz 1 Buchst. b EStG nur dann anwendbar, wenn keine schädliche Gesellschafterfremdfinanzierung vorliegt. Eine solche schädliche Gesellschafterfremdfinan-

---

[291] Aktueller Wortlaut des § 17 Abs. 1 Satz 1 EStG:
„Zu den Einkünften aus Gewerbebetrieb gehört auch der Gewinn aus der Veräußerung von Anteilen an einer Kapitalgesellschaft, wenn der Veräußerer innerhalb der letzten fünf Jahre am Kapital der Gesellschaft unmittelbar oder mittelbar zu mindestens 1 Prozent beteiligt war.".
[292] *Vogt*, in Blümich, EStG-Kommentar, § 17 EStG, Rn. 290; *Gosch*, in Kirchhof, EStG-Kommentar, § 17 EStG, Rn. 28; andere Ansicht dagegen *Weber-Grellet*, in Schmidt, EStG-Kommentar, § 17 EStG, Rn. 69: Dieser geht bei einer Beteiligung über eine gewerbliche Personengesellschaft von einer anteiligen unmittelbaren Beteiligung der Personengesellschafter dieser Personengesellschaft aus (und nicht von einer lediglich mittelbaren Beteiligung).
[293] *Weber-Grellet*, in Schmidt, EStG-Kommentar, § 17 EStG, Rn. 67; *Gosch*, in Kirchhof, EStG-Kommentar, § 17 EStG, Rn. 28; *Schmidt*, in Herrmann/Heuer/Raupach, EStG/KStG-Kommentar, § 17 EStG, Rn. 121.
[294] *Vogt*, in Blümich, EStG-Kommentar, § 17 EStG, Rn. 293; *Gosch*, in Kirchhof, EStG-Kommentar, § 17 EStG, Rn. 28; *Schmidt*, in Herrmann/Heuer/Raupach, EStG/KStG-Kommentar, § 17 EStG, Rn. 122.
[295] *Gosch*, in Kirchhof, EStG-Kommentar, § 17 EStG, Rn. 28; *Schmidt*, in Herrmann/Heuer/Raupach, EStG/KStG-Kommentar, § 17 EStG, Rn. 122.

Kapitel 1: Grundlagen

zierung liegt grundsätzlich dann vor, wenn die Vergütungen für Fremdkapital an einen zu mehr als 25 % unmittelbar oder mittelbar beteiligten Anteilseigner einer fremdfinanzierten Körperschaft (oder eine nach § 8a Abs. 2 KStG gleichgestellte Person) mehr als 10 % der die Zinserträge übersteigenden Zinsaufwendungen dieser fremdfinanzierten Körperschaft betragen:

> *„§ 4h Abs. 2 Satz 1 Buchstabe b des Einkommensteuergesetzes ist nur anzuwenden, wenn die Vergütungen für Fremdkapital an einen zu <u>mehr als einem Viertel unmittelbar oder mittelbar am Grund- oder Stammkapital beteiligten Anteilseigner</u>, eine diesem nahe stehende Person (§ 1 Abs. 2 des Außensteuergesetzes vom 8. September 1972 – BGBl. I S. 1713 –, das zuletzt durch Artikel 3 des Gesetzes vom 28. Mai 2007 – BGBl. I S. 914 – geändert worden ist, in der jeweils geltenden Fassung) oder einen Dritten, der auf den zu mehr als einem Viertel am Grund- oder Stammkapital beteiligten Anteilseigner oder eine diesem nahe stehende Person zurückgreifen kann, nicht mehr als 10 Prozent der die Zinserträge übersteigenden Zinsaufwendungen der Körperschaft im Sinne des § 4h Abs. 3 des Einkommensteuergesetzes betragen und die Körperschaft dies nachweist."*[296]

Als eine solche „mittelbare Beteiligung" eines Anteilseigners an einer fremdfinanzierten Körperschaft für Zwecke des § 8a Abs. 2 KStG gilt dabei wiederum eine Beteiligung, die durch bzw. über eine oder mehrere zwischengeschaltete Personen- und/ oder Kapitalgesellschaften, also Außen-Gesellschaften, vermittelt bzw. gehalten wird.[297] Für die Anrechnung auf die 25 %-Grenze des § 8a Abs. 2 KStG kommt es dabei ebenfalls auf die durchgerechnete Beteiligungsquote an.[298]

3. Auslegung des § 8c Abs. 1 Satz 1 KStG

Entsprechende Grundsätze werden auch für Zwecke der Verlustabzugsbeschränkung des § 8c Abs. 1 Satz 1 KStG vertreten. Werden danach innerhalb von fünf Jahren mittelbar oder unmittelbar mehr als 50 % des gezeichneten Kapitals, der Mitgliedschaftsrechte, der Beteiligungsrechte oder der Stimmrechte an einer verlusttragenden Körperschaft an einen Erwerber oder diesem nahe stehende Personen übertragen oder liegt ein vergleichbarer Sachverhalt vor (sog. schädlicher Beteiligungserwerb), sind bis zum schädlichen Beteiligungserwerb nicht genutzte Verluste der verlusttragenden Körperschaft vollständig nicht mehr abziehbar:

---

[296] Aktueller Wortlaut des § 8a Abs. 2 KStG (die Unterstreichung wurde seitens des Verfassers eingefügt).
[297] *Stangl*, in Rödder/Herlinghaus/Neumann, KStG-Kommentar, § 8a KStG, Rn. 150.
[298] *Förster*, in Gosch, KStG-Kommentar, § 8a KStG, Rn. 131; so wohl auch *Schaden/Käshammer*, BB 2007, 2259 (2260).

§ 3 Die „mittelbare Beteiligung" im Ertragsteuerrecht

> *„Werden innerhalb von fünf Jahren <u>mittelbar oder unmittelbar</u> mehr als 50 Prozent des gezeichneten Kapitals, der Mitgliedschaftsrechte, der Beteiligungsrechte oder der Stimmrechte an einer Körperschaft an einen Erwerber oder diesem nahe stehende Personen übertragen oder liegt ein vergleichbarer Sachverhalt vor (schädlicher Beteiligungserwerb), sind bis zum schädlichen Beteiligungserwerb nicht ausgeglichene oder abgezogene negative Einkünfte (nicht genutzte Verluste) vollständig nicht mehr abziehbar."*[299]

Für Zwecke dieser ertragsteuerrechtlichen Vorschrift gilt ein schädlicher Beteiligungserwerb dann als mittelbar, wenn sich ein solcher Beteiligungserwerb nicht direkt an den Anteilen an der relevanten Verlust-Körperschaft vollzieht, sondern ein Beteiligungserwerb auf einer höher gelagerten Beteiligungsstufe stattfindet.[300] Es werden somit im Rahmen eines „mittelbaren Beteiligungserwerbs" nicht die (zivilrechtlichen) Anteile an der Verlust-Körperschaft selbst übertragen, sondern an einer Gesellschaft, die an der Verlust-Körperschaft entweder direkt oder mittels einer Beteiligungskette aus vermittelnden Außen-Gesellschaften beteiligt ist. Damit wird auch für Zwecke des § 8c Abs. 1 Satz 1 KStG vertreten, dass eine „mittelbare Beteiligung" bzw. ein mittelbarer Beteiligungserwerb eine Beteiligung an der relevanten Verlust-Körperschaft durch bzw. über eine oder mehrere Außen-Gesellschaften voraussetzt.[301]

III. Zwischenergebnis

Das Begriffsverständnis der „mittelbaren Beteiligung" für Zwecke des Ertragsteuerrechts als eine Beteiligung an einem Vermögensgegenstand, die durch bzw. über eine oder mehrere Außen-Gesellschaften vermittelt wird, lässt sich damit bereits aus dem Gesetzeswortlaut verschiedener ertragsteuerrechtlicher Vorschriften ableiten. Dieses Begriffsverständnis wird auch regelmäßig im Rahmen der Auslegung von ertragsteuerrechtlichen Vorschriften vertreten.

---

[299] Aktueller Wortlaut des § 8c Abs. 1 Satz 1 KStG.
[300] *Suchanek*, in Herrmann/Heuer/Raupach, EStG/KStG-Kommentar, § 8c KStG, Rn. 22; *Roser*, in Gosch, KStG-Kommentar, § 8c KStG, Rn. 62; BMF, Schreiben vom 28. November 2017 betreffend *„Verlustabzugsbeschränkung für Körperschaften (§ 8c KStG)"* – IV C 2 – S 2745-a/09/10002 :004, 2017/0789973, Rn. 11.
[301] *Suchanek*, in Herrmann/Heuer/Raupach, EStG/KStG-Kommentar, § 8c KStG, Rn. 22; BMF, Schreiben vom 28. November 2017 betreffend *„Verlustabzugsbeschränkung für Körperschaften (§ 8c KStG)"* – IV C 2 – S 2745-a/09/10002 :004, 2017/0789973, Rn. 11.

Kapitel 1: Grundlagen

C. Einschränkungen dieser Auslegung

Im Rahmen dieser Auslegung des Begriffs der „mittelbaren Beteiligung" für Zwecke des Ertragsteuerrechts sind jedoch die folgenden beiden Einschränkungen zu beachten:

- **Einschränkung** 1: Bei einer Beteiligung, die durch bzw. über eine vermögensverwaltende Personengesellschaft als vermittelnde Außen-Gesellschaft vermittelt bzw. gehalten wird, wird regelmäßig von einer (anteiligen) „unmittelbaren Beteiligung" der einzelnen Personengesellschafter dieser vermögensverwaltenden Personengesellschaft an den im zivilrechtlichen Eigentum der vermögensverwaltenden Personengesellschaft stehenden Wirtschaftsgüter ausgegangen, so dass die Personengesellschafter als unmittelbar Beteiligte und nicht als lediglich mittelbar über die vermögensverwaltende Personengesellschaft Beteiligte dieser Wirtschaftsgüter der vermögensverwaltenden Personengesellschaft einzuordnen sind (sog. Bruchteilsbetrachtung[302]).[303]
- **Einschränkung** 2: Teilweise normiert der Gesetzeswortlaut einzelner ertragsteuerrechtlicher Vorschriften, dass eine tatbestandsmäßige „mittelbare Beteiligung" nur dann in Betracht kommt, wenn die die Beteiligung vermittelnde Außen-Gesellschaft eine bestimmte Rechtsform aufweist, so dass nur dann eine tatbestandsmäßige mittelbare Beteiligung im Sinne dieser ertragsteuerrechtlichen Vorschrift gegeben ist, wenn die mittelbare Beteiligung tatsächlich durch bzw. über eine solche diese Rechtsform aufweisende Außen-Gesellschaft erfolgt.[304]

I. Beteiligung über eine vermögensverwaltende Personengesellschaft regelmäßig als eine anteilige unmittelbare Beteiligung

Bei einer Beteiligung, die durch bzw. über eine vermögensverwaltende Personengesellschaft vermittelt bzw. gehalten wird, werden die Wirtschaftsgüter der vermögensverwaltenden Personengesellschaft den Personengesellschaftern dieser vermögensverwaltenden Personengesellschaft regelmäßig gemäß § 39 Abs. 2 Nr. 2 AO anteilig unmittebar zugerechnet, so dass die Personengesellschafter als unmittelbar Beteiligte und nicht als mittelbar über die vermögensverwaltende Personengesellschaft Beteiligte dieser Wirtschaftsgüter gelten (sog. Bruchteilsbe-

---

[302] *Drüen*, in Tipke/Kruse, AO/FGO-Kommentar, § 39 AO, Rn. 92; *Ratschow*, in Klein, AO-Kommentar, § 39 AO, Rn. 76.
[303] Siehe hierzu die Ausführungen unter § 3 C I unten.
[304] Siehe hierzu die Ausführungen unter § 3 C II unten.

§ 3 Die „mittelbare Beteiligung" im Ertragsteuerrecht

trachtung[305]). Damit würde trotz einer Beteiligung, die durch bzw. über eine Außen-Gesellschaft gehalten bzw. vermittelt würde, für ertragsteuerrechtliche Zwecke eine unmittelbare statt einer mittelbaren Beteiligung angenommen werden.

1. Bruchteilsbetrachtung im Rahmen des § 17 Abs. 1 Satz 1 EStG

Die Bruchteilsbetrachtung findet beispielsweise im Rahmen des § 17 Abs. 1 Satz 1 EStG Anwendung, wenn eine Beteiligung an einer Kapitalgesellschaft durch bzw. über eine vermögensverwaltende Personengesellschaft gehalten bzw. vermittelt wird.[306] Denn für Zwecke des § 17 Abs. 1 Satz 1 EStG gilt eine Beteiligung an einer Kapitalgesellschaft auch dann als „unmittelbar", wenn diese durch bzw. über eine rein vermögensverwaltende Personengesellschaft als vermittelnde Außen-Gesellschaft gehalten wird.[307] Dies gilt unabhängig davon, dass in diesem Fall allein die vermögensverwaltende Personengesellschaft zivilrechtliche – d.h. gesellschaftsrechtliche – Inhaberin der relevanten Anteile an der Kapitalgesellschaft ist. Gehören die relevanten Anteile an einer Kapitalgesellschaft nämlich zivilrechtlich zum Gesamthandsvermögen einer rein vermögensverwaltenden Personengesellschaft, so sind diese Anteile den Gesellschaftern der vermögensverwaltenden Personengesellschaft gemäß § 39 Abs. 2 Nr. 2 AO anteilig – d.h. wie bei einer Mitberechtigung nach Bruchteilen – als unmittelbar „eigene" Anteile für Zwecke des § 17 Abs. 1 Satz 1 EStG zuzurechnen (sog. Bruchteilsbetrachtung[308]).[309] Dies hat zur Folge, dass sowohl die Veräußerung des Anteils an der vermögensverwaltenden Personengesellschaft, die die relevanten Anteile an der Kapitalgesellschaft zivilrechtlich hält, als auch die Übertragung der Anteile an der Kapitalgesellschaft

---

[305] *Drüen*, in Tipke/Kruse, AO/FGO-Kommentar, § 39 AO, Rn. 92; *Ratschow*, in Klein, AO-Kommentar, § 39 AO, Rn. 76.

[306] Aktueller Wortlaut des § 17 Abs. 1 Satz 1 EStG (vgl. dazu auch die Ausführungen bereits oben):
„Zu den Einkünften aus Gewerbebetrieb gehört auch der Gewinn aus der Veräußerung von Anteilen an einer Kapitalgesellschaft, wenn der Veräußerer innerhalb der letzten fünf Jahre am Kapital der Gesellschaft unmittelbar oder mittelbar zu mindestens 1 Prozent beteiligt war.".

[307] BFH, Urteil vom 7. April 1976 – I R 75/73, BStBl. II 1976, 557 (558); BFH, Urteil vom 13. Juli 1999 – VIII R 72/98, BStBl. II 1999, 820 (822); BFH, Urteil vom 9. Mai 2000 – VIII R 41/99, BStBl. II 2000, 686 (688); *Gosch*, in Kirchhof, EStG-Kommentar, § 17 EStG, Rn. 25; *Vogt*, in Blümich, EStG-Kommentar, § 17 EStG, Rn. 278; *Weber-Grellet*, in Schmidt, EStG-Kommentar, § 17 EStG, Rn. 56.

[308] *Drüen*, in Tipke/Kruse, AO/FGO-Kommentar, § 39 AO, Rn. 92; *Ratschow*, in Klein, AO-Kommentar, § 39 AO, Rn. 76.

[309] BFH, Urteil vom 7. April 1976 – I R 75/73, BStBl. II 1976, 557 (558); BFH, Urteil vom 13. Juli 1999 – VIII R 72/98, BStBl. II 1999, 820 (822); BFH, Urteil vom 9. Mai 2000 – VIII R 41/99, BStBl. II 2000, 686 (688); *Schmidt*, in Herrmann/Heuer/Raupauch, EStG/KStG-Kommentar, § 17 EStG, Rn. 88.

Kapitel 1: Grundlagen

durch diese vermögensverwaltende Personengesellschaft als anteilige „unmittelbare" Veräußerung der Anteile an der Kapitalgesellschaft durch die Gesellschafter der vermögensverwaltenden Personengesellschaft für Zwecke des § 17 Abs. 1 Satz 1 EStG zu werten ist.[310]

2. Bruchteilsbetrachtung im Rahmen des § 8c Abs. 1 Satz 1 KStG

Entsprechende Grundsätze gelten auch im Rahmen des § 8c Abs. 1 Satz 1 KStG.[311] Denn auch für Zwecke dieser ertragsteuerrechtlichen Vorschrift werden die Anteile an einer Verlust-Körperschaft, die von einer vermögensverwaltenden Personengesellschaft erworben bzw. gehalten werden, den Gesellschaftern dieser Personengesellschaft gemäß § 39 Abs. 2 Nr. 2 AO anteilig unmittelbar zugerechnet.[312] Diese gelten damit für Zwecke dieser Vorschrift nicht als mittelbar über die vermögensverwaltende Personengesellschaft Beteiligte der Verlust-Körperschaft, sondern als (anteilig) unmittelbar Beteiligte dieser Gesellschaft, obwohl diese ebenfalls über eine Außen-Gesellschaft an der relevanten Verlust-Körperschaft beteiligt sind.[313]

3. Bruchteilsbetrachtung im Rahmen des § 8b Abs. 6 Satz 1 (in Verbindung mit § 8b Abs. 1 – 5) KStG

Entsprechende Maßstäbe gelten auch im Rahmen des § 8b Abs. 6 Satz 1 (in Verbindung mit § 8b Abs. 1 – 5) KStG. Die ertragsteuerrechtliche Vorschrift des § 8b Abs. 6 Satz 1 KStG erstreckt die Anwendung der Absätze 1 bis 5 des § 8b KStG (und damit insbesondere die Steuerbefreiungen für Dividendeneinkünfte gemäß § 8b Abs. 1 KStG sowie für Anteilsveräußerungsgewinne gemäß § 8b Abs. 2

---

[310] BFH, Urteil vom 7. April 1976 – I R 75/73, BStBl. II 1976, 557 (558); BFH, Urteil vom 13. Juli 1999 – VIII R 72/98, BStBl. II 1999, 820 (822); BFH, Urteil vom 9. Mai 2000 – VIII R 41/99, BStBl. II 2000, 686 (688); *Schmidt*, in Herrmann/Heuer/Raupauch, EStG/KStG-Kommentar, § 17 EStG, Rn. 88.

[311] Aktueller Wortlaut des § 8c Abs. 1 Satz 1 KStG (vgl. dazu auch die Ausführungen bereits oben): *„Werden innerhalb von fünf Jahren mittelbar oder unmittelbar mehr als 50 Prozent des gezeichneten Kapitals, der Mitgliedschaftsrechte, der Beteiligungsrechte oder der Stimmrechte an einer Körperschaft an einen Erwerber oder diesem nahe stehende Personen übertragen oder liegt ein vergleichbarer Sachverhalt vor (schädlicher Beteiligungserwerb), sind bis zum schädlichen Beteiligungserwerb nicht ausgeglichene oder abgezogene negative Einkünfte (nicht genutzte Verluste) vollständig nicht mehr abziehbar."*.

[312] BMF, Schreiben vom 28. November 2017 betreffend *„Verlustabzugsbeschränkung für Körperschaften (§ 8c KStG)"* – IV C 2 – S 2745-a/09/10002 :004, 2017/0789973, Rn. 25; *Brandis*, in Blümich, KStG-Kommentar, § 8c KStG, Rn. 51; *Olbing*, in Streck, KStG-Kommentar, § 8c KStG, Rn. 15.

[313] *Neumann*, in Rödder/Herlinghaus/Neumann, KStG-Kommentar, § 8c KStG, Rn. 92; *Kluth*, in Lippross/Seibel, Basiskommentar Steuerrecht, § 8c KStG, Rn. 43.

§ 3 Die „mittelbare Beteiligung" im Ertragsteuerrecht

KStG) auf solche Sachverhalte, in denen das relevante Körperschaftsteuersubjekt nicht direkt, sondern lediglich indirekt über eine Mitunternehmerschaft an der entsprechenden (Ziel-) Körperschaft beteiligt ist:

> „Die Absätze 1 bis 5 gelten auch für die dort genannten Bezüge, Gewinne und Gewinnminderungen, die dem Steuerpflichtigen im Rahmen des Gewinnanteils aus einer Mitunternehmerschaft zugerechnet werden, sowie für Gewinne und Verluste, soweit sie bei der Veräußerung oder Aufgabe eines Mitunternehmeranteils auf Anteile im Sinne des Absatzes 2 entfallen."[314]

Der Gesetzeswortlaut des § 8b Abs. 6 Satz 1 KStG erfasst damit nur solche Beteiligungen, die über eine Mitunternehmerschaft erfolgen. Beteiligungen, die über eine rein vermögensverwaltende Personengesellschaft als vermittelnde Außen-Gesellschaft gehalten werden, unterfallen dagegen nicht dem § 8b Abs. 6 Satz 1 KStG.[315] Allerdings kommt in diesem Fall (d.h. bei einer Beteiligung des relevanten Körperschaftsteuersubjekts über eine rein vermögensverwaltende Personengesellschaft) wiederum die Bruchteilsbetrachtung nach Maßgabe des § 39 Abs. 2 Nr. 2 AO zur Anwendung.[316] Dies hat zur Folge, dass die Anteile an der relevanten (Ziel-) Körperschaft, die von einer rein vermögensverwaltenden Personengesellschaft gehalten werden, den Gesellschaftern dieser vermögensverwaltenden Personengesellschaft anteilig „unmittelbar" zugerechnet werden. Ein Körperschaftsteuersubjekt, das über eine solche vermögensverwaltende Personengesellschaft an einer (Ziel-) Körperschaft beteiligt ist, bezieht die Einkünfte aus der relevanten (Ziel-) Körperschaft damit „unmittelbar" bzw. als „unmittelbar Beteiligte", so dass die Regelungen der Absätze 1 bis 5 des § 8b KStG unmittelbar zur Anwendung kommen und es der Anwendung dieser Vorschriften über den Verweis in § 8b Abs. 6 Satz 1 KStG nicht bedarf.[317]

---

[314] Aktueller Wortlaut des § 8b Abs. 6 Satz 1 KStG.
[315] *Watermeyer*, in Herrmann/Heuer/Raupach, EStG/KStG-Kommentar, § 8b KStG, Rn. 203; *Rengers*, in Blümich, KStG-Kommentar, § 8b KStG, Rn. 402; *Gosch*, in Gosch, KStG-Kommentar, § 8b KStG, Rn. 523.
[316] BMF, Schreiben vom 28. April 2003 betreffend „*Schreiben betr. Anwendung des § 8b KStG 2002 und Auswirkungen auf die Gewerbesteuer*" – IV A 2 – S 2750a – 7/03, Rn. 56; *Herlinghaus*, in Rödder/Herlinghaus/Neumann, KStG-Kommentar, § 8b KStG, Rn. 492; *Rengers*, in Blümich, KStG-Kommentar, § 8b KStG, Rn. 402; *Watermeyer*, in Herrmann/Heuer/Raupach, EStG/KStG-Kommentar, § 8b KStG, Rn. 203; *Gosch*, in Gosch, KStG-Kommentar, § 8b KStG, Rn. 523.
[317] BMF, Schreiben vom 28. April 2003 betreffend „*Schreiben betr. Anwendung des § 8b KStG 2002 und Auswirkungen auf die Gewerbesteuer*" – IV A 2 – S 2750a – 7/03, Rn. 56; *Rengers*, in Blümich, KStG-Kommentar, § 8b KStG, Rn. 402; *Herlinghaus*, in Rödder/Herlinghaus/Neumann, KStG-Kommentar, § 8b KStG, Rn. 492; *Gosch*, in Gosch, KStG-Kommentar,

Kapitel 1: Grundlagen

II. Gesetzeswortlaut verlangt eine mittelbare Beteiligung über eine Außen-Gesellschaft in einer bestimmten Rechtsform

Eine weitere Einschränkung erfährt diese Auslegung des Begriffs der „mittelbaren Beteiligung" für Zwecke des Ertragsteuerrechts in den Fällen, in denen der Gesetzeswortlaut der relevanten ertragsteuerrechtlichen Vorschrift ausdrücklich normiert, dass eine tatbestandsmäßige „mittelbare Beteiligung" nur dann in Betracht kommen kann, wenn die die Beteiligung vermittelnde Außen-Gesellschaft eine bestimmte Rechtsform aufweist. In solchen Fällen kommt eine tatbestandsmäßige mittelbare Beteiligung im Sinne dieser ertragsteuerrechtlichen Vorschrift somit nur dann in Betracht, wenn die mittelbare Beteiligung tatsächlich durch bzw. über eine solche diese Rechtsform aufweisende Außen-Gesellschaft erfolgt.

1. Gesetzeswortlaut des § 15 Abs. 1 Satz 1 Nr. 2 Satz 2 EStG

So erfordert beispielsweise der Gesetzeswortlaut des § 15 Abs. 1 Satz 1 Nr. 2 Satz 2 EStG mit Blick auf eine mittelbare Beteiligung für Zwecke dieser ertragsteuerrechtlichen Vorschrift eine Beteiligung, die durch bzw. über eine oder mehrere Personengesellschaften erfolgt:

> „*Der mittelbar über eine oder mehrere Personengesellschaften beteiligte Gesellschafter* steht dem unmittelbar beteiligten Gesellschafter *gleich; er ist als Mitunternehmer des Betriebs der Gesellschaft anzusehen, an der er mittelbar beteiligt ist, wenn er und die Personengesellschaften, die seine Beteiligung vermitteln, jeweils als Mitunternehmer der Betriebe der Personengesellschaften anzusehen sind, an denen sie unmittelbar beteiligt sind;*"[318]

Dementsprechend kann eine vermittelnde Außen-Gesellschaft in Kapitalgesellschaftsform keine tatbestandsmäßige mittelbare Beteiligung für Zwecke des § 15 Abs. 1 Satz 1 Nr. 2 Satz 2 EStG vermitteln; erforderlich ist insoweit vielmehr eine oder mehrere vermittelnde Außen-Gesellschaften in Personengesellschaftsform. Weitere ertragsteuerrechtliche Vorschriften, die mit Blick auf eine mittelbare Beteiligung ausschließlich eine Beteiligung durch bzw. über eine oder mehrere Außen-Gesellschaften in Personengesellschaftsform genügen lassen, sind insoweit beispielsweise die ertragsteuerrechtlichen Vorschriften des § 14 Abs. 1 Satz 1 Nr. 2 Satz 5 KStG, des § 8b Abs. 10 Satz 7 KStG, des § 7 Satz 4 GewStG sowie des § 10a Satz 10 Hs. 2 Nr. 2 GewStG.

---

§ 8b KStG, Rn. 523.
[318] Aktueller Wortlaut des § 15 Abs. 1 Satz 1 Nr. 2 Satz 2 EStG (die Unterstreichungen wurden seitens des Verfassers eingepflegt).

§ 3 Die „mittelbare Beteiligung" im Ertragsteuerrecht

2. Gesetzeswortlaut des § 8b Abs. 6 Satz 2 KStG

Der Gesetzeswortlaut des § 8b Abs. 6 Satz 2 KStG fordert mit Blick auf eine tatbestandsmäßige „mittelbare Beteiligung" eine Beteiligung, die durch bzw. über eine (andere) juristische Person des öffentlichen Rechts als Außen-Gesellschaft vermittelt wird:

> *„Die [§ 8b] Absätze 1 bis 5 [KStG] gelten für Bezüge und Gewinne, die einem Betrieb gewerblicher Art einer juristischen Person des öffentlichen Rechts <u>über andere juristische Personen des öffentlichen Rechts</u> zufließen, über die sie <u>mittelbar an der leistenden Körperschaft, Personenvereinigung oder Vermögensmasse beteiligt ist</u> und bei denen die Leistungen nicht im Rahmen eines Betriebs gewerblicher Art erfasst werden, und damit in Zusammenhang stehende Gewinnminderungen entsprechend."*[319]

Damit kommt für Zwecke des § 8b Abs. 6 Satz 2 KStG eine tatbestandsmäßige „mittelbare Beteiligung" allein über eine (andere) juristische Person des öffentlichen Rechts als Außen-Gesellschaft als vermittelnde Gesellschaft in Betracht.

III. Zwischenergebnis

Die Auslegung des ertragsteuerrechtlichen Begriffs der „mittelbaren Beteiligung" als eine Beteiligung an einem Vermögensgegenstand, die durch bzw. über eine oder mehrere Außen-Gesellschaften vermittelt wird, wird in den Fällen eingeschränkt, in denen die vermittelnde Außen-Gesellschaft eine vermögensverwaltende Personengesellschaft ist oder in denen der Gesetzeswortlaut der relevanten ertragsteuerrechtlichen Vorschrift eine tatbestandsmäßige mittelbare Beteiligung nur dann anerkennt, wenn die vermittelnde Außen-Gesellschaft eine bestimmte Rechtsform aufweist.

D. Beteiligungen über „reine" Innen-Gesellschaften streitig

Unklar ist dagegen, ob neben Beteiligungen über Außen-Gesellschaften auch Beteiligungen, die durch bzw. über „reine" Innen-Gesellschaften erfolgen – mangels Gesamthandsvermögens einer „reinen" Innen-Gesellschaft[320] –, eine „mittelbare Beteiligung" für Zwecke des Ertragsteuerrechts vermitteln können.[321] Dies ist je-

---

[319] Aktueller Wortlaut des § 8b Abs. 6 Satz 2 KStG (die Unterstreichungen wurden seitens des Verfassers einfügt).

[320] BFH, Urteil vom 2. Oktober 1997 – IV R 75/96, BStBl. II 1998, 137 (138); BFH, Urteil vom 28. Oktober 2008 – VIII R 36/04, BStBl. II 2009, 190 (193).

[321] Ein weiteres Merkmal, das die „reine" Innen-Gesellschaft von der Außen-Gesellschaft unterscheidet, ist die Nichtteilnahme der „reinen" Innengesellschaft am Rechtsverkehr (vgl. *Schäfer*,

Kapitel 1: Grundlagen

denfalls dann der Fall, wenn der Gesetzeswortlaut einer ertragsteuerrechtlichen Vorschrift eine mittelbare Beteiligung über eine „reine" Innen-Gesellschaft ausdrücklich genügen lässt.[322] In anderen Fällen bleibt dies dagegen regelmäßig unklar und ist Ausgangspunkt von divergierenden Rechtsansichten.[323]

I. Ausdrückliche Anordnung durch den Gesetzeswortlaut

1. Gesetzeswortlaut des § 15 Abs. 4 Satz 6 EStG

Nach dem Gesetzeswortlaut des § 15 Abs. 4 Satz 6 EStG greift die dort normierte Verlustabzugsbeschränkung bei Verlusten aus stillen Gesellschaften, Unterbeteiligungen oder sonstigen Innen-Gesellschaften an einer Kapitalgesellschaft:

> „*Verluste aus stillen Gesellschaften, Unterbeteiligungen oder <u>sonstigen Innengesellschaften</u> an Kapitalgesellschaften, bei denen der Gesellschafter oder Beteiligte als Mitunternehmer anzusehen ist, dürfen weder mit Einkünften aus Gewerbebetrieb noch aus anderen Einkunftsarten ausgeglichen werden; sie dürfen auch nicht nach § 10d [EStG] abgezogen werden.*"[324]

Erforderlich und zugleich ausreichend, damit der Tatbestand des § 15 Abs. 4 Satz 6 EStG erfüllt ist, ist daher eine Beteiligung an bzw. über eine „reine" Innen-Gesellschaft. So unterfällt beispielsweise eine atypische Unterbeteiligung einer Kapitalgesellschaft an einem Mitunternehmeranteil, der von einer anderen Kapitalgesellschaft unmittelbar gehalten wird, dem Tatbestand des § 15 Abs. 4 Satz 6 EStG.[325] In diesem Fall ist die unterbeteiligte Kapitalgesellschaft allein über eine „reine" Innen-Gesellschaft, nämlich über eine Innen-Gesellschaft in der Form der atypischen Unterbeteiligungsgesellschaft, an dem von der anderen Kapitalgesellschaft gehaltenen Mitunternehmeranteil „mittelbar" beteiligt. Dementsprechend kann eine „reine" Innen-Gesellschaft eine tatbestandsmäßige mittelbare Beteiligung für Zwecke des § 15 Abs. 4 Satz 6 EStG vermitteln.[326]

---

in Münchener BGB-Kommentar, § 705 BGB, Rn. 275). Die „reine" Innen-Gesellschaft grenzt sich daher von der Außen-Gesellschaft insbesondere durch zwei Negativ-Merkmale ab: Zum einen durch das Nichtvorliegen von Gesamthandsvermögen und zum anderen durch die Nichtteilnahme am Rechtsverkehr.

[322] Siehe hierzu die Ausführungen unter § 3 D I unten.
[323] Siehe hierzu die Ausführungen unter § 3 D II bis IV unten.
[324] Aktueller Wortlaut des § 15 Abs. 4 Satz 6 EStG (die Unterstreichungen wurden seitens des Verfassers eingefügt).
[325] *Wacker*, in Schmidt, EStG-Kommentar, § 15 EStG, Rn. 909; *Krumm*, in Kirchhof, EStG-Kommentar, § 15 EStG, Rn. 427.
[326] Eine Beteiligung über eine Außen-Gesellschaft ist jedoch im Gegensatz zur Beteiligung über eine „reine" Innen-Gesellschaft nicht vom Tatbestand der ertragsteuerrechtlichen Vorschrift

§ 3 Die „mittelbare Beteiligung" im Ertragsteuerrecht

2. Gesetzeswortlaut des § 8b Abs. 6 Satz 1 KStG

Auch durch den Gesetzeswortlaut des § 8b Abs. 6 Satz 1 KStG wird deutlich, dass diese Vorschrift eine mittelbare Beteiligung, die über bzw. durch eine „reine" Innen-Gesellschaft vermittelt wird, als tatbestandsmäßig erachtet. Nach dieser Vorschrift gelten die Absätze 1 bis 5 des § 8b KStG nämlich auch dann, wenn eine Beteiligung an einer Körperschaft mittelbar über eine Mitunternehmerschaft gehalten wird:

> *„Die Absätze 1 bis 5 gelten auch für die dort genannten Bezüge, Gewinne und Gewinnminderungen, die dem Steuerpflichtigen im Rahmen des Gewinnanteils <u>aus einer Mitunternehmerschaft zugerechnet werden</u>, sowie für Gewinne und Verluste, soweit sie bei der Veräußerung oder Aufgabe eines Mitunternehmeranteils auf Anteile im Sinne des Absatzes 2 entfallen."*[327]

Als eine solche Mitunternehmerschaft, über die die Beteiligung nach dem Gesetzeswortlaut dieser Vorschrift erfolgen bzw. vermittelt werden kann, kommen sowohl Personengesellschaften in der Form der Außen-Gesellschaft als auch mitunternehmerische Innen-Gesellschaften in Betracht.[328] Denn die ertragsteuerrechtliche Vorschrift des § 15 Abs. 1 Satz 1 Nr. 2 Satz 1 EStG – als maßgebliche Vorschrift zur Qualifikation einer Gesellschaft als Mitunternehmerschaft – erfasst neben der OHG und der KG als mögliche Rechtsformen für eine Mitunternehmerschaft auch „andere Gesellschaften", sofern der relevante Beteiligte als Mitunternehmer des Betriebs dieser Gesellschaft anzusehen ist.[329] Unter diesen Begriff der „anderen Gesellschaften" im Sinne des § 15 Abs. 1 Satz 1 Nr. 2 Satz 1 EStG

---

des § 15 Abs. 4 Satz 6 EStG umfasst, vgl. hierzu: *Intemann*, in Herrmann/Heuer/Raupach, EStG/KStG-Kommentar, § 15 EStG, Rn. 1590; *Krumm*, in Kirchhof, EStG-Kommentar, § 15 EStG, Rn. 428a; *Hufeld/Schenke*, in BeckOK EStG, § 15 EStG, Rn. 2526.

[327] Aktueller Wortlaut des § 8b Abs. 6 Satz 1 KStG (die Unterstreichungen wurden seitens des Verfassers eingefügt).

[328] *Gosch*, in Gosch, KStG-Kommentar, § 8b KStG, Rn. 521; *Watermeyer*, in Herrmann/Heuer/Raupach, EStG/KStG-Kommentar, § 8b KStG, Rn. 203; *Herlinghaus*, in Rödder/Herlinghaus/Neumann, § 8b KStG, Rn. 489.

[329] Aktueller Wortlaut des § 15 Abs. 1 Satz 1 Nr. 2 Satz 1 EStG (die Unterstreichungen wurden seitens des Verfassers eingefügt):
„Einkünfte aus Gewerbebetrieb sind
1. (...);
2. die Gewinnanteile der Gesellschafter einer Offenen Handelsgesellschaft, einer Kommanditgesellschaft <u>und einer anderen Gesellschaft</u>, bei der der Gesellschafter als Unternehmer (Mitunternehmer) des Betriebs anzusehen ist, und die Vergütungen, die der Gesellschafter von der Gesellschaft für seine Tätigkeit im Dienst der Gesellschaft oder für die Hingabe von Darlehen oder für die Überlassung von Wirtschaftsgütern bezogen hat.".

Kapitel 1: Grundlagen

fallen neben Außen-Gesellschaften in Personengesellschaftsform auch mitunternehmerische Innen-Gesellschaften (beispielsweise in der Form der atypisch stillen Gesellschaft und der atypisch stillen Unterbeteiligung).[330] Dies hat zur Folge, dass auch eine Beteiligung über eine mitunternehmerische Innen-Gesellschaft eine tatbestandsmäßige mittelbare Beteiligung für Zwecke des § 8b Abs. 6 Satz 1 KStG vermitteln kann.[331]

3. Gesetzeswortlaut des § 8b Abs. 4 Satz 4 KStG

Entsprechendes gilt auch mit Blick auf eine „mittelbare Beteiligung" für Zwecke des § 8b Abs. 4 Satz 4 KStG. Denn nach dieser ertragsteuerrechtlichen Vorschrift werden Anteile an einer Körperschaft, die mittelbar über eine Mitunternehmerschaft gehalten werden, den Mitunternehmern dieser Mitunternehmerschaft gemäß § 8b Abs. 4 Satz 4 KStG für Zwecke der 10 %-Grenze des § 8b Abs. 4 Satz 1 KStG anteilig unmittelbar zugerechnet:

> „*Beteiligungen über eine Mitunternehmerschaft* sind dem Mitunternehmer anteilig zuzurechnen; § 15 Absatz 1 Satz 1 Nummer 2 Satz 2 des Einkommensteuergesetzes gilt sinngemäß."[332]

Damit kommt auch für Zwecke dieser ertragsteuerrechtlichen Vorschrift eine „mittelbare Beteiligung" über eine Mitunternehmerschaft, die entsprechend den obigen Ausführungen und nach Maßgabe des § 15 Abs. 1 Satz 1 Nr. 2 Satz 1 EStG auch als „reine" Innen-Gesellschaft ausgestaltet sein kann, in Betracht.

4. Zwischenergebnis

Eine mittelbare Beteiligung über eine „reine" Innen-Gesellschaft kann jedenfalls dann eine tatbestandsmäßige mittelbare Beteiligung für Zwecke des Ertragsteuerrechts begründen, wenn dies durch den Gesetzeswortlaut einer ertragsteuerrechtlichen Vorschrift (wie z.B. in § 15 Abs. 4 Satz 6 EStG, § 8b Abs. 6 Satz 1 KStG und § 8b Abs. 4 Satz 4 KStG geschehen) ausdrücklich angeordnet wird.

---

[330] BFH, Urteil vom 6. Juli 1995 – IV R 79/94, BStBl. II 1996, 269; *Wacker*, in Schmidt, EStG-Kommentar, § 15 EStG, Rn. 169.

[331] *Gosch*, in Gosch, KStG-Kommentar, § 8b KStG, Rn. 521; *Watermeyer*, in Herrmann/Heuer/Raupach, EStG/KStG-Kommentar, § 8b KStG, Rn. 203; *Herlinghaus*, in Rödder/Herlinghaus/Neumann, § 8b KStG, Rn. 489.

[332] Aktueller Wortlaut des § 8b Abs. 4 Satz 4 KStG (die Unterstreichungen wurden seitens des Verfassers eingefügt).

§ 3 Die „mittelbare Beteiligung" im Ertragsteuerrecht

II. Bejahung durch die Rechtsprechung im Rahmen des § 15 Abs. 1 Satz 1 Nr. 2 Satz 2 EStG

Es wurde zudem durch die Rechtsprechung entschieden, dass neben einer Außen-Gesellschaft auch eine „reine" Innen-Gesellschaft eine tatbestandsmäßige mittelbare Beteiligung für Zwecke des § 15 Abs. 1 Satz 1 Nr. 2 Satz 2 EStG vermitteln kann.

1. Entscheidung des Bundesfinanzhofs vom 2. Oktober 1997

So entschied der Bundesfinanzhof mit Entscheidung vom 2. Oktober 1997, dass eine tatbestandsmäßige mittelbare Beteiligung für Zwecke des § 15 Abs. 1 Satz 1 Nr. 2 Satz 2 EStG auch über eine „reine" Innen-Gesellschaft vermittelt werden könne und stellte damit insoweit – entgegen der Auffassung des Finanzgerichts München als Ausgangsgericht[333] – eine mittelbare Beteiligung über eine „reine" Innen-Gesellschaft einer Beteiligung über eine Außen-Gesellschaft gleich.[334]

Dabei waren an einer OHG zwei natürliche Personen gesellschaftsrechtlich beteiligt, wovon eine natürliche Person ihren beiden Kindern jeweils eine atypische Unterbeteiligung an ihrem Anteil an der OHG einräumte. Die beiden atypisch Unterbeteiligten waren bei der OHG als Arbeitnehmer angestellt und bezogen von dieser ein Arbeitsgehalt. Es stellte sich die Frage, ob die von der OHG gezahlten Gehälter von dieser als Betriebsausgaben abgezogen werden oder diese deren Gewinn wegen der Einordnung als Sondervergütungen gemäß § 15 Abs. 1 Satz 1 Nr. 2 EStG nicht mindern konnten.[335]

Das Ausgangsgericht[336] lehnte die Einordnung als Sondervergütungen gemäß § 15 Abs. 1 Satz 1 Nr. 2 EStG mit der Begründung ab, dass ein am Gesellschaftsanteil eines Mitunternehmers atypisch still Unterbeteiligter nicht als mittelbarer Mitunternehmer der Hauptgesellschaft nach Maßgabe des § 15 Abs. 1 Satz 1 Nr. 2 Satz 2 EStG angesehen werden könne. Die Unterbeteiligten seien an der OHG nämlich nicht „über eine Personengesellschaft" im Sinne des § 15 Abs. 1 Satz 1 Nr. 2 Satz 2 EStG beteiligt. Denn durch die Unterbeteiligung begründe sich lediglich eine „reine" Innen-Gesellschaft zwischen den beiden Unterbeteiligten und der die Unterbeteiligungen einräumenden natürlichen Person. Eine solche „reine" Innen-Gesellschaft könne – anders als eine Außen-Gesellschaft – keine

---

[333] FG München, Urteil vom 20. August 1996 – 6 K 792/95, EFG 1997, 104.
[334] BFH, Urteil vom 2. Oktober 1997 – IV R 75/96, BStBl. II 1998, 137.
[335] BFH, Urteil vom 2. Oktober 1997 – IV R 75/96, BStBl. II 1998, 137.
[336] FG München, Urteil vom 20. August 1996 – 6 K 792/95, EFG 1997, 104.

tatbestandsmäßige mittelbare Beteiligung im Sinne des § 15 Abs. 1 Satz 1 Nr. 2 Satz 2 EStG vermitteln.[337]

Der Bundesfinanzhof vertrat dagegen in seiner am 2. Oktober 1997 dazu ergangenen Revisionsentscheidung die gegenteilige Auffassung. Das Revisionsgericht ordnete die von der OHG an die Unterbeteiligten gezahlten Vergütungen nämlich als Sondervergütungen ein und rechnete diese dem Gesamtgewinn der OHG mit der Begründung hinzu, dass die Unterbeteiligten an der OHG mittelbar im Sinne des § 15 Abs. 1 Satz 1 Nr. 2 Satz 2 EStG beteiligt seien.[338] Das Tatbestandsmerkmal „über eine Personengesellschaft" im Sinne des § 15 Abs. 1 Satz 1 Nr. 2 Satz 2 EStG sei nach Ansicht des Revisionsgerichts nicht zivilrechtlich, sondern steuerrechtlich auszulegen sei. Bei der atypischen Unterbeteiligung trete die Beteiligung des Hauptgesellschafters im Wege schuldrechtlicher Bindung an die Stelle des bei einer Innen-Gesellschaft nicht möglichen Gesamthandsvermögens, so dass steuerlich betrachtet auch die Unterbeteiligungsgesellschaft als Mitunternehmerin der Hauptgesellschaft anzusehen sei. Daher sei eine Beteiligung über eine „reine" Innen-Gesellschaft der Beteiligung über eine Außen-Gesellschaft für Zwecke des § 15 Abs. 1 Satz 1 Nr. 2 Satz 2 EStG gleichzustellen und könne eine mittelbare Beteiligung für diese Zwecke vermitteln.[339]

2. Erweiterung durch das Finanzgericht Baden-Württemberg vom 11. Juli 2006

Das Finanzgericht Baden-Württemberg dehnte diese steuerrechtliche Auslegung des Bundesfinanzhofs für Zwecke des § 15 Abs. 1 Satz 1 Nr. 2 EStG mit rechtskräftigem Urteil vom 11. Juli 2006[340] auch auf eine Innen-Gesellschaft in der Form einer atypischen stillen Gesellschaft aus. Das Finanzgericht Baden-Württemberg bekräftigte im Rahmen dieser Entscheidung, dass – entsprechend der Entscheidung des Bundesfinanzhofs vom 2. Oktober 1997[341] – vermittelnde Gesellschaft im Sinne des § 15 Abs. 1 Satz 1 Nr. 2 Satz 2 EStG jede Außen-Gesellschaft in Personengesellschaftsform, aber auch eine „reine" Innen-Gesellschaft sein könne, deren Gesellschafter als Mitunternehmer gelten würden.[342]

---

[337] FG München, Urteil vom 20. August 1996 – 6 K 792/95, EFG 1997, 104 (105).
[338] BFH, Urteil vom 2. Oktober 1997 – IV R 75/96, BStBl. II 1998, 137.
[339] BFH, Urteil vom 2. Oktober 1997 – IV R 75/96, BStBl. II 1998, 137 (138).
[340] FG Baden-Württemberg, Urteil vom 11. Juli 2006 – 4 K 369/01, EFG 2006, 1829.
[341] BFH, Urteil vom 2. Oktober 1997 – IV R 75/96, BStBl. II 1998, 137.
[342] FG Baden-Württemberg, Urteil vom 11. Juli 2006 – 4 K 369/01, EFG 2006, 1829 (1830).

§ 3 Die „mittelbare Beteiligung" im Ertragsteuerrecht

3. Weitgehende Anerkennung durch das Schrifttum

Das Schrifttum hat diese extensive Auslegung des § 15 Abs. 1 Satz 1 Nr. 2 Satz 2 EStG durch die Rechtsprechung weit überwiegend übernommen und anerkannt.[343] Es finden sich aber auch Stimmen in der Literatur, die eine solche extensive Auslegung kritisieren.[344] Diese Stimmen gehen vielmehr von einer zivilrechtlichen Auslegung des Tatbestands des § 15 Abs. 1 Satz 1 Nr. 2 Satz 2 EStG aus. Danach verlange der Gesetzeswortlaut des § 15 Abs. 1 Satz 1 Nr. 2 Satz 2 EStG ausdrücklich eine Beteiligung über eine Personengesellschaft, so dass es erforderlich sei, dass eine Personengesellschaft an einer anderen Personengesellschaft als zivilrechtliche Gesellschafterin beteiligt sei.[345] Eine „reine" Innen-Gesellschaft könne jedoch – mangels Gesellschaftsvermögens – nicht Gesellschafterin einer anderen Personengesellschaft als Außen-Gesellschaft sein, so dass die tatbestandlichen Voraussetzungen des § 15 Abs. 1 Satz 1 Nr. 2 Satz 2 EStG in diesem Fall nicht erfüllt wären.[346] Zutreffend wird darauf hingewiesen, dass der Gesetzgeber, hätte er statt einer zivilrechtlichen eine steuerrechtliche Auslegung gewollt, er im Rahmen des Gesetzeswortlauts des § 15 Abs. 1 Satz 1 Nr. 2 Satz 2 EStG den Begriff der „Personengesellschaft" durch „Mitunternehmerschaft" und den Begriff „Gesellschafter" durch „Mitunternehmer" hätte ersetzen können.[347]

III. Weitgehend anerkannt im Rahmen des § 20 Abs. 2 Satz 3 EStG und § 23 Abs. 1 Satz 4 EStG

Entsprechende Grundsätze, wonach neben einer Außen-Gesellschaft auch eine „reine" Innen-Gesellschaft eine mittelbare Beteiligung vermitteln kann, scheinen auch für die Auslegung der ertragsteuerrechtlichen Vorschriften des § 20 Abs. 2 Satz 3 EStG und des § 23 Abs. 1 Satz 4 EStG zu gelten. Nach diesen wortlautidentischen Vorschriften gilt die Anschaffung oder Veräußerung einer unmittelbaren oder mittelbaren Beteiligung an einer vermögensverwaltenden Personengesellschaft für Zwecke des § 20 Abs. 2 EStG bzw. des § 23 Abs. 1 EStG als anteilige

---

[343] *Wacker*, in Schmidt, EStG-Kommentar, § 15 EStG, Rn. 623; *Bode*, in Blümich, EStG-Kommentar, § 15 EStG, Rn. 539; *Rätke*, in Herrmann/Heuer/Raupach, EStG/KStG-Kommentar, § 15 EStG, Rn. 617; *Kahle*, DStZ 2014, 273 (276); *Schnitter*, EStB 2001, 191; *Kolbe/Tax*, StuB 2007, 233.
[344] *Ottersbach*, FR 1999, 201 (203); *Carlé*, KÖSDI 2005, 14475 (14484); *Söffing*, FR 1992, 185 (190).
[345] *Carlé*, KÖSDI 2005, 14475 (14484); *Ottersbach*, FR 1999, 201 (203).
[346] *Carlé*, KÖSDI 2005, 14484; *Ottersbach*, FR 1999, 201 (203).
[347] So bereits *Seer*, StuW 1992, 35 (44) und die Ausgangsentscheidung des FG München, Urteil vom 20. August 1996 – 6 K 792/95, EFG 1997, 104.

Anschaffung oder Veräußerung der Wirtschaftsgüter der vermögensverwaltenden Personengesellschaft:

„Die Anschaffung oder Veräußerung einer unmittelbaren oder mittelbaren Beteiligung an einer Personengesellschaft gilt als Anschaffung oder Veräußerung der anteiligen Wirtschaftsgüter."[348]

Als eine solche mittelbare Beteiligung an einer Personengesellschaft für Zwecke dieser beiden ertragsteuerrechtlichen Vorschriften wird dabei insbesondere die Unterbeteiligung – also eine „reine" Innen-Gesellschaft in Form der Unterbeteiligungsgesellschaft – an dem Gesellschaftsanteil eines Gesellschafters einer Personengesellschaft angenommen.[349] Von einer solchen extensiven Auslegung dieser ertragsteuerrechtlichen Vorschriften scheint mithin auch der Gesetzgeber auszugehen, so dass grundsätzlich auch eine „reine" Innen-Gesellschaft eine mittelbare Beteiligung für Zwecke des § 20 Abs. 2 EStG und des § 23 Abs. 1 EStG vermitteln kann.[350]

IV. Streitige Konstellationen

1. § 17 Abs. 1 Satz 1 EStG

Gemäß § 17 Abs. 1 Satz 1 EStG gehört, wie bereits zuvor aufgezeigt, zu den Einkünften aus Gewerbebetrieb auch der Gewinn aus der Veräußerung von Anteilen an einer Kapitalgesellschaft, wenn der Veräußerer innerhalb der letzten fünf Jahre am Kapital dieser Gesellschaft unmittelbar oder mittelbar zu mindestens 1 % beteiligt war.[351] Insoweit bleibt jedoch unklar bzw. ist streitig, ob eine Beteiligung

---

[348] Aktueller Wortlaut des § 20 Abs. 2 Satz 3 EStG bzw. des § 23 Abs. 1 Satz 4 EStG.

[349] Für Zwecke des § 20 Abs. 2 Satz 3 EStG: *Bleschick*, in Kirchhof, EStG-Kommentar, § 20 EStG, Rn. 145; *Buge*, in Herrmann/Heuer/Raupach, EStG/KStG-Kommentar, § 20 EStG, Rn. 536; für Zwecke des § 23 Abs. 1 Satz 4 EStG: *Musil*, in Herrmann/Heuer/Raupach, EStG/KStG-Kommentar, § 23 EStG, Rn. 241.

[350] Für Zwecke des § 20 Abs. 2 Satz 3 EStG: BR-Drucksache 220/07 vom 30. März 2007, Seite 90: *„Eine mittelbare Beteiligung an einer Personengesellschaft ist anzunehmen, wenn ein Steuerpflichtiger an dem Gesellschaftsanteil eines Gesellschafters einer Personengesellschaft beteiligt ist (Unterbeteiligung).";* für Zwecke des § 23 Abs. 1 Satz 4 EStG: BT-Drucksache 12/5630 vom 7. September 1993, Seite 59: *„Durch die Ergänzung soll die bisherige Verwaltungsauffassung, nach der die Anschaffung und Veräußerung von (Unter-)Beteiligungen an Personengesellschaften als Anschaffung und Veräußerung der anteiligen Wirtschaftsgüter zu beurteilen ist, gesetzlich abgesichert werden.".*

[351] Aktueller Wortlaut des § 17 Abs. 1 Satz 1 EStG:
„Zu den Einkünften aus Gewerbebetrieb gehört auch der Gewinn aus der Veräußerung von Anteilen an einer Kapitalgesellschaft, wenn der Veräußerer innerhalb der letzten fünf Jahre am Kapital der Gesellschaft unmittelbar oder mittelbar zu mindestens 1 Prozent beteiligt war.".

§ 3 Die „mittelbare Beteiligung" im Ertragsteuerrecht

über eine „reine" Innen-Gesellschaft eine mittelbare Beteiligung für Zwecke des § 17 Abs. 1 Satz 1 EStG vermitteln kann oder dies nicht möglich ist. Teile des Schrifttums lehnen dies – ohne nähere Begründung – pauschal ab, so dass „reine" Innen-Gesellschaften gemäß dieser Auffassung keine mittelbare Beteiligung für Zwecke des § 17 Abs. 1 Satz 1 EStG vermitteln könnten.[352] Andere Stimmen stufen dagegen eine Beteiligung über eine „reine" Innen-Gesellschaft – ebenfalls ohne nähere Auseinandersetzung – als eine tatbestandsmäßige mittelbare Beteiligung für diese Zwecke ein.[353]

2. § 8c Abs. 1 Satz 1 KStG

Entsprechende Unklarheiten bzw. widerstreitende Auffassungen werden auch im Rahmen der Verlustabzugsbeschränkung des § 8c Abs. 1 Satz 1 KStG vertreten.[354] So wird insbesondere diskutiert, ob durch die Einräumung einer atypisch stillen Beteiligung an einer Kapitalgesellschaft, die an der relevanten Verlust-Körperschaft unmittelbar beteiligt ist, ein schädlicher mittelbarer Beteiligungserwerb im Sinne des § 8c Abs. 1 Satz 1 KStG auf Ebene der Verlust-Körperschaft vollzogen wird.[355] Dies wird von einem Großteil des Schrifttums bejaht.[356] Durch die Einräumung einer atypisch stillen Beteiligung würde nämlich eine andere Personengesellschaft im Sinne des § 15 Abs. 1 Satz 1 Nr. 2 Satz 1 EStG begründet, in welche die an der Verlust-Körperschaft beteiligte Kapitalgesellschaft ihre Anteile

---

[352] *Gosch*, in Kirchhof, EStG-Kommentar, § 17 EStG, Rn. 29.
[353] *Weber-Grellet*, in Schmidt, EStG-Kommentar, § 17 EStG, Rn. 69; *Trossen*, in BeckOK EStG, § 17 EStG, Rn. 285; differenzierend *Schulte/Bron*, in Bott/Walker, KStG-Kommentar, § 17 EStG, Rn. 57 (Beteiligung über Innen-Gesellschaft sei danach dann ausreichend, wenn der relevante Steuerpflichtige sowohl am Gewinn und Verlust als auch am Auseinandersetzungsguthaben der Innen-Gesellschaft mit Betriebsvermögen beteiligt sei.).
[354] Aktueller Wortlaut des § 8c Abs. 1 Satz 1 KStG:
„*Werden innerhalb von fünf Jahren mittelbar oder unmittelbar mehr als 50 Prozent des gezeichneten Kapitals, der Mitgliedschaftsrechte, der Beteiligungsrechte oder der Stimmrechte an einer Körperschaft an einen Erwerber oder diesem nahe stehende Personen übertragen oder liegt ein vergleichbarer Sachverhalt vor (schädlicher Beteiligungserwerb), sind bis zum schädlichen Beteiligungserwerb nicht ausgeglichene oder abgezogene negative Einkünfte (nicht genutzte Verluste) vollständig nicht mehr abziehbar.*".
[355] Vgl. den Beispielsfall von *Görgen/Rüschoff*, Ubg 2017, 453 ff. (Abschnitt 4.2).
[356] *Görgen/Rüschoff*, Ubg 2017, 453 ff. (Abschnitt 4.2); *Roser*, in Gosch, KStG-Kommentar, § 8c KStG, Rn. 56 („(Atypisch) Stille Gesellschaft"); (zumindest) einen „vergleichbaren Sachverhalt" im Sinne des § 8c Abs. 1 Satz 1 KStG nehmen an: *Brandis*, in Blümich, KStG-Kommentar, § 8c KStG, Rn. 55; *Suchanek*, in Herrmann/Heuer/Raupach, EStG/KStG-Kommentar, § 8c KStG, Rn. 30 („Atypisch stille Beteiligung"); *Dötsch/Leibner*, in Dötsch/Pung/Möhlenbrock, KStG-Kommentar, § 8c KStG, Rn. 67; *Rödder/Möhlenbrock*, Ubg 2008, 595 ff. (Abschnitt 2.2.4); *Suchanek*, GmbHR 2008, 292 (295).

an der Verlust-Körperschaft einbringen würde, so dass ein schädlicher mittelbarer Beteiligungserwerb im Sinne des § 8c Abs. 1 Satz 1 KStG vollzogen würde.[357]

Von anderen Teilen des Schrifttums wird eine solche Auslegung dagegen abgelehnt.[358] Dies wird im Wesentlichen damit begründet, dass die Anteile an der Verlust-Körperschaft aus zivilrechtlicher Sicht weiterhin der an ihr beteiligten Kapitalgesellschaft zustehen würden; also lediglich für steuerliche Zwecke eine veränderte Zurechnung der Anteile an der Verlust-Körperschaft erfolgen würde.[359] Ein originärer Erwerbsvorgang bzw. schädliche Anteilsübertragung im Sinne des § 8c Abs. 1 Satz 1 KStG sei – mangels Rechtsträgerwechsels – in diesem Fall jedoch gerade nicht gegeben.[360]

V. Zwischenergebnis

Ob neben Beteiligungen über Außen-Gesellschaften auch Beteiligungen, die durch bzw. über „reine" Innen-Gesellschaften erfolgen bzw. vermittelt werden, eine „mittelbare Beteiligung" für Zwecke des Ertragsteuerrechts begründen können, bleibt damit – jedenfalls soweit dies nicht durch den Gesetzgeber ausdrücklich angeordnet wird oder dies (höchst-) richterlich geklärt ist – regelmäßig unklar bzw. streitig.

E. Ergebnis

Auf Grundlage der oben geschilderten Erkenntnisse lassen sich die folgenden Grundsätze zur Auslegung des Begriffs der „mittelbaren Beteiligung" für Zwecke des Ertragsteuerrechts zusammenfassen:

1. Als eine „mittelbare Beteiligung" an einem Vermögensgegenstand für Zwecke des Ertragsteuerrechts gilt regelmäßig eine Beteiligung an diesem Vermögensgegenstand, die durch bzw. über eine oder mehrere Außen-Gesellschaften gehalten bzw. vermittelt wird. Im Rahmen dieser Auslegung des Begriffs der „mittelbaren Beteiligung" sind jedoch die folgenden beiden Einschränkungen zu beachten:

---

[357] *Görgen/Rüschoff*, Ubg 2017, 453 ff. (Abschnitt 4.2); *Roser*, in Gosch, KStG-Kommentar, § 8c KStG, Rn. 56 „(Atypisch) Stille Gesellschaft"; *Suchanek*, in Herrmann/Heuer/Raupach, EStG/KStG-Kommentar, § 8c KStG, Rn. 30 („Atypisch stille Beteiligung").
[358] *Breuninger/Ernst*, GmbHR 2010, 561 (567); *Neumann*, in Rödder/Herlinghaus/Neumann, KStG-Kommentar, § 8c KStG, Rn. 90.
[359] *Neumann*, in Rödder/Herlinghaus/Neumann, KStG-Kommentar, § 8c KStG, Rn. 90; *Breuninger/Ernst*, GmbHR 2010, 561 (567).
[360] *Neumann*, in Rödder/Herlinghaus/Neumann, KStG-Kommentar, § 8c KStG, Rn. 90; *Breuninger/Ernst*, GmbHR 2010, 561 (567).

a. **Einschränkung 1**: Bei einer Beteiligung, die durch bzw. über eine vermögensverwaltende Personengesellschaft als vermittelnde Außen-Gesellschaft vermittelt bzw. gehalten wird, wird regelmäßig von einer (anteiligen) „unmittelbaren Beteiligung" der einzelnen Personengesellschafter dieser vermögensverwaltenden Personengesellschaft an den im zivilrechtlichen Eigentum der vermögensverwaltenden Personengesellschaft stehenden Wirtschaftsgüter ausgegangen, so dass die Personengesellschafter als unmittelbar Beteiligte und nicht als lediglich mittelbar über die vermögensverwaltende Personengesellschaft Beteiligte dieser Wirtschaftsgüter der vermögensverwaltenden Personengesellschaft gelten (sog. Bruchteilsbetrachtung).

b. **Einschränkung 2**: Teilweise normiert der Gesetzeswortlaut einzelner ertragsteuerrechtlicher Vorschriften, dass eine tatbestandsmäßige „mittelbare Beteiligung" nur dann in Betracht kommt, wenn die die Beteiligung vermittelnde Außen-Gesellschaft eine bestimmte Rechtsform aufweist, so dass nur dann eine tatbestandsmäßige mittelbare Beteiligung im Sinne dieser ertragsteuerrechtlichen Vorschrift gegeben ist, wenn die mittelbare Beteiligung tatsächlich durch bzw. über eine solche diese Rechtsform aufweisende Außen-Gesellschaft erfolgt.

2. Unklar ist dagegen, ob auch eine Beteiligung, die durch bzw. über eine „reine" Innen-Gesellschaft gehalten bzw. vermittelt wird, für Zwecke des Ertragsteuerrechts eine tatbestandsmäßige mittelbare Beteiligung begründen bzw. vermitteln kann:

    a. Dies ist jedenfalls dann der Fall (d.h. eine tatbestandsmäßige mittelbare Beteiligung kann durch eine „reine" Innen-Gesellschaft vermittelt werden), wenn dies durch den Gesetzeswortlaut einer ertragsteuerrechtlichen Vorschrift ausdrücklich angeordnet wird oder dies (höchst-) richterlich geklärt ist.

    b. In den anderen Fällen (d.h. in den Fällen, in denen dies nicht durch den Gesetzeswortlaut einer ertragsteuerrechtlichen Vorschrift ausdrücklich angeordnet wird oder dies nicht (höchst-) richterlich geklärt ist) bleibt dies dagegen regelmäßig unklar und ist Ausgangspunkt von divergierenden Rechtsansichten.

Kapitel 2: Die Gleichstellung der mittelbaren mit der unmittelbaren Beteiligung im Ertragsteuerrecht ohne spezialgesetzliche Grundlage

§ 4 Ausgangspunkt: Restriktiver Lösungsansatz der Rechtsprechung

A. Ausgangssituation des vorliegenden Kapitels

Der Gesetzgeber hat im Rahmen des Gesetzeswortlauts verschiedener ertragsteuerrechtlicher Vorschriften ausdrücklich angeordnet, welche Beteiligungsform bzw. welche Beteiligungsformen vom Tatbestand der relevanten ertragsteuerrechtlichen Vorschrift umfasst werden. So sehen einzelne ertragsteuerrechtliche Vorschriften im Rahmen ihres Gesetzeswortlauts vor, dass allein eine „unmittelbare Beteiligung" und nicht zugleich auch eine „mittelbare Beteiligung" als tatbestandsmäßige Beteiligungsform in Betracht kommt.[361] Demgegenüber sehen andere ertragsteuerrechtlichen Vorschriften vor, dass nur eine „mittelbare Beteiligung" und nicht zugleich auch eine „unmittelbare Beteiligung" vom Tatbestand umfasst wird.[362] In wiederum anderen ertragsteuerrechtlichen Vorschriften hat der Gesetzgeber ausdrücklich normiert, dass sowohl unmittelbare als auch mittelbare Beteiligungen dem relevanten Tatbestand unterfallen und insoweit eine spezialgesetzliche Gleichstellung der mittelbaren mit der unmittelbaren Beteiligung an-

---

[361] Insoweit beispielsweise die ertragsteuerrechtliche Vorschrift des § 50d Abs. 2 Satz 1 Hs. 2 EStG (die Unterstreichungen wurden seitens des Verfassers eingefügt):
„(...); *dies gilt auch bei Kapitalerträgen, die einer nach einem Abkommen zur Vermeidung der Doppelbesteuerung im anderen Vertragsstaat ansässigen Kapitalgesellschaft, die am Nennkapital einer unbeschränkt steuerpflichtigen Kapitalgesellschaft im Sinne des § 1 Absatz 1 Nummer 1 des Körperschaftsteuergesetzes zu mindestens einem Zehntel <u>unmittelbar beteiligt ist</u> und im Staat ihrer Ansässigkeit den Steuern vom Einkommen oder Gewinn unterliegt, ohne davon befreit zu sein, von der unbeschrä nkt steuerpflichtigen Kapitalgesellschaft zufließen.".*

[362] Insoweit beispielsweise die ertragsteuerrechtliche Vorschrift des § 8b Abs. 6 Satz 2 (die Unterstreichungen wurden seitens des Verfassers eingefügt):
„Die Absätze 1 bis 5 gelten für Bezüge und Gewinne, die einem Betrieb gewerblicher Art einer juristischen Person des öffentlichen Rechts über andere juristische Personen des öffentlichen Rechts zufließen, <u>über die sie mittelbar an der leistenden Körperschaft, Personenvereinigung oder Vermögensmasse beteiligt ist</u> und bei denen die Leistungen nicht im Rahmen eines Betriebs gewerblicher Art erfasst werden, und damit in Zusammenhang stehende Gewinnminderungen entsprechend.".

Kapitel 2: Gleichstellung ohne spezialgesetzliche Grundlage

geordnet.[363] In solchen „geregelten" Fällen legt der Gesetzgeber somit ausdrücklich und eindeutig fest, welche Beteiligungsform bzw. welche Beteiligungsformen vom Tatbestand der relevanten ertragsteuerrechtlichen Vorschrift umfasst werden. Streitigkeiten, die sich auf die tatbestandsmäßige Beteiligungsform oder die Gleichstellung der mittelbaren mit der unmittelbaren Beteiligung beziehen, sind auf Basis des diesen Aspekt ausdrücklich „regelnden" Gesetzeswortlauts regelmäßig ausgeschlossen.[364]

In anderen ertragsteuerrechtlichen Vorschriften verwendet der Gesetzgeber dagegen lediglich das Tatbestandsmerkmal der „Beteiligung" bzw. „beteiligt", ohne dabei näher zu spezifizieren, ob insoweit allein die unmittelbare oder zugleich auch die mittelbare Beteiligung vom relevanten Tatbestand umfasst wird.[365] Es entstehen daher regelmäßig Streitigkeiten, die sich darauf beziehen, ob der Tatbestand der entsprechenden ertragsteuerrechtlichen Vorschrift allein die unmittelbare oder daneben zugleich auch die mittelbare Beteiligungsform umfasst. In solchen „ungeregelten" Fällen, in denen der Gesetzgeber die Gleichstellung der mittelbaren mit der unmittelbaren Beteiligung somit nicht ausdrücklich durch eine spezialgesetzliche Grundlage anordnet, obliegt es bei Rechtsstreitigkeiten letztlich der Rechtsprechung, im Rahmen der Auslegung der entsprechenden ertragsteuerrechtlichen Vorschrift zu ermitteln, ob der relevante Tatbestand allein die unmittelbare oder daneben zugleich auch die mittelbare Beteiligungsform umfasst.[366]

---

[363] Vgl. hierzu die Übersicht zu den verschiedenen spezialgesetzlichen Gleichstellungsnormen des Ertragsteuerrechts in Anhang 1.
[364] Streitigkeit können sich aber beispielsweise weiterhin darauf beziehen, ob die in Streit stehende Beteiligung als tatbestandsmäßige „unmittelbare Beteiligung" oder als eine nicht vom Tatbestand umfasste „mittelbare Beteiligung" gilt. In diesen Fällen kommt es somit darauf an zu bestimmen, wann eine Beteiligung gerade als eine „unmittelbare Beteiligung" bzw. wann diese als eine lediglich „mittelbare Beteiligung" gilt. Insoweit wird auf die Ausführungen in § 2 und § 3 verwiesen.
[365] Neben dem bereits angesprochenen Gesetzeswortlaut der ertragsteuerrechtlichen Vorschrift des § 32d Abs. 2 Satz 1 Nr. 1 Buchst. b Satz 1 EStG, der Grundlage der Entscheidung des BFH vom 20. Oktober 2016 war (vgl. dazu oben), insoweit beispielsweise auch die ertragsteuerrechtliche Vorschrift des § 6b Abs. 10 Satz 10 EStG (die Unterstreichung wurde seitens des Verfassers eingefügt):
„*Für die zum Gesamthandsvermögen von Personengesellschaften oder Gemeinschaften gehörenden Anteile an Kapitalgesellschaften gelten die [§ 6b Abs. 10] Sätze 1 bis 9 [EStG] nur, soweit an den Personengesellschaften und Gemeinschaften keine Körperschaften, Personenvereinigungen oder Vermögensmassen <u>beteiligt</u> sind.*".
[366] Insoweit kann insbesondere auf das bereits skizzierten Urteil des BFH vom 20. Oktober 2016 – VIII R 27/15, BStBl. II 2017, 441 verwiesen werden.

§ 4 Ausgangspunkt: Restriktiver Lösungsansatz der Rechtsprechung

Für Zwecke des § 32d Abs. 2 Satz 1 Nr. 1 Buchst. b Satz 1 EStG entschied der Bundesfinanzhof im Rahmen seines eingangs dargestellten Urteils vom 20. Oktober 2016, dass unter das in dieser Vorschrift verwendete Tatbestandsmerkmal der „Beteiligung" allein eine unmittelbare Beteiligung, nicht jedoch zugleich auch eine mittelbare Beteiligung fallen könne.[367] Der Bundesfinanzhof vertrat in diesem „ungeregelten" Fall somit eine restriktive Auslegung mit Blick auf das Tatbestandsmerkmal der „Beteiligung" und lehnte eine Gleichstellung der mittelbaren mit der unmittelbaren Beteiligung insoweit mangels spezialgesetzlicher Grundlage ausdrücklich ab.[368] Dagegen rechnete der Große Senat des Bundesfinanzhofs in seiner Entscheidung vom 25. September 2018 den Grundbesitz, der zivilrechtlich im Eigentum einer vermögensverwaltenden Personengesellschaft stand, den Gesellschaftern dieser Personengesellschaft als „eigener" bzw. unmittelbarer Grundbesitz im Sinne des § 9 Nr. 1 Satz 2 GewStG zu.[369] Für Zwecke des § 9 Nr. 1 Satz 2 GewStG reichte daher die Beteiligung an dem Grundbesitz über eine vermögensverwaltende Personengesellschaft aus, um in den Anwendungsbereich des § 9 Nr. 1 Satz 2 GewStG gelangen zu können.[370]

Das vorliegende Kapitel soll daher zunächst untersuchen, welche Grundsätze bzw. welchen Lösungsansatz die Rechtsprechung in den „ungeregelten" Fällen der Gleichstellung der mittelbaren mit der unmittelbaren Beteiligung im Ertragsteuerrecht mit Blick auf eine solche Gleichstellung vertritt. Es soll zudem analysiert werden, ob die Rechtsprechung diese Grundsätze bzw. diesen Lösungsansatz im Rahmen der tatsächlichen Rechtsprechungspraxis auch stringent anwendet oder vielmehr Konstellationen erkennbar sind, in denen die Rechtsprechung von diesem Lösungsansatz abweicht. Für diese Zwecke wurden die von der Rechtsprechung entschiedenen Sachverhaltskonstellationen untersucht, in denen ertragsteuerrechtliche Vorschriften streitentscheidend waren, die keine spezialgesetzliche Gleichstellung der mittelbaren mit der unmittelbaren Beteiligung vorsahen, sich aber gleichwohl die streitentscheidende Frage stellte, ob der Tatbestand der relevanten ertragsteuerrechtlichen Vorschrift allein die unmittelbare Beteiligung oder zugleich auch die mittelbare Beteiligung umfasst.

---

[367] BFH, Urteil vom 20. Oktober 2016 – VIII R 27/15, BStBl. II 2017, 441.
[368] Siehe hierzu bereits die Ausführungen unter § 1 A I oben.
[369] BFH, Großer Senat, Beschluss vom 25. September 2018 – GrS 2/16, BStBl. II 2019, 262; Vorlagebeschluss: BFH, Vorlagebeschluss vom 21. Juli 2016 – IV R 26/14, BStBl. II 2017, 202.
[370] Siehe hierzu bereits die Ausführungen unter § 1 A II oben.

Kapitel 2: Gleichstellung ohne spezialgesetzliche Grundlage

B. Grundsätzlich restriktiver Lösungsansatz der Rechtsprechung

Die Rechtsprechung vertritt für Zwecke des Ertragsteuerrechts – entsprechend der bereits dargestellten Entscheidung des Bundesfinanzhofs vom 20. Oktober 2016[371] – im Ausgangspunkt einen restriktiven Lösungsansatz zur Gleichstellung der mittelbaren mit der unmittelbaren Beteiligung ohne spezialgesetzliche Grundlage. Denn die Judikative verlangt grundsätzlich eine spezialgesetzliche Rechtsgrundlage und damit eine spezialgesetzliche Gleichstellungsnorm, um eine Gleichstellung der mittelbaren mit der unmittelbaren Beteiligung für Zwecke des Ertragsteuerrechts annehmen zu können.[372] Nach Auffassung der Rechtsprechung meine das Gesetz nämlich regelmäßig nur die unmittelbare und nicht zugleich auch die mittelbare Beteiligungsform, wenn dieses im relevanten ertragsteuerrechtlichen Tatbestand allgemein lediglich von „Beteiligung" bzw. „beteiligt" spreche und damit keine ausdrückliche spezialgesetzliche Gleichstellung der mittelbaren mit der unmittelbaren Beteiligung vornehme.[373] Die Rechtsprechung gibt im Rahmen dieses restriktiven Lösungsansatzes somit vor, die mittelbare der unmittelbaren Beteiligung für Zwecke des Ertragsteuerrechts grundsätzlich nicht ohne spezialgesetzliche Rechtsgrundlage gleichzustellen.[374]

Eine Ausnahme von diesem restriktiven Lösungsansatz zur Gleichstellung der mittelbaren mit der unmittelbaren Beteiligung für Zwecke des Ertragsteuerrechts behält sich die Rechtsprechung allerdings vor. Denn nach Auffassung der Judikative sei eine ausdrückliche spezialgesetzliche Gleichstellung der mittelbaren mit

---

[371] BFH, Urteil vom 20. Oktober 2016 – VIII R 27/15, BStBl. II 2017, 441; siehe hierzu bereits die Ausführungen unter § 1 A I oben.

[372] BFH, Urteil vom 11. Oktober 1966 – I 85/64, BStBl. III 1967, 32; BFH, Vorlagebeschluss vom 12. Oktober 1989 – IV R 5/86, BStBl. II 1990, 168 (172); BFH, Großer Senat, Beschluss vom 25. Februar 1991 – GrS 7/89, BStBl. II 1991, 691 (700); BFH, Urteil vom 15. Dezember 1998 – VIII R 77/93, BStBl. II 1999, 168 (170); BFH, Urteil vom 20. August 2003 – I R 61/01, BStBl. II 2004, 614 (615 f.); BFH, Urteil vom 20. Oktober 2016 – VIII R 27/15, BStBl. II 2017, 441 (442).

[373] So ausdrücklich: BFH, Urteil vom 11. Oktober 1966 – I 85/64, BStBl. III 1967, 32; abzuleiten auch aus: BFH, Großer Senat, Beschluss vom 25. Februar 1991 – GrS 7/89, BStBl. II 1991, 691 (700); BFH, Urteil vom 15. Dezember 1998 – VIII R 77/93, BStBl. II 1999, 168 (170); BFH, Urteil vom 20. August 2003 – I R 61/01, BStBl. II 2004, 614 (615 f.); BFH, Urteil vom 20. Oktober 2016 – VIII R 27/15, BStBl. II 2017, 441 (442).

[374] BFH, Urteil vom 11. Oktober 1966 – I 85/64, BStBl. III 1967, 32; BFH, Vorlagebeschluss vom 12. Oktober 1989 – IV R 5/86, BStBl. II 1990, 168 (172); BFH, Großer Senat, Beschluss vom 25. Februar 1991 – GrS 7/89, BStBl. II 1991, 691 (700); BFH, Urteil vom 15. Dezember 1998 – VIII R 77/93, BStBl. II 1999, 168 (170); BFH, Urteil vom 20. August 2003 – I R 61/01, BStBl. II 2004, 614 (615 f.); BFH, Urteil vom 20. Oktober 2016 – VIII R 27/15, BStBl. II 2017, 441 (442).

§ 4 Ausgangspunkt: Restriktiver Lösungsansatz der Rechtsprechung

der unmittelbaren Beteiligung (nur) dann entbehrlich, wenn sich die Gleichstellung der mittelbaren mit der unmittelbaren Beteiligung klar bzw. eindeutig aus dem Sinn und Zweck der relevanten ertragsteuerrechtlichen Vorschrift ergeben würde.[375] In einem solchen (Ausnahme-) Fall bedarf es also ausnahmsweise keiner spezialgesetzlichen Gleichstellung der mittelbaren mit der unmittelbaren Beteiligung, um eine solche Gleichstellung der mittelbaren mit der unmittelbaren Beteiligung für ertragsteuerrechtliche Zwecke annehmen zu können.

C. Beispiele für diesen restriktiven Lösungsansatz

Im Folgenden werden einige von der Rechtsprechung entschiedene Sachverhaltskonstellationen exemplarisch dargestellt, in denen diese den oben beschriebenen restriktiven Lösungsansatz zur Gleichstellung der mittelbaren mit der unmittelbaren Beteiligung für Zwecke des Ertragsteuerrechts anwandte und auf dieser Grundlage eine Gleichstellung der mittelbaren mit der unmittelbaren Beteiligung ohne spezialgesetzliche Grundlage ausdrücklich ablehnte.[376]

I. Mittelbare Beteiligungen im Rahmen des § 19 Abs. 1 Ziffer 2 KStG a.F. grundsätzlich unbeachtlich

1. Restriktive Auslegung des § 19 Abs. 1 Ziffer 2 (erste Voraussetzung) KStG a.F.

Nach dem Urteil des Bundesfinanzhofs vom 22. März 1966 reichte eine mittelbare Beteiligung von natürlichen Personen an einer Kapitalgesellschaft nicht aus, um auf Ebene dieser Kapitalgesellschaft die Voraussetzungen des ermäßigten Steuersatzes für sog. personenbezogene Kapitalgesellschaften gemäß § 19 Abs. 1 Ziffer 2 (erste Voraussetzung) KStG in der im Streitjahr 1961 geltenden Fassung erfüllen zu können; erforderlich sei nach Ansicht des Gerichts vielmehr, dass na-

---

[375] BFH, Urteil vom 11. Oktober 1966 – I 85/64, BStBl. III 1967, 32; BFH, Vorlagebeschluss vom 12. Oktober 1989 – IV R 5/86, BStBl. II 1990, 168 (172); BFH, Großer Senat, Beschluss vom 25. Februar 1991 – GrS 7/89, BStBl. II 1991, 691 (700); BFH, Urteil vom 15. Dezember 1998 – VIII R 77/93, BStBl. II 1999, 168 (170); BFH, Urteil vom 20. August 2003 – I R 61/01, BStBl. II 2004, 614 (616); BFH, Urteil vom 20. Oktober 2016 – VIII R 27/15, BStBl. II 2017, 441 (442).
[376] Die im Folgenden dargestellten Sachverhaltskonstellationen werden dabei vereinfacht und auf die für die Thematik der Gleichstellung der mittelbaren mit der unmittelbaren Beteiligung wesentlichen Aspekte beschränkt dargestellt. Im Übrigen wird auf die in Anhang 2 erstellte Rechtsprechungsübersicht zur Gleichstellung der mittelbaren mit der unmittelbaren Beteiligung ohne spezialgesetzliche Grundlage verwiesen.

Kapitel 2: Gleichstellung ohne spezialgesetzliche Grundlage

türliche Personen unmittelbar an der relevanten Kapitalgesellschaft beteiligt seien.[377]

Dabei waren eine GmbH als Komplementärin sowie mehrere natürliche Personen als Kommanditisten an einer KG beteiligt. Über diese KG waren die GmbH und die natürlichen Personen mittelbar an einer Kapitalgesellschaft beteiligt. Es stellte sich die Frage, ob diese mittelbare Beteiligung von natürlichen Personen an der Kapitalgesellschaft ausreichte, um die Voraussetzungen des ermäßigten Steuersatzes für sog. personenbezogene Kapitalgesellschaften gemäß § 19 Abs. 1 Ziffer 2 (erste Voraussetzung) KStG a.F. auf Ebene der Kapitalgesellschaft erfüllen zu können.[378]

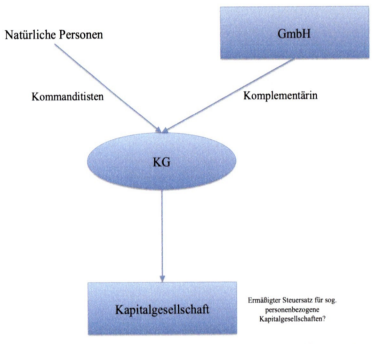

Abb. 4: Strukturbild zur Entscheidung des Bundesfinanzhofs vom 22. März 1966

Die Vorschrift des § 19 Abs. 1 Ziffer 2 (erste Voraussetzung) KStG a.F. verlangte dabei für die Anwendung des ermäßigten Körperschaftsteuersatzes für sog. personenbezogene Kapitalgesellschaften, dass die Anteile der relevanten Kapitalgesellschaft mindestens zu 76 % ihres Nennkapitals natürlichen Personen „gehör-

---

[377] BFH, Urteil vom 22. März 1966 – I 60/64, BStBl. III 1966, 434.
[378] BFH, Urteil vom 22. März 1966 – I 60/64, BStBl. III 1966, 434.

ten".[379] Der Bundesfinanzhof legte das Tatbestandsmerkmal „gehören" im Sinne des § 19 Abs. 1 Ziffer 2 (erste Voraussetzung) KStG a.F. dabei rein zivilrechtlich aus, so dass natürliche Personen zivilrechtliche Gesellschafter der entsprechenden Kapitalgesellschaft sein müssten, um den ermäßigten Steuersatzes für sog. personenbezogene Kapitalgesellschaften anwenden zu können.[380] Dies traf auf die nur mittelbar über die KG an der entsprechenden Kapitalgesellschaft beteiligten natürlichen Personen jedoch gerade nicht zu. Denn zivilrechtliche Gesellschafterin der Kapitalgesellschaft war allein die vermittelnde KG (und nicht deren Gesellschafter), so dass nach Ansicht des Bundesfinanzhofs der ermäßigte Steuersatz auf Ebene der Kapitalgesellschaft nicht zur Anwendung kommen durfte.[381] Bestätigt wurde diese restriktive Auslegung des § 19 Abs. 1 Ziffer 2 (erste Voraussetzung) KStG a.F. durch Urteile des Bundesfinanzhofs vom 17. Februar 1971[382] und vom 3. Oktober 1973[383].

2. Restriktive Auslegung des § 19 Abs. 1 Ziffer 2 (letzte Voraussetzung) KStG a.F.

Auch für Zwecke des § 19 Abs. 1 Ziffer 2 (letzte Voraussetzung) KStG in der im Streitjahr 1958 geltenden Fassung vertrat der Bundesfinanzhof mit Entscheidung vom 11. Oktober 1966 eine solche restriktive Auslegung und lehnte auf dieser Grundlage eine Gleichstellung der mittelbaren mit der unmittelbaren Beteiligung ausdrücklich ab.[384]

Dabei war eine GmbH mittelbar über zwei hintereinandergeschaltete Personengesellschaften an insgesamt drei Kapitalgesellschaften beteiligt. Daraus ergab sich eine mittelbare bzw. durchgerechnete Beteiligung der GmbH an Kapitalgesellschaften in Höhe von 719.700 DM, während das eigene Stammkapital der GmbH nur 700.000 DM betrug. Es stellte sich die Frage, ob die Voraussetzungen des ermäßigten Steuersatzes gemäß § 19 Abs. 1 Ziffer 2 (letzte Vorausset-

---

[379] Vgl. BFH, Urteil vom 22. März 1966 – I 60/64, BStBl. III 1966, 434.
[380] BFH, Urteil vom 22. März 1966 – I 60/64, BStBl. III 1966, 434.
[381] Nach Auffassung des Bundesfinanzhofs bestehe jedoch dann eine Ausnahme von diesem restriktiven Grundsatz, wenn die die Beteiligung vermittelnde Personengesellschaft ausschließlich aus natürlichen Personen bestehe. In diesem Fall würde die mittelbare Beteiligung der natürlichen Personen über eine Personengesellschaft also ausreichen, um auf Ebene der Kapitalgesellschaft den ermäßigten Steuersatz anwenden zu können. Da im vorliegenden Fall jedoch (auch) eine Kapitalgesellschaft an der vermittelnden Personengesellschaft beteiligt war, kam diese Ausnahme von der zivilrechtlichen Auslegung nicht zur Anwendung, vgl. BFH, Urteil vom 22. März 1966 – I 60/64, BStBl. III 1966, 434 (435).
[382] BFH, Urteil vom 17. Februar 1971 – I R 8/69, BStBl. II 1971, 535.
[383] BFH, Urteil vom 3. Oktober 1973 – I R 24/72, BStBl. II 1974, 15.
[384] BFH, Urteil vom 11. Oktober 1966 – I 85/64, BStBl. III 1967, 32.

Kapitel 2: Gleichstellung ohne spezialgesetzliche Grundlage

zung) KStG a.F. trotz dieser mittelbaren Beteiligung an Kapitalgesellschaften, die durchgerechnet das eigene Stammkapital der GmbH wertmäßig übertraf, erfüllt werden konnten.[385]

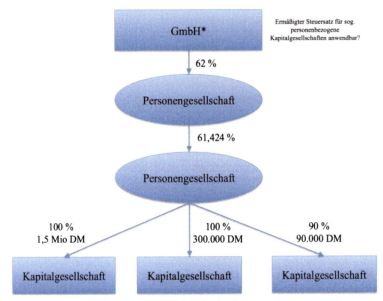

Abb. 5: Strukturbild zur Entscheidung des Bundesfinanzhofs vom 11. Oktober 1966

Nach Maßgabe des § 19 Abs. 1 Ziffer 2 (letzte Voraussetzung) KStG a.F. durften die Nennwerte der zum Betriebsvermögen gehörenden Beteiligungen einer Kapitalgesellschaft insgesamt das Nennkapital dieser Kapitalgesellschaft nicht übersteigen, damit der ermäßigte Körperschaftsteuersatz für sog. personenbezogene Kapitalgesellschaften auf deren Ebene Anwendung finden konnte.[386] Nach Auffassung des Bundesfinanzhofs seien unter „Beteiligungen" im Sinne des § 19 Abs. 1 Ziffer 2 (letzte Voraussetzung) KStG a.F. allerdings nur unmittelbare Beteiligungen an Kapitalgesellschaften zu verstehen. Mittelbare Beteiligungen an Kapitalgesellschaften seien dagegen keine „Beteiligungen" für Zwecke des § 19 Abs. 1 Ziffer 2 (letzte Voraussetzung) KStG a.F. und daher insoweit nicht zu berücksichtigen. Dazu hätte es vielmehr einer ausdrücklichen gesetzlichen Regelung bedurft, so dass die mittelbaren insoweit nicht den unmittelbaren Beteili-

---

[385] BFH, Urteil vom 11. Oktober 1966 – I 85/64, BStBl. III 1967, 32.
[386] Vgl. BFH, Urteil vom 11. Oktober 1966 – I 85/64, BStBl. III 1967, 32 f.

§ 4 Ausgangspunkt: Restriktiver Lösungsansatz der Rechtsprechung

gungen gleichzustellen seien.[387] Da somit mittelbare Beteiligung – im Gegensatz zu unmittelbaren Beteiligungen – im Rahmen des § 19 Abs. 1 Ziffer 2 (letzte Voraussetzung) KStG a.F. nicht als schädliche Beteiligungen zu berücksichtigen waren, lagen die Voraussetzungen des ermäßigten Steuersatzes nach Auffassung des Bundesfinanzhofs auf Ebene der GmbH vor.

II. Keine Bruchteilsbetrachtung für Zwecke des § 23 Abs. 1 Nr. 1 Buchst. a EStG, des § 49 Abs. 1 Nr. 2 Buchst. f Satz 2 EStG und der verdeckten Gewinnausschüttung

Die Rechtsprechung entschied in mehreren Konstellationen, dass die Wirtschaftsgüter einer vermögensverwaltenden Personengesellschaft den Personengesellschaftern dieser vermögensverwaltenden Personengesellschaft – entgegen der Zurechnungsregelung des § 39 Abs. 2 Nr. 2 AO – nicht anteilig unmittelbar zuzurechnen seien und lehnte damit einen Durchgriff durch die vermögensverwaltende Personengesellschaft auf die von ihr gehaltenen Wirtschaftsgüter ab.[388] In diesen Fällen reichte damit eine Beteiligung über eine vermögensverwaltende Personengesellschaft – im Gegensatz zu einer unmittelbaren zivilrechtlichen Beteiligung – nicht aus, um den Tatbestand der entsprechenden ertragsteuerrechtlichen Vorschrift zu verwirklichen.[389]

1. Keine Bruchteilsbetrachtung für Zwecke des § 23 Abs. 1 Nr. 1 Buchst. a EStG a.F.

Der Bundesfinanzhof entschied mit Urteil vom 4. Oktober 1990 auf Basis einer zivilrechtlichen Grundsätzen folgenden Auslegung, dass die Veräußerung einer Beteiligung an einer vermögensverwaltenden Personengesellschaft (ein vermögensverwaltender Immobilienfonds) selbst dann nicht dem Tatbestand des § 23 Abs. 1 Nr. 1 Buchst. a EStG in der im Streitjahr 1983 geltenden Fassung unterfallen könne, wenn das Vermögen dieser vermögensverwaltenden Personengesellschaft allein aus Grundstücken bestehen würde.[390] Diese restriktive bzw. rein zivil-

---
[387] BFH, Urteil vom 11. Oktober 1966 – I 85/64, BStBl. III 1967, 32 (33).
[388] BFH, Urteil vom 4. Oktober 1990 – X R 148/88, BStBl. II 1992, 211; BFH, Urteil vom 10. Juli 1996 – X R 103/95, BStBl. II 1997, 678; FG München, Urteil vom 29. Juli 2013 – 7 K 190/11, EFG 2013, 1852.
[389] Da die im Folgenden angeführten Entscheidungen bereits oben im Rahmen der (ausnahmsweisen) zivilrechtlichen Auslegung des Begriffs der „unmittelbaren Beteiligung" ausführlicher dargestellt wurden, beschränkt sich die folgende Darstellung auf die wesentlichen Aspekte dieser Entscheidungen. Hinsichtlich des Sachverhalts und der weiteren Entscheidungsgründe wird insoweit auf die Ausführungen unter § 2, D, I, 1 nach oben verwiesen.
[390] BFH, Urteil vom 4. Oktober 1990 – X R 148/88, BStBl. II 1992, 211.

Kapitel 2: Gleichstellung ohne spezialgesetzliche Grundlage

rechtlichen Grundsätzen folgende Auslegung wurde durch das Urteil des Bundesfinanzhofs vom 10. Juli 1996 nochmals ausdrücklich bestätigt.[391] Der Bundesfinanzhof lehnte es im Rahmen dieser beiden Entscheidungen damit – entgegen den steuerrechtlichen bzw. wirtschaftlichen Maßstäben der Zurechnungsregelung des § 39 Abs. 2 Nr. 2 AO – ausdrücklich ab, die mittelbare Beteiligung der Personengesellschafter der vermögensverwaltenden Personengesellschaft an den Grundstücken, die im zivilrechtlichen Eigentum der vermögensverwaltenden Personengesellschaft standen, mit der unmittelbaren Beteiligung an diesen Grundstücken gleichzustellen.[392]

2. Keine Bruchteilsbetrachtung für Zwecke des § 49 Abs. 1 Nr. 2 Buchst. f Satz 2 EStG

Diese zivilrechtlichen Grundsätze, die der Bundesfinanzhof im Rahmen der Auslegung des § 23 Abs. 1 Nr. 1 Buchst. a EStG a.F. anwandte, übertrug das Finanzgericht München mit rechtskräftiger Entscheidung vom 29. Juli 2013 auch auf die vergleichbare Regelung des § 49 Abs. 1 Nr. 2 Buchst. f) Satz 1 EStG in der im Streitjahr 2003 geltenden Fassung.[393] So verweigerte das Finanzgericht München auch für Zwecke des § 49 Abs. 1 Nr. 2 Buchst. f) Satz 1 EStG a.F. den Durchgriff durch eine vermögensverwaltende Personengesellschaft auf die von ihr gehaltenen Wirtschaftsgüter. Das Gericht betonte diesbezüglich erneut, dass die Veräußerung eines Anteils an einer Personengesellschaft, in deren Gesamthandsvermögen sich ein im Inland belegenes Grundstück befände, nicht mit der Veräußerung dieses Grundstücks gleichgestellt werden könne.[394] Damit reichte auch für Zwecke des § 49 Abs. 1 Nr. 2 Buchst. f) Satz 1 EStG a.F. eine Beteiligung an einem Grundstück, die über eine vermögensverwaltende Personengesellschaft gehalten bzw. vermittelt wurde, nicht aus, um den Tatbestand dieser ertragsteuerrechtlichen Vorschrift erfüllen zu können.[395]

3. Keine Bruchteilsbetrachtung für Zwecke der verdeckten Gewinnausschüttung

Der Bundesfinanzhof entschied mit Entscheidung vom 21. Oktober 2014, dass eine verdeckte Gewinnausschüttung einer Kapitalgesellschaft an eine natürliche Person, die an dieser Kapitalgesellschaft nur über eine vermögensverwaltende

---

[391] BFH, Urteil vom 10. Juli 1996 – X R 103/95, BStBl. II 1997, 678.
[392] Siehe hierzu bereits die Ausführungen unter § 2 D I 1 a) und b) oben.
[393] FG München, Urteil vom 29. Juli 2013 – 7 K 190/11, EFG 2013, 1852.
[394] FG München, Urteil vom 29. Juli 2013 – 7 K 190/11, EFG 2013, 1852 (1853).
[395] Siehe hierzu bereits die Ausführungen unter § 2 D I 1 c) oben.

§ 4 Ausgangspunkt: Restriktiver Lösungsansatz der Rechtsprechung

Personengesellschaft beteiligt war, grundsätzlich nicht in Betracht komme.[396] Die natürliche Person sei nach Ansicht des Bundesfinanzhofs nicht als zivilrechtliche Gesellschafterin der Kapitalgesellschaft für Zwecke der Prüfung der verdeckten Gewinnausschüttung zu behandeln. Denn Gesellschafterin der Kapitalgesellschaft für Zwecke der Prüfung einer verdeckten Gewinnausschüttung sei allein die vermögensverwaltende Personengesellschaft als deren zivilrechtliche Gesellschafterin.[397] Die Bruchteilsbetrachtung nach Maßgabe der Zurechnungsregelung des § 39 Abs. 2 Nr. 2 AO könne nach Auffassung des Gerichts dagegen nicht dazu führen, dass die natürliche Person als Gesellschafterin der Kapitalgesellschaft einzustufen sei.[398] Der Bundesfinanzhof lehnte es daher erneut ab, die Beteiligung über eine vermögensverwaltende Personengesellschaft an den Wirtschaftsgütern dieser vermögensverwaltenden Personengesellschaft der unmittelbaren Beteiligung an diesen Wirtschaftsgütern gleichzustellen.[399]

III. Unbeachtlichkeit der mittelbaren Beteiligungen im Rahmen des § 10a GewStG

Die Rechtsprechung entschied auch für Zwecke der ertragsteuerrechtlichen Vorschrift des § 10a GewStG, dass eine Gleichstellung der mittelbaren mit der unmittelbaren Beteiligung nicht in Betracht komme.

1. Weiterhin bestehende mittelbare Beteiligung kann Verlustabzugsmöglichkeit nicht „retten"

Nach dem Beschluss des Bundesfinanzhofs vom 24. Juni 1981 gehe die für einen Verlustabzug nach § 10a GewStG erforderliche Unternehmeridentität einer gewerbesteuerliche Verluste tragenden Personenhandelsgesellschaft auch dann verloren, wenn eine zuvor als zivilrechtliche Gesellschafterin beteiligte natürliche Person im Folgenden weiterhin mittelbar über eine andere Personengesellschaft an der relevanten verlusttragenden Personenhandelsgesellschaft beteiligt bleibe.[400] Damit konnte eine weiterhin bestehende mittelbare Beteiligung an der verlusttragenden Personenhandelsgesellschaft – im Gegensatz zu einer unmittelbaren Beteiligung – deren Verlustabzugsmöglichkeit nach Maßgabe des § 10a GewStG nicht „retten".

Im Streitfall waren an einer gewerbesteuerliche Verluste tragenden KG zunächst drei natürliche Personen beteiligt. Zwei natürliche Personen schieden aus

---

[396] BFH, Urteil vom 21. Oktober 2014 – VIII R 22/11, BStBl. II 2015, 687.
[397] BFH, Urteil vom 21. Oktober 2014 – VIII R 22/11, BStBl. II 2015, 687 (689).
[398] BFH, Urteil vom 21. Oktober 2014 – VIII R 22/11, BStBl. II 2015, 687 (689 f.).
[399] Siehe hierzu bereits die Ausführungen unter § 2 D I 1 d) oben.
[400] BFH, Urteil vom 24. Juni 1981 – I S 3/81, BStBl. II 1981, 748.

Kapitel 2: Gleichstellung ohne spezialgesetzliche Grundlage

der verlusttragenden KG aus, während die dritte natürliche Person ihren Gesellschaftsanteil an der verlusttragenden KG unter Umwandlung in eine Kommanditeinlage gegen Gewährung von Gesellschaftsrechten auf eine andere KG übertrug. Es stellte sich die Frage der Möglichkeit des Verlustabzugs der verlusttragenden KG nach Maßgabe des § 10a GewStG, wobei insoweit insbesondere die dafür erforderliche Unternehmeridentität streitig war.[401]

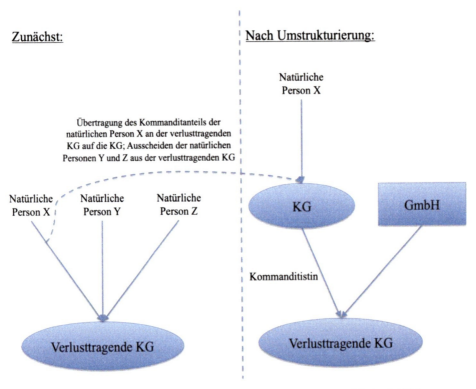

Abb. 6: Strukturbild zur Entscheidung des Bundesfinanzhofs vom 24. Juni 1981

Der Bundesfinanzhof lehnte die Voraussetzungen der Unternehmeridentität und damit die Möglichkeit des Verlustabzugs der gewerbesteuerliche Verluste tragenden KG nach Maßgabe des § 10a GewStG mit der Begründung ab, dass die natürliche Person infolge der mittelbaren Beteiligung nicht mehr als zivilrechtliche Gesellschafterin der verlusttragenden KG anzusehen sei und daher auch nicht mehr als deren Mitunternehmerin gelte. Dem stehe die grundsätzliche Identität

---

[401] BFH, Urteil vom 24. Juni 1981 – I S 3/81, BStBl. II 1981, 748.

§ 4 Ausgangspunkt: Restriktiver Lösungsansatz der Rechtsprechung

von Gesellschafter und Mitunternehmer entgegen.[402] Die mittelbare Beteiligung der natürlichen Person konnte daher – anders als eine unmittelbare Beteiligung – die Verlustabzugsmöglichkeit gemäß § 10a GewStG nicht aufrechterhalten bzw. „retten". Diese restriktive Auslegung zur Gleichstellung der mittelbaren mit der unmittelbaren Beteiligung für Zwecke des § 10a GewStG wurde durch Urteil des Bundesfinanzhofs vom 26. Juni 1996[403] sowie durch weitere Entscheidungen des Bundesfinanzhofs vom 31. August 1999[404], vom 6. September 2000[405], vom 22. Januar 2009[406] und vom 11. Oktober 2012[407] wiederholt bestätigt.

2. Gesellschafterwechsel auf mittelbarer Beteiligungsebene nicht schädlich

Dass mittelbare den unmittelbaren Beteiligungen für Zwecke des § 10a GewStG nach Ansicht des Bundesfinanzhofs nicht gleichzustellen seien, brachte der Bundesfinanzhof auch durch Urteil vom 13. November 1984 zum Ausdruck.[408] Diese Entscheidung betraf den Verlustabzug einer gewerbesteuerliche Verluste tragenden Partenreederei, an welcher zwei Personenhandelsgesellschaften beteiligt waren, auf deren Ebene (also auf der mittelbaren Beteiligungsebene) Gesellschafterwechsel stattfanden. Es stellte sich die Frage des Verlustabzugs auf Ebene der verlusttragenden Partenreederei nach Maßgabe des § 10a GewStG, wobei insoweit wiederum die dafür erforderliche Unternehmeridentität streitig war.[409]

Die Voraussetzungen des Verlustabzugs gemäß § 10a GewStG wurden vom Bundesfinanzhof auf Ebene der gewerbesteuerliche Verluste tragenden Partenreederei als erfüllt angesehen, so dass der begehrte Verlustabzug gemäß § 10a GewStG auf dieser Ebene möglich war. Unternehmer für Zwecke der Verlustabzugsregelung des § 10a GewStG in Bezug auf die Partenreederei seien nach Ansicht des Bundesfinanzhofs allein die beiden unmittelbar zivilrechtlich beteiligten Personengesellschaften, jedoch nicht deren Gesellschafter (d.h. die lediglich mittelbar an der Partenreederei Beteiligten).[410] Mit anderen Worten: Der mittelbare Gesellschafterwechsel an einer Personenhandelsgesellschaft ist – anders als der unmittelbare Gesellschafterwechsel – für Zwecke der Unternehmeridentität

---

[402] BFH, Urteil vom 24. Juni 1981 – I S 3/81, BStBl. II 1981, 748 (749).
[403] BFH, Urteil vom 26. Juni 1996 – VIII R 41/95, BStBl. II 1997, 179.
[404] BFH, Beschluss vom 31. August 1999 – VIII B 74/99, BStBl. II 1999, 794.
[405] BFH, Urteil vom 6. September 2000 – IV R 69/99, BStBl. II 2001, 731.
[406] BFH, Urteil vom 22. Januar 2009 – IV R 90/05, BFHE 224, 364.
[407] BFH, Urteil vom 11. Oktober 2012 – IV R 3/09, BStBl. II 2013, 176.
[408] BFH, Urteil vom 13. November 1984 – VIII R 312/82, BStBl. II 1985, 334.
[409] BFH, Urteil vom 13. November 1984 – VIII R 312/82, BStBl. II 1985, 334 f.
[410] BFH, Urteil vom 13. November 1984 – VIII R 312/82, BStBl. II 1985, 334 (335).

Kapitel 2: Gleichstellung ohne spezialgesetzliche Grundlage

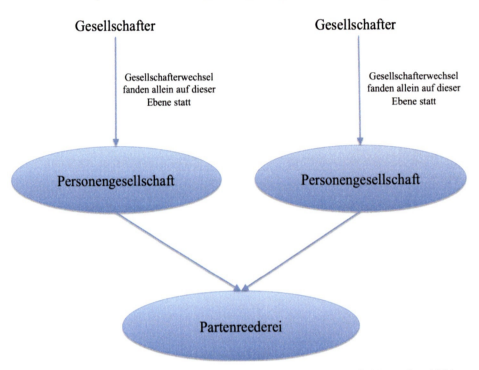

Abb. 7: Strukturbild zur Entscheidung des Bundesfinanzhofs vom 13. November 1984

im Sinne des § 10a GewStG nicht relevant und damit grundsätzlich auch nicht schädlich ist.

IV. Keine Durchschau für Zwecke von Sonderbetriebsvermögen und von Sonderbetriebseinnahmen

Der Bundesfinanzhof hatte – vor Einführung des § 15 Abs. 1 Satz 1 Nr. 2 Satz 2 EStG[411] – für Zwecke der Qualifikation von Sonderbetriebsvermögen bzw. Sonderbetriebseinnahmen gemäß § 15 Abs. 1 Satz 1 Nr. 2 EStG a.F. einen Durchgriff durch eine vermittelnde Ober-Personengesellschaft auf die dahinter stehenden natürlichen Personen als mittelbar Beteiligte einer Unter-Personengesellschaft in zwei Konstellationen abgelehnt. Damit lehnte es der Bundesfinanzhof auch für

---

[411] Danach steht nunmehr ausdrücklich der mittelbar über eine oder mehrere Personengesellschaften beteiligte Gesellschafter dem unmittelbar beteiligten Gesellschafter gleich; er ist als Mitunternehmer des Betriebs der Gesellschaft anzusehen, an der er mittelbar beteiligt ist, wenn er und die Personengesellschaften, die seine Beteiligung vermitteln, jeweils als Mitunternehmer der Betriebe der Personengesellschaften anzusehen sind, an denen sie unmittelbar beteiligt sind.

§ 4 Ausgangspunkt: Restriktiver Lösungsansatz der Rechtsprechung

Zwecke dieser ertragsteuerrechtlichen Vorschrift ab, die mittelbare der unmittelbaren Beteiligung gleichzustellen.

1. Kein Sonderbetriebsvermögen in Bezug auf Wirtschaftsgüter eines lediglich mittelbar Beteiligten

Zunächst entschied der Bundesfinanzhof mit Entscheidung vom 12. November 1985, dass nur solche Wirtschaftsgüter zum Sonderbetriebsvermögen einer Personengesellschaft gehören könnten, welche im Eigentum eines ihrer zivilrechtlichen Gesellschafter stehen würden und dies nicht zugleich auch für Wirtschaftsgüter eines lediglich mittelbar beteiligten Gesellschafters gelten könne.[412] Diese Entscheidung betraf eine KG (Unter-Personengesellschaft), an der eine andere KG (Ober-Personengesellschaft) als Kommanditistin und eine GmbH als Komplementärin beteiligt waren. An der Ober-Personengesellschaft war unter anderem eine natürliche Person beteiligt, die zugleich auch die Geschäftsanteile an der Komplementär-GmbH hielt. Es stellte sich die Frage, ob diese natürliche Person hierdurch sog. Sonderbetriebsvermögen II bei der Unter-Personengesellschaft, an der sie nur mittelbar über die Ober-Personengesellschaft beteiligt war, begründen konnte.[413]

Der Bundesfinanzhof lehnte das Vorliegen von Sonderbetriebsvermögen II der natürlichen Person bei der Unter-Personengesellschaft ab. Zwar könnten zum Sonderbetriebsvermögen II einer Personengesellschaft grundsätzlich auch die Geschäftsanteile eines Kommanditisten einer GmbH & Co. KG (wie der Unter-Personengesellschaft) an der entsprechenden Komplementär-GmbH gehören. Allerdings könnten nur solche Wirtschaftsgüter zum Sonderbetriebsvermögen II einer Personengesellschaft gehören, welche im Eigentum eines ihrer zivilrechtlichen Gesellschafter stehen würden.[414] Dies traf auf den vorliegenden Fall jedoch nicht zu, da die Geschäftsanteile an der Komplementär-GmbH zivilrechtlich der natürlichen Person gehörten und diese nicht als zivilrechtliche Gesellschafterin an der Unter-Personengesellschaft, sondern an dieser nur mittelbar über die Ober-Personengesellschaft beteiligt war. Der Bundesfinanzhof lehnte es somit im Ergebnis ab, den mittelbar beteiligten Gesellschafter einer Unter-Personengesellschaft für Zwecke der Begründung von Sonderbetriebsvermögen II bei dieser Unter-Personengesellschaft einem unmittelbar beteiligten Gesellschafter der relevanten Unter-Personengesellschaft gleichzustellen.

---

[412] BFH, Urteil vom 12. November 1985 – VIII R 286/81, BStBl. II 1986, 55.
[413] BFH, Urteil vom 12. November 1985 – VIII R 286/81, BStBl. II 1986, 55 ff.
[414] BFH, Urteil vom 12. November 1985 – VIII R 286/81, BStBl. II 1986, 55 (57 f.).

Kapitel 2: Gleichstellung ohne spezialgesetzliche Grundlage

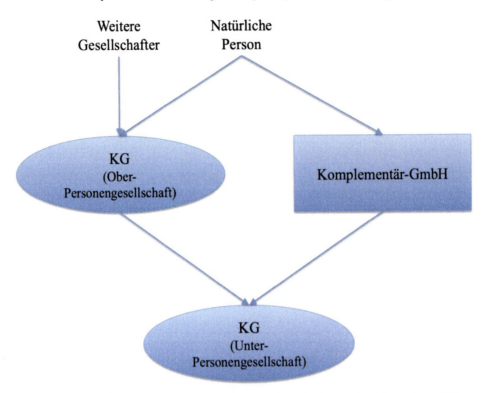

Abb. 8: Strukturbild zur Entscheidung des Bundesfinanzhofs vom 12. November 1985

2. Keine Sondervergütungen bei Zahlungen an einen lediglich mittelbar Beteiligten

Der Große Senat des Bundesfinanzhofs lehnte mit Entscheidung vom 25. Februar 1991 – entgegen dem Vorlagebeschluss des IV. Senats des Bundesfinanzhofs vom 12. Oktober 1989[415] – einen Durchgriff durch eine vermittelnde Ober-Personengesellschaft auch für Zwecke der Hinzurechnung von Tätigkeitsvergütungen an einen nur mittelbar beteiligten Gesellschafter einer Unter-Personengesellschaft ab.[416]

Dabei war an einer KG (Unter-Personengesellschaft) unter anderem eine andere KG (Ober-Personengesellschaft) beteiligt, an welcher wiederum unter anderem eine natürliche Person beteiligt war. Die Unter-Personengesellschaft und die natürliche Person (als mittelbar Beteiligte der Unter-Personengesellschaft) schlossen einen Arbeitsvertrag ab, auf dessen Grundlage Gehaltszahlungen und Sozial-

---

[415] BFH, Vorlagebeschluss vom 12. Oktober 1989 – IV R 5/86, BStBl. II 1990, 168.
[416] BFH, Großer Senat, Beschluss vom 25. Februar 1991 – GrS 7/89, BStBl. II 1991, 691.

§ 4 Ausgangspunkt: Restriktiver Lösungsansatz der Rechtsprechung

versicherungsbeiträge zu Gunsten der natürlichen Person seitens der Unter-Personengesellschaft gezahlt wurden. Es stellte sich die Frage, ob diese Zahlungen dem Gewinn der Unter-Personengesellschaft nach Maßgabe des § 15 Abs. 1 Nr. 2 EStG in der in den Streitjahren 1977, 1978 geltenden Fassung hinzuzurechnen waren oder bei dieser als sofort abzugsfähige Betriebsausgaben angesetzt werden durften.[417]

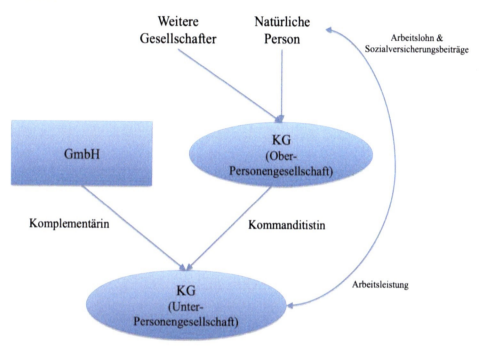

Abb. 9: Strukturbild zur Entscheidung des Großen Senats des Bundesfinanzhofs vom 25. Februar 1991

Der Große Senat des Bundesfinanzhofs lehnte es im Ergebnis ab, diese Zahlungen gemäß 15 Abs. 1 Nr. 2 EStG a.F. zum Gewinn der Unter-Personengesellschaft hinzuzurechnen. Begründet wurde dies damit, dass § 15 Abs. 1 Nr. 2 EStG a.F. auf Vergütungen dann nicht anzuwenden sei, wenn der Vergütungsempfänger bei der die Vergütung zahlenden Personengesellschaft nicht unmittelbar als Gesellschafter, sondern lediglich mittelbar über eine andere Personengesellschaft beteiligt sei. Die Vorschrift des § 15 Abs. 1 Nr. 2 EStG a.F. setze vielmehr stets eine unmittelbare Beteiligung voraus.[418] Der Bundesfinanzhof verwies darauf, dass

---

[417] BFH, Großer Senat, Beschluss vom 25. Februar 1991 – GrS 7/89, BStBl. II 1991, 691 ff.
[418] BFH, Großer Senat, Beschluss vom 25. Februar 1991 – GrS 7/89, BStBl. II 1991, 691 (703).

Kapitel 2: Gleichstellung ohne spezialgesetzliche Grundlage

diese Auslegung dem Grundsatz des Bundesfinanzhofs entsprechen würde, wonach mittelbare Beteiligungen unmittelbaren gerade nicht gleichzusetzen seien. Es bedürfe für eine solche Gleichstellung der mittelbaren mit der unmittelbaren Beteiligung vielmehr einer gesetzlichen Vorschrift, die diese Gleichstellung ausdrücklich anordne. Eine Ausnahme von diesem Grundsatz könne nur dann gelten, wenn sich die Gleichstellung eindeutig aus dem Sinn und Zweck der gesetzlichen Vorschrift ergeben würde. Eine solche Ausnahme sei für den Fall des § 15 Abs. 1 Nr. 2 EStG a.F. jedoch nicht anzunehmen.[419] Damit waren die von der Unter-Personengesellschaft an die natürliche Person gezahlten Vergütungen – mangels unmittelbarer Beteiligung – nicht dem Gewinn der Unter-Personengesellschaft gemäß § 15 Abs. 1 Nr. 2 EStG a.F. hinzuzurechnen, sondern konnten von dieser als sofort abzugsfähige Betriebsausgaben angesetzt werden.[420]

V. Unbeachtlichkeit von mittelbaren Anteilsübertragungen für Zwecke des § 8 Abs. 4 KStG a.F.

Der Bundesfinanzhof entschied mit Urteil vom 20. August 2003, dass Anteilsübertragungen auf einer mittelbaren Beteiligungsebene – anders als Anteilsübertragungen auf der unmittelbaren Beteiligungsebene – nicht dem Anwendungsbereich des § 8 Abs. 4 KStG in der im Streitjahr 1991 geltenden Fassung unterfallen würden.[421]

Dabei war an einer verlusttragenden GmbH zu 100 % eine andere Kapitalgesellschaft beteiligt. Alleinige Gesellschafterin dieser anderen Kapitalgesellschaft war wiederum eine weitere Kapitalgesellschaft, deren Anteile vollständig von einer AG gehalten wurden. Die AG übertrug ihre Anteile an der weiteren Kapitalgesellschaft auf ein Ehepaar. Es stellte sich die Frage des Verlustabzugs bei der Körperschaftsteuer nach Maßgabe des § 8 Abs. 4 KStG a.F. auf Ebene der verlusttragenden GmbH (aufgrund des mittelbaren Gesellschafterwechsels durch die Übertragung der Anteile an der weiteren Kapitalgesellschaft durch die AG auf das Ehepaar).[422]

Der Bundesfinanzhof bejahte im Ergebnis die Möglichkeit des Verlustabzugs auf Ebene der verlusttragenden GmbH, so dass der Gesellschafterwechsel auf der mittelbaren Beteiligungsebene vom Gericht nicht als schädlicher Beteiligungser-

---

[419] BFH, Großer Senat, Beschluss vom 25. Februar 1991 – GrS 7/89, BStBl. II 1991, 691 (700).
[420] Diese Entscheidung des Großen Senats des Bundesfinanzhof wurde vom vorlegenden IV. Senat des Bundesfinanzhofs mit Urteil vom 7. November 1991 umgesetzt: BFH, Urteil vom 7. November 1991 – IV R 5/86, BFH/NV 1992, 299.
[421] BFH, Urteil vom 20. August 2003 – I R 61/01, BStBl. II 2004, 616.
[422] BFH, Urteil vom 20. August 2003 – I R 61/01, BStBl. II 2004, 616 f.

§ 4 Ausgangspunkt: Restriktiver Lösungsansatz der Rechtsprechung

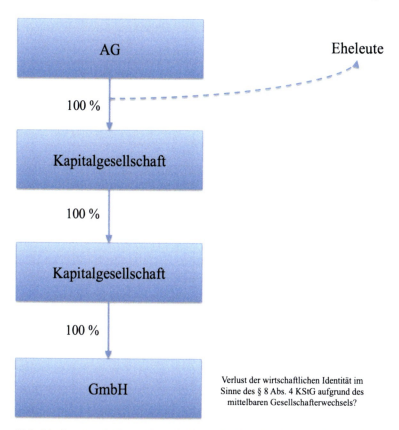

Abb. 10: Strukturbild zur Entscheidung des Bundesfinanzhofs vom 20. August 2003

werb im Sinne des § 8 Abs. 4 KStG a.F. eingestuft wurde. Der Bundesfinanzhof ging nämlich davon aus, dass Anteilsübertragungen auf einer mittelbaren Beteiligungsebene – anders als Anteilsübertragungen auf der unmittelbaren Beteiligungsebene – nicht dem Anwendungsbereich des § 8 Abs. 4 KStG a.F. unterfallen würden.[423] Nach dieser ertragsteuerrechtlichen Vorschrift war Voraussetzung für den Verlustabzug bei einer Körperschaft, dass die entsprechende Körperschaft nicht nur rechtlich, sondern auch wirtschaftlich mit der Körperschaft identisch war, die den Verlust erlitten hatte. Die Regelung des § 8 Abs. 4 Satz 2 KStG a.F. enthielt dabei Regelbeispiele, wann eine wirtschaftliche Identität nicht mehr gegeben war. Danach fehlte einer Körperschaft die wirtschaftliche Identität, wenn bezogen auf das bei ihr gezeichnete Kapital mehr als drei Viertel der Geschäftsanteile übertragen, überwiegend neues Betriebsvermögen zugeführt und der Ge-

---
[423] BFH, Urteil vom 20. August 2003 – I R 61/01, BStBl. II 2004, 616 (618).

schäftsbetrieb mit diesem neuen Betriebsvermögen wieder aufgenommen wurde.[424]

Mittelbare Anteilsübertragungen unterfielen nach Ansicht des Bundesfinanzhofs – anders als Anteilsübertragungen auf der unmittelbaren Beteiligungsebene – weder dem Regelbeispiel des § 8 Abs. 4 Satz 2 KStG a.F. noch seien sie mit diesem wirtschaftlich vergleichbar und würden damit auch nicht unter § 8 Abs. 4 Satz 1 KStG a.F. fallen.[425] Dem Wortlaut des § 8 Abs. 4 Satz 2 KStG a.F. lasse sich nämlich nicht entnehmen, dass auch mittelbare Anteilsübertragungen umfasst seien. Die Gleichstellung einer mittelbaren mit einer unmittelbaren Beteiligung bedürfe aber einer ausdrücklichen gesetzlichen Einbeziehung. Zwar könne hiervon in Einzelfällen abgesehen werden, wenn sich die Gleichstellung aus dem Sinn und Zweck einer Norm eindeutig ergeben würde. Dies könne für den vorliegenden Fall aber gerade nicht angenommen werden.[426] Der Bundesfinanzhof lehnte es damit ab, die mittelbare der unmittelbaren Beteiligung für Zwecke des § 8 Abs. 4 KStG a.F. gleichzustellen, so dass der mittelbare Beteiligungserwerb – anders als ein unmittelbarer Beteiligungserwerb – auf Ebene der verlusttragenden GmbH nicht geeignet war, den Verlust der wirtschaftlichen Identität nach Maßgabe des § 8 Abs. 4 KStG a.F. herbeizuführen. Die verlusttragenden GmbH war daher zum Verlustausgleich berechtigt.[427]

D. Zwischenergebnis

Die Rechtsprechung vertritt damit für Zwecke des Ertragsteuerrechts in „ungeregelten" Fällen der Gleichstellung der mittelbaren mit der unmittelbaren Beteiligung im Ausgangspunkt einen restriktiven Lösungsansatz zur Gleichstellung der mittelbaren mit der unmittelbaren Beteiligung. Denn die Judikative verlangt grundsätzlich eine spezialgesetzliche Grundlage und damit eine spezialgesetzliche Gleichstellungsnorm, um eine Gleichstellung der mittelbaren mit der unmittelbaren Beteiligung für Zwecke des Ertragsteuerrechts annehmen zu können.[428]

---

[424] Wortlaut des § 8 Abs. 4 Sätze 1 und 2 KStG in der im Streitjahr 1991 geltenden Fassung: *„Voraussetzung für den Verlustabzug nach § 10d des Einkommensteuergesetzes ist bei einer Körperschaft, daß sie nicht nur rechtlich, sondern auch wirtschaftlich mit der Körperschaft identisch ist, die den Verlust erlitten hat. Wirtschaftliche Identität liegt insbesondere dann nicht vor, wenn mehr als drei Viertel der Anteile an einer Kapitalgesellschaft übertragen werden und die Gesellschaft danach ihren Geschäftsbetrieb mit überwiegend neuem Betriebsvermögen wieder aufnimmt."*.
[425] BFH, Urteil vom 20. August 2003 – I R 61/01, BStBl. II 2004, 616 (618).
[426] BFH, Urteil vom 20. August 2003 – I R 61/01, BStBl. II 2004, 616 (618).
[427] BFH, Urteil vom 20. August 2003 – I R 61/01, BStBl. II 2004, 616 (618).
[428] BFH, Urteil vom 11. Oktober 1966 – I 85/64, BStBl. III 1967, 32; BFH, Vorlagebeschluss

Dieser restriktive Lösungsansatz der Rechtsprechung zur Gleichstellung der mittelbaren mit der unmittelbaren Beteiligung im Ertragsteuerrecht wird durch mehrere Konstellationen belegt, in denen die Rechtsprechung eine Gleichstellung der mittelbaren mit der unmittelbaren Beteiligung für Zwecke des Ertragsteuerrechts mangels spezialgesetzlicher Grundlage ausdrücklich ablehnte.

§ 5 Rechtsprechungspraxis: Tatsächlich oftmals extensive Auslegung

A. Extensive Auslegung durch die Rechtsprechung

Im Rahmen der ertragsteuerrechtlichen Rechtsprechungspraxis finden sich jedoch auch eine Vielzahl von Entscheidungen, in denen die Rechtsprechung den oben beschriebenen restriktiven Lösungsansatz zur Gleichstellung der mittelbaren mit der unmittelbaren Beteiligung im Ertragsteuerrecht nicht anwandte, sondern stattdessen auf Basis einer extensiven Auslegung eine Gleichstellung der mittelbaren mit der unmittelbaren Beteiligung in „ungeregelten" Fällen der Gleichstellung auch ohne spezialgesetzliche Grundlage annahm. Der beschriebene restriktive Lösungsansatz der Rechtsprechung zur Gleichstellung der mittelbaren mit der unmittelbaren Beteiligung im Ertragsteuerrecht wird damit im Rahmen der tatsächlichen Rechtsprechungspraxis keineswegs stringent „gelebt". Die Rechtsprechung macht in einer Reihe von Sachverhaltskonstellationen stattdessen Gebrauch von der Ausnahme zum restriktiven Lösungsansatz zur Gleichstellung der mittelbaren mit der unmittelbaren Beteiligung. Nach dieser Ausnahme bedarf es einer spezialgesetzlichen Gleichstellung der mittelbaren mit der unmittelbaren Beteiligung nämlich dann nicht, wenn sich die Gleichstellung der mittelbaren mit der unmittelbaren Beteiligung aus dem Sinn und Zweck der relevanten ertragsteuerrechtlichen Vorschrift eindeutig und klar ergebe.[429]

Diese oftmals extensive Auslegung durch die Rechtsprechung in „ungeregelten" Fällen der Gleichstellung im Ertragsteuerrecht erscheint ausgehend von

---

vom 12. Oktober 1989 – IV R 5/86, BStBl. II 1990, 168 (172); BFH, Großer Senat, Beschluss vom 25. Februar 1991 – GrS 7/89, BStBl. II 1991, 691 (700); BFH, Urteil vom 15. Dezember 1998 – VIII R 77/93, BStBl. II 1999, 168 (170); BFH, Urteil vom 20. August 2003 – I R 61/01, BStBl. II 2004, 614 (615 f.); BFH, Urteil vom 20. Oktober 2016 – VIII R 27/15, BStBl. II 2017, 441 (442).

[429] BFH, Urteil vom 11. Oktober 1966 – I 85/64, BStBl. III 1967, 32; BFH, Vorlagebeschluss vom 12. Oktober 1989 – IV R 5/86, BStBl. II 1990, 168 (172); BFH, Großer Senat, Beschluss vom 25. Februar 1991 – GrS 7/89, BStBl. II 1991, 691 (700); BFH, Urteil vom 15. Dezember 1998 – VIII R 77/93, BStBl. II 1999, 168 (170); BFH, Urteil vom 20. August 2003 – I R 61/01, BStBl. II 2004, 614 (616); BFH, Urteil vom 20. Oktober 2016 – VIII R 27/15, BStBl. II 2017, 441 (442).

Kapitel 2: Gleichstellung ohne spezialgesetzliche Grundlage

dem beschriebenen restriktiven Lösungsansatz der Rechtsprechung, wonach die Gleichstellung der mittelbaren mit der unmittelbaren Beteiligung im Ertragsteuerrecht regelmäßig einer spezialgesetzlichen Rechtsgrundlage bzw. Gleichstellungsnorm bedürfe, überraschend. Eine klare – weil restriktive – Linie der Rechtsprechung ist daher im Bereich der „ungeregelten" Fälle der Gleichstellung der mittelbaren mit der unmittelbaren Beteiligung im Ertragsteuerrecht keineswegs erkennbar. Für den Steuerpflichtigen hat diese oftmals extensive Auslegung durch die Rechtsprechung in den „ungeregelten" Fällen der Gleichstellung im Ertragsteuerrecht mithin zur Folge, dass sich dieser nicht auf den restriktiven Lösungsansatz der Rechtsprechung zur Gleichstellung der mittelbaren mit der unmittelbaren Beteiligung in „ungeregelten" Fällen des Ertragsteuerrechts verlassen bzw. (vorbehaltlos) berufen kann. Für den Steuerpflichtigen ist es vielmehr nahezu nicht vorhersehbar, ob die Rechtsprechung in einem solchen Fall eine Gleichstellung der mittelbaren mit der unmittelbaren Beteiligung auf Basis ihres eigentlich restriktiven Lösungsansatzes ablehnt oder qua extensiver Auslegung im Ergebnis letztlich doch annimmt.

Im Folgenden werden einige von der Rechtsprechung entschiedene Sachverhaltskonstellationen exemplarisch dargestellt, in denen diese eine Gleichstellung der mittelbaren mit der unmittelbaren Beteiligung für Zwecke des Ertragsteuerrechts auch ohne spezialgesetzliche Grundlage annahm und damit eine extensive Auslegung vertrat.[430]

I. Durchschau durch ausschließlich aus natürlichen Personen bestehende Personengesellschaft

Der Bundesfinanzhof entschied mit Entscheidung vom 2. November 1960, dass eine mittelbare Beteiligung von natürlichen Personen, die über eine ausschließlich aus natürlichen Personen bestehende Personengesellschaft an einer Kapitalgesellschaft beteiligt waren, ausreichend sei, um die Voraussetzungen des ermäßigten Steuersatzes für sog. personenbezogene Kapitalgesellschaften gemäß § 19 Abs. 1 Ziffer 2 KStG in der im Streitjahr 1958 geltenden Fassung auf Ebene der Kapitalgesellschaft erfüllen zu können.[431] Diese Entscheidung betraf somit eine Kapitalgesellschaft, an der eine Personengesellschaft unmittelbar beteiligt war, an der

---

[430] Die im Folgenden dargestellten Sachverhaltskonstellationen werden dabei vereinfacht und auf die für die Thematik der Gleichstellung der mittelbaren mit der unmittelbaren Beteiligung wesentlichen Aspekte beschränkt dargestellt. Im Übrigen wird auf die in Anhang 2 erstellte Rechtsprechungsübersicht zur Gleichstellung der mittelbaren mit der unmittelbaren Beteiligung ohne spezialgesetzliche Grundlage verwiesen.

[431] BFH, Urteil vom 2. November 1960 – I 173/60 S, BStBl. III 1961, 9.

ihrerseits ausschließlich natürliche Personen beteiligt waren. Es stellte sich die Frage, ob hierdurch die Voraussetzungen des besonderen ermäßigten Steuersatzes für sog. personenbezogene Kapitalgesellschaften gemäß § 19 Abs. 1 Ziffer 2 KStG a.F. auf Ebene der Kapitalgesellschaft erfüllt werden konnten, da natürliche Personen an ihr nicht unmittelbar, sondern mittelbar über eine Personengesellschaft beteiligt waren.[432]

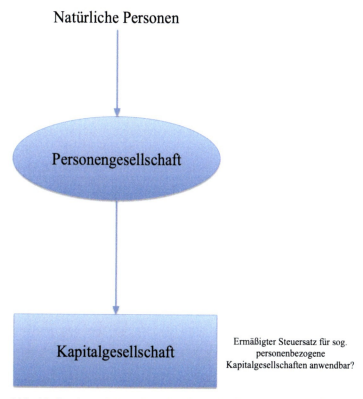

Abb. 11: Strukturbild zur Entscheidung des Bundesfinanzhofs vom 2. November 1960

Nach Auffassung des Bundesfinanzhofs reichte diese mittelbare Beteiligung der natürlichen Personen aus, um die Voraussetzungen des ermäßigten Steuersatz gemäß § 19 Abs. 1 Ziffer 2 KStG a.F. auf Ebene der Kapitalgesellschaft erfüllen zu können. Begründet wurde dies im Wesentlichen damit, dass Personengesellschaften aufgrund ihrer steuerlichen Transparenz so besteuert würden, dass die einzelnen Personengesellschafter mit ihren Einkünften aus der Personengesellschaft zur Steuer herangezogen würden. Würde die Personengesellschaft ausschließlich aus

---
[432] BFH, Urteil vom 2. November 1960 – I 173/60 S, BStBl. III 1961, 9.

natürlichen Personen bestehen, so sei nach Auffassung des Gerichts daher davon auszugehen, dass die Voraussetzungen des § 19 Abs. 1 Ziffer 2 KStG a.f. erfüllt seien.[433] Im Ergebnis reichte daher neben einer unmittelbaren Beteiligung auch eine mittelbare Beteiligung von natürlichen Personen, die über eine ausschließlich aus natürlichen Personen bestehende Personengesellschaft an einer Kapitalgesellschaft beteiligt waren, aus, um die Voraussetzungen des § 19 Abs. 1 Ziffer 2 KStG a.f. erfüllen zu können.

II. Bruchteilsbetrachtung im Rahmen des § 17 Abs. 1 Satz 1 EStG

Der Bundesfinanzhof entschied im Rahmen mehrerer Sachverhaltskonstellationen, dass für Zwecke des § 17 Abs. 1 Satz 1 EStG die Bruchteilsbetrachtung nach Maßgabe der Zurechnungsregelung des § 39 Abs. 2 Nr. 2 AO anzuwenden sei, wenn eine Beteiligung an einer Kapitalgesellschaft durch den relevanten Steuerpflichtigen über eine vermögensverwaltende Personengesellschaft gehalten werde.[434] Dies bedeutet, dass sowohl die Veräußerung des Anteils an der vermögensverwaltenden Personengesellschaft, die die relevanten Anteile an der Kapitalgesellschaft zivilrechtlich hält, als auch die Übertragung der Anteile an der Kapitalgesellschaft durch diese vermögensverwaltende Personengesellschaft als anteilige „unmittelbare" Veräußerung der Anteile an der Kapitalgesellschaft durch die Gesellschafter der vermögensverwaltenden Personengesellschaft für Zwecke des § 17 Abs. 1 Satz 1 EStG zu werten sind.[435] Damit stellte der Bundesfinanzhof die mittelbar über eine vermögensverwaltende Personengesellschaft gehaltene Beteiligung an einer Kapitalgesellschaft der unmittelbar gehaltenen Beteiligung gleich bzw. fingierte eine solche zivilrechtlich mittelbar über eine vermögensverwaltende Personengesellschaft gehaltene Beteiligung für steuerliche Zwecke insoweit als eine unmittelbare Beteiligung.

1. Veräußerung einer Beteiligung an einer vermögensverwaltenden Personengesellschaft, die Kapitalgesellschaftsbeteiligung hält

Der Bundesfinanzhof entschied mit Urteil vom 13. Juli 1999, dass die Veräußerung einer Beteiligung an einer vermögensverwaltenden Personengesellschaft,

---

[433] BFH, Urteil vom 2. November 1960 – I 173/60 S, BStBl. III 1961, 9.
[434] BFH, Urteil vom 7. April 1976 – I R 75/73, BStBl. II 1976, 557; BFH, Urteil vom 13. Juli 1999 – VIII R 72/98, BStBl. II 1999, 820; BFH, Urteil vom 9. Mai 2000 – VIII R 41/99, BStBl. II 2000, 686.
[435] BFH, Urteil vom 7. April 1976 – I R 75/73, BStBl. II 1976, 557 (558); BFH, Urteil vom 13. Juli 1999 – VIII R 72/98, BStBl. II 1999, 820 (822); BFH, Urteil vom 9. Mai 2000 – VIII R 41/99, BStBl. II 2000, 686 (688); *Vogt*, in Blümich, EStG-Kommentar, § 17 EStG, Rn. 279; *Schmidt*, in Herrmann/Heuer/Raupauch, EStG/KStG-Kommentar, § 17 EStG, Rn. 88.

§ 5 Rechtsprechungspraxis: Tatsächlich oftmals extensive Auslegung

die Anteile an einer Kapitalgesellschaft hielt, dem entsprechenden Gesellschafter dieser vermögensverwaltenden Personengesellschaft für Zwecke des § 17 Abs. 1 Satz 1 EStG gemäß § 39 Abs. 2 Nr. 2 AO anteilig unmittelbar zuzurechnen sei.[436]

Im Streitfall waren zwei natürliche Personen an einer vermögensverwaltenden Personengesellschaft beteiligt, welche Anteile an einer Kapitalgesellschaft hielt. Eine der beteiligten natürlichen Personen veräußerte ihre Beteiligung an der vermögensverwaltenden Personengesellschaft. Es stellte sich dabei die Frage, ob die natürliche Personen einen Veräußerungsgewinn gemäß § 17 Abs. 1 EStG erzielte, obwohl diese natürliche Person zivilrechtlich lediglich ihre Beteiligung an der vermögensverwaltenden Personengesellschaft und nicht die Anteile an der Kapitalgesellschaft veräußerte.[437]

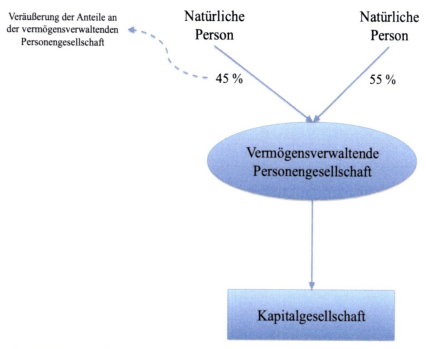

Abb. 12: Strukturbild zur Entscheidung des Bundesfinanzhofs vom 13. Juli 1999

Die Tatbestandsmäßigkeit dieser Veräußerung gemäß § 17 Abs. 1 EStG wurde vom Bundesfinanzhof bejaht. Nach Maßgabe des § 17 Abs. 1 Satz 1 EStG in der für das Streitjahr 1991 maßgebenden Fassung waren zu den Einkünften aus Kapitalvermögen auch Gewinne aus der Veräußerung von Anteilen an einer

---
[436] BFH, Urteil vom 13. Juli 1999 – VIII R 72/98, BStBl. II 1999, 820.
[437] BFH, Urteil vom 13. Juli 1999 – VIII R 72/98, BStBl. II 1999, 820 f.

Kapitalgesellschaft zu rechnen, wenn der Veräußerer innerhalb der letzten fünf Jahre am Kapital der Gesellschaft wesentlich beteiligt war und die innerhalb eines Veranlagungszeitraums veräußerten Anteile 1 % des Kapitals der Gesellschaft überstiegen.[438] Eine wesentliche Beteiligung war insoweit nach Maßgabe des § 17 Abs. 1 Satz 3 EStG a.F. dann gegeben, wenn der Veräußerer an der Gesellschaft zu mehr als einem Viertel unmittelbar oder mittelbar beteiligt war.[439]

Nach Auffassung des Bundesfinanzhofs seien Anteile an einer Kapitalgesellschaft, die von einer vermögensverwaltenden Personengesellschaft gehalten würden, den Gesellschaftern dieser Personengesellschaft für Zwecke des § 17 Abs. 1 EStG a.F. gemäß § 39 Abs. 2 Nr. 2 AO anteilig, d.h. so zuzurechnen, als ob sie an den Anteilsrechten zu Bruchteilen berechtigt wären. Nur diese Grundsätze über die anteilige Zurechnung der Wirtschaftsgüter des Gesamthandsvermögens würden sowohl nach der Systematik als auch nach der Zwecksetzung des § 17 EStG a.F. eine sachlich zutreffende Besteuerung sicherstellen.[440] Der erkennende Senat nahm damit eine anteilige unmittelbare Beteiligung des Personengesellschafters der vermögensverwaltenden Personengesellschaft an der relevanten Kapitalgesellschaft für Zwecke des § 17 Abs. 1 EStG a.F. an und stellte hierdurch die mittelbar über eine vermögensverwaltende Personengesellschaft gehaltene Beteiligung an einer Kapitalgesellschaft der unmittelbar gehaltenen Beteiligung gleich. Dies führte dazu, dass die Veräußerung des Anteils an der vermögensverwaltenden Personengesellschaft durch die natürliche Person als anteilige Veräußerung der Beteiligung an der Kapitalgesellschaft zu werten war und die natürliche Person den Veräußerungsgewinn gemäß § 17 Abs. 1 EStG a.F. zu versteuern hatte.[441]

2. Veräußerung einer Kapitalgesellschaftsbeteiligung durch die vermögensverwaltende Personengesellschaft

Der Bundesfinanzhof erkannte mit Urteil vom 7. April 1976 die Möglichkeit an, dass die Veräußerung einer Beteiligung einer vermögensverwaltenden Personengesellschaft an einer Kapitalgesellschaft durch die vermögensverwaltende Perso-

---

[438] Wortlaut des § 17 Abs. 1 Satz 1 EStG in der für das Streitjahr 1991 maßgebenden Fassung: „Zu den Einkünften aus Gewerbebetrieb gehört auch der Gewinn aus der Veräußerung von Anteilen an einer Kapitalgesellschaft, wenn der Veräußerer innerhalb der letzten fünf Jahre am Kapital der Gesellschaft wesentlich beteiligt war und die innerhalb eines Veranlagungszeitraums veräußerten Anteile 1 vom Hundert des Kapitals der Gesellschaft übersteigen.".
[439] Wortlaut des § 17 Abs. 1 Satz 3 EStG in der für das Streitjahr 1991 maßgebenden Fassung: „Eine wesentliche Beteiligung ist gegeben, wenn der Veräußerer an der Gesellschaft zu mehr als einem Viertel unmittelbar oder mittelbar beteiligt war.".
[440] BFH, Urteil vom 13. Juli 1999 – VIII R 72/98, BStBl. II 1999, 820 (821).
[441] BFH, Urteil vom 13. Juli 1999 – VIII R 72/98, BStBl. II 1999, 820 (821).

§ 5 Rechtsprechungspraxis: Tatsächlich oftmals extensive Auslegung

nengesellschaft den Gesellschaftern dieser vermögensverwaltenden Personengesellschaft für Zwecke des § 17 Abs. 1 EStG ebenfalls gemäß der Zurechnungsregelung des § 39 Abs. 2 Nr. 2 AO anteilig unmittelbar zuzurechnen sei.[442]

Dabei war unter anderem eine natürliche Person Gesellschafterin einer KG, welche bis 1953 ein Handelsgewerbe betrieb und eine Beteiligung an einer Kapitalgesellschaft hielt. Diese KG veräußerte im Folgenden ihr Betriebsvermögen an die Kapitalgesellschaft und erhielt dafür weitere Beteiligungsrechte an dieser Kapitalgesellschaft. Die KG galt seitdem als vermögensverwaltende Personengesellschaft und veräußerte später ihre Beteiligung an der Kapitalgesellschaft. Es stellte sich die Frage, ob die natürliche Person hierdurch einen Veräußerungsgewinn gemäß den §§ 17, 34 EStG a.F. erzielen konnte, obwohl die vermögensverwaltende Personengesellschaft und nicht sie selbst die Beteiligung an der Kapitalgesellschaft veräußerte.[443]

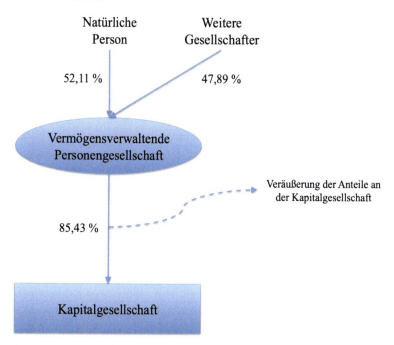

Abb. 13: Strukturbild zur Entscheidung des Bundesfinanzhofs vom 7. April 1976

Das Revisionsgericht hob hervor, dass zu prüfen sei, ob die vermögensverwaltende Personengesellschaft das Engagement der KG in anderer Form fortgesetzt

---
[442] BFH, Urteil vom 7. April 1976 – I R 75/73, BStBl. II 1976, 557.
[443] BFH, Urteil vom 7. April 1976 – I R 75/73, BStBl. II 1976, 557.

habe. Denn nach ständiger Rechtsprechung unterbleibe eine Gewinnrealisierung, falls das Betriebsvermögen eines Einzelunternehmers oder einer Personengesellschaft in eine Kapitalgesellschaft gegen Gewährung von Gesellschaftsrechten eingebracht werde, die Kapitalgesellschaft die Buchwerte fortführe und der Einbringende im Wesentlichen „Herr des Betriebs" bliebe. Das Engagement des Einzelunternehmers oder der Personengesellschaft werde in diesem Fall in anderer Form fortgeführt. Gewinne aus der Veräußerung der Anteile würden daher gemäß §§ 15, 16 EStG erfasst werden.[444]

Soweit das Engagement dagegen nicht in anderer Form fortgeführt worden wäre, wären die Gewinne aus der Veräußerung der Anteile an der Kapitalgesellschaft nach Ansicht des Bundesfinanzhofs gemäß § 17 Abs. 1 EStG a.F. zu erfassen. In diesem Fall wäre auch keine einheitliche und gesonderte Feststellung des Gewinns erforderlich, weil nicht die vermögensverwaltende Personengesellschaft, sondern ihre einzelnen Gesellschafter den Veräußerungsgewinn erzielt hätten. Nach § 11 Nr. 5 StAnpG würden Wirtschaftsgüter, die mehreren zur gesamten Hand gehörten, den Beteiligten so zugerechnet werden, als ob die Beteiligten zu Bruchteilen berechtigt wären.[445] Die Geltung des § 11 Nr. 5 StAnpG für die Besteuerung nach § 17 EStG bedeute, dass nicht nur die wesentliche Beteiligung, die sich im Gesamthandsvermögen der vermögensverwaltenden Personengesellschaft befände, sondern auch die Veräußerung und die Größen, die den Veräußerungsgewinn bestimmten (Anschaffungskosten, Veräußerungskosten, Veräußerungspreis), anteilig den einzelnen Gesellschaftern zuzurechnen wären.[446] Damit erkannte der Bundesfinanzhof auch in dieser Konstellation die Möglichkeit an, die mittelbar über eine vermögensverwaltende Personengesellschaft gehaltene Beteiligung an einer Kapitalgesellschaft der unmittelbar gehaltenen Beteiligung gleichzustellen bzw. eine solche mittelbar über eine vermögensverwaltende Personengesellschaft gehaltene Beteiligung als eine unmittelbare Beteiligung für Zwecke des § 17 EStG zu werten.

3. Entscheidungen des Bundesfinanzhofs vom 9. Mai 2000

Diese steuerrechtlichen bzw. wirtschaftlichen Maßstäben folgende Auslegung mit Blick auf den § 17 EStG wurde durch zwei weitere Entscheidungen des Bundesfinanzhofs vom 9. Mai 2000[447] bestätigt.

---

[444] BFH, Urteil vom 7. April 1976 – I R 75/73, BStBl. II 1976, 557.
[445] BFH, Urteil vom 7. April 1976 – I R 75/73, BStBl. II 1976, 557 (558).
[446] Insoweit auch BFH, Urteil vom 12. Oktober 1982 – VIII R 72/79, BStBl. II 1983, 128.
[447] BFH, Urteil vom 9. Mai 2000 – VIII R 40/99, BFH/NV 2001, 17 und BFH, Urteil vom 9. Mai 2000 – VIII R 41/99, BStBl. II 2000, 686.

III. Bruchteilsbetrachtung für Zwecke des § 9 Nr. 1 Satz 2 GewStG

Der Große Senat des Bundesfinanzhofs wandte die Bruchteilsbetrachtung gemäß § 39 Abs. 2 Nr. 2 AO auch für Zwecke des § 9 Nr. 1 Satz 2 GewStG an und entschied mit Entscheidung vom 25. September 2018[448], dass die erweiterte gewerbesteuerrechtliche Kürzung gemäß § 9 Nr. 1 Satz 2 GewStG auch dann zur Anwendung kommen könne, wenn die die erweiterte Kürzung in Anspruch nehmende Gesellschaft an einer rein grundstücksverwaltenden, nicht gewerblich geprägten Personengesellschaft beteiligt sei.[449] Dieses Ergebnis leitete der Große Senat des Bundesfinanzhofs aus den Grundsätzen der Bruchteilsbetrachtung gemäß der Zurechnungsregelung des § 39 Abs. 2 Nr. 2 AO ab. Er rechnete nämlich den Grundbesitz der grundstücksverwaltenden, nicht gewerblich geprägten Personengesellschaft den Personengesellschaftern dieser Personengesellschaft als „eigener" bzw. unmittelbarer Grundbesitz im Sinne des § 9 Nr. 1 Satz 2 GewStG zu.[450] Der Bundesfinanzhof nahm daher auch für diese Zwecke eine unmittelbare Beteiligung an dem Grundbesitz der grundstücksverwaltenden, nicht gewerblich geprägten Personengesellschaft an und stellte so die zivilrechtlich über eine vermögensverwaltende Personengesellschaft gehaltene Beteiligung für steuerliche Zwecke der unmittelbaren Beteiligung am relevanten Grundbesitz gleich. Die entsprechenden Voraussetzungen der erweiterten gewerbesteuerrechtlichen Kürzung gemäß § 9 Nr. 1 Satz 2 GewStG waren daher erfüllt, obwohl die die erweiterte Kürzung in Anspruch nehmende Gesellschaft zivilrechtlich über keinen Grundbesitz verfügte.[451]

---

[448] BFH, Großer Senat, Beschluss vom 25. September 2018 – GrS 2/16, BStBl. II 2019, 262.

[449] Der I. Senat des BFH hatte dies mit Urteil vom 19. Oktober 2010 – I R 67/09, BStBl. II 2011, 367 dagegen anders entschieden (weswegen es auch zur Vorlage zum Großen Senat des BFH kam): Danach seien die Voraussetzungen der erweiterten gewerbesteuerliche Kürzung nach § 9 Nr. 1 Satz 2 GewStG nicht erfüllt, wenn sich eine grundstücksverwaltende GmbH an einer vermögensverwaltenden, nicht gewerblich geprägten KG beteilige. Das Halten dieser Beteiligung sei eine Tätigkeit, die nicht zu dem abschließenden Katalog an steuerlich unschädlichen (Neben-) Tätigkeiten eines Grundstückunternehmens gehöre. Zudem könne der von der vermögensverwaltenden KG verwaltete und genutzte Immobilienbestand auch nicht als ausschließlich „eigener" Grundbesitz der grundstücksverwaltenden GmbH zugerechnet werden. § 39 Abs. 2 Nr. 2 AO ändere daran nach nichts.

[450] BFH, Großer Senat, Beschluss vom 25. September 2018 – GrS 2/16, BStBl. II 2019, 262 (271, Rn. 81); anders dagegen bei einer Beteiligung an einer gewerblich geprägten, grundstücksverwaltenden Personengesellschaft, vgl. hierzu BFH, Urteil vom 27. Juni 2019 – IV R 44/16, BFH/NV 2019, 1306.

[451] Da diese Entscheidung bereits eingangs zur Einführung in die Thematik der Gleichstellung der mittelbaren mit der unmittelbaren Beteiligung im Ertragsteuerrecht ausführlich dargestellt wurde, wird hinsichtlich des weiteren Sachverhalts und der Entscheidungsgründe auf die Aus-

IV. Durchgriff durch Personengesellschaft für Zwecke des § 82 f Abs. 3 EStDV

Der Bundesfinanzhof entschied mit Urteil vom 26. Januar 1978, dass der Begriff „Anteile an Handelsschiffen" im Sinne des § 82 f Abs. 3 EStDV 1965 jedenfalls auch Kommanditanteile an einer KG umfasse, deren einziger Gegenstand des Anlagevermögens ein Handelsschiff sei und nahm damit insoweit einen Durchgriff durch eine solche Personengesellschaft an.[452]

Dabei war eine natürliche Person als Kommanditistin an einer KG beteiligt, deren alleiniger Gegenstand des Anlagevermögens ein Handelsschiff war. Die natürliche Person veräußerte im Folgenden ihren Kommanditanteil an dieser KG. Es stellte sich die Frage, ob mit der Veräußerung des Kommanditanteils zugleich auch ein „Anteil an einem Handelsschiff" im Sinne des § 82 f Abs. 3 EStDV 1965 veräußert wurde, da die natürliche Person zivilrechtlich lediglich ihren Kommanditanteil an der KG und keinen Anteil an dem Handelsschiff der KG veräußerte.[453]

Gemäß § 82 f Abs. 1 EStDV 1965 konnten Steuerpflichtige, die den Gewinn nach Maßgabe des § 5 EStG ermittelten, bei Handelsschiffen, die in einem inländischen Schiffsregister eingetragen waren, erhöhte Abschreibungen vornehmen. Nach § 82 f Abs. 3 EStDV 1965 war die Inanspruchnahme dieser erhöhten Abschreibungen nur zulässig, wenn die Handelsschiffe innerhalb eines Zeitraums von vier Jahren nach ihrer Anschaffung oder Herstellung nicht veräußert wurden. Für „Anteile an Handelsschiffen" galt dies entsprechend.[454] Der Bundesfinanzhof ging dabei davon aus, dass der Begriff „Anteile an Handelsschiffen" im Sinne des § 82 f Abs. 3 EStDV jedenfalls Kommanditanteile an solchen KGs umfasse, deren einziger Gegenstand des Anlagevermögens ein Handelsschiff sei. Zwar sei zivilrechtlicher Gegenstand der Übertragung der Gesellschaftsanteil an der KG als solcher. Einkommensteuerrechtlich sei Gegenstand der Anschaffung des diesen Gesellschaftsanteil übernehmenden Gesellschafters jedoch nicht etwa ein in der Steuerbilanz grundsätzlich nicht bilanzierungsfähiger Anteil an einer Personengesellschaft; dies seien vielmehr die Anteile des ausscheidenden Gesellschafters an den einzelnen Wirtschaftsgütern, die zum Gesellschaftsvermögen der Personengesellschaft gehörten. Daher seien auch beim Veräußerer als Gegenstand der Veräußerung grundsätzlich die Anteile an den einzelnen Wirtschaftsgütern des Gesellschaftsvermögen anzusehen.[455] Wenn nun bei der Veräußerung eines An-

---

führungen unter § 1, A, II nach oben verwiesen.
[452] BFH, Urteil vom 26. Januar 1978 – IV R 97/76, BStBl. II 1978, 368.
[453] BFH, Urteil vom 26. Januar 1978 – IV R 97/76, BStBl. II 1978, 368 f.
[454] Vgl. BFH, Urteil vom 26. Januar 1978 – IV R 97/76, BStBl. II 1978, 368 (369).
[455] BFH, Urteil vom 26. Januar 1978 – IV R 97/76, BStBl. II 1978, 368 (369 f.).

§ 5 Rechtsprechungspraxis: Tatsächlich oftmals extensive Auslegung

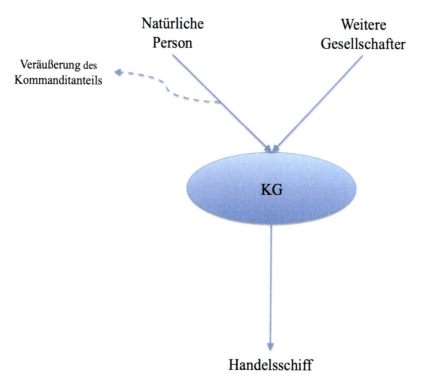

Abb. 14: Strukturbild zur Entscheidung des Bundesfinanzhofs vom 26. Januar 1978

teils an einer Personengesellschaft einkommensteuerrechtlich allgemein von einer Veräußerung und Anschaffung von Anteilen des ausscheidenden Gesellschafters an den einzelnen Wirtschaftsgütern des Gesellschaftsvermögens auszugehen sei, so erscheine es nach Auffassung des Bundesfinanzhofs zwingend, jedenfalls die Veräußerung eines Kommanditanteils an einer KG, deren einziger Gegenstand des Anlagevermögens ein Handelsschiff sei, als Veräußerung eines Anteils an Handelsschiffen im Sinne des § 82 f Abs. 3 EStDV 1965 zu werten.[456] Damit wurde die mittelbare Veräußerung eines Anteils an einem Handelsschiff der unmittelbaren Veräußerung auch für Zwecke des § 82 f Abs. 3 EStDV 1965 gleichgestellt.

V. Mittelbar über Personengesellschaft Beteiligter als „Gesellschafter" im Sinne des § 9 Nr. 1 Satz 5 GewStG

Der Bundesfinanzhof entschied mit Urteil vom 15. Dezember 1998[457], dass neben dem unmittelbar Beteiligten auch der mittelbar über eine Personengesellschaft

---

[456] BFH, Urteil vom 26. Januar 1978 – IV R 97/76, BStBl. II 1978, 368 (370).
[457] BFH, Urteil vom 15. Dezember 1998 – VIII R 77/93, BStBl. II 1999, 168.

Kapitel 2: Gleichstellung ohne spezialgesetzliche Grundlage

Beteiligte „Gesellschafter" im Sinne des § 9 Nr. 1 Satz 5 GewStG in der im Streitjahr 1984 geltenden Fassung sein könne.[458] Der Bundesfinazhof stellte damit auch für Zwecke dieser ertragsteuerrechtlichen Vorschrift die mittelbar über eine Personengesellschaft gehaltene Beteiligung der unmittelbaren Beteiligung gleich.

Im Streitfall war eine KG alleinige Gesellschafterin einer sog. Grundstücks-GmbH. An dieser KG waren zwei natürliche Personen beteiligt, die zugleich alleinige Gesellschafter einer anderen KG waren. Die Grundstücks-GmbH vermietete Wohnungen an diese andere KG, welche sie wiederum an Dritte untervermiete. Es stellte sich die Frage, ob die Grundstücks-GmbH die erweiterte Kürzung des Gewerbeertrags gemäß § 9 Nr. 1 Satz 2 GewStG geltend machen durfte oder die Ausnahmeregelung des § 9 Nr. 1 Satz 5 GewStG eingriff (und damit lediglich die einfache Kürzung des Gewerbeertrags gemäß § 9 Nr. 1 Satz 1 GewStG zur Anwendung kommen durfte).[459]

Der Bundesfinanzhofs lehnte die Anwendbarkeit der erweiterten Kürzung gemäß § 9 Nr. 1 Satz 2 GewStG ab, da die Voraussetzungen der Ausnahmeregelung des § 9 Nr. 1 Satz 5 GewStG gegeben seien. Nach dieser Ausnahmeregelung kam die erweiterte Kürzung nicht zur Anwendung, wenn der Grundbesitz eines Grundstücksunternehmens ganz oder zum Teil dem Gewerbebetrieb eines Gesellschafters des Grundstücksunternehmens diente.[460]

Nach Auffassung des Bundesfinanzhofs sei die Ausnahmeregelung des § 9 Nr. 1 Satz 5 GewStG schon bisher so ausgelegt worden, dass unter „Gewerbebetrieb eines Gesellschafters" im Sinne des § 9 Nr. 1 Satz 5 GewStG auch ein Gewerbebetrieb zu verstehen sei, an dem der Gesellschafter des Grundstückunternehmens als Mitunternehmer beteiligt sei.[461] Der vorliegende Fall unterschied sich nun aber insofern von den bisher entschiedenen Fällen, als die Mitunternehmer der anderen KG, an die der Grundbesitz der Grundstücks-GmbH vermietet wurde, nicht unmittelbar an der Grundstücks-GmbH beteiligt waren. Denn allein die KG war unmittelbare Gesellschafterin der Grundstücks-GmbH, während die beiden natürlichen Personen als Gesellschafter dieser KG nur mittelbar über die-

---

[458] Der Bundesfinanzhof hat mit Urteil vom 15. April 1999 – IV R 11/98, BStBl. II 1999, 532 dagegen entschieden, dass der mittelbar über eine Kapitalgesellschaft (und nicht Personengesellschaft) Beteiligte nicht „Gesellschafter" im Sinne des § 9 Nr. 1 Satz 5 GewStG sei. Insoweit entfalte die vermittelnde Kapitalgesellschaft eine „Abschirmwirkung", welche zum Verbot des Durchgriffs auf die an ihr beteiligten Gesellschafter führe.
[459] BFH, Urteil vom 15. Dezember 1998 – VIII R 77/93, BStBl. II 1999, 168 f.
[460] Wortlaut des § 9 Nr. 1 Satz 5 GewStG in der im Streitjahr 1984 geltenden Fassung:
„*Die Sätze 2 und 3 gelten nicht, wenn der Grundbesitz ganz oder zum Teil dem Gewerbebetrieb eines Gesellschafters oder Genossen dient;*".
[461] BFH, Urteil vom 15. Dezember 1998 – VIII R 77/93, BStBl. II 1999, 168 (169).

§ 5 Rechtsprechungspraxis: Tatsächlich oftmals extensive Auslegung

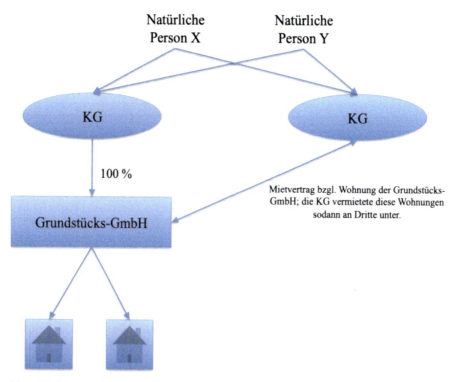

Abb. 15: Strukturbild zur Entscheidung des Bundesfinanzhofs vom 15. Dezember 1998

se an der Grundstücks-GmbH beteiligt waren. Nach Auffassung des Bundesfinanzhofs rechtfertige dieser Umstand der mittelbaren Beteiligung es jedoch nicht, das Vorliegen der Voraussetzungen der Ausnahmevorschrift des § 9 Nr. 1 Satz 5 GewStG zu verneinen. Denn auch der mittelbar über eine Personengesellschaft beteiligte Gesellschafter sei als „Gesellschafter" im Sinne des § 9 Nr. 1 Satz 5 GewStG zu werten.[462] Zwar stehe die mittelbare Beteiligung der unmittelbaren Beteiligung nach Auffassung des Gerichts nicht gleich. Solle ausnahmsweise etwas anderes gelten, bedürfe es hierfür in der Regel einer ausdrücklichen gesetzlichen Regelung. Eine ausdrückliche Erstreckung des Regelungsbereichs einer Vorschrift auf mittelbar Beteiligte sei nach Ansicht des Bundesfinanzhofs jedoch dann entbehrlich, wenn sich ihre Gleichstellung mit unmittelbar Beteiligten klar aus dem Sinn und Zweck des Gesetzes ergeben würde. Dies nahm der Bundesfinanzhof für Zwecke der Ausnahmeregelung des § 9 Nr. 1 Satz 5 GewStG an, so dass die erweiterte Kürzung auch dann zu versagen sei, wenn der Grundbesitz dem Ge-

---

[462] BFH, Urteil vom 15. Dezember 1998 – VIII R 77/93, BStBl. II 1999, 168 (170).

werbebetrieb von Personen diene, die mittelbar über eine Personengesellschaft am Grundstücksunternehmen beteiligt seien.[463] Der Zweck des § 9 Nr. 1 Satz 5 GewStG würde nach Ansicht des Gerichts nämlich verfehlt, wenn es den Gesellschaftern eines Grundstücksunternehmens in der Rechtsform einer GmbH möglich wäre, durch Zwischenschaltung einer Personengesellschaft den Grundbesitz für eigengewerbliche Zwecke zu nutzen, ohne die Begünstigung des § 9 Nr. 1 Satz 2 GewStG zu verlieren.[464]

VI. Mittelbare Beteiligung ausreichend für Zwecke des gewerbesteuerrechtlichen Schachtelprivilegs

Der Bundesfinanzhof entschied mit Urteil vom 17. Mai 2000, dass das gewerbesteuerliche Schachtelprivileg gemäß §§ 9 Nr. 7 Satz 1, 12 Abs. 3 Nr. 4 Satz 1 GewStG in der im Streitjahr 1986 maßgebenden Fassung auch bei einer lediglich mittelbaren Beteiligung Anwendung finden könne.[465]

Dabei war eine GmbH Kommanditistin einer KG, welche zu 74 % an einer schottischen Ltd. beteiligt war. Die GmbH bezog von dieser schottischen Ltd. Dividenden. Es stellte sich die Frage, ob diese Dividenden aufgrund des Schachtelprivilegs des DBA Deutschland Schottland bzw. aufgrund des inländischen gewerbesteuerlichen Schachtelprivilegs von der GmbH steuerfrei bezogen werden konnten, obwohl diese nicht unmittelbar, sondern lediglich mittelbar an der Dividenden ausschüttenden Ltd. beteiligt war.[466]

Gemäß § 9 Nr. 7 Satz 1 GewStG a.F. wurde die Summe des Gewinns und der Hinzurechnungen eines inländischen Mutterunternehmens nach Maßgabe näher bestimmter – in dem vorliegenden Fall jedoch unstreitiger – Voraussetzungen um die Gewinne aus Anteilen an einer ausländischen Kapitalgesellschaft gekürzt, an deren Nennkapital das Mutterunternehmen seit Beginn des Erhebungszeitraums ununterbrochen mindestens zu einem Zehntel beteiligt war.[467] Gleichermaßen war nach § 12 Abs. 3 Nr. 4 Satz 1 GewStG a.F. die Summe des Einheitswerts des Gewerbebetriebs und der Hinzurechnungen um den Wert (Teilwert) einer zum Gewerbekapital gehörenden Beteiligung an einer ausländischen Kapitalgesellschaft zu kürzen.[468]

---

[463] BFH, Urteil vom 15. Dezember 1998 – VIII R 77/93, BStBl. II 1999, 168 (170 f.).
[464] BFH, Urteil vom 15. Dezember 1998 – VIII R 77/93, BStBl. II 1999, 168 (171).
[465] BFH, Urteil vom 17. Mai 2000 – I R 31/99, BStBl. II 2001, 685.
[466] BFH, Urteil vom 17. Mai 2000 – I R 31/99, BStBl. II 2001, 685 f.
[467] Vgl. BFH, Urteil vom 17. Mai 2000 – I R 31/99, BStBl. II 2001, 685 (686).
[468] BFH, Urteil vom 17. Mai 2000 – I R 31/99, BStBl. II 2001, 685 (686).

§ 5 Rechtsprechungspraxis: Tatsächlich oftmals extensive Auslegung

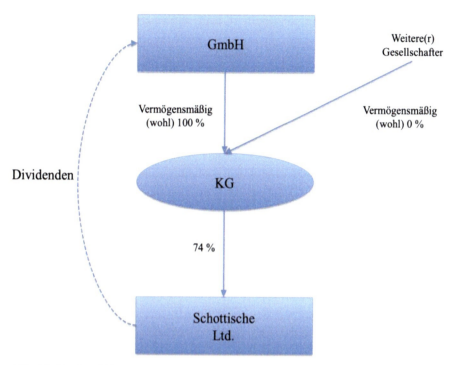

Abb. 16: Strukturbild zur Entscheidung des Bundesfinanzhofs vom 17. Mai 2000

Der Bundesfinanzhof nahm die Steuerfreiheit der bezogenen Dividenden auf Ebene der GmbH an, da der GmbH diese nationalen Schachtelprivilegien gemäß § 9 Nr. 7 Satz 1 sowie des § 12 Abs. 3 Nr. 4 Satz 1 GewStG zustünden; einer unmittelbaren Beteiligung bedürfe es dafür gerade nicht.[469] Im Einklang mit den nationalen Schachtelprivilegien nach § 9 Nr. 2a und § 12 Abs. 3 Nr. 2a GewStG a.F. komme es nach Auffassung des Bundesfinanzhofs nicht darauf an, dass die Muttergesellschaft an der Tochtergesellschaft unmittelbar beteiligt sei. Es genüge vielmehr jedwelche Form der Beteiligung in dem gesetzlich bestimmten Umfang von einem Zehntel, so dass der Bundesfinanzhof insoweit eine Gleichstellung der mittelbaren mit der unmittelbaren Beteiligung auch ohne spezialgesetzliche Grundlage annahm.[470]

---

[469] BFH, Urteil vom 17. Mai 2000 – I R 31/99, BStBl. II 2001, 685 (686).
[470] BFH, Urteil vom 17. Mai 2000 – I R 31/99, BStBl. II 2001, 685 (686).

VII. Mittelbare Beteiligung ausreichend im Rahmen des § 15 Abs. 4 EStG

Der Bundesfinanzhof entschied mit Urteil vom 1. Juli 2004, dass der laufende Verlust aus gewerblicher Tierzucht einer Unter-Personengesellschaft mit dem Gewinn aus der Veräußerung einer lediglich mittelbaren Beteiligung an dieser Unter-Personengesellschaft zu verrechnen sei, soweit dieser Veräußerungsgewinn anteilig mittelbar auf die Wirtschaftsgüter dieser Unter-Personengesellschaft entfalle.[471]

Dabei war eine KG Kommanditistin einer anderen KG (Ober-Personengesellschaft), welche ihrerseits an einer sog. Mastbetriebe-KG als Unter-Personengesellschaft beteiligt war. Die Unter-Personengesellschaft erzielte Einkünfte aus Tierzucht und Tierhaltung gemäß § 15 Abs. 4 EStG. Die KG veräußerte ihre Beteiligung an der Ober-Personengesellschaft mit einem Veräußerungsgewinn an eine GmbH. Es stellte sich die Frage, ob dieser Veräußerungsgewinn mit den laufenden Verlusten aus gewerblicher Tierzucht der Unter-Personengesellschaft verrechnet werden konnte, obwohl der Veräußerungsgewinn nur mittelbar auf die Unter-Personengesellschaft entfiel.[472]

Diese Möglichkeit der Verrechnung des Veräußerungsgewinns aus der Veräußerung der Anteile an der Ober-Personengesellschaft mit den laufenden Verlusten aus gewerblicher Tierzucht der Unter-Personengesellschaft wurde vom Bundesfinanzhof bejaht.[473] Der laufende Verlust aus gewerblicher Tierzucht der Unter-Personengesellschaft sei mit dem Gewinn aus der Anteilsveräußerung der KG an der Ober-Personengesellschaft nach Ansicht des Gerichts jedenfalls insoweit zu verrechnen, soweit dieser Veräußerungsgewinn anteilig mittelbar auf Wirtschaftsgüter der Unter-Personengesellschaft entfallen würde.[474] Es sei nämlich geklärt, dass die Verlustausgleichs- und Verlustabzugsbeschränkung für Verluste aus gewerblicher Tierzucht und Tierhaltung gemäß § 15 Abs. 4 EStG wegen des Normzwecks auch auf doppel- bzw. mehrstöckige Personengesellschaften Anwendung finde. Dementsprechend sei im Rahmen der Gewinnfeststellung der Ober-Personengesellschaft ein laufender Verlust aus gewerblicher Tierzucht der Unter-Personengesellschaft auszuweisen, der mittelbar auch die KG (und deren Gesellschafter) als Kommanditistin der Ober-Personengesellschaft ebenso treffen würde, als wäre sie unmittelbar an der die Tierzuchtverluste erzielenden Mastbetriebe-KG beteiligt gewesen.[475] Wirke sich danach die Ausgleichs- und Abzugsbeschränkung für die

---
[471] BFH, Urteil vom 1. Juli 2004 – IV R 67/00, BStBl. II 2010, 157.
[472] BFH, Urteil vom 1. Juli 2004 – IV R 67/00, BStBl. II 2010, 157 f.
[473] BFH, Urteil vom 1. Juli 2004 – IV R 67/00, BStBl. II 2010, 157 (158).
[474] BFH, Urteil vom 1. Juli 2004 – IV R 67/00, BStBl. II 2010, 157 (158).
[475] Der erkennende Senat verwies darauf, dass er dies im Rahmen seines Beschlusses vom 18. De-

§ 5 Rechtsprechungspraxis: Tatsächlich oftmals extensive Auslegung

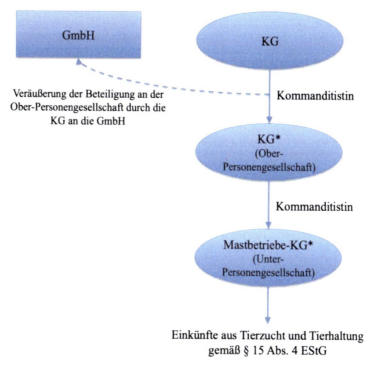

Abb. 17: Strukturbild zur Entscheidung des Bundesfinanzhofs vom 1. Juli 2004

laufenden Verluste einer Unter-Personengesellschaft aus gewerblicher Tierzucht und Tierhaltung auch auf die Besteuerung des Gesellschafters der Ober-Personengesellschaft aus, so folge daraus zugleich, dass die laufenden Verluste der Unter-Personengesellschaft mit einem Gewinn aus der Veräußerung des Anteils an der Ober-Personengesellschaft insoweit zu verrechnen seien, als der Gewinn aus der Anteilsveräußerung auf die stillen Reserven der Unter-Personengesellschaft entfalle.[476] Die Gleichstellung der mittelbaren mit der unmittelbaren Beteiligung könne sich nach Auffassung des Gerichts nicht auf die Zurechnung der laufenden Verluste aus gewerblicher Tierzucht beschränken. Allein folgerichtig habe diese Gleichsetzung der mittelbaren mit der unmittelbaren Beteiligung für diese Zwe-

---

zember 2003 – IV B 201/03, BStBl. II 2004, 231 für den vergleichbaren Fall der Ausgleichsbeschränkung nach § 15a EStG ebenso gesehen und dementsprechend entschieden hätte, dass der Zweck des § 15a EStG eine entsprechende Anwendung der Verlustausgleichsbeschränkung auch auf mehrstöckige Gesellschaften erfordere.

[476] BFH, Urteil vom 1. Juli 2004 – IV R 67/00, BStBl. II 2010, 157 (158).

cke vielmehr auch die Zurechnung tierzuchtbedingter Veräußerungsgewinne zu erfassen.[477]

VIII. Mittelbare Beteiligung von sog. Freiberuflern im Rahmen von doppelstöckigen Freiberufler-Personengesellschaften

Der Bundesfinanzhof entschied mit Urteil vom 28. Oktober 2008, dass bei einer doppelstöckigen Personengesellschaft die entsprechende Unter-Personengesellschaft nur dann eine freiberufliche Tätigkeit entfalten könne, wenn – zusätzlich zu den unmittelbar beteiligten Gesellschaftern der Unter-Personengesellschaft – auch sämtliche mittelbar über eine Ober-Personengesellschaft beteiligten Gesellschafter die Merkmale eines freien Berufs erfüllen würden.[478]

Dabei betrieb eine GbR ein Ingenieurbüro, an der eine Partnerschaftsgesellschaft zu 67 % beteiligt war. Neben dieser Partnerschaftsgesellschaft waren sieben natürliche Personen Gesellschafter der GbR (fünf von ihnen waren Ingenieure, einer war ingenieurähnlich tätig und einer war Diplom-Volkswirt). Gesellschafter der Partnerschaftsgesellschaft waren sechs natürliche Personen (fünf von ihnen waren Ingenieure, der sechste war Diplom-Kaufmann). Es stellte sich die Frage, ob es sich bei der GbR um eine freiberufliche Mitunternehmerschaft handelte oder diese gewerbliche Einkünfte gemäß § 15 EStG erzielte.[479]

Die Einstufung der GbR als freiberufliche Mitunternehmerschaft wurde vom Bundesfinanzhof im Ergebnis abgelehnt. Eine Personengesellschaft entfalte nach Ansicht des Gerichts nur dann eine Tätigkeit, die die Ausübung eines freien Berufs im Sinne von § 18 EStG darstelle, wenn sämtliche ihrer unmittelbaren Gesellschafter die Merkmale eines freien Berufs erfüllen würden. Das Handeln der Gesellschafter in ihrer gesamthänderischen Verbundenheit (und damit das Handeln der Gesellschaft) dürfe kein Element einer nichtfreiberuflichen Tätigkeit enthalten.[480]

Diese Grundsätze übertrug der Bundesfinanzhof auch auf die im Entscheidungsfall gegebene doppelstöckige Personengesellschaft. Zwar könne die jeweilige Ober-Personengesellschaft die Merkmale des freien Berufs nach Ansicht des Gerichts selbst nicht erfüllen. Dies hindere für sich genommen jedoch noch nicht, auf der Ebene der Unter-Personengesellschaft die Entfaltung einer freiberuflichen Tätigkeit bejahen zu können. Ansonsten wären doppelstöckige Freiberufler-Personengesellschaften nach Ansicht des Gerichts nämlich von vornherein ausge-

---

[477] BFH, Urteil vom 1. Juli 2004 – IV R 67/00, BStBl. II 2010, 157 (159).
[478] BFH, Urteil vom 28. Oktober 2008 – VIII R 69/06, BStBl. II 2009, 642.
[479] BFH, Urteil vom 28. Oktober 2008 – VIII R 69/06, BStBl. II 2009, 642 f.
[480] BFH, Urteil vom 28. Oktober 2008 – VIII R 69/06, BStBl. II 2009, 642 (644).

§ 5 Rechtsprechungspraxis: Tatsächlich oftmals extensive Auslegung

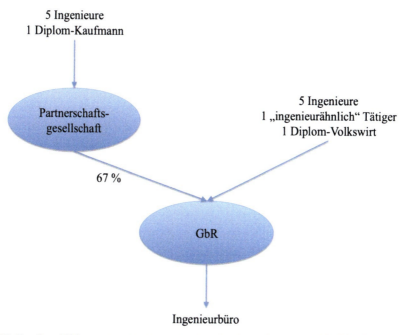

Abb. 18: Strukturbild zur Entscheidung des Bundesfinanzhofs vom 28. Oktober 2008

schlossen.[481] Allerdings sei, da sämtliche Gesellschafter der Unter-Personengesellschaft die Merkmale des freien Berufs erfüllen müssten und die Ober-Personengesellschaft selbst diese Merkmale nicht erfüllen könnte, zur Anerkennung einer doppelstöckigen Freiberufler-Personengesellschaft zu fordern, dass neben den unmittelbar beteiligten Gesellschaftern auch alle mittelbar an der Unter-Personengesellschaft beteiligten Gesellschafter die Tatbestandsmerkmale des § 18 Abs. 1 Nr. 1 EStG erfüllen würden. Weil jeder Gesellschafter eigenverantwortlich und leitend tätig sein müsse, sei zur Anerkennung einer doppelstöckigen Freiberufler-Personengesellschaft weiter zu verlangen, dass alle Ober-Personengesellschafter – zumindest in geringfügigem Umfang – in der Unter-Personengesellschaft leitend und eigenverantwortlich mitarbeiten würden.[482]

Nach diesen vom Bundesfinanzhof aufgestellten Grundsätzen müssen neben den unmittelbar beteiligten Gesellschaftern der Unter-Personengesellschaft auch die mittelbar beteiligten Gesellschafter der Ober-Personengesellschafter die Merkmale des freien Berufs durch ihre Mitarbeit in der Unter-Personengesellschaft positiv erfüllen. Seien die Ober-Personengesellschafter dagegen berufs-

---

[481] BFH, Urteil vom 28. Oktober 2008 – VIII R 69/06, BStBl. II 2009, 642 (644).
[482] BFH, Urteil vom 28. Oktober 2008 – VIII R 69/06, BStBl. II 2009, 642 (645).

fremd, weil sie nicht Berufsträger seien oder weil sie eine freiberufliche Tätigkeit tatsächlich nicht ausübten, so würden sie der Tätigkeit der Unter-Personengesellschaft ein schädliches Element der Nichtfreiberuflichkeit vermitteln.[483] Dies traf nach Auffassung des Gerichts auf den vorliegenden Fall zu. Denn der mittelbar beteiligte Diplom-Kaufmann sei nach Ansicht des Gerichts als berufsfremde Person anzusehen, da er nicht als beratender Betriebswirt tätig gewesen sei. Die GbR erzielte somit insgesamt Einkünfte aus Gewerbebetrieb. Da der Diplom-Kaufmann als Obergesellschafter der GbR keinen freien Beruf ausübte, gelte nach Ansicht des Gerichts gemäß § 15 Abs. 3 Nr. 1 in Verbindung mit § 15 Abs. 1 Satz 1 Nr. 2 EStG die gesamte, mit Einkünfteerzielungsabsicht unternommene Tätigkeit der Personengesellschaft als Gewerbebetrieb.[484]

IX. Zwischenergebnis

Diese exemplarisch skizzierten Entscheidungen der Rechtsprechung verdeutlichen, dass der oben beschriebene restriktive Lösungsansatz der Rechtsprechung zur Gleichstellung der mittelbaren mit der unmittelbaren Beteiligung in „ungeregelten" Fällen des Ertragsteuerrechts im Rahmen der tatsächlichen Rechtsprechungspraxis keineswegs stringent „gelebt" wird. Stattdessen nimmt die Rechtsprechung in einer Vielzahl von Konstellationen auf Basis einer extensiven Auslegung eine Gleichstellung der mittelbaren mit der unmittelbaren Beteiligung auch ohne spezialgesetzliche Grundlage an. Eine einheitliche bzw. klare – weil restriktive – Linie der Rechtsprechung ist daher im Bereich der „ungeregelten" Fälle der Gleichstellung der mittelbaren mit der unmittelbaren Beteiligung im Ertragsteuerrecht nicht erkennbar.

B. Keine klare Linie der Rechtsprechung erkennbar

Der Vorwurf der uneinheitlichen bzw. nicht klaren Linie der Rechtsprechung zur Gleichstellung der mittelbaren mit der unmittelbaren Beteiligung in „ungeregelten" Fällen des Ertragsteuerrechts wird zusätzlich dadurch verschärft, dass in diesem Zusammenhang bestimmte Kategorien von Entscheidungen gebildet werden können, die sich – bezogen auf die durch Rechtsprechung angewandten Grundsätze – diametral gegenüberstehen:
- So stehen zunächst solche Entscheidungen, in denen die Rechtsprechung eine mittelbare Beteiligung über eine Personengesellschaft auf Basis eines Durchgriffs durch die vermittelnde Personengesellschaft einer unmittelbaren Betei-

---
[483] BFH, Urteil vom 28. Oktober 2008 – VIII R 69/06, BStBl. II 2009, 642 (645).
[484] BFH, Urteil vom 28. Oktober 2008 – VIII R 69/06, BStBl. II 2009, 642 (646 f.).

§ 5 Rechtsprechungspraxis: Tatsächlich oftmals extensive Auslegung

ligung gleichstellte, solchen Entscheidungen gegenüber, in denen die Rechtsprechung die mittelbare Beteiligung über eine Personengesellschaft gerade nicht als einer unmittelbaren Beteiligung gleichstehend einstufte bzw. einen Durchgriff durch die vermittelnde Personengesellschaft ablehnte.[485]

- Außerdem stehen sich solche Entscheidungen gegenüber, in denen die mittelbare Beteiligung über eine vermögensverwaltende Personengesellschaft – entsprechend den Wertungen der Zurechnungsregelung des § 39 Abs. 2 Nr. 2 AO – als (anteilige) unmittelbare Beteiligung der Personengesellschafter dieser vermögensverwaltenden Personengesellschaft an den im Vermögen der vermögensverwaltenden Personengesellschaft stehenden Wirtschaftsgütern gewertet wurde (sog. Bruchteilsbetrachtung[486]), während in anderen Entscheidungen die Bruchteilsbetrachtung – trotz der Beteiligung über eine vermögensverwaltende Personengesellschaft und damit grundsätzlich entgegen den Wertungen des § 39 Abs. 2 Nr. 2 AO – durch die Rechtsprechung ausdrücklich abgelehnt wurde.[487]
- Schließlich fallen Entscheidungen der Rechtsprechung auf, in denen diese die Abschirmwirkung der Vermögenssphäre einer Kapitalgesellschaft ausdrücklich betonte, so dass ein Durchgriff durch eine vermittelnde Kapitalgesellschaft auf dieser Grundlage abgelehnt wurde. Diesen Entscheidungen stehen jedoch solche gegenüber, in denen die Rechtsprechung die Zwischenschaltung einer Kapitalgesellschaft für ertragsteuerliche Zwecke nicht anerkannte und die Abschirmwirkung einer vermittelnden Kapitalgesellschaft hierdurch in Gänze aufhob.[488]

I. Durchgriff durch eine vermittelnde Personengesellschaft vs. Durchgriffsverbot (Einheits- vs. Vielheitsbetrachtung)

Die Rechtsprechung stellte in mehreren entschiedenen Fällen eine mittelbare Beteiligung, die über eine Personengesellschaft als vermittelnde Gesellschaft gehalten bzw. vermittelt wurde, einer unmittelbaren Beteiligung für Zwecke der jeweiligen ertragsteuerrechtlichen Vorschrift gleich bzw. ordnete einen Durchgriff durch die vermittelnde Personengesellschaft an[489]:

---
[485] Siehe hierzu die Ausführungen unter § 5 B I unten.
[486] *Drüen*, in Tipke/Kruse, AO/FGO-Kommentar, § 39 AO, Rn. 92; *Ratschow*, in Klein, AO-Kommentar, § 39 AO, Rn. 76.
[487] Siehe hierzu die Ausführungen unter § 5 B II unten.
[488] Siehe hierzu die Ausführungen unter § 5 B III unten.
[489] BFH, Urteil vom 2. November 1960 – I 173/60 S, BStBl. III 1961, 9; BFH, Urteil vom 23. Februar 1972 – I R 159/68, BStBl. II 1972, 530; BFH, Urteil vom 26. Januar 1978 – IV R 97/76, BStBl. II 1978, 368; BFH, Vorlagebeschluss vom 12. Oktober 1989 – IV R 5/86, BStBl. II

Kapitel 2: Gleichstellung ohne spezialgesetzliche Grundlage

- Insoweit kann zunächst auf die oben bereits dargestellten Entscheidungen des Bundesfinanzhofs vom 2. November 1960[490], vom 26. Januar 1978[491], vom 15. Dezember 1998[492], vom 1. Juli 2004[493] und vom 28. Oktober 2008[494] verwiesen werden. Diesen Entscheidungen ist nämlich gemeinsam, dass die Rechtsprechung insoweit eine mittelbare Beteiligung, die durch bzw. über eine vermittelnde Personengesellschaft gehalten wurde, einer unmittelbaren Beteiligung auf Basis eines Durchgriffs durch die vermittelnde Personengesellschaft gleichstellte.[495]
- Diesen Grundsätzen entsprechend entschied der Große Senat des Bundesfinanzhofs mit Beschluss vom 3. Juli 1995, dass Grundstücksgeschäfte einer Personengesellschaft einem Gesellschafter dieser Personengesellschaft, der auch eigene Grundstücke veräußerte, für Zwecke der Beurteilung eines gewerblichen Grundstückshandels auf dessen Ebene zugerechnet werden könnten.[496] Der Bundesfinanzhof hat damit auch für diese Zwecke einen Durchgriff durch eine vermittelnde Personengesellschaft vorgenommen und auf dieser Grundlage eine Gleichstellung der mittelbaren mit der unmittelbaren Beteiligung vollzogen.
- Eine weitere Entscheidung, die dieser Kategorie zugeordnet werden kann, betrifft die Entscheidung des Bundesfinanzhofs vom 14. April 2011.[497] Der Bundesfinanzhof entschied im Rahmen dieser Entscheidung, dass die zur Abziehbarkeit sog. „Fonds-Etablierungskosten" entwickelte Rechtsprechung auch dann Anwendung finden würde, wenn sich die Anleger nicht unmittelbar, sondern lediglich mittelbar über eine zwischengeschaltete Beteiligungs-

---

1990, 168 (insoweit jedoch Umsetzung der Bindung an den Beschluss des Großen Senats des BFH vom 25. Februar 1991 – GrS 7/89, BStBl. II 1991, 691 durch Urteil vom 7. November 1991 – BFH/NV 1992, 299); BFH, Großer Senat, Beschluss vom 3. Juli 1995 – GrS 1/93, BStBl. II 1995, 617; BFH, Urteil vom 15. Dezember 1998 – VIII R 77/93, BStBl. II 1999, 168; BFH, Urteil vom 17. Mai 2000 – I R 31/99, BStBl. II 2001, 685; BFH, Beschluss vom 18. Dezember 2003 – IV B 201/03, BStBl. II 2004, 231; BFH, Urteil vom 1. Juli 2004 – IV R 67/00, BStBl. II 2010, 157; BFH, Urteil vom 28. Oktober 2008 – VIII R 69/06, BStBl. II 2009, 642; BFH, Urteil vom 14. April 2011 – IV R 36/08, BFH/NV 2011, 1361.

[490] BFH, Urteil vom 2. November 1960 – I 173/60 S, BStBl. III 1961, 9.
[491] BFH, Urteil vom 26. Januar 1978 – IV R 97/76, BStBl. II 1978, 368.
[492] BFH, Urteil vom 15. Dezember 1998 – VIII R 77/93, BStBl. II 1999, 168.
[493] BFH, Urteil vom 1. Juli 2004 – IV R 67/00, BStBl. II 2010, 157.
[494] BFH, Urteil vom 28. Oktober 2008 – VIII R 69/06, BStBl. II 2009, 642.
[495] Siehe hierzu die Ausführungen unter § 5 A I, IV, V, VII und VIII oben.
[496] BFH, Großer Senat, Beschluss vom 3. Juli 1995 – GrS 1/93, BStBl. II 1995, 617.
[497] BFH, Urteil vom 14. April 2011 – IV R 36/08, BFH/NV 2011, 1361.

§ 5 Rechtsprechungspraxis: Tatsächlich oftmals extensive Auslegung

gesellschaft in Personengesellschaftsform an dem relevanten Fonds beteiligen würden.[498]
Diesen Entscheidungen stehen jedoch solche von der Rechtsprechung entschiedene Sachverhaltskonstellationen gegenüber, in denen diese eine mittelbare Beteiligung über eine Personengesellschaft gerade nicht als einer unmittelbaren Beteiligung gleichstehend einstufte bzw. einen Durchgriff durch eine vermittelnde Personengesellschaft auf Basis eines „Durchgriffsverbots" ausdrücklich ablehnte[499]:

- Insoweit kann zunächst auf die oben bereits dargestellten Entscheidungen des Bundesfinanzhofs vom 22. März 1966[500], vom 11. Oktober 1966[501], vom 24. Juni 1981[502], vom 13. November 1984[503], vom 12. November 1985[504] und vom 25. Februar 1991[505] verwiesen werden. Diesen Entscheidungen ist nämlich gemeinsam, dass die Rechtsprechung in diesen Fällen eine mittelbare Beteiligung über eine Personengesellschaft einer unmittelbaren Beteiligung gerade nicht gleichstellte bzw. einen Durchgriff durch die vermittelnde Personengesellschaft ausdrücklich ablehnte.[506]
- Diesen Grundsätzen entsprechend entschied der Bundesfinanzhof mit Urteil vom 4. April 1974 zudem, dass der Anwendungsbereich des körperschaftsteuerlichen Schachtelprivilegs gemäß § 9 Abs. 1 KStG in der in den Streitjahren 1960 bis 1964 geltenden Fassung nicht auch auf mittelbare Beteiligungen, die über eine Personengesellschaft gehalten würden, erstreckt werden

---

[498] BFH, Urteil vom 14. April 2011 – IV R 36/08, BFH/NV 2011, 1361 (Rn. 29).
[499] BFH, Urteil vom 22. März 1966 – I 60/64, BStBl. III 1966, 434; BFH, Urteil vom 11. Oktober 1966 – I 85/64, BStBl. III 1967, 32; BFH, Urteil vom 17. Februar 1971 – I R 8/69, BStBl. II 1971, 535; BFH, Urteil vom 3. Oktober 1973 – I R 24/72, BStBl. II 1974, 15; BFH, Urteil vom 4. April 1974 – III R 168/72, BStBl. II 1974, 598; BFH, Urteil vom 4. April 1974 – I R 73/72, BStBl. II 1974, 645; BFH, Beschluss vom 24. Juni 1981 – I S 3/81, BStBl. II 1981, 748; BFH, Urteil vom 13. November 1984 – VIII R 312/82, BStBl. II 1985, 334; BFH, Urteil vom 12. November 1985 – VIII R 286/81, BStBl. II 1986, 55; BFH, Großer Senat, Beschluss vom 25. Februar 1991 – GrS 7/89, BStBl. II 1991, 691; BFH, Urteil vom 26. Juni 1996 – VIII R 41/95, BStBl. II 1997, 179; BFH, Beschluss vom 31. August 1999 – VIII B 74/99, BStBl. II 1999, 794; BFH, Urteil vom 6. September 2000 – IV R 69/99, BStBl. II 2001, 731; BFH, Urteil vom 22. Januar 2009 – IV R 90/05, BFH/NV 2009, 843; BFH, Urteil vom 11. Oktober 2012 – IV R 3/09, BStBl. II 2013, 176.
[500] BFH, Urteil vom 22. März 1966 – I 60/64, BStBl. III 1966, 434.
[501] BFH, Urteil vom 11. Oktober 1966 – I 85/64, BStBl. III 1967, 32.
[502] BFH, Urteil vom 24. Juni 1981 – I S 3/81, BStBl. II 1981, 748.
[503] BFH, Urteil vom 13. November 1984 – VIII R 312/82.
[504] BFH, Urteil vom 12. November 1985 – VIII R 286/81, BStBl. II 1986, 55.
[505] BFH, Großer Senat, Beschluss vom 25. Februar 1991 – GrS 7/89, BStBl. II 1991, 691.
[506] Siehe hierzu die Ausführungen unter § 4 C I, III und IV oben.

könne, so dass der Bundesfinanzhof auch für diese Zwecke einen Durchgriff durch eine vermittelnde Personengesellschaft ausdrücklich ablehnte.[507] Die Rechtsprechung wendet daher bei einer mittelbaren Beteiligung, die über eine Personengesellschaft als vermittelnde Gesellschaft gehalten bzw. vermittelt wird, teilweise einen Durchgriff durch die vermittelnde Personengesellschaft an, während diese in anderen Fällen der Beteiligung über eine vermittelnde Personengesellschaft ein Durchgriffsverbot mit Blick auf eine solche vermittelnde Personengesellschaft vertritt. Die Rechtsprechung ist in Bezug auf Beteiligungen, die über Personengesellschaften gehalten bzw. vermittelt werden, daher durch ein Nebeneinander von Durchgriffsverbot und Durchgriff bzw. „Nebeneinander von Einheit und Vielheit"[508] geprägt. Dieses „Nebeneinander" im Rahmen der Rechtsprechungspraxis ist im Wesentlichen auf eine Entwicklung innerhalb der Rechtsprechung des Großen Senats des Bundesfinanzhofs zurückzuführen.[509] So hat der Große Senat in seinem (Gepräge-) Beschluss vom 25. Juni 1984[510] zunächst festgestellt, dass eine Personengesellschaft zwar als solche nicht der Einkommensteuer unterliege und daher insoweit nicht Steuersubjekt sei, diese jedoch für die Einkommen- oder Körperschaftsteuer insoweit Steuerrechtssubjekt sei, als sie in der Einheit ihrer Gesellschafter Merkmale des Besteuerungstatbestandes verwirkliche, welche den Gesellschaftern für deren Besteuerung zugerechnet würden.[511] Bestätigt wurde diese Einheitsbetrachtung durch den Beschluss des Großen Senats zur doppelstöckigen Personengesellschaft vom 25. Februar 1991[512], wonach eine Oberpersonengesellschaft, die Mitunternehmerin einer Unterpersonengesellschaft sei, selbst als Mitunternehmerin der Unterpersonengesellschaft anzusehen sei.[513] Nur wenig später wurde diese Einheitsbetrachtung durch den Großen Senat des Bundesfinanzhofs allerdings relativiert, indem dieser mit Beschluss vom 3. Mai 1993[514] entschied, dass das Einkommensteuerrecht bei der Besteuerung der von Personengesellschaften erzielten Einkünfte von der Grundwertung ausgehen würde, dass bei den Personengesellschaften die Gesellschafter, nicht jedoch die Gesellschaft als solche Träger des Unternehmens und des Gesellschaftsvermögens seien.[515] Im Beschluss des Großen Senats des Bundesfinanzhofs vom 3. Ju-

---

[507] BFH, Urteil vom 4. April 1974 – I R 73/72, BStBl. II 1974, 645.
[508] *Hüttemann*, Die Personengesellschaft im Steuerrecht, 39 (42).
[509] Vgl. hierzu auch: *Hüttemann*, Die Personengesellschaft im Steuerrecht, 39 (41 ff.).
[510] BFH, Großer Senat, Beschluss vom 25. Juni 1984 – GrS 4/82, BStBl. II 1984, 751.
[511] BFH, Großer Senat, Beschluss vom 25. Juni 1984 – GrS 4/82, BStBl. II 1984, 751 (761 f.).
[512] BFH, Großer Senat, Beschluss vom 25. Februar 1991 – GrS 7/89, BStBl. II 1991, 691.
[513] BFH, Großer Senat, Beschluss vom 25. Februar 1991 – GrS 7/89, BStBl. II 1991, 691 (697).
[514] BFH, Großer Senat, Beschluss vom 3. Mai 1993 – GrS 3/92, BStBl. II 1993, 616.
[515] BFH, Großer Senat, Beschluss vom 3. Mai 1993 – GrS 3/92, BStBl. II 1993, 616 (621).

li 1995[516] zum gewerblichen Grundstückshandel wird das Verhältnis – bzw. Nebeneinander – der Einheits- und Vielheitsbetrachtung schließlich dergestalt festgeschrieben, dass der Grundsatz der Einheit der Personengesellschaft gegenüber dem Gedanken der Vielheit der Gesellschaft dann zurücktreten müsse, wenn andernfalls eine sachlich zutreffende Besteuerung des Gesellschafters der Personengesellschaft nicht möglich wäre.[517]

II. Bruchteilsbetrachtung bei Beteiligung über eine vermögensverwaltende Personengesellschaft anwendbar vs. Bruchteilsbetrachtung nicht anwendbar

Die Rechtsprechung wandte mit Blick auf eine Beteiligung, die über eine vermögensverwaltende Personengesellschaft als vermittelnde Gesellschaft gehalten bzw. vermittelt wurde, in einer Reihe von Entscheidungen die Bruchteilsbetrachtung nach Maßgabe der Zurechnungsregelung des § 39 Abs. 2 Nr. 2 AO mit der Folge an, dass die Wirtschaftsgüter der vermögensverwaltenden Personengesellschaft für ertragsteuerliche Zwecke den an ihr beteiligten Personengesellschaftern anteilig unmittelbar zugerechnet wurden[518]:

- Insoweit kann zunächst auf die oben bereits dargestellten Entscheidungen des Bundesfinanzhofs vom 13. Juli 1999[519], vom 7. April 1976[520] und vom 25. September 2018[521] verwiesen werden, in denen die Rechtsprechung die Wirtschaftsgüter einer vermittelnden vermögensverwaltenden Personengesellschaft auf Basis der Bruchteilsbetrachtung für ertragsteuerliche Zwecke den an ihr beteiligten Personengesellschaftern anteilig unmittelbar zurechnete.[522]
- Eine weitere Entscheidung in diesem Zusammenhang betrifft das Urteil des Finanzgerichts Köln vom 13. September 2017[523]. Im Rahmen dieser Ent-

---

[516] BFH, Großer Senat, Beschluss vom 3. Juli 1995 – GrS 1/93, BStBl. II 1995, 617.
[517] BFH, Großer Senat, Beschluss vom 3. Juli 1995 – GrS 1/93, BStBl. II 1995, 617 (622).
[518] BFH, Urteil vom 7. April 1976 – I R 75/73, BStBl. II 1976, 557; BFH, Urteil vom 13. Juli 1999 – VIII R 72/98, BStBl. II 1999, 820; BFH, Urteil vom 9. Mai 2000 – VIII R 40/99, BFH/NV 2001, 17; BFH, Urteil vom 9. Mai 2000 – VIII R 41/99, BStBl. II 2000, 686; FG Köln, Urteil vom 13. September 2017 – 2 K 2933/15, Der Konzern 2018, 29 (Revision eingelegt beim BFH unter dem Az. I R 77/17); BFH, Großer Senat, Beschluss vom 25. September 2018 – GrS 2/16, BStBl. II 2019, 262.
[519] BFH, Urteil vom 13. Juli 1999 – VIII R 72/98, BStBl. II 1999, 820.
[520] BFH, Urteil vom 7. April 1976 – I R 75/73, BStBl. II 1976, 557.
[521] BFH, Großer Senat, Beschluss vom 25. September 2018 – GrS 2/16, BStBl. II 2019, 262.
[522] Siehe hierzu die Ausführungen unter § 5 A II und III oben.
[523] FG Köln, Urteil vom 13. September 2017 – 2 K 2933/15, Der Konzern 2018, 29 (Revision eingelegt beim BFH unter dem Az. I R 77/17).

Kapitel 2: Gleichstellung ohne spezialgesetzliche Grundlage

scheidung entschied das erkennende Gericht, dass die Erstattung von Kapitalertragsteuer nebst Solidaritätszuschlag auch dann gewährt werden müsse, wenn eine ausländische Gesellschaft über eine vermögensverwaltende Personengesellschaft an einer inländischen Kapitalgesellschaft maßgeblich beteiligt sei. Denn die Bruchteilsbetrachtung nach Maßgabe der Zurechnungsregelung des § 39 Abs. 2 Nr. 2 AO führe in einem solchen Fall dazu, dass die Beteiligung der ausländischen Gesellschaft an der inländischen Kapitalgesellschaft, die über die vermögensverwaltende Personengesellschaft gehalten bzw. vermittelt werde, als unmittelbare Beteiligung an dieser Kapitalgesellschaft für Zwecke des § 43b Abs. 2 Satz 1 EStG zu werten sei.[524]

Diesen Entscheidungen stehen solche gegenüber, in denen die Rechtsprechung die Anwendung der Bruchteilsbetrachtung gemäß § 39 Abs. 2 Nr. 2 AO – trotz der Beteiligung über eine vermögensverwaltende Personengesellschaft und damit entgegen den Wertungen der Zurechnungsregelung des § 39 Abs. 2 Nr. 2 AO – auf Basis einer rein zivilrechtlichen Auslegung ausdrücklich ablehnte.[525] Insoweit wird auf die oben bereits dargestellten Entscheidungen des Bundesfinanzhofs vom 4. Oktober 1990[526], die rechtskräftige Entscheidung des Finanzgerichts München vom 29. Juli 2013[527] und auf die Entscheidung des Bundesfinanzhofs vom 21. Oktober 2014[528] verwiesen.[529] Die Rechtsprechung wendet daher bei einer Beteiligung, die über eine vermögensverwaltende Personengesellschaft als vermittelnde Gesellschaft gehalten bzw. vermittelt wird, teilweise die Bruchteilsbetrachtung gemäß § 39 Abs. 2 Nr. 2 AO an, während diese in anderen Fällen der Beteiligung über eine vermögensverwaltende Personengesellschaft die Anwendung der Bruchteilsbetrachtung auf Basis einer rein zivilrechtlichen Auslegung des relevanten ertragsteuerrechtlichen Tatbestands ausdrücklich ablehnt.

III. Betonung der Abschirmwirkung einer vermittelnden Kapitalgesellschaft vs. Durchschau bei Gestaltungsmissbrauch

Schließlich fallen eine Reihe von Entscheidungen auf, in denen die Rechtsprechung die Abschirmwirkung der Vermögenssphäre einer vermittelnden Kapital-

---

[524] FG Köln, Urteil vom 13. September 2017 – 2 K 2933/15, Der Konzern 2018, 29 (Revision eingelegt beim BFH unter dem Az. I R 77/17).
[525] BFH, Urteil vom 4. Oktober 1990 – X R 148/88, BStBl. II 1992, 211; BFH, Urteil vom 10. Juli 1996 – X R 103/95, BStBl. II 1997, 678; FG München, Urteil vom 29. Juli 2013 – 7 K 190/11, EFG 2013, 1852; BFH, Urteil vom 21. Oktober 2014 – VIII R 22/11, BStBl. II 2015, 687.
[526] BFH, Urteil vom 4. Oktober 1990 – X R 148/88, BStBl. II 1992, 211.
[527] FG München, Urteil vom 29. Juli 2013 – 7 K 190/11, EFG 2013, 1852.
[528] BFH, Urteil vom 21. Oktober 2014 – VIII R 22/11, BStBl. II 2015, 687.
[529] Siehe hierzu die Ausführungen unter § 4 C II oben.

§ 5 Rechtsprechungspraxis: Tatsächlich oftmals extensive Auslegung

gesellschaft ausdrücklich betonte und auf dieser Grundlage hervorhob, dass ein Durchgriff durch die entsprechende Kapitalgesellschaft als vermittelnde Gesellschaft nicht möglich sei[530]:

- So entschied der Bundesfinanzhof mit Entscheidung vom 15. April 1999, dass der mittelbar über eine Kapitalgesellschaft an einer Grundstücksgesellschaft Beteiligte nicht als „Gesellschafter" dieser Grundstücksgesellschaft im Sinne des § 9 Nr. 1 Satz 5 GewStG gelten könne, da die vermittelnde Kapitalgesellschaft insoweit eine „Abschirmwirkung" entfalte, welche zum Verbot des Durchgriffs auf die an ihr beteiligten Gesellschafter führen würde.[531] Zwar habe der Bundesfinanzhof mit Urteil vom 15. Dezember 1998 entschieden, dass der mittelbar über eine Personengesellschaft an einer Grundstücksgesellschaft Beteiligte sehr wohl als „Gesellschafter" dieser Grundstücksgesellschaft im Sinne des § 9 Nr. 1 Satz 5 gelten könne[532]; die mittelbare Beteiligung über eine Kapitalgesellschaft habe eine solche Wirkung wegen des Durchgriffsverbots durch die vermittelnde Kapitalgesellschaft jedoch gerade nicht.[533]
- Der Bundesfinanzhof entschied mit Entscheidung vom 27. März 2007 zudem, dass eine mittelbare Beteiligung, die über eine andere Kapitalgesellschaft gehalten werde, für Zwecke des Werbungskostenabzugs von sog. „nachträglichen" Zinsaufwendungen nicht ausreichen könne.[534] Ein Durchriff durch die vermittelnde Kapitalgesellschaft komme wegen des Trennungsprinzips bei Kapitalgesellschaften grundsätzlich nicht in Betracht, so dass eine mittelbare Beteiligung über eine Kapitalgesellschaft für den Werbungskosten-Abzug nicht ausreichen könne.[535]
- Der Bundesfinanzhof entschied mit Entscheidung vom 4. März 2008, dass die Übernahme von eigenkapitalersetzenden Bürgschaften für eine Gesellschaft, an der der Steuerpflichtige nur mittelbar über eine Kapitalgesellschaft beteiligt sei, nicht zu nachträglichen Anschaffungskosten mit Blick auf seine

---

[530] BFH, Urteil vom 15. April 1999 – IV R 11/98, BStBl. II 1999, 532; BFH, Urteil vom 27. März 2007 – VIII R 64/05, BStBl. II 2007, 639; BFH, Urteil vom 4. März 2008 – IX R 78/06, BStBl. II 2008, 575; BFH, Urteil vom 22. September 2011 – IV R 3/10, BStBl. II 2012, 14; BFH, Urteil vom 22. September 2011 – IV R 42/09, BFH/NV 2012, 236.
[531] BFH, Urteil vom 15. April 1999 – IV R 11/98, BStBl. II 1999, 532.
[532] BFH, Urteil vom 15. Dezember 1998 – VIII R 77/93, BStBl. II 1999, 168; vgl. hierzu die Ausführungen unter § 5 A V oben.
[533] BFH, Urteil vom 15. April 1999 – IV R 11/98, BStBl. II 1999, 532 (533).
[534] BFH, Urteil vom 27. März 2007 – VIII R 64/05, BStBl. II 2007, 639.
[535] BFH, Urteil vom 27. März 2007 – VIII R 64/05, BStBl. II 2007, 639 (641).

unmittelbaren Beteiligung führe; insbesondere komme ein Durchgriff durch die vermittelnde Kapitalgesellschaft nicht in Betracht.[536]
- Der Bundesfinanzhof entschied schließlich mit Entscheidung vom 22. September 2011, dass die grundsätzliche Abschirmwirkung der Vermögenssphäre einer Kapitalgesellschaft gegenüber ihren Anteilseignern einen sachlichen Differenzierungsgrund liefere, Beteiligungen an einer Kapitalgesellschaft – anders als Beteiligungen an einer Personengesellschaft in Form einer Mitunternehmerschaft – vom Regelungsbereich der ertragsteuerrechtlichen Vorschrift des § 35 Abs. 3 Satz 4 EStG in der im Streitjahr 2003 maßgebenden Fassung auszunehmen.[537]

Demgegenüber fallen jedoch auch Entscheidungen auf, in denen die Rechtsprechung die Zwischenschaltung einer Kapitalgesellschaft für ertragsteuerliche Zwecke nicht anerkannte und auf dieser Grundlage im Ergebnis doch durch die vermittelnde Kapitalgesellschaft „durchschaute".[538] Der Bundesfinanzhof erkannte nämlich in einer Reihe von Entscheidungen die Zwischenschaltung von Kapitalgesellschaften für ertragsteuerliche Zwecke wegen des Missbrauchs von Gestaltungsmöglichkeiten nicht an und hob damit die Abschirmwirkung der Vermögenssphäre von Kapitalgesellschaften auf bzw. schaute durch die vermittelnde Kapitalgesellschaft durch:

- So entschied der Bundesfinanzhof mit Entscheidung vom 29. Juli 1976, dass die Wertpapiererträge, die von einer ausländischen Kapitalgesellschaft erzielt wurden, wegen Gestaltungsmissbrauchs dem Gesellschafter dieser Kapitalgesellschaft unmittelbar zuzurechnen und von diesem zu besteuern seien.[539] Die ausländische Gesellschaft wurde von einer natürlichen Person (und deren Ehepartner) gegründet und beschränkte sich zunächst auf die Verwaltung von Wertpapieren, die sie von der natürlichen Person erworben hatte, wobei ein Gewinn erzielt wurde. Der Bundesfinanzhof entschied insoweit, dass die Wertpapiererträge der ausländischen Kapitalgesellschaft – wegen Rechtsmissbrauchs – der natürlichen Person entsprechend ihres Gesellschaftsanteils unmittelbar zuzurechnen und im Rahmen der Einkünfte aus Kapitalvermö-

---

[536] BFH, Urteil vom 4. März 2008 – IX R 78/06, BStBl. II 2008, 575.
[537] BFH, Urteil vom 22. September 2011 – IV R 3/10, BStBl. II 2012, 14.
[538] BFH, Urteil vom 29. Juli 1976 – VIII R 142/73, BStBl. II 1977, 263; BFH, Urteil vom 9. Dezember 1980 – VIII R 11/77, BStBl. II 1981, 339; BFH, Urteil vom 5. März 1986 – I R 201/82, BStBl. II 1986, 496; BFH, Urteil vom 10. Juni 1992 – I R 105/89, BStBl. II 1992, 1029; BFH, Urteil vom 27. August 1997 – I R 8/97, BStBl. II 1998, 163; BFH, Urteil vom 23. Oktober 2002 – I R 39/01, BFH/NV 2003, 230; BFH, Urteil vom 18. März 2004 – III R 25/02, BStBl. II 2004, 787.
[539] BFH, Urteil vom 29. Juli 1976 – VIII R 142/73, BStBl. II 1977, 263.

§ 5 Rechtsprechungspraxis: Tatsächlich oftmals extensive Auslegung

gen der inländischen Besteuerung zu unterwerfen seien.[540] Es handele sich bei der ausländischen Kapitalgesellschaft um eine Basisgesellschaften im niedrig besteuerten Ausland, für deren Errichtung wirtschaftliche oder sonst beachtliche Gründe fehlten und die keine eigene wirtschaftliche Tätigkeit entfaltet habe. Die Tätigkeit erschöpfe sich im vorliegenden Fall vielmehr im bloßen Halten und der damit verbundenen Verwaltungstätigkeit von Vermögenswerten in Form des Stammkapitals bzw. darin, einen Teil des Wertpapiervermögens der natürlichen Person zu übernehmen und zu halten.[541]

- Vergleichbare Entscheidungen, in denen die Zwischenschaltung einer ausländischen Kapitalgesellschaft für ertragsteuerliche Zwecke nicht anerkannt wurde, betrafen die Entscheidungen des Bundesfinanzhofs vom 9. Dezember 1980[542], vom 5. März 1986[543], vom 10. Juni 1992[544], vom 27. August 1997[545] und vom 23. Oktober 2002[546].
- Dagegen betraf die Entscheidung des Bundesfinanzhofs vom 18. März 2004 die Zwischenschaltung einer inländischen Kapitalgesellschaft.[547] Auch insoweit erkannte der Bundesfinanzhof die Zwischenschaltung dieser inländischen Kapitalgesellschaft für steuerliche Zwecke nicht an. Dabei war eine natürliche Person Alleingesellschafter einer inländischen GmbH, die ein zunächst von der natürliche Person erworbenes Mietwohngrundstück von dieser natürlichen Person erwarb. Die GmbH teilte das Mietwohngrundstück in vier Eigentumswohnungen auf und veräußerte diese Eigentumswohnungen an vier verschiedene Erwerber. Der Bundesfinanzhof entschied, dass der natürlichen Person – wegen Gestaltungsmissbrauchs – die relevanten Veräußerungen durch die GmbH unmittelbar zuzurechnen seien, so dass auf Ebene der natürlichen Person ein gewerblicher Grundstückshandel vorlag. Der Verkauf der Eigentumswohnungen sei lediglich formal auf die inländische GmbH als Zwischenerwerberin ausgelagert worden, denn die Begründung von Wohneigentum durch die GmbH hinge indes von der Bevollmächtigung der natürlichen Person als Eigentümerin und Verkäuferin des Mietwohngrundstückes ab.[548]

---

[540] BFH, Urteil vom 29. Juli 1976 – VIII R 142/73, BStBl. II 1977, 263 (264).
[541] BFH, Urteil vom 29. Juli 1976 – VIII R 142/73, BStBl. II 1977, 263 (265).
[542] BFH, Urteil vom 9. Dezember 1980 – VIII R 11/77, BStBl. II 1981, 339.
[543] BFH, Urteil vom 5. März 1986 – I R 201/82, BStBl. II 1986, 496.
[544] BFH, Urteil vom 10. Juni 1992 – I R 105/89, BStBl. II 1992, 1029.
[545] BFH, Urteil vom 27. August 1997 – I R 8/97, BStBl. II 1998, 163.
[546] BFH, Urteil vom 23. Oktober 2002 – I R 39/01, BFH/NV 2003, 230.
[547] BFH, Urteil vom 18. März 2004 – III R 25/02, BStBl. II 2004, 787.
[548] BFH, Urteil vom 18. März 2004 – III R 25/02, BStBl. II 2004, 787 (788 ff.).

Die Rechtsprechung betont daher bei einer Beteiligung, die über eine Kapitalgesellschaft als vermittelnde Gesellschaft gehalten bzw. vermittelt wird, teilweise die Abschirmwirkung der Vermögenssphäre der vermittelnden Kapitalgesellschaft, so dass ein Durchgriff durch die vermittelnde Kapitalgesellschaft nicht in Betracht kommt, während diese in anderen Fällen der Beteiligung über eine Kapitalgesellschaft die Zwischenschaltung der Kapitalgesellschaft für ertragsteuerliche Zwecke nicht anerkennt und auf dieser Grundlage im Ergebnis doch durch die vermittelnde Kapitalgesellschaft „durchschaut".

C. Ergebnis dieses Kapitels

Auf Grundlage der oben in § 4 und diesem § 5 geschilderten Erkenntnisse ergeben sich die folgenden Ergebnisse zur Behandlung der „ungeregelten" Fälle der Gleichstellung der mittelbaren mit der unmittelbaren Beteiligung im Ertragsteuerrecht durch die Rechtsprechung:

1. Die Rechtsprechung vertritt mit Blick auf die Gleichstellung der mittelbaren mit der unmittelbaren Beteiligung in „ungeregelten" Fällen des Ertragsteuerrechts im Ausgangspunkt einen restriktiven Lösungsansatz und verlangt zur Gleichstellung der mittelbaren mit der unmittelbaren Beteiligung für Zwecke des Ertragsteuerrechts im Grundsatz eine spezialgesetzliche Grundlage. Ein Ausnahme soll nach Ansicht der Rechtsprechung nur dann gelten, wenn sich die Gleichstellung der mittelbaren mit der unmittelbaren Beteiligten klar bzw. eindeutig aus dem Sinn und Zweck der jeweiligen ertragsteuerrechtlichen Vorschrift ergeben würde.
2. Die vorgenommene Rechtsprechungsanalyse macht deutlich, dass dieser restriktive Lösungsansatz der Rechtsprechung zur Gleichstellung der mittelbaren mit der unmittelbaren Beteiligung in „ungeregelten" Fällen des Ertragsteuerrechts im Rahmen der tatsächlichen Rechtsprechungspraxis keineswegs konsequent „gelebt" wird. Stattdessen nimmt die Rechtsprechung auf Basis einer extensiven Auslegung in einer Vielzahl von Entscheidungen eine Gleichstellung der mittelbaren mit der unmittelbaren Beteiligung in „ungeregelten" Fällen auch ohne spezialgesetzliche Grundlage an, so dass eine einheitliche bzw. klare – weil restriktive – Linie der Rechtsprechung im Bereich der „ungeregelten" Fälle der Gleichstellung der mittelbaren mit der unmittelbaren Beteiligung im Ertragsteuerrecht nicht erkennbar ist.
3. Der Vorwurf der uneinheitlichen bzw. nicht klaren Linie der Rechtsprechung zur Gleichstellung der mittelbaren mit der unmittelbaren Beteiligung in „ungeregelten" Fällen des Ertragsteuerrechts wird zusätzlich dadurch ver-

schärft, dass in diesem Zusammenhang bestimmte Kategorien von Entscheidungen gebildet werden können, die sich bezogen auf die durch Rechtsprechung angewandten Grundsätze diametral gegenüberstehen:

a. So stehen zunächst solche Entscheidungen, in denen die Rechtsprechung eine mittelbare Beteiligung über eine Personengesellschaft auf Basis eines Durchgriffs durch die vermittelnde Personengesellschaft einer unmittelbaren Beteiligung gleichstellte, solchen Entscheidungen gegenüber, in denen die Rechtsprechung die mittelbare Beteiligung über eine Personengesellschaft gerade nicht als einer unmittelbaren Beteiligung gleichstehend einstufte bzw. einen Durchgriff durch die vermittelnde Personengesellschaft ablehnte.

b. Außerdem stehen sich solche Entscheidungen gegenüber, in denen die mittelbare Beteiligung über eine vermögensverwaltende Personengesellschaft – entsprechend den Wertungen der Zurechnungsregelung des § 39 Abs. 2 Nr. 2 AO – als (anteilige) unmittelbare Beteiligung der Personengesellschafter dieser vermögensverwaltenden Personengesellschaft an den im Vermögen der vermögensverwaltenden Personengesellschaft stehenden Wirtschaftsgüter gewertet wurde (sog. Bruchteilsbetrachtung), während in anderen Entscheidungen die Bruchteilsbetrachtung – trotz der Beteiligung über eine vermögensverwaltende Personengesellschaft und damit grundsätzlich entgegen den Wertungen des § 39 Abs. 2 Nr. 2 AO – durch die Rechtsprechung ausdrücklich abgelehnt wurde.

c. Schließlich fallen Entscheidungen der Rechtsprechung auf, in denen diese die Abschirmwirkung der Vermögenssphäre einer Kapitalgesellschaft ausdrücklich betonte, so dass ein Durchgriff durch eine vermitteltende Kapitalgesellschaft auf dieser Grundlage ausdrücklich abgelehnt wurde. Diesen Entscheidungen stehen jedoch solche gegenüber, in denen die Rechtsprechung die Zwischenschaltung einer Kapitalgesellschaft für ertragsteuerliche Zwecke nicht anerkannte und die Abschirmwirkung einer vermittelnden Kapitalgesellschaft hierdurch aufhob.

Kapitel 3: Die Gleichstellung der mittelbaren mit der unmittelbaren Beteiligung im Ertragsteuerrecht mit spezialgesetzlicher Grundlage

§ 6 Kategorisierung der spezialgesetzlichen Gleichstellungsnormen des Ertragsteuerrechts

A. Grundlagen und Ziel dieses Paragraphen

Im Gegensatz zu den im zweiten Kapitel behandelten „ungeregelten" Fällen, in denen der Gesetzgeber die Gleichstellung der mittelbaren mit der unmittelbaren Beteiligung im Tatbestand der relevanten ertragsteuerrechtlichen Norm nicht spezialgesetzlich regelt, gibt es eine Reihe von Tatbeständen im Ertragsteuerrecht, in denen der Gesetzgeber die Gleichstellung der mittelbaren mit der unmittelbaren Beteiligung durch eine spezialgesetzliche Grundlage ausdrücklich normiert. In diesen „geregelten" Fällen des Ertragsteuerrechts wird somit durch den Gesetzeswortlaut der relevanten ertragsteuerrechtlichen Vorschrift eine Gleichstellung der mittelbaren mit der unmittelbaren Beteiligung spezialgesetzlich angeordnet.[549]

So bestimmt die spezialgesetzliche Gleichstellungsnorm des § 4h Abs. 5 Satz 3 EStG beispielsweise, dass § 8c KStG (d.h. die Verlustabzugs- bzw. Verlustuntergangsregelung für Körperschaften) auch auf den Zinsvortrag einer Personengesellschaft entsprechend anzuwenden ist, soweit an dieser *unmittelbar oder mittelbar* eine Körperschaft als Mitunternehmerin beteiligt ist:

> „§ 8c des Körperschaftsteuergesetzes ist auf den Zinsvortrag einer Gesellschaft entsprechend anzuwenden, soweit an dieser <u>unmittelbar oder mittelbar</u> eine Körperschaft als Mitunternehmer beteiligt ist."[550]

Damit reicht es für Zwecke des § 4h Abs. 5 Satz 3 EStG – neben dem Fall der unmittelbaren Beteiligung einer Körperschaft an einer Personengesellschaft – ebenso aus, dass an der relevanten Personengesellschaft eine Körperschaft lediglich mittelbar beteiligt ist. Der Fall der lediglich mittelbaren Beteiligung einer Körperschaft an einer Personengesellschaft wird damit vom Gesetzgeber durch die

---

[549] Vgl. hierzu die Übersicht zu den verschiedenen spezialgesetzlichen Gleichstellungsnormen des Ertragsteuerrechts in Anhang 1.
[550] Aktueller Wortlaut des § 4h Abs. 5 Satz 3 EStG (die Unterstreichungen wurden seitens des Verfassers eingefügt).

spezialgesetzliche Gleichstellungsnorm des § 4h Abs. 5 Satz 3 EStG dem Fall der unmittelbaren Beteiligung ausdrücklich gleichgestellt.

Auch die ertragsteuerrechtliche Vorschrift des § 20 Abs. 2 Satz 3 EStG wurde vom Gesetzgeber als eine solche spezialgesetzliche Gleichstellungsnorm des Ertragsteuerrechts ausgestaltet. Gemäß dem Gesetzeswortlaut des § 20 Abs. 2 Satz 3 EStG gilt nämlich die Anschaffung oder Veräußerung einer *unmittelbaren oder mittelbaren Beteiligung* an einer Personengesellschaft als Anschaffung oder Veräußerung der anteiligen Wirtschaftsgüter dieser Personengesellschaft:

> „Die Anschaffung oder Veräußerung einer *unmittelbaren oder mittelbaren Beteiligung* an einer Personengesellschaft gilt als Anschaffung oder Veräußerung der anteiligen Wirtschaftsgüter."[551]

Nach der spezialgesetzlichen Gleichstellungsnorm des § 20 Abs. 2 Satz 3 EStG finden deren Rechtsfolgen damit – neben dem Fall der Anschaffung oder Veräußerung einer unmittelbaren Beteiligung an einer Personengesellschaft – auch im Fall der Anschaffung oder Veräußerung einer lediglich mittelbaren Beteiligung an der relevanten Personengesellschaft Anwendung. Damit stellt auch diese spezialgesetzliche Gleichstellungsnorm die mittelbare der unmittelbaren Beteiligung ausdrücklich gleich.

Da sich eine Vielzahl von weiteren spezialgesetzlichen Gleichstellungsnormen im Ertragsteuerrecht finden lassen[552], soll im Folgenden untersucht werden, wie der Gesetzgeber die spezialgesetzliche Gleichstellung der mittelbaren mit der unmittelbaren Beteiligung im Rahmen der von ihm normierten spezialgesetzlichen Gleichstellungsnormen des Ertragsteuerrechts tatbestandlich verwirklicht. Es soll dabei insbesondere untersucht werden, ob insoweit ein einheitliches System des Gesetzgebers oder jedenfalls verschiedene Kategorien von spezialgesetzlichen Gleichstellungsnormen im Ertragsteuerrecht erkennbar sind.

So ist beispielsweise denkbar, dass der Gesetzgeber die spezialgesetzliche Gleichstellung der mittelbaren mit der unmittelbaren Beteiligung im Ertragsteuerrecht ausschließlich dergestalt umsetzt, dass er anstatt des unspezifischen Tatbestandsmerkmals der „Beteiligung" stets die Formulierung „unmittelbare oder mittelbare Beteiligung" bzw. eine vergleichbare Formulierung verwendet. Insoweit kann auf den bereits oben zitierten Gesetzeswortlaut der spezialgesetzlichen Gleichstellungsnormen des § 4h Abs. 5 Satz 3 EStG und des § 20 Abs. 2 Satz 3

---

[551] Aktueller Wortlaut des § 20 Abs. 2 Satz 3 EStG (die Unterstreichungen wurden seitens des Verfassers eingefügt).

[552] Vgl. hierzu die Übersicht zu den verschiedenen spezialgesetzlichen Gleichstellungsnormen des Ertragsteuerrechts in Anhang 1.

§ 6 Kategorisierung der spezialgesetzlichen Gleichstellungsnormen

EStG verwiesen werden, in deren Rahmen der Gesetzgeber jeweils die Formulierung „unmittelbare oder mittelbare Beteiligung" verwendet. In diesem Fall würde der relevante Tatbestand ausdrücklich beide Beteiligungsformen (d.h. die unmittelbare als auch die mittelbare Beteiligung) vom Gesetzeswortlaut umfassen und auf dieser Grundlage die spezialgesetzliche Gleichstellung der mittelbaren mit der unmittelbaren Beteiligung realisieren.

Es erscheint aber auch möglich, dass der Gesetzgeber in anderen spezialgesetzlichen Gleichstellungsnormen des Ertragsteuerrechts ein anderes Vorgehen zur Gleichstellung der mittelbaren mit der unmittelbaren Beteiligung wählt bzw. sich verschiedene Kategorien von spezialgesetzlichen Gleichstellungsnormen im Ertragsteuerrecht bilden lassen, die sich unterscheiden und voneinander abzugrenzen sind. Hierzu wurden die insgesamt rund 40 spezialgesetzlichen Gleichstellungsnormen des Ertragsteuerrechts mit Blick auf das jeweilige gesetzgeberische Vorgehen analysiert.[553]

B. Kategorisierung ausgehend von zwei Ober-Kategorien

Im Rahmen der Analyse der verschiedenen spezialgesetzlichen Gleichstellungsnormen des Ertragsteuerrechts fällt zunächst auf, dass der Gesetzgeber kein einheitliches Vorgehen bzw. System zur spezialgesetzlichen Gleichstellung der mittelbaren mit der unmittelbaren Beteiligung im Ertragsteuerrecht gewählt hat. Der Gesetzgeber setzt die spezialgesetzliche Gleichstellung der mittelbaren mit der unmittelbaren Beteiligung im Ertragsteuerrecht insbesondere nicht ausschließlich dergestalt um, dass er anstatt des unspezifischen Tatbestandsmerkmals der „Beteiligung" stets die Formulierung „unmittelbare oder mittelbare Beteiligung" verwendet. Zwar wählt der Gesetzgeber dieses Vorgehen in der großen Mehrzahl der spezialgesetzlichen Gleichstellungsnormen des Ertragsteuerrechts, so dass der Gesetzeswortlaut der spezialgesetzlichen Gleichstellungsnormen mehrheitlich ausdrücklich beide Beteiligungsformen (d.h. sowohl die unmittelbare als auch die mittelbare Beteiligung) umfasst.

In einigen anderen Fällen des Ertragsteuerrechts wählt der Gesetzgeber allerdings ein anderes Vorgehen. So finden sich nämlich auch spezialgesetzliche Gleichstellungsnormen im Ertragsteuerrecht, in deren Rahmen ausschließlich nur die mittelbare Beteiligungsform und gerade nicht zugleich auch die unmittelbare Beteiligungsform angesprochen wird. In solchen Fällen verwirklicht der Gesetzgeber die spezialgesetzliche Gleichstellung der mittelbaren mit der unmittelbaren

---

[553] Vgl. hierzu auch die zusammenfassende Übersicht zur Kategorisierung der spezialgesetzlichen Gleichstellungsnormen des Ertragsteuerrechts in Anhang 3.

Kapitel 3: Gleichstellung mit spezialgesetzlicher Grundlage

Beteiligung durch die entsprechende Anwendung einer anderen ertragsteuerrechtlichen Vorschrift, die eigentlich allein den Fall der unmittelbaren Beteiligung betrifft, auch für den Fall der lediglich mittelbaren Beteiligung bzw. durch die Fiktion der mittelbaren als unmittelbare Beteiligung.

Die verschiedenen spezialgesetzlichen Gleichstellungsnormen des Ertragsteuerrechts lassen sich daher zunächst in diese beiden zu unterscheidenden „Ober-Kategorien" unterteilen, welche damit die erste und wesentliche Differenzierungsebene der verschiedenen spezialgesetzlichen Gleichstellungsnormen des Ertragsteuerrechts bilden.[554]

I. Ober-Kategorie 1: Spezialgesetzliche Gleichstellungsnorm betrifft ausdrücklich beide Beteiligungsformen

In der großen Mehrzahl der Fälle umfasst der Anwendungsbereich der spezialgesetzlichen Gleichstellungsnormen des Ertragsteuerrechts somit ausdrücklich sowohl die unmittelbare als auch die mittelbare Beteiligung. Die entsprechenden steuerrechtlichen Rechtsfolgen dieser spezialgesetzlichen Gleichstellungsnormen finden daher grundsätzlich unabhängig davon Anwendung, ob eine unmittelbare oder eine lediglich mittelbare Beteiligung gegeben ist. Der Gesetzgeber setzt die spezialgesetzliche Gleichstellung der mittelbaren mit der unmittelbaren Beteiligung im Ertragsteuerrecht daher regelmäßig dergestalt um, dass der Tatbestand der spezialgesetzlichen Gleichstellungsnormen des Ertragsteuerrechts sowohl den Fall der unmittelbaren als auch den Fall der lediglich mittelbaren Beteiligung ausdrücklich umfasst.

Als Beispiel für eine solche spezialgesetzliche Gleichstellungsnorm des Ertragsteuerrechts, welche beide Beteiligungsformen (d.h. sowohl die unmittelbare als auch die mittelbare Beteiligungsform) betrifft, kann die bereits oben erwähnte spezialgesetzliche Gleichstellungsnorm des § 20 Abs. 2 Satz 3 EStG angeführt werden:

„Die Anschaffung oder Veräußerung einer <u>unmittelbaren oder mittelbaren Beteiligung</u> an einer Personengesellschaft gilt als Anschaffung oder Veräußerung der anteiligen Wirtschaftsgüter."[555]

Der Anwendungsbereich der spezialgesetzlichen Gleichstellungsnorm des § 20 Abs. 2 Satz 3 EStG betrifft gemäß ihres Gesetzeswortlauts sowohl den Fall der

---

[554] Vgl. hierzu auch die zusammenfassende Übersicht zur Kategorisierung der spezialgesetzlichen Gleichstellungsnormen des Ertragsteuerrechts in Anhang 3.
[555] Aktueller Wortlaut des § 20 Abs. 2 Satz 3 EStG (die Unterstreichungen wurden seitens des Verfassers eingefügt).

§ 6 Kategorisierung der spezialgesetzlichen Gleichstellungsnormen

unmittelbaren als auch den Fall der lediglich mittelbaren Beteiligung und somit beide Beteiligungsformen. Die spezialgesetzliche Gleichstellungsnorm des § 20 Abs. 2 Satz 3 EStG ist daher hinsichtlich ihrer Rechtsfolgen unabhängig davon anzuwenden, ob eine unmittelbare oder lediglich eine mittelbare Beteiligung an der entsprechenden Personengesellschaft gegeben ist.

Auch die spezialgesetzliche Gleichstellungsnorm des § 4h Abs. 5 Satz 3 EStG ist dieser Ober-Kategorie zuzuordnen, da von ihrem Anwendungsbereich ebenfalls beide Beteiligungsformen umfasst werden und die Norm somit wiederum unabhängig davon anzuwenden ist, ob eine unmittelbare oder lediglich eine mittelbare Beteiligung gegeben ist:

„§ 8c des Körperschaftsteuergesetzes ist auf den Zinsvortrag einer Gesellschaft entsprechend anzuwenden, soweit an dieser <u>unmittelbar oder mittelbar</u> eine Körperschaft als Mitunternehmer beteiligt ist."[556]

Im Ertragsteuerrecht finden sich eine Reihe von weiteren spezialgesetzlichen Gleichstellungsnormen, die dieser Ober-Kategorie zuzuordnen sind.[557] Insgesamt sind dieser Ober-Kategorie 31 von 38 der untersuchten spezialgesetzlichen Gleichstellungsnormen des Ertragsteuerrechts zuzuordnen, was 81,58 % der untersuchten spezialgesetzlichen Gleichstellungsnormen des Ertragsteuerrechts entspricht.[558]

II. Ober-Kategorie 2: Spezialgesetzliche Gleichstellungsnorm betrifft ausdrücklich nur die mittelbare Beteiligungsform

In einigen (wenigen) anderen Fällen umfasst der Anwendungsbereich der spezialgesetzlichen Gleichstellungsnormen des Ertragsteuerrechts dagegen ausdrücklich nur die mittelbare, jedoch nicht zugleich auch die unmittelbare Beteiligung und

---

[556] Aktueller Wortlaut des § 4h Abs. 5 Satz 3 EStG (die Unterstreichungen wurden seitens des Verfassers eingefügt).
[557] Dies betrifft die folgenden spezialgesetzlichen Gleichstellungsnormen des Ertragsteuerrechts: § 3 Nr. 40 Satz 3 Hs. 2 EStG, § 3 Nr. 70 Satz 4 EStG, § 3c Abs. 2 Satz 2 EStG, § 3c Abs. 2 Satz 6 EStG, § 4h Abs. 2 Satz 2 EStG, § 6 Abs. 5 Satz 5 und Satz 6 EStG, § 15 Abs. 4 Satz 8 EStG, § 16 Abs. 3 Satz 4 EStG, § 16 Abs. 5 EStG, § 17 Abs. 1 Satz 1 EStG, § 17 Abs. 6 EStG, § 23 Abs. 1 Satz 4 EStG, § 32d Abs. 2 Nr. 3 Buchst. a EStG, § 49 Abs. 1 Nr. 2 Buchst. f Satz 2 EStG, § 51 Abs. 1 Nr. 1 Buchst. f lit. bb EStG, § 8 Abs. 7 Satz 1 Nr. 2 KStG, § 8a Abs. 2 KStG, § 8a Abs. 3 Satz 1 KStG, § 8b Abs. 3 Satz 4 KStG, § 8b Abs. 7 Satz 2 KStG, § 8b Abs. 10 Satz 7 KStG, § 8c Abs. 1 Satz 1 KStG, § 8c Abs. 1 Satz 5 KStG, § 14 Abs. 1 Satz 1 Nr. 2 Satz 4 KStG, § 14 Abs. 1 Satz 1 Nr. 2 Satz 6 KStG, § 32 Abs. 5 Satz 2 Nr. 5 KStG, § 34 Abs. 14 Satz 1 Nr. 1 KStG, § 7 Satz 4 GewStG und § 10a Satz 10 Hs. 2 Nr. 2 GewStG.
[558] Vgl. hierzu auch die zusammenfassende Übersicht zur Kategorisierung der spezialgesetzlichen Gleichstellungsnormen des Ertragsteuerrechts in Anhang 3.

damit lediglich eine der beiden Beteiligungsformen. Die entsprechenden steuerrechtlichen Rechtsfolgen dieser spezialgesetzlichen Gleichstellungsnormen finden daher grundsätzlich nur dann Anwendung, wenn eine mittelbare Beteiligung gegeben ist; eine unmittelbare Beteiligung fällt dementsprechend nicht in den Anwendungsbereich dieser spezialgesetzlichen Gleichstellungsnormen des Ertragsteuerrechts. In solchen Fällen verwirklicht der Gesetzgeber die spezialgesetzliche Gleichstellung der mittelbaren mit der unmittelbaren Beteiligung durch die entsprechende Anwendung einer anderen ertragsteuerrechtlichen Vorschrift, die eigentlich allein den Fall der unmittelbaren Beteiligung betrifft, auch für den Fall der lediglich mittelbaren Beteiligung bzw. durch die Fiktion der mittelbaren als unmittelbare Beteiligung. Hierdurch erreichen diese spezialgesetzlichen Gleichstellungsnormen des Ertragsteuerrechts ebenfalls eine Gleichstellung der mittelbaren mit der unmittelbaren Beteiligung, obwohl sie gemäß ihres Anwendungsbereichs allein die mittelbare Beteiligung umfassen.

Als Beispiel für eine solche spezialgesetzliche Gleichstellungsnorm des Ertragsteuerrechts, welche die Gleichstellung der mittelbaren mit der unmittelbaren Beteiligung durch die entsprechende Anwendung einer anderen ertragsteuerrechtlichen Vorschrift, die eigentlich allein den Fall der unmittelbaren Beteiligung betrifft, vollzieht, kann § 8b Abs. 6 Satz 2 KStG angeführt werden:

„Die [§ 8b] Absätze 1 bis 5 [KStG] gelten für Bezüge und Gewinne, die einem Betrieb gewerblicher Art einer juristischen Person des öffentlichen Rechts <u>über andere juristische Personen des öffentlichen Rechts</u> zufließen, über die sie <u>mittelbar</u> an der leistenden Körperschaft, Personenvereinigung oder Vermögensmasse <u>beteiligt ist</u> und bei denen die Leistungen nicht im Rahmen eines Betriebs gewerblicher Art erfasst werden, und damit in Zusammenhang stehende Gewinnminderungen <u>entsprechend</u>."[559]

Die spezialgesetzliche Gleichstellungsnorm des § 8b Abs. 6 Satz 2 KStG erklärt damit die Regelungen des § 8b Abs. 1 bis 5 KStG, die grundsätzlich nur im Fall einer unmittelbaren Beteiligung an einer Körperschaft Anwendung finden, auch für den Fall einer mittelbaren Beteiligung über eine zwischengeschaltete juristische Person des öffentlichen Rechts für entsprechend anwendbar. Damit kommen bei einem Betrieb gewerblicher Art einer juristischen Person des öffentlichen Rechts insbesondere die Steuerbefreiungen nach § 8b Abs. 1 und 2 KStG nicht nur bei einer unmittelbaren Beteiligung an einer Körperschaft zum Tragen, sondern finden über die spezialgesetzliche Gleichstellungsnorm des § 8b Abs. 6 Satz 2 KStG

---

[559] Aktueller Wortlaut des § 8b Abs. 6 Satz 2 KStG (die Unterstreichungen wurden seitens des Verfassers eingefügt).

§ 6 Kategorisierung der spezialgesetzlichen Gleichstellungsnormen

auch dann Anwendung, wenn dieser aufgrund einer mittelbaren Beteiligung über eine zwischengeschaltete juristische Person des öffentlichen Rechts entsprechende Erträge erzielt. Hierdurch erreicht die spezialgesetzliche Gleichstellungsnorm des § 8b Abs. 6 Satz 2 KStG ebenfalls eine Gleichstellung der mittelbaren mit der unmittelbaren Beteiligung, obwohl sie vom Anwendungsbereich allein die mittelbare Beteiligung und nicht zugleich auch die unmittelbare Beteiligung umfasst.

Eine andere spezialgesetzliche Gleichstellungsnorm des Ertragsteuerrechts, die dieser Ober-Kategorie zuzuordnen ist, ist die spezialgesetzliche Gleichstellungsnorm des § 8b Abs. 4 Sätze 4 und 5 KStG (in Verbindung mit § 8b Abs. 4 Sätze 1 bis 3 KStG):

„Beteiligungen über eine Mitunternehmerschaft sind dem Mitunternehmer anteilig zuzurechnen; § 15 Absatz 1 Satz 1 Nummer 2 Satz 2 des Einkommensteuergesetzes gilt sinngemäß. Eine dem Mitunternehmer nach Satz 4 zugerechnete Beteiligung gilt für die Anwendung dieses Absatzes als unmittelbare Beteiligung. "[560]

Durch die spezialgesetzliche Gleichstellungsnorm des § 8b Abs. 4 Sätze 4 und 5 KStG wird somit die mittelbare Beteiligung an einer Körperschaft, die über eine oder mehrere Mitunternehmerschaften gehalten bzw. vermittelt wird, für Zwecke der Prüfung einer Schachtelbeteiligung im Sinne des § 8b Abs. 4 Satz 1 KStG, welche ausdrücklich eine unmittelbare Beteiligung erfordert[561], als anteilige unmittelbare Beteiligung der Mitunternehmer der vermittelnden Mitunternehmerschaft fingiert. Aufgrund dieser Fiktion der mittelbaren als unmittelbaren Beteiligung für Zwecke der Prüfung einer Schachtelbeteiligung ist § 8b Abs. 4 Satz 1 KStG, welcher ausdrücklich eine unmittelbare Beteiligung zur Anwendung erfordert, letztlich auch im Fall der mittelbaren Beteiligung über eine oder mehrere Mitunternehmerschaften anwendbar. Der Gesetzgeber verwirklicht damit durch diese Fiktion der mittelbaren als unmittelbaren Beteiligung bzw. die entsprechende Anwendung des § 8b Abs. 4 Satz 1 KStG auch im Fall der mittelbaren Beteiligung die spezialgesetzliche Gleichstellung der mittelbaren mit der unmittelbaren Beteiligung, obwohl die spezialgesetzliche Gleichstellungsnorm des § 8b Abs. 4

---

[560] Aktueller Wortlaut des § 8b Abs. 4 Sätze 4 und 5 KStG (die Unterstreichungen wurde seitens des Verfassers eingefügt.
[561] Aktueller Wortlaut des § 8b Abs. 4 Satz 1 KStG (die Unterstreichungen wurde seitens des Verfassers eingefügt):
„Bezüge im Sinne des [§ 8b] Absatzes 1 sind abweichend von [§ 8b] Absatz 1 Satz 1 bei der Ermittlung des Einkommens zu berücksichtigen, wenn die Beteiligung zu Beginn des Kalenderjahres unmittelbar weniger als 10 Prozent des Grund- oder Stammkapitals betragen hat; ist ein Grund- oder Stammkapital nicht vorhanden, ist die Beteiligung an dem Vermögen, bei Genossenschaften die Beteiligung an der Summe der Geschäftsguthaben, maßgebend.".

Kapitel 3: Gleichstellung mit spezialgesetzlicher Grundlage

Sätze 4 und 5 KStG gemäß ihres Anwendungsbereichs allein die mittelbare Beteiligung und nicht zugleich auch die unmittelbare Beteiligung umfasst.

Im Ertragsteuerrecht finden sich einige weitere spezialgesetzliche Gleichstellungsnormen, die dieser Ober-Kategorie zuzuordnen sind.[562] Insgesamt sind dieser Ober-Kategorie 7 von 38 der untersuchten spezialgesetzlichen Gleichstellungsnormen des Ertragsteuerrechts zuzuordnen, was 18,42 % der untersuchten spezialgesetzlichen Gleichstellungsnormen des Ertragsteuerrechts entspricht.[563]

C. Weitere Ausdifferenzierung dieser beiden Ober-Kategorien durch Unter-Kategorien

Die verschiedenen spezialgesetzlichen Gleichstellungsnormen des Ertragsteuerrechts können somit in einem ersten Schritt in die beiden oben beschriebenen Ober-Kategorien eingeteilt werden, welche sich danach unterscheiden, ob der jeweilige Anwendungsbereich der relevanten spezialgesetzlichen Gleichstellungsnorm sowohl die unmittelbare als auch die mittelbare Beteiligungsform (d.h. beide Beteiligungsformen) oder allein die mittelbare Beteiligungsform umfasst. Analysiert man die spezialgesetzlichen Gleichstellungsnormen des Ertragsteuerrechts über diese erste Differenzierungsebene hinaus, so können die beiden dargestellten Ober-Kategorien – und damit das gesetzgeberische Handeln mit Blick auf die spezialgesetzliche Gleichstellung der mittelbaren mit der unmittelbaren Beteiligung im Ertragsteuerrecht – weiter ausdifferenziert werden. So lassen sich die beiden Ober-Kategorien nämlich in die folgenden zusätzlichen Unter-Kategorien unterteilen:

- So fallen in beiden Ober-Kategorien zunächst eine Vielzahl von spezialgesetzlichen Gleichstellungsnormen des Ertragsteuerrechts auf, die die Gleichstellung der mittelbaren mit der unmittelbaren Beteiligung gemäß dem entsprechenden Gesetzeswortlaut unabhängig von der Rechtsform der die mittelbare Beteiligung vermittelnden Gesellschaft anordnen (Unter-Kategorie 1).[564]
- Demgegenüber gibt es aber auch einige andere spezialgesetzliche Gleichstellungsnormen des Ertragsteuerrechts, die eine Gleichstellung der mittelbaren mit der unmittelbaren Beteiligung gemäß dem entsprechenden Gesetzeswort-

---

[562] Dies betrifft die folgenden spezialgesetzlichen Gleichstellungsnormen des Ertragsteuerrechts: § 15 Abs. 1 Satz 1 Nr. 2 Satz 2 EStG, § 35 Abs. 2 Satz 5 EStG, § 8b Abs. 6 Satz 1 KStG, § 14 Abs. 1 Satz 1 Nr. 1 KStG, § 14 Abs. 1 Satz 1 Nr. 2 Satz 5 KStG.
[563] Vgl. hierzu auch die zusammenfassende Übersicht zur Kategorisierung der spezialgesetzlichen Gleichstellungsnormen des Ertragsteuerrechts in Anhang 3.
[564] Siehe hierzu die Ausführungen unter § 6 C I unten.

§ 6 Kategorisierung der spezialgesetzlichen Gleichstellungsnormen

laut nur dann vornehmen, wenn die die mittelbare Beteiligung vermittelnde Gesellschaft eine bestimmte bzw. spezifische Rechtsform aufweist (Unter-Kategorie 2).[565]

- Es fallen weiterhin spezialgesetzliche Gleichstellungsnormen des Ertragsteuerrechts auf, die eine Gleichstellung der mittelbaren mit der unmittelbaren Beteiligung gemäß dem entsprechenden Gesetzeswortlaut nur dann anerkennen, wenn die mittelbare Beteiligung im Vergleich zur unmittelbaren Beteiligung besondere bzw. zusätzliche Voraussetzungen erfüllt (Unter-Kategorie 3).[566]

- Demgegenüber verlangen andere spezialgesetzliche Gleichstellungsnormen des Ertragsteuerrechts gerade nicht, dass die mittelbare Beteiligung im Vergleich zur unmittelbaren Beteiligung besondere bzw. zusätzliche Voraussetzungen erfüllt (Unter-Kategorie 4).[567]

I. Unter-Kategorie 1: Gleichstellung unabhängig von der Rechtsform der vermittelnden Gesellschaft

In der Regel erfolgt eine „pauschale" Gleichstellung der mittelbaren mit der unmittelbaren Beteiligung nach dem entsprechenden Gesetzeswortlaut der spezialgesetzlichen Gleichstellungsnormen des Ertragsteuerrechts. Dies bedeutet, dass die Gleichstellung der mittelbaren mit der unmittelbaren Beteiligung durch den Gesetzgeber in diesen Fällen unabhängig von der Rechtsform der die mittelbare Beteiligung vermittelnden Gesellschaft angeordnet wird. Der Tatbestand dieser spezialgesetzlichen Gleichstellungsnormen des Ertragsteuerrechts verlangt vielmehr allein eine „unmittelbare oder mittelbare Beteiligung", ohne dass der Gesetzeswortlaut mit Blick auf die die mittelbare Beteiligung vermittelnde Gesellschaft eine bestimmte Rechtsform verlangen würde. Die Rechtsform der die mittelbare Beteiligung vermittelnden Gesellschaft ist in diesen Fällen somit für Zwecke der Gleichstellung der mittelbaren mit der unmittelbaren Beteiligung – jedenfalls auf Basis des Gesetzeswortlauts dieser spezialgesetzlichen Gleichstellungsnormen – irrelevant.

Als Beispiel für eine solche spezialgesetzliche Gleichstellungsnorm des Ertragsteuerrechts, die eine Gleichstellung der mittelbaren mit der unmittelbaren Beteiligung gemäß dem Gesetzeswortlaut unabhängig von der Rechtsform der die mittelbare Beteiligung vermittelnden Gesellschaft vorsieht, kann § 8b Abs. 7 Satz 2 KStG angeführt werden:

---

[565] Siehe hierzu die Ausführungen unter § 6 C II unten.
[566] Siehe hierzu die Ausführungen unter § 6 C III unten.
[567] Siehe hierzu die Ausführungen unter § 6 C IV unten.

Kapitel 3: Gleichstellung mit spezialgesetzlicher Grundlage

„Gleiches gilt für Anteile, die bei Finanzunternehmen im Sinne des Kreditwesengesetzes, an denen Kreditinstitute oder Finanzdienstleistungsinstitute <u>unmittelbar oder mittelbar</u> zu mehr als 50 Prozent <u>beteiligt</u> sind, zum Zeitpunkt des Zugangs zum Betriebsvermögen als Umlaufvermögen auszuweisen sind."[568]

Die erforderliche mehr als 50-prozentige Beteiligung von Kredit- oder Finanzdienstleistungsinstituten an einem Finanzunternehmen im Sinne des Kreditwesengesetzes kann nach dem Gesetzeswortlaut dieser spezialgesetzlichen Gleichstellungsnorm des Ertragsteuerrechts somit sowohl unmittelbar als auch mittelbar erfolgen, wobei nach dem Gesetzeswortlaut die Gleichstellung der mittelbaren mit der unmittelbaren Beteiligung unabhängig von der Rechtsform der die mittelbare Beteiligung vermittelnden Gesellschaft erfolgt.

Eine andere spezialgesetzliche Gleichstellungsnorm des Ertragsteuerrechts, die dieser ersten Unter-Kategorie zuzuordnen ist, ist die spezialgesetzliche Gleichstellungsnorm des § 8b Abs. 3 Satz 4 KStG:

„Zu den Gewinnminderungen im Sinne des Satzes 3 gehören auch Gewinnminderungen im Zusammenhang mit einer Darlehensforderung oder aus der Inanspruchnahme von Sicherheiten, die für ein Darlehen hingegeben wurden, wenn das Darlehen oder die Sicherheit von einem Gesellschafter gewährt wird, der zu mehr als einem Viertel <u>unmittelbar oder mittelbar</u> am Grund- oder Stammkapital der Körperschaft, der das Darlehen gewährt wurde, <u>beteiligt</u> ist oder war."[569]

Auch in diesem Fall erfolgt die spezialgesetzliche Gleichstellung des mittelbar „qualifiziert" Beteiligten mit dem unmittelbar „qualifiziert" Beteiligten unabhängig davon, welche Rechtsform die die Beteiligung des mittelbar „qualifiziert" Beteiligten vermittelnde Gesellschaft aufweist.

Im Ertragsteuerrecht finden sich eine Reihe von weiteren spezialgesetzlichen Gleichstellungsnormen, die dieser Unter-Kategorie zuzuordnen sind.[570]

---

[568] Aktueller Wortlaut des § 8b Abs. 7 Satz 2 KStG (die Unterstreichungen wurden seitens des Verfassers eingefügt).

[569] Aktueller Gesetzeswortlaut des § 8b Abs. 3 Satz 4 (die Unterstreichungen wurden seitens des Verfassers eingefügt).

[570] Dies betrifft die folgenden spezialgesetzlichen Gleichstellungsnormen des Ertragsteuerrechts: § 3 Nr. 40 Satz 3 Hs. 2 EStG, § 3 Nr. 70 Satz 4 EStG, § 3c Abs. 2 Satz 2 EStG, § 3c Abs. 2 Satz 6 EStG, § 4h Abs. 2 Satz 2 EStG, § 4h Abs. 5 Satz 3 EStG, § 6 Abs. 5 Sätze 5, 6 EStG, § 15 Abs. 4 Satz 8 EStG, § 16 Abs. 3 Satz 4 EStG, § 16 Abs. 5 EStG, § 17 Abs. 1 Satz 1 EStG, § 17 Abs. 6 EStG, § 20 Abs. 2 Satz 3 EStG, § 23 Abs. 1 Satz 4 EStG, § 32d Abs. 2 Nr. 3 Buchst. a EStG, § 49 Abs. 1 Nr. 2 Buchst. f Satz 2 EStG, § 51 Abs. 1 Nr. 1 Buchst. f lit. bb EStG, § 8 Abs. 7 Satz 1 Nr. 2 Satz 2 KStG, § 8a Abs. 2 KStG, § 8a Abs. 3 Satz 1 KStG, § 8c Abs. 1 Satz 1 KStG, § 8c Abs. 1 Satz 5 KStG, § 14 Abs. 1 Nr. 1 Satz 2 KStG, § 14 Abs. 1 Satz 1 Nr. 2 Satz 4

II. Unter-Kategorie 2: Gleichstellung erfolgt nicht unabhängig von der Rechtsform der vermittelnden Gesellschaft

Demgegenüber gibt es aber auch einige andere spezialgesetzliche Gleichstellungsnormen im Ertragsteuerrecht, die eine Gleichstellung der mittelbaren mit der unmittelbaren Beteiligung gemäß dem Gesetzeswortlaut nur dann vornehmen, wenn die die mittelbare Beteiligung vermittelnde Gesellschaft eine bestimmte bzw. spezifische Rechtsform aufweist. Es erfolgt damit, im Gegensatz zu den zuvor beschriebenen Gleichstellungsnormen der Unter-Kategorie 1, gerade keine „pauschale" Gleichstellung der mittelbaren mit der unmittelbaren Beteiligung durch den Gesetzgeber. Denn der Gesetzgeber macht in diesen Fällen die spezialgesetzliche Gleichstellung der mittelbaren mit der unmittelbaren Beteiligung vielmehr von der Rechtsform der die Beteiligung vermittelnden Gesellschaft abhängig.

Als Beispiel für eine solche spezialgesetzliche Gleichstellungsnorm, die eine Gleichstellung der mittelbaren mit der unmittelbaren Beteiligung nach dem Gesetzeswortlaut nicht unabhängig von der Rechtsform der die mittelbare Beteiligung vermittelnden Gesellschaft vornimmt, kann § 8b Abs. 10 Satz 7 KStG angeführt werden:

> „Die Sätze 1 bis 6 [des § 8b Abs. 10 KStG] gelten entsprechend, wenn die Anteile an eine Personengesellschaft oder von einer Personengesellschaft überlassen werden, an der die überlassende oder die andere Körperschaft unmittelbar oder <u>mittelbar über eine Personengesellschaft oder mehrere Personengesellschaften</u> beteiligt ist."[571]

Nach dem Gesetzeswortlaut dieser spezialgesetzlichen Gleichstellungsnorm ordnet der Gesetzgeber eine spezialgesetzliche Gleichstellung der mittelbaren mit der unmittelbaren Beteiligung damit nur dann an, wenn eine Gesellschaft in der Rechtsform einer Personengesellschaft als vermittelnde Gesellschaft fungiert bzw. eine die mittelbare Beteiligung vermittelnde Beteiligungskette aus Personengesellschaften vorliegt. Eine vermittelnde Gesellschaft in Kapitalgesellschaftsform könnte somit beispielsweise keine mittelbare Beteiligung für Zwecke des § 8b Abs. 10 Satz 7 KStG vermitteln.

Eine andere spezialgesetzliche Gleichstellungsnorm des Ertragsteuerrechts,

---

KStG, § 14 Abs. 1 Satz 1 Nr. 2 Satz 6 KStG, § 32 Abs. 5 Satz 2 Nr. 5 KStG und § 34 Abs. 14 Satz 1 Nr. 1 KStG; vgl. hierzu auch die zusammenfassende Übersicht zur Kategorisierung der spezialgesetzlichen Gleichstellungsnormen des Ertragsteuerrechts in Anhang 3.

[571] Aktueller Gesetzeswortlaut des § 8b Abs. 10 Satz 7 KStG (die Unterstreichungen wurden seitens des Verfassers eingefügt).

Kapitel 3: Gleichstellung mit spezialgesetzlicher Grundlage

die dieser zweiten Unter-Kategorie zuzuordnen ist, ist die Gleichstellungsnorm des § 14 Abs. 1 Satz 1 Nr. 2 Satz 5 KStG:

„Ist der Organträger mittelbar über eine oder mehrere Personengesellschaften an der Organgesellschaft beteiligt, gilt [§ 14 Abs. 1 Satz 1 Nr. 2] Satz 4 [KStG] sinngemäß."[572]

Auch der Gesetzeswortlaut dieser spezialgesetzlichen Gleichstellungsnorm verlangt für die sinngemäße Anwendung des § 14 Abs. 1 Satz 1 Nr. 2 Satz 4 KStG (und damit die Gleichstellung mit der unmittelbaren Beteiligung) eine mittelbare Beteiligung über eine Gesellschaft in einer bestimmten Rechtsform; nämlich einer solchen in der Rechtsform einer Personengesellschaft bzw. einer Beteiligungskette, die aus vermittelnden Personengesellschaften besteht. Die Gleichstellung der mittelbaren mit der unmittelbaren Beteiligung erfolgt damit auch insoweit nicht unabhängig von der Rechtsform der die mittelbare Beteiligung vermittelnden Gesellschaft.

Im Ertragsteuerrecht finden sich eine Reihe weiterer spezialgesetzlicher Gleichstellungsnormen, die dieser Unter-Kategorie zuzuordnen sind[573], wobei insoweit zwischen Personengesellschaften[574], Mitunternehmerschaften[575] und juristischen Personen des öffentlichen Rechts[576] als erforderliche Rechtsformen der vermittelnden Gesellschaften zu unterscheiden ist.[577]

III. Unter-Kategorie 3: Mittelbare Beteiligung muss besondere bzw. spezifische Voraussetzungen erfüllen

Es fallen weiterhin spezialgesetzliche Gleichstellungsnormen im Ertragsteuerrecht auf, die eine Gleichstellung der mittelbaren mit der unmittelbaren Betei-

---

[572] Aktueller Gesetzeswortlaut des § 14 Abs. 1 Satz 1 Nr. 2 Satz 5 KStG (die Unterstreichungen wurden seitens des Verfassers eingefügt).
[573] Dies betrifft die folgenden spezialgesetzlichen Gleichstellungsnormen des Ertragsteuerrechts: § 15 Abs. 1 Satz 1 Nr. 2 Satz 2 EStG, § 35 Abs. 2 Satz 5 EStG, § 8b Abs. 4 Sätze 4, 5 KStG, § 8b Abs. 6 Satz 1 KStG, § 8b Abs. 6 Satz 2 KStG, § 7 Satz 4 GewStG und § 10a Satz 10 Hs. 2 Nr. 2 GewStG.
[574] Dies betrifft die folgenden spezialgesetzlichen Gleichstellungsnormen des Ertragsteuerrechts: § 15 Abs. 1 Satz 1 Nr. 2 Satz 2 EStG, § 7 Satz 4 GewStG und § 10a Satz 10 Hs. 2 Nr. 2 GewStG.
[575] Dies betrifft die folgenden spezialgesetzlichen Gleichstellungsnormen des Ertragsteuerrechts: § 35 Abs. 2 Satz 5 EStG, § 8b Abs. 4 Sätze 4, 5 KStG, § 8b Abs. 6 Satz 1 KStG.
[576] Dies betrifft die folgende spezialgesetzliche Gleichstellungsnorm des Ertragsteuerrechts: § 8b Abs. 6 Satz 2 KStG.
[577] Vgl. hierzu auch die zusammenfassende Übersicht zur Kategorisierung der spezialgesetzlichen Gleichstellungsnormen des Ertragsteuerrechts in Anhang 3.

§ 6 Kategorisierung der spezialgesetzlichen Gleichstellungsnormen

ligung nur dann vornehmen, wenn die mittelbare Beteiligung im Vergleich zur unmittelbaren Beteiligung besondere bzw. zusätzliche Voraussetzungen erfüllt. Die mittelbare Beteiligung wird durch den Gesetzgeber damit gegenüber der unmittelbaren Beteiligung unter Umständen schlechtergestellt. Denn die mittelbare Beteiligung wird nur dann als tatbestandsmäßige Beteiligungsform anerkannt und der unmittelbaren Beteiligung spezialgesetzlich gleichgestellt, wenn die mittelbare Beteiligung diese besonderen bzw. zusätzlichen Voraussetzungen tatsächlich erfüllt.

Als Beispiel für eine solche spezialgesetzliche Gleichstellungsnorm, bei der die mittelbare Beteiligung im Vergleich zur unmittelbaren Beteiligung besondere bzw. zusätzliche Voraussetzungen erfüllen muss, kann § 15 Abs. 1 Satz 1 Nr. 2 Satz 2 EStG angeführt werden:

„*Der mittelbar über eine oder mehrere Personengesellschaften beteiligte Gesellschafter steht dem unmittelbar beteiligten Gesellschafter gleich; er ist als Mitunternehmer des Betriebs der Gesellschaft anzusehen, an der er mittelbar beteiligt ist, <u>wenn er und die Personengesellschaften, die seine Beteiligung vermitteln, jeweils als Mitunternehmer der Betriebe der Personengesellschaften anzusehen sind, an denen sie unmittelbar beteiligt sind.</u>* "[578]

Eine spezialgesetzliche Gleichstellung der mittelbaren mit der unmittelbaren Beteiligung kommt nach dem Gesetzeswortlaut dieser spezialgesetzlichen Gleichstellungsnorm des Ertragsteuerrechts damit nur dann in Betracht, wenn eine sog. ununterbrochene Mitunternehmerkette[579] gegeben ist. Dies bedeutet, dass eine tatbestandsmäßige mittelbare Beteiligung im Sinne des § 15 Abs. 1 Satz 1 Nr. 2 Satz 2 EStG nur dann vorliegt, wenn jede der die Beteiligung vermittelnden Gesellschaften jeweils als Mitunternehmerschaft anzusehen und diese jeweils als Mitunternehmer an der Gesellschaft beteiligt sind, an denen diese unmittelbar beteiligt sind, so dass sich eine solche ununterbrochene Mitunternehmerkette ergibt.[580]

Eine andere spezialgesetzliche Gleichstellungsnorm des Ertragsteuerrechts, die dieser dritten Unter-Kategorie zuzuordnen ist, ist die Gleichstellungsnorm des § 14 Abs. 1 Satz 1 Nr. 1 Satz 2 KStG:

---

[578] Aktueller Gesetzeswortlaut des § 15 Abs. 1 Satz 1 Nr. 2 Satz 2 EStG (die Unterstreichungen wurden seitens des Verfassers eingefügt).
[579] *Bode*, in Blümich, EStG-Kommentar, § 15 EStG, Rn. 538; *Wacker*, in Schmidt, EStG-Kommentar, § 15 EStG, Rn. 613.
[580] *Bode*, in Blümich, EStG-Kommentar, § 15 EStG, Rn. 538; *Wacker*, in Schmidt, EStG-Kommentar, § 15 EStG, Rn. 613.

Kapitel 3: Gleichstellung mit spezialgesetzlicher Grundlage

„*Mittelbare Beteiligungen sind zu berücksichtigen, wenn* die Beteiligung an jeder vermittelnden Gesellschaft die Mehrheit der Stimmrechte gewährt."[581]

Hiernach sind mittelbare Beteiligungen für Zwecke der Prüfung der Voraussetzungen der finanziellen Eingliederung gemäß § 14 Abs. 1 Satz 1 Nr. 1 Satz 1 KStG nur dann zu berücksichtigen, wenn die Beteiligung an jeder vermittelnden Gesellschaft die Mehrheit der Stimmrechte gewährt. Es handelt sich damit um eine spezifische Voraussetzung, welche mit Blick auf jede vermittelnde Gesellschaft im Falle einer mittelbaren Beteiligung erfüllt sein muss, damit es zur Gleichstellung der mittelbaren mit der unmittelbaren Beteiligung kommt.

IV. Unter-Kategorie 4: Mittelbare Beteiligung muss keine besonderen bzw. spezifischen Voraussetzungen erfüllen

Mit Ausnahme der oben im Rahmen der Unter-Kategorie 3 geschilderten spezialgesetzlichen Gleichstellungsnormen des Ertragsteuerrechts[582] verlangen die verschiedenen spezialgesetzlichen Gleichstellungsnormen des Ertragsteuerrechts jedoch gerade nicht, dass die mittelbare Beteiligung im Vergleich zur unmittelbaren Beteiligung besondere bzw. zusätzliche Voraussetzungen erfüllt. Der Gesetzgeber macht die spezialgesetzliche Gleichstellung der mittelbaren mit der unmittelbaren Beteiligung im Ertragsteuerrecht daher regelmäßig nicht davon abhängig, dass die mittelbare im Vergleich zur unmittelbaren Beteiligung besondere bzw. zusätzliche Voraussetzungen erfüllt.

Als Beispiel für eine solche spezialgesetzliche Gleichstellungsnorm des Ertragsteuerrechts, in deren Rahmen die mittelbare Beteiligung im Vergleich zur unmittelbaren Betieligung keine besonderen bzw. spezifischen Voraussetzungen erfüllen muss, kann § 3c Abs. 2 Satz 2 EStG angeführt werden:

„*[§ 3c Abs. 2] Satz 1 [EStG] ist auch für Betriebsvermögensminderungen oder Betriebsausgaben im Zusammenhang mit einer Darlehensforderung oder aus der Inanspruchnahme von Sicherheiten anzuwenden, wenn das Darlehen oder die Sicherheit von einem Steuerpflichtigen gewährt wird, der zu mehr als einem Viertel unmittelbar oder mittelbar am Grund- oder Stammkapital der Körperschaft, der das Darlehen gewährt wurde, beteiligt ist oder war.*"[583]

---

[581] Aktueller Gesetzeswortlaut des § 14 Abs. 1 Satz 1 Nr. 1 Satz 2 KStG (die Unterstreichungen wurden seitens des Verfassers eingefügt).

[582] Dies betrifft lediglich die folgenden (bereits im Rahmen der Unter-Kategorie 3 dargestellten) spezialgesetzlichen Gleichstellungsnormen des Ertragsteuerrechts: § 15 Abs. 1 Satz 1 Nr. 2 Satz 2 EStG und § 14 Abs. 1 Satz 1 Nr. 1 Satz 1 KStG.

[583] Aktueller Gesetzeswortlaut des § 3c Abs. 2 Satz 2 EStG (die Unterstreichungen wurden seitens des Verfassers eingefügt).

§ 6 Kategorisierung der spezialgesetzlichen Gleichstellungsnormen

Gemäß dieser spezialgesetzlichen Gleichstellungsnorm werden damit im Vergleich zur unmittelbaren Beteiligung keine besonderen bzw. spezifischen Voraussetzungen an die mittelbare Beteiligung geknüpft, um zur spezialgesetzlichen Gleichstellung der mittelbaren mit der unmittelbaren Beteiligung gelangen zu können.

Entsprechendes gilt für die spezialgesetzliche Gleichstellungsnorm des § 20 Abs. 2 Satz 3 EStG; auch hier werden an die mittelbare Beteiligung im Vergleich zur unmittelbaren Beteiligung keine besonderen oder spezifischen Voraussetzungen geknüpft:

„Die Anschaffung oder Veräußerung einer unmittelbaren oder mittelbaren Beteiligung an einer Personengesellschaft gilt als Anschaffung oder Veräußerung der anteiligen Wirtschaftsgüter."[584]

D. Verhältnis der verschiedenen Kategorien von spezialgesetzlichen Gleichstellungsnormen des Ertragsteuerrechts

Im Folgenden wird das (Zahlen-) Verhältnis der oben beschriebenen Kategorien von spezialgesetzlichen Gleichstellungsnormen des Ertragsteuerrechts dargestellt.[585]

I. Ober-Kategorie 1 vs. Ober-Kategorie 2

Das Verhältnis der Ober-Kategorie 1 zur Ober-Kategorie 2 stellt sich dabei wie folgt dar:
- Die spezialgesetzlichen Gleichstellungsnormen des Ertragsteuerrechts, welche im Rahmen ihres Anwendungsbereichs sowohl die unmittelbare als auch die mittelbare Beteiligungsform (d.h. beide Beteiligungsformen) ausdrücklich umfassen, sind in der klaren Mehrzahl: 31 von 38 der untersuchten spezialgesetzlichen Gleichstellungsnormen des Ertragsteuerrechts (dies entspricht 81,58 %).
- Die spezialgesetzlichen Gleichstellungsnormen des Ertragsteuerrechts, welche im Rahmen ihres Anwendungsbereichs dagegen ausschließlich nur die mittelbare Beteiligungsform umfassen, sind dementsprechend in der klaren Minderzahl: 7 von 38 der untersuchten spezialgesetzlichen Gleichstellungsnormen des Ertragsteuerrechts (dies entspricht 18,42 %).

---

[584] Aktueller Gesetzeswortlaut des § 20 Abs. 2 Satz 3 EStG (die Unterstreichungen wurden seitens des Verfassers eingefügt).
[585] Vgl. hierzu auch die zusammenfassende Übersicht zur Kategorisierung der spezialgesetzlichen Gleichstellungsnormen des Ertragsteuerrechts in Anhang 3.

Kapitel 3: Gleichstellung mit spezialgesetzlicher Grundlage

II. Unter-Kategorie 1 vs. Unter-Kategorie 2

Das Verhältnis der Unter-Kategorie 1 zur Unter-Kategorie 2 stellt sich dabei – bezogen auf die Gesamtzahl der untersuchten spezialgesetzlichen Gleichstellungsnormen des Ertragsteuerrechts – wie folgt dar:

- Die spezialgesetzlichen Gleichstellungsnormen des Ertragsteuerrechts, die die Gleichstellung der mittelbaren mit der unmittelbaren Beteiligung gemäß dem Gesetzeswortlaut unabhängig von der Rechtsform der vermittelnden Gesellschaft anordnen, sind dabei – bezogen auf die Gesamtzahl der untersuchten spezialgesetzlichen Gleichstellungsnormen – in der klaren Mehrzahl: 29 von 38 der untersuchten spezialgesetzlichen Gleichstellungsnormen des Ertragsteuerrechts (dies entspricht 76,32 %).
- Die spezialgesetzlichen Gleichstellungsnormen des Ertragsteuerrechts, die dagegen nur dann anwendbar sind, wenn die vermittelnde Gesellschaft im Falle der mittelbaren Beteiligung eine bestimmte Rechtsform aufweist, sind dementsprechend in der Minderzahl: 9 von 38 der untersuchten spezialgesetzlichen Gleichstellungsnormen des Ertragsteuerrechts (dies entspricht 23,68 %).

Das Verhältnis der Unter-Kategorie 1 zur Unter-Kategorie 2 stellt sich dabei – bezogen auf die Ober-Kategorie 1, welche im Rahmen ihres Anwendungsbereichs sowohl die unmittelbare als auch die mittelbare Beteiligungform (d.h. beide Beteiligungsformen) ausdrücklich anspricht – wie folgt dar:

- Hier sind die spezialgesetzlichen Gleichstellungsnormen des Ertragsteuerrechts, die die Gleichstellung der mittelbaren mit der unmittelbaren Beteiligung gemäß dem Gesetzeswortlaut unabhängig von der Rechtsform der vermittelnden Gesellschaft anordnen, in der noch klareren Mehrzahl: 28 von 31 der untersuchten spezialgesetzlichen Gleichstellungsnormen des Ertragsteuerrechts (dies entspricht 90,32 %).
- Demgegenüber sind die spezialgesetzlichen Gleichstellungsnormen des Ertragsteuerrechts, die nur dann anwendbar sind, wenn die vermittelnde Gesellschaft im Falle der mittelbaren Beteiligung eine bestimmte Rechtsform aufweist, in der noch klareren Minderheit sind: 3 von 31 der untersuchten spezialgesetzlichen Gleichstellungsnormen des Ertragsteuerrechts (dies entspricht 9,68 %).

Das Verhältnis der Unter-Kategorie 1 zur Unter-Kategorie 2 stellt sich dabei – bezogen auf die Ober-Kategorie 2, welche im Rahmen ihres Anwendungsbereichs ausschließlich nur die mittelbare Beteiligungsform ausdrücklich anspricht – wie folgt dar:

§ 6 Kategorisierung der spezialgesetzlichen Gleichstellungsnormen

- Hier sind die spezialgesetzlichen Gleichstellungsnormen des Ertragsteuerrechts, die die Gleichstellung der mittelbaren mit der unmittelbaren Beteiligung gemäß dem Gesetzeswortlaut unabhängig von der Rechtsform der vermittelnden Gesellschaft gewähren, in der klaren Minderzahl: 1 von 7 der untersuchten spezialgesetzlichen Gleichstellungsnormen (dies entspricht 14,29 %).
- Demgegenüber sind hier die spezialgesetzlichen Gleichstellungsnormen des Ertragsteuerrechts, die nur dann anwendbar sind, wenn die vermittelnde Gesellschaft im Falle der mittelbaren Beteiligung eine bestimmte Rechtsform aufweist, in der klaren Mehrzahl sind: 6 von 7 der untersuchten spezialgesetzlichen Gleichstellungsnormen des Ertragsteuerrechts (dies entspricht 85,71 %).

III. Unter-Kategorie 3 vs. Unter-Kategorie 4

Das Verhältnis der Unter-Kategorie 3 zur Unter-Kategorie 4 stellt sich dabei – bezogen auf die Gesamtzahl der untersuchten spezialgesetzlichen Gleichstellungsnormen des Ertragsteuerrechts – wie folgt dar:

- Dabei sind die spezialgesetzlichen Gleichstellungsnormen des Ertragsteuerrechts, die im Hinblick auf die Tatbestandsmäßigkeit der mittelbaren Beteiligung keine besonderen bzw. spezifischen Voraussetzungen verlangen, klar in der Mehrzahl: 36 von 38 der untersuchten spezialgesetzlichen Gleichstellungsnormen des Ertragsteuerrechts (dies entspricht 94,74 %).
- Die spezialgesetzlichen Gleichstellungsnormen des Ertragsteuerrechts, die im Hinblick auf die Tatbestandsmäßigkeit der mittelbaren Beteiligung dagegen besondere bzw. spezifische Voraussetzungen verlangen, sind dementsprechend klar in der Minderzahl: 2 von 38 der untersuchten spezialgesetzlichen Gleichstellungsnormen des Ertragsteuerrechts (dies entspricht 5,26 %).

Das Verhältnis der Unter-Kategorie 3 zur Unter-Kategorie 4 stellt sich dabei – bezogen auf die Ober-Kategorie 1, welche im Rahmen ihres Anwendungsbereichs sowohl die unmittelbare als auch die mittelbare Beteiligungform (d.h. beide Beteiligungsformen) ausdrücklich anspricht – wie folgt dar:

- Hier sind ausschließlich spezialgesetzliche Gleichstellungsnormen des Ertragsteuerrechts, die im Hinblick auf die Tatbestandsmäßigkeit der mittelbaren Beteiligung keine besonderen bzw. spezifischen Voraussetzungen verlangen, vorhanden: 31 von 31 der untersuchten spezialgesetzlichen Gleichstellungsnormen des Ertragsteuerrechts (dies entspricht 100 %).
- Dementsprechend gibt es in dieser Ober-Kategorie keine spezialgesetzliche Gleichstellungsnorm des Ertragsteuerrechts, die im Hinblick auf die

Kapitel 3: Gleichstellung mit spezialgesetzlicher Grundlage

Tatbestandsmäßigkeit der mittelbaren Beteiligung weitere besondere bzw. spezifische Voraussetzungen verlangen würde: 0 von 31 der untersuchten spezialgesetzlichen Gleichstellungsnormen des Ertragsteuerrechts (dies entspricht 0 %).

Das Verhältnis der Unter-Kategorie 3 zur Unter-Kategorie 4 stellt sich dabei – bezogen auf die Ober-Kategorie 2, welche im Rahmen ihres Anwendungsbereichs ausschließlich nur die mittelbare Beteiligungsform ausdrücklich anspricht – wie folgt dar:
- Hier sind die spezialgesetzlichen Gleichstellungsnormen des Ertragsteuerrechts, die im Hinblick auf die Tatbestandsmäßigkeit der mittelbaren Beteiligung keine besonderen bzw. spezifischen Voraussetzungen verlangen, in der soliden Mehrzahl: 5 von 7 der untersuchten spezialgesetzlichen Gleichstellungsnormen des Ertragsteuerrechts (dies entspricht 71,43 %).
- Dementsprechend sind die spezialgesetzlichen Gleichstellungsnormen des Ertragsteuerrechts, die im Hinblick auf die Tatbestandsmäßigkeit der mittelbaren Beteiligung besondere bzw. spezifische Voraussetzungen verlangen, in der Minderzahl: 2 von 7 der untersuchten spezialgesetzlichen Gleichstellungsnormen des Ertragsteuerrechts (dies entspricht 28,57 %).

E. Ergebnis und abschließendes Strukturbild

Auf Grundlage der oben geschilderten Erkenntnisse ergeben sich die folgenden Ergebnisse zur Kategorisierung der verschiedenen spezialgesetzlichen Gleichstellungsnormen des Ertragsteuerrechts:

1. Die verschiedenen spezialgesetzlichen Gleichstellungsnormen des Ertragsteuerrechts können in einem ersten Differenzierungsschritt zunächst in zwei Ober-Kategorien eingeteilt werden, welche sich danach unterscheiden, ob der jeweilige Anwendungsbereich der relevanten spezialgesetzlichen Gleichstellungsnorm sowohl die unmittelbare als auch die mittelbare Beteiligungsform (d.h. beide Beteiligungsformen) oder allein die mittelbare Beteiligungsform umfasst.
2. Diese beiden Ober-Kategorien von spezialgesetzlichen Gleichstellungsnormen des Ertragsteuerrechts können in einem zweiten Differenzierungsschritt in vier weitere Unter-Kategorien eingeteilt werden. Diese unterscheiden sich danach, ob die relevante spezialgesetzliche Gleichstellungsnorm des Ertragsteuerrechts die mittelbare Beteiligung nur dann als tatbestandsmäßige Beteiligungsform anerkennt, wenn die mittelbare Beteiligung über eine vermittelnde Gesellschaft in einer bestimmten Rechtsform erfolgt bzw. die mit-

§ 6 Kategorisierung der spezialgesetzlichen Gleichstellungsnormen

telbare Beteiligung im Vergleich zur unmittelbaren Beteiligung besondere bzw. spezifische Voraussetzungen erfüllt oder solche Anforderungen an die Rechtsform der vermittelnden Gesellschaft bzw. die mittelbare Beteiligung als solche gerade nicht gestellt werden.

Das folgende Strukturbild soll dabei die vorgenommene „Kategoriesierung" der verschiedenen spezialgesetzlichen Gleichstellungsnormen des Ertragsteuerrechts nochmals abschließend und zusammenfassend veranschaulichen[586]:

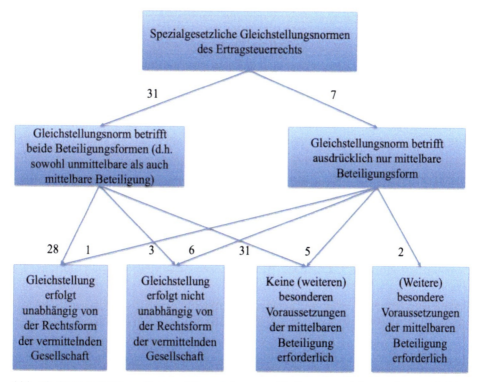

Abb. 19: Strukturbild zur Kategorisierung der verschiedenen spezialgesetzlichen Gleichstellungsnormen des Ertragsteuerrechts

---

[586] Im Übrigen wird auf die zusammenfassende Übersicht zur Kategorisierung der verschiedenen spezialgesetzlichen Gleichstellungsnormen des Ertragsteuerrechts in Anhang 3 verwiesen.

Kapitel 3: Gleichstellung mit spezialgesetzlicher Grundlage

§ 7 Sinn und Zweck der spezialgesetzlichen Gleichstellungsnormen des Ertragsteuerrechts

A. Grundlagen und Ziel dieses Paragraphen

Die Rechtsprechung vertritt für Zwecke des Ertragsteuerrechts – wie in § 4 herausgearbeitet – im Ausgangspunkt einen restriktiven Lösungsansatz zur Gleichstellung der mittelbaren mit der unmittelbaren Beteiligung in „ungerelten" Fällen des Ertragsteuerrechts.[587] Denn die Judikative verlangt grundsätzlich eine spezialgesetzliche Grundlage und damit eine spezialgesetzliche Gleichstellungsnorm, um eine Gleichstellung der mittelbaren mit der unmittelbaren Beteiligung für Zwecke des Ertragsteuerrechts annehmen zu können.[588] Eine Ausnahme von diesem restriktiven Lösungsansatz zur Gleichstellung der mittelbaren mit der unmittelbaren Beteiligung für Zwecke des Ertragsteuerrechts behält sich die Rechtsprechung allerdings vor. Denn nach Auffassung der Judikative sei eine ausdrückliche spezialgesetzliche Gleichstellung der mittelbaren mit der unmittelbaren Beteiligung ausnahmsweise dann entbehrlich, wenn sich die Gleichstellung der mittelbaren mit der unmittelbaren Beteiligung klar bzw. eindeutig aus dem Sinn und Zweck der relevanten ertragsteuerrechtlichen Vorschrift ergeben würde.[589]

Die Thematik der Gleichstellung der mittelbaren mit der unmittelbaren Beteiligung im Ertragsteuerrecht ist daher eng mit der Teleologie der zugrunde liegenden ertragsteuerrechtlichen Vorschriften verknüpft. Der vorliegende § 7 soll daher untersuchen, welchen Sinn und Zweck der Gesetzgeber mit den verschiedenen spezialgesetzlichen Gleichstellungsnormen des Ertragsteuerrechts zu verfolgen beabsichtigt. Es soll dabei insbesondere analysiert werden, ob der Gesetzgeber mit den verschiedenen spezialgesetzlichen Gleichstellungsnormen des Ertragsteuerrechts einen im Wesentlichen einheitlichen Sinn und Zweck verfolgen möchte. So erscheint es durchaus denkbar, dass die verschiedenen spezialge-

---

[587] Siehe hierzu die Ausführungen unter § 4 B oben.
[588] BFH, Urteil vom 11. Oktober 1966 – I 85/64, BStBl. III 1967, 32; BFH, Vorlagebeschluss vom 12. Oktober 1989 – IV R 5/86, BStBl. II 1990, 168 (172); BFH, Großer Senat, Beschluss vom 25. Februar 1991 – GrS 7/89, BStBl. II 1991, 691 (700); BFH, Urteil vom 15. Dezember 1998 – VIII R 77/93, BStBl. II 1999, 168 (170); BFH, Urteil vom 20. August 2003 – I R 61/01, BStBl. II 2004, 614 (615 f.); BFH, Urteil vom 20. Oktober 2016 – VIII R 27/15, BStBl. II 2017, 441 (442).
[589] BFH, Urteil vom 11. Oktober 1966 – I 85/64, BStBl. III 1967, 32; BFH, Vorlagebeschluss vom 12. Oktober 1989 – IV R 5/86, BStBl. II 1990, 168 (172); BFH, Großer Senat, Beschluss vom 25. Februar 1991 – GrS 7/89, BStBl. II 1991, 691 (700); BFH, Urteil vom 15. Dezember 1998 – VIII R 77/93, BStBl. II 1999, 168 (170); BFH, Urteil vom 20. August 2003 – I R 61/01, BStBl. II 2004, 614 (616); BFH, Urteil vom 20. Oktober 2016 – VIII R 27/15, BStBl. II 2017, 441 (442).

§ 7 Sinn und Zweck der spezialgesetzlichen Gleichstellungsnormen

setzlichen Gleichstellungsnormen des Ertragsteuerrechts vom Gesetzgeber ausschließlich als sog. typisierende Missbrauchs- und Gestaltungsverhinderungsvorschriften konzipiert wurden.[590] Mit solchen typisierenden Missbrauchs- und Gestaltungsverhinderungsvorschriften bezweckt der Gesetzgeber, bestimmte gesetzlich eröffnete Handlungsmöglichkeiten im Hinblick auf deren Eignung zum Missbrauch bzw. zur missbräuchlichen Gestaltung einzuschränken.[591] Von einer typisierenden Missbrauchs- und Gestaltungsverhinderungsvorschriften ist dabei dann auszugehen, wenn der Missbrauchs- bzw. Gestaltungsverhinderungszweck in der relevanten (ertragsteuerrechtlichen) Vorschrift in typisierender Weise zum Ausdruck kommt.[592] In diesem Fall (d.h. sollten die spezialgesetzlichen Gleichstellungsnormen des Ertragsteuerrechts vom Gesetzgeber tatsächlich ausschließlich als typisierende Missbrauchs- und Gestaltungsverhinderungsvorschriften konzipiert worden sein) würde der Gesetzgeber mit den verschiedenen spezialgesetzlichen Gleichstellungsnormen des Ertragsteuerrechts somit einen im Wesentlichen einheitlichen, allein auf die Verhinderung von steuerlichem Missbrauch bzw. steuerlichen Gestaltungen ausgerichteten Sinn und Zweck verfolgen.[593]

Sollte der Gesetzgeber mit den verschiedenen spezialgesetzlichen Gleichstellungsnormen des Ertragsteuerrechts dagegen keinen einheitlichen Sinn und Zweck verfolgen wollen, so gilt es zu klären, ob die verschiedenen spezialgesetzlichen Gleichstellungsnormen des Ertragsteuerrechts jedenfalls kategorisierbar sind (d.h. die spezialgesetzlichen Gleichstellungsnormen des Ertragsteuerrechts in eine überschaubare Anzahl von Sinn und Zweck-Kategorien eingeteilt werden können) – oder diese Kategorisierung gerade nicht möglich ist, da der Gesetzgeber mit den verschiedenen spezialgesetzlichen Gleichstellungsnormen des Ertragsteuerrechts eine Vielzahl von unterschiedlichen, nicht kategorisierbaren Zwecken zu verfolgen versucht.

---

[590] Vgl. zur Thematik der typisierenden Missbrauchs- und Gestaltungsverhinderungsvorschriften: *Crezelius*, StuW 1995, 313 ff.; *Roser*, FR 2005, 178 ff.; *Hey*, StuW 2008, 167 ff.; *Hey*, DStJG Band 33, 2010, 139 ff.

[591] *Roser*, FR 2005, 178; vgl. insoweit auch der Gesetzeswortlaut des § 42 Abs. 1 Satz 2 AO: *„Ist der Tatbestand einer Regelung in einem Einzelsteuergesetz erfüllt, die der Verhinderung von Steuerumgehungen dient, so bestimmen sich die Rechtsfolgen nach jener Vorschrift.".*

[592] *Hey*, DStJG Band 33, 2010, 139 (142 f.).

[593] Ob es sich dabei um eine sachgerechte bzw. zulässige Typisierung des Missbrauchs- und Gestaltungsverhinderungszwecks handelt, ist dabei eine Frage der (verfassungsrechtlichen) Rechtfertigung solcher typisierender Missbrauchs- und Gestaltungsverhinderungsvorschriften und keine Frage der Einstufung bzw. Einordnung dieser spezialgesetzlichen Gleichstellungsnormen des Ertragsteuerrechts als typisierende Missbrauchs- und Gestaltungsverhinderungsvorschriften; siehe hierzu die Ausführungen in § 8 unten.

Kapitel 3: Gleichstellung mit spezialgesetzlicher Grundlage

Aus diesen Erkenntnissen zur Teleologie der verschiedenen spezialgesetzlichen Gleichstellungsnormen des Ertragsteuerrechts sollten sich letztlich auch Rückschlüsse auf die Auslegung durch die Rechtsprechung in „ungeregelten" Fällen, in denen die Gleichstellung der mittelbaren mit der unmittelbaren Beteiligung durch den Gesetzgeber also nicht spezialgesetzlich geregelt wurde, ergeben. Denn die Rechtsprechung lässt, wie aufgezeigt[594], eine Gleichstellung der mittelbaren mit der unmittelbaren Beteiligung in solchen „ungeregelten" Fällen im Ausgangspunkt nur dann zu, soweit sich die Gleichstellung der mittelbaren mit der unmittelbaren Beteiligung ausdrücklich aus dem Sinn und Zweck der relevanten ertragsteuerrechtlichen Norm ergeben würde.[595] Sollte der Gesetzgeber mit den verschiedenen spezialgesetzlichen Gleichstellungsnormen des Ertragsteuerrechts also einen einheitlichen Sinn und Zweck verfolgen wollen und die in Streit stehende, die Gleichstellung der mittelbaren mit der unmittelbaren Beteiligung nicht spezialgesetzlich regelnde ertragsteuerrechtliche Norm diesen Sinn und Zweck ebenfalls verfolgen, so spricht viel dafür, dass die Rechtsprechung in einem solchen Fall die Gleichstellung der mittelbaren mit der unmittelbaren Beteiligung auch ohne spezialgesetzliche Grundlage annehmen würde.

Um herauszufinden, welchen Sinn und Zweck der Gesetzgeber mit den verschiedenen spezialgesetzlichen Gleichstellungsnormen des Ertragsteuerrechts zu verfolgen beabsichtigt, wurden insoweit insbesondere die Gesetzesmaterialien sowie die entsprechende rechtswissenschaftliche Literatur zu den verschiedenen spezialgesetzlichen Gleichstellungsnormen des Ertragsteuerrechts untersucht.[596]

B. Kategorisierung der spezialgesetzlichen Gleichstellungsnormen des Ertragsteuerrechts möglich

Die Erwartung des Verfassers war dabei, dass die verschiedenen spezialgesetzlichen Gleichstellungsnormen des Ertragsteuerrechts aus Sicht des Gesetzgebers in aller Regel als typisierende Missbrauchs- und Gestaltungsverhinderungsvorschriften konzipiert wurden.[597] Denn ohne die spezialgesetzliche Einbeziehung

---

[594] Siehe hierzu die Ausführungen unter § 4 B oben.
[595] BFH, Urteil vom 11. Oktober 1966 – I 85/64, BStBl. III 1967, 32; BFH, Vorlagebeschluss vom 12. Oktober 1989 – IV R 5/86, BStBl. II 1990, 168 (172); BFH, Großer Senat, Beschluss vom 25. Februar 1991 – GrS 7/89, BStBl. II 1991, 691 (700); BFH, Urteil vom 15. Dezember 1998 – VIII R 77/93, BStBl. II 1999, 168 (170); BFH, Urteil vom 20. August 2003 – I R 61/01, BStBl. II 2004, 614 (616); BFH, Urteil vom 20. Oktober 2016 – VIII R 27/15, BStBl. II 2017, 441 (442).
[596] Vgl. zu den verschiedenen spezialgesetzlichen Gleichstellungsnormen des Ertragsteuerrechts die entsprechende Übersicht in Anhang 1.
[597] Vgl. zur Thematik der typisierenden Missbrauchs- und Gestaltungsverhinderungsvorschriften: *Crezelius*, StuW 1995, 313 ff.; *Roser*, FR 2005, 178 ff.; *Hey*, StuW 2008, 167 ff.; *Hey*, DStJG

§ 7 Sinn und Zweck der spezialgesetzlichen Gleichstellungsnormen

von mittelbaren Beteiligungen in den Anwendungsbereich von ertragsteuerrechtlichen Vorschriften könnten die (negativen) Rechtsfolgen einer ertragsteuerrechtlichen Vorschrift regelmäßig allein durch die Wahl bzw. Strukturierung über eine mittelbare Beteiligung vermieden werden.

So könnten beispielsweise – ohne die Einbeziehung von Beteiligungserwerben auf einer mittelbaren Beteiligungsebene – die Folgen des Untergangs der Verlustabzugsmöglichkeit für verlusttragende Körperschaften gemäß der spezialgesetzlichen Gleichstellungsnorm des § 8c Abs. 1 Satz 1 KStG allein dadurch vermieden werden, dass nicht die Anteile an der relevanten verlusttragenden Körperschaft selbst erworben würden, sondern sich der Beteiligungserwerb auf einer vorgelagerten Stufe (d.h. auf einer mittelbaren Beteiligungsebene) vollziehen würde. Möglich wäre in diesem Fall zum Beispiel der vollständige Erwerb der Anteile an einer Holding-Gesellschaft, die ihrerseits sämtliche Anteile an der verlusttragenden Körperschaft halten würde, ohne dass dies Auswirkungen auf die Verlustabzugsmöglichkeit der relevanten verlusttragenden Körperschaft hätte.[598]

Weiterhin könnten – ohne die Einbeziehung von mittelbaren Beteiligungen über Personengesellschaften in den Anwendungsbereich des § 15 Abs. 1 Satz 1 Nr. 2 EStG durch die spezialgesetzliche Gleichstellungsnorm des § 15 Abs. 1 Satz 1 Nr. 2 Satz 2 EStG – Gestaltungen über doppelstöckige Personengesellschaften gewählt werden, um die Gewinnzurechnung für Sondervergütungen nach Maßgabe des § 15 Abs. 1 Satz 1 Nr. 2 EStG auf Ebene einer Unter-Personengesellschaft zu vermeiden. Denn in diesem Fall wären die Leistungen, die ein Gesellschafter einer Ober-Personengesellschaft von einer Unter-Personengesellschaft für Dienste zu Gunsten der Unter-Personengesellschaft beziehen würde, auf deren Ebene als Betriebsausgaben voll abzugsfähig und würden so die Gewerbesteuerbelastung der Unter-Personengesellschaft maßgeblich mindern.[599]

Es erschien aus diesem Grund naheliegend, dass der Gesetzgeber die verschiedenen spezialgesetzlichen Gleichstellungsnormen des Ertragsteuerrechts vorwiegend als typisierende Missbrauchs- und Gestaltungsverhinderungsvorschriften konzipiert hat, um bestimmte gesetzlich eröffnete Handlungsmöglichkeiten im

---

Band 33, 2010, 139 ff.
[598] Die Vorgängerregelung des § 8c Abs. 1 KStG (§ 8 Abs. 4 KStG a.F.) umfasste solche Beteiligungserwerbe auf der mittelbaren Beteiligungsebene gerade nicht, da insoweit ein zivilrechtliche Auslegung mit Blick auf das Tatbestandsmerkmal „Übertragung von mehr als drei Viertel der Geschäftsanteile" angewendet wurde: Vgl. insoweit das bereits angesprochene Urteil des BFH vom 20. August 2003 – I R 61/01, BStBl. II 2004, 616.
[599] Vgl. hierzu den bereits angesprochenen Beschluss des Großen Senats des BFH vom 25. Februar 1991 – GrS 7/89, BStBl. II 1991, 691.

Kapitel 3: Gleichstellung mit spezialgesetzlicher Grundlage

Hinblick auf deren – jedenfalls aus Sicht des Gesetzgebers – Eignung zum Missbrauch bzw. zur missbräuchlichen Gestaltung einschränken zu können.[600]

Diese Erwartung, wonach die spezialgesetzlichen Gleichstellungsnormen des Ertragsteuerrechts vom Gesetzgeber regelmäßig als solche typisierende Missbrauchs- und Gestaltungsverhinderungsvorschriften konzipiert wurden, hat sich im Rahmen der Analyse der verschiedenen spezialgesetzlichen Gleichstellungsnormen des Ertragsteuerrechts bestätigt.[601] Denn die große Mehrzahl der spezialgesetzlichen Gleichstellungsnormen des Ertragsteuerrechts wurde vom Gesetzgeber tatsächlich als solche typisierende Missbrauchs- und Gestaltungsverhinderungsvorschriften ausgestaltet.[602]

Die Analyse der verschiedenen spezialgesetzlichen Gleichstellungsnormen des Ertragsteuerrechts hat jedoch zugleich aufgezeigt, dass es sich bei dieser typisierenden Missbrauchs- und Gestaltungsverhinderung nicht um den alleinigen Sinn und Zweck, den der Gesetzgeber mit den verschiedenen spezialgesetzlichen Gleichstellungsnormen des Ertragsteuerrechts erreichen möchte, handelt. Diesen vom Gesetzgeber als typisierende Missbrauchs- und Gestaltungsverhinderungsvorschriften konzipierten spezialgesetzlichen Gleichstellungsnormen stehen nämlich solche Gleichstellungsnormen des Ertragsteuerrechts gegenüber, die vom Gesetzgeber als reine Begünstigungsvorschriften konzipiert wurden und sich damit für den Steuerpflichtigen steuerlich vorteilhaft auswirken.[603] In einem solchen Fall, in dem eine spezialgesetzliche Gleichstellungsnorm des Ertragsteuerrechts vom Gesetzgeber als Begünstigungsvorschrift ausgestaltet wurde, kann der Steuerpflichtige den steuerlichen Vorteil der Begünstigungsvorschrift mithin nicht nur im Rahmen einer unmittelbaren Beteiligung, sondern grundsätzlich auch im Rahmen einer lediglich mittelbaren Beteiligung in Anspruch nehmen.

Die Analyse der verschiedenen spezialgesetzlichen Gleichstellungsnormen des Ertragsteuerrechts hat schließlich eine dritte (und letzte) Kategorie von spezialgesetzlichen Gleichstellungsnormen des Ertragsteuerrechts ergeben. Denn eine Reihe von spezialgesetzlichen Gleichstellungsnormen des Ertragsteuerrecht wei-

---

[600] Ob es sich dabei um eine sachgerechte bzw. zulässige Typisierung des Missbrauchs- und Gestaltungsverhinderungszwecks handelt, ist dabei eine Frage der (verfassungsrechtlichen) Rechtfertigung solcher typisierender Missbrauchs- und Gestaltungsverhinderungsvorschriften und keine Frage der Einstufung bzw. Einordnung dieser spezialgesetzlichen Gleichstellungsnormen des Ertragsteuerrechts als typisierende Missbrauchs- und Gestaltungsverhinderungsvorschriften; siehe hierzu die Ausführungen in § 8 unten.

[601] Siehe hierzu die Ausführungen und Beispiele unter § 7 C I unten.

[602] Vgl. hierzu auch die zusammenfassende Übersicht zu dem Sinn und Zweck der verschiedenen spezialgesetzlichen Gleichstellungsnormen des Ertragsteuerrechts in Anhang 4.

[603] Siehe hierzu die Ausführungen und Beispiele unter § 7 C II unten.

§ 7 Sinn und Zweck der spezialgesetzlichen Gleichstellungsnormen

sen einen rechtsprechungsbrechenden bzw. jedenfalls rechtsprechungsanpassenden Charakter auf.[604]

Der Gesetzgeber verfolgt mit den verschiedenen spezialgesetzlichen Gleichstellungsnormen des Ertragsteuerrechts damit zwar keinen einheitlichen Sinn und Zweck, die verschiedenen spezialgesetzlichen Gleichstellungsnormen des Ertragsteuerrechts können aber jedenfalls kategorisiert und in die folgenden drei – nach Relevanz geordneten – Kategorien eingeteilt werden:

1. Spezialgesetzliche Gleichstellungsnormen des Ertragsteuerrechts als typisierende Missbrauchs- und Gestaltungsverhinderungsvorschriften,
2. spezialgesetzliche Gleichstellungsnormen des Ertragsteuerrechts mit rechtsprechungsbrechendem bzw. jedenfalls rechtsprechungsanpassendem Charakter und (sogar)
3. spezialgesetzliche Gleichstellungsnormen des Ertragsteuerrechts als Begünstigungsgsvorschriften.[605]

C. Die drei Kategorien von spezialgesetzlichen Gleichstellungsnormen des Ertragsteuerrechts

Im Folgenden werden diese drei Kategorien von spezialgesetzlichen Gleichstellungsnormen des Ertragsteuerrechts exemplarisch anhand von einzelnen Beispielen dargestellt.[606]

I. Kategorie 1: Typisierende Missbrauchs- und Gestaltungsverhinderungsvorschriften

Die mit großem Abstand relevanteste Kategorie von spezialgesetzlichen Gleichstellungsnormen des Ertragsteuerrechts betrifft solche spezialgesetzliche Gleichstellungsnormen, die vom Gesetzgeber als typisierende Missbrauchs- und Gestaltungsverhinderungsvorschriften konzipiert wurden. Der Gesetzgeber bezweckt mit solchen typisierenden Missbrauchs- und Gestaltungsverhinderungsvorschrif-

---

[604] Siehe hierzu die Ausführungen und Beispiele unter § 7 C III unten.
[605] Wobei zu beachten ist, dass eine spezialgesetzliche Gleichstellungsnorm des Ertragsteuerrechts in Einzelfällen auch zwei Kategorien gleichzeitig zugeordnet werden kann (beispielsweise dergestalt, dass es sich bei dieser spezialgesetzlichen Gleichstellungsnorm um eine Missbrauchs- und Gestaltungsverhinderungsvorschrift handelt, diese zugleich aber auch rechtsprechungsbrechenden Charakter aufweist); vgl. hierzu auch die zusammenfassende Übersicht zu dem Sinn und Zweck der verschiedenen spezialgesetzlichen Gleichstellungsnormen des Ertragsteuerrechts in Anhang 4.
[606] Vgl. hierzu auch die zusammenfassende Übersicht zu dem Sinn und Zweck der verschiedenen spezialgesetzlichen Gleichstellungsnormen des Ertragsteuerrechts in Anhang 4.

Kapitel 3: Gleichstellung mit spezialgesetzlicher Grundlage

ten, bestimmte gesetzlich eröffnete Handlungsmöglichkeiten im Hinblick auf deren – jedenfalls aus Sicht des Gesetzgebers – Eignung zum Missbrauch bzw. zur missbräuchlichen Gestaltung einzuschränken.[607] Von einer typisierenden Missbrauchs- und Gestaltungsverhinderungsvorschriften ist dabei dann auszugehen, wenn der Missbrauchs- bzw. Gestaltungsverhinderungszweck in der relevanten (ertragsteuerrechtlichen) Vorschrift in typisierender Weise zum Ausdruck kommt.[608]

Der Gesetzgeber hat unter anderem die spezialgesetzlichen Gleichstellungsnormen des § 6 Abs. 5 Sätze 5 und 6 EStG, des § 8c Abs. 1 Satz 1 KStG und des § 10a Satz 10 Hs. 2 GewStG als solche typisierende Missbrauchs- und Gestaltungsverhinderungsvorschriften konzipiert.[609] Diese drei spezialgesetzlichen Gleichstellungsnormen des Ertragsteuerrechts werden im Folgenden beispielhaft bzw. exemplarisch für die anderen vom Gesetzgeber als solche Missbrauchs- und Gestaltungsverhinderungsvorschriften konzipierten Gleichstellungsnormen des Ertragsteuerrechts dargestellt.[610]

1. Die typisierende Missbrauchs- und Gestaltungsverhinderungsvorschrift des § 6 Abs. 5 Sätze 5 und 6 EStG

Die spezialgesetzliche Gleichstellungsnorm des § 6 Abs. 5 Sätze 5 und 6 EStG wurde nach dem ausdrücklichen Willen des Gesetzgebers als typisierende Missbrauchs- und Gestaltungsverhinderungsvorschrift konzipiert.[611] Nach dieser spezialgesetzlichen Gleichstellungsnorm des Ertragsteuerrechts wird die Möglichkeit des Buchwertansatzes im Rahmen einer begünstigten Übertragung von Einzelwirtschaftsgütern gemäß § 6 Abs. 5 Satz 3 EStG[612] nämlich für bestimmte Kon-

---

[607] *Roser*, FR 2005, 178; vgl. insoweit auch der Gesetzeswortlaut des § 42 Abs. 1 Satz 2 AO: „*Ist der Tatbestand einer Regelung in einem Einzelsteuergesetz erfüllt, die der Verhinderung von Steuerumgehungen dient, so bestimmen sich die Rechtsfolgen nach jener Vorschrift.*".
[608] *Hey*, DStJG Band 33, 2010, 139 (142 f.).
[609] Ob im Rahmen dieser spezialgesetzlichen Gleichstellungsnormen des Ertragsteuerrechts eine sachgerechte bzw. zulässige Typisierung des Missbrauchs- und Gestaltungsverhinderungszwecks vorgenommen wurde, ist dabei eine Frage der (verfassungsrechtlichen) Rechtfertigung dieser spezialgesetzlichen Gleichstellungsnormen und keine Frage der Einstufung bzw. Einordnung dieser spezialgesetzlichen Gleichstellungsnormen des Ertragsteuerrechts als typisierende Missbrauchs- und Gestaltungsverhinderungsvorschriften; siehe hierzu die Ausführungen in § 8 unten.
[610] Vgl. hierzu auch die zusammenfassende Übersicht zu dem Sinn und Zweck der spezialgesetzlichen Gleichstellungsnormen des Ertragsteuerrechts in Anhang 4.
[611] Vgl. insoweit die Ausführungen in BT-Drucksache 14/6882 vom 10. September 2001, Seite 33.
[612] Aktueller Wortlaut des § 6 Abs. 5 Satz 3 EStG:
„*Satz 1 [und damit der Buchwertansatz] gilt entsprechend, soweit ein Wirtschaftsgut*

§ 7 Sinn und Zweck der spezialgesetzlichen Gleichstellungsnormen

stellationen, in denen stille Reserven unmittelbar oder mittelbar auf Körperschaftsteuersubjekte übertragen werden und die der Gesetzgeber deswegen als „typischerweise" missbräuchlich ansieht, eingeschränkt.

So ist zunächst gemäß der spezialgesetzlichen Gleichstellungsnorm des § 6 Abs. 5 Satz 5 EStG der Buchwertansatz im Rahmen der Übertragung von Einzelwirtschaftsgütern nach Maßgabe des § 6 Abs. 5 Satz 3 EStG insoweit nicht möglich (sondern stattdessen der Teilwert anzusetzen), als durch die Übertragung der Anteil eines Körperschaftsteuersubjekts an dem relevanten übertragenen Einzelwirtschaftsgut unmittelbar oder mittelbar begründet wird oder dieser sich erhöht:

> *„Der Teilwert ist auch anzusetzen, soweit in den Fällen des [§ 6 Abs. 5] Satzes 3 [EStG] der Anteil einer Körperschaft, Personenvereinigung oder Vermögensmasse an dem Wirtschaftsgut <u>unmittelbar oder mittelbar</u> begründet wird oder dieser sich erhöht."*[613]

Die spezialgesetzliche Gleichstellungsnorm des § 6 Abs. 5 Satz 6 EStG ergänzt diese Regelung nach Satz 5 dahingehend, dass rückwirkend auf den Zeitpunkt der Übertragung des Einzelwirtschaftsguts nach Maßgabe des § 6 Abs. 5 Satz 3 EStG der Teilwert auch dann anzusetzen ist, wenn und soweit der Anteil eines Körperschaftsteuersubjekts an dem übertragenen Einzelwirtschaftsgut innerhalb von sieben Jahren nach der Übertragung aus einem anderen Grund unmittelbar oder mittelbar begründet wird oder dieser sich erhöht:

> *„Soweit innerhalb von sieben Jahren nach der Übertragung des Wirtschaftsguts nach [§ 6 Abs. 5] Satz 3 [EStG] der Anteil einer Körperschaft, Personenvereinigung oder Vermögensmasse an dem übertragenen Wirtschaftsgut aus einem anderen Grund <u>unmittelbar oder mittelbar</u> begründet wird oder dieser sich erhöht, ist rückwirkend auf den Zeitpunkt der Übertragung ebenfalls der Teilwert anzusetzen."*[614]

---

1. unentgeltlich oder gegen Gewährung oder Minderung von Gesellschaftsrechten aus einem Betriebsvermögen des Mitunternehmers in das Gesamthandsvermögen einer Mitunternehmerschaft und umgekehrt,
2. unentgeltlich oder gegen Gewährung oder Minderung von Gesellschaftsrechten aus dem Sonderbetriebsvermögen eines Mitunternehmers in das Gesamthandsvermögen derselben Mitunternehmerschaft oder einer anderen Mitunternehmerschaft, an der er beteiligt ist, und umgekehrt oder
3. unentgeltlich zwischen den jeweiligen Sonderbetriebsvermögen verschiedener Mitunternehmer derselben Mitunternehmerschaft
übertragen wird.".

[613] Aktueller Wortlaut des § 6 Abs. 5 Satz 5 EStG (die Unterstreichungen wurden seitens des Verfassers eingefügt).
[614] Aktueller Wortlaut des § 6 Abs. 5 Satz 6 EStG (die Unterstreichungen wurden seitens des Verfassers eingefügt).

Kapitel 3: Gleichstellung mit spezialgesetzlicher Grundlage

Der Gesetzgeber beabsichtigt mit der spezialgesetzlichen Gleichstellungsnorm des § 6 Abs. 5 Sätze 5 und 6 EStG die folgenden beiden aus seiner Sicht „typischen" Missbrauchs- bzw. Gestaltungsaspekte im Rahmen der Übertragung von Einzelwirtschaftsgütern nach Maßgabe des § 6 Abs. 5 Satz 3 EStG zu unterbinden:

- Zum einen möchte der Gesetzgeber mit dieser spezialgesetzlichen Gleichstellungsnorm verhindern, dass durch die begünstigte Übertragung von Einzelwirtschaftsgütern gemäß § 6 Abs. 5 Satz 3 EStG zum Buchwert die in diesen Einzelwirtschaftsgütern ruhenden stillen Reserven auf beteiligte Körperschaftsteuersubjekte übertragen werden, die bei diesen Körperschaftsteuersubjekten im Fall der Realisation lediglich mit dem aus Sicht des Gesetzgebers – im Vergleich zum individuellen Einkommensteuertarif – begünstigten Körperschaftsteuersatz zu versteuern wären.[615]
- Zusätzlich soll aus Sicht des Gesetzgebers mit dieser spezialgesetzlichen Gleichstellungsnorm vermieden werden, dass die auf Körperschaftsteuersubjekte gemäß § 6 Abs. 5 Satz 3 EStG verlagerten stillen Reserven von diesen anschließend steuerfrei gemäß § 8b Abs. 1 KStG (Kapitalgesellschaft als Gesellschafterin des relevanten Körperschaftsteuersubjekts) bzw. unter Nutzung der Vorteile des Teileinkünfteverfahrens gemäß § 3 Nr. 40 Buchst. d EStG (natürliche Person als Gesellschafterin des relevanten Körperschaftsteuersubjekts) ausgeschüttet oder die Anteile an diesen Körperschaftsteuersubjekten steuerfrei gemäß § 8b Abs. 2 KStG (Kapitalgesellschaft als Gesellschafterin des relevanten Körperschaftsteuersubjekts) bzw. unter Nutzung der Vorteile des Teileinkünfteverfahrens gemäß § 3 Nr. 40 Buchst. a EStG (natürliche Person als Gesellschafterin des relevanten Körperschaftsteuersubjekts) veräußert würden.[616]

Die Vorschrift des § 6 Abs. 5 Satz 6 EStG hat dabei im Verhältnis zur Regelung des § 6 Abs. 5 Satz 5 EStG den Charakter einer die Regelung des § 6 Abs. 5 Satz 5 EStG ergänzenden Missbrauchs- und Gestaltungsverhinderungsvorschrift.[617] Denn die Rechtsfolgen des § 6 Abs. 5 Satz 5 EStG ließen sich aus Sicht des Gesetzgebers ansonsten allein dadurch umgehen, dass sich das relevante Kör-

---

[615] BT-Drucksache 14/6882 vom 10. September 2001, Seite 33; *Kulosa*, in Schmidt, EStG-Kommentar, 6 EStG, Rn. 835.
[616] BT-Drucksache 14/6882 vom 10. September 2001, Seite 33; *Niehus/Wilke*, in Herrmann/Heuer/Raupach, EStG/KStG-Kommentar, § 6 EStG, Rn. 1650; *Ehmcke*, in Blümich, EStG-Kommentar, § 6 EStG, Rn. 1361.
[617] *Ehmcke*, in Blümich, EStG-Kommentar, § 6 EStG, Rn. 1370; *Niehus/Wilke*, in Herrmann/Heuer/Raupach, EStG/KStG-Kommentar, § 6 EStG, Rn. 1670.

§ 7 Sinn und Zweck der spezialgesetzlichen Gleichstellungsnormen

perschaftsteuersubjekt erst nach der nach Maßgabe des § 6 Abs. 5 Satz 3 EStG begünstigten Übertragung des Einzelwirtschaftsguts zum Buchwert an dem relevanten Übertragungsempfänger beteiligen würde.[618] Die spezialgesetzliche Gleichstellungsnorm des § 6 Abs. 5 Sätze 5 und 6 EStG wurde daher nach dem Willen des Gesetzgebers als typisierende Missbrauchs- und Gestaltungsverhinderungsvorschrift konzipiert.[619]

2. Die typisierende Missbrauchs- und Gestaltungsverhinderungsvorschrift des § 8c Abs. 1 Satz 1 KStG

Die spezialgesetzliche Gleichstellungsnorm des § 8c Abs. 1 Satz 1 KStG wurde aus Sicht des Gesetzgebers ebenfalls als typisierende Missbrauchs- und Gestaltungsverhinderungsvorschrift konzipiert.[620] Diese spezialgesetzliche Gleichstellungsnorm des Ertragsteuerrechts regelt die Möglichkeit des Verlustabzugs bei verlusttragenden Körperschaften im Zusammenhang mit unmittelbaren oder mittelbaren Anteilsübertragungen und anderen Vorgängen, die die Beteiligungsverhältnisse einer verlusttragenden Körperschaft nachhaltig verändern (sog. schädliche Beteiligungserwerbe)[621]:

„Werden innerhalb von fünf Jahren mittelbar oder unmittelbar mehr als 50 Prozent des gezeichneten Kapitals, der Mitgliedschaftsrechte, der Beteiligungsrechte oder der Stimmrechte an einer Körperschaft an einen Erwerber oder diesem nahe stehenden Personen übertragen oder liegt ein vergleichbarer Sachverhalt vor (schädlicher Beteiligungserwerb), sind bis zum schädlichen Beteiligungserwerb nicht ausgeglichene oder abgezogene negative Einkünfte (nicht genutzte Verluste) vollständig nicht mehr abziehbar."[622]

---

[618] *Niehus/Wilke*, in Herrmann/Heuer/Raupach, EStG/KStG-Kommentar, § 6 EStG, Rn. 1670.
[619] Ob im Rahmen der spezialgesetzlichen Gleichstellungsnorm des § 6 Abs. 5 Sätze 5 und 6 EStG eine sachgerechte bzw. zulässige Typisierung des Missbrauchs- und Gestaltungsverhinderungszwecks vorgenommen wurde, ist dabei eine Frage der (verfassungsrechtlichen) Rechtfertigung dieser spezialgesetzlichen Gleichstellungsnorm und keine Frage der Einstufung bzw. Einordnung dieser spezialgesetzlichen Gleichstellungsnormen des Ertragsteuerrechts als typisierende Missbrauchs- und Gestaltungsverhinderungsvorschriften; siehe hierzu die Ausführungen in § 8 B I unten.
[620] Vgl. insoweit die Ausführungen in BR-Drucksache 372/1/18 vom 11. September 2018, Seite 20.
[621] Vgl. zur Beschränkung des Verlustabzugs im Körperschaftsteuerrecht einschließlich der Entstehungsgeschichte des § 8c Abs. 1 KStG: *Hohmann*, Beschränkung des subjektbezogenen Verlusttransfers im Kapitalgesellschaftsteuerrecht, Teilband 1, § 3 C.
[622] Aktueller Wortlaut des § 8c Abs. 1 Satz 1 KStG (die Unterstreichungen wurden seitens des Verfassers eingefügt).

Der Gesetzgeber beabsichtigt mit der spezialgesetzlichen Gleichstellungsnorm des § 8c Abs. 1 Satz 1 KStG einen missbräuchlichen Handel mit steuerlichen Verlustvorträgen bzw. Verlustmänteln auszuschließen.[623] Ein solcher missbräuchlicher Handel mit steuerlichen Verlustmänteln zeichnet sich dadurch aus, dass eine verlusttragende Kapitalgesellschaft, die zwar noch über hohe Verlustvorträge verfügt, aber mangels Geschäftsbetriebs und nennenswerten Betriebsvermögens ansonsten nur noch einen leeren „Mantel" darstellt, von einem Investor erworben und mit einer neuen, gewinnbringenden Aktivität gefüllt wird, um die Verluste der verlusttragenden Kapitalgesellschaft steuerlich nutzbar zu machen.[624] Einen solchen missbräuchlichen Handel mit steuerlichen Verlustmänteln beabsichtigt der Gesetzgeber mit der spezialgesetzlichen Gleichstellungsnorm des § 8c Abs. 1 Satz 1 KStG zu unterbinden, indem im Falle eines schädlichen Beteiligungserwerbs gemäß § 8c Abs. 1 Satz 1 KStG die Verluste der relevanten verlusttragenden Körperschaft vollständig untergehen würden und somit steuerlich nicht mehr genutzt werden könnten.[625]

Diesen Zweck, den Handel mit steuerlichen Verlustmänteln zu unterbinden, versuchte der Gesetzgeber bereits mit der sog. Mantelkaufregelung des § 8 Abs. 4 KStG a.F. (d.h. der Vorgängerregelung des § 8c Abs. 1 KStG) zu erreichen.[626] Die Vorschrift des § 8 Abs. 4 Satz 1 KStG a.F. machte den Verlustabzug bei verlusttragenden Körperschaften dabei von der wirtschaftlichen Identität der relevanten Körperschaft abhängig.[627] Die Vorschrift des § 8 Abs. 4 Satz 2 KStG a.F. sah dabei ein Regelbeispiel für den Fall des Verlusts der wirtschaftlichen Identität im Sinne des § 8 Abs. 4 Satz 1 KStG a.F. vor, der zum Untergang der Verlustabzugsmöglichkeit der relevanten verlusttragenden Körperschaft führte.[628] Danach lag die wirtschaftliche Identität „insbesondere" dann nicht (mehr) vor, wenn mehr als die Hälfte der Anteile an der relevanten verlusttragenden Kapitalgesellschaft

---

[623] BR-Drucksache 372/1/18 vom 11. September 2018, Seite 20.
[624] BVerfG, Beschluss vom 29. März 2017 – 2 BvL 6/11, BStBl. II 2017, 1082 (1098, Rn. 128).
[625] BR-Drucksache 372/1/18 vom 11. September 2018, Seite 20.
[626] BT-Drucksache 11/2157 vom 19. April 1988, Seite 169, 171; vgl. zur Beschränkung des Verlustabzugs im Körperschaftsteuerrecht einschließlich der Entstehungsgeschichte der Mantelkaufregelung des § 8 Abs. 4 KStG a.F. und des § 8c Abs. 1 KStG auch *Hohmann*, Beschränkung des subjektbezogenen Verlusttransfers im Kapitalgesellschaftsteuerrecht, Teilband 1, § 3 C.
[627] BT-Drucksache 11/2157 vom 19. April 1988, Seite 171; BVerfG, Beschluss vom 29. März 2017 – 2 BvL 6/11, BStBl. II 2017, 1082 (Rn. 2).
[628] BT-Drucksache 11/2157 vom 19. April 1988, Seite 171; BVerfG, Beschluss vom 29. März 2017 – 2 BvL 6/11, BStBl. II 2017, 1082 (Rn. 3).

§ 7 Sinn und Zweck der spezialgesetzlichen Gleichstellungsnormen

übertragen wurden und diese Kapitalgesellschaft ihren Geschäftsbetrieb mit überwiegend neuem Betriebsvermögen fortgeführt oder wieder aufgenommen hatte.[629] Der § 8 Abs. 4 KStG a.f. erwies sich jedoch in der praktischen Handhabung aus Sicht des Gesetzgebers und der Finanzverwaltung als kompliziert und gestaltungsanfällig.[630] Zudem sollte die Begrenzung auf unmittelbare Anteilsübertragungen im Rahmen des § 8 Abs. 4 KStG a.F. aufgehoben werden.[631] Der Gesetzgeber entschied sich deswegen für eine Neuregelung der Verlustbeschränkungsregelung für Körperschaften und ersetzte im Rahmen des Unternehmensteuerreformgesetzes 2008 vom 14. August 2007 die bisherige ertragsteuerrechtliche Vorschrift des § 8 Abs. 4 KStG a.F. durch deren Nachfolgevorschrift des § 8c KStG[632]:

„Werden innerhalb von fünf Jahren mittelbar oder unmittelbar mehr als 25 Prozent des gezeichneten Kapitals, der Mitgliedschaftsrechte, Beteiligungsrechte oder der Stimmrechte an einer Körperschaft an einen Erwerber oder diesem nahe stehenden Personen übertragen oder liegt ein vergleichbarer Sachverhalt vor (schädlicher Beteiligungserwerb), sind insoweit die bis zum schädlichen Beteiligungserwerb nicht ausgeglichenen oder abgezogenen negativen Einkünfte (nicht genutzte Verluste) nicht mehr abziehbar. Unabhängig von Satz 1 sind bis zum schädlichen Beteiligungserwerb nicht genutzte Verluste vollständig nicht mehr abziehbar, wenn innerhalb von fünf Jahren mittelbar oder unmittelbar mehr als 50 Prozent des gezeichneten Kapitals, der Mitgliedschaftsrechte, Beteiligungsrechte oder der Stimmrechte an einer Körperschaft an einen Erwerber oder diesem nahe stehenden Personen übertragen werden oder ein vergleichbarer Sachverhalt vorliegt. Als ein Erwerber im Sinne der Sätze 1 und 2 gilt auch eine Gruppe von Erwerbern mit gleichgerichteten Interessen. Eine Kapitalerhöhung steht der Übertragung des gezeichneten Kapitals gleich, soweit sie zu einer Veränderung der Beteiligungsquoten am Kapital der Körperschaft führt."[633]

Nach dem Willen des Gesetzgebers sollte diese Neuregelung die Rechtsanwendung erleichtern und zur „zielgenaueren" Ausgestaltung der Verlustabzugsbe-

---

[629] Dies entsprach dem Gesetzeswortlaut des § 8 Abs. 4 Satz 2 KStG a.F. in der Fassung des Gesetzes zur Fortsetzung der Unternehmenssteuerreform vom 29. Oktober 1997, BGBl. I 1997, 2590 (2591 f.).
[630] So ausdrücklich BT-Drucksache 16/4841 vom 27. März 2007, Seite 34: „*Die geltende Mantelkaufregelung, die die ungerechtfertigte Nutzung und den Handel mit Verlustvorträgen verhindern soll, ist kompliziert und gestaltungsanfällig.*"; BR-Drucksache 220/07 vom 30. März 2007, Seite 123; Roser, in Gosch, KStG-Kommentar, § 8c KStG, Rn. 1.
[631] BVerfG, Beschluss vom 29. März 2017 – 2 BvL 6/11, BStBl. II 2017, 1082 (1083, Rn. 7).
[632] BVerfG, Beschluss vom 29. März 2017 – 2 BvL 6/11, BStBl. II 2017, 1082 (1083, Rn. 8).
[633] Gesetzeswortlaut des § 8c KStG in der Fassung des Unternehmensteuerreformgesetzes 2008 vom 14. August 2007, BGBl. I 2007, 1912 (1928).

schränkung bei Körperschaften führen.⁶³⁴ Die ertragsteuerrechtliche Vorschrift des § 8c KStG beruht nach Auffassung des Gesetzgebers dabei auf dem Gedanken, dass sich die wirtschaftliche Identität einer Gesellschaft durch das wirtschaftliche Engagement eines anderen Anteilseigners (oder Anteilseignerkreises) ändere.⁶³⁵ Die in früherer Zeit erwirtschafteten Verluste sollten daher unberücksichtigt bleiben, soweit sie auf dieses neue wirtschaftliche Engagement entfallen würden.⁶³⁶ Dagegen wurde der Missbrauchs- bzw. Gestaltungsverhinderungsgedanke „Mantelkauf", anders als bei der Vorgängervorschrift nach § 8 Abs. 4 KStG a.F., nicht noch einmal ausdrücklich vom Gesetzgeber hervorgehoben.

Dies führte zur Diskussion darüber, ob der Gesetzgeber mit der Neuregelung des § 8c KStG im Rahmen des Unternehmensteuerreformgesetzes 2008 vom 14. August 2007 den vormaligen Missbrauchs- und Gestaltungsverhinderungszweck der Mantelkaufregelung überhaupt noch weiter verfolgen wollte oder sich von diesem nicht vielmehr gelöst hätte.⁶³⁷ Dass damit im Ergebnis jedoch keine Abkehr von dem vormaligen Missbrauchs- und Gestaltungsverhinderungszweck verbunden war, wird zum einen durch die Entscheidung des Bundesverfassungsgerichts vom 29. März 2017 zur quotalen Verlustuntergangsregelung des § 8c Abs. 1 Satz 1 KStG a.F.⁶³⁸ als auch durch die Ausführungen des Gesetzgebers zur aktuellen Fassung des § 8c Abs. 1 Satz 1 KStG deutlich⁶³⁹.

So hat das Bundesverfassungsgericht mit Entscheidung vom 29. März 2017 nämlich entschieden, dass die Vorschrift zum quotalen Verlustuntergang nach § 8c Satz 1 KStG a.F.⁶⁴⁰ bzw. § 8c Abs. 1 Satz 1 KStG a.F.⁶⁴¹ mit dem Gleichheitssatz

---

⁶³⁴ BR-Drucksache 220/07 vom 30. März 2007, Seite 123, 125; BT-Drucksache 16/4841 vom 27. März 2007, Seite 76.
⁶³⁵ BR-Drucksache 220/07 vom 30. März 2007, Seite 126.
⁶³⁶ BT-Drucksache 16/4841 vom 27. März 2007, Seite 76.
⁶³⁷ *Kohlhaas/Kranz* gehen in GmbHR 2013, 1308 (1309) davon aus, dass der Gesetzgeber durch die Regelung des § 8c KStG bzw. durch die entsprechenden Ausführungen im Rahmen der Gesetzesbegründung zu erkennen gegeben habe, dass für die Frage des Verlustabzugs allein der Wegfall der wirtschaftlichen Identität maßgeblich sein solle und es im Unterschied zur Vorgängerregelung des § 8 Abs. 4 KStG a.F. auf einen Missbrauch nicht ankomme. *Van Lishaut* bezweifelt in FR 2008, 789 demgegenüber, dass mit den entsprechenden Ausführungen im Rahmen der Gesetzesbegründung tatsächlich eine Abkehr vom Missbrauchsgedanken dokumentiert sei.
⁶³⁸ BVerfG, Beschluss vom 29. März 2017 – 2 BvL 6/11, BStBl. II 2017, 1082.
⁶³⁹ BR-Drucksache 372/1/18 vom 11. September 2018, Seite 20.
⁶⁴⁰ Das heißt in der Fassung des Unternehmensteuerreformgesetzes 2008 vom 14. August 2007.
⁶⁴¹ Das heißt in der Fassung des Gesetzes zur Modernisierung der Rahmenbedingungen für Kapitalbeteiligungen vom 12. August 2008 und den nachfolgenden Fassungen bis zum Zeitpunkt des Inkrafttretens des Gesetzes zur Weiterentwicklung der steuerlichen Verlustverrechnung bei Körperschaften vom 20. Dezember 2016.

§ 7 Sinn und Zweck der spezialgesetzlichen Gleichstellungsnormen

nach Art. 3 Abs. 1 GG unvereinbar sei, da die Vorschrift willkürlich sei und nicht als zulässige typisierende Missbrauchsverhinderungsvorschrift gelten würde.[642] Das Bundesverfassungsgericht ging in dieser Entscheidung ausdrücklich davon aus, dass die Regelung des § 8c KStG aus Sicht des Gesetzgebers jedenfalls auch der Vermeidung von Gestaltungen diene und zwar solcher, deren Eindämmung beim Verlustabzug sich in der Zeit vor Schaffung des § 8c KStG als notwendig, aber nach dem vormaligen Konzept des § 8 Abs. 4 KStG a.F. als nicht praktikabel erwiesen hätten.[643] Das Bundesverfassungsgericht stellte hierdurch den Bezug zur Verhinderung eines missbräuchlichen Mantelkaufs, den der Gesetzgeber bereits mit der Mantelkaufregelung des § 8 Abs. 4 KStG verfolgen wollte, ausdrücklich her und legte die Einstufung als insoweit typisierende Missbrauchs- und Gestaltungsverhinderungsvorschrift im Folgenden als Prüfungsmaßstab für die Verfassungsmäßigkeit des § 8c (Abs. 1) Satz 1 KStG a.F. zugrunde.

Zum anderen wurde der Missbrauchs- und Gestaltungsverhinderungszweck der aktuellen Regelung der spezialgesetzlichen Gleichstellungsnorm des § 8c Abs. 1 Satz 1 KStG (nochmals) ausdrücklich vom Gesetzgeber hervorgehoben. Als Reaktion auf die gennante Entscheidung des Bundesverfassungsgerichts vom 29. März 2017 zur Verfassungswidrigkeit des quotalen Verlustuntergangs nach § 8c Satz 1 KStG a.F.[644] bzw. § 8c Abs. 1 Satz 1 KStG a.F.[645] hob der Gesetzgeber den quotalen Verlustuntergang nach § 8c Abs. 1 Satz 1 KStG a.F. auf und übernahm die Regelung zum vollständigen Verlustuntergang nach dem bisherigen § 8c Abs. 1 Satz 2 KStG a.F. nunmehr im aktuellen § 8c Abs. 1 Satz 1 KStG.[646] Der Gesetzgeber begründet diese Gesetzesänderung ausdrücklich damit, dass der vollständige Verlustuntergang beim Erwerb von mehr als 50 % an einer verlusttragenden Kapitalgesellschaft das wesentliche Indiz für die Annahme eines Gestaltungsmissbrauchs sei und es darum gehe, einen Handel mit steuerlichen Verlustvorträgen auszuschließen.[647] Durch die Rückführung auf diese Fälle, in denen sich also die Beherrschungsverhältnisse einer verlusttragenden Kapitalgesellschaft ändern würden, würde die Missbrauchsverhinderung dieser ertragsteuerrechtlichen

---

[642] BVerfG, Beschluss vom 29. März 2017 – 2 BvL 6/11, BStBl. II 2017, 1082.
[643] BVerfG, Beschluss vom 29. März 2017 – 2 BvL 6/11, BStBl. II 2017, 1082 (1098, Rn. 126).
[644] Das heißt in der Fassung des Unternehmenstreuerreformgesetzes 2008 vom 14. August 2007.
[645] Das heißt in der Fassung des Gesetzes zur Modernisierung der Rahmenbedingungen für Kapitalbeteiligungen vom 12. August 2008 und den nachfolgenden Fassungen bis zum Zeitpunkt des Inkrafttretens des Gesetzes zur Weiterentwicklung der steuerlichen Verlustverrechnung bei Körperschaften vom 20. Dezember 2016.
[646] BR-Drucksache 372/1/18 vom 11. September 2018, Seite 20 f.; BR-Drucksache 372/18 vom 10. August 2018, Seite 54.
[647] BR-Drucksache 372/1/18 vom 11. September 2018, Seite 20.

Kapitel 3: Gleichstellung mit spezialgesetzlicher Grundlage

Vorschrift wieder klar in den Vordergrund gerückt.[648] Damit stellte der Gesetzgeber nochmals ausdrücklich klar, dass die spezialgesetzliche Gleichstellungsnorm des § 8c Abs. 1 Satz 1 KStG von ihm als typisierende Missbrauchs- und Gestaltungsverhinderungsvorschrift konzipiert wurde und den missbräuchlichen Handel mit Verlustmänteln verhindern soll.[649]

3. Die typisierende Missbrauchs- und Gestaltungsverhinderungsvorschrift des § 10a Satz 10 Hs. 2 Nr. 2 GewStG

Die spezialgesetzliche Gleichstellungsnorm des § 10a Satz 10 Hs. 2 Nr. 2 GewStG wurde vom Gesetzgeber ebenfalls als typisierende Missbrauchs- und Gestaltungsverhinderungsvorschrift konzipiert.[650] Danach findet die körperschaftsteuerliche Verlustausgleichs- und Verlustabzugsbeschränkung des § 8c KStG entsprechende Anwendung auf Fehlbeträge einer Mitunternehmerschaft, soweit diese Fehlbeträge unmittelbar oder mittelbar über eine oder mehrere Personengesellschaften einer Körperschaft zuzurechnen sind:

„Auf die Fehlbeträge sind § 8c des Körperschaftsteuergesetzes und, wenn ein fortführungsgebundener Verlustvortrag nach § 8d des Körperschaftsteuergesetzes gesondert festgestellt wird, § 8d des Körperschaftsteuergesetzes entsprechend anzuwenden; dies gilt mit Ausnahme des § 8d des Körperschaftsteuergesetzes auch für den Fehlbetrag einer Mitunternehmerschaft, soweit dieser

    1. einer Körperschaft <u>unmittelbar</u> oder
    2. einer Mitunternehmerschaft, soweit an dieser eine Körperschaft <u>unmittelbar</u> <u>oder mittelbar</u> über eine oder mehrere Personengesellschaften beteiligt ist,

zuzurechnen ist."[651]

Liegt damit auf der Ebene einer Körperschaft, die unmittelbar oder mittelbar über eine oder mehrere Personengesellschaften an einer gewerbesteuerliche Verluste tragenden Mitunternehmerschaft beteiligt ist, ein schädlicher Beteiligungserwerb

---

[648] BR-Drucksache 372/1/18 vom 11. September 2018, Seite 20.
[649] Ob im Rahmen der spezialgesetzlichen Gleichstellungsnorm des § 8c Satz 1 EStG eine sachgerechte bzw. zulässige Typisierung des Missbrauchs- und Gestaltungsverhinderungszwecks vorgenommen wurde, ist dabei eine Frage der (verfassungsrechtlichen) Rechtfertigung dieser spezialgesetzlichen Gleichstellungsnorm und keine Frage der Einstufung bzw. Einordnung dieser spezialgesetzlichen Gleichstellungsnormen des Ertragsteuerrechts als typisierende Missbrauchs- und Gestaltungsverhinderungsvorschriften; siehe hierzu die Ausführungen in § 8 B II unten.
[650] Vgl. insoweit die Ausführungen in BT-Drucksache 16/11108 vom 27. November 2008, Seite 30.
[651] Aktueller Wortlaut des § 10a Satz 10 GewStG (die Unterstreichungen wurden seitens des Verfassers eingefügt).

§ 7 Sinn und Zweck der spezialgesetzlichen Gleichstellungsnormen

gemäß § 8c Abs. 1 Satz 1 KStG vor, gehen die dieser Körperschaft zuzurechnenden Fehlbeträge der verlusttragenden Mitunternehmerschaft vollständig unter. Durch diese spezialgesetzliche Gleichstellungsnorm des Ertragsteuerrechts wollte der Gesetzgeber eine – aus seiner Sicht unbillig und „typisch" erscheinende – Gestaltungsmöglichkeit abstellen, durch die der bestehende Verlustvortrag einer verlusttragenden Körperschaft durch das Einschalten einer Personengesellschaft auf diese übertragen und so vor dem Verlustuntergang „gerettet" werden konnte.[652] Diese Gestaltung bestand im Wesentlichen darin, dass vor dem geplanten Anteilseignerwechsel auf Ebene einer verlusttragenden Körperschaft deren Verlustbetrieb gemäß § 24 UmwStG auf eine Personengesellschaft ausgegliedert und erst im Folgenden der geplante Anteilseignerwechsel auf Ebene der Körperschaft durchgeführt wurde.[653] Die entsprechenden Verlustvorträge der Körperschaft gingen auf diesem Wege auf die Personengesellschaft über und wurden vom anschließenden Anteilseignerwechsel bei der Körperschaft nicht tangiert und konnten so aufrecht erhalten werden.[654] Um diese steuerliche Gestaltungsmöglichkeit zu unterbinden, hat der Gesetzgeber die spezialgesetzliche Gleichstellungsnorm des § 10a Satz 10 Hs. 2 GewStG eingefügt.[655] Damit wurde auch die spezialgesetzliche Gleichstellungsnorm des § 10a Satz 10 Hs. 2 Nr. 2 GewStG vom Gesetzgeber als typisierende Missbrauchs- und Gestaltungsverhinderungsvorschrift konzipiert.[656]

II. Kategorie 2: Spezialgesetzliche Gleichstellungsnormen des Ertragsteuerrechts mit rechtsprechungsbrechendem oder rechtsprechungsanpassendem Charakter

Die zweitrelevanteste Kategorie von spezialgesetzlichen Gleichstellungsnormen des Ertragsteuerrechts betrifft solche spezialgesetzliche Gleichstellungsnormen,

---

[652] BT-Drucksache 16/11108 vom 27. November 2008, Seite 30; *Drüen*, in Blümich, GewStG-Kommentar, § 10a GewStG, Rn 88.
[653] BT-Drucksache 16/11108 vom 27. November 2008, Seite 30; *Kleinheisterkamp*, in Lenski/Steinberg, GewStG-Kommentar, § 10a GewStG, Rn. 77.
[654] BT-Drucksache 16/11108 vom 27. November 2008, Seite 30; *Drüen*, in Blümich, GewStG-Kommentar, § 10a GewStG, Rn 88.
[655] BT-Drucksache 16/11108 vom 27. November 2008, Seite 30.
[656] Ob im Rahmen der spezialgesetzlichen Gleichstellungsnorm des § 10a Satz 10 Hs. 2 Nr. 2 GewStG eine sachgerechte bzw. zulässige Typisierung des Missbrauchs- und Gestaltungsverhinderungszwecks vorgenommen wurde, ist dabei eine Frage der (verfassungsrechtlichen) Rechtfertigung dieser spezialgesetzlichen Gleichstellungsnorm und keine Frage der Einstufung bzw. Einordnung dieser spezialgesetzlichen Gleichstellungsnormen des Ertragsteuerrechts als typisierende Missbrauchs- und Gestaltungsverhinderungsvorschriften; siehe hierzu die Ausführungen in § 8 B III unten.

Kapitel 3: Gleichstellung mit spezialgesetzlicher Grundlage

welche rechtsprechungsbrechenden oder jedenfalls rechtsprechungsanpassenden Charakter aufweisen.[657] Einen rechtsprechungsbrechenden Charakter weist eine spezialgesetzliche Gleichstellungsnorm des Ertragsteuerrechts dann auf, wenn der Gesetzgeber eine Entscheidung der Judikative, welche aus seiner Sicht nicht „zutreffend" ausfiel bzw. sich aus fiskalischer Sicht negativ auswirkte, zum Anlass nahm, eine spezialgesetzliche Gleichstellungsnorm des Ertragsteuerrechts ins Gesetz aufzunehmen bzw. anzupassen, um die Entscheidung der Rechtsprechung zu konterkarieren und die abweichende Auffassung des Gesetzgebers gesetzlich zu fixieren. Spezialgesetzliche Gleichstellungsnormen des Ertragsteuerrechts mit rechtsprechungsanpassendem Charakter betreffen dagegen solche Gleichstellungsnormen, in deren Rahmen der Gesetzgeber die durch die Rechtsprechung geäußerten gesetzlichen Vorgaben durch entsprechende Gesetzesänderungen umsetzte bzw. Entscheidungen der Rechtsprechung zum Anlass nahm, Gesetzesänderungen oder Klarstellungen im Gesetzeswortlaut vorzunehmen (ohne die Entscheidung der Rechtsprechung explizit konterkarieren bzw. die abweichende Auffassung des Gesetzgebers gesetzlich fixieren zu wollen). Der Gesetzgeber hat dabei unter anderem die spezialgesetzlichen Gleichstellungsnormen des § 15 Abs. 1 Satz 1 Nr. 2 Satz 2 EStG, des § 23 Abs. 1 Satz 4 EStG und des § 8b Abs. 4 Sätze 4 und 5 KStG als solche spezialgesetzliche Gleichstellungsnormen mit rechtsprechungsbrechendem oder jedenfalls rechtsprechungsanpassendem Charakter konzipiert. Diese drei spezialgesetzlichen Gleichstellungsnormen des Ertragsteuerrechts werden im Folgenden beispielhaft bzw. exemplarisch für die anderen vom Gesetzgeber als solche rechtsprechungsbrechende oder jedenfalls rechtsprechungsanpassende Gleichstellungsnormen des Ertragsteuerrechts dargestellt.[658]

1. § 15 Abs. 1 Satz 1 Nr. 2 Satz 2 EStG als Folge der Entscheidung des Großen Senats des Bundesfinanzhofs vom 25. Februar 1991

Eine spezialgesetzliche Gleichstellungsnorm des Ertragsteuerrechts mit rechtsprechungsbrechendem Charakter betrifft die spezialgesetzliche Gleichstellungsnorm des § 15 Abs. 1 Satz 1 Nr. 2 Satz 2 EStG. Denn diese spezialgesetzliche Gleichstellungsnorm ist vom Gesetzgeber ausdrücklich als Reaktion auf die Entscheidung des Großen Senats des Bundesfinanzhofs vom 25. Februar 1991[659] in das Einkommensteuergesetz eingeführt worden.[660]

---

[657] Vgl. hierzu auch die zusammenfassende Übersicht zu dem Sinn und Zweck der spezialgesetzlichen Gleichstellungsnormen des Ertragsteuerrechts in Anhang 4.
[658] Vgl. hierzu auch die zusammenfassende Übersicht zu dem Sinn und Zweck der spezialgesetzlichen Gleichstellungsnormen des Ertragsteuerrechts in Anhang 4.
[659] BFH, Großer Senat, Beschluss vom 25. Februar 1991 – GrS 7/89, BStBl. II 1991, 691.
[660] BT-Drucksache 12/1108 vom 3. September 1991, Seite 58 f.: *„Dadurch können die oben be-*

§ 7 Sinn und Zweck der spezialgesetzlichen Gleichstellungsnormen

Der Große Senat des Bundesfinanzhofs lehnte mit Entscheidung vom 25. Februar 1991 – entgegen dem Vorlagebeschluss des IV. Senats des Bundesfinanzhofs vom 12. Oktober 1989[661] – einen Durchgriff durch eine vermittelnde Ober-Personengesellschaft auf die Ober-Personengesellschafter für Zwecke der Hinzurechnung von Tätigkeitsvergütungen, die von einer Unter-Personengesellschaft an einen nur mittelbar über die Ober-Personengesellschaft beteiligten Gesellschafter der Unter-Personengesellschaft gezahlt wurden, für Zwecke des § 15 Abs. 1 Satz 1 Nr. 2 EStG a.F. ab.[662] Begründet wurde diese restriktive Auslegung durch den Großen Senat des Bundesfinanzhofs damit, dass die ertragsteuerrechtliche Vorschrift des § 15 Abs. 1 Nr. 2 EStG a.F. auf (Tätigkeits-) Vergütungen dann nicht anzuwenden sei, wenn der Vergütungsempfänger bei der die Vergütung zahlenden Personengesellschaft nicht unmittelbar als Gesellschafter, sondern lediglich mittelbar über eine andere Personengesellschaft beteiligt sei. Die ertragsteuerrechtliche Vorschrift des § 15 Abs. 1 Nr. 2 EStG a.F. setze vielmehr stets eine unmittelbare Beteiligung voraus; eine mittelbare Beteiligung über eine andere (Ober-) Personengesellschaft reiche insoweit nicht aus.[663]

Diese restriktive Auslegung des § 15 Abs. 1 Nr. 2 EStG a.F. durch den Großen Senat des Bundesfinanzhofs führte im Streitfall dazu, dass die von der relevanten Unter-Personengesellschaft an den mittelbar über die Ober-Personengesellschaft beteiligten Gesellschafter gezahlten Tätigkeitsververgütungen nicht dem Gewinn der Unter-Personengesellschaft gemäß § 15 Abs. 1 Nr. 2 EStG a.F. hinzuzurechnen waren, sondern von dieser als sofort abzugsfähige Betriebsausgaben angesetzt werden konnten.[664] Dies hatte über den streitigen Einzelfall hinaus ganz generell zur Folge, dass Tätigkeitsvergütungen, die von einer Unter-Personengesellschaft an einen lediglich mittelbar über eine Ober-Personengesellschaft beteiligten Gesellschafter gezahlt wurden, nicht als Sondervergütungen im Sinne des § 15 Abs. 1 Satz 1 Nr. 2 EStG a.F. einzustufen waren, sondern von der relevanten Unter-Personengesellschaft als Betriebsausgaben abgezogen werden konnten und damit die Gewerbesteuerbelastung auf Ebene dieser Unter-Personengesellschaft

---

schriebenen nachteiligen Folgen für die Gewerbe- und Einkommensteuer, die sich aufgrund des BFH-Beschlusses ergeben, vermieden werden."; Krumm, in Kirchhof, EStG-Kommentar, § 15 EStG, Rn. 344.

[661] BFH, Vorlagebeschluss vom 12. Oktober 1989 – IV R 5/86, BStBl. II 1990, 168.
[662] BFH, Großer Senat, Beschluss vom 25. Februar 1991 – GrS 7/89, BStBl. II 1991, 691; siehe hierzu auch die Ausführungen unter § 4 C IV 2 oben.
[663] BFH, Großer Senat, Beschluss vom 25. Februar 1991 – GrS 7/89, BStBl. II 1991, 691 (703).
[664] Da diese Entscheidung des Großen Senats bereits oben näher dargestellt wurde, wird zum weiteren Sachverhalt und den wesentlichen Entscheidungsgründen auf die Ausführungen nach oben verwiesen; vgl. hierzu die Ausführungen unter § 4 C IV 2 oben.

Kapitel 3: Gleichstellung mit spezialgesetzlicher Grundlage

minderten.[665] Zusätzlich waren die einer Unter-Personengesellschaft zur Nutzung überlassenen Wirtschaftsgüter der Gesellschafter einer Ober-Personengesellschaft kein Sonderbetriebsvermögen dieser Gesellschafter der relevanten Ober-Personengesellschaft bei der entsprechenden Unter-Personengesellschaft, so dass die darin ruhenden stillen Reserven nicht (ertrag-) steuerverstrickt waren.[666] Der Gesetzgeber befürchtete daher infolge dieser restriktiven Auslegung durch die Rechtsprechung erhebliche Steuerausfälle durch steuerlich motivierte Gestaltungen, bei denen durch die Zwischenschaltung von Ober-Personengesellschaften Gewerbe- und Einkommensteuer gespart werden konnte bzw. sollte.[667]

Als Reaktion auf diese Entscheidung und zur Verhinderung dieses „Gestaltungspotentials" wurde der ertragsteuerrechtlichen Vorschrift des § 15 Abs. 1 Satz 1 Nr. 2 EStG a.F. durch das sog. Steueränderungsgesetz 1992 vom 25. Februar 1992[668] ein neuer Satz 2 angefügt, der den steuerlichen Durchgriff auch bei mehrstöckigen Personengesellschaften sicherstellen und die beschriebenen steuerlichen Folgen, die sich aus der restriktiven Auslegung der damals geltenden Regelung durch den Großen Senat des Bundesfinanzhofs ergeben hatten, vermeiden sollte.[669] Nach diesem vom Gesetzgeber neu eingefügten Satz 2 des § 15 Abs. 1 Satz 1 Nr. 2 EStG wird der mittelbar über eine oder mehrere Personengesellschaften beteiligte Gesellschafter einer Personengesellschaft nunmehr nämlich dem unmittelbar beteiligten Gesellschafter dieser Personengesellschaft für Zwecke des § 15 Abs. 1 Satz 1 Nr. 2 EStG ausdrücklich gleichgestellt:

„Der mittelbar über eine oder mehrere Personengesellschaften beteiligte Gesellschafter steht dem unmittelbar beteiligten Gesellschafter gleich; er ist als Mitunternehmer des Betriebs der Gesellschaft anzusehen, an der er mittelbar beteiligt ist, wenn er und die Personengesellschaften, die seine Beteiligung vermitteln, jeweils als Mitun-

---

[665] BT-Drucksache 12/1108 vom 3. September 1991, Seite 58; *Wacker*, in Schmidt, EStG-Kommentar, § 15 EStG, Rn. 610.

[666] BT-Drucksache 12/1108 vom 3. September 1991, Seite 58; *Wacker*, in Schmidt, EStG-Kommentar, § 15 EStG, Rn. 610.

[667] BT-Drucksache 12/1108 vom 3. September 1991, Seite 58; *Bode*, Blümich, EStG-Kommentar, § 15 EStG, Rn. 538.

[668] Gesetz zur Entlastung der Familien und zur Verbesserung der Rahmenbedingungen für Investitionen und Arbeitsplätze (Steueränderungsgesetz 1992 – StÄndG 1992) vom 25. Februar 1992, BGBl. I 1992, 297.

[669] BT-Drucksache 12/1108 vom 3. September 1991, Seite 58 f.: „Dadurch können die oben beschriebenen nachteiligen Folgen für die Gewerbe- und Einkommensteuer, die sich aufgrund des BFH-Beschlusses ergeben, vermieden werden."; *Krumm*, in Kirchhof, EStG-Kommentar, § 15 EStG, Rn. 344.

§ 7 Sinn und Zweck der spezialgesetzlichen Gleichstellungsnormen

ternehmer der Betriebe der Personengesellschaften anzusehen sind, an denen sie unmittelbar beteiligt sind;"[670]

Der Gesetzgeber beabsichtigte mit dieser spezialgesetzlichen Gleichstellungsnorm des Ertragsteuerrechts, die oben aufgeführten steuerlichen Folgen der Rechtsprechung des Großen Senats des Bundesfinanzhofs zu konterkarieren und insbesondere zweifelsfrei zu stellen, dass die Sondervergütungen, die von einer Unter-Personengesellschaft an einen Gesellschafter einer Ober-Personengesellschaft gezahlt werden, nicht mehr als Betriebsausgaben bei der Unter-Personengesellschaft abgezogen werden können.[671] Aus Sicht des Gesetzgebers sollten damit steuerliche motivierte Gestaltungen, bei denen durch die Zwischenschaltung von Ober-Personengesellschaften Gewerbe- und Einkommensteuer gespart werden sollte, unterbunden werden.[672] Damit weist diese spezialgesetzliche Gleichstellungsnorm des Ertragsteuerrechts einen rechtsprechungsbrechenden Charakter auf.

2. § 23 Abs. 1 Satz 4 EStG als Folge der Entscheidung des Bundesfinanzhofs vom 4. Oktober 1990

Auch der spezialgesetzlichen Gleichstellungsnorm des § 23 Abs. 1 Satz 4 EStG kommt rechtsprechungsbrechender Charakter zu. Diese spezialgesetzliche Gleichstellungsnorm des Ertragsteuerrechts ist vom Gesetzgeber nämlich ausdrücklich als Reaktion auf die Entscheidung des Bundesfinanzhofs vom 4. Oktober 1990[673] in das Ertragsteuerrecht eingeführt worden.[674] Im Rahmen dieser Entscheidung entschied der Bundesfinanzhof, dass sowohl der Erwerb als auch die Veräußerung einer Beteiligung an einer rein vermögensverwaltenden Personengesellschaft (im Streitfall ein geschlossener Immobilienfonds) durch eine na-

---

[670] Gesetzeswortlaut des § 15 Abs. 1 Satz 1 Nr. 2 Satz 2 EStG in der Fassung des Gesetzes zur Entlastung der Familien und zur Verbesserung der Rahmenbedingungen für Investitionen und Arbeitsplätze (Steueränderungsgesetz 1992 – StÄndG 1992) vom 25. Februar 1992, BGBl. I 1992, 297 (303) (die Unterstreichungen wurden seitens des Verfassers eingefügt).
[671] BT-Drucksache 12/1108 vom 3. September 1991, Seite 59.
[672] BT-Drucksache 12/1108 vom 3. September 1991, Seite 58; *Bode*, Blümich, EStG-Kommentar, § 15 EStG, Rn. 538.
[673] BFH, Urteil vom 4. Oktober 1990 – X R 148/88, BStBl. II 1992, 211.
[674] BT-Drucksache 12/5630 vom 7. September 1993, Seite 59: *„Durch die Ergänzung soll die bisherige Verwaltungsauffassung, nach der die Anschaffung und Veräußerung von (Unter-)Beteiligungen an Personengesellschaften als Anschaffung und Veräußerung der anteiligen Wirtschaftsgüter zu beurteilen ist, gesetzlich abgesichert werden. Die Ergänzung ist im Hinblick auf die abweichende BFH-Entscheidung vom 4. Oktober 1990 (BStBl 1992 II S. 211) notwendig geworden."*; *Ratschow*, in Blümich, EStG-Kommentar, § 23 EStG, Rn. 81.

Kapitel 3: Gleichstellung mit spezialgesetzlicher Grundlage

türliche Person auch dann nicht unter die ertragsteuerrechtliche Vorschrift des § 23 Abs. 1 Nr. 1 Buchst. a EStG in der im Streitjahr 1983 maßgeblichen Fassung fallen könne, wenn das Gesamthandsvermögen ausschließlich aus Grundstücken bestehen würde.[675] Der Bundesfinanzhof legte den Tatbestand des § 23 Abs. 1 Nr. 1 Buchst. a EStG a.F. – entgegen der Auffassung der Finanzverwaltung und des Gesetzgebers – vielmehr rein zivilrechtlich aus, so dass der Tatbestand des § 23 Abs. 1 Nr. 1 Buchst. a EStG a.F. aus Sicht der Judikative nur dann erfüllt werden konnte, wenn das konkrekt veräußerte Recht unter die zivilrechtlichen Vorschriften für Grundstücke bzw. grundstücksgleiche Rechte nach §§ 873 ff. BGB fiel (was auf die Veräußerung der gesamthänderischen Beteiligung nicht zutraf).[676]

Die Finanzverwaltung reagierte auf diese Entscheidung des Bundesfinanzhofs zunächst mit einem Nichtanwendungsschreiben vom 27. Februar 1992.[677] Der Gesetzgeber ordnete schließlich als Reaktion auf diese Entscheidung des Bundesfinanzhofs mit dem sog. Missbrauchsbekämpfungs- und Steuerbereinigungsgesetz vom 21. Dezember 1993[678] ab dem Veranlagungszeitraum 1994 an, dass die Anschaffung oder Veräußerung einer unmittelbaren oder mittelbaren Beteiligung an einer vermögensverwaltenden Personengesellschaft für Zwecke der Besteuerung von privaten Veräußerungsgewinnen gemäß § 23 Abs. 1 EStG als Anschaffung oder Veräußerung der anteiligen Wirtschaftsgüter dieser Personengesellschaft gelten[679]:

---

[675] Wortlaut des § 23 Abs. 1 Nr. 1 Buchst. a EStG in der im Streitjahr 1983 maßgeblichen Fassung: *„Spekulationsgeschäfte (§ 22 Nr. 2) sind*
  1. Veräußerungsgeschäfte, bei denen der Zeitraum zwischen Anschaffung und Veräußerung beträgt:
    a) bei Grundstücken und Rechten, die den Vorschriften des bürgerlichen Rechts über Grundstücke unterliegen (z.B. Erbbaurecht, Erbpachtrecht, Mineralgewinnungsrecht), nicht mehr als zwei Jahre,
    b) (...)".
[676] BFH, Urteil vom 4. Oktober 1990 – X R 148/88, BStBl. II 1992, 211; da diese Entscheidung des Großen Senats bereits oben näher dargestellt wurde, wird zum weiteren Sachverhalt und den wesentlichen Entscheidungsgründen auf die Ausführungen nach oben verwiesen; vgl. hierzu die Ausführungen unter § 2 D I 1 a) oben.
[677] BMF, Schreiben vom 27. Februar 1992 betreffend „*Spekulationsgeschäfte im Sinne des § 23 Abs. 1 Nr. 1 Buchstabe a EStG bei Veräußerung von Anteilen an einer Personengesellschaft, zu deren Gesamthandsvermögen Grundstücke gehören; hier: Anwendung des BFH-Urteils vom 4. Oktober 1990 – X R 148/88 – (BStBl 1992 Teil II S. 211)*" – IV B 3-S 2256-3/92.
[678] Gesetz zur Bekämpfung des Missbrauchs und zur Bereinigung des Steuerrechts (Missbrauchsbekämpfungs- und Steuerbereinigungsgesetz – StMBG) vom 21. Dezember 1993, BGBl. I 1993, 2310.
[679] BT-Drucksache 12/5630 vom 7. September 1993, Seite 59: „*Durch die Ergänzung soll die bisherige Verwaltungsauffassung, nach der die Anschaffung und Veräußerung von (Unter-)Beteili-*

§ 7 Sinn und Zweck der spezialgesetzlichen Gleichstellungsnormen

„Die Anschaffung oder Veräußerung einer <u>unmittelbaren oder mittelbaren Beteiligung</u> an einer Personengesellschaft gilt als Anschaffung oder Veräußerung der anteiligen Wirtschaftsgüter."[680]

Der Gesetzgeber bezweckte mit dieser Gesetzesänderung die bisherige Auffassung der Finanzverwaltung, wonach die einzelnen Wirtschaftsgüter des Gesamthandsvermögens einer vermögensverwaltenden Personengesellschaft für Zwecke des § 23 Abs. 1 EStG den einzelnen Gesellschaftern dieser vermögensverwaltenden Personengesellschaft nach Maßgabe der Zurechnungsregelung des § 39 Abs. 2 Nr. 2 AO anteilig unmittelbar zuzurechnen seien[681], gesetzlich ausdrücklich festzuschreiben und der beschriebenen restriktiven Auslegung durch den Bundesfinanzhof entgegenzuwirken.[682] Damit weist auch diese spezialgesetzliche Gleichstellungsnorm des Ertragsteuerrechts einen rechtsprechungsbrechenden Charakter auf.

3. § 8b Abs. 4 (Sätze 4 und 5) KStG als Folge der Entscheidung des Europäischen Gerichtshofs vom 20. Oktober 2011

Der spezialgesetzlichen Gleichstellungsnorm des § 8b Abs. 4 Sätze 4 und 5 KStG kommt zwar kein rechtsprechungsbrechender, dafür aber rechtsprechungsanpassender Charakter zu. Denn mit der ertragsteuerrechtlichen Vorschrift des § 8b Abs. 4 KStG beabsichtigte der Gesetzgeber die vormaligen gesetzlichen Regelun-

---

gungen an Personengesellschaften als Anschaffung und Veräußerung der anteiligen Wirtschaftsgüter zu beurteilen ist, gesetzlich abgesichert werden. Die Ergänzung ist im Hinblick auf die abweichende BFH-Entscheidung vom 4. Oktober 1990 (BStBl 1992 II S. 211) notwendig geworden."; Ratschow, in Blümich, EStG-Kommentar, § 23 EStG, Rn. 81.

[680] Gesetzeswortlaut des § 23 Abs. 1 Satz 4 EStG in der Fassung des Gesetzes zur Bekämpfung des Missbrauchs und zur Bereinigung des Steuerrechts (Missbrauchsbekämpfungs- und Steuerbereinigungsgesetz – StMBG) vom 21. Dezember 1993, BGBl. I 1993, 2310 (2313) (die Unterstreichungen wurden seitens des Verfassers eingefügt).

[681] BMF, Schreiben vom 27. Februar 1992 betreffend *„Spekulationsgeschäfte im Sinne des § 23 Abs. 1 Nr. 1 Buchstabe a EStG bei Veräußerung von Anteilen an einer Personengesellschaft, zu deren Gesamthandsvermögen Grundstücke gehören; hier: Anwendung des BFH-Urteils vom 4. Oktober 1990 – X R 148/88 – (BStBl 1992 Teil II S. 211)"* – IV B 3-S 2256-3/92.

[682] BT-Drucksache 12/5630 vom 7. September 1993, Seite 59: *„Durch die Ergänzung soll die bisherige Verwaltungsauffassung, nach der die Anschaffung und Veräußerung von (Unter-)Beteiligungen an Personengesellschaften als Anschaffung und Veräußerung der anteiligen Wirtschaftsgüter zu beurteilen ist, gesetzlich abgesichert werden. Die Ergänzung ist im Hinblick auf die abweichende BFH-Entscheidung vom 4. Oktober 1990 (BStBl 1992 II S. 211) notwendig geworden.";* Musil, in Herrmann/Heuer/Raupach, EStG/KStG-Kommentar, § 23 EStG, Rn. 240.

Kapitel 3: Gleichstellung mit spezialgesetzlicher Grundlage

gen zur Besteuerung von sog. Streubesitzdividenden an die Vorgaben des Urteils des Europäischen Gerichtshof vom 20. Oktober 2011[683] anzupassen.[684]

Mit diesem Urteil vom 20. Oktober 2011 entschied der Europäische Gerichtshof, dass die damals geltenden inländischen ertragsteuerrechtlichen Regelungen zur Besteuerung von sog. Streubesitzdividenden (d.h. Dividenen aus einer Beteiligung von weniger als 10 % an einer ausschüttenden Körperschaft) gegen die Kapitalverkehrsfreiheit verstießen.[685] Das europäische Gericht beanstandete insoweit, dass solche Streubesitzdividenden unterschiedlich besteuert würden, und zwar abhängig davon, ob der Anteilseigner im Inland oder im Ausland ansässig sei. Während bei entsprechenden Ausschüttungen inländischer Gesellschaften an inländische Körperschaften die Dividenden nach Maßgabe des § 8b Abs. 1 KStG steuerfrei gestellt würden und die zunächst abgeführte Kapitalertragsteuer auf die Körperschaftsteuer angerechnet bzw. erstattet werden könne, sei eine solche Möglichkeit bei entsprechenden Ausschüttungen an ausländische Körperschaften gerade nicht gegeben.[686] Diese ungleiche Behandlung von Streubesitzdividenden je nachdem, ob sie an gebietsansässige oder gebietsfremde Gesellschaften ausgeschüttet würden, stellte nach Ansicht des Europäischen Gerichtshofs eine nicht zu rechtfertigende Beschränkung der Kapitalverkehrsfreiheit dar.[687]

Der Gesetzgeber war daher auf Basis dieses Urteils des Europäischen Gerichtshofs vom 20. Oktober 2011 gezwungen, die bisherigen ertragsteuerrechtlichen Regelungen zur Besteuerung von Streubesitzdividenden zu ändern und insoweit eine europarechtskonforme Lösung zu schaffen. Der von den (Regierungs-) Fraktionen der CDU/CSU und FDP vorgelegte Entwurf eines Gesetzes zur Umsetzung des EuGH-Urteils vom 20. Oktober 2011 in der Rechtssache C-284/09 sah dabei zunächst keine Einschränkung des § 8b KStG vor; sondern gegenüber EU-/ EWR-Körperschaften als Bezieher von solchen Streubesitzdividenden sollte vielmehr die einbehaltene Kapitalertragsteuer in einem in § 32 Abs. 5 KStG-E geregelten Verfahren erstattet werden.[688] Diesem Gesetzesentwurf verweigerte der Bundesrat jedoch seine Zustimmung.[689] Der eingesetzte Vermittlungsausschuss erarbeitete daraufhin einen Kompromissvorschlag, der eine partielle Einschränkung der Steuerfreiheit des § 8b KStG in einem neu eingefügten § 8b Abs. 4 KStG für

---

[683] EuGH, Urteil vom 20. Oktober 2011 – C-284/09, Celex-Nummer 62009CJ0284.
[684] BT-Drucksache 17/11314 vom 6. November 2012, Seite 1: „*Das vorliegende Gesetz enthält die zur Anpassung an die Vorgaben des EuGH-Urteils erforderlichen Änderungen*".
[685] EuGH, Urteil vom 20. Oktober 2011 – C-284/09, Celex-Nummer 62009CJ0284.
[686] EuGH, Urteil vom 20. Oktober 2011 – C-284/09, Celex-Nummer 62009CJ0284, Rn. 49 ff.
[687] EuGH, Urteil vom 20. Oktober 2011 – C-284/09, Celex-Nummer 62009CJ0284, Rn. 93.
[688] Siehe hierzu BT-Drucksache 17/11314 vom 6. November 2012.
[689] Vgl. BR-Drucksache 736/12 vom 14. Dezember 2012.

§ 7 Sinn und Zweck der spezialgesetzlichen Gleichstellungsnormen

Streubesitzdividenden vorsah, welche sowohl für inländische als auch für ausländische Kapitalgesellschaften als Anteilseigner Anwendung finden sollte.[690] Für sog. Altfälle war ein Erstattungsverfahren nach § 32 Abs. 5 KStG vorgesehen, welches die Behandlung der bislang durch EU/ EWR-Körperschaften beantragten Kapitalertragsteuererstattungen regelte.[691] Dieser Vorschlag wurde daraufhin sowohl vom Bundestag[692] als auch vom Bundesrat angenommen[693]. Mit dem Gesetz zur Umsetzung des EuGH-Urteils vom 20. Oktober 2011 in der Rechtssache C-284/09 vom 21. März 2013[694] wurde daher der folgende § 8b Abs. 4 KStG in das Gesetz eingefügt:

„Bezüge im Sinne des Absatzes 1 sind abweichend von Absatz 1 Satz 1 bei der Ermittlung des Einkommens zu berücksichtigen, wenn die Beteiligung zu Beginn des Kalenderjahres unmittelbar weniger als 10 Prozent des Grund- oder Stammkapitals betragen hat; ist ein Grund- oder Stammkapital nicht vorhanden, ist die Beteiligung an dem Vermögen, bei Genossenschaften die Beteiligung an der Summe der Geschäftsguthaben, maßgebend. Für die Bemessung der Höhe der Beteiligung ist § 13 Absatz 2 Satz 2 des Umwandlungssteuergesetzes nicht anzuwenden. Überlässt eine Körperschaft Anteile an einen anderen und hat der andere diese oder gleichartige Anteile zurückzugeben, werden die Anteile für die Ermittlung der Beteiligungsgrenze der überlassenden Körperschaft zugerechnet. <u>Beteiligungen über eine Mitunternehmerschaft sind dem Mitunternehmer anteilig zuzurechnen; § 15 Absatz 1 Satz 1 Nummer 2 Satz 2 des Einkommensteuergesetzes gilt sinngemäß. Eine dem Mitunternehmer nach Satz 4 zugerechnete Beteiligung gilt für die Anwendung dieses Absatzes als unmittelbare Beteiligung.</u> Für Zwecke dieses Absatzes gilt der Erwerb einer Beteiligung von mindestens 10 Prozent als zu Beginn des Kalenderjahres erfolgt. Absatz 5 ist auf Bezüge im Sinne des Satzes 1 nicht anzuwenden. Beteiligungen von Kreditinstituten im Sinne des § 1 Absatz 1 Satz 1 des Kreditwesengesetzes, die Mitglied einer kreditwirtschaftlichen Verbundgruppe im Sinne des § 1 Absatz 10 Nummer 13 des Zahlungsdiensteaufsichtsgesetzes sind, an anderen Unternehmen und Einrichtungen dieser Verbundgruppe sind zusammenzurechnen."[695]

---

[690] Vgl. BT-Drucksache 17/12465 vom 26. Februar 2013.
[691] Vgl. BT-Drucksache 17/12465 vom 26. Februar 2013.
[692] BR-Drucksache 146/13 vom 28. Februar 2013.
[693] BR-Drucksache 146/13(B) vom 1. März 2013.
[694] Gesetz zur Umsetzung des EuGH-Urteils vom 20. Oktober 2011 in der Rechtssache C-284/09 vom 21. März 2013, BGBl. I 2013, 561.
[695] Gesetzeswortlaut des § 8b Abs. 4 KStG in der Fassung des Gesetzes zur Umsetzung des EuGH-Urteils vom 20. Oktober 2011 in der Rechtssache C-284/09 vom 21. März 2013, BGBl. I 2013, 561.

Kapitel 3: Gleichstellung mit spezialgesetzlicher Grundlage

Da der Gesetzgeber somit mit diesem Gesetzesvorhaben die Vorgaben der Entscheidung des Europäischen Gerichtshof vom 20. Oktober 2011[696] umzusetzen beabsichtigte, kommt der spezialgesetzlichen Gleichstellungsnorm des § 8b Abs. 4 Sätze 4 und 5 KStG zwar kein rechtsprechungsbrechender, aber jedenfalls rechtsprechungsanpassender Charakter zu.

III. Kategorie 3: Begünstigungsvorschriften

Die letzte Kategorie von spezialgesetzlichen Gleichstellungsnormen des Ertragsteuerrechts betrifft spezialgesetzliche Gleichstellungsnormen, die vom Gesetzgeber als Begünstigungsvorschriften ausgestaltet wurden. Der Gesetzgeber hat dabei unter anderem die spezialgesetzlichen Gleichstellungsnormen des § 32d Abs. 2 Nr. 3 Satz 1 EStG, des § 8b Abs. 6 Sätze 1 und 2 KStG und des § 8c Abs. 1 Satz 4 KStG als solche Begünstigungsvorschriften konzipiert. Diese drei spezialgesetzlichen Gleichstellungsnormen des Ertragsteuerrechts werden im Folgenden beispielhaft bzw. exemplarisch für die anderen vom Gesetzgeber als solche Begünstigungsvorschriften konzipierten Gleichstellungsnormen des Ertragsteuerrechts dargestellt.[697]

1. Die Begünstigungsvorschrift des § 32d Abs. 2 Nr. 3 Satz 1 EStG

Die spezialgesetzliche Gleichstellungsnorm des § 32d Abs. 2 Nr. 3 Satz 1 EStG wurde vom Gesetzgeber als Begünstigungsvorschrift konzipert. Nach dieser spezialgesetzlichen Gleichstellungsnorm des Ertragsteuerrechts kann der Steuerpflichtige durch einen Antrag erreichen, dass Ausschüttungen, die von einer Kapitalgesellschaft bezogen werden, mit dem linear-progressiven Einkommensteuertarif und nicht mit dem Abgeltungsteuertarif gemäß § 32d Abs. 1 EStG besteuert werden. Voraussetzung für diesen Antrag ist insoweit, dass der Steuerpflichtige im Veranlagungszeitraum, für den der Antrag erstmals gestellt wird, unmittelbar oder mittelbar zu mindestens 25 % an der relevanten Kapitalgesellschaft beteiligt ist oder zu mindestens 1 % an der Kapitalgesellschaft beteiligt ist und durch eine berufliche Tätigkeit für diese maßgeblichen Einfluss auf deren wirtschaftliche Tätigkeit nehmen kann:

„*Absatz 1 [und damit der Abgeltungsteuertarif] gilt nicht*

  Nr. 3 auf Antrag für Kapitalerträge im Sinne des § 20 Absatz 1 Nummer 1 und 2 aus einer Beteiligung an einer Kapitalgesellschaft, wenn der Steu-

---

[696] EuGH, Urteil vom 20. Oktober 2011 – C-284/09, Celex-Nummer 62009CJ0284.
[697] Vgl. hierzu auch die zusammenfassende Übersicht zu dem Sinn und Zweck der spezialgesetzlichen Gleichstellungsnormen des Ertragsteuerrechts in Anhang 4.

§ 7 Sinn und Zweck der spezialgesetzlichen Gleichstellungsnormen

> *erpflichtige im Veranlagungszeitraum, für den der Antrag erstmals gestellt wird, <u>unmittelbar oder mittelbar</u>*
> *a) zu mindestens 25 Prozent an der Kapitalgesellschaft beteiligt ist oder*
> *b) zu mindestens 1 Prozent an der Kapitalgesellschaft beteiligt ist und durch eine berufliche Tätigkeit für diese maßgeblichen unternehmerischen Einfluss auf deren wirtschaftliche Tätigkeit nehmen kann.*"[698]

Der wesentliche steuerliche Vorteil dieser Antragsmöglichkeit gemäß der spezialgesetzlichen Gleichstellungsnorm des § 32d Abs. 2 Nr. 3 Satz 1 EStG wird dabei durch die Regelung in § 32d Abs. 2 Nr. 3 Satz 2 EStG vollzogen, nach welcher im Falle der Antragstellung gemäß § 32d Abs. 2 Nr. 3 Satz 1 EStG die Verlustverrechnungsbeschränkungen nach § 20 Abs. 6 EStG und das Abzugsverbot für Werbungskosten nach § 20 Abs. 9 EStG keine Anwendung finden:

> „*Insoweit finden § 3 Nummer 40 Satz 2 und § 20 Absatz 6 und 9 keine Anwendung.*"[699]

Diese Möglichkeit, einen Antrag gemäß der spezialgesetzlichen Gleichstellungsnorm des § 32d Abs. 2 Nr. 3 Satz 1 EStG zu stellen, ist damit insbesondere in solchen Konstellationen interessant, in denen der Anteilserwerb an der relevanten Kapitalgesellschaft zu einem großen Anteil fremdfinanziert wurde, was erhebliche Werbungskosten in Form von Schuldzinsen verursachen kann.[700] Durch einen Antrag gemäß der spezialgesetzlichen Gleichstellungsnorm § 32d Abs. 2 Nr. 3 Satz 1 EStG können diese Werbungskosten – abweichend von der beschränkenden Regelung des § 20 Abs. 9 EStG – grundsätzlich geltend gemacht werden.

Diese Privilegierung rechtfertigt der Gesetzgeber damit, dass in bestimmten Fällen ein Anteilserwerb nicht als bloße und reine Kapitalanlage, sondern aus einem unternehmerischen Interesse erfolgen könne.[701] Dies solle etwa bei einem umfangreichen Beteiligungserwerb im Rahmen eines sog. Management-Buy-Out oder bei einem Erwerb eines Anteils an einer Berufsträger-Kapitalgesellschaft der Fall sein.[702] Solche Sachverhalte einer typischerweise unternehmerischen Beteiligung seien von solchen Fällen zu unterscheiden, in denen es allein um die private

---

[698] Aktueller Wortlaut des § 32d Abs. 2 Nr. 3 Satz 1 EStG (die Unterstreichungen wurden seitens des Verfassers eingefügt).
[699] Aktueller Wortlaut des § 32d Abs. 2 Nr. 3 Satz 2 EStG.
[700] *Werth*, in Blümich, EStG-Kommentar, § 32d EStG, Rn. 140; *Kühner*, Herrmann/Heuer/Raupach, EStG-Kommentar, § 32d EStG, Rn. 12.
[701] BT-Drucksache 16/7036 vom 8. November 2007, Seite 14.
[702] BT-Drucksache 16/7036 vom 8. November 2007, Seite 14.

Kapitel 3: Gleichstellung mit spezialgesetzlicher Grundlage

Vermögensverwaltung gehe und daher gegenüber diesen Fällen zu privilegieren.[703] Der Gesetzgeber bezweckt mit der spezialgesetzlichen Gleichstellungsnorm des § 32d Abs. 2 Nr. 3 Satz 1 EStG damit, bestimmte unternehmerische Beteiligungen zu begünstigen.

2. Die Begünstigungsvorschriften des § 8b Abs. 6 Sätze 1 und 2 KStG

Auch die spezialgesetzlichen Gleichstellungsnormen des § 8b Abs. 6 Sätze 1 und 2 KStG wurden vom Gesetzgeber als Begünstigungsvorschriften konzipiert. Danach wird eine Körperschaft, die mittelbar über eine Mitunternehmerschaft an einer anderen Körperschaft beteiligt ist, für Zwecke der Anwendung des § 8b Abs. 1 bis 5 KStG so gestellt, als wäre diese unmittelbar an der anderen Körperschaft beteiligt:

> *„Die Absätze 1 bis 5 gelten auch für die dort genannten Bezüge, Gewinne und Gewinnminderungen, die dem Steuerpflichtigen im Rahmen des Gewinnanteils aus einer Mitunternehmerschaft zugerechnet werden, sowie für Gewinne und Verluste, soweit sie bei der Veräußerung oder Aufgabe eines Mitunternehmeranteils auf Anteile im Sinne des Absatzes 2 entfallen."*[704]

Entsprechendes gilt nach § 8b Abs. 6 Satz 2 KStG für Bezüge und Gewinne eines Betriebes gewerblicher Art einer juristischen Person des öffentlichen Rechts, der mittelbar über eine andere juristische Person des öffentlichen Rechts an einer anderen Körperschaft beteiligt ist:

> *„Die Absätze 1 bis 5 gelten für Bezüge und Gewinne, die einem Betrieb gewerblicher Art einer juristischen Person des öffentlichen Rechts über andere juristische Personen des öffentlichen Rechts zufließen, über die sie mittelbar an der leistenden Körperschaft, Personenvereinigung oder Vermögensmasse beteiligt ist und bei denen die Leistungen nicht im Rahmen eines Betriebs gewerblicher Art erfasst werden, und damit in Zusammenhang stehende Gewinnminderungen entsprechend."*[705]

Da die spezialgesetzlichen Gleichstellungsnormen des § 8b Abs. 6 Sätze 1 und 2 KStG somit den Anwendungsbereich des § 8b Abs. 1 bis 5 KStG – und damit insbesondere der in § 8b Abs. 1 und 2 KStG genannten Steuerbefreiungen für Dividendenbezüge und Veräußerungsgewinne – auf die beschriebenen mittelbaren Beteiligungsverhältnisse ausdehnen, wurden auch diese spezialgesetzlichen Gleichstellungsnormen des Ertragsteuerrechts vom Gesetzgeber als Begünstigungsvorschriften ausgestaltet.

---

[703] BT-Drucksache 16/7036 vom 8. November 2007, Seite 14.
[704] Aktueller Wortlaut des § 8b Abs. 6 Satz 1 KStG.
[705] Aktueller Wortlaut des § 8b Abs. 6 Satz 2 KStG.

§ 7 Sinn und Zweck der spezialgesetzlichen Gleichstellungsnormen

3. Die Begünstigungsvorschrift des § 8c Abs. 1 Satz 4 KStG

Entsprechendes gilt für die spezialgesetzliche Gleichstellungsnorm des § 8c Abs. 1 Satz 4 KStG. Nach dieser spezialgesetzlichen Gleichstellungsnorm des Ertragsteuerrechts liegt ein schädlicher Beteiligungserwerb im Sinne des § 8c Abs. 1 Satz 1 KStG bei bestimmten konzerninternen Umstrukturierungen nicht vor:

„Ein schädlicher Beteiligungserwerb liegt nicht vor, wenn

1. an dem übertragenden Rechtsträger der Erwerber zu 100 Prozent mittelbar oder unmittelbar beteiligt ist und der Erwerber eine natürliche oder juristische Person oder eine Personenhandelsgesellschaft ist,

2. an dem übernehmenden Rechtsträger der Veräußerer zu 100 Prozent mittelbar oder unmittelbar beteiligt ist und der Veräußerer eine natürliche oder juristische Person oder eine Personenhandelsgesellschaft ist oder

3. an dem übertragenden und an dem übernehmenden Rechtsträger dieselbe natürliche oder juristische Person oder dieselbe Personenhandelsgesellschaft zu jeweils 100 Prozent mittelbar oder unmittelbar beteiligt ist."[706]

Diese sog. Konzernklausel[707] nimmt ab dem 1. Januar 2010 bestimmte konzerninterne Beteiligungserwerbe aus dem Anwendungsbereich der Verlustuntergangsregelung des § 8c Abs. 1 Satz 1 KStG aus.[708] Nach dem ursprünglichen Gesetzeswortlaut der Konzernklausel (§ 8c Abs. 1 Satz 5 KStG a.F.) in der Fassung des Wachstumsbeschleunigungsgesetzes vom 22. Dezember 2009[709] lag ein schädlicher Beteiligungserwerb nur dann nicht vor, wenn an dem übertragenden und an dem übernehmenden Rechtsträger dieselbe Person zu jeweils 100 % mittelbar oder unmittelbar beteiligt war.[710] Der Gesetzgeber beabsichtigte mit dieser Regelung, Umstrukturierungen, die ausschließlich innerhalb eines Konzerns vorgenommen wurden und bei denen die Verschiebung von Verlusten auf Dritte ausgeschlossen war, dergestalt zu begünstigen, dass diese von der Verlustverrechnungsbeschränkung des § 8c Abs. 1 KStG ausgenommen wurden.[711]

---

[706] Aktueller Wortlaut des § 8c Abs. 1 Satz 4 KStG.
[707] *Roser*, in Gosch, KStG-Kommentar, § 8c KStG, Rn. 111; *Brandis*, in Blümich, KStG-Kommentar, § 8c KStG, Rn. 47a.
[708] BT-Drucksache 17/15 vom 9. November 2009, Seite 19; BT-Drucksache 18/4902 vom 13. Mai 2015, Seite 47; *Roser*, in Gosch, KStG-Kommentar, § 8c KStG, Rn. 111.
[709] Gesetz zur Beschleunigung des Wirtschaftswachstums (Wachstumsbeschleunigungsgesetz) vom 22. Dezember 2009, BGBl. I 2009, 3950.
[710] BT-Drucksache 17/15 vom 9. November 2009, Seite 19; BT-Drucksache 18/4902 vom 13. Mai 2015, Seite 47; *Roser*, in Gosch, KStG-Kommentar, § 8c KStG, Rn. 111.
[711] BT-Drucksache 17/15 vom 9. November 2009, Seite 19; BT-Drucksache 18/4902 vom 13. Mai 2015, Seite 47; *Roser*, in Gosch, KStG-Kommentar, § 8c KStG, Rn. 111.

Kapitel 3: Gleichstellung mit spezialgesetzlicher Grundlage

Diese Fassung der Konzernklausel wurde durch das Steueränderungsgesetz 2015 vom 2. November 2015[712] rückwirkend für Beteiligungserwerbe ab dem 1. Januar 2010 neu gefasst (vgl. der entsprechende Wortlaut oben) und deren begünstigter Anwendungsbereich erweitert.[713] Einer der wesentlichen Kritikpunkte an der vormaligen Fassung der Konzernklausel des § 8c Abs. 1 Satz 5 KStG a.F. war dabei, dass Erwerbsvorgänge unter Einbeziehung der Konzernspitze nicht von der Konzernklausel des § 8c Abs. 1 Satz 5 KStG a.F. umfasst waren, obwohl in solchen Fällen kein Übergang steuerlicher Verlustvorträge auf Dritte stattfand.[714] Die Neufassung der Konzernklausel durch das Steueränderungsgesetz 2015 vom 2. November 2015[715] griff diesen Kritikpunkt ausdrücklich auf; denn danach wurde die begünstigende Regelung auch auf solche Fälle erweitert, in denen die Konzernspitze als Erwerber oder Veräußerer auftritt und darüber hinaus auch Personenhandelsgesellschaften als Konzernspitze zugelassen.[716] Die spezialgesetzliche Gleichstellungsnorm des § 8c Abs. 1 Satz 4 KStG wurde vom Gesetzgeber damit ebenfalls als Begünstigungsvorschrift konzipiert.

D. Relevanz der drei Kategorien

Diese drei Kategorien von spezialgesetzlichen Gleichstellungsnormen des Ertragsteuerrechts verteilen sich wie folgt auf die insgesamt 38 untersuchten spezialgesetzlichen Gleichstellungsnormen des Ertragsteuerrechts, wobei eine spezialgesetzliche Gleichstellungsnorm in Einzelfällen auch zwei Kategorien gleichzeitig zugeordnet werden kann (beispielsweise dergestalt, dass es sich bei dieser spezialgesetzlichen Gleichstellungsnorm um eine Missbrauchs- und Gestaltungsverhinderungsvorschrift handelt, diese zugleich aber auch rechtsprechungsbrechenden Charakter aufweist)[717]:

- Spezialgesetzliche Gleichstellungsnormen des Ertragsteuerrechts als (typisierende) Missbrauchs- und Gestaltungsverhinderungsvorschriften: 30 von 38 der untersuchten spezialgesetzlichen Gleichstellungsnormen des Ertragsteuerrechts (dies entspricht 78,95 %),

---

[712] Steueränderungsgesetz 2015 vom 2. November 2015, BGBl. II 2015, 1834.
[713] BT-Drucksache 18/4902 vom 13. Mai 2015, Seite 47; *Thonemann-Micker/Kanders*, in BeckOK KStG, § 8c KStG, Rn. 181.
[714] BT-Drucksache 18/4902 vom 13. Mai 2015, Seite 47; *Thonemann-Micker/Kanders*, in BeckOK KStG, § 8c KStG, Rn. 181.
[715] Steueränderungsgesetz 2015 vom 2. November 2015, BGBl. II 2015, 1834.
[716] BT-Drucksache 18/4902 vom 13. Mai 2015, Seite 47; *Thonemann-Micker/Kanders*, in BeckOK KStG, § 8c KStG, Rn. 181.
[717] Vgl. hierzu auch die zusammenfassende Übersicht zu dem Sinn und Zweck der spezialgesetzlichen Gleichstellungsnormen des Ertragsteuerrechts in Anhang 4.

§ 7 Sinn und Zweck der spezialgesetzlichen Gleichstellungsnormen

- spezialgesetzliche Gleichstellungsnormen des Ertragsteuerrechts mit rechtsprechungsbrechendem oder (jedenfalls) rechtsprechungsanpassendem Charakter: 15 von 38 der untersuchten spezialgesetzlichen Gleichstellungsnormen des Ertragsteuerrechts (dies entspricht 39,47 %) und
- spezialgesetzliche Gleichstellungsnormen des Ertragsteuerrechts als Begünstigungsvorschriften: 8 von 38 der untersuchten spezialgesetzlichen Gleichstellungsnormen des Ertragsteuerrechts (dies entspricht 21,05 %).

Bezogen auf das Einkommensteuerrecht (19 spezialgesetzliche Gleichstellungsnormen) ergibt sich die folgende Zuteilung:

- Spezialgesetzliche Gleichstellungsnormen des Ertragsteuerrechts als (typisierende) Missbrauchs- und Gestaltungsverhinderungsvorschriften: 17 von 19 spezialgesetzliche Gleichstellungsnormen des Ertragsteuerrechts (dies entspricht 89,47 %),
- spezialgesetzliche Gleichstellungsnormen des Ertragsteuerrechts mit rechtsprechungsbrechendem oder (jedenfalls) rechtsprechungsanpassendem Charakter: 7 von 19 spezialgesetzliche Gleichstellungsnormen des Ertragsteuerrechts (dies entspricht 36,84 %) und
- spezialgesetzliche Gleichstellungsnormen des Ertragsteuerrechts als Begünstigungsvorschriften: 2 von 19 spezialgesetzliche Gleichstellungsnormen des Ertragsteuerrechts (dies entspricht 10,52 %).

Bezogen auf das Körperschaftsteuerrecht (17 spezialgesetzliche Gleichstellungsnormen) ergibt sich die folgende Zuteilung:

- Spezialgesetzliche Gleichstellungsnormen des Ertragsteuerrechts als (typisierende) Missbrauchs- und Gestaltungsverhinderungsvorschriften: 11 von 17 spezialgesetzliche Gleichstellungsnormen des Ertragsteuerrechts (dies entspricht 64,70 %),
- spezialgesetzliche Gleichstellungsnormen des Ertragsteuerrechts mit rechtsprechungsbrechendem oder (jedenfalls) rechtsprechungsanpassendem Charakter: 7 von 17 spezialgesetzliche Gleichstellungsnormen des Ertragsteuerrechts (dies entspricht 41,18 %) und
- spezialgesetzliche Gleichstellungsnormen des Ertragsteuerrechts als Begünstigungsvorschriften: 6 von 17 spezialgesetzliche Gleichstellungsnormen des Ertragsteuerrechts (dies entspricht 35,29 %).

Bezogen auf das Gewerbesteuerrecht (2 spezialgesetzliche Gleichstellungsnormen) ergibt sich die folgende Zuteilung:

- Spezialgesetzliche Gleichstellungsnormen des Ertragsteuerrechts als (typisierende) Missbrauchs- und Gestaltungsverhinderungsvorschriften: 2 von 2

spezialgesetzliche Gleichstellungsnormen des Ertragsteuerrechts (dies entspricht 100 %),
- spezialgesetzliche Gleichstellungsnormen des Ertragsteuerrechts mit rechtsprechungsbrechendem oder (jedenfalls) rechtsprechungsanpassendem Charakter: 1 von 2 spezialgesetzliche Gleichstellungsnormen des Ertragsteuerrechts (dies entspricht 50 %) und
- spezialgesetzliche Gleichstellungsnormen des Ertragsteuerrechts als Begünstigungsvorschriften: 0 spezialgesetzliche Gleichstellungsnormen des Ertragsteuerrechts (dies entspricht 0 %).

E. Ergebnis

Die verschiedenen spezialgesetzlichen Gleichstellungsnormen des Ertragsteuerrechts lassen sich damit in die folgenden drei – nach Relevanz geordneten – Kategorien einteilen:

1. Spezialgesetzliche Gleichstellungsnormen des Ertragsteuerrechts als (typisierende) Missbrauchs- und Gestaltungsverhinderungsvorschriften,
2. spezialgesetzliche Gleichstellungsnormen des Ertragsteuerrechts mit rechtsprechungsbrechendem bzw. jedenfalls rechtsprechungsanpassendem Charakter und (sogar)
3. spezialgesetzliche Gleichstellungsnormen des Ertragsteuerrechts als Begünstigungsgsvorschriften.

Die spezialgesetzlichen Gleichstellungsnormen des Ertragsteuerrechts, die vom Gesetzgeber als (typisierende) Missbrauchs- und Gestaltungsverhinderungsvorschriften konzipiert wurden, sind dabei als die mit Abstand relevanteste Kategorie der spezialgesetzlichen Gleichstellungsnormen des Ertragsteuerrechts einzustufen.[718]

---

[718] Vgl. hierzu auch die zusammenfassende Übersicht zu dem Sinn und Zweck der spezialgesetzlichen Gleichstellungsnormen des Ertragsteuerrechts in Anhang 4.

§ 8 Überschreitung der gesetzgeberischen Typisierungsbefugnis?

A. Grundlagen und Ziel dieses Paragraphen

Die spezialgesetzlichen Gleichstellungsnormen des Ertragsteuerrechts wurden vom Gesetzgeber somit, wie in § 7 näher dargestellt, weit mehrheitlich als typisierende Missbrauchs- und Gestaltungsverhinderungsvorschriften konzipiert.[719] Die spezialgesetzlichen Gleichstellungsnormen des § 6 Abs. 5 Sätze 5 und 6 EStG, des § 8c Abs. 1 Satz 1 KStG und des § 10a Satz 10 Hs. 2 GewStG wurden dabei in diesem Zusammenhang beispielhaft bzw. exemplarisch für die anderen vom Gesetzgeber als solche Missbrauchs- und Gestaltungsverhinderungsvorschriften konzipierten Gleichstellungsnormen des Ertragsteuerrechts dargestellt.[720] Ob im Rahmen dieser drei beispielhaft bzw. exemplarisch dargestellten spezialgesetzlichen Gleichstellungsnormen des Ertragsteuerrechts eine sachgerechte bzw. zulässige Typisierung des jeweiligen Missbrauchs- und Gestaltungsverhinderungszwecks durch den Gesetzgeber vorgenommen wurde, ist in diesem Zusammenhang zunächst offengelassen worden. Denn dies ist eine Frage der (verfassungsrechtlichen) Rechtfertigung dieser spezialgesetzlichen Gleichstellungsnormen des Ertragsteuerrechts als zulässige typisierende Missbrauchs- und Gestaltungsverhinderungsvorschriften und keine der Einstufung bzw. Einordnung dieser spezialgesetzlichen Gleichstellungsnormen als solche dem Grunde nach typisierende Missbrauchs- und Gestaltungsverhinderungsvorschriften.[721]

Der Gesetzgeber darf solche typisierende Vorschriften grundsätzlich erlassen, ohne allein schon wegen der damit unvermeidlich verbundenen Härten gegen den verfassungsrechtlich garantierten allgemeinen Gleichheitssatz gemäß Art. 3 Abs. 1 GG zu verstoßen.[722] Typisierung bedeutet in diesem Zusammenhang, bestimmte im Wesentlichen gleich gelagerte Lebenssachverhalte normativ zusammenzufassen, wobei einzelne Besonderheiten, die dem Gesetzgeber tatsächlich bekannt sind, hierbei generalisierend vernachlässigt werden dürfen.[723] Der Gesetzgeber darf sich bei der normativen Ausgestaltung dieser typisierenden Vorschriften also am „typischen" Regelfall orientieren, ohne dabei gezwungen zu sein, allen Besonderheiten jeweils durch Sonderregelungen Rechnung zu tragen.[724] Aller-

---

[719] Vgl. hierzu auch die zusammenfassende Übersicht zu dem Sinn und Zweck der spezialgesetzlichen Gleichstellungsnormen des Ertragsteuerrechts in Anhang 4.
[720] Siehe hierzu die Ausführungen unter § 7 C I oben.
[721] Vgl. Hey, DStJG Band 33, 2010, 139 (142 f.).
[722] BVerfG, Beschluss vom 29. März 2017 – 2 BvL 6/11, BStBl. II 2017, 1082 (1095, Rn 106).
[723] BVerfG, Beschluss vom 29. März 2017 – 2 BvL 6/11, BStBl. II 2017, 1082 (1095, Rn 107).
[724] BVerfG, Beschluss vom 29. März 2017 – 2 BvL 6/11, BStBl. II 2017, 1082 (1095, Rn 107).

Kapitel 3: Gleichstellung mit spezialgesetzlicher Grundlage

dings gilt als Grenze zulässiger Typisierung, dass der Gesetzgeber keinen atypischen Fall als Leitbild der typisierenden Regelung wählen darf, sondern den „typischen" Fall realitätsgerecht als Maßstab einer solchen typisierenden Regelung zugrunde legen muss.[725] Dies bedeutet mit Blick auf typisierende Missbrauchs- und Gestaltungsverhinderungsvorschriften, dass diese aufgrund ihrer tatbestandlichen Konzeption in aller Regel solche Sachverhalte erfassen müssen, die typischerweise durch einen Missbrauch bzw. eine missbräuchliche Gestaltung gekennzeichnet sind, und die gegebenenfalls gleichzeitig von diesen Vorschriften umfassten Sachverhalte, die sich nicht durch einen Missbrauch bzw. eine missbräuchliche Gestaltung kennzeichnen, auf Einzelfälle beschränkt sind.[726]

B. Überschreitung der gesetzgeberischen Typisierungsbefugnis?

Im Folgenden soll untersucht werden, ob die spezialgesetzlichen Gleichstellungsnormen des § 6 Abs. 5 Sätze 5 und 6 EStG, des § 8c Abs. 1 Satz 1 KStG und des § 10a Satz 10 Hs. 2 GewStG diesen Anforderungen bzw. Maßstäben an eine zulässige typisierende Missbrauchs- und Gestaltungsverhinderungsvorschrift gerecht werden. Dazu müssten diese spezialgesetzlichen Gleichstellungsnormen tatbestandlich jeweils einen „typischen" Missbrauchsfall abbilden und dürften – von Einzelfällen abgesehen – nicht auch solche Konstellationen erfassen, in denen eine zu unterbindende missbräuchliche Gestaltung gerade nicht gegeben ist.

I. Die typisierende Missbrauchs- und Gestaltungsverhinderungsvorschrift des § 6 Abs. 5 Sätze 5 und 6 EStG

Die spezialgesetzliche Gleichstellungsnorm des § 6 Abs. 5 Sätze 5 und 6 EStG wurde vom Gesetzgeber – wie bereits dargestellt[727] – als typisierende Missbrauchs- und Gestaltungsverhinderungsvorschrift konzipiert.[728] Der Gesetzgeber bezweckt mit dieser Regelung, die Möglichkeit des Buchwertansatzes im Rahmen der begünstigten Übertragung von Einzelwirtschaftsgütern nach Maßgabe des § 6 Abs. 5 Satz 3 EStG für bestimmte Konstellationen, in denen stille Reserven auf Körperschaftsteuersubjekte übertragen werden, einzuschränken. Er will dadurch verhindern, dass stille Reserven auf Körperschaftsteuersubjekte übertragen werden, die diese aus seiner Sicht steuerbegünstigt realisieren oder unter Nutzung der Regelungen des § 8b KStG bzw. § 3 Nr. 40 EStG steuerbegünstigt auf ihre

---
[725] BVerfG, Beschluss vom 29. März 2017 – 2 BvL 6/11, BStBl. II 2017, 1082 (1096, Rn 107).
[726] *Hey*, DStJG Band 33, 2010, 139 (168).
[727] Siehe hierzu bereits die Ausführungen unter § 7 C I 1 oben.
[728] Vgl. insoweit die Ausführungen in BT-Drucksache 14/6882 vom 10. September 2001, Seite 33.

§ 8 Überschreitung der gesetzgeberischen Typisierungsbefugnis?

Anleger übertragen könnten.[729] Gemäß der spezialgesetzlichen Gleichstellungsnorm des § 6 Abs. 5 Satz 5 EStG wird daher der Buchwertansatz im Rahmen der Übertragung von Einzelwirtschaftsgütern gemäß § 6 Abs. 5 Satz 3 EStG insoweit ausgeschlossen, als durch diese Übertragung der Anteil eines Körperschaftsteuersubjekts an dem relevanten Einzelwirtschaftsgut unmittelbar oder mittelbar begründet wird oder dieser sich erhöht.[730] Dies wird durch die spezialgesetzliche Gleichstellungsnorm des § 6 Abs. 5 Satz 6 EStG dahingehend ergänzt, dass rückwirkend auf den Zeitpunkt der Übertragung der Teilwert auch dann anzusetzen ist, wenn und soweit der Anteil eines Körperschaftsteuersubjekts an dem übertragenen Wirtschaftsguts innerhalb von sieben Jahren nach der Übertragung aus einem anderen Grund unmittelbar oder mittelbar begründet wird oder dieser sich erhöht.[731]

Durch diesen weiten Anwendungsbereich findet die spezialgesetzliche Gleichstellungsnorm des § 6 Abs. 5 Sätze 5 und 6 EStG allerdings – wie im Folgenden näher erläutert – auch in einer Vielzahl von Konstellationen Anwendung, in denen ein Missbrauch bzw. eine missbräuchliche Gestaltung keineswegs erkennbar ist. Die spezialgesetzliche Gleichstellungsnorm des § 6 Abs. 5 Sätze 5 und 6 EStG wird daher den oben beschriebenen Maßstäben an eine zulässige typisierende Missbrauchs- und Gestaltungsverhinderungsvorschrift nicht gerecht, so dass der Gesetzgeber insoweit seine Typisierungsbefugnis überschritten hat.

1. Negative Rechtsfolgen können nicht durch eine Ergänzungsbilanz vermieden werden (anders als bei § 6 Abs. 5 Satz 4 EStG)

Die spezialgesetzliche Gleichstellungsnorm des § 6 Abs. 5 Sätze 5 und 6 EStG soll somit die Übertragung von stillen Reserven von einem Nicht-Körperschaftsteuersubjekt auf ein Körperschaftsteuersubjekt verhindern.[732] Die spezialgesetz-

---

[729] BT-Drucksache 14/6882 vom 10. September 2001, Seite 33; *Niehus/Wilke*, in Herrmann/Heuer/Raupach, EStG/KStG-Kommentar, § 6 EStG, Rn. 1650; *Ehmcke*, in Blümich, EStG-Kommentar, § 6 EStG, Rn. 1361; vgl. hierzu auch die Ausführungen unter § 7 C I 1 oben.
[730] Aktueller Wortlaut des § 6 Abs. 5 Satz 5 EStG:
„*Der Teilwert ist auch anzusetzen, soweit in den Fällen des Satzes 3 der Anteil einer Körperschaft, Personenvereinigung oder Vermögensmasse an dem Wirtschaftsgut unmittelbar oder mittelbar begründet wird oder dieser sich erhöht.*".
[731] Aktueller Wortlaut des § 6 Abs. 5 Satz 6 EStG:
„*Soweit innerhalb von sieben Jahren nach der Übertragung des Wirtschaftsguts nach Satz 3 der Anteil einer Körperschaft, Personenvereinigung oder Vermögensmasse an dem übertragenen Wirtschaftsgut aus einem anderen Grund unmittelbar oder mittelbar begründet wird oder dieser sich erhöht, ist rückwirkend auf den Zeitpunkt der Übertragung ebenfalls der Teilwert anzusetzen.*".
[732] BT-Drucksache 14/6882 vom 10. September 2001, Seite 33; *Niehus/Wilke*, in Herrmann/Heuer/

Kapitel 3: Gleichstellung mit spezialgesetzlicher Grundlage

liche Gleichstellungsnorm des § 6 Abs. 5 Sätze 5 und 6 EStG findet jedoch – im Gegensatz zu dem ebenfalls als Missbrauchsregelung ausgestalteten § 6 Abs. 5 Satz 4 EStG[733] – auch dann Anwendung, wenn die stillen Reserven einem übertragenden Nicht-Körperschaftsteuersubjekt durch die Erstellung einer Ergänzungsbilanz weiterhin zugeordnet würden.[734] Die negativen Rechtsfolgen der spezialgesetzlichen Gleichstellungsnorm des § 6 Abs. 5 Sätze 5 und 6 EStG können damit nicht durch die Erstellung einer Ergänzungsbilanz vermieden werden, obwohl hierdurch verhindert werden könnte, dass etwaige stille Reserven auf Körperschaftsteuersubjekte übergehen.[735] Vor diesem Hintergrund scheint die spezialgesetzliche Gleichstellungsnorm des § 6 Abs. 5 Sätze 5 und 6 EStG vom Gesetzgeber nicht folgerichtig ausgestaltet zu sein.[736]

Hierzu folgendes Beispiel[737]:

> An einer Personenhandelsgesellschaft sind eine natürliche Person zu 10 % und eine Kapitalgesellschaft zu 90 % beteiligt. Die natürliche Person bringt ein Grundstück, welches sich in ihrem Betriebsvermögen befindet und einen Buchwert von 500 sowie einen Teilwert von 1000 aufweist, gemäß § 6 Abs. 5 Satz 3 Nr. 1 EStG in das Gesamthandsvermögen der Personenhandelsgesellschaft ein. Die stillen Reserven des Grundstücks werden sodann mittels einer Ergänzungsbilanz ausschließlich der einbringenden natürlichen Person zugeordnet. Die Einbringung des Grundstücks ist allein durch wirtschaftliche Aspekte getrieben und soll langfristig im Gesamthandsvermögen der Personenhandelsgesellschaft verbleiben.

Raupach, EStG/KStG-Kommentar, § 6 EStG, Rn. 1650; *Ehmcke*, in Blümich, EStG-Kommentar, § 6 EStG, Rn. 1361.

[733] Aktueller Wortlaut des § 6 Abs. 5 Satz 4 EStG:
„*Wird das nach Satz 3 übertragene Wirtschaftsgut innerhalb einer Sperrfrist veräußert oder entnommen, ist rückwirkend auf den Zeitpunkt der Übertragung der Teilwert anzusetzen, es sei denn, die bis zur Übertragung entstandenen stillen Reserven sind durch Erstellung einer Ergänzungsbilanz dem übertragenden Gesellschafter zugeordnet worden; diese Sperrfrist endet drei Jahre nach Abgabe der Steuererklärung des Übertragenden für den Veranlagungszeitraum, in dem die in Satz 3 bezeichnete Übertragung erfolgt ist.*".

[734] BMF, Schreiben vom 8. Dezember 2011 betreffend „*Zweifelsfragen zur Überführung und Übertragung von einzelnen Wirtschaftsgütern nach § 6 Absatz 5 EStG*" – IV C 6 – S 2241/10/10002, Rn. 28; *Schroer/Starke*, FR 2002, 875 (876).

[735] BMF, Schreiben vom 8. Dezember 2011 betreffend „*Zweifelsfragen zur Überführung und Übertragung von einzelnen Wirtschaftsgütern nach § 6 Absatz 5 EStG*" – IV C 6 – S 2241/10/10002, Rn. 28; *Riedel*, Ubg 2018, 148 (154); *Schroer/Starke*, FR 2002, 875 (876).

[736] So wohl auch *Riedel*, Ubg 2018, 148 (154).

[737] Dieses Beispiel wurde im Wesentlichen dem Beispiel von *Schroer/Starke*, FR 2002, 875 (876) nachgebildet.

§ 8 Überschreitung der gesetzgeberischen Typisierungsbefugnis?

Obwohl ein Missbrauch bzw. eine missbräuchliche Gestaltung in dieser Fallkonstellation nicht erkennbar ist und die stillen Reserven des Grundstücks mittels einer Ergänzungsbilanz weiterhin der einbringenden natürlichen Person (und nicht der Kapitalgesellschaft) zugeordnet werden, ist der Gesetzeswortlaut der spezialgesetzlichen Gleichstellungsnorm des § 6 Abs. 5 Satz 5 EStG erfüllt. Dies hat zur Folge, dass die stillen Reserven des übertragenen Grundstücks aufgrund der Beteiligung der Kapitalgesellschaft an der Personenhandelsgesellschaft zu insgesamt 90 % aufzudecken sind. Die Möglichkeit, diese Rechtsfolge durch die Erstellung einer Ergänzungsbilanz zu vermeiden, besteht – anders als im Rahmen der Missbrauchsvorschrift des § 6 Abs. 5 Satz 4 EStG – für § 6 Abs. 5 Satz 5 EStG gerade nicht.[738] Die spezialgesetzliche Gleichstellungsnorm des § 6 Abs. 5 Sätze 5 und 6 EStG erfasst damit auch Fälle, in denen die Übertragung von stillen Reserven auf ein Körperschaftsteuersubjekt mittels einer Ergänzungsbilanz ausgeschlossen wird und weist damit insoweit „überschießende" Wirkung auf.

2. Ausschließlich aus Körperschaftsteuersubjekten bestehende Personengesellschaft ebenfalls vom Anwendungsbereich umfasst

Gegen die Einstufung als zulässige typisierende Missbrauchs- und Gestaltungsverhinderungsvorschrift spricht zudem, dass § 6 Abs. 5 Sätze 5 und 6 EStG nach dem Gesetzeswortlaut auch dann zur Anwendung kommen würde, wenn eine Personengesellschaft ausschließlich aus Körperschaftsteuersubjekten bestehen würde.[739] In solchen Konstellationen ist die gestalterische Verlagerung von stillen Reserven von Nicht-Körperschaftsteuersubjekten auf Körperschaftsteuersubjekte – die der Gesetzgeber mit der spezialgesetzlichen Gleichstellungsnorm des § 6 Abs. 5 Sätze 5 und 6 EStG typisierend zu verhindern beabsichtigt – keineswegs möglich. Denn in diesem Fall sind die stillen Reserven sowohl vor als auch nach der Übertragung ausschließlich Körperschaftsteuersubjekten zuzuordnen, so dass es zu keiner Verlagerung von stillen Reserven von Nicht-Körperschaftsteuersubjekten auf Körperschaftsteuersubjekte kommen kann.[740]

Hierzu folgendes Beispiel[741]:

---

[738] BMF, Schreiben vom 8. Dezember 2011 betreffend „Zweifelsfragen zur Überführung und Übertragung von einzelnen Wirtschaftsgütern nach § 6 Absatz 5 EStG" – IV C 6 – S 2241/10/10002, Rn. 28.

[739] Diese Auslegung scheint auch die Finanzverwaltung zu vertreten, vgl. BMF, Schreiben vom 8. Dezember 2011 betreffend „Zweifelsfragen zur Überführung und Übertragung von einzelnen Wirtschaftsgütern nach § 6 Absatz 5 EStG" – IV C 6 – S 2241/10/10002, Rn. 28 und 31 (Beispiel 12).

[740] Vgl. hierzu auch *Schroer/Starke*, FR 2002, 875 (876).

[741] Dieses Beispiel wurde im Wesentlichen dem Beispiel 12 des BMF-Schreibens vom 8. Dezember 2011 betreffend „Zweifelsfragen zur Überführung und Übertragung von einzelnen Wirtschafts-

Kapitel 3: Gleichstellung mit spezialgesetzlicher Grundlage

An einer Personenhandelsgesellschaft sind eine Kapitalgesellschaft A zu 90 % und eine Kapitalgesellschaft B zu 10 % vermögensmäßig beteiligt. Im Folgenden überträgt die Kapitalgesellschaft A ein Wirtschaftsgut, das stille Reserven aufweist, aus ihrem Betriebsvermögen gemäß § 6 Abs. 5 Satz 3 Nr. 1 EStG unentgeltlich in das Gesamthandsvermögen der Personenhandelsgesellschaft.

Das übertragene Wirtschaftsgut kann letztlich nur zu 90 % zum Buchwert in das Gesamthandsvermögen der Personenhandelsgesellschaft gemäß § 6 Abs. 5 Satz 3 Nr. 1 EStG übertragen werden. Denn insoweit ist das Wirtschaftsgut der übertragenden Kapitalgesellschaft A weiterhin, nämlich mittelbar über die Personenhandelsgesellschaft, zuzurechnen. Die stillen Reserven des Wirtschaftsguts sind dagegen im Ergebnis zu 10 % aufzudecken, da insoweit ein 10 %iger Anteil an dem Wirtschaftsgut durch die Kapitalgesellschaft B, mittelbar über die Personenhandelsgesellschaft, im Sinne des § 6 Abs. 5 Satz 5 EStG neu begründet wird. Dies überzeugt nicht, da sowohl vor als auch nach der Übertragung die stillen Reserven ausschließlich Körperschaftsteuersubjekten zuzuordnen sind. Ein gestalterisch realisiertes Überspringen von stillen Reserven von einem Nicht-Körperschaftsteuersubjekt auf ein Körperschaftsteuersubjekt ist daher in solchen Konstellationen gerade nicht gegeben (und auch nicht möglich). Gleichwohl wendet die Finanzverwaltung in solchen Sachverhalten – auf Basis einer wortlautgetreuen Auslegung des Tatbestands – die spezialgesetzliche Gleichstellungsnorm des § 6 Abs. 5 Satz 5 EStG an.[742] Auch dies belegt die „überschießende" Wirkung der spezialgesetzlichen Gleichstellungsnorm des § 6 Abs. 5 Sätze 5 und 6 EStG.

3. Weitere Verschärfung durch die siebenjährige Betrachtungsfrist nach § 6 Abs. 5 Satz 6 EStG

Die spezialgesetzliche Gleichstellungsnorm des § 6 Abs. 5 Sätze 5 und 6 EStG wird zudem dadurch erheblich verschärft, dass bei späteren – d.h. innerhalb von sieben Jahren stattfindenden – Umstrukturierungen der entsprechenden Personengesellschaft, bei denen auch Körperschaftsteuersubjekte beteiligt sind, regelmäßig § 6 Abs. 5 Satz 6 EStG tatbestandlich eingreift. Das Eingreifen der spezialgesetzlichen Gleichstellungsnorm des § 6 Abs. 5 Satz 6 EStG hat in diesen Fällen zur Folge, dass rückwirkend auf den Zeitpunkt der Übertragung des relevanten Wirtschaftsguts ebenfalls der Teilwert anzusetzen ist, ohne dass in diesen Umstrukturierungen typischerweise eine missbräuchliche Gestaltungen zu sehen oder über-

---

gütern nach § 6 Absatz 5 EStG" – IV C 6 – S 2241/10/10002, Rn. 31 nachgebildet.
[742] BMF, Schreiben vom 8. Dezember 2011 betreffend *„Zweifelsfragen zur Überführung und Übertragung von einzelnen Wirtschaftsgütern nach § 6 Absatz 5 EStG"* – IV C 6 – S 2241/10/10002, Rn. 31 bzw. dort das Beispiel 12.

§ 8 Überschreitung der gesetzgeberischen Typisierungsbefugnis?

haupt ein Zusammenhang zur vormaligen Übertragung gemäß § 6 Abs. 5 Satz 3 EStG zu ziehen wäre.[743]

Hierzu folgendes Beispiel[744]:

Eine inländische Kapitalgesellschaft (Großmutter-Gesellschaft) ist alleinige Gesellschafterin einer weiteren inländischen Kapitalgesellschaft (Mutter-Gesellschaft). Die Mutter-Gesellschaft ist alleinige Gesellschafterin einer inländischen Kapitalgesellschaft (Tochter-Gesellschaft). Die Tochter-Gesellschaft ist Eigentümerin mehrerer in Deutschland belegener Grundstücke, die stille Reserven aufweisen. Die Tochter-Gesellschaft bringt im Jahr 01 eines ihrer Grundstücke unentgeltlich in das Gesamthandsvermögen einer Grundstücks-GmbH & Co. KG ein, deren alleinige Kommanditistin sie ist. Die Komplementär-GmbH der Grundstücks-GmbH & Co. KG ist am Vermögen und am Ergebnis der Grundstücks-GmbH & Co. KG nicht beteiligt. Im Jahr 07 bringt die Großmutter-Gesellschaft ihre Anteile an der Mutter-Gesellschaft aus konzernstrategischen Gründen schließlich in eine neu gegründete inländische Kapitalgesellschaft ein, so dass eine weitere Konzernebene entsteht.

Die Einbringung des Grundstücks im Jahr 01 durch die Tochter-Gesellschaft in die Grundstücks-GmbH & Co. KG konnte gemäß (§ 8 Abs. 1 KStG in Verbindung mit) § 6 Abs. 5 Satz 3 Nr. 1 EStG zunächst zu Buchwerten durchgeführt werden. Die Voraussetzungen der spezialgesetzlichen Gleichstellungsnorm des § 6 Abs. 5 Satz 5 EStG, die den Buchwertansatz ausschließen würde, liegen nicht vor, da die Übertragung des Grundstücks auf die Grundstücks-GmbH & Co. KG nicht zur Folge hatte, dass der Anteil einer Körperschaft (hier der Tochter-Gesellschaft bzw. der anderen Konzerngesellschaften) an dem Grundstück unmittelbar oder mittelbar begründet wurde oder dieser sich erhöhte.

Dadurch, dass die Großmutter-Gesellschaft im späteren Jahr 07 ihre Anteile an der Mutter-Gesellschaft aus konzernstrategischen Gründen in eine neu gegründete inländische Kapitalgesellschaft einbrachte, wurde jedoch der Tatbestand der spezialgesetzlichen Gleichstellungsnorm des § 6 Abs. 5 Satz 6 EStG verwirklicht. Danach ist rückwirkend der Teilwert anzusetzen, soweit innerhalb von sieben Jahren nach der Übertragung des relevanten Wirtschaftsguts der Anteil eines Körperschaftsteuersubjektes an dem übertragenen Wirtschaftsgut aus einem anderen Grund unmittelbar oder mittelbar begründet wird oder sich dieser erhöht. Der siebenjährige Betrachtungszeitraum ist im Jahr 07 insoweit noch nicht abgelaufen gewesen. Zum anderen wird die neu gegründete Konzerngesellschaft mittelbar über die ihr nachgeschalteten Konzerngesellschaften an dem eingebrachten Grundstück beteiligt. Die Rechtsfolge

---

[743] *Kloster/Kloster*, GmbHR 2000, 1129 (1134) verweisen darauf, dass bei Umstrukturierungen stets auf die ertragsteuerrechtliche Vorschrift des § 6 Abs. 5 Satz 6 EStG (zum Zeitpunkt des Aufsatzes noch § 6 Abs. 5 Satz 5 EStG) zu achten sei.
[744] Dieses Beispiel wurde dem Beispiel von *Ehlermann/Löhr*, DStR 2003, 1509 (1509 f.) nachgebildet, hat dieses aber vereinfacht.

Kapitel 3: Gleichstellung mit spezialgesetzlicher Grundlage

ist der rückwirkende Ansatz des Teilwerts gemäß § 6 Abs. 5 Satz 6 EStG, so dass die in dem Grundstück enthaltenen stillen Reserven grundsätzlich nachträglich aufzudecken sind.

Dieses Ergebnis erscheint vor dem Hintergrund der gesetzgeberischen Intention, das gestalterische Überspringen von stillen Reserven von Nicht-Körperschaftsteuersubjekten auf Körperschaftsteuersubjekte zu verhindern, gleich aus mehreren Gesichtspunkten nicht gerechtfertigt:

- So ist der Einsatz einer weiteren inländischen Konzernebene im Rahmen eines bestehenden Konzernverbundes ein durchaus üblicher Vorgang, der regelmäßig nicht durch missbräuchliche oder gestalterische, sondern allein durch wirtschaftliche Aspekte getrieben ist.
- Vor dem Hintergrund, dass es sich um den bloßen Einsatz einer weiteren inländischen Konzernebene im Rahmen eines bestehenden inländischen Konzernverbundes handelt, scheidet auch eine gestalterische Verlagerung von stillen Reserven in das Ausland aus. Daher kann sich auch aus diesem Aspekt keine missbräuchliche Gestaltung ergeben, die die Tatbestandsverwirklichung der spezialgesetzlichen Gleichstellungsnorm des § 6 Abs. 5 Satz 6 EStG rechtfertigen würde.
- Es sind auch keine Anhaltspunkte dafür ersichtlich, dass der Einsatz der weiteren Konzernebene – insgesamt sechs Jahre nach der Einbringung des Grundstücks in die Grundstücks-GmbH & Co. KG – mit dieser nach Maßgabe des § 6 Abs. 5 Satz 3 EStG begünstigten Einbringung des Grundstücks im Zusammenhang stehen würde. Es ist vielmehr so, dass sowohl der Einsatz der weiteren Konzernebene als auch die Einbringung des Grundstücks als eigenständige Sachverhalte zu werten sind und nicht im Zusammenhang miteinander stehen. Gleichwohl unterstellt die spezialgesetzliche Gleichstellungsnorm des § 6 Abs. 5 Satz 6 EStG einen solchen Zusammenhang unzulässigerweise (und ohne einen Gegenbeweis zuzulassen) mit der Folge, dass rückwirkend auf den Zeitpunkt der Einbringung des Grundstücks ebenfalls der Teilwert anzusetzen ist.
- Durch den bloßen Einsatz einer weiteren inländischen Konzernebene bleiben die stillen Reserven des Grundstücks zudem auch weiterhin – mittelbar über die Grundstücks-GmbH & Co. KG – unmittelbar und mittelbar ausschließlich Körperschaftsteuersubjekten zugeordnet. Denn sowohl vor als auch nach der Zwischenschaltung der weiteren Konzernebene waren an der Grundstücks-GmbH & Co. KG vermögensmäßig unmittelbar und mittelbar ausschließlich Konzerngesellschaften in Kapitalgesellschaftsform beteiligt

§ 8 Überschreitung der gesetzgeberischen Typisierungsbefugnis?

(vor der Zwischenschaltung waren dies die Tochter-Gesellschaft, die Mutter-Gesellschaft und die Großmutter-Gesellschaft; nach der Zwischenschaltung kam zusätzlich noch die neue Konzerngesellschaft in Kapitalgesellschaftsform hinzu). Ein gestalterisch realisiertes Überspringen von stillen Reserven von einem Nicht-Körperschaftsteuersubjekt auf ein Körperschaftsteuersubjekt, das der Gesetzgeber mit der spezialgesetzlichen Gleichstellungsnorm des § 6 Abs. 5 Sätze 5 und 6 EStG zu verhindern beabsichtigt, ist daher gerade nicht gegeben.

- Die Großmutter-Gesellschaft bzw. der inländische Konzernverbund erzielt durch den bloßen Einsatz einer weiteren inländischen Konzernebene auch keinerlei Steuervorteil, so dass ein Gestaltungsmissbrauch auch aus diesem Grund ausscheidet. Denn die Großmutter-Gesellschaft hätte ihre Anteile an der Mutter-Gesellschaft nach Maßgabe der ertragsteuerrechtlichen Vorschrift des § 8b Abs. 2 und 3 KStG zu effektiv 95 % steuerfrei veräußern können. Entsprechendes gilt nun für die Veräußerung der Anteile der Großmutter-Gesellschaft an der zwischengeschalteten Konzerngesellschaft und auch für die Veräußerung der Anteile der zwischengeschalteten Konzerngesellschaft an der Mutter-Gesellschaft. Ein gestalterisch erzielter steuerlicher Vorteil wurde durch die konzerninterne Umstrukturierung also gerade nicht erzielt.

4. Problemfeld mittelbare Begründung oder Erhöhung des Anteils eines Körperschaftsteuersubjekts

Problematisch erscheint zudem, dass es sowohl für die spezialgesetzliche Gleichstellungsnorm des § 6 Abs. 5 Satz 5 EStG als auch für deren Satz 6 ausreichend ist, dass der Anteil eines Körperschaftsteuersubjekts an dem relevanten Wirtschaftsgut lediglich mittelbar begründet oder erhöht wird.[745] Der Gesetzeswortlaut enthält mit Blick auf eine solche mittelbare Begründung oder Erhöhung keinerlei Einschränkungen (beispielsweise dergestalt, dass mittelbare Beteiligungen nur mit Blick auf die ersten beiden Beteiligungsebenen zu berücksichtigen wären). Daher kann auch die mittelbare Begründung oder Erhöhung des Anteils eines Körperschaftsteuersubjekts an dem relevanten Wirtschaftsgut auf einer weit entfernten Beteiligungsstufe dazu führen, dass die Rechtsfolgen der spezialgesetzlichen Gleichstellungsnorm des § 6 Abs. 5 Sätz 5 und 6 EStG ausgelöst würden. Der Vorwurf des Missbrauchs bzw. der missbräuchlichen Gestaltung wird mit aufsteigender Beteiligungsebene jedoch regelmäßig immer ungerechtfertigter.

---

[745] Diesen Aspekt spricht auch *van Lishaut* in DB 2000, 1784 (1787) an.

Ein weiteres Spannungsfeld ergibt sich in diesem Zusammenhang daraus, dass die an der Übertragung des relevanten Wirtschaftsguts nach Maßgabe des § 6 Abs. 5 Satz 3 EStG unmittelbar beteiligten Personen regelmäßig keine Kenntnis davon haben, ob durch diese Übertragung der Anteil eines Körperschaftsteuersubjekts an dem relevanten Wirtschaftsgut mittelbar auf einer (weit) entfernten Beteiligungsstufe begründet oder dieser erhöht wird (bzw. ob dies innerhalb von sieben Jahren nach der Übertragung des Wirtschaftsguts aus einem anderen Grund geschieht). Gleichwohl unterstellt der Gesetzgeber im Rahmen der spezialgesetzlichen Gleichstellungsnorm des § 6 Abs. 5 Sätze 5 und 6 EStG für den Fall einer solchen mittelbaren Begründung oder Erhöhung des Anteils eines Körperschaftsteuersubjekts an dem relevanten Wirtschaftsgut ein bewusst gestalterisch herbeigeführtes Verlagern von stillen Reserven auf Körperschaftsteuersubjekte ohne einen Gegenbeweis zuzulassen. Auch dies spricht dagegen, die spezialgesetzlichen Gleichstellungsnorm des § 6 Abs. 5 Sätze 5 und 6 EStG als zulässige typisierende Missbrauchs- und Gestaltungsverhinderungsvorschrift einzustufen.

5. Weiterhin doppelte Steuerverstrickung bleibt unberücksichtigt

Schließlich führt der alleinige Umstand, dass die stillen Reserven eines Wirtschaftsguts von einem Nicht-Körperschaftsteuersubjekt auf ein Körperschaftsteuersubjekt übertragen werden, indes nicht zu einer steuerlichen Entstrickung bzw. Begünstigung mit Blick auf diese stillen Reserven, die es typischerweise zu verhindern gelten würde. Der Gesetzgeber verkennt vielmehr, dass in solchen Fällen die stillen Reserven nunmehr auf zwei Ebenen erfasst werden.[746] Zunächst bleiben die stillen Reserven in den übertragenen Wirtschaftsgütern weiterhin erhalten, so dass diese auf Ebene des relevanten Körperschaftsteuersubjekts zu besteuern wären, sofern diese von dem Körperschaftsteuersubjekt realisiert würden.[747] Schließlich würden die in den Wirtschaftsgütern ruhenden stillen Reserven zusätzlich auch auf Ebene der Anteilseigner dieses Körperschaftsteuersubjekts besteuert, sofern es zur Ausschüttung durch das relevante Körperschaftsteuersubjekt an die Anteilseigner kommen sollte oder die Anteile an dem relevanten Körperschaftsteuersubjekt veräußert würden.[748] Genau diese Form der Doppelbelastung bzw. doppelten Erfassung soll mit der Regelung des § 8b KStG und dem Teilein-

---

[746] *Riedel*, Ubg 2018, 148 (154); *Niehus/Wilke*, in Herrmann/Heuer/Raupach, EStG/KStG-Kommentar, § 6 EStG, Rn. 1650; so wohl auch *Düll/Fuhrmann/Eberhard*, DStR 2010, 1713 (1717).
[747] *Riedel*, Ubg 2018, 148 (154); *Niehus/Wilke*, in Herrmann/Heuer/Raupach, EStG/KStG-Kommentar, § 6 EStG, Rn. 1650.
[748] *Riedel*, Ubg 2018, 148 (154); *Niehus/Wilke*, in Herrmann/Heuer/Raupach, EStG/KStG-Kommentar, § 6 EStG, Rn. 1650.

§ 8 Überschreitung der gesetzgeberischen Typisierungsbefugnis?

künfteverfahren gemäß § 3 Nr. 40 EStG auf Ebene der Anleger der relevanten Körperschaft abgemildert werden.[749] Es ist daher nicht nachvollziehbar, dass der Gesetzgeber es für Zwecke der spezialgesetzlichen Gleichstellungsnorm des § 6 Abs. 5 Sätze 5 und 6 EStG als missbräuchlich ansieht, wenn diese Regelungen zur Anwendung kommen sollten.

6. Zwischenergebnis

Diese Aspekte sprechen dafür, dass der Gesetzgeber seine Typisierungsbefugnis mit Blick auf die spezialgesetzliche Gleichstellungsnorm des § 6 Abs. 5 Sätze 5 und 6 EStG überschritten hat und diese spezialgesetzliche Gleichstellungsnorm des Ertragsteuerrechts daher nicht als zulässige typisierende Missbrauchs- und Gestaltungsverhinderungsvorschrift einzustufen ist.

II. Die typisierende Missbrauchs- und Gestaltungsverhinderungsvorschrift des § 8c Abs. 1 Satz 1 KStG

Entsprechendes ist auch mit Blick auf die spezialgesetzliche Gleichstellungsnorm des § 8c Abs. 1 Satz 1 KStG anzunehmen.[750] Diese spezialgesetzliche Gleichstellungsnorm regelt die Möglichkeit bzw. den Untergang des Verlustabzugs bei verlusttragenden Körperschaften im Zusammenhang mit sog. schädlichen Beteiligungserwerben[751]. Danach kommt es zu einem vollständigen Verlustuntergang einer verlusttragenden Körperschaft, wenn innerhalb von fünf Jahren mittelbar oder unmittelbar mehr als 50 Prozent des gezeichneten Kapitals, der Mitgliedschaftsrechte, der Beteiligungsrechte oder der Stimmrechte der verlusttragenden Körperschaft an einen Erwerber oder diesem nahe stehenden Personen übertragen werden oder ein vergleichbarer Sachverhalt vorliegt.[752]

---

[749] *Riedel*, Ubg 2018, 148 (154).
[750] Vgl. zur Entstehungsgeschichte und insbesondere zur Kritik an der Verlustuntergangsregelung des § 8c Abs. 1 KStG auch die grundsätzliche und umfassende Untersuchung von *Hohmann*, Beschränkung des subjektbezogenen Verlusttransfers im Kapitalgesellschaftsteuerrecht, Teilband 1, § 3 C II.
[751] Die Regelung des § 8c Abs. 1 Satz 1 KStG definiert einen solchen schädlichen Beteiligungserwerb als mittelbaren oder unmittelbaren Erwerb von mehr als 50 Prozent des gezeichneten Kapitals, der Mitgliedschaftsrechte, der Beteiligungsrechte oder der Stimmrechte an einer Körperschaft innerhalb von fünf Jahren durch einen Erwerber oder diesem nahe stehenden Personen oder ein vergleichbarer Sachverhalt.
[752] Aktueller Wortlaut des § 8c Abs. 1 Satz 1 KStG:
„Werden innerhalb von fünf Jahren <u>mittelbar oder unmittelbar</u> mehr als 50 Prozent des gezeichneten Kapitals, der Mitgliedschaftsrechte, der Beteiligungsrechte oder der Stimmrechte an einer Körperschaft an einen Erwerber oder diesem nahe stehenden Personen übertragen oder liegt ein vergleichbarer Sachverhalt vor (schädlicher Beteiligungserwerb), sind bis zum schädlichen Be-

Kapitel 3: Gleichstellung mit spezialgesetzlicher Grundlage

Der Gesetzgeber beabsichtigt mit der spezialgesetzlichen Gleichstellungsnorm des § 8c Abs. 1 Satz 1 KStG – wie bereits ausgeführt[753] – einen missbräuchlichen Handel mit steuerlichen Verlustvorträgen bzw. Verlustmänteln zu unterbinden.[754] Durch ihren weiten Anwendungsbereich bildet die spezialgesetzliche Gleichstellungsnorm des § 8c Abs. 1 Satz 1 KStG allerdings – wie im Folgenden näher erläutert – den typischen Missbrauchsfall „Mantelkauf" tatbestandlich nicht zutreffenderweise ab und findet zudem in einer Vielzahl von Konstellationen Anwendung, in denen ein missbräuchlicher Handel mit steuerlichen Verlustvorträgen bzw. Verlustmänteln nicht erkennbar ist.[755] Daher wird auch die spezialgesetzliche Gleichstellungsnorm des § 8c Abs. 1 Satz 1 KStG den oben beschriebenen Maßstäben an eine zulässige typisierende Missbrauchs- und Gestaltungsverhinderungsvorschrift nicht gerecht, so dass der Gesetzgeber auch insoweit seine Typisierungsbefugnis überschritten hat.

1. Schädlicher Beteiligungserwerb allein kein typischer Missbrauchsfall

Der Gesetzgeber unterstellt bei einem schädlichen Beteiligungserwerb im Sinne der spezialgesetzlichen Gleichstellungsnorm des § 8c Abs. 1 Satz 1 KStG von mehr als 50 % mit Blick auf eine verlusttragende Körperschaft – ohne dass weitere Umstände hinzutreten müssten – einen missbräuchlichen Handel mit steuerlichen Verlustvorträgen bzw. Verlustmänteln, der zum vollständigen Untergang der Verluste der verlusttragenden Körperschaft für steuerliche Zwecke führt. Der Gesetzgeber verkennt jedoch, dass ein solcher „schädlicher" Beteiligungserwerb im Sinne des § 8c Abs. 1 Satz 1 KStG für sich allein betrachtet noch keinen missbräuchlichen Zugriff auf die Verluste einer verlusttragenden Körperschaft intendiert, den es zu verhindern gelten würde.[756] Denn für einen solchen Beteiligungserwerb an einer verlusttragenden Körperschaft kommen eine Vielzahl von Gründen in Betracht, welche regelmäßig nicht in der Intention bestehen, Verluste der relevanten verlusttragenden Körperschaft für ein anderes Unternehmen nutzbar zu

---

teiligungserwerb nicht ausgeglichene oder abgezogene negative Einkünfte (nicht genutzte Verluste) vollständig nicht mehr abziehbar.".
[753] Siehe hierzu bereits die Ausführungen unter § 7 C I 2 oben.
[754] BR-Drucksache 372/1/18 vom 11. September 2018, Seite 20.
[755] Vgl. zur Entstehungsgeschichte und insbesondere zur Kritik an der Verlustuntergangsregelung des § 8c Abs. 1 KStG auch die grundsätzliche und umfassende Untersuchung von *Hohmann*, Beschränkung des subjektbezogenen Verlusttransfers im Kapitalgesellschaftsteuerrecht, Teilband 1, § 3 C II.
[756] FG Hamburg, Vorlagebeschluss vom 29. August 2017 – 2 K 245/17, EFG 2017, 1134; *Holle/Weiss*, DB 2018, 3008 (3010); *Moritz/Helios*, BB 2018, 343 (348).

machen.⁷⁵⁷ Insoweit kommen beispielsweise Übertragungen im Wege der vorweggenommenen Erbfolge⁷⁵⁸ oder bei Start-Up Unternehmen⁷⁵⁹ in Betracht. Zudem ist der Erwerb einer Beteiligung von mehr als 50 % an einer verlusttragenden Körperschaft in der Praxis ein üblicher Vorgang, ohne dass mit diesen Erwerbsvorgängen typischerweise eine missbräuchliche Nutzung der bestehenden Verluste beabsichtigt würde. Der spezialgesetzlichen Gleichstellungsnorm des § 8c Abs. 1 Satz 1 KStG liegt damit – durch das alleinige Anknüpfen an einen „schädlichen" Beteiligungserwerb im Sinne des § 8c Abs. 1 Satz 1 KStG – kein typischer Missbrauchsfall als Ausgangspunkt für eine zulässige typisierende Missbrauchs- und Gestaltungsverhinderungsvorschrift zugrunde.⁷⁶⁰

2. Typische Missbrauchskonstellation „Mantelkauf" in keinster Weise im Rahmen des § 8c Abs. 1 Satz 1 KStG abgebildet

Die spezialgesetzlichen Gleichstellungsnorm des § 8c Abs. 1 Satz 1 KStG kann auch nicht vor dem Hintergrund der Verhinderung des typischen Missbrauchsfall „Mantelkauf" als zulässige typisierende Missbrauchs- und Gestaltungsverhinderungsvorschrift eingestuft werden. Denn dieser Missbrauchsfall hat im Rahmen des Tatbestands der spezialgesetzlichen Gleichstellungsnorm des § 8c Abs. 1 Satz 1 KStG keinen hinreichenden Niederschlag gefunden.⁷⁶¹ Der typische Missbrauchsfall „Mantelkauf" zeichnet sich nämlich dadurch aus, dass eine verlusttragende Kapitalgesellschaft, die mangels Geschäftsbetriebs und nennenswertes Betriebsvermögens nur einen „leeren Mantel" darstellt, von einem Investor mit einer gewinnerzielenden Aktivität angereichert wird, um die Verluste steuerlich später nutzbar machen zu können.⁷⁶² Damit ein solcher schädlicher „Mantelkauf" vorliegt, ist daher zusätzlich zu dem Gesellschafterwechsel – d.h. einem Element,

---

⁷⁵⁷ FG Hamburg, Vorlagebeschluss vom 29. August 2017 – 2 K 245/17, EFG 2017, 1134; *Suchanek*, in Herrmann/Heuer/Raupach, EStG/KStG-Kommentar, § 8c KStG, Rn. 6; *Moritz/Helios*, BB 2018, 343 (348).
⁷⁵⁸ FG Hamburg, Vorlagebeschluss vom 29. August 2017 – 2 K 245/17, EFG 2017, 1134.
⁷⁵⁹ *Braun/Kopp*, DStR 2019, 1422 (1423).
⁷⁶⁰ FG Hamburg, Vorlagebeschluss vom 29. August 2017 – 2 K 245/17, EFG 2017, 1134; *Suchanek*, in Herrmann/Heuer/Raupach, EStG/KStG-Kommentar, § 8c KStG, Rn. 6; *Brandis*, FR 2018, 81 (82); *Holle/Weiss*, DB 2018, 3008 (3010).
⁷⁶¹ So das BVerfG ausdrücklich im Beschluss zur Verfassungsmäßigkeit des § 8c Abs. 1 Satz 1 KStG a.F. vom 29. März 2017 – 2 BvL 6/11, BStBl. II 2017, 1082 mit Blick auf den quotalen Verlustuntergang des Tatbestands des § 8c Abs. 1 Satz 1 KStG a.F. Dies sollte jedoch gleichermaßen für die aktuelle Fassung des § 8c Abs. 1 Satz 1 KStG gelten, da auch insoweit allein an den schädlichen Beteiligungserwerb als Tatbestandsmerkmal angeknüpft wird und keine weiteren Tatbestandsvoraussetzungen erforderlich sind; so auch *Moritz/Helios*, BB 2018, 343 (348).
⁷⁶² BVerfG, Beschluss vom 29. März 2017 – 2 BvL 6/11, BStBl. II 2017, 1082.

Kapitel 3: Gleichstellung mit spezialgesetzlicher Grundlage

das auf Ebene der Gesellschafter der verlusttragenden Körperschaft vollzogen wird –, eine neue, gewinnerzielende Aktivität der verlusttragenden Körperschaft – ein Element, das auf Ebene der verlusttragenden Körperschaft vollzogen wird – erforderlich.[763]

Die vormalige Mantelkaufregelung des § 8 Abs. 4 KStG a.F. (d.h. die Vorgängerregelung des § 8c Abs. 1 Satz 1 KStG) griff dies auf, indem diese den Verlustuntergang einer verlusttragenden Körperschaft zusätzlich zu dem qualifizierten Gesellschafterwechsel an die Voraussetzung knüpfte, dass die verlusttragende Körperschaft ihren Geschäftsbetrieb mit überwiegend neuem Betriebsvermögen fortführte oder wieder aufnahm.[764] Während die Vorgängerregelung der Mantelkaufregelung damit zusätzlich zum *gesellschafter*bezogenen auch ein *gesellschafts*bezogenes Element im Tatbestand der Verlustuntergangsregelung verwendet hatte, knüpft der Tatbestand der spezialgesetzlichen Gleichstellungsnorm des § 8c Abs. 1 Satz 1 KStG den Verlustuntergang allein an einen schädlichen Beteiligungserwerb und damit ausschließlich an ein *gesellschafter*bezogenes Element.[765] Da somit die Voraussetzungen des typischen Missbrauchsfalls „Mantelkauf", die auf Ebene der relevanten verlusttragenden Körperschaft zu erfüllen wären, im Rahmen der spezialgesetzlichen Gleichstellungsnorm des § 8c Abs. 1 Satz 1 KStG nicht berücksichtigt werden, bildet der Tatbestand der spezialgesetzlichen Gleichstellungsnorm des § 8c Abs. 1 Satz 1 KStG den Missbrauchsfall „Mantelkauf" nicht hinreichend ab.[766] Die Einordnung der spezialgesetzlichen Gleichstellungsnorm des § 8c Abs. 1 Satz 1 KStG als zulässige typisierende Missbrauchs- und Gestaltungsverhinderungsvorschrift kann somit auch nicht vor dem Hintergrund der Verhinderung des typischen Missbrauchsfalls „Mantelkauf" gerechtfertigt werden.

---

[763] *Moritz/Helios*, BB 2018, 343 (348).
[764] Wortlaut des § 8 Abs. 4 KStG in der Fassung des Gesetzes zur Fortsetzung der Unternehmenssteuerreform:
„*Voraussetzung für den Verlustabzug nach § 10d des Einkommen-steuergesetzes ist bei einer Körperschaft, dass sie nicht nur rechtlich, sondern auch wirtschaftlich mit der Körperschaft identisch ist, die den Verlust erlitten hat. Wirtschaftliche Identität liegt insbesondere dann nicht vor, wenn mehr als die Hälfte der Anteile an einer Kapitalgesellschaft übertragen werden und die Kapitalgesellschaft ihren Geschäftsbetrieb mit überwiegend neuem Betriebsvermögen fortführt oder wieder aufnimmt. (...).*".
[765] *Moritz/Helios*, BB 2018, 343 (348); *Dörr/Eggert/Plum*, NWB 2017, 2661 (2664) insoweit zu § 8c Abs. 1 Satz 1 KStG a.F.; *Gosch*, GmbHR 2017, 695 (697).
[766] *Moritz/Helios*, BB 2018, 343 (348).

§ 8 Überschreitung der gesetzgeberischen Typisierungsbefugnis?

3. Fallbeileffekt bei einem Beteiligungserwerb von 50,01 %

Erschwert wird dieser Vorwurf, wonach die spezialgesetzliche Gleichstellungsnorm des § 8c Abs. 1 Satz 1 KStG nicht als zulässige typisierende Missbrauchs- und Gestaltungsverhinderungsvorschrift gilt, zusätzlich dadurch, dass durch diese Regelung eine Art „Fallbeileffekt"[767] eintritt. Denn bei einem Beteiligungserwerb von genau 50,00 % bleibt der Verlustabzug einer verlusttragenden Körperschaft ohne Einschränkungen erhalten, so dass es sich nach der gesetzgeberischen Konzeption insoweit nicht um eine missbräuchliche Gestaltung handelt. Dagegen wird ein Erwerb von 50,01 % der Anteile als missbräuchliche Gestaltung angesehen mit der Folge des vollständigen Verlustuntergangs.[768] Diese extrem unterschiedliche Behandlung dieser beiden nahezu identischen Fallkonstellationen unterstreicht die überschießende Wirkung der spezialgesetzlichen Gleichstellungsnorm des § 8c Abs. 1 Satz 1 KStG.[769] Zwar ist durchaus zuzugeben, dass bei dem Erwerb einer Mehrheitsbeteiligung von mehr als 50 % regelmäßig ein beherrschender Einfluss auf eine verlusttragenden Kapitalgesellschaft ausgeübt werden kann. Allerdings knüpft die spezialgesetzliche Gleichstellungsnorm des § 8c Abs. 1 Satz 1 KStG die Rechtsfolgen des Verlustuntergangs nicht daran, dass durch den schädlichen Beteiligungserwerb von mehr als 50 % der Anteile zugleich auch tatsächlich Einfluss auf die verlusttragende Körperschaft genommen oder die Mehrheit der Stimmrechte erworben würde. Es kann daher durchaus zu Fällen kommen, in denen zwar die Mehrheit der Beteiligungsrechte einer verlusttragenden Kapitalgesellschaft erworben, die Stimmrechtsmehrheit allerdings bei einer anderen Person verbleiben würde. In diesem Fall ist der beherrschende Einfluss des Anteilserwerbers, der den Vorwurf einer missbräuchlichen Gestaltung gegebenenfalls begründen könnte, nicht gegeben.

4. Negative Auswirkungen eines schädlichen Beteiligungserwerbs betrifft verbleibende (Alt-) Gesellschafter

Die spezialgesetzliche Gleichstellungsnorm des § 8c Abs. 1 Satz 1 KStG sanktioniert die vom Gesetzgeber unterstellte missbräuchliche Gestaltung in Form des schädlichen Beteiligungserwerbs zudem nicht zielgenau. Denn sowohl die verlusttragende Körperschaft als auch ihre verbleibenden (Alt-) Gesellschafter können regelmäßig nicht verhindern, dass andere Gesellschafter der verlusttragenden Körperschaft einen schädlichen Beteiligungserwerb mit Blick auf die relevante

---

[767] *Holle/Weiss*, DB 2018, 3008 (3010).
[768] Diesen Aspekt hebt auch das FG Hamburg, Vorlagebeschluss vom 29. August 2017 – 2 K 245/17, EFG 2017, 1134 hervor.
[769] FG Hamburg, Vorlagebeschluss vom 29. August 2017 – 2 K 245/17, EFG 2017, 1134.

verlusttragende Körperschaft vollziehen.[770] Es liegt damit nicht in deren Einflusssphäre, ob die Voraussetzungen des schädlichen Beteiligungserwerbs im Sinne des § 8c Abs. 1 Satz 1 KStG verwirklicht bzw. verhindert werden.[771] Gleichwohl treffen die Rechtsfolgen des Verlustuntergangs gemäß der spezialgesetzlichen Gleichstellungsnorm des § 8c Abs. 1 Satz 1 KStG die verlusttragende Körperschaft sowie die verbleibenden (Alt-) Gesellschafter der verlusttragenden Körperschaft, die nicht zum schädlichen Beteiligungserwerb beigetragen haben bzw. diesen auch nicht verhindern konnten.[772] Denn durch den entsprechenden Verlustuntergang auf Ebene der verlusttragenden Körperschaft geht zunächst auf deren Ebene die Möglichkeit der Verlustverrechnung vollständig verloren. Dadurch erhöht sich die Steuerbelastung auf Ebene der verlusttragenden Körperschaft und entsprechend mindert sich auch der etwaige Gewinnanteil der verbleibenden (Alt-) Gesellschafter.[773] Die spezialgesetzliche Gleichstellungsnorm des § 8c Abs. 1 Satz 1 KStG gilt daher auch aus diesem Grund nicht als zielgenaue Missbrauchs- und Gestaltungsverhinderungsvorschrift.

5. Problemfeld mittelbare Beteiligungen

Gegen die Einordnung der spezialgesetzlichen Gleichstellungsnorm des § 8c Abs. 1 Satz 1 KStG als zulässige typisierende Missbrauchs- und Gestaltungsverhinderungsvorschrift spricht auch die Erfassung von mittelbaren Beteiligungserwerben. So führt bereits ein schädlicher Beteiligungserwerb, der sich innerhalb von fünf Jahren auf einer weit entfernten Beteiligungsebene vollzieht, zu einem vollständigen Verlustuntergang auf Ebene der nachgeschalteten verlusttragenden Körperschaft. Der Tatbestand der spezialgesetzlichen Gleichstellungsnorm des § 8c Abs. 1 Satz 1 KStG erfasst solche mittelbaren Beteiligungserwerbe dabei einschränkungslos. Dies hat zur Folge, dass auch ein Beteiligungserwerb auf einer weit entfernten Beteiligungsebene einer verlusttragenden Kapitalgesellschaft zum vollständigen Verlustuntergang dieser Kapitalgesellschaft führen könnte. Dies ist vor dem Hintergrund, missbräuchliche Gestaltungen zu verhindern, jedoch nicht zu rechtfertigen. Denn wenn bereits der unmittelbare schädliche Beteiligungserwerb an einer verlusttragenden Körperschaft allein für sich betrachtet noch keine

---

[770] *Thonemann-Micker/Kanders*, in BeckOK KStG, § 8c KStG, Rn. 34; *Dreßler*, Der Konzern 2017, 326 (330).
[771] *Thonemann-Micker/Kanders*, in BeckOK KStG, § 8c KStG, Rn. 34; *Dreßler*, Der Konzern 2017, 326 (330).
[772] *Thonemann-Micker/Kanders*, in BeckOK KStG, § 8c KStG, Rn. 34.
[773] FG Hamburg, Vorlagebeschluss vom 29. August 2017 – 2 K 245/17, EFG 2017, 1134.

§ 8 Überschreitung der gesetzgeberischen Typisierungsbefugnis?

missbräuchliche Gestaltung indiziert (vgl. hierzu die Ausführungen oben[774]), so trifft dies erst recht auf mittelbare Beteiligungserwerbe zu.

Ein weiteres Spannungsfeld ergibt sich daraus, dass die verlusttragende Körperschaft in derartigen Fällen regelmäßig keine Kenntnis von solchen mittelbaren Beteiligungserwerben erlangt und – insbesondere mangels Anzeigepflicht der übertragenden Gesellschafter – oftmals auch nicht zur Sachverhaltsaufklärung beitragen kann.[775] Einige Autoren gehen deswegen davon aus, dass die spezialgesetzliche Gleichstellungsnorm des § 8c Abs. 1 Satz 1 KStG insoweit an einem strukturellen Vollzugsdefizit (jedenfalls mit Blick auf mittelbare schädliche Beteiligungserwerbe im Ausland) leide.[776] Trotz dieser Aspekte unterstellt der Gesetzgeber im Rahmen der spezialgesetzlichen Gleichstellungsnorm des § 8c Abs. 1 Satz 1 KStG auch bei einem lediglich mittelbaren schädlichen Beteiligungserwerb eine missbräuchliche und gestalterisch herbeigeführte Nutzung der bestehenden Verluste ohne einen Gegenbeweis zuzulassen.

Die Erfassung mittelbarer Beteiligungserwerbe verschärft somit den Vorwurf, dass die spezialgesetzliche Gleichstellungsnorm des § 8c Abs. 1 Satz 1 KStG nicht als zulässige typisierende Missbrauchs- und Gestaltungsverhinderungsvorschrift gilt.

6. Auch Gesetzgeber ist von überschießender Wirkung überzeugt

Dass letztlich auch der Gesetzgeber von der überschießenden Wirkung der spezialgesetzlichen Gleichstellungsnorm des § 8c Abs. 1 Satz 1 KStG ausgeht, ergibt sich mithin aus der Gesetzesbegründung zum nachträglich eingefügten § 8d KStG.[777] Nach dieser Vorschrift ist die Verlustuntergangsregelung des § 8c KStG unter bestimmten engen Voraussetzungen und einer entsprechenden Antragstellung nicht anwendbar, so dass die relevanten Verluste der verlusttragenden Körperschaft – trotz schädlichem Beteiligungserwerb im Sinne des § 8c Abs. 1 Satz 1 KStG – als fortführungsgebundene Verluste abzugsfähig bleiben.[778] Der Gesetz-

---

[774] Siehe hierzu die Ausführungen unter § 8 B II 1 und 2 oben.
[775] *Thonemann-Micker/Kanders*, in BeckOK KStG, § 8c KStG, Rn. 39.1; *Suchanek*, in Herrmann/Heuer/Raupach, EStG/KStG-Kommentar, § 8c KStG, Rn. 6.
[776] *Thonemann-Micker/Kanders*, in BeckOK KStG, § 8c KStG, Rn. 39.1; *Suchanek*, in Herrmann/Heuer/Raupach, EStG/KStG-Kommentar, § 8c KStG, Rn. 6.
[777] *Suchanek*, in Herrmann/Heuer/Raupach, EStG/KStG-Kommentar, § 8c KStG, Rn. 6.
[778] Vgl. insoweit den Wortlaut des § 8d Abs. 1 Satz 1 KStG (die Unterstreichungen wurden seitens des Verfassers eingefügt):
„*§ 8c ist nach einem schädlichen Beteiligungserwerb auf Antrag nicht anzuwenden*, wenn die Körperschaft seit ihrer Gründung oder zumindest seit dem Beginn des dritten Veranlagungszeitraums, der dem Veranlagungszeitraum nach Satz 5 vorausgeht, ausschließlich denselben

geber begründete die Einführung der ertragsteuerrechtlichen Vorschrift des § 8d KStG damit, dass im Rahmen der bisherigen Besteuerungspraxis zu § 8c KStG Fälle aufgetreten seien, bei denen ein Verlustuntergang aus wirtschaftlichen Erwägungen nicht gerechtfertigt und aus steuersystematischer Sicht auch nicht erforderlich sei.[779] Zudem geht der Gesetzgeber davon aus, dass die Regelung des § 8c KStG zu restriktiv sei, solange und soweit die Kontinuität und der Bestand des Geschäftsbetriebes der verlusttragenden Körperschaft gesichert sei (dies sei insbesondere dann der Fall, wenn die zugrundeliegenden Maßnahmen dazu dienen würden, einem vorhandenen Geschäftsbetrieb in volkswirtschaftlich sinnvoller Weise neues Kapital zuzuführen).[780] Hieraus wird deutlich, dass auch der Gesetzgeber davon überzeugt ist, dass die spezialgesetzliche Gleichstellungsnorm des § 8c Abs. 1 Satz 1 KStG überschießend ist und in einer Vielzahl von Konstellationen zur Anwendung kommt, die nicht von missbräuchlichen Gestaltungen geprägt sind. Dies hat er mit der Einführung der Regelung des § 8d KStG letztlich zu „reparieren" bzw. einzudämmen versucht. Da der Anwendungsbereich des § 8d KStG jedoch äußerst restriktiv ist und durch diverse Ausnahme- und Untergangsgründe (vgl. § 8d Abs. 1 Satz 2 sowie Abs. 2 Satz 2 KStG) erheblich eingeschränkt wird, erfasst der Tatbestand der spezialgesetzlichen Gleichstellungsnorm des § 8c Abs. 1 Satz 1 KStG auch weiterhin eine Vielzahl von Fällen, die nicht als missbräuchliche Gestaltungen einzuordnen sind, so dass der § 8d KStG die spezialgesetzliche Gleichstellungsnorm des § 8c Abs. 1 Satz 1 KStG nicht „zu retten" vermag.[781]

7. Zwischenergebnis

Diese Aspekte sprechen dafür, dass der Gesetzgeber seine Typisierungsbefugnis auch mit Blick auf die spezialgesetzliche Gleichstellungsnorm des § 8c Abs. 1 Satz 1 KStG überschritten hat und diese spezialgesetzliche Gleichstellungsnorm des Ertragsteuerrechts daher nicht als zulässige typisierende Missbrauchs- und Gestaltungsverhinderungsvorschrift gilt. Hiervon ist mithin auch das Finanzgericht Hamburg überzeugt. Denn so hat das Finanzgericht Hamburg dem Bundesverfassungsgericht im Rahmen eines konkreten Normenkontrollverfahrens gemäß Art. 100 Abs. 1 GG die Vorschrift zum vollständigen Verlustuntergang nach § 8c

---

Geschäftsbetrieb unterhält und in diesem Zeitraum bis zum Schluss des Veranlagungszeitraums des schädlichen Beteiligungserwerbs kein Ereignis im Sinne von Absatz 2 stattgefunden hat.".

[779] BT-Drucksache 18/9986 vom 17. Oktober 2016, Seite 12.
[780] BT-Drucksache 18/9986 vom 17. Oktober 2016, Seite 12.
[781] *Suchanek*, in Herrmann/Heuer/Raupach, EStG/KStG-Kommentar, § 8c KStG, Rn. 6; *Fertig*, Ubg 2018, 521 (528); *Moritz/Helios*, BB 2018, 343 (349).

§ 8 Überschreitung der gesetzgeberischen Typisierungsbefugnis?

Abs. 1 Satz 2 KStG a.F. (jetzt § 8c Abs. 1 Satz 1 KStG) zur verfassungsrechtlichen Prüfung vorgelegt, da es davon überzeugt ist, dass die Vorschrift zum vollständigen Verlustuntergang nicht als zulässige typisierende Missbrauchs- und Gestaltungsverhinderungsvorschrift gelte.[782]

III. Die typisierende Missbrauchs- und Gestaltungsverhinderungsvorschrift des § 10a Satz 10 Hs. 2 GewStG

Die Verlustausgleichs- und Verlustabzugsbeschränkung des § 8c KStG findet gemäß der spezialgesetzlichen Gleichstellungsnorm des § 10a Satz 10 Hs. 2 GewStG entsprechende Anwendung auf Fehlbeträge einer Mitunternehmerschaft, soweit diese Fehlbeträge unmittelbar oder mittelbar über eine oder mehrere Personengesellschaften einer Körperschaft zuzurechnen sind.[783] Liegt damit auf der Ebene einer vorgeschalteten Körperschaft, die unmittelbar oder mittelbar über eine oder mehrere Personengesellschaften an einer nachgeschalteten gewerbesteuerliche Verluste tragenden Mitunternehmerschaft beteiligt ist, ein schädlicher Beteiligungserwerb im Sinne des § 8c Abs. 1 Satz 1 KStG vor, gehen die dieser Körperschaft zuzurechnenden Fehlbeträge der nachgeschalteten verlusttragenden Mitunternehmerschaft vollständig unter.[784]

Durch diese Regelung wollte der Gesetzgeber eine Gestaltungsmöglichkeit abstellen, durch die der Verlustvortrag einer Körperschaft vor einer geplanten Anteilsübertragung mit Blick auf diese Körperschaft durch Einschaltung einer nachgeschalteten Personengesellschaft auf diese übertragen und so „gerettet" werden konnte.[785] Die Vorschrift wurde vom Gesetzgeber damit – wie bereits ausge-

---

[782] FG Hamburg, Vorlagebeschluss vom 29. August 2017 – 2 K 245/17, EFG 2017, 1134; derzeit anhängiges Verfahren vor dem BVerfG unter dem Az. 2 BvL 19/17.
[783] Aktueller Wortlaut des § 10a Satz 10 GewStG:
„*Auf die Fehlbeträge sind § 8c des Körperschaftsteuergesetzes und, wenn ein fortführungsgebundener Verlustvortrag nach § 8d des Körperschaftsteuergesetzes gesondert festgestellt wird, § 8d des Körperschaftsteuergesetzes entsprechend anzuwenden; dies gilt mit Ausnahme des § 8d des Körperschaftsteuergesetzes auch für den Fehlbetrag einer Mitunternehmerschaft, soweit dieser*
1. einer Körperschaft unmittelbar oder
2. einer Mitunternehmerschaft, soweit an dieser eine Körperschaft unmittelbar oder mittelbar über eine oder mehrere Personengesellschaften beteiligt ist,
zuzurechnen ist.".
[784] Gewerbesteuer-Richtlinien 2009 (GewStR), R 10a.1 Abs. 3 Satz 5; *Kleinheisterkamp*, in Lenski/Steinberg, GewStG-Kommentar, § 10a GewStG, Rn. 81; *Drüen*, in Blümich, GewStG-Kommentar, § 10a GewStG, Rn. 88.
[785] BT-Drucksache 16/11108 vom 27. November 2008, Seite 30; *Drüen*, in Blümich, GewStG-Kommentar, § 10a GewStG, Rn 88.

Kapitel 3: Gleichstellung mit spezialgesetzlicher Grundlage

führt[786] – als typisierende Missbrauchs- und Gestaltungsverhinderungsvorschrift konzipiert. Allerdings wird auch die spezialgesetzliche Gleichstellungsnorm des § 8c Abs. 1 Satz 1 KStG – wie im Folgenden näher erläutert – den oben beschriebenen Maßstäben an eine zulässige typisierende Missbrauchs- und Gestaltungsverhinderungsvorschrift nicht gerecht, so dass der Gesetzgeber auch insoweit seine Typisierungsbefugnis überschritten hat.

1. Inbezugnahme der nicht zulässig typisierenden Vorschrift des § 8c Abs. 1 Satz 1 KStG

Dass die spezialgesetzliche Gleichstellungsnorm des § 10a Satz 10 Hs. 2 GewStG nicht als zulässige typisierende Missbrauchs- und Gestaltungsverhinderungsvorschrift einzustufen ist, ergibt sich zunächst aus ihrer Inbezugnahme der Verlustabzugsbeschränkung des § 8c KStG. Denn gemäß § 10a Satz 10 Hs. 2 GewStG findet die Verlustausgleichs- und Verlustabzugsbeschränkung des § 8c KStG entsprechende Anwendung auf Fehlbeträge einer Mitunternehmerschaft, soweit diese Fehlbeträge unmittelbar oder mittelbar über eine oder mehrere Personengesellschaften einer Körperschaft zuzurechnen sind.[787] Dies bedeutet, dass die Vorschrift des § 10a Satz 10 Hs. 2 GewStG bei einer nachgeschalteten Mitunternehmerschaft immer nur dann anwendbar ist, wenn ein schädlicher Beteiligungserwerb im Sinne des § 8c Abs. 1 Satz 1 KStG auf der Ebene einer dieser Mitunternehmerschaft vorgeschalteten Körperschaft vorliegt.[788] Dieser Zusammenhang zwischen diesen beiden Vorschriften hat zur Folge, dass die oben genannten Aspekte, die gegen die Einordnung der spezialgesetzlichen Gleichstellungsnorm des § 8c Abs. 1 Satz 1 KStG als zulässige typisierende Missbrauchs- und Gestaltungsverhinderungsvorschrift sprechen[789], auch im Rahmen der spezialgesetzlichen Gleichstellungsnorm des § 10a Satz 10 Hs. 2 GewStG Relevanz erlan-

---

[786] Siehe hierzu bereits die Ausführungen unter § 7 C I 3 oben.
[787] Aktueller Wortlaut des § 10a Satz 10 GewStG:
„*Auf die Fehlbeträge sind § 8c des Körperschaftsteuergesetzes und, wenn ein fortführungsgebundener Verlustvortrag nach § 8d des Körperschaftsteuergesetzes gesondert festgestellt wird, § 8d des Körperschaftsteuergesetzes entsprechend anzuwenden; dies gilt mit Ausnahme des § 8d des Körperschaftsteuergesetzes auch für den Fehlbetrag einer Mitunternehmerschaft, soweit dieser*
1. einer Körperschaft unmittelbar oder
2. einer Mitunternehmerschaft, soweit an dieser eine Körperschaft unmittelbar oder mittelbar über eine oder mehrere Personengesellschaften beteiligt ist,
zuzurechnen ist.".
[788] Gewerbesteuer-Richtlinien 2009 (GewStR), R 10a.1 Abs. 3 Satz 5; *Kleinheisterkamp*, in Lenski/Steinberg, GewStG-Kommentar, § 10a GewStG, Rn. 81.
[789] Siehe hierzu bereits die Ausführungen unter § 8 B II oben.

§ 8 Überschreitung der gesetzgeberischen Typisierungsbefugnis?

gen. Denn ein schädlicher Beteiligungserwerb im Sinne des § 8c Abs. 1 Satz 1 KStG auf Ebene einer vorgeschalteten Körperschaft wirkt sich über die spezialgesetzliche Gleichstellungsnorm des § 10a Satz 10 Hs. 2 GewStG zusätzlich auf die gewerbesteuerliche Verlustverrechnungsmöglichkeit einer dieser Körperschaft unmittelbar oder mittelbar über Personengesellschaften nachgeordneten Mitunternehmerschaft aus. Hierdurch werden die Rechtsfolgen der nicht zulässig typisierenden Vorschrift des § 8c Abs. 1 Satz 1 KStG um mindestens eine weitere Ebene – nämlich die der der entsprechenden Körperschaft unmittelbar oder mittelbar nachgeordneten Mitunternehmerschaft – erweitert. Daher strahlen die Aspekte, die dazu führen, dass die ertragsteuerrechtliche Vorschrift des § 8c Abs. 1 Satz 1 KStG nicht als zulässige typisierende Missbrauchs- und Gestaltungsverhinderungsvorschrift gilt, auch auf die spezialgesetzliche Gleichstellungsnorm des § 10a Satz 10 Hs. 2 GewStG aus.

2. Kombination von mittelbaren mit (weiteren) mittelbaren Beteiligungskonstruktionen möglich

Durch die spezialgesetzliche Gleichstellungsnorm des § 10a Satz 10 Hs. 2 GewStG kann es in Verbindung mit der Vorschrift des § 8c Abs. 1 Satz 1 KStG zur Kombination von mittelbaren Beteiligungskonstruktionen mit weiteren mittelbaren Beteiligungskonstruktionen kommen. Mittelbare Beteiligungskonstruktionen werden nämlich sowohl von der spezialgesetzlichen Gleichstellungsnorm des § 10a Satz 10 Hs. 2 GewStG als auch von der spezialgesetzlichen Gleichstellungsnorm des § 8c Abs. 1 Satz 1 KStG erfasst. Die Verknüpfung der spezialgesetzlichen Gleichstellungsnorm des § 8c Abs. 1 Satz 1 KStG mit der spezialgesetzlichen Gleichstellungsnorm des § 10a Satz 10 Hs. 2 GewStG führt daher dazu, dass sich ein schädlicher mittelbarer Beteiligungserwerb im Sinne des § 8c Abs. 1 Satz 1 KStG, der sich auf Ebene einer vorgeschalteten Körperschaft vollzieht, über die spezialgesetzliche Gleichstellungsnorm des § 10a Satz 10 Hs. 2 Nr. 2 GewStG zugleich auf den gewerbesteuerlichen Fehlbetrag einer dieser Körperschaft nachgeschalteten Mitunternehmerschaft auswirken kann, an der die vorgeschaltete Körperschaft lediglich mittelbar über eine oder mehrere Personengesellschaften beteiligt ist. Hierdurch werden mittelbare Beteiligungskonstruktionen mit weiteren mittelbaren Beteiligungskonstruktionen verknüpft, was den Anwendungsbereich der spezialgesetzlichen Gleichstellungsnorm des § 10 Satz 10 Hs. 2 GewStG gegenüber dem des § 8c Abs. 1 Satz 1 KStG zusätzlich verschärft.

Es wurde jedoch bereits im Rahmen der spezialgesetzlichen Gleichstellungsnorm des § 8c Abs. 1 Satz 1 KStG dargestellt, dass die einschränkungslose Erfassung von lediglich mittelbaren Beteiligungserwerben für Zwecke des schäd-

Kapitel 3: Gleichstellung mit spezialgesetzlicher Grundlage

lichen Beteiligungserwerbs im Sinne des § 8c Abs. 1 Satz 1 KStG nicht durch den Zweck, missbräuchliche Gestaltungen zu verhindern, gerechtfertigt werden kann.[790] Aufgrund der durch die spezialgesetzliche Gleichstellungsnorm des § 10a Satz 10 Hs. 2 Nr. 2 GewStG möglichen Verknüpfung von mittelbaren mit weiteren mittelbaren Beteiligungskonstruktionen wird dieser Vorwurf im Rahmen des § 10a Satz 10 Hs. 2 Nr. 2 GewStG nochmals verschärft. Dies spricht ebenfalls dafür, dass der Gesetzgeber im Rahmen der spezialgesetzlichen Gleichstellungsnorm des § 10a Satz 10 Hs. 2 GewStG seine Typisierungsbeugnis überschritten hat und diese spezialgesetzliche Gleichstellungsnorm des Ertragsteuerrechts nicht als zulässige typisierende Missbrauchs- und Gestaltungsverhinderungsvorschrift gilt.

3. Wertungswidersprüche gegenüber einer doppelstöckigen Personengesellschaft

Durch die spezialgesetzliche Gleichstellungsnorm des § 10a Satz 10 Hs. 2 GewStG ergeben sich zudem erhebliche Wertungswidersprüche gegenüber den Grundsätzen, die für den Verlustabzug bei doppelstöckigen Personengesellschaften gelten.[791] Diese Wertungswidersprüche sollen anhand von den folgenden drei Beispielen illustriert werden:

Beispiel 1[792]:

An einer gewerbesteuerliche Verluste tragenden Unter-Personengesellschaft ist eine Ober-Personengesellschaft mehrheitlich beteiligt. Auf der Ebene der Ober-Personengesellschaft findet ein Gesellschafterwechsel hinsichtlich des Mehrheitsgesellschafters statt.

Der Gesellschafterwechsel mit Blick auf den Mehrheitsgesellschafter der Ober-Personengesellschaft führt nicht dazu, dass die Möglichkeit des Verlustabzugs auf Ebene der Unter-Personengesellschaft eingeschränkt oder ausgeschlossen würde.[793] Der ge-

---

[790] Siehe hierzu bereits die Ausführungen unter § 8 B II 5 oben. Ein weiteres Spannungsfeld ergibt sich daraus, dass die verlusttragende Körperschaft in derartigen Fällen regelmäßig keine Kenntnis von solchen mittelbaren Beteiligungserwerben erlangt und – insbesondere mangels Anzeigepflicht der übertragenden Gesellschafter – auch nicht zur Sachverhaltsaufklärung beitragen kann (vgl. auch hierzu bereits die Ausführungen unter § 8 B II 5 oben).

[791] *Weber*, Ubg 2010, 201 (203); *Esterer/Bartelt*, Ubg 2012, 383 (389); *Suchanek/Hesse*, Der Konzern 2007, 335 (336); *Drüen*, in Blümich, GewStG-Kommentar, § 10a GewStG, Rn. 78, 88.

[792] Dieses Beispiel wurde dem Beispiel von *Weber*, Ubg 2010, 201 (202) nachgebildet. Ähnliche Sachverhaltskonstellationen finden sich auch bei *Esterer/Bartelt*, Ubg 2012, 383 (389) und bei *Suchanek*, Ubg 2009, 178 (184, Beispiel 7).

[793] *Esterer/Bartelt*, Ubg 2012, 383 (389); *Weber*, Ubg 2010, 201 (203); *Drüen*, in Blümich, GewStG-Kommentar, § 10a GewStG, Rn. 78, 88

§ 8 Überschreitung der gesetzgeberischen Typisierungsbefugnis?

werbesteuerliche Verlustabzug nach Maßgabe des § 10a GewStG erfordert bei einer Personengesellschaft grundsätzlich Unternehmensidentität und Unternehmeridentität.[794] Hinsichtlich des Merkmals der Unternehmeridentität ist dabei grundsätzlich jedoch nicht auf die Gesellschafter der Ober-Personengesellschaft abzustellen, sondern allein auf die Ober-Personengesellschaft als solche als zivilrechtliche Gesellschafterin und Mitunternehmerin der Unter-Personengesellschaft.[795] Entscheidend ist in dieser Konstellation damit allein, dass sich auf der unmittelbaren Beteiligungsebene der Unter-Personengesellschaft keinerlei Änderung ergibt. Ein Gesellschafterwechsel auf der Ebene der Ober-Personengesellschaft (also der mittelbaren Beteiligungsebene der Unter-Personengesellschaft) bleibt daher für Zwecke der gewerbesteuerlichen Verlustabzugsmöglichkeit der Unter-Personengesellschaft unbeachtlich.[796]

Beispiel 2[797]:

An der gewerbesteuerliche Verluste tragenden Unter-Personengesellschaft ist eine Kapitalgesellschaft (statt einer Ober-Personengesellschaft) mehrheitlich beteiligt ist. Auf der Ebene der Kapitalgesellschaft findet ein Gesellschafterwechsel hinsichtlich des Mehrheitsgesellschafters statt, so dass sich auf dieser Ebene ein schädlicher Beteiligungserwerb im Sinne der ertragsteuerrechtlichen Vorschrift des § 8c Abs. 1 Satz 1 KStG vollzieht.

In diesem Beispielsfall findet § 10a Satz 10 Hs. 2 (Nr. 1) GewStG mit der Folge Anwendung, dass der Fehlbetrag der verlusttragenden Unter-Personengesellschaft vollständig untergeht, soweit er der Kapitalgesellschaft zuzurechnen ist.[798] Während in dem oben angeführten Beispiel 1 somit für Zwecke der Verlustabzugsmöglichkeit der Unter-Personengesellschaft nicht durch die Ober-Personengesellschaft durchgeschaut wird, erfolgt im Beispiel 2 durch die spezialgesetzliche Gleichstellungsnorm des § 10a Satz 10 Hs. 2 GewStG eine Durchschau durch die beteiligte Kapitalgesellschaft auf die an ihr beteiligten Anteilseigner.[799] Dies widerspricht zum einen der grundsätzlich geltenden Abschirmwirkung der Vermögenssphäre einer Kapitalgesellschaft; dies geht zudem über das im Beispiel 1 angeführte Konzept der Unternehme-

---

[794] BFH, Urteil vom 11. Oktober 2012 – IV R 3/09, BStBl. II 2013, 176; *Weber*, Ubg 2010, 201 (202); *Drüen*, in Blümich, GewStG-Kommentar, § 10a GewStG, Rn. 45 ff.
[795] BFH, Großer Senat, Beschluss vom 3. Mai 1993 – GrS 3/92, BStBl. II 1993, 616; Gewerbesteuer-Richtlinien 2009 (GewStR), R 10a.3 Abs. 3 Satz 9 Nr. 8 Satz 2; *Weber*, Ubg 2010, 201 (202); *Suchanek*, Ubg 2009, 178 (184); *Kleinheisterkamp*, in Lenski/Steinberg, GewStG-Kommentar, § 10a GewStG, Rn. 51.
[796] Gewerbesteuer-Richtlinien 2009 (GewStR), R 10a.3 Abs. 3 Satz 9 Nr. 8 Satz 2; *Weber*, Ubg 2010, 201 (203); *Kleinheisterkamp*, in Lenski/Steinberg, GewStG-Kommentar, § 10a GewStG, Rn. 75.
[797] Dieses Beispiel wurde dem Beispiel von *Esterer/Bartelt*, Ubg 2012, 383 (389) bzw. dem Beispiel 4 von *Suchanek*, Ubg 2009, 178 (184) nachgebildet.
[798] *Suchanek*, Ubg 2009, 178 (184).
[799] *Esterer/Bartelt*, Ubg 2012, 383 (389).

Kapitel 3: Gleichstellung mit spezialgesetzlicher Grundlage

ridentität im Rahmen des § 10a GewStG hinaus bzw. durchbricht und verschärft die dort angewandten Grundsätze.[800]

Beispiel 3[801]:

An der gewerbesteuerliche Verluste tragenden Unter-Personengesellschaft ist eine Ober-Personengesellschaft beteiligt. An dieser Ober-Personengesellschaft ist eine Kapitalgesellschaft beteiligt. Zunächst findet auf Ebene der an der Ober-Personengesellschaft beteiligten Kapitalgesellschaft ein schädlicher Beteiligungserwerb im Sinne des § 8c Abs. 1 Satz 1 KStG statt. Später veräußert die Kapitalgesellschaft ihre Beteiligung an der Ober-Personengesellschaft.

Die spätere Veräußerung der Beteiligung an der Ober-Personengesellschaft durch die Kapitalgesellschaft hat dabei keinerlei Auswirkungen auf die gewerbesteuerliche Verlustabzugsmöglichkeit der Unter-Personengesellschaft.[802] Dies ergibt sich aus dem Umstand, dass die Unternehmeridentität der Unter-Personengesellschaft durch diese Veräußerung nicht berührt wird. Denn die unmittelbare Beteiligungsebene der Unter-Personengesellschaft wird durch diese Veräußerung nicht tangiert, so dass die Unternehmeridentität der Unter-Personengesellschaft erhalten bleibt (vgl. hierzu das oben angeführte Beispiel 1). Dagegen führte der zuvor stattfindende schädliche Beteiligungserwerb im Sinne des § 8c Abs. 1 Satz 1 KStG an der erst eine Ebene über der Ober-Personengesellschaft liegenden Kapitalgesellschaft gemäß § 10a Satz 10 Hs. 2 Nr. 2 GewStG zu einem Untergang der dieser Kapitalgesellschaft zuzurechnenden gewerbesteuerlichen Verluste der Unter-Personengesellschaft auf Ebene dieser Unter-Personengesellschaft. Die Anwendung der spezialgesetzlichen Gleichstellungsnorm des § 10a Satz 10 Hs. 2 Nr. 2 GewStG führt damit sowohl zu einem Durchgriff durch die Ober-Personengesellschaft als auch durch die Kapitalgesellschaft auf die an ihr beteiligten Anteilseigner.[803]

Diese Beispiele verdeutlichen, dass sich durch die spezialgesetzliche Gleichstellungsnorm des § 10a Satz 10 Hs. 2 GewStG erhebliche Wertungswidersprüche und eine Verschärfung gegenüber den Grundsätzen ergeben, die für den Verlustabzug bei doppelstöckigen Personengesellschaften gelten.[804]

---

[800] *Suchanek/Hesse*, Der Konzern 2007, 335 (336); *Weber*, Ubg 2010, 201 (203, 205).
[801] Dieses Beispiel wurde dem Beispiel von *Esterer/Bartelt*, Ubg 2012, 383 (389) bzw. den Beispielen 6 und 7 von *Suchanek*, Ubg 2009, 178 (183 f.) nachgebildet.
[802] Gewerbesteuer-Richtlinien 2009 (GewStR), R 10a.3 Abs. 3 Satz 9 Nr. 8 Satz 2; *Weber*, Ubg 2010, 201 (203); *Kleinheisterkamp*, in Lenski/Steinberg, GewStG-Kommentar, § 10a GewStG, Rn. 75.
[803] *Esterer/Bartelt*, Ubg 2012, 383 (389); *Weber*, Ubg 2010, 201 (203); *Suchanek*, Ubg 2009, 178 (183).
[804] *Weber*, Ubg 2010, 201 (203); *Esterer/Bartelt*, Ubg 2012, 383 (389); *Suchanek/Hesse*, Der Konzern 2007, 335 (336); *Drüen*, in Blümich, GewStG-Kommentar, § 10a GewStG, Rn. 78, 88.

4. Keine Anwendbarkeit des § 8d KStG im Rahmen des § 10a Satz 10 Hs. 2 GewStG (anders bei § 10a Satz 10 Hs. 1 GewStG)

Die ertragsteuerrechtliche Vorschrift des § 8d KStG findet im Rahmen der spezialgesetzlichen Gleichstellungsnorm des § 10a Satz 10 Hs. 2 GewStG – anders als in den Fällen des § 10a Satz 10 Hs. 1 GewStG – nach dem ausdrücklichen Gesetzeswortlaut keine Anwendung.[805] Somit gehen im Rahmen der spezialgesetzlichen Gleichstellungsnorm des § 10a Satz 10 Hs. 2 GewStG (anders als in den Fällen des § 10a Satz 10 Hs. 1 GewStG) die gewerbesteuerlichen Verluste einer Mitunternehmerschaft selbst dann unter, wenn die Voraussetzungen des § 8d KStG, welcher die Rechtsfolgen des § 8c KStG auf Antrag suspendiert, auf Ebene einer vorgeschalteten Körperschaft erfüllt würden. Dies verschärft den Vorwurf, wonach die spezialgesetzliche Gleichstellungsnorm des § 10a Satz 10 Hs. 2 GewStG nicht als zulässige typisierende Missbrauchs- und Gestaltungsverhinderungsvorschrift gilt.[806] Denn durch die Vorschrift des § 10a Satz 10 Hs. 2 GewStG wirkt sich ein schädlicher Beteiligungserwerb einer vorgeschalteten Körperschaft auch auf den gewerbesteuerlichen Verlust einer dieser Körperschaft nachgeschalteten Mitunternehmerschaft aus, so dass die Rechtsfolgen des schädlichen Beteiligungserwerbs gemäß § 8c Abs. 1 Satz 1 KStG in das System der gewerbesteuerlichen Verlustnutzung übertragen werden.[807] Wenn die Rechtsfolgen des § 8c Abs. 1 Satz 1 KStG durch die Regelung des § 8d KStG für körperschaftsteuerliche Zwecke auf Antrag suspendiert werden können, erscheint es jedoch nicht nachvollziehbar, warum dies nicht zugleich auch auf die gewerbesteuerliche Regelung des § 10a Satz 10 Hs. 2 GewStG ausstrahlen soll.[808] Denn hierdurch werden im Wesentlichen nur die negativen Rechtsfolgen des § 8c Abs. 1 Satz 1 KStG in das System der gewerbesteuerlichen Verlustnutzung übertragen, während die Möglichkeit, die Rechts-

---

[805] Vgl. der entsprechende Gesetzeswortlaut des § 10a Satz 10 Hs. 2 GewStG (die Unterstreichung wurde seitens des Verfassers eingepflegt):
„(…); dies gilt <u>mit Ausnahme des § 8d des Körperschaftsteuergesetzes</u> auch für den Fehlbetrag einer Mitunternehmerschaft, soweit dieser
1. einer Körperschaft unmittelbar oder
2. einer Mitunternehmerschaft, soweit an dieser eine Körperschaft unmittelbar oder mittelbar über eine oder mehrere Personengesellschaften beteiligt ist,
zuzurechnen ist.".
[806] *Suchanek/Hesse*, Der Konzern 2007, 335 (339) gehen davon aus, dass der Ausschluss der Anwendung des § 8d KStG im Rahmen des § 10a Satz 10 Hs. 2 GewStG nur mit rein fiskalischen Zwecken begründet werden könne. Entsprechend äußern sich *Suchanek/Rüsch*, Ubg 2016, 576 (584).
[807] *Suchanek/Rüsch*, Ubg 2016, 576 (584).
[808] *Suchanek/Rüsch*, Ubg 2016, 576 (584); *Suchanek/Hesse*, Der Konzern 2007, 335 (339).

folgen des § 8c Abs. 1 Satz 1 KStG durch § 8d KStG zu suspendieren, nur für körperschaftsteuerliche Zwecke besteht.

Dies erscheint umso weniger nachvollziehbar, als die spezialgesetzliche Gleichstellungsnorm des § 10a Satz 10 Hs. 2 GewStG ohnehin bereits über das Konzept und die Voraussetzungen der Unternehmeridentität hinausgeht und dieses Konzept verschärft (vgl. hierzu die Ausführungen oben[809]).[810] Diesem „Fremdkörper"[811] zusätzlich noch die Möglichkeit der Suspendierung der Rechtsfolgen des § 8c Abs. 1 Satz 1 KStG gemäß § 8d KStG zu nehmen überzeugt nicht, da hierdurch nochmals eine Verschärfung eintritt.[812]

Der Vorwurf der nicht folgerichtigen Ausgestaltung der spezialgesetzlichen Gleichstellungsnorm des § 10a Satz 10 Hs. 2 GewStG ergibt sich auch daraus, dass § 8d KStG im Rahmen des § 10a Satz 10 Hs. 1 GewStG ausdrücklich Anwendung findet, während dies im Rahmen der spezialgesetzlichen Gleichstellungsnorm des § 10a Satz 10 Hs. 2 GewStG gerade nicht der Fall ist. Es ist nicht nachvollziehbar, warum die beiden Halbsätze des § 10a Satz 10 GewStG unterschiedlich behandelt werden.

Weiterhin ist zu beachten, dass für den Erhalt von gewerbesteuerlichen Fehlbeträgen einer Mitunternehmerschaft grundsätzlich die Voraussetzung der Unternehmensidentität und damit ein mit dem Tatbestandsmerkmal des „gleichbleibenden Geschäftsbetrieb" gemäß § 8d KStG vergleichbares Kriterium gilt.[813] Die ohnehin geltenden Grundsätze des gewerbesteuerlichen Verlustabzugs mit Blick auf gewerbesteuerliche Fehlbeträge einer Mitunternehmerschaft würden damit auch bei Anwendung von § 8d KStG erhalten bleiben.[814]

5. Überschießende Wirkung des § 10a Satz 10 Hs. 2 GewStG insbesondere auch in Konzernstrukturen

Die spezialgesetzliche Gleichstellungsnorm des § 10a Satz 10 Hs. 2 GewStG findet insbesondere auch in Konzernstrukturen regelmäßig Anwendung, ohne dass insoweit missbräuchliche Gestaltungen erkennbar wären. Erfolgt nämlich in Konzernstrukturen ein schädlicher Beteiligungserwerb im Sinne des § 8c Abs. 1 Satz 1 KStG auf einer vorgelagerten Konzernstufe, kann die spezialgesetzliche Gleich-

---

[809] Siehe hierzu die Ausführungen unter § 8 B III 3 oben.
[810] *Suchanek/Rüsch*, Ubg 2016, 576 (584); insoweit wohl auch *Suchanek/Hesse*, Der Konzern 2007, 335 (339).
[811] So ausdrücklich *Suchanek/Rüsch*, Ubg 2016, 576 (584) und *Suchanek/Hesse*, Der Konzern 2007, 335 (339).
[812] *Suchanek/Rüsch*, Ubg 2016, 576 (584); *Suchanek/Hesse*, Der Konzern 2007, 335 (339).
[813] *Suchanek/Rüsch*, Ubg 2016, 576 (584).
[814] *Suchanek/Rüsch*, Ubg 2016, 576 (584).

§ 8 Überschreitung der gesetzgeberischen Typisierungsbefugnis?

stellungsnorm des § 10a Satz 10 Hs. 2 GewStG aufgrund ihres weiten Anwendungsbereichs dazu führen, dass die gewerbesteuerlichen Fehlbeträge sämtlicher Konzern-Personengesellschaften untergehen, obwohl eine missbräuchliche Gestaltung nicht erkennbar ist.

Dies soll durch das folgende Beispiel illustriert werden[815]:

> Eine inländische Kapitalgesellschaft ist Konzern-Mutter eines inländischen Konzerns. Diese Konzern-Mutter hält sämtliche Anteile an einer inländischen Tochter-Gesellschaft in Kapitalgesellschaftsform. Diese Tochter-Gesellschaft hält wiederum sämtliche Anteile an einer inländischen Enkel-Gesellschaft in Personengesellschaftsform, welche wiederum zu 100 % an einer weiteren inländischen Personengesellschaft beteiligt ist.
>
> Werden nun mehr als 50 % der Anteile an der Konzern-Mutter übertragen, liegt ein unmittelbarer schädlicher Beteiligungserwerb auf Ebene der Konzern-Mutter vor. Dies führt gemäß § 8c Abs. 1 Satz 1 KStG in Verbindung mit § 10a Satz 10 Hs. 1 GewStG zu einem vollständigen Untergang der etwaigen körperschaftsteuerlichen und gewerbesteuerlichen Verluste der inländischen Konzern-Mutter und ihrer Tochter-Gesellschaft. Da zugleich ein mittelbarer schädlicher Beteiligungserwerb auf Ebene der Tochter-Gesellschaft vorliegt, gehen die gewerbesteuerlichen Fehlbeträge der Enkel-Gesellschaft nach § 10a Satz 10 Hs. 2 Nr. 1 GewStG und die der weiteren Personengesellschaft nach § 10a Satz 10 Hs. 2 Nr. 2 GewStG unter.

6. Zwischenergebnis

Diese Aspekte sprechen dafür, dass der Gesetzgeber seine Typisierungsbefugnis auch mit Blick auf die spezialgesetzliche Gleichstellungsnorm des § 10a Satz 10 Hs. 2 GewStG überschritten hat und diese spezialgesetzliche Gleichstellungsnorm des Ertragsteuerrechts daher ebenfalls nicht als zulässige typisierende Missbrauchs- und Gestaltungsverhinderungsvorschrift gilt.

C. Ergebnis

Die vom Gesetzgeber als typisierende Missbrauchs- und Gestaltungsverhinderungsvorschriften konzipierten spezialgesetzlichen Gleichstellungsnormen des § 6 Abs. 5 Sätze 5 und 6 EStG, des § 8c Abs. 1 Satz 1 KStG und des § 10a Satz 10 Hs. 2 GewStG gelten somit nicht als (verfassungsrechtlich) zulässige typisierende Missbrauchs- und Gestaltungsverhinderungsvorschriften. Der Gesetzgeber hat insoweit vielmehr seine Typisierungsbefugnis überschritten. Der vom Gesetzgeber im Rahmen der spezialgesetzlichen Gleichstellungsnormen des Ertragsteuerrechts

---

[815] Dieses Beispiel wurde dem Beispiel von *Kleinheisterkamp*, in Lenski/Steinberg, GewStG-Kommentar, § 10a GewStG, Rn. 84 nachgebildet.

Kapitel 3: Gleichstellung mit spezialgesetzlicher Grundlage

angestrebten Missbrauchs- und Gestaltungsverhinderung fehlen somit regelmäßig „Maß und Mitte".[816] Die Untersuchung der spezialgesetzlichen Gleichstellungsnormen des § 6 Abs. 5 Sätze 5 und 6 EStG, des § 8c Abs. 1 Satz 1 KStG und des § 10a Satz 10 Hs. 2 GewStG zeigt stattdessen, dass sich der Gesetzgeber im Rahmen der tatbestandlichen Ausgestaltung der als Missbrauchs- und Gestaltungsverhinderungsvorschriften konzipierten spezialgesetzlichen Gleichstellungsnormen des Ertragsteuerrechts regelmäßig nicht am „typischen" Missbrauchsfall als Ausgangspunkt für eine typisierende Missbrauchs- und Gestaltungsverhinderungsvorschrift orientiert. Der Gesetzgeber nimmt vielmehr eine potentielle bzw. abstrakte Missbrauchsgefahr zum Anlass, um auf eine solche potentielle bzw. abstrakte Missbrauchsgefahr mit einer überzogenen und nicht am „typischen" Missbrauchsfall orientierten spezialgesetzlichen Gleichstellungsnorm des Ertragsteuerrechts zu reagieren.

Das Bundesverfassungsgericht hat diesem überschießenden Vorgehen des Gesetzgebers jüngst jedoch Grenzen gesetzt. Das Bundesverfassungsgericht hat mit Entscheidung vom 29. März 2017 nämlich entschieden, dass die (vormalige) spezialgesetzliche Gleichstellungsnorm des Ertragsteuerrechts zum quotalen Verlustuntergang nach § 8c Satz 1 KStG a.F.[817] bzw. § 8c Abs. 1 Satz 1 KStG a.F.[818] mit dem Gleichheitssatz nach Art. 3 Abs. 1 GG unvereinbar sei, da die Vorschrift willkürlich sei und nicht als zulässige typisierende Missbrauchsverhinderungsvorschrift eingestuft werden könne.[819] Zudem hat das Finanzgericht Hamburg dem Bundesverfassungsgericht im Rahmen eines konkreten Normenkontrollverfahrens gemäß Art. 100 Abs. 1 GG die spezialgesetzliche Gleichstellungsnorm zum vollständigen Verlustuntergang nach § 8c Abs. 1 Satz 2 KStG a.F. (jetzt § 8c Abs. 1 Satz 1 KStG) zur verfassungsrechtlichen Prüfung vorgelegt, da es davon überzeugt ist, dass die Vorschrift zum vollständigen Verlustuntergang nicht als zulässige typisierende Missbrauchs- und Gestaltungsverhinderungsvorschrift gelte.[820]

---

[816] *Hey*, StuW 2008, 167 (183) geht davon aus, dass der Missbrauchsgesetzgebung „Augenmaß und Können" fehlen würden.
[817] Das heißt in der Fassung des Unternehmensteuerreformgesetzes 2008 vom 14. August 2007.
[818] Das heißt in der Fassung des Gesetzes zur Modernisierung der Rahmenbedingungen für Kapitalbeteiligungen vom 12. August 2008 und den nachfolgenden Fassungen bis zum Zeitpunkt des Inkrafttretens des Gesetzes zur Weiterentwicklung der steuerlichen Verlustverrechnung bei Körperschaften vom 20. Dezember 2016.
[819] BVerfG, Beschluss vom 29. März 2017 – 2 BvL 6/11, BStBl. II 2017, 1082.
[820] FG Hamburg, Vorlagebeschluss vom 29. August 2017 – 2 K 245/17, EFG 2017, 1134; derzeit anhängiges Verfahren vor dem BVerfG unter dem Az. 2 BvL 19/17.

§ 8 Überschreitung der gesetzgeberischen Typisierungsbefugnis?

Vor diesem Hintergrund ist zu erwarten (und zugleich zu hoffen), dass weitere spezialgesetzliche Gleichstellungsnormen des Ertragsteuerrechts, die als typisierende Missbrauchs- und Gestaltungsverhinderungsvorschriften konzipiert wurden, dem Bundesverfassungsgericht zur verfassungsrechtlichen Prüfung vorgelegt werden. Insoweit wäre es wünschenswert, wenn das Bundesverfassungsgericht den Gesetzgeber im Rahmen der tatbestandlichen Ausgestaltung solcher spezialgesetzlicher Gleichstellungsnormen wieder zu „Maß und Mitte" anhalten würde.

Kapitel 4: Abschließende Würdigung

§ 9 Fazit

Zum Abschluss dieser Arbeit sollen noch einmal die wesentlichen Ergebnisse dieser Arbeit in einem Fazit zusammengefasst werden. Hierbei wird auf die Wiedergabe der einzelnen Ergebnisse am Ende der verschiedenen Abschnitte dieser Arbeit verzichtet.[821] Vielmehr soll eine abschließende Würdigung der Thematik der Gleichstellung der mittelbaren mit der unmittelbaren Beteiligung in einem zusammenfassenden Fazit erfolgen, in dessen Rahmen (nur) die wesentlichen Erkenntnisse dieser Arbeit noch einmal gesondert und abschließend hervorgehoben werden:

Die zu Beginn dieser Arbeit erfolgte Untersuchung des Begriffs der „unmittelbaren Beteiligung" und der „mittelbaren Beteiligung" für Zwecke des Ertragsteuerrechts hat ergeben, dass diese Begriffe zwar in einer Vielzahl von ertragsteuerrechtlichen Vorschriften sowie Entscheidungen der Rechtsprechung verwendet werden, eine nähere, das gesamte Ertragsteuerrecht umfassende Ausformung bzw. Definition dieser Begriffe allerdings weder durch den Gesetzgeber noch durch die Rechtsprechung vorgenommen wurde. Die entsprechende Untersuchung zu Beginn dieser Arbeit hat vielmehr gezeigt, dass das Begriffsverständnis mit Blick auf diese beiden Begriffe äußerst diffizil und differenziert zu erfolgen hat, was sich nicht zuletzt aus dem Umfang der Ausführungen dieser Arbeit zum Begriffsverständnis mit Blick auf die Begriffe der „unmittelbaren" bzw. „mittelbaren Beteiligung" für ertragsteuerrechtliche Zwecke ablesen lässt.[822] Um daher überhaupt „übergeordnete" – unabhängig vom Einzelfall verwertbare – Erkenntnisse mit Blick auf die Auslegung dieser beiden Beteiligungsformen gewinnen zu können, wurden die Maßstäbe für die Einordnung einer Beteiligung als eine „unmittelbare Beteiligung" bzw. als eine „mittelbare Beteiligung" für Zwecke des Ertragsteuerrechts am Ende der relevanten Abschnitte jeweils in einer Art Definition der „unmittelbaren Beteiligung" bzw. der „mittelbaren Beteiligung" zusammengefasst.[823] Der Umfang und die Differenziertheit dieser „Definitionen" machen deutlich, dass es sich als wenig praktikabel erweisen würde, wenn der Gesetzgeber die Begriffe

---

[821] Siehe hierzu § 2 E, § 3 E, § 4 D, § 5 C, § 6 E, § 7 E und § 8 C oben.
[822] Siehe hierzu § 2 bzgl. der „unmittelbaren Beteiligung" und § 3 bzgl. der „mittelbaren Beteiligung".
[823] Siehe hierzu § 2 E bzgl. der „unmittelbaren Beteiligung" und § 3 E bzgl. der „mittelbaren Beteiligung".

Kapitel 4: Abschließende Würdigung

der „unmittelbaren Beteiligung" bzw. der „mittelbaren Beteiligung" beispielsweise in den §§ 10 ff. AO gesetzlich fixieren bzw. definieren würde; zumal mit der Zurechnungsregelung des § 39 Abs. 1 und 2 AO bereits gesetzliche Grundsätze zur Zurechnung von Wirtschaftsgütern bzw. Beteiligungen für (ertrag-) steuerliche Zwecke existieren und an der sich jedenfalls die Definition von „unmittelbarer Beteiligung" maßgeblich orientieren würde[824]. Dem Steuerpflichtigen wäre eher damit geholfen, wenn der Gesetzgeber im Rahmen der einzelnen ertragsteuerrechtlichen Vorschriften – und damit „an Ort und Stelle" – ausdrücklich regeln würde, welche Beteiligungsform(en) dem relevanten Tatbestand unterfallen und, sofern er die Gleichstellung der mittelbaren mit der unmittelbaren Beteiligung spezialgesetzlich anordnet, ausdrücklich normiert, welche Gesellschaften insoweit als vermittelnde Gesellschaften in Betracht kommen.[825]

Im Anschluss an dieses ertragsteuerrechtliche Begriffsverständnis mit Blick auf eine „unmittelbare" bzw. „mittelbare Beteiligung" wurde analysiert, welche Grundsätze die Rechtsprechung in den „ungeregelten" Fällen der Gleichstellung der mittelbaren mit der unmittelbaren Beteiligung im Ertragsteuerrecht mit Blick auf eine solche Gleichstellung vertritt. Für diese Zwecke wurden die von der Rechtsprechung entschiedenen Sachverhaltskonstellationen untersucht, in denen ertragsteuerrechtliche Vorschriften streitentscheidend waren, die keine spezialgesetzliche Gleichstellung der mittelbaren mit der unmittelbaren Beteiligung vorsahen, sich aber gleichwohl die streitentscheidende Frage stellte, ob der Tatbestand der relevanten ertragsteuerrechtlichen Vorschrift allein die unmittelbare Beteiligung oder zugleich auch die mittelbare Beteiligung umfasst.[826] Diese Untersuchung hat insoweit ergeben, dass die Rechtsprechung im Ausgangspunkt vorgibt, einen restriktiven Lösungsansatz zur Gleichstellung der mittelbaren mit der un-

---

[824] Vgl. die Maßstäbe zur Bestimmung einer „unmittelbaren Beteiligung" in § 2 E.
[825] Als Beispiel für eine solche ertragsteuerrechtliche Vorschrift kann § 10a Satz 10 GewStG angeführt werden:
„*Auf die Fehlbeträge sind § 8c des Körperschaftsteuergesetzes und, wenn ein fortführungsgebundener Verlustvortrag nach § 8d des Körperschaftsteuergesetzes gesondert festgestellt wird, § 8d des Körperschaftsteuergesetzes entsprechend anzuwenden; dies gilt mit Ausnahme des § 8d des Körperschaftsteuergesetzes auch für den Fehlbetrag einer Mitunternehmerschaft, soweit dieser*
1. *einer Körperschaft **unmittelbar** oder*
2. *einer Mitunternehmerschaft, soweit an dieser eine Körperschaft **unmittelbar oder mittelbar über eine oder mehrere Personengesellschaften** beteiligt ist,*
zuzurechnen ist.".
[826] Siehe hierzu die Ausführungen im zweiten Kapitel oben sowie die Übersicht zur Rechtsprechung zur Gleichstellung der mittelbaren mit der unmittelbaren Beteiligung im Ertragsteuerrecht ohne spezialgesetzliche Grundlage in Anhang 2.

§ 9 Fazit

mittelbaren Beteiligung zu vertreten. Denn die Judikative verlangt grundsätzlich eine spezialgesetzliche Grundlage und damit eine spezialgesetzliche Gleichstellungsnorm, um eine Gleichstellung der mittelbaren mit der unmittelbaren Beteiligung für Zwecke des Ertragsteuerrechts annehmen zu können. Die vorgenommene Rechtsprechungsanalyse hat jedoch deutlich aufgezeigt, dass dieser restriktive Lösungsansatz der Rechtsprechung zur Gleichstellung der mittelbaren mit der unmittelbaren Beteiligung in „ungeregelten" Fällen des Ertragsteuerrechts im Rahmen der tatsächlichen Rechtsprechungspraxis keineswegs stringent „gelebt" wird. Denn stattdessen nimmt die Rechtsprechung – auf Basis einer extensiven Auslegung – in einer Vielzahl von Fällen eine Gleichstellung der mittelbaren mit der unmittelbaren Beteiligung in „ungeregelten" Fällen auch ohne spezialgesetzliche Grundlage an. Die vorgenommene Rechtsprechungsanalyse hat in diesem Zusammenhang weiterhin bestimmte Kategorien von Entscheidungen hervorgebracht, die sich bezogen auf die durch Rechtsprechung angewandten Grundsätze diametral gegenüberstehen, was den Vorwurf der uneinheitlichen bzw. nicht klaren Linie der Rechtsprechung nach sich zog.[827]

Nachdem die Gleichstellung der mittelbaren mit der unmittelbaren Beteiligung im Ertragsteuerrecht ohne spezialgesetzliche Grundlage durch die Rechtsprechung thematisiert wurde, wurde im Folgenden die Gleichstellung der mittelbaren mit der unmittelbaren Beteiligung im Ertragsteuerrecht mit einer solchen spezialgesetzlichen Grundlage analysiert.[828] Hierbei wurde zunächst das gesetzgeberische Vorgehen zur Umsetzung der spezialgesetzlichen Gleichstellung der mittelbaren mit der unmittelbaren Beteiligung im Rahmen der verschiedenen spezialgesetzlichen Gleichstellungsnormen des Ertragsteuerrechts begutachtet.[829] Hierbei konnte zwar kein einheitliches Vorgehen des Gesetzgebers zur spezialgesetzlichen Gleichstellung der mittelbaren mit der unmittelbaren Beteiligung im Ertragsteuerrecht festgestellt werden, die verschiedenen spezialgesetzlichen Gleichstellungsnormen des Ertragsteuerrechts konnten jedoch kategorisiert und in eine überschaubare Anzahl von Ober- und Unter-Kategorien eingeteilt werden, die zur Systematisierung der verschiedenen spezialgesetzlichen Gleichstellungsnormen des Ertragsteuerrechts und des entsprechenden gesetzgeberischen Vorgehens beitragen.[830]

Die anschließende Untersuchung der verschiedenen spezialgesetzlichen Gleichstellungsnormen des Ertragsteuerrechts mit Blick auf deren Sinn und

---
[827] Siehe hierzu die Ausführungen unter § 5 B oben.
[828] Siehe hierzu die Ausführungen im dritten Kapitel oben.
[829] Siehe hierzu die Ausführungen unter § 6 oben.
[830] Siehe hierzu auch das zusammenfassende Strukturbild in § 6 E oben.

Kapitel 4: Abschließende Würdigung

Zweck machte zunächst deutlich, dass der Gesetzgeber mit den verschiedenen spezialgesetzlichen Gleichstellungsnormen des Ertragsteuerrechts keinen einheitlichen Sinn und Zweck verfolgt. Denn so stehen insbesondere spezialgesetzliche Gleichstellungsnormen des Ertragsteuerrechts, die als Begünstigungsvorschriften konzipiert wurden, solchen Gleichstellungsnormen gegenüber, die vom Gesetzgeber als (typisierende) Missbrauchs- und Gestaltungsverhinderungsvorschriften ausgestaltet wurden. Die Analyse der verschiedenen spezialgesetzlichen Gleichstellungsnormen des Ertragsteuerrechts nach deren Sinn und Zweck hat jedoch gezeigt, dass diese spezialgesetzlichen Gleichstellungsnormen des Ertragsteuerrechts jedenfalls kategoriserbar sind und in die folgenden drei – nach Relevanz geordneten – Kategorien eingeteilt werden können:

1. Spezialgesetzliche Gleichstellungsnormen des Ertragsteuerrechts als typisierende Missbrauchs- und Gestaltungsverhinderungsvorschriften,
2. spezialgesetzliche Gleichstellungsnormen des Ertragsteuerrechts mit rechtsprechungsbrechendem bzw. jedenfalls rechtsprechungsanpassendem Charakter und (sogar)
3. spezialgesetzliche Gleichstellungsnormen des Ertragsteuerrechts als Begünstigungsvorschriften.

Die spezialgesetzlichen Gleichstellungsnormen des Ertragsteuerrechts, die vom Gesetzgeber als (typsierende) Missbrauchs- und Gestaltungsverhinderungsvorschriften konzipiert wurden, sind dabei als die mit Abstand relevanteste Kategorie der spezialgesetzlichen Gleichstellungsnormen des Ertragsteuerrechts einzustufen.[831]

Die abschließende Analyse der vom Gesetzgeber als typisierende Missbrauchs- und Gestaltungsverhinderungsvorschriften konzipierten spezialgesetzlichen Gleichstellungsnormen des § 6 Abs. 5 Sätze 5 und 6 EStG, des § 8c Abs. 1 Satz 1 KStG und des § 10a Satz 10 Hs. 2 GewStG hat schließlich deutlich gemacht, dass diese nicht als (verfassungsrechtlich) zulässige typisierende Missbrauchs- und Gestaltungsverhinderungsvorschriften gelten, sondern dass der Gesetzgeber insoweit vielmehr seine Typisierungsbefugnis überschritten hat.[832] Dies verdeutlicht, dass der Gesetzgeber im Rahmen der tatbestandlichen Ausgestaltung dieser als Missbrauchs- und Gestaltungsverhinderungsvorschriften einzuordnenden spezialgesetzlichen Gleichstellungsnormen des Ertragsteuerrechts regelmäßig „über das Ziel hinausschießt".

---

[831] Siehe hierzu auch die Übersicht zum Sinn und Zweck der verschiedenen spezialgesetzlichen Gleichstellungsnormen des Ertragsteuerrechts in Anhang 4.
[832] Siehe hierzu die Ausführungen in § 8 oben.

§ 10 Ausblick

Das Bundesverfassungsgericht hat diesem Vorgehen des Gesetzgebers jüngst jedoch Grenzen gesetzt, indem es entschied, dass die (vormalige) spezialgesetzliche Gleichstellungsnorm des Ertragsteuerrechts zum quotalen Verlustuntergang nach § 8c Satz 1 KStG a.F.[833] bzw. § 8c Abs. 1 Satz 1 KStG a.F.[834] mit dem Gleichheitssatz nach Art. 3 Abs. 1 GG unvereinbar sei, da die Vorschrift nicht als zulässige typisierende Missbrauchsverhinderungsvorschrift eingeordnet werden könne.[835] Derzeit ist in Karlsruhe zudem die verfassungsrechtliche Frage anhängig, ob die spezialgesetzliche Gleichstellungsnorm zum vollständigen Verlustuntergang nach § 8c Abs. 1 Satz 2 KStG a.F. (jetzt § 8c Abs. 1 Satz 1 KStG) als zulässige typisierende Missbrauchs- und Gestaltungsverhinderungsvorschrift eingeordnet werden kann.[836] Vor diesem Hintergrund ist zu erwarten (und zugleich zu hoffen), dass weitere spezialgesetzliche Gleichstellungsnormen des Ertragsteuerrechts, die als typisierende Missbrauchs- und Gestaltungsverhinderungsvorschriften konzipiert wurden, dem Bundesverfassungsgericht zur verfassungsrechtlichen Prüfung vorgelegt werden. Insoweit wäre es wünschenswert, wenn das Bundesverfassungsgericht den Gesetzgeber im Rahmen der tatbestandlichen Ausgestaltung solcher spezialgesetzlicher Gleichstellungsnormen des Ertragsteuerrechts wieder zu „Maß und Mitte" anhalten würde.

§ 10 Ausblick

Auf Basis der Erkenntnisse dieser Arbeit zu der Thematik der Gleichstellung der mittelbaren mit der unmittelbaren Beteiligung im Ertragsteuerrecht lassen sich die folgenden Entwicklungen für die Zukunft ableiten:

1. Es ist zunächst nicht zu erwarten, dass der Gesetzgeber die Begriffe bzw. die Maßstäbe einer „unmittelbaren Beteiligung" und einer „mittelbaren Beteiligung" – aufgrund der Diffizilität und Differenziertheit dieser beiden Beteiligungsformen – für Zwecke des Ertragsteuerrechts gesetzlich näher ausformen bzw. fixieren wird. Insbesondere bei einer Beteiligung, die über eine vermögensverwaltende Personengesellschaft gehalten bzw. vermittelt wird,

---

[833] Das heißt in der Fassung des Unternehmensteuerreformgesetzes 2008 vom 14. August 2007.
[834] Das heißt in der Fassung des Gesetzes zur Modernisierung der Rahmenbedingungen für Kapitalbeteiligungen vom 12. August 2008 und den nachfolgenden Fassungen bis zum Zeitpunkt des Inkrafttretens des Gesetzes zur Weiterentwicklung der steuerlichen Verlustverrechnung bei Körperschaften vom 20. Dezember 2016.
[835] BVerfG, Beschluss vom 29. März 2017 – 2 BvL 6/11, BStBl. II 2017, 1082.
[836] BVerfG, Verfahren derzeit anhängig unter dem Az. 2 BvL 19/17; Vorlagebeschluss: FG Hamburg, Vorlagebeschluss vom 29. August 2017 – 2 K 245/17, EFG 2017, 1134.

Kapitel 4: Abschließende Würdigung

ist daher im jeweiligen Einzelfall genau zu prüfen, ob die Gesellschafter dieser vermögensverwaltenden Personengesellschaft – aufgrund einer steuerrechtlichen bzw. wirtschaftlichen Auslegung – für Zwecke des Ertragsteuerrechts als „unmittelbar Beteiligte" der Wirtschaftsgüter der vermögensverwaltenden Personengesellschaft gelten oder diese nicht vielmehr – auf Basis einer (ausnahmsweisen) zivilrechtlichen Auslegung – lediglich als „mittelbar Beteiligte" dieser Wirtschaftsgüter anzusehen sind.

2. Es ist davon auszugehen, dass die „Flut" an (höchstrichterlichen) Entscheidungen zur Gleichstellung der mittelbaren mit der unmittelbaren Beteiligung im Ertragsteuerrecht in „ungeregelten" Fällen der Gleichstellung – augrund der uneinheitlichen Linie der Rechtsprechung im Rahmen dieser Thematik – keineswegs abebben wird, sondern es auch zukünftig eine Reihe von Entscheidungen der Judikative geben wird, in denen die Rechtsprechung – ungeachtet ihres eigentlich restriktiven Lösungsansatzes zur Gleichstellung der mittelbaren mit der unmittelbaren Beteiligung in „ungeregelten" Fällen – eine Gleichstellung der mittelbaren mit der unmittelbaren Beteiligung auch ohne spezialgesetzliche Grundlage annehmen wird.

3. Es ist zudem zu erwarten, dass der Gesetzgeber auch weiterhin potentielle bzw. abstrakte Missbrauchsgefahren zum Anlass nehmen wird, um auf diese potentiellen bzw. abstrakten Missbrauchsgefahren mit überzogenen und nicht am „typischen" Missbrauchsfall orientierten spezialgesetzlichen Gleichstellungsnormen des Ertragsteuerrechts zu reagieren. Es spricht somit viel dafür, dass der Gesetzgeber auch zukünftig „Maß und Mitte" im Rahmen der spezialgesetzlichen Gleichstellungsnormen des Ertragsteuerrechts, die als typisierende Missbrauchs- und Gestaltungsverhinderungsvorschriften konzipiert werden, vermissen lassen wird.

4. Ob das Bundesverfassungsgericht im Rahmen des aktuell anhängigen Verfahrens zur Verfassungsmäßigkeit der spezialgesetzlichen Gleichstellungsnorm zum vollständigen Verlustuntergang nach § 8c Abs. 1 Satz 2 KStG a.F. (jetzt § 8c Abs. 1 Satz 1 KStG)[837] die Gelegenheit nutzen wird, den Gesetzgeber zu „Maß und Mitte" im Rahmen der tatbestandlichen Ausgestaltung solcher als Missbrauchs- und Gestaltungsverhinderungsvorschriften konzipierten Gleichstellungsnormen anzuhalten, bleibt abzuwarten. Wünschenswert wäre es jedenfalls!

---

[837] BVerfG, Verfahren derzeit anhängig unter dem Az. 2 BvL 19/17; Vorlagebeschluss: FG Hamburg, Vorlagebeschluss vom 29. August 2017 – 2 K 245/17, EFG 2017, 1134.

Literaturverzeichnis

Adams, Matthias: Mittelbare Beteiligung an einer Publikumspersonengesellschaft über einen Treuhänder, Dissertation, Universität Würzburg 2017 (zitiert: *Adams*, Mittelbare Beteiligung an einer Publikumspersonengesellschaft über einen Treuhänder).

Anemüller, Christian / *Lohkamp*, Sandra: Aktuelle Probleme bei der Veräußerung von Kapitalvermögen. Grenzziehung zwischen Veräußerung und steuerlich irrelevantem Vermögensausfall, in: ErbStB 2016, S. 121 – 130 (zitiert: *Anemüller/Lohkamp*, ErbStB 2016, 121).

Bamberger, Georg / *Roth*, Herbert / *Hau*, Wolfgang / *Poseck*, Roman (Hrsg.): Bürgerliches Gesetzbuch, Beck'scher Online-Kommentar, 53. Edition, Stand: 1. Februar 2020, München 2020 (zitiert: *Bearbeiter*, in BeckOK BGB).

Baum, Michael / *Buse*, Johannes W. / *Brandl*, Harald / *Szymczak*, Manfred: Abgabenordnung, eKommentar, Bonn 2016 (zitiert: *Bearbeiter*, in AO-eKommentar).

Behrens, Stefan / *Renner*, Georg: Beschränkung des Anwendungsbereichs der Abgeltungsteuer zur Missbrauchsvermeidung nach § 32d Abs. 2 Nr. 1 EStG, in: BB 2008, S. 2319 – 2328 (zitiert: *Behrens/Renner*, BB 2008, 2319).

Birk, Dieter / *Desens*, Marc / *Tappe*, Henning: Steuerrecht, 22. Auflage, Heidelberg 2019 (zitiert: *Birk/Desens/Tappe*, Steuerrecht).

Blümich, Walter: Einkommensteuergesetz, Körperschaftsteuergesetz, Gewerbesteuergesetz, Kommentar, herausgegeben von *Heuermann*, Bernd / *Brandis*, Peter, München, Stand: November 2019 (150. Ergänzungslieferung), Loseblatt-Ausgabe
— Band 1: §§ 1 – 8 EStG (zitiert: *Bearbeiter*, in Blümich, EStG-Kommentar)
— Band 2: §§ 9 – 25 EStG (zitiert: *Bearbeiter*, in Blümich, EStG-Kommentar)
— Band 3: §§ 26 – 100 EStG (zitiert: *Bearbeiter*, in Blümich, EStG-Kommentar)
— Band 4: §§ 1 – 40 KStG, §§ 27 – 54a KStG a.F., §§ 1 – 37 GewStG (zitiert: *Bearbeiter*, in Blümich, KStG-Kommentar bzw. GewStG-Kommentar).

Borggräfe, Joachim / *Schüppen*, Matthias: Das Zebraurteil zur erweiterten gewerbesteuerlichen Kürzung, in: DB 2012, S. 1644 – 1648 (zitiert: *Borggräfe/Schüppen*, DB 2014, 1644).

Bott, Harald / *Walter*, Wolfgang: Körperschaftsteuergesetz, Kommentar, Bonn, Stand: November 2019 (142. Ergänzungslieferung), Loseblatt-Ausgabe (zitiert: *Bearbeiter*, in Bott/Walter, KStG-Kommentar).

Brandis, Peter: 65. Berliner Steuergespräch: Die Entscheidung des BVerfG zu § 8c KStG und ihre Folgen, in: FR 2018, S. 81 – 83 (zitiert: *Brandis*, FR 2018, 61).

Braun, Julia / *Kopp*, Nicolas: § 8d KStG aus Sicht von Start-ups – Analyse der Schädlichkeit eines Pivots, in: DStR 2019, S. 1422 – 1431 (zitiert: *Braun/Kopp*, DStR 2019, 1422).

Breuninger, Gottfried / *Ernst*, Markus: Der Beitritt eines rettenden Investors als (stiller) Gesellschafter und der „neue" § 8c KStG. Droht jetzt das Ende der Sanierungsklausel durch das EU-Beihilfeverbot?, in: GmbHR 2010, S. 561 – 568 (zitiert: *Breuninger/ Ernst*, GmbHR 2010, 561).

Literaturverzeichnis

Carlé, Dieter: Unterbeteiligungen: Zivil- und steuerrechtliche Hinweise, in: KÖSDI 2005, S. 14475 – 14485 (zitiert: *Carlé*, KÖSDI 2005, 14475).

Crezelius, Georg: Kodifizierte und rechtsprechungstypisierte Umgehungen, in: StuW 1995, S. 313 – 325 (zitiert: *Crezelius*, StuW 1995, 313).

Dörr, Ingmar / *Eggert*, Andreas / *Plum*, Marius: Der steuerliche Verlustabzug kann nicht beliebig eingeschränkt werden. BVerfG erklärt § 8c (Abs. 1) Satz 1 KStG mit Beschluss vom 29.3.2017 – 2 BvL 6/11 für verfassungswidrig, in NWB 2017, S. 2661 – 2669 (*Dörr/Eggert/Plum*, NWB 2017, 2661).

Dötsch, Ewald / *Pung*, Alexandra / *Möhlenbrock*, Rolf: Die Körperschaftsteuer, Kommentar, Stuttgart, Stand: Februar 2020, Loseblatt-Ausgabe (zitiert: *Bearbeiter*, in Dötsch/Pung/Möhlenbrock, KStG-Kommentar).

Dreßler, Daniel: Sicht des BVerfG zu § 8c Satz 1 KStG – Inhalt und Folgen des Beschlusses vom 29.03.2017 – 2 BvL 6/11, in: Der Konzern 2017, S. 326 – 331 (zitiert: *Dreßler*, Der Konzern 2917, 326).

Düll, Alexander / *Fuhrmann*, Gerd / *Eberhard*, Martin: Unternehmenssteuerreform 2001: Die Neuregelung des § 6 Abs. 5 Satz 3 EStG – sog. Wiedereinführung des Mitunternehmererlasses, in: DStR 2010, S. 1713 – 1718 (zitiert: *Düll/Fuhrmann/Eberhard*, DStR 2010, 1713).

Ehlermann, Christian / *Löhr*, Wolfgang: Steuerfallen bei mittelbaren Anteilsübertragungen im Konzern, in: DStR 2003, S. 1509 – 1514 (zitiert: *Ehlermann/Löhr*, DStR 2003, 1509).

Eibelshäuser, Manfred: Wirtschaftliche Betrachtungsweise im Steuerrecht – Herkunft und Bedeutung, in: DStR 2002, S. 1426 – 1432 (zitiert: *Eibelshäuser*, DStR 2002, 1426).

Elser, Thomas / *Bindl*, Elmar: Anm. zum BMF-Schreiben, BStBl. I 2010, 94, in: FR 2010, S. 360 – 369 (zitiert: *Elster/Bindl*, FR 2010, 360).

Esterer, Fritz / *Bartelt*, Martin: Einordnung ausgewählter Verlustnutzungsregelungen in die Steuersystematik – Kritische Analyse von sog. Mantelkaufregelung und Mindestgewinnbesteuerung, in: Ubg 2012, S. 383 – 394 (zitiert: *Esterer/Bartelt*, Ubg 2012, 383).

Fertig, Andreas: Verlustabzug bei Körperschaften (§§ 8c, 8d KStG) – viel Lärm um nichts?, in: Ubg 2008, S. 521 – 530 (zitiert: *Fertig*, Ubg 2008, 521).

Frotscher, Gerrit / *Drüen*, Klaus-Dieter: Körperschaftsteuergesetz, Gewerbesteuergesetz, Umwandlungssteuergesetz, Kommentar, Band 2 (§§ 8a – 40 KStG), Freiburg, Stand: Januar 2020 (152. Ergänzungslieferung), Loseblatt-Ausgabe (zitiert: *Bearbeiter*, in Frotscher/Drüen, KStG-Kommentar).

Glanegger, Peter / *Güroff*, Georg: Gewerbesteuergesetz, Kommentar, 9. Auflage, München 2017 (zitiert: *Bearbeiter*, in Glanegger/Güroff, GewStG-Kommentar).

Gosch, Dietmar: Abgabenordnung, Finanzgerichtsordnung, Kommentar, Bonn, Stand: 1. Februar 2020 (151. Ergänzungslieferung), Loseblatt-Ausgabe (zitiert: *Bearbeiter*, in Gosch, AO/FGO-Kommentar).

Ders.: Körperschaftsteuergesetz, Kommentar, 3. Auflage, München 2015 (zitiert: *Bearbeiter*, in Gosch, KStG-Kommentar).

Literaturverzeichnis

Ders.: Nur ein paar Worte zu den Verlustabzugsbeschränkungen des § 8c KStG nach dem BVerfG-Verdikt, in: GmbHR 2017, S. 695 – 700 (zitiert: *Gosch*, GmbHR 2017, 695).

Görgen, Andreas / *Rüschoff*, Jochen: Die Verlustnutzung im Rahmen der atypisch stillen Beteiligung – eine Analyse der Rechtslage zu § 15a EStG, § 10a GewStG sowie § 8c KStG mit Beispielen, in: Ubg 2017, S. 453 – 460 (zitiert: *Görgen/Rüschoff*, Ubg 2017, 453).

Heidner, Hans-Hermann: Die Behandlung von Treuhandverhältnissen in der Abgabenordnung, in: DB 1996, S. 1203 – 1212 (zitiert: *Heidner*, DB 1996, 1203).

Herlinghaus, Andreas: Rechtsfragen zur Steuerpflicht von Streubesitzdividenden gem. § 8b Abs. 4 KStG n.F. (§ 8b Abs. 4 KStG), in: FR 2013, S. 529 – 538 (zitiert: *Herlinghaus*, FR 2013, 529).

Herrmann, Carl / *Heuer*, Gerhard / *Raupach*, Arndt: Einkommensteuergesetz, Körperschaftsteuergesetz, Kommentar, Köln, Stand: Februar 2020 (296. Ergänzungslieferung), Loseblatt-Ausgabe (zitiert: *Bearbeiter*, in Herrmann/Heuer/Raupach, EStG/KStG-Kommentar).

Hey, Johanna: Spezialgesetzgebung und Typologie zum Gestaltungsmissbrauch, in: Gestaltungsfreiheit und Gestaltungsmissbrauch im Steuerrecht, 34. Jahrestagung der Deutschen Steuerjuristischen Gesellschaft e.V., Nürnberg, 14. und 15. September 2009, herausgegeben von Prof. Dr. Rainer Hüttemann, Köln 2010 (zitiert: *Hey*, DStJG Band 33, 2010).

Dies.: Spezialgesetzliche Missbrauchsgesetzgebung aus steuerstematischer, verfassungs- und europarechtlicher Sicht, in: StuW 2008, S. 167 – 183 (zitiert: *Hey*, StuW 2008, 167).

Hohmann, Carsten: Beschränkung des subjektbezogenen Verlusttransfers im Kapitalgesellschaftsteuerrecht, Dissertation, Universität München 2016 (zitiert: *Hohmann*, Beschränkung des subjektbezogenen Verlusttransfers im Kapitalgesellschaftsteuerrecht).

Holle, Florian / *Weiss*, Martin: Körperschaftsteuerliche Verlustverrechnung – Änderung des § 8c KStG im „Jahressteuergesetz 2018" – in: DB 2018, S. 3008 – 3011 (zitiert: *Holle/Weiss*, DB 2018, 3008).

Hübschmann, Walter / *Hepp*, Ernst / *Spitaler*, Armin: Abgabenordnung, Finanzgerichtsordnung, Kommentar, Köln, Stand: Februar 2020 (256. Ergänzungslieferung), Loseblatt-Ausgabe (zitiert: *Bearbeiter*, in Hübschmann/Hepp/Spitalter, AO/FGO-Kommentar).

Hüttemann, Rainer: Steuerrechtliche Rechtsanwendung zwischen Eigenständigkeit und Maßgeblichkeit des Zivilrechts, in: Droege/Seiler (Hrsg.), Eigenständigkeit des Steuerrechts, Tübingen 2019, S. 115 – 126 (zitiert: *Hüttemann*, in Droege/Seiler, Eigenständigkeit des Steuerrechts).

Ders.: Gewinnermittlung bei Personengesellschaften, in: Dötsch/Herlinghaus/Hüttemann/Lüdicke/Schön (Hrsg.), Die Personengesellschaft im Steuerrecht – Gedächtnissymposion für Brigitte Knobbe-Keuk, Köln 2011, S. 39 – 66 (zitiert: *Hüttemann*, Die Personengesellschaft im Steuerrecht).

Intemann, Jens: Die Neuregelung zur Steuerpflicht von Streubesitzdividenden, in: BB 2013, S. 1239 – 1243 (zitiert: *Intemann*, BB 2013, 1239).

Literaturverzeichnis

Kahle, Holger: Steuerliche Gewinnermittlung bei doppelstöckigen Personengesellschaften, in: DStZ 2014, S. 273 – 282 (zitiert: *Kahle*, DStZ 2014, 273).

Kirchhof, Gregor / *Kulosa*, Egmont / *Ratschow*, Eckart (Hrsg.): Einkommensteuergesetz, Beck'scher Online-Kommentar, 6. Edition, Stand: 1. Februar 2020, München 2020 (zitiert: *Bearbeiter*, in BeckOK EStG).

Kirchhof, Paul: Einkommensteuergesetz, Kommentar, 19. Auflage, Köln 2020 (zitiert: *Bearbeiter*, in Kirchhof, EStG-Kommentar).

Klein, Franz: Abgabenordnung, Kommentar, 14. Auflage, München 2018 (zitiert: *Bearbeiter*, in Klein, AO-Kommentar).

Kloster, Anja / *Kloster*, Lars: Steuersenkungsgesetz: Umstrukturierung von Mitunternehmerschaften, in GmbHR 2000, S. 1129 – 1135 (zitiert: *Kloster/Kloster*, GmbHR 2000, 1129).

Koenig, Ulrich: Abgabenordnung, Kommentar, 3. Auflage, München 2014 (zitiert: *Bearbeiter*, in Koenig, AO-Kommentar).

Kohlhaas, Karl-Friedrich: Eigener Grundbesitz i.S.d. 9 Nr. 1 Satz 2 GewStG bei Zebragesellschaften (§ 9 Nr. 1 Satz 2 GewStG), in: FR 2015, S. 397 – 404 (zitiert: *Kohlhaas*, FR 2015, 397).

Ders. / *Kranz*, Meik: Praktische Probleme bei der Anwendung des § 8c KStG – Eine Untersuchung jenseits einer etwaigen Verfassungswidrigkeit der Norm, in: GmbHR 2013, S. 1308 – 1315 (zitiert: *Kohlhaas/Kranz*, GmbHR 2013, 1308).

Kolbe, Stefan / *Tax*, M. : Doppelstöckige Personengesellschaft: Atypisch stille Gesellschaft als Personengesellschaft i. S. des § 15 Abs. 1 Nr. 2 Satz 2 EStG, in: StuB 2007, S. 233 (zitiert: *Kolbe/Tax*, StuB 2007, 233).

Lammel, Stefan / *Martens*, Jan Henning: Die mittelbare Beteiligung an der GmbH. Rechtliche Anforderungen, Gestaltungsmöglichkeiten und Einsatzbereiche, in: GmbH-Steuerpraxis 2015, S. 107 – 109 (zitiert: *Lammel/Martens*, GmbHR-Steuerpraxis 2015, 107).

Lang, Joachim / *Seer*, Roman: Die persönliche Zurechnung von Einkünften bei Treuhandverhältnissen, in: FR 1992, S. 637 – 646 (zitiert: *Lang/Seer*, FR 1992, 637).

Lang, Bianca: Die Neuregelung der Verlustabzugsbeschränkung gem. § 8c KStG durch das Unternehmensteuerreformgesetz 2008 (§ 8c KStG), in: DStZ 2007, S. 652 – 663 (zitiert: *Lang*, DStZ 2007, 652).

Larenz, Karl / *Canaris*, Claus-Wilhelm: Methodenlehre der Rechtswissenschaft, 3. Auflage, Heidelberg 1995 (zitiert: *Larenz/Canaris*, Methodenlehre der Rechtswissenschaft).

Lenski, Edgar / *Steinberg*, Wilhelm: Gewerbesteuergesetz, Kommentar, Köln, Stand: Februar 2020 (130. Ergänzungslieferung), Loseblatt-Ausgabe (zitiert: *Bearbeiter*, in Lenski/Steinberg, GewStG-Kommentar).

Levedag, Christian: Beschluss des Großen Senats des BFH zur erweiterten Kürzung bei der Gewerbesteuer, in: GmbHR 2019, R123 – R124 (zitiert: *Levedag*, GmbHR 2019, R123).

Literaturverzeichnis

Lippross, Otto-Gerd / *Seibel*, Wolfgang: Basiskommentar Steuerrecht, Köln, Stand: März 2020 (118. Ergänzungslieferung), Loseblatt-Ausgabe (zitiert: *Bearbeiter*, in Lippross/Seibel, Basiskommentar Steuerrecht).

Lüdenbach, Norbert: Wirtschaftliche Betrachtungsweise – 100 Jahre und kein bisschen weiter? Verpasste Chancen im Rechtsvergleich, in: StuB 2019, S. 15 – 21 (zitiert: *Lüdenbach*, StuB 2019, 15).

Mayer, Stefan: Übergang des wirtschaftlichen Eigentums an Kapitalgesellschaftsanteilen. Kritische Anmerkungen zum BFH-Urteil vom 9.10.2008 (IX R 73/06), in: DStR 2009, S. 674 – 677 (zitiert: *Mayer*, DStR 2009, 674).

Micker, Lars / *Pohl*, Carsten (Hrsg.): Körperschaftsteuergesetz, Beck'scher Online-Kommentar, 5. Edition, Stand: 1. März 2020, München 2020 (zitiert: *Bearbeiter*, in BeckOK KStG).

Moritz, Joachim / *Helios*, Marcus: § 8c KStG – Quo vadis? Anmerkungen zum Beschluss des BVerfG vom 29.3.2017 und zu dessen Auswirkungen auf § 8c Abs. 1 Satz 2 KStG und § 8d KStG, in: BB 2018, S. 343 – 351 (zitiert: *Moritz/Helios*, BB 2018, 343).

Müller, Dominik / *Wangler*, Clemens: Voraussetzungen für ein steuerlich beachtliches Treuhandverhältnis. Anmerkungen zum Urteil des BFH vom 24.11.2009, I R 12/09, DStRE 2010, 494, in: DStR 2010, S. 1067 f. (zitiert: *Müller/Wangler*, DStR 2010, 1067)

Neumann, Ralf / *Watermayer*, Heinrich J. : Forderungsverluste von Gesellschaftern im Betriebsvermögen (§ 8b Abs. 3 Sätze 4 ff. KStG und § 3c Abs. 2 EStG), in: Ubg 2008, S. 748 – 761 (zitiert: *Neumann/Watermayer*, Ubg 2008, 748).

Ottersbach, Jörg H. : Tätigkeitsvergütung an einen atypisch still Unterbeteiligten des Hauptgesellschafters dem Gewinn der Hauptgesellschaft hinzuzurechnen, in: FR 1999, S. 201 – 204 (zitiert: *Ottersbach*, FR 1999, 201).

Palandt, Otto: Bürgerliches Gesetzbuch, Kommentar, 78. Auflage 2019, München 2019 (zitiert: *Bearbeiter*, in Palandt, BGB-Kommentar).

Pfirrmann, Volker / *Rosenke*, Torsten / *Wagner*, Klaus J. (Hrsg.): Abgabenordnung, Beck'scher Online-Kommentar, 11. Edition, Stand: 1. Januar 2020, München 2020 (zitiert: *Bearbeiter*, in BeckOK AO).

Pupeter, Alexander: Der Unterbeteiligte als „virtueller" Gesellschafter einer GmbH. Möglichkeiten und Grenzen der atypischen Unterbeteiligung nach BFH v. 18.5.2005 – VIII R 34/01, in: GmbHR 2006, S. 910 – 919 (zitiert: *Pupeter*, GmbHR 2006, 910).

Riedel, Lisa: Zur (fehlenden) Systematik bei der Umwandlungsbesteuerung von Mitunternehmerschaften. Unterschiede zwischen § 6 Abs. 5 EStG, § 24 UmwStG und der Realteilung, Ubg 2018, S. 148 – 156 (zitiert: *Riedel*, Ubg 2018, 148).

Roser, Frank: Die Auslegung sog. „alternativer Missbrauchsbestimmungen" – Inwieweit können derartige Vorschriften Steueransprüche begünden?, in: FR 2005, S. 178 – 184 (zitiert: *Roser*, FR 2005, 178).

Rödder, Thomas: Persönliche Zurechnung und sachliche Qualifikation von Einkünften bei der Treuhandschaft, in: DB 1998, S. 195 – 202 (zitiert: *Rödder*, DB 1998, 195).

Ders. / *Herlinghaus*, Andreas / *Neumann*, Ralf: Körperschaftsteuergesetz, Kommentar, 1. Auflage, Köln 2015 (zitiert: *Bearbeiter*, in Rödder/Herlinghaus/Neumann, KStG-Kommentar).

Ders. / *Möhlenbrock*, Rolf: Die Neuregelung des § 8c KStG betr. Verluste von Kapitalgesellschaften bei Beteiligungserwerben, in: Ubg 2008, S. 595 – 607 (zitiert: *Rödder/ Möhlenbrock*, Ubg 2008, 595).

Sanna, Thomas: Erweiterte Kürzung bei mittelbarem Grundbesitz, in: DStR 2012, S. 1365 – 1371 (zitiert: *Sanna*, DStR 2012, 1365).

Säcker, Franz Jürgen / *Rixecker*, Roland / *Oetker*, Hartmut / *Limperg*, Bettina (Hrsg.): Münchener Kommentar zum Bürgerlichen Gesetzbuch, Band 6 (§§ 708 – 853 BGB), 7. Auflage, München 2017 (zitiert: *Bearbeiter*, in Münchener BGB-Kommentar).

Schaden, Michael / *Käshammer*, Daniel: Die Neuregelung des § 8a KStG im Rahmen der Zinsschranke, in: BB 2007, S. 2259 – 2266 (zitiert: *Schaden/ Käshammer*, BB 2007, 2259).

Schmid, Hubert / *Mertgen*, Olaf: Erweiterte Kürzung trotz Beteiligung an vermögensverwaltender Personengesellschaft. Anmerkungen zu BFH v. 19.10.2010 – I R 67/09, FR 2011, 434, in: FR 2011, S. 468 – 472 (zitiert: *Schmid/Mertgen*, FR 2011, 468).

Schmidt, Ludwig: Einkommensteuergesetz, Kommentar, 39. Auflage, München 2020 (zitiert: *Bearbeiter*, in Schmidt, EStG-Kommentar).

Schnitter, Georg: Beteiligung einer Personengesellschaft an einer anderen. Die steuerlichen Folgen der Doppelgesellschaft, in: EStB 2001, S. 191 – 195 (zitiert: *Schnitter*, EStB 2001, 191).

Schroer, Achim / *Starke*, Peter: Der verunglückte § 6 Abs. 5 Satz 5 EStG, in: FR 2002, S. 875 – 877 (zitiert: *Schroer/Starke*, FR 2002, 875).

Seer, Roman: Die ertragsteuerliche Behandlung der doppelstöckigen Personengesellschaft unter besonderer Berücksichtigung des Steueränderungsgesetzes 1992, in: StuW 1992, S. 35 – 47 (zitiert: *Seer*, StuW 1992, 35).

Söffing, Günter: Mittelbare Beteiligung bei Personengesellschaften. Beschluss des Großen Senats des BFH vom 25.2.1991 und § 15 Abs. 1 Satz 1 Nr. 2 Satz 1 EStG – eingefügt durch das Steueränderungsgesetz 1992, in: FR 1992, S. 185 – 192 (zitiert: *Söffing*, FR 1992, 185).

Streck, Michael: Körperschaftsteuergesetz, Kommentar, 9. Auflage, München 2018 (zitiert: *Bearbeiter*, in Streck, KStG-Kommentar).

Suchanek, Markus: Verlustabzugsbeschränkungen für Körperschaften. Anmerkungen zum Entwurf eines BMF-Schreibens vom 20.2.2008 zu § 8c KStG, in: GmbHR 2008, S. 292 – 296 (zitiert: *Suchanek*, GmbHR 2008, 292).

Ders.: Ertragsteuerliche Änderungen im Jahressteuergesetz 2009 zur Verhinderung von Gestaltungen im Zusammenhang mit § 8c KStG – Die „Verlustvernichtung" geht weiter, in: Ubg 2009, S. 178 – 185 (zitiert: *Suchanek*, UbgR 2009, 178).

Ders. / *Hesse*, Anja: § 10a Satz 10 GewStG – Die entsprechende Anwendung der §§ 8c, 8d KStG auf die Fehlbeträge, in: Der Konzern 2017, S. 335 – 339 (zitiert: *Suchanek/ Hesse*, Der Konzern 2017, 335).

Literaturverzeichnis

Ders. / *Rüsch*, Gary: Erweiterung der körperschaftsteuerlichen Verlustverrechnung: Der Entwurf zu einem „fortführungsgebundenen Verlustvortrag" (§ 8d KStG-E), in: Ubg 2016, S. 576 – 585 (zitiert: *Suchanek/Rüsch*, Ubg 2016, 576).

Tipke, Klaus /*Kruse*, Wilhelm: Abgabenordnung, Finanzgerichtsordnung, Kommentar, Köln, Stand: Januar 2020 (159. Ergänzungslieferung), Loseblatt-Ausgabe (zitiert: *Bearbeiter*, in Tipke/Kruse, AO/FGO-Kommentar).

Ders. / *Lang*, Joachim: Steuerrecht, 23. Auflage, Köln 2018 (zitiert: *Bearbeiter*, in Tipke/Lang, Steuerrecht).

van Lishaut, Ingo: Grenzfragen zum „Mantelkauf" (§ 8c KStG), in FR 2008, S. 789 – 801 (zitiert: *van Lishaut*, FR 2008, 789).

Ders.: Steuersenkungsgesetz: Mitunternehmerische Einzelübertragungen i. S. des § 6 Abs. 5 Satz 3 ff. EStG n.F., in: DB 2000, S. 1784 – 1789 (zitiert: *van Lishaut*, DB 2000, 1784).

Vogel, Max: Die Auslegung privatrechtlich geprägter Begriffe im Ertragsteuerrecht – Ein Beitrag zum Verhältnis zweier Teilrechtsordnungen, Dissertation, Universität Heidelberg 2014 (zitiert: *Vogel*, Die Auslegung privatrechtlich geprägter Begriffe im Ertragsteuerrecht – Ein Beitrag zum Verhältnis zweier Teilrechtsordnungen).

Weber, Klaus: Nutzung des gewerbesteuerlichen Verlustvortrags von Personengesellschaften in Kapitalgesellschaftskonzernen bei Umstrukturierung und Veräußerung, in: Ubg 2010, S. 201 – 205 (zitiert: *Weber*, Ubg 2010, 201).

Werner, Carmen: Einkommensteuerrechtliche Zurechnungen bei mittelbaren Beteiligungen an Personengesellschaften, Dissertation, Universität Göttingen 2003 (zitiert: *Werner*, Einkommensteuerrechtliche Zurechnungen bei mittelbaren Beteiligungen an Personengesellschaften).

Rechtsprechungsverzeichnis

1. Bundesverfassungsgericht

BVerfG, Beschluss vom 27. Dezember 1991 – 2 BvR 72/90, BStBl. II 1992, 212.
BVerfG, Beschluss vom 29. März 2017 – 2 BvL 6/11, BStBl. II 2017, 1082.

2. Bundesfinanzhof

BFH, Urteil vom 2. November 1960 – I 173/60 S, BStBl. III 1961, 9.
BFH, Urteil vom 22. März 1966 – I 60/64, BStBl. III 1966, 434.
BFH, Urteil vom 11. Oktober 1966 – I 85/64, BStBl. III 1967, 32.
BFH, Urteil vom 26. Januar 1970 – IV R 144/66, BStBl. II 1970, 264.
BFH, Urteil vom 17. Februar 1971 – I R 8/69, BStBl. II 1971, 535.
BFH, Urteil vom 23. Februar 1972 – I R 159/68, BStBl. II 1972, 530.
BFH, Urteil vom 3. Oktober 1973 – I R 24/72, BStBl. II 1974, 15.
BFH, Urteil vom 23. Januar 1974 – I R 206/69, BStBl. II 1974, 480.
BFH, Urteil vom 4. April 1974 – I R 73/72, BStBl. II 1974, 645.
BFH, Urteil vom 7. April 1976 – I R 75/73, BStBl. II 1976, 557.
BFH, Urteil vom 29. Juli 1976 – VIII R 142/73, BStBl. II 1977, 263.
BFH, Urteil vom 24. Mai 1977 – IV R 47/76, BStBl. II 1977, 737.
BFH, Urteil vom 26. Januar 1978 – IV R 97/76, BStBl. II 1978, 368.
BFH, Urteil vom 9. Dezember 1980 – VIII R 11/77, BStBl. II 1981, 339.
BFH, Urteil vom 24. Juni 1981 – I S 3/81, BStBl. II 1981, 748.
BFH, Urteil vom 12. Oktober 1982 – VIII R 72/79, BStBl. II 1983, 128.
BFH, Urteil vom 28. April 1983 – IV R 152/80, BStBl. II 1983, 690.
BFH, Großer Senat, Beschluss vom 25. Juni 1984 – GrS 4/82, BStBl. II 1984, 751.
BFH, Urteil vom 13. November 1984 – VIII R 312/82, BStBl. II 1985, 334.
BFH, Urteil vom 12. November 1985 – VIII R 286/81, BStBl. II 1986, 55.
BFH, Urteil vom 5. März 1986 – I R 201/82, BStBl. II 1986, 496.
BFH, Vorlagebeschluss vom 12. Oktober 1989 – IV R 5/86, BStBl. II 1990, 168.
BFH, Urteil vom 4. Oktober 1990 – X R 148/88, BStBl. II 1992, 211.
BFH, Großer Senat, Beschluss vom 25. Februar 1991 – GrS 7/89, BStBl. II 1991, 691.
BFH, Urteil vom 7. November 1991 – IV R 5/86, BFH/NV 1992, 299.
BFH, Urteil vom 10. Juni 1992 – I R 105/89, BStBl. II 1992, 1029.
BFH, Urteil vom 27. Januar 1993 – IX R 269/87, BStBl. II 1994, 615.
BFH, Großer Senat, Beschluss vom 3. Mai 1993 – GrS 3/92, BStBl. II 1993, 616.
BFH, Großer Senat, Beschluss vom 3. Juli 1995 – GrS 1/93, BStBl. II 1995, 617.
BFH, Urteil vom 6. Juli 1995 – IV R 79/94, BStBl. II 1996, 269.
BFH, Urteil vom 26. Juni 1996 – VIII R 41/95, BStBl. II 1997, 179.
BFH, Urteil vom 10. Juli 1996 – X R 103/95, BStBl. II 1997, 678.
BFH, Urteil vom 27. August 1997 – I R 8/97, BStBl. II 1998, 163.
BFH, Urteil vom 2. Oktober 1997 – IV R 75/96, BStBl. II 1998, 137.
BFH, Urteil vom 15. Dezember 1998 – VIII R 77/93, BStBl. II 1999, 168.

Rechtsprechungsverzeichnis

BFH, Urteil vom 20. Januar 1999 – I R 69/97, BStBl. II 1999, 514.
BFH, Urteil vom 15. April 1999 – IV R 11/98, BStBl. II 1999, 532.
BFH, Urteil vom 13. Juli 1999 – VIII R 72/98, BStBl. II 1999, 820.
BFH, Urteil vom 13. Juli 1999 – VIII R 76/97, BStBl. II 1999, 747.
BFH, Beschluss vom 31. August 1999 – VIII B 74/99, BStBl. II 1999, 794.
BFH, Urteil vom 9. Mai 2000 – VIII R 40/99, BFH/NV 2001, 17.
BFH, Urteil vom 9. Mai 2000 – VIII R 41/99, BStBl. II 2000, 686.
BFH, Urteil vom 17. Mai 2000 – I R 31/99, BStBl. II 2001, 685.
BFH, Großer Senat, Beschluss vom 7. August 2000 – GrS 2/99, BStBl. II 2000, 632.
BFH, Urteil vom 6. September 2000 – IV R 69/99, BStBl. II 2001, 731.
BFH, Urteil vom 23. Oktober 2002 – I R 39/01, BFH/NV 2003, 230.
BFH, Urteil vom 20. August 2003 – I R 61/01, BStBl. II 2004, 616.
BFH, Urteil vom 20. August 2003 – I R 81/02, BStBl. II 2004, 614.
BFH, Beschluss vom 18. Dezember 2003 – IV B 201/03, BStBl. II 2004, 231
BFH, Urteil vom 17. Februar 2004 – VIII R 26/01, BStBl. II 2004, 651.
BFH, Urteil vom 18. März 2004 – III R 25/02, BStBl. II 2004, 787.
BFH, Urteil vom 1. Juli 2004 – IV R 67/00, BStBl. II 2010, 157.
BFH, Urteil vom 18. Mai 2005 – VIII R 34/01, BStBl. II 2005, 857.
BFH, Urteil vom 27. März 2007 – VIII R 64/05, BStBl. II 2007, 639.
BFH, Beschluss vom 17. Oktober 2007 – I R 39/06, BFH/NV 2008, 614.
BFH, Urteil vom 4. März 2008 – IX R 78/06, BStBl. II 2008, 575.
BFH, Urteil vom 27. August 2008 – I R 78/01, BFH/NV 2009, 497.
BFH, Urteil vom 28. Oktober 2008 – VIII R 36/04, BStBl. II 2009, 190
BFH, Urteil vom 28. Oktober 2008 – VIII R 69/06, BStBl. II 2009, 642.
BFH, Urteil vom 14. Januar 2009 – I R 52/09, BStBl. II 2009, 674.
BFH, Urteil vom 22. Januar 2009 – IV R 90/05, BFHE 224, 364.
BFH, Beschluss vom 17. Mai 2010 – I R 57/09, BFH/NV 2010, 1859.
BFH, Urteil vom 19. Oktober 2010 – I R 67/09, BStBl. II 2011, 367.
BFH, Urteil vom 26. Januar 2011 – IX R 7/09, BStBl. II 2011, 540.
BFH, Urteil vom 14. April 2011 – IV R 36/08, BFH/NV 2011, 1361.
BFH, Urteil vom 25. Mai 2011 – IX R 23/10, BStBl. II 2012, 3.
BFH, Beschluss vom 20. Juni 2011 – I B 108/10, BFH/NV 2011, 1924.
BFH, Urteil vom 22. September 2011 – IV R 3/10, BStBl. II 2012, 14.
BFH, Urteil vom 22. September 2011 – IV R 42/09, BFH/NV 2012, 236.
BFH, Urteil vom 11. Oktober 2012 – IV R 3/09, BStBl. II 2013, 176.
BFH, Urteil vom 21. Oktober 2014 – VIII R 22/11, BStBl. II 2015, 687.
BFH, Urteil vom 21. Oktober 2015 – IV R 43/12, BStBl. II 2016, 517.
BFH, Urteil vom 27. Januar 2016 – X R 23/14, BFH/NV 2016, 1018.
BFH, Urteil vom 10. Mai 2016 – IX R 13/15, BFH/NV 2016, 1556.
BFH, Vorlagebeschluss vom 21. Juli 2016 – IV R 26/14, BStBl. II 2017, 202.
BFH, Urteil vom 20. Oktober 2016 – VIII R 27/15, BStBl. II 2017, 441.
BFH, Urteil vom 20. September 2018 – IV R 39/11, BStBl. II 2019, 131.
BFH, Großer Senat, Beschluss vom 25. September 2018 – GrS 2/16, BStBl. II 2019, 262.

Rechtsprechungsverzeichnis

BFH, Urteil vom 27. Juni 2019 – IV R 44/16, BFH/NV 2019, 1306.

3. Andere Finanzgerichte

FG München, Urteil vom 20. August 1996 – 6 K 792/95, EFG 1997, 104.
FG Baden-Württemberg, Urteil vom 11. Juli 2006 – 4 K 369/01, EFG 2006, 1829.
FG München, Urteil vom 29. Juli 2013 – 7 K 190/11, EFG 2013, 1852.
FG Rheinland-Pfalz, Urteil vom 24. Juni 2015 – 2 K 1036/13, EFG 2015, 1711.
FG Hamburg, Vorlagebeschluss vom 29. August 2017 – 2 K 245/17, EFG 2017, 1134.
FG Köln, Urteil vom 13. September 2017 – 2 K 2933/15, EFG 2018, 29 (Revision beim BFH anhängig unter dem Aktenzeichen I R 77/17)

4. Europäischer Gerichtshof

EuGH, Urteil vom 20. Oktober 2011 – C-284/09, Celex-Nummer 62009CJ0284.

Anhang 1: Übersicht zu den verschiedenen spezialgesetzlichen Gleichstellungsnormen des Ertragsteuerrechts[838]

Spezialgesetzliche Gleichstellungsnorm des Ertragsteuerrechts	Wortlaut der spezialgesetzlichen Gleichstellungsnorm
§ 3 Nr. 40 Satz 3 Hs. 2 EStG	Satz 1 Buchstabe a, b und d bis h ist nicht anzuwenden [also das Teileinkünfteverfahren, welches eine Steuerfreistellung der betrieblichen Beteiligungseinkünfte in Höhe von 40 % vorsieht, ist nicht anzuwenden; es kommt also zur vollständigen Besteuerung] auf Anteile, die bei Kreditinstituten und Finanzdienstleistungsinstituten dem Handelsbestand im Sinne des § 340e Absatz 3 des Handelsgesetzbuchs zuzuordnen sind; Gleiches gilt für Anteile, die bei Finanzunternehmen im Sinne des Kreditwesengesetzes, an denen Kreditinstitute oder Finanzdienstleistungsinstitute **unmittelbar oder mittelbar** zu mehr als 50 Prozent beteiligt sind, zum Zeitpunkt des Zugangs zum Betriebsvermögen als Umlaufvermögen auszuweisen sind.
§ 3 Nr. 70 Satz 4 EStG	Die Steuerbefreiung [in Höhe von 50 %; es kommt also zur vollständigen Besteuerung] entfällt auch rückwirkend, wenn die Wirtschaftsgüter im Sinne des Satzes 1 Buchstabe a vom Erwerber an den Veräußerer oder eine ihm nahe stehende Person im Sinne des § 1 Absatz 2 des Außensteuergesetzes überlassen werden und der Veräußerer oder eine ihm nahe stehende Person im Sinne des § 1 Absatz 2 des Außensteuergesetzes nach Ablauf einer Frist von zwei Jahren seit Eintragung des Erwerbers als REIT-Aktiengesellschaft in das Handelsregister an dieser **mittelbar oder unmittelbar** zu mehr als 50 Prozent beteiligt ist.
§ 3c Abs. 2 Satz 2 EStG	Satz 1 [also Abzugsfähigkeit von Aufwendung auf 60 % beschränkt] ist auch für Betriebsvermögensminderungen oder Betriebsausgaben im Zusammenhang mit einer Darlehensforderung oder aus der Inanspruchnahme von Sicherheiten anzuwenden, die für ein Darlehen hingegeben wurden, wenn das Darlehen oder die Sicherheit von einem Steuerpflichtigen gewährt wird, der zu mehr als einem Viertel **unmittelbar oder mittelbar** am Grund- oder Stammkapital der Körperschaft, der das Darlehen gewährt wurde, beteiligt ist oder war.

---

[838] Diese Übersicht zu den verschiedenen spezialgesetzlichen Gleichstellungsnormen des Ertragsteuerrechts erhebt angesichts der Vielzahl derartiger Normen keinen Anspruch auf absolute Vollständigkeit. Es sollte jedoch der weit überwiegende Großteil solcher spezialgesetzlicher Gleichstellungsnormen des Ertragsteuerrechts im Rahmen dieser Übersicht bzw. der Analyse im Rahmen dieser Dissertation berücksichtigt worden sein.

Anhang 1

Spezialgesetzliche Gleichstellungsnorm des Ertragsteuerrechts	Wortlaut der spezialgesetzlichen Gleichstellungsnorm
§ 3c Abs. 2 Satz 6 EStG	Satz 1 [also die Abzugsbeschränkung auf 60 % der Aufwendungen] ist außerdem ungeachtet eines wirtschaftlichen Zusammenhangs mit den dem § 3 Nummer 40 zugrunde liegenden Betriebsvermögensmehrungen oder Einnahmen oder mit Vergütungen nach § 3 Nummer 40a auch auf Betriebsvermögensminderungen, Betriebsausgaben oder Veräußerungskosten eines Gesellschafters einer Körperschaft anzuwenden, soweit diese mit einer im Gesellschaftsverhältnis veranlassten unentgeltlichen Überlassung von Wirtschaftsgütern an diese Körperschaft oder bei einer teilentgeltlichen Überlassung von Wirtschaftsgütern mit dem unentgeltlichen Teil in Zusammenhang stehen und der Steuerpflichtige zu mehr als einem Viertel **unmittelbar oder mittelbar** am Grund- oder Stammkapital dieser Körperschaft beteiligt ist oder war.
§ 4h Abs. 2 Satz 2 EStG	Ist eine Gesellschaft, bei der der Gesellschafter als Mitunternehmer anzusehen ist, **unmittelbar oder mittelbar** einer Körperschaft nachgeordnet, gilt für die Gesellschaft § 8a Absatz 2 und 3 des Körperschaftsteuergesetzes entsprechend.
§ 4h Abs. 5 Satz 3 EStG	§ 8c des Körperschaftsteuergesetzes ist auf den Zinsvortrag einer Gesellschaft entsprechend anzuwenden, soweit an dieser **unmittelbar oder mittelbar** eine Körperschaft als Mitunternehmer beteiligt ist [es kann also bei Vorliegen der Voraussetzung des schädlichen Beteiligungserwerbs auf Ebene der unmittelbar oder mittelbar an der Mitunternehmerschaft beteiligten Körperschaft zu einem Untergang des Zinsvortrags auf Ebene der Mitunternehmerschaft kommen].
§ 6 Abs. 5 Satz 5 und Satz 6 EStG	Der Teilwert ist auch anzusetzen, soweit in den Fällen des Satzes 3 der Anteil einer Körperschaft, Personenvereinigung oder Vermögensmasse an dem Wirtschaftsgut **unmittelbar oder mittelbar** begründet wird oder dieser sich erhöht. Soweit innerhalb von sieben Jahren nach der Übertragung des Wirtschaftsguts nach Satz 3 der Anteil einer Körperschaft, Personenvereinigung oder Vermögensmasse an dem übertragenen Wirtschaftsgut aus einem anderen Grund **unmittelbar oder mittelbar** begründet wird oder dieser sich erhöht, ist rückwirkend auf den Zeitpunkt der Übertragung ebenfalls der Teilwert anzusetzen.
§ 15 Abs. 1 Satz 1 Nr. 2 Satz 2 EStG	Der **mittelbar über eine oder mehrere Personengesellschaften** beteiligte Gesellschafter steht dem unmittelbar beteiligten Gesellschafter gleich; er ist als Mitunternehmer des Betriebs der Gesellschaft anzusehen, an der er mittelbar beteiligt ist, **wenn** er und die Personengesellschaften, die seine Beteiligung vermitteln, jeweils als Mitunternehmer der Betriebe der Personengesellschaften anzusehen sind, an denen sie unmittelbar beteiligt sind.

Anhang 1

Spezialgesetzliche Gleichstellungsnorm des Ertragsteuerrechts	Wortlaut der spezialgesetzlichen Gleichstellungsnorm
§ 15 Abs. 4 Satz 8 EStG	Verluste aus stillen Gesellschaften, Unterbeteiligungen oder sonstigen Innengesellschaften an Kapitalgesellschaften, bei denen der Gesellschafter oder Beteiligte als Mitunternehmer anzusehen ist, dürfen weder mit Einkünften aus Gewerbebetrieb noch aus anderen Einkunftsarten ausgeglichen werden; sie dürfen auch nicht nach § 10d abgezogen werden. Die Verluste mindern jedoch nach Maßgabe des § 10d die Gewinne, die der Gesellschafter oder Beteiligte in dem unmittelbar vorangegangenen Wirtschaftsjahr oder in den folgenden Wirtschaftsjahren aus derselben stillen Gesellschaft, Unterbeteiligung oder sonstigen Innengesellschaft bezieht; § 10d Absatz 4 gilt entsprechend. Die Sätze 6 und 7 [vgl. die beiden Sätze zuvor] gelten nicht, soweit der Verlust auf eine natürliche Person als **unmittelbar oder mittelbar** beteiligter Mitunternehmer entfällt.
§ 16 Abs. 3 Satz 4 EStG	Satz 2 [also der Buchwertansatz] ist bei einer Realteilung, bei der einzelne Wirtschaftsgüter übertragen werden, nicht anzuwenden, soweit die Wirtschaftsgüter **unmittelbar oder mittelbar** auf eine Körperschaft, Personenvereinigung oder Vermögensmasse übertragen werden; in diesem Fall ist bei der Übertragung der gemeine Wert anzusetzen.
§ 16 Abs. 5 EStG	Werden bei einer Realteilung, bei der Teilbetriebe auf einzelne Mitunternehmer übertragen werden, Anteile an einer Körperschaft, Personenvereinigung oder Vermögensmasse **unmittelbar oder mittelbar** von einem nicht von § 8b Absatz 2 des Körperschaftsteuergesetzes begünstigten Steuerpflichtigen auf einen von § 8b Absatz 2 des Körperschaftsteuergesetzes begünstigten Mitunternehmer übertragen, ist abweichend von Absatz 3 Satz 2 rückwirkend auf den Zeitpunkt der Realteilung der gemeine Wert anzusetzen, wenn der übernehmende Mitunternehmer die Anteile innerhalb eines Zeitraums von sieben Jahren nach der Realteilung **unmittelbar oder mittelbar** veräußert oder durch einen Vorgang nach § 22 Absatz 1 Satz 6 Nummer 1 bis 5 des Umwandlungssteuergesetzes weiter überträgt; § 22 Absatz 2 Satz 3 des Umwandlungssteuergesetzes gilt entsprechend.
§ 17 Abs. 1 Satz 1 EStG	Zu den Einkünften aus Gewerbebetrieb gehört auch der Gewinn aus der Veräußerung von Anteilen an einer Kapitalgesellschaft, wenn der Veräußerer innerhalb der letzten fünf Jahre am Kapital der Gesellschaft **unmittelbar oder mittelbar** zu mindestens 1 Prozent beteiligt war.

Anhang 1

Spezialgesetzliche Gleichstellungsnorm des Ertragsteuerrechts	Wortlaut der spezialgesetzlichen Gleichstellungsnorm
§ 17 Abs. 6 EStG	Als Anteile im Sinne des Absatzes 1 Satz 1 gelten auch Anteile an Kapitalgesellschaften, an denen der Veräußerer innerhalb der letzten fünf Jahre am Kapital der Gesellschaft nicht **unmittelbar oder mittelbar** zu mindestens 1 Prozent beteiligt war, wenn 1. die Anteile auf Grund eines Einbringungsvorgangs im Sinne des Umwandlungssteuergesetzes, bei dem nicht der gemeine Wert zum Ansatz kam, erworben wurden und 2. zum Einbringungszeitpunkt für die eingebrachten Anteile die Voraussetzungen von Absatz 1 Satz 1 erfüllt waren oder die Anteile auf einer Sacheinlage im Sinne von § 20 Absatz 1 des Umwandlungssteuergesetzes vom 7. Dezember 2006 (BGBl. I S. 2782, 2791) in der jeweils geltenden Fassung beruhen.
§ 20 Abs. 2 Satz 3 EStG	Die Anschaffung oder Veräußerung einer **unmittelbaren oder mittelbaren** Beteiligung an einer Personengesellschaft gilt als Anschaffung oder Veräußerung der anteiligen Wirtschaftsgüter.
§ 23 Abs. 1 Satz 4 EStG	Die Anschaffung oder Veräußerung einer **unmittelbaren oder mittelbaren** Beteiligung an einer Personengesellschaft gilt als Anschaffung oder Veräußerung der anteiligen Wirtschaftsgüter.
§ 32d Abs. 2 Nr. 3 EStG	Absatz 1 [also der besondere Abgeltungssteuersatz nach § 32d Abs. 1 EStG in Höhe von 25 %] gilt nicht 3. auf Antrag für Kapitalerträge im Sinne des § 20 Absatz 1 Nummer 1 und 2 aus einer Beteiligung an einer Kapitalgesellschaft, wenn der Steuerpflichtige im Veranlagungszeitraum, für den der Antrag erstmals gestellt wird, **unmittelbar oder mittelbar** a) zu mindestens 25 Prozent an der Kapitalgesellschaft beteiligt ist oder b) zu mindestens 1 Prozent an der Kapitalgesellschaft beteiligt ist und durch eine berufliche Tätigkeit für diese maßgeblichen unternehmerischen Einfluss auf deren wirtschaftliche Tätigkeit nehmen kann.
§ 35 Abs. 2 Satz 5 EStG	Bei der Feststellung nach Satz 1 sind anteilige Gewerbesteuer-Messbeträge, die **aus einer Beteiligung an einer Mitunternehmerschaft** stammen, einzubeziehen.
§ 49 Abs. 1 Nr. 2 Buchst. f Satz 2 EStG	§ 23 Absatz 1 Satz 4 gilt entsprechend.

Anhang 1

Spezialgesetzliche Gleichstellungsnorm des Ertragsteuerrechts	Wortlaut der spezialgesetzlichen Gleichstellungsnorm
§ 51 Abs. 1 Nr. 1 Buchst. f) Doppelbuchst. bb) EStG	Die Bundesregierung wird ermächtigt, mit Zustimmung des Bundesrates 1. zur Durchführung dieses Gesetzes Rechtsverordnungen zu erlassen, soweit dies zur Wahrung?der Gleichmäßigkeit bei der Besteuerung, zur Beseitigung von Unbilligkeiten in Härtefällen, zur Steuerfreistellung des Existenzminimums oder zur Vereinfachung des Besteuerungsverfahrens erforderlich ist, und zwar: f) in Fällen, in denen ein Sachverhalt zu ermitteln und steuerrechtlich zu beurteilen ist, der sich? auf Vorgänge außerhalb des Geltungsbereichs dieses Gesetzes bezieht, und außerhalb des Geltungsbereichs dieses Gesetzes ansässige Beteiligte oder andere Personen nicht wie bei Vorgängen innerhalb des Geltungsbereichs dieses Gesetzes zur Mitwirkung bei der Ermittlung des Sachverhalts herangezogen werden können, zu bestimmen, bb) dass eine ausländische Gesellschaft ungeachtet des § 50d Absatz 3 nur dann einen Anspruch auf völlige oder teilweise Entlastung vom Steuerabzug nach § 50d Absatz 1 und 2 oder § 44a Absatz 9 hat, soweit sie die Ansässigkeit der an ihr **unmittelbar oder mittelbar** beteiligten natürlichen Personen, deren Anteil **unmittelbar oder mittelbar** 10 Prozent übersteigt, darlegt und nachweisen kann;
§ 8 Abs. 7 Satz 1 Nr. 2 Satz 2 KStG	Satz 1 [„die Rechtsfolgen einer verdeckten Gewinnausschüttung sind bei Kapitalgesellschaften nicht bereits deshalb zu ziehen, weil sie ein Dauerverlustgeschäft ausüben"] gilt nur bei Kapitalgesellschaften, bei denen die Mehrheit der Stimmrechte **unmittelbar oder mittelbar** auf juristische Personen des öffentlichen Rechts entfällt und nachweislich ausschließlich diese Gesellschafter die Verluste aus Dauerverlustgeschäften tragen.
§ 8a Abs. 2 KStG	§ 4h Abs. 2 Satz 1 Buchstabe b des Einkommensteuergesetzes ist nur anzuwenden [d.h. die Ausnahme von der Zinsschranke], wenn die Vergütungen für Fremdkapital an einen zu mehr als einem Viertel **unmittelbar oder mittelbar** am Grund- oder Stammkapital beteiligten Anteilseigner, eine diesem nahe stehende Person (§ 1 Abs. 2 des Außensteuergesetzes vom 8. September 1972 – BGBl. I S. 1713 –, das zuletzt durch Artikel 3 des Gesetzes vom 28. Mai 2007 – BGBl. I S. 914 – geändert worden ist, in der jeweils geltenden Fassung) oder einen Dritten, der auf den zu mehr als einem Viertel am Grund- oder Stammkapital beteiligten Anteilseigner oder eine diesem nahe stehende Person zurückgreifen kann, nicht mehr als 10 Prozent der die Zinserträge übersteigenden Zinsaufwendungen der Körperschaft im Sinne des § 4h Abs. 3 des Einkommensteuergesetzes betragen und die Körperschaft dies nachweist.

243

Anhang 1

Spezialgesetzliche Gleichstellungsnorm des Ertragsteuerrechts	Wortlaut der spezialgesetzlichen Gleichstellungsnorm
§ 8a Abs. 3 Satz 1 KStG	§ 4h Abs. 2 Satz 1 Buchstabe c des Einkommensteuergesetzes ist nur anzuwenden, wenn die Vergütungen für Fremdkapital der Körperschaft oder eines anderen demselben Konzern zugehörenden Rechtsträgers an einen zu mehr als einem Viertel **unmittelbar oder mittelbar** am Kapital beteiligten Gesellschafter einer konzernzugehörigen Gesellschaft, eine diesem nahe stehende Person (§ 1 Abs. 2 des Außensteuergesetzes) oder einen Dritten, der auf den zu mehr als einem Viertel am Kapital beteiligten Gesellschafter oder eine diesem nahe stehende Person zurückgreifen kann, nicht mehr als 10 Prozent der die Zinserträge übersteigenden Zinsaufwendungen des Rechtsträgers im Sinne des § 4h Abs. 3 des Einkommensteuergesetzes betragen und die Körperschaft dies nachweist.
§ 8b Abs. 3 Satz 4 KStG	Zu den Gewinnminderungen im Sinne des Satzes 3 gehören auch Gewinnminderungen im Zusammenhang mit einer Darlehensforderung oder aus der Inanspruchnahme von Sicherheiten, die für ein Darlehen hingegeben wurden, wenn das Darlehen oder die Sicherheit von einem Gesellschafter gewährt wird, der zu mehr als einem Viertel **unmittelbar oder mittelbar** am Grund- oder Stammkapital der Körperschaft, der das Darlehen gewährt wurde, beteiligt ist oder war.
§ 8b Abs. 4 Satz 4 und Satz 5 KStG	**Beteiligungen über eine Mitunternehmerschaft** sind dem Mitunternehmer anteilig zuzurechnen; § 15 Absatz 1 Satz 1 Nummer 2 Satz 2 des Einkommensteuergesetzes gilt sinngemäß. Eine dem Mitunternehmer nach Satz 4 zugerechnete Beteiligung **gilt für die Anwendung dieses Absatzes als unmittelbare Beteiligung**.
§ 8b Abs. 6 Satz 1 KStG	Die Absätze 1 bis 5 gelten auch für die dort genannten Bezüge, Gewinne und Gewinnminderungen, die dem Steuerpflichtigen **im Rahmen des Gewinnanteils aus einer Mitunternehmerschaft zugerechnet werden**, sowie für Gewinne und Verluste, soweit sie **bei der Veräußerung oder Aufgabe eines Mitunternehmeranteils auf Anteile im Sinne des Absatzes 2 entfallen**.
§ 8b Abs. 6 Satz 2 KStG	Die Absätze 1 bis 5 gelten für Bezüge und Gewinne, die einem Betrieb gewerblicher Art einer juristischen Person des öffentlichen Rechts **über andere juristische Personen des öffentlichen Rechts zufließen, über die sie mittelbar** an der leistenden Körperschaft, Personenvereinigung oder Vermögensmasse **beteiligt ist** und bei denen die Leistungen nicht im Rahmen eines Betriebs gewerblicher Art erfasst werden, und damit in Zusammenhang stehende Gewinnminderungen entsprechend.
§ 8b Abs. 7 Satz 2 KStG	Gleiches [die Abs. 1–6 sind also nicht anzuwenden] gilt für Anteile, die bei Finanzunternehmen im Sinne des Kreditwesengesetzes, an denen Kreditinstitute oder Finanzdienstleistungsinstitute **unmittelbar oder mittelbar** zu mehr als 50 Prozent beteiligt sind, zum Zeitpunkt des Zugangs zum Betriebsvermögen als Umlaufvermögen auszuweisen sind.

Anhang 1

Spezialgesetzliche Gleichstellungsnorm des Ertragsteuerrechts	Wortlaut der spezialgesetzlichen Gleichstellungsnorm
§ 8b Abs. 10 Satz 7 KStG	Die Sätze 1 bis 6 gelten entsprechend, wenn die Anteile an eine Personengesellschaft oder von einer Personengesellschaft überlassen werden, an der die überlassende oder die andere Körperschaft **unmittelbar oder mittelbar über eine Personengesellschaft oder mehrere Personengesellschaften** beteiligt ist.
§ 8c Abs. 1 Satz 1 KStG	Werden innerhalb von fünf Jahren **mittelbar oder unmittelbar** mehr als 50 Prozent des gezeichneten Kapitals, der Mitgliedschaftsrechte, der Beteiligungsrechte oder der Stimmrechte an einer Körperschaft an einen Erwerber oder diesem nahe stehende Personen übertragen oder liegt ein vergleichbarer Sachverhalt vor (schädlicher Beteiligungserwerb), sind bis zum schädlichen Beteiligungserwerb nicht ausgeglichene oder abgezogene negative Einkünfte (nicht genutzte Verluste) vollständig nicht mehr abziehbar.
§ 8c Abs. 1 Satz 4 KStG	Ein schädlicher Beteiligungserwerb liegt nicht vor, wenn 1. an dem übertragenden Rechtsträger der Erwerber zu 100 Prozent **mittelbar oder unmittelbar** beteiligt ist und der Erwerber eine natürliche oder juristische Person oder eine Personenhandelsgesellschaft ist, 2. an dem übernehmenden Rechtsträger der Veräußerer zu 100 Prozent **mittelbar oder unmittelbar** beteiligt ist und der Veräußerer eine natürliche oder juristische Person oder eine Personenhandelsgesellschaft ist oder 3. an dem übertragenden und an dem übernehmenden Rechtsträger dieselbe natürliche oder juristische Person oder dieselbe Personenhandelsgesellschaft zu jeweils 100 Prozent **mittelbar oder unmittelbar** beteiligt ist.
§ 14 Abs. 1 Satz 1 Nr. 1 Satz 2 KStG	**Mittelbare Beteiligungen** sind [für Zwecke der finanziellen Eingliederung im Sinne der körperschaftsteuerrechtlichen Organschaft] zu berücksichtigen, **wenn** die Beteiligung an jeder vermittelnden Gesellschaft die Mehrheit der Stimmrechte gewährt.
§ 14 Abs. 1 Satz 1 Nr. 2 Satz 4 KStG	Die **Beteiligung im Sinne der Nummer 1 an der Organgesellschaft** [also die unmittelbare Beteiligung an der Organgesellschaft] oder, bei **mittelbarer Beteiligung an der Organgesellschaft**, die Beteiligung im Sinne der Nummer 1 an der vermittelnden Gesellschaft, muss ununterbrochen während der gesamten Dauer der Organschaft einer inländischen Betriebsstätte im Sinne des § 12 der Abgabenordnung des Organträgers zuzuordnen sein.
§ 14 Abs. 1 Satz 1 Nr. 2 Satz 5 KStG	Ist der Organträger **mittelbar über eine oder mehrere Personengesellschaften** an der Organgesellschaft beteiligt, gilt Satz 4 sinngemäß.
§ 14 Abs. 1 Satz 1 Nr. 2 Satz 6 KStG	Das Einkommen der Organgesellschaft ist der inländischen Betriebsstätte des Organträgers zuzurechnen, der die **Beteiligung im Sinne der Nummer 1 an der Organgesellschaft** [also die bzw. bei unmittelbarer Beteiligung an der Organgesellschaft] oder, bei **mittelbarer Beteiligung an der Organgesellschaft**, die Beteiligung im Sinne der Nummer 1 an der vermittelnden Gesellschaft zuzuordnen ist.

Anhang 1

Spezialgesetzliche Gleichstellungsnorm des Ertragsteuerrechts	Wortlaut der spezialgesetzlichen Gleichstellungsnorm
§ 32 Abs. 5 Satz 2 Nr. 5 KStG	Satz 1 gilt nur [d.h. Erstattung der einbehaltenen und abgeführten Kapitalertragsteuer], soweit Nr. 5 die Kapitalertragsteuer nicht beim Gläubiger oder einem **unmittelbar oder mittelbar** am Gläubiger beteiligten Anteilseigner angerechnet oder als Betriebsausgabe oder als Werbungskosten abgezogen werden kann; die Möglichkeit eines Anrechnungsvortrags steht der Anrechnung gleich.
§ 34 Abs. 14 Satz 1 Nr. 1 KStG	Die §§ 38 und 40 in der am 27. Dezember 2007 geltenden Fassung sowie § 10 des Umwandlungssteuergesetzes vom 7. Dezember 2006 (BGBl. I S. 2782, 2791) sind auf Antrag weiter anzuwenden für 1. Körperschaften oder deren Rechtsnachfolger, an denen **unmittelbar oder mittelbar** zu mindestens 50 Prozent a) juristische Personen des öffentlichen Rechts aus Mitgliedstaaten der Europäischen Union oder aus Staaten, auf die das EWR-Abkommen Anwendung findet, oder b) Körperschaften, Personenvereinigungen oder Vermögensmassen im Sinne des § 5 Absatz 1 Nummer 9 alleine oder gemeinsam beteiligt sind, und 2. Genossenschaften, die ihre Umsatzerlöse überwiegend durch Verwaltung und Nutzung eigenen zu Wohnzwecken dienenden Grundbesitzes, durch Betreuung von Wohnbauten oder durch die Errichtung und Veräußerung von Eigenheimen, Kleinsiedlungen oder Eigentumswohnungen erzielen, sowie für steuerbefreite Körperschaften.
§ 7 Satz 4 GewStG	§ 3 Nr. 40 und § 3c Abs. 2 des Einkommensteuergesetzes sind bei der Ermittlung des Gewerbeertrags einer Mitunternehmerschaft anzuwenden, soweit an der Mitunternehmerschaft natürliche Personen **unmittelbar oder mittelbar über eine oder mehrere Personengesellschaften beteiligt** sind; im Übrigen ist § 8b des Körperschaftsteuergesetzes anzuwenden.
§ 10a Satz 10 Hs. 2 Nr. 2 GewStG	Auf die Fehlbeträge sind § 8c des Körperschaftsteuergesetzes und, wenn ein fortführungsgebundener Verlustvortrag nach § 8d des Körperschaftsteuergesetzes gesondert festgestellt wird, § 8d des Körperschaftsteuergesetzes entsprechend anzuwenden; dies gilt mit Ausnahme des § 8d des Körperschaftsteuergesetzes auch für den Fehlbetrag einer Mitunternehmerschaft, soweit dieser 1. einer Körperschaft unmittelbar oder 2. einer Mitunternehmerschaft, soweit an dieser eine Körperschaft **unmittelbar oder mittelbar über eine oder mehrere Personengesellschaften** beteiligt ist, zuzurechnen ist.

Anhang 2: Übersicht zur Rechtsprechung zur Gleichstellung der mittelbaren mit der unmittelbaren Beteiligung im Ertragsteuerrecht ohne spezialgesetzliche Grundlage[839]

Gericht, Datum, Aktenzeichen	Wesentlicher (abstrakter) Inhalt der Entscheidung	Gleichstellung bejaht oder verneint?
BFH 2. November 1960 I 173/60	Ausschließlich natürliche Personen waren über eine OHG mittelbar an einer GmbH beteiligt. Es stellte sich die Frage nach der Anwendbarkeit des ermäßigten Steuersatzes für sog. personenbezogene Kapitalgesellschaften nach § 19 Abs. 1 Ziffer 2 KStG a.F. auf Ebene der GmbH, da die natürlichen Personen nur mittelbar über die OHG an der GmbH beteiligt waren und nicht unmittelbar. Die mittelbare Beteiligung der natürlichen Personen reichte im vorliegenden Fall nach Auffassung des Bundesfinanzhofs aus, um zur Anwendbarkeit des ermäßigten Steuersatzes für sog. personenbezogene Kapitalgesellschaften nach § 19 Abs. 1 Ziffer 2 KStG a.F. auf Ebene der GmbH zu gelangen. Voraussetzung dafür ist allerdings, dass eine Personengesellschaft als vermittelnde Gesellschaft fungiert und ausschließlich natürliche Personen an dieser Personengesellschaft als vermittelnde Gesellschaft beteiligt sind: „*Sind Gesellschafter [der vermittelnden Personengesellschaft] nur natürliche Personen, wie im Streitfall, so muss man davon ausgehen, dass die Voraussetzungen der Vergünstigung des § 19 Abs. 1 Ziffer 2 KStG 1958 erfüllt sind. Zudem sind Personengesellschaften gerade keine juristischen Personen. Zur Behandlung der Fälle, in denen der Personengesellschaft auch Kapitalgesellschaften als Gesellschafter angehören, braucht im Streitfall nicht Stellung genommen zu werden.*"	Gleichstellung der mittelbaren mit der unmittelbaren Beteiligung **bejaht** worden

---

[839] Diese Übersicht zur Rechtsprechung zur Gleichstellung der mittelbaren mit der unmittelbaren Beteiligung im Ertragsteuerrecht ohne spezialgesetzliche Grundlage erhebt angesichts der Vielzahl derartiger Entscheidungen keinen Anspruch auf absolute Vollständigkeit. Es sollte jedoch der überwiegende Großteil solcher Entscheidungen im Rahmen dieser Übersicht bzw. der Analyse im Rahmen dieser Dissertation berücksichtigt worden sein.

Anhang 2

Gericht, Datum, Aktenzeichen	Wesentlicher (abstrakter) Inhalt der Entscheidung	Gleichstellung bejaht oder verneint?
BFH 20. März 1962 I 39/61 U Beachte: Laut BFH vom 8. Oktober 1970 (Az. IV R 196/69) hält der I. Senat an diesem Urteil im Ergebnis nicht mehr fest.	Der Kommanditist einer KG beteiligte an seinem Kommanditanteile eine natürliche Person unter, welche zugleich bei der KG angestellt war und von dieser Tätigkeitsvergütungen bezog. Es war streitig, ob die Tätigkeitsvergütungen dem Gewinn der KG nach § 15 Ziffer 2 EStG a.F. zuzurechnen waren oder abzugsfähige Betriebsausgaben darstellten. Die Tätigkeitsvergütungen stellten im Ergebnis Betriebsausgaben auf Ebene der KG dar, da die natürliche Person (als Unterbeteiligte) im Verhältnis zur KG nach Auffassung des Bundesfinanzhofs lediglich Arbeitnehmerin und nicht deren Mitunternehmerin sei. Eine Hinzurechnung der Tätigkeitsvergütungen zum gewerblichen Gewinn der KG nach § 15 Ziffer 2 EStG a.F. schied auf dieser Grundlage daher aus. Eine Durchgriff durch den Hauptbeteiligten auf das Unternehmen der KG fand nicht statt.	Gleichstellung der mittelbaren mit der unmittelbaren Beteiligung **verneint** worden
BFH 22. März 1966 I 60/64	Eine GmbH als Komplementärin sowie natürliche Personen als Kommanditisten waren über eine KG an einer anderen GmbH (der Steuerpflichtigen) beteiligt. Es stellte sich die Frage nach der Anwendbarkeit des ermäßigten Steuersatzes für personenbezogene Kapitalgesellschaften nach § 19 Abs. 1 Ziffer 2 KStG a.F. auf Ebene der steuerpflichtigen anderen GmbH (d.h. der Steuerpflichtigen). Die Voraussetzungen des § 19 Abs. 1 Ziffer 2 KStG a.F. waren nach Auffassung des Bundesfinanzhofs nicht erfüllt, da die KG als solche (und nicht deren Mitglieder) Gesellschafterin der GmbH sei und die KG auch keine natürliche Person sei. Die Vorschrift des § 19 Abs. 1 Ziffer 2 KStG a.F. sei zivilrechtlich auszulegen, so dass natürliche Personen zivilrechtliche Gesellschafter der Kapitalgesellschaft sein müssten. Dies treffe auf die nur mittelbar über die KG beteiligten natürlichen Personen nach Auffassung des Bundesfinanzhofs nicht zu. Die KG als solche (und nicht deren Mitglieder) sei Gesellschafterin der Kapitalgesellschaft. Eine Ausnahme von diesem Grundsatz sei nach Auffassung des Bundesfinanzhofs nur dann anzunehmen, wenn die die Beteiligung vermittelnde Personengesellschaft (im vorliegenden Fall also die KG) ausschließlich aus natürlichen Personen bestehen würde; dann würde die mittelbare Beteiligung der natürlichen Personen über die Personengesellschaft ausreichen. Dies gelte aber nicht, wenn der Personengesellschaft auch juristische Personen angehörten.	Gleichstellung der mittelbaren mit der unmittelbaren Beteiligung **verneint** worden

Anhang 2

Gericht, Datum, Aktenzeichen	Wesentlicher (abstrakter) Inhalt der Entscheidung	Gleichstellung bejaht oder verneint?
BFH 11. Oktober 1966 I 85/64	Eine GmbH war über zwei KGs hintereinander an drei Kapitalgesellschaften beteiligt. Daraus ergab sich eine mittelbare Beteiligung der GmbH an Kapitalgesellschaften in Höhe von 719.700 DM (das eigene Stammkapital betrug allerdings nur 700.00 DM). Es stellte sich die Frage, ob die Voraussetzungen des ermäßigten Steuersatzes nach § 19 Abs. 1 Ziffer 2 letzte Voraussetzung KStG a.F. erfüllt waren, wonach die Nennwerte der zum Betriebsvermögen gehörenden Beteiligungen an Kapitalgesellschaften das eigene Nennkapital der Kapitalgesellschaft nicht übersteigen dürfen. Die Voraussetzungen des ermäßigten Steuersatzes waren nach Ansicht des Bundesfinanzhofs erfüllt, da mittelbare Beteiligungen im Rahmen des § 19 Abs. 1 Ziffer 2 letzte Voraussetzung KStG a.F. nicht zu berücksichtigen seien. Denn allein die Personengesellschaft als solche sei Gesellschafterin der Kapitalgesellschaft. Eine Ausdehnung des Tatbestands auf mittelbare Beteiligungen komme nach Auffassung des Bundesfinanzhofs dagegen nicht in Betracht, da keine ausdrückliche Regelung zur Gleichstellung der mittelbaren mit der unmittelbaren Beteiligung im Gesetz erfolgt sei. Wenn das Gesetz lediglich von „Beteiligungen" spreche, meine es in der Regel nur die unmittelbaren Beteiligungen. Sollten dagegen die mittelbaren den unmittelbaren Beteiligungen gleichgestellt werden, so bedürfe es dazu einer ausdrücklichen gesetzlichen Regelung. Eine Ausnahme gelte nur für den Fall, in dem sich die Gleichstellung eindeutig aus dem Sinn und Zweck der gesetzlichen Vorschrift ergeben würde. Eine solche Ausnahme lasse der § 19 Abs. 1 Ziffer 2 letzte Voraussetzung KStG a.F. jedoch nicht erkennen.	Gleichstellung der mittelbaren mit der unmittelbaren Beteiligung **verneint** worden

Anhang 2

Gericht, Datum, Aktenzeichen	Wesentlicher (abstrakter) Inhalt der Entscheidung	Gleichstellung bejaht oder verneint?
BFH 8. Oktober 1970 IV R 196/69	Vier natürliche Personen waren an einer KG beteiligt, wobei zwei natürliche Personen eine weitere natürliche Person an ihrem Gesellschaftsanteil unterbeteiligten. Es stellte sich die Frage, ob der auf die Unterbeteiligungen entfallende Gewinnanteil nach § 8 Nr. 3 GewStG zum Gewerbeertrag der KG hinzugerechnet werden musste (obwohl die Unterbeteiligten nicht unmittelbar an der KG beteiligt waren). Die Voraussetzungen des § 8 Nr. 3 GewStG lagen nach Ansicht des Bundesfinanzhofs vor. Der Tatbestand sei so auszulegen, dass unter den Begriff des stillen Gesellschafters im Sinne des § 8 Nr. 3 GewStG a.F. auch der stille Unterbeteiligte fallen würde, obwohl dieser nicht unmittelbar, sondern nur mittelbar an dem Unternehmen beteiligt sei. Der Objektsteuercharakter der Gewerbesteuer und der Gedanken der Einheit des Unternehmens würden es ausschließen, die Unterbeteiligung an einem Gesellschaftsanteil anders zu behandeln als die unmittelbare Beteiligung an der Gesellschaft. Dies erfordere die Auslegung nach dem Sinn und Zweck.	Gleichstellung der mittelbaren mit der unmittelbaren Beteiligung **bejaht** worden
BFH 17. Februar 1971 I R 8/69	Eine KG war an der steuerpflichtigen GmbH beteiligt, welche ihrerseits an der genannten KG beteiligt war (im Übrigen waren wohl nur natürliche Personen an der KG beteiligt). Es stellte sich die Frage nach der Anwendbarkeit des ermäßigten Steuersatzes für personenbezogene Kapitalgesellschaften nach § 19 Abs. 1 Nr. 2 KStG a.F. auf Ebene der GmbH. Die Voraussetzungen wurden vom Bundesfinanzhof abgelehnt, da an der vermittelnden Gesellschaft (der KG) auch eine juristische Person (nämlich die steuerpflichtige GmbH) beteiligt war, so dass die Anteile an der steuerpflichtigen GmbH nach Ansicht des Bundesfinanzhofs nicht natürlichen Personen „gehören" würden. Nur eine Personengesellschaft als vermittelnde Gesellschaft mit ausschließlich natürlichen Personen als Gesellschafter hätte nach Ansicht des Bundesfinanzhofs einer natürlichen Person im Sinne des § 19 Abs. 1 Nr. 2 KStG a.F. gleichgestellt werden können.	Gleichstellung der mittelbaren mit der unmittelbaren Beteiligung **verneint** worden

Anhang 2

Gericht, Datum, Aktenzeichen	Wesentlicher (abstrakter) Inhalt der Entscheidung	Gleichstellung bejaht oder verneint?
BFH 23. Februar 1972 I R 159/68 Ausdrückliche Aufgabe dieses Urteil durch Beschluss des Großen Senats des BFH vom 25. Februar 1991 – GrS 7/89.	An einer KG war eine GmbH sowie eine OHG beteiligt. Ein Gesellschafter dieser OHG (eine natürliche Person) war zudem Geschäftsführer der GmbH, die die Geschäfte der KG führte; dafür erhielt er eine Geschäftsführervergütung. Es stellte sich die Frage, ob diese Geschäftsführervergütung dem Gesamtgewinn der KG nach Maßgabe des § 15 Nr. 2 EStG a.F. hinzuzurechnen war (da die natürliche Person nicht unmittelbar, sondern nur mittelbar über die OHG an der KG beteiligt war). Die Hinzurechnung der Geschäftsführervergütung wurde vom Bundesfinanzhof bejaht. Zwar würde die Besonderheit vorliegen, dass die Kommanditistin der KG eine OHG sei und dass nicht diese, sondern deren Gesellschafter als Geschäftsführer der GmbH tätig gewesen sei. Der Gesellschafter der OHG bzw. der Geschäftsführer der GmbH sei damit nicht unmittelbar als Kommanditist an der KG beteiligt, sondern nur mittelbar über die OHG. Darin liege aber kein rechtserheblicher Unterschied zu den bereits entschiedenen Fallkonstellationen vor, die alle eine unmittelbare Beteiligung des Geschäftsführers an der KG betroffen hätten. Der Geschäftsführer der GmbH sei mittelbar durch die OHG an der KG beteiligt, so dass sich seine Tätigkeit auf Grund der rechtlichen Verbundenheit der Beteiligten als eine Dienstleistung der OHG erweisen würde. Die Geschäftsführervergütung entfalle daher bei der Gewinnfeststellung der KG auf die OHG.	Gleichstellung der mittelbaren mit der unmittelbaren Beteiligung **bejaht** worden
BFH 3. Oktober 1973 I R 24/72	Eine KG war an einer GmbH beteiligt, wobei an der genannten KG natürliche Personen sowie die genannte GmbH beteiligt waren. Es stellte sich die Frage nach der Anwendbarkeit des ermäßigten Steuersatzes für personenbezogene Kapitalgesellschaften nach § 19 Abs. 1 Nr 2 KStG a.F. auf Ebene der GmbH. Dies wurde im Ergebnis abgelehnt, da nach Auffassung des Bundesfinanzhofs in den Fällen, in denen Anteile an der zu besteuernden Kapitalgesellschaft zum Gesellschaftsvermögen einer Gesamthandsgemeinschaft gehörten, an der auch eine Kapitalgesellschaft beteiligt sei, nicht mehr davon gesprochen werden könne, dass diese Anteile (an der zu besteuernden Kapitalgesellschaft) natürlichen Personen „gehörten" im Sinne des § 19 Abs. 1 Nr 2 KStG a.F.	Gleichstellung der mittelbaren mit der unmittelbaren Beteiligung **verneint** worden

251

Anhang 2

Gericht, Datum, Aktenzeichen	Wesentlicher (abstrakter) Inhalt der Entscheidung	Gleichstellung bejaht oder verneint?
BFH 23. Januar 1974 I R 206/69	Eine OHG bestand aus vier Gesellschaftern, wobei zwei dieser Gesellschafter jeweils eine natürliche Person unterbeteiligten. Die beiden Unterbeteiligten waren für die OHG tätig. Es stellte sich die Frage, ob die Tätigkeitsvergütungen der Unterbeteiligten von der OHG als Betriebsausgaben abgezogen oder dem Gewinn der OHG hinzugerechnet werden mussten. Der Unterbeteiligte gehörten nach Ansicht des Bundesfinanzhofs zwar nicht zum Kreis der Gesellschafter im Sinne des § 15 Nr. 2 EStG, die Stellung können aber der eines Gesellschafters so stark angenähert sein, dass er steuerrechtlich als Mitunternehmer zu behandeln sei. Voraussetzung für die Behandlung als Mitunternehmer sei insoweit, dass der Unterbeteiligte im Unternehmen der Gesellschaft unternehmerische Entscheidungen zu treffen habe und das Risiko des Unternehmens mittrage. Ein Unterbeteiligter könne daher, wenn er im Unternehmen der Hauptgesellschaft arbeite, als Mitunternehmer der Hauptgesellschaft behandelt werden, wenn er leitender Angestellter sei, einen nicht unbedeutenden Dispositionsspielraum habe und darüber hinaus auch Einfluss ausübe auf die Geschäftspolitik und andere grundsätzliche Fragen der Geschäftsführung.	Gleichstellung der mittelbaren mit der unmittelbaren Beteiligung **bejaht** worden
BFH 4. April 1974 III R 168/72	An einer OHG waren zu 99 % eine AG und zu 1 % eine GmbH beteiligt. Die OHG war an mehreren Kapitalgesellschaften mit über 25 % beteiligt. Es stellte sich die Frage der Anwendung des Schachtelprivilegs nach § 60 BewG a.F. auf Ebene der OHG. Dies wurde aufgrund des eindeutigen Wortlauts des § 60 BewG a.F. verneint. Die OHG sei keine inländische Kapitalgesellschaft nach § 60 Abs. 1 BewG a.F. Etwas anderes könne sich auch nicht daraus ergeben, dass an der OHG solche Kapitalgesellschaften beteiligt seien, welche (berechnet nach ihren Anteilen am Betriebsvermögen der OHG) zu mehr als 25 % am Nennkapital der Beteiligungsgesellschaft beteiligt und auch die übrigen Voraussetzungen des § 60 Abs. 1 BewG a.F. erfüllt seien. Die an der OHG beteiligte AG sei nicht als Eigentümerin der im Gesamthandsvermögen der OHG stehenden Beteiligungen an inländischen Kapitalgesellschaften anzusehen und zwar auch nicht in der Höhe, die ihrer Beteiligung an der OHG entsprechen würde.	Gleichstellung der mittelbaren mit der unmittelbaren Beteiligung **verneint** worden

Anhang 2

Gericht, Datum, Aktenzeichen	Wesentlicher (abstrakter) Inhalt der Entscheidung	Gleichstellung bejaht oder verneint?
BFH 4. April 1974 I R 73/72	An einer OHG waren eine AG und eine GmbH beteiligt. Diese OHG war ihrerseits jeweils zu mehr als 25 % an drei GmbHs beteiligt. Es stellte sich die Frage, ob die Gewinnanteile der OHG aus ihrer Beteiligung an den drei GmbHs dieser zuzuordnen oder wegen § 9 Abs. 1 KStG a.F. bei dieser außer Acht zu bleiben haben. Die Gewinnanteile waren nach Ansicht des Bundesfinanzhofs der OHG zuzuordnen, da § 9 Abs. 1 KStG a.F. nicht auf Personengesellschaft Anwendung finden würde. Außerdem läge keine unmittelbare Beteiligung im Sinne des § 9 Abs. 1 KStG a.F. vor (wie vom Wortlaut ausdrücklich gefordert), da die AG nur über die OHG mittelbar an den GmbHs beteiligt sei. Eine Ausdehnung dieser Vorschrift bzw. des Anwendungsbereichs auf lediglich mittelbare Beteiligungen würde sich auch nicht aus dem Sinn und Zweck der Vorschrift ergeben; es sei vielmehr eine unmittelbare Beteiligung erforderlich.	Gleichstellung der mittelbaren mit der unmittelbaren Beteiligung **verneint** worden
BFH 7. April 1976 I R 75/73	Eine natürliche Person war als Gesellschafter einer vermögensverwaltenden Personengesellschaft (GbR, vormals KG) über diese mittelbar an einer AG beteiligt. Die GbR veräußerte ihre Beteiligung an der AG. Es stellte sich die Frage, ob die natürliche Person einen Veräußerungsgewinn nach §§ 17, 34 EStG a.F. erzielte, obwohl die GbR und nicht die natürliche Person die Beteiligung an der AG veräußerte. Der Bundesfinanzhof hob hervor, dass, sofern das Engagement der KG durch die GbR nicht in anderer Form fortgeführt worden wäre, Einkünfte aus Kapitalvermögen nach § 17 EStG a.F. angefallen wären. In diesem Fall wäre keine einheitliche und gesonderte Gewinnfeststellung erforderlich, weil nicht die GbR (obwohl diese die Beteiligung an der AG veräußerte), sondern ihre einzelnen Gesellschafter den Veräußerungsgewinn erzielt hätten. Die Geltung des § 11 Nr. 5 StAnpG a.F. für die Anwendung des § 17 EStG a.F. bedeute nämlich, dass nicht nur die wesentliche Beteiligung, die sich im Gesamthandsvermögen befinde, sondern auch die Veräußerung und die Größen, die den Veräußerungsgewinn bestimmten (Anschaffungskosten, Veräußerungskosten, Veräußerungspreis), anteilig den einzelnen Gesellschaftern zuzurechnen seien. Eine einheitliche und gesonderte Gewinnfeststellung des Gewinns nach § 215 AO a.F. scheide damit aus.	Gleichstellung der mittelbaren mit der unmittelbaren Beteiligung **verneint** worden

Anhang 2

Gericht, Datum, Aktenzeichen	Wesentlicher (abstrakter) Inhalt der Entscheidung	Gleichstellung bejaht oder verneint?
BFH 29. Juli 1976 VIII R 142/73[840]	Eine natürliche Person gründete mit der Ehefrau eine GmbH mit Sitz in der Schweiz, wobei er über rund 98 % des Stammkapitals der GmbH hielt. Die GmbH kaufte von der natürlichen Person und seiner Ehefrau Wertpapiere in Höhe von 1.680.000 DM zum Nominalwert. Die Geschäftstätigkeit der GmbH beschränkte sich (zunächst) auf die Verwaltung der erworbenen Wertpapiere, wobei ein Gewinn erzielt wurde. Es stellte sich die Frage, ob die Erträge der GmbH oder der natürlichen Person (wegen Rechtsmissbrauchs) unmittelbar im Rahmen ihrer Einkünfte aus Kapitalvermögen zuzurechnen und von dieser im Inland zu versteuern waren. Dies wurde vom Bundesfinanzhof bejaht. Die Wertpapiererträge der GmbH seien der natürlichen Person entsprechend ihres Gesellschaftsanteils zuzurechnen und im Rahmen der Einkünfte aus Kapitalvermögen der inländischen Besteuerung zu unterwerfen. Die Wertpapiererträge der GmbH müssten der natürlichen Person wegen einer Steuerumgehung unmittelbar zugerechnet werden. Eine Steuerumgehung und damit ein Rechtsmissbrauch im Sinne von § 6 StAnpG a.F. liege vor, wenn eine Gestaltung gewählt werde, die, gemessen an dem erstrebten Ziel, unangemessen sei, und wenn hierdurch ein steuerlicher Erfolg erreicht würde, der bei sinnvoller, Zweck und Ziel der Rechtsordnung beachtender Auslegung vom Gesetz missbilligt würde.	Gleichstellung der mittelbaren mit der unmittelbaren Beteiligung im Ergebnis **bejaht** worden

---

[840] Zu dem Thema, ob die Einschaltung bzw. Zwischenschaltung von Gesellschaften einen Missbrauch von Gestaltungsmöglichkeiten begründet bzw. begründen kann, wurden zahlreiche Urteile durchgesehen. Es wurden im Rahmen dieser Rechtsprechungsübersicht aber nur diejenigen Urteile aufgenommen, die einen solchen Missbrauch bejaht haben. Andere Urteile, die einen solchen Missbrauch abgelehnt, nur für möglich gehalten bzw. die Entscheidung darüber offen gelassen haben, wurden nicht im Rahmen dieser Rechtsprechungsübersicht berücksichtigt. Solche weiteren Urteile, die sich mit diesem Thema befassen, und durchgesehen wurden, sind unter anderem: BFH v. 29. Januar 1975 – I R 135/70, BFH v. 29. Juli 1976 – VIII R 142/73, BFH v. 9. Dezember 1980 – VIII R 11/77, BFH v. 5. März 1986 – I R 201/82, BFH v. 10. Juni 1992 – I R 105/89, BFH v. 23. Oktober 1992 – I R 40/89, BFH v. 2. September 1993 – III B 99/92, BFH v. 3. Juli 1995 – GrS 1/93, BFH v. 25. April 1996 – VIII B 50/95, BFH v. 18. Dezember 1996 – XI R 12/96, BFH v. 27. August 1997 – I R 8/97, BFH vom 29. Oktober 1997 – I R 35/96, BFH v. 20. Mai 1998 – III B 9/98, BFH v. 17. Juni 1998 – X R 68/95, BFH v. 19. August 1999 – I R 77/96, BFH v. 19. Januar 2000 – I R 94/97, BFH v. 19. Januar 2000 – I R 117/97, BFH v. 7. Juni 2000 – III B 35/97, BFH v. 20. März 2002 – I R 38/00, BFH v. 20. März 2002 – I R 63/99, BFH v. 23. Oktober 2002 – I R 39/01, BFH v. 25. Februar 2004 – I R 42/02, BFH v. 18. März 2004 – III R 25/02, BFH v. 17. November 2004 – I R 55/03, BFH v. 15. März 2005 – X R 39/03, BFH

Anhang 2

Gericht, Datum, Aktenzeichen	Wesentlicher (abstrakter) Inhalt der Entscheidung	Gleichstellung bejaht oder verneint?
	Basisgesellschaften im niedrig besteuerten Ausland würden den Tatbestand des Rechtsmissbrauchs vor allem dann erfüllen, wenn für ihre Errichtung wirtschaftliche oder sonst beachtliche Gründe fehlen und wenn keine eigene wirtschaftliche Tätigkeit entfaltet würde. Der Tatbestand des Rechtsmissbrauchs sei bereits deshalb erfüllt, weil die GmbH keine eigene wirtschaftliche Tätigkeit entfaltet hätte. Die Tätigkeit erschöpfe sich nach Auffassung des Bundesfinanzhofs im bloßen Halten und der damit verbundenen Verwaltungstätigkeit von Vermögenswerten in Form des Stammkapitals bzw. darin, einen Teil des Wertpapiervermögens der natürlichen Person zu übernehmen und zu halten.	
BFH 26. Januar 1978 IV R 97/76	Eine natürliche Person war Kommanditistin einer KG, deren alleiniger Gegenstand des Anlagevermögens ein Handelsschiff war. Die natürliche Person veräußerte ihren Kommanditanteil an der KG. Es stellte sich die Frage, ob damit auch ein „Anteil an einem Handelsschiff" im Sinne des § 82 f Abs. 3 EStDV a.F. veräußerte wurde (da grundsätzlich nur der Kommanditanteil an der KG veräußert wurde). Dies wurde vom Bundesfinanzhof bejaht, so dass die mittelbare Veräußerung des Anteils an Handelsschiffen also ausreichend war. Der Begriff „Anteile an Handelsschiffen" umfasse nach Ansicht des Gerichts jedenfalls Kommanditanteile an solchen KGs, deren einziger Gegenstand des Anlagevermögens ein Handelsschiff sei. Zwar sei zivilrechtlicher Gegenstand der Übertragung der Gesellschaftsanteil an der KG als solcher (und nicht ein Anteil an einem Handelsschiff). Wenn bei der Veräußerung eines Anteils an einer Personengesellschaft einkommensteuerrechtlich grundsätzlich von einer Veräußerung und Anschaffung von Anteilen des ausscheidenden Gesellschafters an den einzelnen Wirtschaftsgütern des Gesellschaftsvermögens auszugehen sei, so erscheine es jedoch zwingend, jedenfalls die Veräußerung eines Kommanditanteils an einer KG, deren einziger Gegenstand des Anlagevermögens ein Handelsschiff sei, als Veräußerung eines Anteils an Handelsschiffen im Sinne von § 82 f Abs. 3 EStDV a.F. zu werten.	Gleichstellung der mittelbaren mit der unmittelbaren Beteiligung **bejaht** worden

---

v. 31. Mai 2005 – I R 74/04.

Anhang 2

Gericht, Datum, Aktenzeichen	Wesentlicher (abstrakter) Inhalt der Entscheidung	Gleichstellung bejaht oder verneint?
BFH 9. Dezember 1980 VIII R 11/77	Ein Ehepaar waren die alleinige Gesellschafter einer inländischen GmbH. Das Ehepaar gründete eine andere GmbH mit Sitz in der Schweiz. Sie veräußerten ihre Anteile an der inländischen GmbH zum Nennwert an die andere GmbH. Die inländische GmbH nahm Gewinnausschüttungen an die andere GmbH vor. Die andere GmbH gewährte (aus den ihr zugeflossenen Mitteln) der inländischen GmbH sowie dem Ehepaar Darlehen und bezog daraus Darlehenszinsen. Es stellte sich im Wesentlichen die Frage, ob die Gewinnausschüttungen und Zinszahlungen der inländischen GmbH dem Ehepaar unmittelbar als Einkünfte aus Kapitalvermögen zuzurechnen waren (wegen Gestaltungsmissbrauchs durch Zwischenschaltung der anderen GmbH). Dies wurde bejaht. Für die Einkommensteuerfestsetzung des Ehepaars seien nach Auffassung des Bundesfinanzhofs als Einkünfte aus Kapitalvermögen die Gewinnausschüttungen und die Zinszahlungen der inländischen GmbH an die andere GmbH anzusetzen, weil durch Einschaltung der anderen GmbH Steuern für Einkünfte aus Kapitalvermögen umgangen worden (§ 6 Abs. 1 StAnpG a.F., § 20 Abs. 1 Nr. 1 EStG a.F.) und die Steuern entsprechend der angemessenen Gestaltung zu erheben seien (§ 6 Abs. 2 StAnpG a.F.). Die andere GmbH habe in der relevanten Zeit keine geschäftsleitenden Funktionen gegenüber mehreren Tochtergesellschaften wahrgenommen. Die andere GmbH beschränkte sich vielmehr darauf, das durch die Gewinnausschüttungen der inländischen GmbH zugeflossene Kapital anzusammeln und der inländischen GmbH und dem Ehepaar wieder als Darlehen zum Ausbau des inländischen Unternehmens und zur Beschaffung von Betriebsgrundstücken zur Verfügung zu stellen. Die für die Steuererhebung zugrunde zu legende Gestaltung sei die von Gewinnausschüttungen und Zinszahlungen durch die inländische GmbH an das Ehepaar, weil dies die angemessene Gestaltung sei. Nach § 6 Abs. 2 StAnpG a.F. seien bei Erfüllung des Missbrauchstatbestands die Steuern wie bei einer angemessenen Gestaltung zu erheben. Die Besteuerung habe dabei an den verwirklichten Sachverhalt anzuknüpfen, soweit er nicht rechtsmissbräuchlich sei, somit auch an die Tatsache der Ausschüttung der Gewinne.	Gleichstellung der mittelbaren mit der unmittelbaren Beteiligung im Ergebnis **bejaht** worden

Anhang 2

Gericht, Datum, Aktenzeichen	Wesentlicher (abstrakter) Inhalt der Entscheidung	Gleichstellung bejaht oder verneint?
	Rechtsmissbräuchlich sei im Streitfall nicht die Ausschüttung als solche, sondern die Ausschüttung unter Zwischenschaltung der anderen GmbH. Danach sei eine Gestaltung mit der steuerlichen Belastung anzunehmen, die durch den Missbrauch umgangen oder gemindert werden sollte, es sei der vermiedene Sachverhalt als verwirklicht anzusehen. Dem würde es entsprechen, wenn das Finanzgericht die Auffassung des Finanzamts bestätigt hätte, dass die Steuern so zu erheben seien, als wäre die andere GmbH nicht eingeschaltet worden. Als Folge dieser Betrachtung sei für die Besteuerung ein Sachverhalt als verwirklicht anzusehen, bei dem die Gewinnausschüttungen der inländischen GmbH an das Ehepaar vorgenommen worden und eine Darlehensgewährung des Ehepaars an die inländische GmbH erfolgt sei. Gewinnausschüttungen und Zinszahlungen der inländischen GmbH seien daher bei dem Ehepaar als Einkünfte aus Kapitalvermögen zu erfassen (§ 20 Abs. 1 Nr. 1 und 4 EStG a.F.).	
BFH 24. Juni 1981 I S 3/81	An einer KG waren drei natürliche Personen beteiligt. Zwei natürliche Personen schieden aus der KG aus, während die dritte natürliche Person ihren Gesellschaftsanteil an der KG unter Umwandlung in eine Kommanditeinlage gegen Gewährung von Gesellschaftsrechten auf eine andere KG übertrug. Es stellte sich die Frage des Verlustabzugs der KG nach § 10a GewStG (insbesondere bzgl. der Unternehmeridentität). Die Unternehmeridentität (und damit die Voraussetzungen des Verlustabzugs nach § 10a GewStG) wurde abgelehnt, da die natürliche Person nicht mehr Gesellschafter der KG sei und die mittelbare Beteiligung der natürlichen Person über die andere KG nicht ausreichen würde, um sie als Mitunternehmerin der KG anzusehen. Dem stehe die grundsätzliche Identität von Gesellschafter und Mitunternehmer entgegen (hier war die natürliche Person nicht mehr Gesellschafter der KG, sondern nur mittelbar Beteiligter über die andere KG).	Gleichstellung der mittelbaren mit der unmittelbaren Beteiligung **verneint** worden

257

Anhang 2

Gericht, Datum, Aktenzeichen	Wesentlicher (abstrakter) Inhalt der Entscheidung	Gleichstellung bejaht oder verneint?
BFH 13. November 1984 VIII R 312/82	An einer Partenreederei waren zwei KGs beteiligt, auf deren Ebene (also auf der mittelbaren Beteiligungsebene) Gesellschafterwechsel stattfanden. Es stellte sich die Frage des Verlustabzugs auf der Ebene der Partenreederei nach § 10a GewStG (insbesondere bzgl. der Unternehmeridentität). Die Voraussetzungen des Verlustabzugs nach § 10a GewStG (insbesondere die Unternehmeridentität) waren vom Bundesfinanzhof als erfüllt angesehen worden, da Unternehmer im Sinne des § 10a GewStG in Bezug auf die Partenreederei allein die beiden unmittelbar beteiligten KGs seien, jedoch nicht deren Gesellschafter (also die lediglich mittelbar an der Partenreederei Beteiligten). Eine Personenhandelsgesellschaft könne Gesellschafterin einer anderen Personenhandelsgesellschaft sein, so dass die Personenhandelsgesellschaft als solche (und nicht deren Gesellschafter) auch Mitunternehmerin einer anderen Personenhandelsgesellschaft sein könne. Mit anderen Worten: Der mittelbare Gesellschafterwechsel ist für Zwecke der Unternehmeridentität im Sinne des § 10a GewStG nicht relevant und damit auch nicht schädlich.	Gleichstellung der mittelbaren mit der unmittelbaren Beteiligung **verneint** worden
BFH 12. November 1985 VIII R 286/81	An einer KG waren eine andere KG und eine GmbH als Komplementärin beteiligt. An der anderen KG war eine natürliche Person beteiligt (und damit über diese mittelbar an der KG beteiligt), die zugleich die Geschäftsanteile an der GmbH hielt. Es stellte sich die Frage des Sonderbetriebsvermögen II der natürlichen Person bei der KG (an der sie nur mittelbar über die andere KG beteiligt war). Dies wurde vom Bundesfinanzhof abgelehnt. Zwar könnten zum Sonderbetriebsvermögen II grundsätzlich auch die Geschäftsanteile eines Kommanditisten an der Komplementär-GmbH gehören. Allerdings könnten nur solche Wirtschaftsgüter zum Sonderbetriebsvermögen II einer Personengesellschaft gehören, die im Eigentum eines ihrer Gesellschafter stehen würden. Dies treffe auf den vorliegenden Fall nicht zu, da die Geschäftsanteile an der GmbH der natürlichen Person gehörten und diese nicht zivilrechtliche Gesellschafterin der KG sei (sondern an dieser nur mittelbar über die andere KG beteiligt ist). Ein Durchgriff durch die andere KG auf die Geschäftsanteile der natürlichen Person an der GmbH sei ebenfalls abzulehnen, da die andere KG selbst Mitunternehmerin der KG sei und es dadurch ihren Gesellschaftern verwehrt sei, im Durchgriff durch sie selbst Mitunternehmer der KG zu sein.	Gleichstellung der mittelbaren mit der unmittelbaren Beteiligung **verneint** worden

Anhang 2

Gericht, Datum, Aktenzeichen	Wesentlicher (abstrakter) Inhalt der Entscheidung	Gleichstellung bejaht oder verneint?
BFH 5. März 1986 I R 201/82	Ein Ehepaar war an einer Kapitalgesellschaft mit Sitz in der Schweiz beteiligt, die aus dem Besitz von Aktien inländischer Aktiengesellschaften (dem Kapitalertragsteuerabzug unterworfene) Dividenden bezog. Die Schweizer Kapitalgesellschaft erwarb nach ihrer Gründung von dem Ehepaar Wertpapiere zum Kaufpreis von 0,68 Mio. DM, was dem damaligen Nominalwert entsprach. Der Kurswert lag bei 2,5 Mio. DM. Es stellte sich die Frage der Erstattung von Kapitalertragsteuer aus den inländischen Dividenden gemäß Art. 6 Abs. 3 DBA Schweiz 1931/59 zu Gunsten der Schweizer Kapitalgesellschaft. Dies wurde vom Bundesfinanzhof verneint. Der Erstattungsanspruch sei gemäß Art. 6 Abs. 3 DBA Schweiz 1931/59 zu beurteilen. Danach seien einem in der Schweiz ansässigen Gläubiger von Dividenden die im Abzugswege in der BRD erhobenen Steuern zu erstatten, soweit sie 15 % der Dividenden überstiegen. Die Frage, welche Person eine Dividende erziele, sei nach Ansicht des Bundesfinanzhofs nicht nach zivilrechtlichen, sondern nach steuerrechtlichen Zurechnungsvorschriften zu beurteilen. Das Finanzgericht habe zutreffend die Gläubigerstellung der Schweizer Kapitalgesellschaft unter Heranziehung des § 6 StAnpG a.F. beurteilt. Nach inzwischen ständiger Rechtsprechung erfülle die Zwischenschaltung von Basisgesellschaften in der Rechtsform einer GmbH im niedrig besteuerten Ausland den Tatbestand des Rechtsmissbrauchs, wenn für ihre Einschaltung wirtschaftliche oder sonst beachtliche Gründe fehlen würden und wenn sie keine eigene wirtschaftliche Tätigkeit entfalten würde. Die Zwischenschaltung der Schweizer Kapitalgesellschaft sei rechtsmissbräuchlich im Sinne des § 6 Abs. 1 StAnpG a.F. Sowohl der Sitz der Schweizer Kapitalgesellschaft als auch deren fehlende erwerbswirtschaftliche Betätigung deuteten auf die Absicht der Gesellschafter hin, das Wertpapiervermögen zur Umgehung der inländischen Besteuerung auf die Schweizer Kapitalgesellschaft zu übertragen. Damit sei das Wertpapiervermögen der Schweizer Kapitalgesellschaft gemäß § 6 Abs. 1 StAnpG a.F. den Gesellschaftern zuzurechnen. Entsprechend sei die Schweizer Kapitalgesellschaft nicht Gläubigerin im Sinne des Art. 6 Abs 3 DBA Schweiz 1931/59. Damit sei sie auch nicht Inhaberin eines Erstattungsanspruchs, den sie mit der Klage verfolgen könnte.	Gleichstellung der mittelbaren mit der unmittelbaren Beteiligung im Ergebnis **bejaht** worden

259

Anhang 2

Gericht, Datum, Aktenzeichen	Wesentlicher (abstrakter) Inhalt der Entscheidung	Gleichstellung bejaht oder verneint?
BFH Vorlagebeschluss 12. Oktober 1989 IV R 5/86 Beachte andere Entscheidung durch den Großen Senat des BFH: BFH, Großer Senat vom 25. Februar 1991 – GrS 7/89 Umsetzung der Bindung des IV. Senats an die Entscheidung des Großen Senats vom 25. Februar 1991 durch: BFH vom 7. November 1991 – IV R 5/86	An einer KG war unter anderem eine andere KG beteiligt, an der wiederum eine natürliche Person beteiligt war. Die KG und diese natürliche Person (als mittelbar Beteiligte an der KG) schlossen einen Arbeitsvertrag ab und es flossen Gehaltszahlungen und Sozialversicherungsbeiträge zu Gunsten der natürlichen Person seitens der KG. Es stellte sich die Frage, ob diese Zahlungen an die mittelbar Beteiligte dem Gewinn der KG nach § 15 Abs. 1 Nr. 2 EStG a.F. hinzuzurechnen waren oder als Betriebsausgaben angesetzt werden durften. Nach Auffassung des IV. Senats im Rahmen seines Vorlagebeschlusses sei für die Anwendung des § 15 Abs. 1 Satz 1 Nr. 2 EStG a.F. eine mittelbare Beteiligung über eine zwischengeschaltete Obergesellschaft ausreichend und eine unmittelbare Beteiligung daher nicht erforderlich. Die Hinzurechnung der genannten Zahlungen wurde also bejaht. Die Mitunternehmer der Obergesellschaft würden sich zugleich als Mitunternehmer der Untergesellschaft erweisen. Für die Anwendung des § 15 Abs. 1 Nr. 2 EStG a.F. könne es nach Auffassung des IV. Senats keinen Unterschied machen, ob die Obergesellschaft eine Personenhandelsgesellschaft oder eine GbR sei. Daraus ergebe sich, dass für die Anwendung des § 15 Abs. 1 Nr. 2 EStG a.F. eine mittelbare Beteiligung über eine zwischengeschaltete Obergesellschaft in der Rechtsform der Personenhandelsgesellschaft oder der GbR einschließlich der in § 15 Abs. 3 EStG a.F. bezeichneten Gesellschaften ausreichend sei. Eine unmittelbare Beteiligung sei dagegen gerade nicht vorausgesetzt.	Gleichstellung der mittelbaren mit der unmittelbaren Beteiligung **bejaht** worden

Anhang 2

Gericht, Datum, Aktenzeichen	Wesentlicher (abstrakter) Inhalt der Entscheidung	Gleichstellung bejaht oder verneint?
BFH 4. Oktober 1990 X R 148/88	Eine natürliche Person war als Kommanditistin an einem vermögensverwaltenden Immobilienfonds beteiligt. Die natürliche Person veräußerte sodann diese Kommanditbeteiligung. Es stellte sich die Frage, ob dadurch ein Spekulationsgewinn nach § 23 Abs. 1 Nr. 1 Buchst. a EStG a.F. auf Ebene der natürlichen Person erzielt wurde. Dies wurde abgelehnt, da der Veräußerungsvorgang weder ein Grundstück noch ein grundstücksgleiches Recht im Sinne des § 23 Abs. 1 Nr. 1 Buchst. a EStG a.F. betroffen habe. Die Vorschrift bzw. der Veräußerungsgegenstand sei für diese Zwecke allein zivilrechtlich zu bestimmen, so dass das veräußerte Recht unter die Vorschriften der §§ 873 ff. BGB fallen müsse. Dies sei aber bei der Übertragung einer gesamthänderischen Beteiligung (also der Veräußerung des Kommanditanteils) grundsätzlich selbst dann nicht der Fall, wenn das Gesellschaftsvermögen nur aus einem Grundstück oder mehreren Grundstücken bestehen würde. Das Gesamthandseigentum begründe keinen sachenrechtlich fassbaren Anteil und infolgedessen auch kein Verfügungsrecht des Einzelnen an den Gegenständen des Gesamthandseigentums (also den Grundstücken des Immobilienfonds). Die Maßgeblichkeit zivilrechtlicher Wertung im Rahmen des § 23 Abs. 1 Nr. 1 Buchst. a EStG a.F. bedeute vielmehr, dass hier ein Durchgriff durch die gesamthänderische Beteiligung auf die Wirtschaftsgüter des Gesamthandsvermögens nicht stattfinde (die mittelbare Beteiligung an diesen Wirtschaftsgütern also nicht ausreiche). Mit anderen Worten: Es genügt allein die unmittelbare Veräußerung von Grundstücken bzw. grundstücksgleichen Rechten und nicht die mittelbare Veräußerung durch die Veräußerung eines Anteils an einer Personengesellschaft, die diese Vermögensgegenstände hält.	Gleichstellung der mittelbaren mit der unmittelbaren Beteiligung **verneint** worden

Anhang 2

Gericht, Datum, Aktenzeichen	Wesentlicher (abstrakter) Inhalt der Entscheidung	Gleichstellung bejaht oder verneint?
BFH Großer Senat 25. Februar 1991 GrS 7/89	An einer KG war unter anderem eine andere KG beteiligt, an der wiederum eine natürliche Person beteiligt war. Die KG und diese natürliche Person (als mittelbar Beteiligte an der KG) schlossen einen Arbeitsvertrag ab und es flossen Gehaltszahlungen und Sozialversicherungsbeiträge zu Gunsten der natürlichen Person seitens der KG. Es stellte sich die Frage, ob diese Zahlungen (an die mittelbar Beteiligte) dem Gewinn der KG nach § 15 Abs. 1 Nr. 2 EStG a.F. hinzuzurechnen war oder bei dieser als (abzugsfähige) Betriebsausgaben angesetzt werden durften. Die Hinzurechnung der genannten Zahlungen nach § 15 Abs. 1 Nr. 2 EStG a.F. zum Gewinn der KG wurde vom Großen Senat des Bundesfinanzhofs abgelehnt. § 15 Abs. 1 Nr. 2 EStG a.F. sei auf Vergütungen nicht anzuwenden, wenn der Vergütungsempfänger bei der die Vergütung zahlenden Personenhandelsgesellschaft nicht unmittelbar als Gesellschafter, sondern nur mittelbar über eine andere Personengesellschaft beteiligt sei. Mit anderen Worten: Für die Anwendung des § 15 Abs. 1 Nr. 2 EStG a.F. ist eine unmittelbare Beteiligung erforderlich und eine mittelbare Beteiligung reicht daher gerade nicht aus. Eine Personengesellschaft könne nach Auffassung des Gerichts grundsätzlich Gesellschafter und Mitunternehmer einer Personengesellschaft als Untergesellschaft sein, ohne dass auch ihre Gesellschafter (also die Gesellschafter der Obergesellschaft) Mitunternehmer der Untergesellschaft seien. Daraus folge, dass die Gesellschafter der Obergesellschaft als Mitunternehmer lediglich der Obergesellschaft Sondervergütungen nur aus Geschäftsbeziehungen zu dieser Obergesellschaft erlangen könnten. Es müsse angenommen werden, dass eine Personenhandelsgesellschaft als Gesellschafterin einer anderen Personenhandelsgesellschaft auch deren Mitunternehmerin sei und dass ihren eigenen Gesellschaftern (also den Gesellschaftern der Obergesellschaft) diese Eigenschaft nicht zukomme. Mitunternehmer könne nämlich nur sein, wer zivilrechtlich Gesellschafter einer Personengesellschaft sei. Als Mitunternehmer der Untergesellschaft kämen nur deren zivilrechtliche Gesellschafter in Betracht. Die zwischengeschaltete Personengesellschaft (hier die andere KG) als Mitunternehmerin verwehre ihren Gesellschaftern (hier der natürlichen Person) die Mitunternehmerstellung bei der Untergesellschaft.	Gleichstellung der mittelbaren mit der unmittelbaren Beteiligung **verneint** worden

Anhang 2

Gericht, Datum, Aktenzeichen	Wesentlicher (abstrakter) Inhalt der Entscheidung	Gleichstellung bejaht oder verneint?
	Dies würde auch dem Grundsatz des Bundesfinanzhofs entsprechen, mittelbare Beteiligungen unmittelbaren nicht gleichzusetzen. Es bedürfe dazu vielmehr einer gesetzlichen Vorschrift, es sei denn, die Gleichstellung ergebe sich eindeutig aus dem Sinn und Zweck der gesetzlichen Vorschrift.	
BFH 7. November 1991 IV R 5/86	Es erfolgte die Umsetzung der Entscheidung des Großen Senats vom 25. Februar 1991 (vgl. oben) durch den IV. Senat des Bundesfinanzhofs: § 15 Abs. 1 Satz 1 Nr. 2 EStG a.F. sei auf Tätigkeitsvergütungen, die ein Gesellschafter der Obergesellschaft für eine Tätigkeit bei der Untergesellschaft erhalten würde, nicht anwendbar. Die natürliche Person sei an der KG nicht unmittelbar, sondern nur mittelbar über die andere KG beteiligt, so dass § 15 Abs. 1 Satz 1 Nr. 2 EStG a.F. keine Anwendung auf die KG finden könne.	Gleichstellung der mittelbaren mit der unmittelbaren Beteiligung **verneint** worden
BFH 10. Juni 1992 I R 105/89	An einer inländischen KG waren drei Gesellschafter beteiligt. Diese Gesellschafter waren gleichzeitig die alleinigen Gesellschafter einer AG mit Sitz in der Schweiz, die sie zuvor gegründet hatten. Die Beteiligungsverhältnisse an der Schweizer AG entsprachen denen an der inländischen KG. Die Schweizer AG gewährte der inländischen KG zwei Darlehen, die später in eine Einlage der Schweizer AG als stille Gesellschafterin der inländischen KG umgewandelt wurden. Die Schweizer AG verwaltete zudem Nutzungsrechte an Appartement-Wohnungen. Es stellte sich die Frage, ob die Darlehensgewährungen und die Vereinbarung über eine stille Gesellschaft missbräuchlich im Sinne des § 42 AO 1977 (§ 6 StAnpG a.F.) waren, so dass die inländische KG so zu besteuern war, als wären die Darlehen und die stille Einlage von den Gesellschaftern der inländischen KG geleistet worden. Dies wurde bejaht. Das Finanzgericht sei nach Ansicht des Bundesfinanzhofs zutreffend davon ausgegangen, dass im Streitfall § 42 AO 1977 (§ 6 StAnpG a.F.) anzuwenden sei und dass die Rechtsfolge der Vorschrift nicht durch §§ 7 ff. AStG verdrängt würde. Nach inzwischen ständiger höchstrichterlicher Rechtsprechung erfülle die Zwischenschaltung von Basisgesellschaften in der Rechtsform einer Kapitalgesellschaft im niedrig besteuerten Ausland den Tatbestand des Rechtsmissbrauchs, wenn für ihre Zwischenschaltung wirtschaftliche oder sonst beachtliche Gründe fehlen würden.	Gleichstellung der mittelbaren mit der unmittelbaren Beteiligung im Ergebnis **bejaht** worden

263

Anhang 2

Gericht, Datum, Aktenzeichen	Wesentlicher (abstrakter) Inhalt der Entscheidung	Gleichstellung bejaht oder verneint?
	Die Schweizer AG sei eine sog. Basisgesellschaft, da sie weder eigene Geschäftsräume besessen noch eigenes Personal beschäftigt hätte und im niedrig besteuerten Ausland ansässig sei. Damit begründe die tatsächlich gewählte Gestaltung die Vermutung, dass die Zwischenschaltung der Schweizer AG in die Einkünfteerzielung aus Vermögensverwaltung ausschließlich der Verlagerung der Einkünfteerzielung in das niedrig besteuerte Ausland und in diesem Sinne der Manipulation gedient habe. Jedenfalls sei kein weitergehender wirtschaftlicher Grund zu erkennen, für dessen Erreichung die Zwischenschaltung der Schweizer AG in die Einkünfteerzielung aus Vermögensverwaltung als ein angemessenes Mittel angesehen werden könnte.	
BFH Großer Senat 3. Juli 1995 GrS 1/93	Eine natürliche Person erwarb mit einer anderen natürlichen Person je zur Hälfte ein mit elf Wohnungen, Gewerbehallen und Büroräumen bebautes Grundstück 1, das zunächst vermietet wurde. Im Folgenden wurden die Mietwohnungen in Eigentumswohnungen umgewandelt und veräußert. Die natürliche Person erwarb zudem ein Grundstück 2, das anschließend in drei Teilgrundstücke aufgeteilt wurde und die sodann veräußert wurden. Es stellte sich die Frage des gewerblichen Grundstückshandels der natürlichen Person (insbesondere im Hinblick auf die Zurechnung der Aktivitäten als Gesellschafter bzw. Gemeinschafter betreffend das Grundstück 1). Der Große Senat folgte dem vorlegenden Senat darin, dass – ungeachtet einer steuerrechtlich vorrangigen Beurteilung auf der Ebene der Gesellschaft/ Gemeinschaft – alle „willensbestimmten eigenen Aktivitäten" des Beteiligten am Grundstücksmarkt in dessen Person nach Maßgabe des jeweils einschlägigen Steuertatbestands (hier § 2 GewStG in Verbindung mit §§ 2 Abs. 1, 15 Abs. 1 Nr. 1 EStG) zusammenfassend zu beurteilen seien.	Gleichstellung der mittelbaren mit der unmittelbaren Beteiligung **bejaht** worden

Anhang 2

Gericht, Datum, Aktenzeichen	Wesentlicher (abstrakter) Inhalt der Entscheidung	Gleichstellung bejaht oder verneint?
	In die hiernach gebotene Gesamtbeurteilung seien zum einen diejenigen Aktivitäten des Steuerpflichtigen einzubeziehen, die dieser in Verfolgung eines Gesellschaftszwecks oder als Gemeinschafter verwirkliche, die aber für sich genommen „in der Einheit der Gesellschaft/ Gemeinschaft" wegen ihres – auf dieser Ebene – geringen Umfangs nicht als gewerblich anzusehen seien. Dies könne dazu führen, dass von der Personenmehrheit getätigte und auf dieser Ebene nicht steuerbare Grundstücksgeschäfte zusammen mit einem oder mehreren An- und Verkaufsgeschäften durch den Steuerpflichtigen selbst in seiner Person als gewerblich zu beurteilen seien. Grundstücksgeschäfte einer vermögensverwaltenden Personenmehrheit könnten mithin auch dann in die steuerrechtliche Gesamtbeurteilung der eigenen Tätigkeit des Steuerpflichtigen einbezogen werden und den Tatbestand der Gewerblichkeit mitbegründen, wenn der Steuerpflichtige die Beteiligung nicht in einem Betriebsvermögen halten würde. Die steuerrechtliche „Einheit der Personengesellschaft" habe auch keine Abschirmwirkung in dem Sinne, dass sie ausschlösse, einer wegen geringer Objektzahl an sich nicht gewerblichen Tätigkeit in eigener Person des Steuerpflichtigen durch den sachlichen Zusammenhang mit einer unternehmerischen Beteiligung an einem gewerblichen Grundstückshandel einen gewerblichen Charakter zu verleihen. Der Beteiligte an einer gewerblich tätigen Personengesellschaft oder an einem wirtschaftlich vergleichbaren Gemeinschaftsverhältnis erziele selbst nach näherer Maßgabe des § 15 Abs. 1 Nr. 2 EStG a.F. Einkünfte aus Gewerbebetrieb. Die Personengesellschaft sei zwar nicht Subjekt der Einkommensbesteuerung, aber „insoweit Steuerrechtssubjekt, als sie in der Einheit der Gesellschaft Merkmale eines Besteuerungstatbestandes verwirkliche, welche den Gesellschaftern für deren Besteuerung zuzurechnen seien. Solche Merkmale seien insbesondere die Verwirklichung oder Nichtverwirklichung des Tatbestands einer bestimmten Einkunftsart und das Erzielen von Gewinn oder Überschuss im Rahmen dieser Einkunftsart. Das Ergebnis dieser Tätigkeit werde den Gesellschaftern als Anteil am Gewinn oder Überschuss zugerechnet. Dazu bedürfe es keiner Zurechnung der einzelnen Geschäftsvorfälle der Gesellschaft an die Gesellschafter.	

Anhang 2

Gericht, Datum, Aktenzeichen	Wesentlicher (abstrakter) Inhalt der Entscheidung	Gleichstellung bejaht oder verneint?
	Die Eigenschaft der Personengesellschaften und Gemeinschaften als Steuerrechtssubjekt lasse die Grundentscheidung der §§ 1 und 2 EStG unberührt, dass Subjekte der Einkommensteuer allein die einzelnen Gesellschafter sind. Bei gewerblichen Einkünften im Sinne von § 15 Abs. 1 Nr. 2 EStG a.F. seien Träger des Gewerbebetriebs einer Personengesellschaft deren Gesellschafter, sofern sie Mitunternehmerrisiko tragen und Mitunternehmerinitiative entfalten könnten. Im Interesse einer sachlich zutreffenden Besteuerung des Gesellschafters/ Gemeinschafters seien daher alle ihm zuzurechnenden Tätigkeiten auf dem Gebiet des Grundstückshandels in eine Gesamtwürdigung am Maßstab des § 2 GewStG, § 2 Abs. 1 in Verbindung mit § 15 EStG einzubeziehen. Wirtschaftliche Aktivitäten, die der Steuerpflichtige in seiner Person tätige, die aber als solche die im Steuertatbestand vorausgesetzte Nachhaltigkeit nicht erreichen würden, könnten in einer Gesamtschau mit einer mitunternehmerischen Betätigung als gewerblich bewertet werden. In gleicher Weise könnten solche gemeinschaftlich verwirklichten Aktivitäten, die auf der Ebene der Gesellschaft/ Gemeinschaft (noch) nicht gewerblicher Art seien, und hiermit sachlich zusammenhängende Tätigkeiten des Steuerpflichtigen selbst – auch solche im Rahmen einer anderen vermögensverwaltenden Gesellschaft – in seiner Person insgesamt als gewerblich eingestuft werden.	
BFH 26. Juni 1996 VIII R 41/95	An einer KG waren unter anderem zwei natürliche Personen beteiligt, welche ihre Kommanditanteile auf eine andere KG übertrugen, an welcher sie im gleichen Verhältnis beteiligt waren wie zuvor an der KG (sie waren daher nunmehr mittelbar über die andere KG an der KG beteiligt). Es stellte sich die Frage des Verlustabzugs der KG nach § 10a GewStG (insbesondere bzgl. der Unternehmeridentität). Dieser wurde vom Bundesfinanzhof abgelehnt, obwohl die früheren Kommanditisten über die andere KG als Obergesellschaft weiterhin an der KG mittelbar beteiligt blieben. Mit der Übertragung der Kommanditanteile auf die andere KG seien die natürlichen Personen nicht nur als Gesellschafter, sondern auch als Mitunternehmer aus der KG ausgeschieden, so dass Gesellschafterin und Mitunternehmerin die andere KG geworden sei. Mit anderen Worten: Die mittelbare Beteiligung konnte den Verlustabzug nach § 10a GewStG nicht aufrechterhalten.	Gleichstellung der mittelbaren mit der unmittelbaren Beteiligung **verneint** worden

Anhang 2

Gericht, Datum, Aktenzeichen	Wesentlicher (abstrakter) Inhalt der Entscheidung	Gleichstellung bejaht oder verneint?
BFH 10. Juli 1996 X R 103/95	Eine natürliche Person erwarb einen Gesellschaftsanteil an einer (vermögensverwaltenden) GbR, welche (also die GbR) den Erwerb eines Grundstücks und die Modernisierung des darauf befindlichen Gebäudes zum Gegenstand hatte. Diesen Gesellschaftsanteil veräußerte die natürliche Person sodann mit Gewinn. Es stellte sich die Frage, ob dieser Veräußerungsgewinn der natürlichen Person aus der Veräußerung des Gesellschaftsanteil an der GbR dem § 23 Abs. 1 Nr. 1 Buchst. a EStG a.F. unterfiel. Dies wurde abgelehnt, da weder der Erwerbsvorgang noch der Veräußerungsanteil des Anteils an der GbR ein Grundstück oder grundstücksgleiches Recht zum Gegenstand gehabt hätten. Die Gesetzesvorschrift sei vielmehr rein zivilrechtlich auszulegen. Die Veräußerung eines Anteils an einer (vermögensverwaltenden) Personengesellschaft könne nicht mit einer Veräußerung der hinter dieser Gesellschaft stehenden Wirtschaftsgüter (hier Grundstücke) gleichgesetzt werden. Der Durchgriff durch die Personengesellschaft wurde also abgelehnt. Der seit 1994 geltende § 23 Abs. 1 Satz 1 EStG [jetzt § 23 Abs. 1 Satz 4 EStG] sei vielmehr als Fiktion ausgestaltet worden. Mit anderen Worten: Es genügt allein die unmittelbare Veräußerung von Grundstücken bzw. grundstücksgleichen Rechten und nicht die mittelbare Veräußerung durch die Veräußerung eines Anteils an einer Personengesellschaft, die diese Vermögensgegenstände hält.	Gleichstellung der mittelbaren mit der unmittelbaren Beteiligung **verneint** worden
BFH 27. August 1997 I R 8/97	Zwei niederländische Kapitalgesellschaften, deren alleinige Gesellschafterin eine niederländische Stiftung war, schlossen sich zu einer GbR zusammen. Die GbR erwarb ein Bürogrundstück im Inland, wobei der Kaufpreis von der niederländischen Stiftung darlehensweise zur Verfügung gestellt wurde. Die niederländischen Kapitalgesellschaften erzielten Mieterträge aus dem inländischen Bürogrundstück und Zinserträge und hatten Zinsverbindlichkeiten gegenüber der niederländischen Stiftung aufgrund der Darlehensgewährung (vgl. oben). Es stellte sich die Frage, ob die niederländischen Kapitalgesellschaften inländische (der beschränkten Steuerpflicht unterfallende) Einkünfte aus Vermietung und Verpachtung im Sinne des §§ 8 Abs. 1 KStG, 49 Abs. 1 Nr. 6 EStG a.F. erzielten oder ob die Vermietungstätigkeit und die entsprechende Einkünfte gemäß § 42 AO der niederländischen Stiftung als Alleingesellschafterin der niederländischen Kapitalgesellschaften zuzurechnen war.	Gleichstellung der mittelbaren mit der unmittelbaren Beteiligung im Ergebnis **bejaht** worden

Anhang 2

Gericht, Datum, Aktenzeichen	Wesentlicher (abstrakter) Inhalt der Entscheidung	Gleichstellung bejaht oder verneint?
	Die Zurechnung gemäß § 42 AO an die niederländische Stiftung als Alleingesellschafterin der niederländischen Kapitalgesellschaften wurde bejaht. Das Finanzgericht habe nach Ansicht des Bundesfinanzhofs tatsächliche Feststellungen getroffen, die dazu zwingen würden, die Vermietungstätigkeit gemäß § 42 Abs. 2 AO der Alleingesellschafterin der niederländischen Kapitalgesellschaften, der niederländischen Stiftung, zuzurechnen. Die niederländischen Kapitalgesellschaften seien nur deshalb Eigentümer und Vermieter des inländischen Grundbesitzes, um auf diese Weise steuerliche Verluste aus der Vermietungstätigkeit im Inland entstehen zu lassen. Sie seien eigenkapitalmäßig nicht in der Lage, den Kaufpreis zu bezahlen. Ein fremder Dritter hätte ihnen nicht das dafür erforderliche Kapital überlassen. Der Eigentumserwerb sei nur möglich, weil die niederländische Stiftung, als Alleingesellschafterin der niederländischen Kapitalgesellschaften, den Kaufpreis zu finanzieren bereit gewesen wäre, ohne dafür angemessene Zinsen erwarten zu können. Die steuerlich bei den niederländischen Kapitalgesellschaften entstehenden Verluste hätten eine Ertragbesteuerung der Vermietungstätigkeit im Inland ausschließen sollen. Die niederländische Stiftung hätte ihrerseits im Inland nicht steuerbare und in den Niederlanden steuerfreie Zinseinkünfte erzielen sollen. Hätte die Stiftung die inländischen Einkünfte aus Vermietung und Verpachtung unmittelbar erzielt, so wäre sie mit denselben im Inland beschränkt körperschaftsteuerpflichtig geworden. Damit stehe nach Ansicht des Bundesfinanzhofs fest, dass die von der niederländischen Stiftung und den niederländischen Kapitalgesellschaften gewählte Gestaltung ausschließlich steuerlich motiviert gewesen sei. Die niederländischen Kapitalgesellschaften seien zudem eigenwirtschaftlich funktionslos und handelten treuhandähnlich für ihren Alleingesellschafter. Die Geschäftsführung hätte der niederländischen Stiftung als Alleingesellschafterin zugestanden. Diese Feststellungen würden dazu zwingen, die Vermietung des inländischen Grundbesitzes steuerlich der niederländischen Stiftung zuzurechnen.	

Anhang 2

Gericht, Datum, Aktenzeichen	Wesentlicher (abstrakter) Inhalt der Entscheidung	Gleichstellung bejaht oder verneint?
BFH 15. Dezember 1998 VIII R 77/93	Eine KG war alleinige Gesellschafterin einer Grundstücks-GmbH. An der KG waren zwei natürliche Personen beteiligt, die zugleich alleinige Gesellschafter einer anderen KG waren. Die Grundstücks-GmbH vermietete Wohnung an die andere KG, welche sie wiederum an Dritte untervermietete. Es stellte sich die Frage, ob die Grundstücks-GmbH die erweiterte Kürzung des Gewerbeertrags nach § 9 Nr. 1 Satz 2 GewStG geltend machen durfte oder die Ausnahmeregelung des § 9 Nr. 1 Satz 5 GewStG eingriff und damit lediglich die einfache Kürzung des Gewerbeertrags nach § 9 Nr. 1 Satz 1 GewStG zur Anwendung kommen durfte. Die Grundstücks-GmbH durfte die erweiterte Kürzung nach § 9 Nr. 1 Satz 2 GewStG nicht in Anspruch nehmen, da nach Auffassung des Bundesfinanzhofs die Ausnahmeregelung des § 9 Nr. 1 Satz 5 GewStG eingriff. Danach komme die erweiterte Kürzung nicht in Betracht, wenn der Grundbesitz des Grundstücksunternehmens ganz oder zum Teil dem Gewerbebetrieb eines Gesellschafters des Grundstücksunternehmens dienen würde. Dies sei im vorliegenden Fall der Fall, obwohl die KG als alleinige Gesellschafterin der Grundstücks-GmbH nicht mit der den Grundbesitz nutzenden Personenhandelsgesellschaft in Form der anderen KG identisch sei. Es genüge, dass an der KG dieselben natürlichen Personen als Gesellschafter beteiligt seien wie an der anderen KG. Der § 9 Nr. 1 Satz 5 GewStG sei schon bisher so ausgelegt worden, dass unter „Gewerbebetrieb eines Gesellschafters" auch ein Gewerbebetrieb zu verstehen sei, an dem der Gesellschafter des Grundstückunternehmens als Mitunternehmer beteiligt sei. Der vorliegende Fall unterscheide sich nun aber insofern von den bisher entschiedenen Fällen, als die Mitunternehmer der anderen KG, an die der Grundbesitz der Grundstücks-GmbH vermietet wurde, nicht unmittelbar an der Grundstücks-GmbH beteiligt seien. Dies sei allein die KG, die beiden natürlichen Personen seien als Gesellschafter der KG nur mittelbar über diese an der Grundstücks-GmbH beteiligt. Dies rechtfertige es jedoch nicht, das Vorliegen der Voraussetzungen der Ausnahmevorschrift des § 9 Nr. 1 Satz 5 GewStG zu verneinen. Auch der mittelbar über eine Personengesellschaft beteiligte Gesellschafter sei „Gesellschafter" im Sinne des § 9 Nr. 1 Satz 5 GewStG.	Gleichstellung der mittelbaren mit der unmittelbaren Beteiligung **bejaht** worden

Anhang 2

Gericht, Datum, Aktenzeichen	Wesentlicher (abstrakter) Inhalt der Entscheidung	Gleichstellung bejaht oder verneint?
	Zwar stehe die mittelbare Beteiligung der unmittelbaren Beteiligung nicht gleich. Solle ausnahmsweise etwas anderes gelten, bedürfe es hierfür in der Regel einer ausdrücklichen gesetzlichen Regelung. Eine ausdrückliche Erstreckung des Regelungsbereichs einer Vorschrift auf mittelbar Beteiligte sei jedoch entbehrlich, wenn sich ihre Gleichstellung mit unmittelbar Beteiligten klar aus dem Sinn und Zweck des Gesetzes ergeben würde. Dies treffe auf den vorliegen Fall zu, so dass die erweiterte Kürzung auch dann zu versagen sei, wenn der Grundbesitz dem Gewerbebetrieb von Personen diene, die mittelbar über eine Personenhandelsgesellschaft am Grundstücksunternehmen beteiligt seien. Der Zweck des § 9 Nr. 1 Satz 5 GewStG würde verfehlt, wenn es den Gesellschaftern eines Grundstücksunternehmens in der Rechtsform einer GmbH möglich wäre, durch Zwischenschaltung einer Personengesellschaft den Grundbesitz für eigengewerbliche Zwecke zu nutzen, ohne die Begünstigung des § 9 Nr. 1 Satz 2 GewStG zu verlieren.	
BFH 15. April 1999 IV R 11/98	An einer KG waren zwei GmbHs beteiligt, an denen (als alleinige Gesellschafterin) eine bestimmte natürliche Person beteiligt war. Die KG vermietete dieser natürlichen Person ein Geschäftshaus, deren Gewerbebetrieb das vermietete Geschäftshaus diente. Es stellte sich die Frage der erweiterten Kürzung auf Ebene der KG. Dies wurde bejaht, da die Voraussetzungen der Ausschlussvorschrift des § 9 Nr. 1 Satz 5 GewStG, die die Anwendung der erweiterten Kürzung nach § 9 Nr. 1 Satz 2 GewStG ausschließen würde, nicht vorlagen. Danach werde die erweiterte Kürzung nicht gewährt, wenn der Grundbesitz ganz oder zum Teil dem Gewerbebetrieb eines Gesellschafters diene. Die natürliche Person, deren Gewerbebetrieb das vermietete Geschäftshaus diente, sei nach Auffassung des Bundesfinanzhofs nicht Gesellschafterin der KG. Dass sie über eine Kapitalgesellschaft mittelbar beteiligt sei, reiche für die Anwendung des § 9 Nr. 1 Satz 5 GewStG nicht aus (sie sei also nicht als „Gesellschafter" im Sinne des § 9 Nr. 1 Satz 5 GewStG einzustufen). Gesellschafter sei nur derjenige, dem die Gesellschaftsrechte steuerlich zuzurechnen seien. Dies sei im Regelfall nur der unmittelbar Beteiligte.	Gleichstellung der mittelbaren mit der unmittelbaren Beteiligung **verneint** worden

Anhang 2

Gericht, Datum, Aktenzeichen	Wesentlicher (abstrakter) Inhalt der Entscheidung	Gleichstellung bejaht oder verneint?
	Zwar habe der Bundesfinanzhof mit Urteil vom 15. Dezember 1998 – VIII R 77/93 (vgl. oben) entschieden, dass eine mittelbare Beteiligung über eine Personengesellschaft zum Ausschluss der erweiterten Kürzung führen würde (die mittelbare Beteiligung sei insoweit also ausreichend, um als „Gesellschafter" im Sinne des § 9 Nr. 1 Satz 5 GewStG zu gelten). Die mittelbare Beteiligung über eine Kapitalgesellschaft habe eine solche Wirkung jedoch nicht (die mittelbare Beteiligung über eine Kapitalgesellschaft sei insoweit also nicht ausreichend, um als „Gesellschafter" im Sinne des § 9 Nr. 1 Satz 5 GewStG zu gelten). Insoweit sei das Durchgriffsverbot mit Blick auf eine vermittelnde Kapitalgesellschaft zu beachten.	
BFH 13. Juli 1999 VIII R 72/98	An einer (vermögensverwaltenden) GbR waren zwei natürliche Personen beteiligt. Die GbR hielt Anteile an einer GmbH. Eine der beteiligten natürlichen Personen veräußerte ihre Anteile an der GbR an eine andere GmbH. Es stellte sich die Frage, ob diese natürliche Person einen Veräußerungsgewinn nach § 17 EStG a.F. erzielte (obwohl sie lediglich die Anteile an der GbR veräußerte, die die Anteile an der GmbH hielt). Dies wurde vom Bundesfinanzhof bejaht. Gehörten die Anteile an einer Kapitalgesellschaft zum Gesamthandsvermögen einer vermögensverwaltenden Personengesellschaft, so würden – angesichts der Gleichstellung der mittelbaren mit den unmittelbaren Beteiligungen – nach der Rechtsprechung des Bundesfinanzhofs die Anteilsrechte für Zwecke der Besteuerung von Veräußerungsgewinnen gemäß § 17 EStG a.F. den Gesellschaftern nach § 39 Abs. 2 Nr. 2 AO 1977 anteilig zugerechnet, d.h. so zugerechnet, als ob sie an den Anteilsrechten zu Bruchteilen berechtigt wären. Dies habe nicht nur zur Folge, dass sämtliche Größen, die den Veräußerungsgewinn bestimmen würden (Anschaffungskosten, Veräußerungspreis, Veräußerungskosten), anteilig den Gesellschaftern zuzurechnen seien, daraus würde sich ferner ergeben, dass sowohl die Veräußerung des Anteils an der vermögensverwaltenden Personengesellschaft als auch die entgeltliche Übertragung der Anteilsrechte durch die Gesamthand als solche ertragsteuerrechtlich als anteilige Veräußerung der Beteiligung an der Kapitalgesellschaft durch die Gesellschafter der vermögensverwaltenden Personengesellschaft zu werten seien.	Gleichstellung der mittelbaren mit der unmittelbaren Beteiligung **bejaht** worden

Anhang 2

Gericht, Datum, Aktenzeichen	Wesentlicher (abstrakter) Inhalt der Entscheidung	Gleichstellung bejaht oder verneint?
	Nur diese Grundsätze über die anteilige Zurechnung der Wirtschaftsgüter des Gesamthandsvermögens stelle sowohl nach der Systematik des § 17 EStG a.F. als auch nach der Zwecksetzung dieser Vorschrift eine sachlich zutreffende Besteuerung sicher. Unter Berücksichtigung der die Besteuerung nach § 17 EStG a.F. tragenden Wertungsprinzipien seien die Wirtschaftsgüter der vermögensverwaltenden GbR (d.h. die Geschäftsanteile an der GmbH) der natürlichen Person bei der steuerrechtlichen Beurteilung der entgeltlichen Übertragung ihrer Gesellschaftsanteile an der vermögensverwaltenden GbR jedenfalls mit Rücksicht auf das Tatbestandsmerkmal der „Veräußerung von Anteilen an einer Kapitalgesellschaft" im Sinne des § 17 Abs. 1 Satz 1 EStG a.F. anteilig zuzurechnen (§ 39 Abs. 2 Nr. 2 AO 1977).	
BFH 31. August 1999 VIII B 74/99	An einer KG war eine natürliche Person beteiligt, welche ihren Kommanditanteil sodann auf eine andere KG übertrug, deren alleiniger Kommanditist sie wiederum wurde (so dass sie nunmehr mittelbar über die andere KG an der KG beteiligt war). Es stellte sich die Frage des Verlustabzugs der KG nach § 10a GewStG (insbesondere bzgl. der Unternehmeridentität). Die Voraussetzungen des § 10a GewStG (insbesondere Unternehmeridentität) wurden vom Bundesfinanzhof abgelehnt, da beim Ausscheiden eines Gesellschafters aus einer KG (Untergesellschaft) der auf ihn entfallende Fehlbetrag selbst dann verloren gehe, wenn er über eine andere KG (Obergesellschaft) weiterhin mittelbar an der Untergesellschaft beteiligt bleiben würde. Eine andere Entscheidung ergebe sich auch nicht durch die Gesetzesänderung durch das StÄndG 1992 vom 25. Februar 1992, mit der § 15 Abs. 1 Satz 1 Nr. 2 EStG ein Satz 2 eingefügt wurde. Zwar sei nach dem Wortlaut dieser neuen Vorschrift die natürliche Person auch nach der Übertragung ihres Gesellschaftsanteils an der KG weiterhin als Mitunternehmerin dieser KG anzusehen, da sie über die andere KG mittelbar an der KG beteiligt sei. Dies strahle auch auf die Gewerbesteuer aus. Dies habe jedoch nicht zur Folge, dass im Rahmen des § 10a GewStG der nur mittelbar beteiligte Gesellschafter uneingeschränkt, d.h. auch außerhalb seines Sonderbetriebsbereichs, zu Verlustverrechnung berechtigt sei.	Gleichstellung der mittelbaren mit der unmittelbaren Beteiligung **verneint** worden

Anhang 2

Gericht, Datum, Aktenzeichen	Wesentlicher (abstrakter) Inhalt der Entscheidung	Gleichstellung bejaht oder verneint?
	Der Wortlaut des § 15 Abs. 1 Satz 1 Nr. 2 EStG sei vielmehr auslegungsbedürftig. Da der Gewinnanteil, der nach dem Gesellschaftsrecht auf den zivilrechtlichen Gesellschafter (hier die andere KG) entfalle, steuerlich nicht doppelt zugerechnet werden könne, sei bei der Gewinnfeststellung der Untergesellschaft zwangsläufig abzugrenzen, was der Obergesellschaft und was dem mittelbar beteiligten Gesellschafter zuzuordnen sei. Da der Gesetzeszweck des § 15 Abs. 1 Satz 1 Nr. 2 Satz 2 EStG sich darauf beschränke, den nur mittelbar beteiligten Gesellschafter lediglich wegen der Sondervergütungen und des Sonderbetriebsvermögens wie einen unmittelbar beteiligten Gesellschafter zu behandeln, sei der sachliche Anwendungsbereich des § 15 Abs. 1 Satz 1 Nr. 2 Satz 2 EStG auf den Sonderbetriebsbereich des Gesellschafters der Obergesellschaft bei der Untergesellschaft zu beschränken. Folgerichtig seien bei der Gewerbesteuer gemäß § 10a Satz 1 GewStG auch nur diejenigen Verluste vergangener Erhebungszeiträume mit den Gewinnen aus seinem Sonderbetriebsbereich zu verrechnen, die in dem Sonderbetriebsbereich des mittelbar beteiligten Gesellschafters bei der Untergesellschaft entstanden seien. Da die Voraussetzungen für eine Verlustverrechnung im Sonderbetriebsbereich der natürlichen Person nicht vorliegen würden, lägen die Voraussetzungen des Verlustabzugs nach § 10a GewStG nicht vor.	
BFH 9. Mai 2000 VIII R 40/99	Eine natürliche Person war Kommanditist einer KG mit einer Beteiligung in Höhe von 50 %. An ihrem Kommanditanteil räumte sie insgesamt vier Personen Unterbeteiligungen ein. Später wurde das Vermögen der KG in eine GmbH eingebracht, an der die natürliche Person ebenfalls zu 50 % beteiligt war. Nunmehr bestanden die Unterbeteiligungen an den Geschäftsanteilen der natürlichen Person an der GmbH. Später veräußerte die natürliche Person ihre Geschäftsanteile an der GmbH mit Gewinn. Es stellte sich die Frage der Feststellung eines Veräußerungsgewinns im Sinne des § 17 EStG der natürlichen Person im Rahmen der einheitlichen und gesonderten Feststellung.	Gleichstellung der mittelbaren mit der unmittelbaren Beteiligung **bejaht** worden

Anhang 2

Gericht, Datum, Aktenzeichen	Wesentlicher (abstrakter) Inhalt der Entscheidung	Gleichstellung bejaht oder verneint?
	Dies wurde vom Bundesfinanzhof verneint. Nach ständiger Rechtsprechung des Bundesfinanzhofs könnten die umstrittenen Einkünfte gemäß § 17 EStG deshalb nicht Gegenstand einer einheitlichen und gesonderten Feststellung sein, weil für Zwecke der Ermittlung der Anteilsquote des Steuerpflichtigen unmittelbare und mittelbare Anteilsrechte gleichgestellt würden und damit sowohl die Veräußerung der zum Gesamthandsvermögen gehörenden Anteile als auch die den Veräußerungsgewinn bestimmenden Umstände (Veräußerungspreis, Anschaffungskosten und Veräußerungskosten) den Gesellschaftern nach § 39 Abs. 2 Nr. 2 AO so zuzurechnen seien, als ob sie an den (Kapital-) Anteilsrechten zu Bruchteilen berechtigt gewesen wären (sog. Bruchteilsbetrachtung). Die Gewinne oder Verluste aus der Veräußerung wesentlicher Beteiligungen könnten in ein besonderes Feststellungsverfahren nicht einbezogen werden, weil der (atypisch) still Unterbeteiligte mit Rücksicht auf diesen Besteuerungstatbestand nicht „über" die Person des Hauptbeteiligten am „Gegenstand der Feststellung" – d.h. nicht an den vom Hauptbeteiligten gemäß § 17 EStG erzielten Einkünften – „beteiligt" sei, sondern – infolge der Bruchteilsbetrachtung – die ihm zuzurechnenden Tatbestandsmerkmale des § 17 EStG eigenständig verwirkliche. Aus der den Gesetzeszweck konkretisierenden Unterscheidung von unmittelbaren und mittelbaren Anteilsrechten sei abzuleiten, dass Kapitalbeteiligungen im Gesamthandsvermögen einer vermögensverwaltenden Personengesellschaft den Gesellschaftern für die Beurteilung des Besteuerungstatbestands nach § 17 EStG anteilig zuzurechnen seien (§ 39 Abs. 2 Nr. 2 AO 1977). Die § 17 EStG bestimmende systematische Unterscheidung zwischen unmittelbaren und mittelbaren Beteiligungen sowie das Verfassungsgebot der gleichmäßigen Besteuerung würden es erfordern, die Kapitalbeteiligungen der Personengesellschaft ihren Gesellschaftern für die Bestimmung des Veräußerungstatbestands anteilig zuzurechnen mit der Folge, dass Veräußerer im Sinne des § 17 EStG weder die vermögensverwaltende noch die gewerblich tätige oder geprägte Personengesellschaft, sondern nur eine natürliche Person (Subjekt der Einkommensteuer) sein könne.	

Anhang 2

Gericht, Datum, Aktenzeichen	Wesentlicher (abstrakter) Inhalt der Entscheidung	Gleichstellung bejaht oder verneint?
	Die Bruchteilsbetrachtung habe damit zur Folge, dass Veräußerungsgewinne nach § 17 EStG weder Gegenstand einer einheitlichen und gesonderten Feststellung noch Gegenstand des besonderen Feststellungsverfahrens sein könnten. Dies gelte selbst dann, wenn ein Gesellschafter aufgrund der Höhe der zum Gesamthandsvermögen gehörenden Kapitalbeteiligung gemäß § 17 EStG wesentlich an der Kapitalgesellschaft beteiligt sei.	
BFH 9. Mai 2000 VIII R 41/99	Eine natürliche Person war Gesellschafter einer GmbH. An seinem Geschäftsanteil an der GmbH beteiligte er insgesamt fünf Personen unter. Die natürliche Person übertrug ihren Geschäftsanteil an der GmbH auf eine andere GmbH. Es stellte sich die Frage der Feststellung eines Veräußerungsgewinns (Einbringungsgewinns) im Sinne des § 17 EStG der natürlichen Person im Rahmen der einheitlichen und gesonderten Feststellung. Dies wurde vom Bundesfinanzhof verneint. Die umstrittenen Einkünfte gemäß § 17 EStG könnten deshalb nicht Gegenstand einer einheitlichen und gesonderten Feststellung sein, weil für Zwecke der Ermittlung der Anteilsquote der natürlichen Person unmittelbare und mittelbare Anteilsrechte gleichgestellt würden und damit sowohl die Veräußerung der zum Gesamthandsvermögen gehörenden Anteile als auch die den Veräußerungsgewinn bestimmenden Umstände (Veräußerungspreis, Anschaffungskosten und Veräußerungskosten) den Gesellschaftern nach § 39 Abs. 2 Nr. 2 AO so zuzurechnen seien, als ob sie an den (Kapital-) Anteilsrechten zu Bruchteilen berechtigt gewesen seien (sog. Bruchteilsbetrachtung). Die Gewinne oder Verluste aus der Veräußerung wesentlicher Beteiligungen könnten in ein besonderes Feststellungsverfahren nicht einbezogen werden, weil der (atypisch) still Unterbeteiligte mit Rücksicht auf diesen Besteuerungstatbestand nicht „über" die Person des Hauptbeteiligten am „Gegenstand der Feststellung" – d.h. nicht an den vom Hauptbeteiligten gemäß § 17 EStG erzielten Einkünften – „beteiligt" sei, sondern – infolge der Bruchteilsbetrachtung – die ihm zuzurechnenden Tatbestandsmerkmale des § 17 EStG eigenständig verwirkliche.	Gleichstellung der mittelbaren mit der unmittelbaren Beteiligung **bejaht** worden

Anhang 2

Gericht, Datum, Aktenzeichen	Wesentlicher (abstrakter) Inhalt der Entscheidung	Gleichstellung bejaht oder verneint?
	Aus der den Gesetzeszweck konkretisierenden Unterscheidung von unmittelbaren und mittelbaren Anteilsrechten sei abzuleiten, dass Kapitalbeteiligungen im Gesamthandsvermögen einer vermögensverwaltenden Personengesellschaft den Gesellschaftern für die Beurteilung des Besteuerungstatbestands nach § 17 EStG anteilig zuzurechnen seien (§ 39 Abs. 2 Nr. 2 AO 1977). Die § 17 EStG bestimmende systematische Unterscheidung zwischen unmittelbaren und mittelbaren Beteiligungen sowie das Verfassungsgebot der gleichmäßigen Besteuerung würden es erfordern, die Kapitalbeteiligungen der Personengesellschaft ihren Gesellschaftern für die Bestimmung des Veräußerungstatbestands anteilig zuzurechnen mit der Folge, dass Veräußerer im Sinne des § 17 EStG weder die vermögensverwaltende noch die gewerblich tätige oder geprägte Personengesellschaft, sondern nur eine natürliche Person (Subjekt der Einkommensteuer) sein könne. Die Bruchteilsbetrachtung habe damit zur Folge, dass Veräußerungsgewinne nach § 17 EStG weder Gegenstand einer einheitlichen und gesonderten Feststellung noch Gegenstand des besonderen Feststellungsverfahrens sein könnten. Dies gelte selbst dann, wenn ein Gesellschafter aufgrund der Höhe der zum Gesamthandsvermögen gehörenden Kapitalbeteiligung gemäß § 17 EStG wesentlich an der Kapitalgesellschaft beteiligt sei.	
BFH 17. Mai 2000 I R 31/99	Eine GmbH war Kommanditistin einer KG, welche (also die KG) zu 74 % an einer schottischen Ltd. beteiligt war. Die GmbH bezog von dieser schottischen Ltd. Dividenden. Es stellte sich die Frage, ob die Dividenden steuerfrei bezogen werden konnten aufgrund des Schachtelprivilegs des DBA Deutschland Schottland bzw. aufgrund des gewerbesteuerlichen Schachtelprivilegs (da keine unmittelbare Beteiligung vorlag).	Gleichstellung der mittelbaren mit der unmittelbaren Beteiligung **bejaht** worden

Anhang 2

Gericht, Datum, Aktenzeichen	Wesentlicher (abstrakter) Inhalt der Entscheidung	Gleichstellung bejaht oder verneint?
	Dies wurde bejaht (also Steuerfreiheit angenommen). Die Dividendenzahlungen der Ltd. sowie die betreffenden Anteile an dieser seien nach Ansicht des Bundesfinanzhofs bei der Ermittlung des Gewerbesteuermessbetrages im Ergebnis zu recht unberücksichtigt geblieben. Jedenfalls die nationalen Schachtelprivilegien gemäß § 9 Nr. 7 Satz 1 sowie § 12 Abs. 3 Nr. 4 Satz 1 GewStG a.F. würden der GmbH nämlich zustehen; einer unmittelbaren Beteiligung bedürfe es dafür gerade nicht. Im Einklang mit den nationalen Schachtelprivilegien nach § 9 Nr. 2a und § 12 Abs. 3 Nr. 2a GewStG a.F. komme es nicht darauf an, dass die Muttergesellschaft an der Tochtergesellschaft unmittelbar beteiligt sei. Es genüge vielmehr jedwede Form der Beteiligung in dem gesetzlich bestimmten Umfang von einem Zehntel.	
BFH 6. September 2000 IV R 69/99	Eine natürliche Person war an einer KG beteiligt. Diesen Kommanditanteil an der KG übertrug die natürliche Person sodann auf eine andere KG. Den Anteil an dieser anderen KG übertrug sie schließlich auf eine Holding-KG, an der die natürliche Person ebenfalls zu 95 % beteiligt war. Es stellte sich die Frage der Feststellung des vortragsfähigen Gewerbeverlusts der KG nach § 10a GewStG (insbesondere bzgl. der Unternehmeridentität). Dies wurde mangels Unternehmeridentität vom Bundesfinanzhof abgelehnt. Unternehmeridentität bedeute, dass der Steuerpflichtige sowohl zur Zeit der Verlustentstehung als auch im Jahre der Entstehung des positiven Gewerbeertrags Unternehmensinhaber sein müsse. Dementsprechend entfalle beim Ausscheiden von Gesellschaftern aus einer Personengesellschaft der gewerbesteuerliche Verlustabzug gemäß § 10a GewStG, soweit der Fehlbetrag anteilig auf die ausgeschiedenen Gesellschafter entfalle. Dies gelte nach der Rechtsprechung des Bundesfinanzhofs auch dann, wenn der aus einer KG ausscheidende Gesellschafter über eine andere KG (Obergesellschaft) weiterhin mittelbar an der Untergesellschaft beteiligt bleibe. Zum anderen würde die Unternehmeridentität bestehen bleiben, wenn bei der Obergesellschaft ein Gesellschafterwechsel eintrete. Ausgehend davon sei der begehrte Verlustabzug nicht zu gewähren, da der ausgeschiedene Kommanditist (natürliche Person, die nun nur noch mittelbar beteiligt ist) zu 100 % am Vermögen, Gewinn und Verlust der steuerpflichtigen KG beteiligt gewesen sei, so dass der festgestellte Fehlbetrag zu 100 % auf ihn entfallen würde.	Gleichstellung der mittelbaren mit der unmittelbaren Beteiligung **verneint** worden

277

Anhang 2

Gericht, Datum, Aktenzeichen	Wesentlicher (abstrakter) Inhalt der Entscheidung	Gleichstellung bejaht oder verneint?
	Eine andere Entscheidung ergebe sich auch nicht durch die Gesetzesänderung durch das StÄndG 1992 vom 25. Februar 1992, mit der in § 15 Abs. 1 Satz 1 Nr. 2 EStG ein Satz 2 eingefügt wurde. Zwar sei nach dem Wortlaut dieser (neuen) Vorschrift die natürliche Person (weiterhin) als Mitunternehmer der KG anzusehen, da sie über die Holding-KG mittelbar an der steuerpflichtigen KG beteiligt sei. Dies strahle auch auf die Gewerbesteuer aus. Dies habe jedoch nicht zur Folge, dass im Rahmen des § 10a GewStG der nur mittelbar beteiligte Gesellschafter uneingeschränkt, das heißt auch außerhalb seines Sonderbetriebsbereichs, zur Verlustverrechnung berechtigt sei. Der Wortlaut des § 15 Abs. 1 Satz 1 Nr. 2 EStG sei vielmehr auslegungsbedürftig. Da die Mitunternehmerstellung der Obergesellschaft durch die Gesetzesänderung nicht beseitigt werde, bedürfe es einer Abgrenzung, was der Obergesellschaft (als der zivilrechtlichen Gesellschafterin) und was dem mittelbar beteiligten Gesellschafter zuzuordnen sei. Der Verlust, der nach dem Gesellschaftsrecht auf den zivilrechtlichen Gesellschafter entfallen würde, könne steuerlich nicht doppelt zugerechnet werden. Aufgrund des Gesetzeszwecks der Neuregelung sei der sachliche Anwendungsbereich des § 15 Abs. 1 Satz 1 Nr. 2 Satz 2 EStG auf den Sonderbetriebsbereich des Gesellschafters der Obergesellschaft bei der Untergesellschaft zu beschränken. Folgerichtig seien bei der Gewerbesteuer gemäß § 10a Satz 1 GewStG auch nur diejenigen Verluste vergangener Erhebungszeiträume mit den Gewinnen aus seinem Sonderbetriebsbereich zu verrechnen, die in dem Sonderbetriebsbereich des mittelbar beteiligten Gesellschafters bei der Untergesellschaft entstanden seien.	

Anhang 2

Gericht, Datum, Aktenzeichen	Wesentlicher (abstrakter) Inhalt der Entscheidung	Gleichstellung bejaht oder verneint?
BFH 23. Oktober 2002 I R 39/01	Eine Kapitalgesellschaft mit Sitz in Schottland hielt zunächst 99,99 % der Anteile einer inländischen GmbH. Später übertrug diese schottische Kapitalgesellschaft ihre Anteile an der inländischen GmbH auf fünf Schwestergesellschaften zu je 20 % der Anteile. Bei allen fünf Schwestergesellschaften handelte es sich um schottische Kapitalgesellschaften und um ehemals aktive Gesellschaften, deren Geschäftsbetriebe aber im Zeitpunkt der Übertragung ruhten. Die inländische GmbH schüttete schließlich jeweils Dividenden an die fünf Schwestergesellschaften aus, wobei Kapitalertragsteuer in Höhe von 25 % einbehalten und an das Finanzamt abgeführt wurde. Es stellte sich die Frage der teilweisen Freistellung von der Kapitalertragsteuer gemäß § 50d Abs. 1 EStG a.F. in Verbindung mit Art. 6 Abs. 1 Satz 2 DBA-Großbritannien zu Gunsten einer der Schwestergesellschaften. Dies wurde abgelehnt. Die Voraussetzungen der rechtsmissbräuchlichen Gestaltung im Sinne von § 42 AO 1977 seien zu Recht bejaht worden. Nach ständiger höchstrichterlicher Rechtsprechung erfülle die Zwischenschaltung von Basisgesellschaften in der Rechtsform einer Kapitalgesellschaft im niedrig besteuerten Ausland den Tatbestand des Rechtsmissbrauchs, wenn für ihre Zwischenschaltung in bestimmte Rechtsgestaltungen wirtschaftliche oder sonst beachtliche Gründe fehlen würden. Würden im Inland erzielte Einnahmen zur Vermeidung inländischer Steuer durch eine ausländische Kapitalgesellschaft „durchgeleitet", gelte dies auch dann, wenn es sich bei dem Sitzstaat der ausländischen Kapitalgesellschaft nicht um ein Niedrigbesteuerungsland handele.	Gleichstellung der mittelbaren mit der unmittelbaren Beteiligung im Ergebnis **bejaht** worden

Anhang 2

Gericht, Datum, Aktenzeichen	Wesentlicher (abstrakter) Inhalt der Entscheidung	Gleichstellung bejaht oder verneint?
	Bei der einen Schwestergesellschaft handele es sich um eine sog. Domizilgesellschaft ohne eigenes Personal, ohne eigene Geschäftsräume und ohne eigene Geschäftsausstattung. Ihre Geschäftsführung oblag dem „Mehrfachgeschäftsführer" der vier gleichfalls an der inländischen GmbH beteiligten konzernverbundenen Schwestergesellschaften. Diese tatsächliche Gestaltung rechtfertige die Vermutung, dass ihre Zwischenschaltung lediglich formaler Natur sei. Beachtliche wirtschaftliche Gründe, die diese Vermutung entkräften und widerlegen könnten, seien nicht ersichtlich oder dargetan. Es sei auch nicht erkennbar oder dargetan, dass die Schwestergesellschaft eine eigene wirtschaftliche Tätigkeit entfaltet hätte. Das bloße Halten der Beteiligung an der inländischen GmbH ohne weitere geschäftsleitende Funktionen erfülle die Anforderungen, die an eine solche Tätigkeit zu stellen seien, nicht. Aus diesen tatsächlichen Gegebenheiten folge zugleich, dass die Schwestergesellschaft nicht nur die Steuerermäßigung gemäß Art. 6 Abs. 1 Satz 2, sondern gleichermaßen jene gemäß Art. 6 Abs. 2 DBA-Großbritannien nicht beanspruchen könne: Die ausgeschütteten Dividenden seien steuerlich von vornherein der Gesellschafterin der Schwestergesellschaft, der Kapitalgesellschaft mit Sitz in Schottland, nicht aber dieser zuzurechnen.	
BFH 20. August 2003 I R 61/01	An einer GmbH war zu 100 % eine andere GmbH beteiligt. Alleinige Gesellschafterin der anderen GmbH war eine weitere GmbH, deren Anteile von einer AG gehalten wurden. Die AG übertrug ihre Anteile an der weiteren GmbH auf ein Ehepaar. Es stellte sich die Frage des Verlustabzug der GmbH bei der Körperschaftsteuer und des vortragsfähigen Gewerbeverlusts nach §§ 8 Abs.4 KStG a.F., 10a GewStG (aufgrund des mittelbaren Gesellschafterwechsels).	Gleichstellung der mittelbaren mit der unmittelbaren Beteiligung **verneint** worden

Gericht, Datum, Aktenzeichen	Wesentlicher (abstrakter) Inhalt der Entscheidung	Gleichstellung bejaht oder verneint?
	Dies wurde vom Bundesfinanzhof bejaht. Voraussetzung für den Verlustabzug und für die Kürzung des Gewerbeertrags um die Fehlbeträge bei einer Körperschaft sei, dass die Körperschaft nicht nur rechtlich, sondern auch wirtschaftlich mit der Körperschaft identisch sei, die den Verlust erlitten habe. § 8 Abs. 4 Satz 2 KStG a.F. enthalte nun Regelbeispiele, wann eine wirtschaftliche Identität nicht mehr gegeben sei; diese Vorschrift setze damit zugleich mittelbar einen Maßstab für die unter § 8 Abs. 4 Satz 1 KStG a.F. (Generalklausel) der Vorschrift zu fassende Sachverhalte. Nach § 8 Abs. 4 Satz 2 KStG a.F. fehle einer Kapitalgesellschaft die wirtschaftliche Identität, wenn bezogen auf das gezeichnete Kapital mehr als drei Viertel der Geschäftsanteile übertragen würden, überwiegend neues Betriebsvermögen zugeführt und der Geschäftsbetrieb mit diesem neuen Betriebsvermögen wieder aufgenommen würde. Nur mittelbare Anteilsübertragungen würden aber weder dem Regelbeispiel des § 8 Abs. 4 Satz 2 KStG a.F. unterfallen noch seien sie mit diesem wirtschaftlich vergleichbar (und würden damit auch nicht unter § 8 Abs. 4 Satz 1 KStG fallen).[841] Dem Wortlaut des § 8 Abs. 4 Satz 2 KStG a.F. lasse sich nicht entnehmen, dass auch mittelbare Anteilsübertragungen umfasst seien. Die Gleichstellung einer mittelbaren mit einer unmittelbaren Beteiligung bedürfe vielmehr einer ausdrücklichen gesetzlichen Einbeziehung. Zwar könne hiervon in Einzelfällen abgesehen werden, wenn sich die Gleichstellung aus dem Sinn und Zweck einer Norm eindeutig ergeben würde. Dies könne für den vorliegenden Fall aber gerade nicht angenommen werden.	

---

[841] BFH vom 20. Juni 2011 (I B 108/10) spricht am Rande seiner Entscheidung ebenfalls Entsprechendes aus: „*Aus der Rechtsprechung des Senats ergibt sich des Weiteren, dass für die Frage der Anteilsinhaberschaft ausschließlich auf die unmittelbare zivilrechtliche Beurteilung abzustellen ist und dass deshalb mittelbare Beteiligungen – etwa über eine Kapitalgesellschaft – iRd § 8 Abs. 4 KStG unbeachtlich sind. Infolgedessen vermag es an der Tatbestandsmäßigkeit der Abwärtsverschmelzung nichts zu ändern, dass in diesem Fall die neuen Gesellschafter der Tochtergesellschaft vor der Verschmelzung bereits mittelbar – über die vormalige Muttergesellschaft – an dieser beteiligt waren. Eine sog. Konzernklausel, wie sie jetzt in § 8c Abs. 1 Satz 5 KStG enthalten ist, existierte im Anwendungsbereich des § 8 Abs. 4 KStG nicht.*"

Anhang 2

Gericht, Datum, Aktenzeichen	Wesentlicher (abstrakter) Inhalt der Entscheidung	Gleichstellung bejaht oder verneint?
BFH 18. Dezember 2003 IV B 201/03	An einer KG war eine andere KG beteiligt. Es stellte sich die Frage, ob § 15a EStG auch auf doppelstöckige Personengesellschaften Anwendung findet. Dies wurde vom Bundesfinanzhof bejaht. Als Rechtsfolge bestimme § 15a Abs. 1 Satz 1 EStG, dass der dem Kommanditisten zuzurechnende Anteil am Verlust der KG nicht mit anderen Einkünften des Kommanditisten ausgeglichen oder nach § 10d EStG abgezogen werden dürfe, soweit ein negatives Kapitalkonto entstehen oder sich erhöhen würde. Sei Kommanditist eine Personengesellschaft, die ihrerseits kraft gewerblicher Prägung oder aus anderen Gründen nur gewerbliche Einkünfte erziele, könne es auf der Ebene der Kommanditistin nicht zu einem Ausgleich der Verluste mit anderen positiven Einkünften kommen. Die von § 15a EStG ausgesprochene Rechtsfolge könne demgemäß unmittelbar nicht eintreten. Daraus sei jedoch nicht zu folgen, dass auf der Ebene der Untergesellschaft § 15a EStG überhaupt nicht anzuwenden sei. Vielmehr trete die Verlustausgleichsbeschränkung mittelbar über die Obergesellschaft ein. Dies habe insbesondere Auswirkungen auf gegebenenfalls an der Obergesellschaft beteiligte unbeschränkt haftende Gesellschafter. Würde auf der Ebene der Untergesellschaft keine Ausgleichsbeschränkung eintreten, könnte ein solcher Obergesellschafter den auf ihn entfallenden Anteil am Verlustanteil der Obergesellschaft zum Ausgleich mit anderen positiven Einkünften verwenden. Diese Möglichkeit entfalle, wenn der Obergesellschaft bereits keine ausgleichsfähigen Verluste zugewiesen würden. Der Zweck des § 15a EStG erfordere daher eine entsprechende Anwendung der Verlustausgleichsbeschränkung auf mehrstöckige Gesellschaften.	Gleichstellung der mittelbaren mit der unmittelbaren Beteiligung **bejaht** worden

Anhang 2

Gericht, Datum, Aktenzeichen	Wesentlicher (abstrakter) Inhalt der Entscheidung	Gleichstellung bejaht oder verneint?
BFH 18. März 2004 III R 25/02	Eine natürliche Person war Alleingesellschafter einer GmbH. Ein von der natürliche Person erworbenes Mietwohngrundstück veräußerte diese innerhalb von drei Jahren an die GmbH. Die GmbH wurde seitens der natürlichen Person bevollmächtigt, das Mietwohngrundstück in vier Eigentumswohnungen aufzuteilen und die Eigentumswohnungen im eigenen Namen zu veräußern. Ein Teil des Kaufpreises war aus den jeweiligen Erlösen der zu veräußernden Eigentumswohnungen durch die GmbH zu tilgen. Die GmbH veräußerte die vier Eigentumswohnungen sodann an vier verschiedene Erwerber und zwar noch im Jahr des Erwerbs des Mietwohngrundstücks. Es stellte sich die Frage der Zurechnung der vier Veräußerungen durch die GmbH an die natürliche Person (aufgrund des Missbrauchs von Gestaltungsmöglichkeiten durch die Zwischenschaltung der GmbH), so dass die Voraussetzungen des gewerblichen Grundstückshandels auf deren Ebene vorliegen würden. Dies wurde bejaht, so dass die Voraussetzungen des gewerblichen Grundstückshandels in der Person der natürlichen Person vorlagen. Der natürlichen Person seien nach Ansicht des Bundesfinanzhofs die Veräußerungen durch die GmbH zuzurechnen, weil deren Zwischenschaltung in den Verkauf der vier Eigentumswohnungen gemäß § 42 AO aufgrund der Gesamtumstände einen Gestaltungsmissbrauch darstellen würde. Entscheidend komme es darauf an, ob entweder der von der natürlichen Person nur teilweise selbstverwirklichte Tatbestand des § 15 Abs. 2 EStG um Aktivitäten einer ihm nahe stehenden, vor- bzw. zwischengeschalteten und von ihr beherrschten Kapitalgesellschaft ergänzt werden oder die zwischengeschaltete GmbH zumindest steuerrechtlich negiert werden dürfe. Im Wesentlichen würden dazu die folgenden Lösungsmöglichkeiten erörtert: • unmittelbarer Durchgriff durch die Kapitalgesellschaft, • unmittelbare bzw. mittelbare Tatbestandsverwirklichung, • Gesamtbildbetrachtung und • Gestaltungsmissbrauch.	Gleichstellung der mittelbaren mit der unmittelbaren Beteiligung im Ergebnis **bejaht** worden

Anhang 2

Gericht, Datum, Aktenzeichen	Wesentlicher (abstrakter) Inhalt der Entscheidung	Gleichstellung bejaht oder verneint?
	Der Senat hielt einen unmittelbaren Durchgriff durch die Kapitalgesellschaft steuerrechtlich nicht für zulässig. Die Wahl der Rechtsform sei dem Steuerpflichtigen freigestellt, und zwar auch dann, wenn damit das Ziel verbunden werde, eine geringere Steuerbelastung zu erreichen. Die unterschiedliche zivil- und steuerrechtliche Struktur von Personen- und Kapitalgesellschaften rechtfertige nicht nur eine Differenzierung hinsichtlich der Abschirmwirkung, sondern sie gebiete auch eine konsequente Beachtung des Trennungsprinzips im Steuerrecht. Das Steuerrecht stelle ausdrückliche Ausnahmeregelungen zur Verfügung, unter anderem in den Fällen des Scheingeschäfts (§ 41 AO) und des Gestaltungsmissbrauchs (§ 42 AO). Diese Regelungen enthielten bindende gesetzliche Vorgaben für die Beurteilung, unter welchen Voraussetzungen zivil- und steuerrechtlich grundsätzlich wirksame Gestaltungen für die Besteuerung ausnahmsweise negiert werden dürften.
Im Streitfall lägen die Voraussetzungen des § 42 Abs. 1 AO vor. Ausweislich des notariellen Kaufvertrags sei der Verkauf der Eigentumswohnungen lediglich formal auf die GmbH als Zwischenerwerberin ausgelagert worden. Nach der Rechtsprechung führe die Aufteilung eines zuvor erworbenen Mietshauses in Eigentumswohnungen und deren anschließende Veräußerung bei Vorliegen der übrigen Merkmale eines Gewerbebetriebs zu einem gewerblichen Grundstückshandel. Ausreichend sei ein enger zeitlicher Zusammenhang zwischen Erwerb des Mietwohngrundstücks, der Aufteilung in Eigentumswohnungen und deren anschließende Veräußerung. Im Streitfall hätte zwischen Erwerb, Verkauf an die GmbH und – nach Aufteilung in vier Eigentumswohnungen – der Veräußerung an die Endkäufer nur ein Zeitraum von ca. drei Jahren gelegen, so dass – unter Berücksichtigung der weiteren Gesichtspunkte des gegebenen Sachverhalts – von einem Gestaltungsmissbrauch auszugehen sei.	

Anhang 2

Gericht, Datum, Aktenzeichen	Wesentlicher (abstrakter) Inhalt der Entscheidung	Gleichstellung bejaht oder verneint?
BFH 1. Juli 2004 IV R 67/00	Eine KG war Kommanditistin einer anderen KG (Obergesellschaft). Die Obergesellschaft war an einer Mastbetriebe-KG (Untergesellschaft) beteiligt, die Einkünfte aus Tierzucht und Tierhaltung nach § 15 Abs. 4 EStG erzielte. Die KG veräußerte ihre Beteiligung an der Obergesellschaft mit einem Veräußerungsgewinn. Es stellte sich die Frage, ob eine Verrechnung des auf die Tierzucht der Untergesellschaft entfallenden Veräußerungsgewinns mit den laufenden Verlusten aus gewerblicher Tierzucht der Untergesellschaft zulässig war. Dies wurde seitens des Bundesfinanzhofs bejaht. Der laufende Verlust aus gewerblicher Tierzucht der Untergesellschaft sei mit dem Gewinn aus der Anteilsveräußerung der KG an der Obergesellschaft zu verrechnen, soweit dieser Veräußerungsgewinn anteilig mittelbar auf Wirtschaftsgüter der Untergesellschaft entfallen würde. Die Beteiligten seien sich einig, dass die Verlustausgleichs- und -abzugsbeschränkung für Verluste aus gewerblicher Tierzucht und Tierhaltung nach § 15 Abs. 4 EStG wegen des Normzwecks auch auf doppel- bzw. mehrstöckige Personengesellschaften Anwendung finden müsse. Im Streitfall habe das Finanzamt dementsprechend im Rahmen der Gewinnfeststellung der Obergesellschaft einen laufenden Verlust aus gewerblicher Tierzucht der Untergesellschaft ausgewiesen, der mittelbar auch die KG (und deren Gesellschafter) als Kommanditistin der Obergesellschaft ebenso treffen würde, als wäre sie unmittelbar an der die Tierzuchtverluste erzielenden Mintunternehmerschaft der Untergesellschaft beteiligt gewesen. Wirke sich danach die Ausgleichs- und Abzugsbeschränkung für die laufenden Verluste einer Untergesellschaft aus gewerblicher Tierzucht und Tierhaltung auch auf die Besteuerung des Gesellschafters der Obergesellschaft aus, so folge daraus zugleich, dass die laufenden Verluste der Untergesellschaft mit einem Gewinn aus der Veräußerung des Anteils an der Obergesellschaft insoweit zu verrechnen seien, als der Gewinn aus der Anteilsveräußerung auf die stillen Reserven der Untergesellschaft entfallen würde.	Gleichstellung der mittelbaren mit der unmittelbaren Beteiligung **bejaht** worden

285

Anhang 2

Gericht, Datum, Aktenzeichen	Wesentlicher (abstrakter) Inhalt der Entscheidung	Gleichstellung bejaht oder verneint?
	Die Gleichsetzung der mittelbaren mit der unmittelbaren Beteiligung könne sich nach Ansicht des Bundesfinanzhofs nicht auf die Zurechnung der laufenden Verluste aus gewerblicher Tierzucht beschränken. Allein folgerichtig habe diese Gleichsetzung vielmehr auch die anteilige Zurechnung tierzuchtbedingter Veräußerungsgewinne zu erfassen. Die Verrechnung dieses mittelbar entstandenen Veräußerungsgewinns mit den laufenden Verlusten aus gewerblicher Tierzucht der Untergesellschaft habe zwingend und vorrangig zu erfolgen.	
BFH 27. März 2007 VIII R 64/05	Eine natürliche Person war an einer kanadischen Kapitalgesellschaft beteiligt (und hielt diese Beteiligung im Privatvermögen). Diesen Erwerb finanzierte sie über Bankdarlehen, aus denen sich Zinsaufwendungen ergaben. Die natürliche Person war zudem alleinige Gesellschafterin einer GmbH, an die sie die Anteile an der kanadischen Kapitalgesellschaft schließlich veräußerte. Es stellte sich die Frage der Berücksichtigung von nachträglichen Zinsaufwendungen (für die angesprochene Fremdfinanzierung) als Werbungskosten bei den Einkünften aus Kapitalvermögen. Dies wurde verneint. Finanzierungskosten einer im Privatvermögen gehaltenen Beteiligung seien nach ständiger Rechtsprechung des Bundesfinanzhofs nicht den Anschaffungskosten zuzurechnen, sondern als laufende Werbungskosten im Rahmen der §§ 9 Abs. 1, 20 EStG zu behandeln. Der Abzug von Zinsen aus Refinanzierungsdarlehen für die Anschaffung einer im Privatvermögen gehaltenen wesentlichen Beteiligung sei dabei allerdings nach der Veräußerung der Beteiligung oder Auflösung der Gesellschaft als sog. nachträgliche Werbungskosten bei den Einkünften aus Kapitalvermögen aus rechtssystematischen Gründen ausgeschlossen, soweit sie nicht auf die Zeit vor der Veräußerung oder Auflösung entfallen würden.	Gleichstellung der mittelbaren mit der unmittelbaren Beteiligung **verneint** worden

Anhang 2

Gericht, Datum, Aktenzeichen	Wesentlicher (abstrakter) Inhalt der Entscheidung	Gleichstellung bejaht oder verneint?
	Keine andere Beurteilung würde sich aus der Besonderheit des Streitfalls ergeben, dass die natürliche Person alleinige Gesellschafterin der GmbH sei, an die sie die Anteile an der kanadischen Kapitalgesellschaft veräußert habe. Nach ihrer Veräußerung dienten die Anteile an der kanadischen Kapitalgesellschaft nur noch der GmbH, welche als Kapitalgesellschaft nicht nur zivilrechtlich, sondern auch steuerrechtlich ein selbstständiges Steuersubjekt sei, das die von ihr aus der Beteiligung erzielten Einkünfte unabhängig vom Gesellschafter zu versteuern habe (sog. Trennungsprinzip). Ein Durchriff durch die Gesellschaft (also die GmbH) komme grundsätzlich nicht in Betracht. Eine mittelbare Beteiligung reiche daher für den Werbungskosten-Abzug der Zinsen nicht aus.	
BFH 4. März 2008 IX R 78/06	Eine natürliche Person war Alleingesellschafter einer GmbH, welche ihrerseits zu 50 % an einer anderen GmbH beteiligt war. Die natürliche Person übernahm für die andere GmbH, an der sie mittelbar beteiligt war, zwei Bürgschaften, aus denen sie teilweise in Anspruch genommen wurde. Schließlich veräußerte die natürliche Person ihre Beteiligung an der GmbH, an der sie unmittelbar beteiligt war. Es stellte sich die Frage, ob die Aufwendungen der natürlichen Person für die Inspruchnahme aus den Bürgschaften für die andere GmbH, an der sie mittelbar beteiligt war, als nachträgliche Anschaffungskosten bzgl. ihrer unmittelbaren Beteiligung an der GmbH im Rahmen des § 17 EStG geltend gemacht werden konnten. Dies wurde vom Bundesfinanzhof verneint. Die Übernahme von eigenkapitalersetzenden Bürgschaften für eine Gesellschaft, an welcher der Anteilseigner (also die natürliche Person) nur mittelbar beteiligt sei, führe nicht zu nachträglichen Anschaffungskosten bzgl. der unmittelbaren wesentlichen Beteiligung. Eigenkapitalersetzende Finanzierungsmaßnahmen bei einer mittelbaren Beteiligung seien nicht durch das Gesellschaftsverhältnis mit der unmittelbaren Beteiligungsgesellschaft veranlasst. Finanzierungsmaßnahmen einer mittelbaren Beteiligung stünden bei einem Steuerpflichtigen in keinem wirtschaftlichen Zusammenhang mit der Erzielung von Einkünften nach § 17 EStG, da die Veräußerung einer mittelbaren Beteiligung nicht der Besteuerung nach § 17 EStG unterliegen würde, sondern nur die der unmittelbaren Beteiligung.	Gleichstellung der mittelbaren mit der unmittelbaren Beteiligung **verneint** worden

287

Anhang 2

Gericht, Datum, Aktenzeichen	Wesentlicher (abstrakter) Inhalt der Entscheidung	Gleichstellung bejaht oder verneint?
	Eine mittelbare Beteiligung habe allein für die Frage des Erreichens der Wesentlichkeitsgrenze Bedeutung, da unmittelbare und mittelbare Beteiligungen – nach Maßgabe der rein kapitalmäßig zu bestimmenden Anteilsquoten – zusammenzurechnen seien. Folgerichtig seien auch die Aufwendungen auf die mittelbare Beteiligung nicht zu berücksichtigen. Aus dem „Zählwert" einer mittelbaren Beteiligung für die Frage der Wesentlichkeit der unmittelbaren Beteiligung sei deshalb nicht zu folgern, dass eigenkapitalersetzende Finanzierungsmaßnahmen bei einer mittelbaren Beteiligung steuerrechtlich wie bei einer unmittelbaren Beteiligung zu behandeln seien. Ein Durchgriff durch die vermittelnde Gesellschaft komme ebenfalls nicht in Betracht. Die Aufwendungen aus der Inanspruchnahme aus den Bürgschaften für die anderen GmbH seien daher nicht als Anschaffungskosten der unmittelbaren Beteiligung der natürlichen Person an der GmbH zu berücksichtigen.	
BFH 28. Oktober 2008 VIII R 69/06	Gegenstand einer GbR war der Betrieb eines Ingenieurbüros. Eine Partnerschaftsgesellschaft war zu 67 % an der GbR beteiligt. Neben der Partnerschaftsgesellschaft waren sieben natürliche Personen Gesellschafter der GbR (fünf von ihnen waren Ingenieure, einer war ingenieurähnlich tätig und einer war Diplom-Volkswirt). Gesellschafter der Partnerschaftsgesellschaft waren sechs natürliche Personen (fünf von ihnen waren Ingenieure, der sechste war Diplom-Kaufmann). Es stellte sich die Frage, ob es sich bei der GbR um eine freiberufliche Mitunternehmerschaft handelte oder ob diese gewerbliche Einkünfte erzielte.	Gleichstellung der mittelbaren mit der unmittelbaren Beteiligung **bejaht** worden

Anhang 2

Gericht, Datum, Aktenzeichen	Wesentlicher (abstrakter) Inhalt der Entscheidung	Gleichstellung bejaht oder verneint?
	Im Ergebnis wurde die Einstufung als freiberufliche Mitunternehmerschaft vom Bundesfinanzhof abgelehnt. Eine Personengesellschaft entfalte nur dann eine Tätigkeit, die die Ausübung eines freien Berufs im Sinne von § 18 EStG darstelle, wenn sämtliche Gesellschafter die Merkmale eines freien Berufs erfüllen würden, denn die tatbestandlichen Voraussetzungen der Freiberuflichkeit könnten nicht von der Personengesellschaft selbst, sondern nur von natürlichen Personen erfüllt werden. Das Handeln der Gesellschafter in ihrer gesamthänderischen Verbundenheit und damit das Handeln der Gesellschaft dürfe kein Element einer nichtfreiberuflichen Tätigkeit enthalten. Jeder Gesellschafter als Steuerpflichtiger müsse die Merkmale des freien Berufs in eigener Person positiv erfüllen. Er müsse über die persönlichen Berufsqualifikationen verfügen und eine freiberufliche Tätigkeit, zu deren Ausübung er persönlich qualifiziert sei, tatsächlich auch entfalten. Bediene er sich hierbei der Mithilfe fachlich vorgebildeter Arbeitskräfte, dann müsse er zudem auf Grund eigener Fachkenntnisse leitend und eigenverantwortlich tätig sein (vgl. § 18 Abs. 1 Nr. 1 Satz 3 EStG). Mit den Merkmalen eigenverantwortlich und leitend verdeutliche das Gesetz, dass die freiberufliche Tätigkeit durch die unmittelbare, persönliche und individuelle Arbeitsleistung des Berufsträgers geprägt sei. Dem Umstand, dass die freie Berufstätigkeit durch die persönliche, qualifizierte Arbeitsleistung des Berufsträgers geprägt sei, sei auch Rechnung zu tragen, wenn sich eine Personengesellschaft (Obergesellschaft) an einer anderen Personengesellschaft (Untergesellschaft) beteilige. Obgleich die Oberpersonengesellschaft die Merkmale des freien Berufs selbst nicht erfüllen könne, hindere die Tatsache ihrer Beteiligung für sich genommen noch nicht, auf der Ebene der Untergesellschaft die Entfaltung einer freiberuflichen Tätigkeit bejahen zu können. Ansonsten wären doppelstöckige Freiberufler-Personengesellschaften von vornherein ausgeschlossen. Der Gesetzgeber sei aber, wie der in § 18 Abs. 4 EStG enthaltene Verweis auf die Regelung doppelstöckiger gewerblicher Personengesellschaften (§ 15 Abs. 1 Satz 1 Nr. 2 Satz 2 EStG) zeige, ersichtlich davon ausgegangen, dass es auch im Rahmen des § 18 EStG zu mittelbaren Beteiligungen von Angehörigen eines freien Berufs kommen könne.	

Anhang 2

Gericht, Datum, Aktenzeichen	Wesentlicher (abstrakter) Inhalt der Entscheidung	Gleichstellung bejaht oder verneint?
	Allerdings sei, da sämtliche Gesellschafter-Mitunternehmer der Untergesellschaft die Merkmale des freien Berufs erfüllen müssten und die Obergesellschaft selbst diese Merkmale nicht erfüllen könne, zur Anerkennung einer doppelstöckigen Freiberufler-Personengesellschaft zu fordern, dass auch alle mittelbar an der Untergesellschaft beteiligten Gesellschafter der Obergesellschaft die Tatbestandsmerkmale des § 18 Abs. 1 Nr. 1 EStG erfüllen. Weil jeder Gesellschafter eigenverantwortlich und leitend tätig sein müsse, sei zur Anerkennung einer doppelstöckigen Freiberufler-Personengesellschaft weiter zu verlangen, dass alle Obergesellschafter – zumindest in geringfügigem Umfang – in der Untergesellschaft leitend und eigenverantwortlich mitarbeiten würden. Nach diesen Grundsätzen müssten neben den unmittelbar beteiligten Gesellschaftern der Untergesellschaft auch die mittelbar beteiligten Gesellschafter der Obergesellschaft die Merkmale des freien Berufs durch ihre Mitarbeit in der Untergesellschaft positiv erfüllen. Seien die Obergesellschafter dagegen berufsfremd, weil sie nicht Berufsträger seien oder weil sie eine freiberufliche Tätigkeit tatsächlich nicht ausüben würden, so vermittelten sie der Tätigkeit der Untergesellschaft ein schädliches Element der Nichtfreiberuflichkeit. Wenn der Durchgriff auf die Obergesellschafter geboten sei, dann sei auch kein Grund ersichtlich, zwischen den aktiv in der Untergesellschaft tätigen Ingenieur-Obergesellschaftern und den in der Untergesellschaft nicht in Erscheinung tretenden Kaufmann-Obergesellschaftern zu differenzieren. Beide Gesellschaftergruppen hätten als mittelbare Mitunternehmer dieselben Einflussmöglichkeiten in der Untergesellschaft. Auch ein unmittelbar beteiligter Gesellschafter, der lediglich kapitalistisch beteiligt sei, also inaktiv bleibe, erfülle in seiner Person nicht die Merkmale freier Berufstätigkeit. Seine Untätigkeit sei damit schädlich für die Qualifikation der Einkünfte der Personengesellschaft. Ebenso schade die mitunternehmerische Beteiligung des mittelbaren, aber inaktiv bleibenden Gesellschafters.	

Anhang 2

Gericht, Datum, Aktenzeichen	Wesentlicher (abstrakter) Inhalt der Entscheidung	Gleichstellung bejaht oder verneint?
	Der mittelbar beteiligte Diplom-Kaufmann sei im vorliegenden Fall als berufsfremde Person anzusehen, da er nicht als beratender Betriebswirt tätig gewesen sei. Die GbR erziele somit insgesamt Einkünfte aus Gewerbebetrieb. Da der Diplom-Kaufmann als Obergesellschafter der GbR keinen freien Beruf ausübe, gelte nach § 15 Abs. 3 Nr. 1 in Verbindung mit § 15 Abs. 1 Satz 1 Nr. 2 EStG die gesamte, mit Einkünfteerzielungsabsicht unternommene Tätigkeit der Personengesellschaft als Gewerbebetrieb.	
BFH 22. Januar 2009 IV R 90/05	An einer GmbH war eine Kapitalgesellschaft ausländischen Rechts als atypisch stille Gesellschafterin beteiligt. Diese Kapitalgesellschaft brachte ihre Geschäftsanteile an der GmbH in eine KG ein, an der sie zu 100 % beteiligt war. Es stellte sich die Frage der Feststellung des vortragsfähigen Gewerbeverlusts der KG nach § 10a GewStG (insbesondere bzgl. der Unternehmeridentität).

Dies wurde seitens des Bundesfinanzhofs mangels Unternehmeridentität abgelehnt. Unternehmeridentität bedeute, dass der Steuerpflichtige sowohl zur Zeit der Verlustentstehung als auch im Jahre der Entstehung des positiven Gewerbeertrags Unternehmensinhaber sein müsse. Dementsprechend entfalle beim Ausscheiden von Gesellschaftern aus einer Personengesellschaft der gewerbesteuerliche Verlustabzug gemäß § 10a GewStG, soweit der Fehlbetrag anteilig auf die ausgeschiedenen Gesellschafter entfallen würde. Dies gelte nach der Rechtsprechung des Bundesfinanzhofs auch dann, wenn der aus einer KG ausscheidende Gesellschafter über eine andere KG (Obergesellschaft) weiterhin mittelbar an der Untergesellschaft beteiligt bleibe. Zum anderen bleibe die Unternehmeridentität bestehen, wenn bei der Obergesellschaft ein Gesellschafterwechsel eintrete.

An dieser Rechtsprechung halte der Senat auch nach der Einfügung des Satzes 2 in § 15 Abs. 1 Satz 1 Nr. 2 EStG fest. Hier werde aufgrund einer teleologischen Reduktion des Wortlauts des § 15 Abs. 1 Satz 1 Nr. 2 Satz 2 EStG der mittelbar beteiligte Gesellschafter nur hinsichtlich seiner Tätigkeits- und Nutzungsvergütungen und des Sonderbetriebsvermögens dem unmittelbar beteiligten Gesellschafter gleichgestellt. Denn nach der gesetzlichen Regelung sei auch die Obergesellschaft (weiterhin) als Mitunternehmerin der Untergesellschaft anzusehen, so dass eine doppelte Verlustverrechnung, soweit nicht der Sonderbereich betroffen sei, vermieden werden müsse. | Gleichstellung der mittelbaren mit der unmittelbaren Beteiligung **verneint** worden |

Anhang 2

Gericht, Datum, Aktenzeichen	Wesentlicher (abstrakter) Inhalt der Entscheidung	Gleichstellung bejaht oder verneint?
	Diese Rechtsprechung finde nun gleichermaßen Anwendung beim Ausscheiden des stillen Gesellschafters aus einer atypisch stillen Gesellschaft, soweit der stille Gesellschafter als Mitunternehmer einzuordnen sei. Es ergebe sich kein sachlicher Rechtfertigungsgrund dafür, Mitunternehmerschaften, soweit sie als atypisch stille Gesellschaft ausgestaltet seien, nur wegen der formalen bürgerlich-rechtlichen Unterschiede anders zu behandeln als Mitunternehmerschaften, die als Personenhandelsgesellschaften nach außen in Erscheinung treten würden. Daher sei der festgestellte vortragsfähige Verlust, soweit er auf die Kapitalgesellschaft ausländischen Rechts entfallen würde, nicht mehr im Rahmen der streitigen Feststellung des vortragsfähigen Gewerbeverlusts in dem späteren Feststellungszeitpunkt zu berücksichtigen, da die Kapitalgesellschaft ausländischen Rechts als stille Gesellschafterin aus der atypisch stillen Gesellschaft ausgeschieden sei. Dass diese – vermittelt über die KG – weiterhin mittelbar an der steuerpflichtigen GmbH beteiligt sei, reiche, wie dargelegt, für die erforderliche Unternehmeridentität im Sinne des § 10a GewStG nicht aus.	
BFH 14. April 2011 IV R 36/08	An einem Schiffsfonds in der Rechtsform einer KG beteiligten sich die Anleger mittelbar über eine Beteiligungs-KG (waren also nicht unmittelbar am Schiffsfonds beteiligt). Gegenstand des Schiffsfonds war die Übernahme und der Betriebs eines Containerschiffes. Es stellte sich die Frage, ob die Vergütungen für die vorbereitende Bereederung, für die Platzierungsgarantie, für die Koordinierung der Finanzierung und Haftungsübernahme sowie für die Eigenkapitalbeschaffung Anschaffungskosten oder sofort abzugsfähige Betriebsausgaben auf Ebene des Schiffsfonds darstellten. Die Aufwendungen für die Platzierungsgarantie, für die Koordinierung der Finanzierung, für die Haftungsübernahme und für die Eigenkapitalbeschaffung stellten nach Ansicht des Bundesfinanzhofs Anschaffungskosten (und keine sofort abzugsfähigen Betriebsausgaben) dar.	Gleichstellung der mittelbaren mit der unmittelbaren Beteiligung **bejaht** worden

Anhang 2

Gericht, Datum, Aktenzeichen	Wesentlicher (abstrakter) Inhalt der Entscheidung	Gleichstellung bejaht oder verneint?
	Der IX. Senat habe die Verträge, die der Errichtung eines Immobilienfonds in der Rechtsform einer KG zu Grunde lagen, als einheitliches Vertragswerk behandelt und sämtliche Aufwendungen des Fonds als Anschaffungskosten des von ihm erworbenen Grundstücks angesehen. Diese Rechtsprechung stütze sich auf die Erwägung, dass die steuerliche Beurteilung der Aufwendungen für den Erwerb eines Grundstücks nicht davon abhängen könne, ob die Gegenleistung für den Erwerb des Grundstücks aufgrund eines Vertrages in einer Summe gezahlt werde oder aufgrund mehrerer Verträge, in die der einheitliche Vorgang aus steuerlichen Gründen aufgespalten werde (wegen der Abzugsfähigkeit als Betriebsausgaben), in Teilbeträgen zu zahlen sei. Dieser Rechtsprechung habe sich der erkennende Senat auch für Immobilienfonds in der Rechtsform einer gewerblich geprägten KG angeschlossen. Danach hätten die einzelnen Teilverträge keine selbstständige Bedeutung und ließen sich nur aus der gewünschten Schaffung sofort steuerlich abziehbarer Ausgaben erklären. Diese Grundsätze seien gleichermaßen auf den vorliegenden Fall eines geschlossenen Schiffsfonds zu übertragen, da sich die Anschaffung, Verwaltung und Vercharterung des Containerschiffs weder rechtlich noch wirtschaftlich von der Anschaffung, Verwaltung und Vermietung einer Großimmobilie unterscheide. Die genannten einzelvertraglichen Abreden ließen sich auch bei dem hier zu beurteilenden Schiffsfonds nur aus der gewünschten Schaffung sofort steuerlich abziehbarer Ausgaben erklären. Die einzelnen im wirtschaftlichen Zusammenhang mit dem Erwerb des Containerschiffs angefallenen Aufwendungen seien daher auch bei einem geschlossenen Schiffsfonds der hier vorliegenden Art bereits auf der Ebene der Gesellschaft den Anschaffungskosten zuzuordnen.	

Anhang 2

Gericht, Datum, Aktenzeichen	Wesentlicher (abstrakter) Inhalt der Entscheidung	Gleichstellung bejaht oder verneint?
	Diese Betrachtung müsse gleichermaßen für den Fall gelten, dass die Anleger nicht unmittelbar, sondern lediglich mittelbar über eine zwischengeschaltete Obergesellschaft (die Beteiligungs-KG) an dem Schiffsfonds beteiligt seien. Dem stehe nicht entgegen, dass nach gefestigter Rechtsprechung des Bundesfinanzhofs allein die Obergesellschaft (die Beteiligungs-KG) Mitunternehmerin der Untergesellschaft (des Schiffsfonds) sei. Denn auch insoweit habe die Anwendung des § 42 AO zur Folge, dass die Einstufung der Aufwendungen als Anschaffungskosten oder als sofort abzugsfähige Betriebsausgaben aus der Sicht der der Beteiligungs-KG beitretenden Gesellschafter zu beurteilen sei. Aus deren Sicht stünden die hier streitgegenständlichen Aufwendungen aber in wirtschaftlichem Zusammenhang mit der Erlangung des Eigentums an dem Containerschiff.	
BFH 22. September 2011 IV R 3/10	Eine KG war zu 93,6 % an einer GmbH beteiligt, mit der sie im Rahmen eines Organschaftsverhältnisses verbunden war. Diese GmbH war als Mitunternehmerin an einer anderen KG beteiligt. Es stellte sich die Frage, ob im Rahmen der bei der KG nach § 35 Abs. 3 Satz 1 EStG a.F. durchzuführenden gesonderten und einheitlichen Feststellung gemäß § 35 Abs. 3 Satz 4 EStG a.F. (heute § 35 Abs. 2 Satz 5 EStG) ein Anteil der GmbH am GewSt-Messbetrag der anderen KG zu berücksichtigen war. Dies wurde vom Bundesfinanzamt abgelehnt. Gemäß § 35 Abs. 3 Satz 4 EStG a.F. (heute § 35 Abs. 2 Satz 5 EStG) seien bei der Feststellung nach § 35 Abs. 3 Satz 1 EStG anteilige GewSt-Messbeträge, die aus einer Beteiligung an einer Mitunternehmerschaft stammten, einzubeziehen. Nach dem Wortlaut der Vorschrift seien die Voraussetzungen einer Einbeziehung eines Anteils der GmbH am GewSt-Messbetrag der anderen KG nicht gegeben. Die verschiedenen Auslegungsmethoden änderten daran nichts.	Gleichstellung der mittelbaren mit der unmittelbaren Beteiligung **verneint** worden

Anhang 2

Gericht, Datum, Aktenzeichen	Wesentlicher (abstrakter) Inhalt der Entscheidung	Gleichstellung bejaht oder verneint?
	Nach Auffassung des erkennenden Senats sei § 35 Abs. 3 Satz 4 EStG a.F. dahin auszulegen, dass nur anteilige GewSt-Messbeträge zu berücksichtigen seien, die aus einer unmittelbaren Beteiligung an einer Mitunternehmerschaft stammten. Hierfür sprächen Wortlaut, Sinn und Zweck sowie die Systematik. Die Regelung solle eine Steuerermäßigung der an einer Personengesellschaft beteiligten natürlichen Person ermöglichen, wenn die Gesellschaft mit Gewerbesteuer belastet worden sei. In Fällen von mehrstöckigen Gesellschaften (Mitunternehmerschaften) sollten nach der Gesetzesbegründung sämtliche bei den Gesellschaften festgestellten Messbeträge beim „Schlussgesellschafter" anteilig berücksichtigt werden können. Nach der Systematik der gesonderten und einheitlichen Feststellung nach § 35 Abs. 3 EStG a.F. würden bei Beteiligung einer Personenobergesellschaft an einer Personenuntergesellschaft bei letztgenannter Gesellschaft festgestellte, aber insoweit nicht bei der Einkommensbesteuerung ihrer Gesellschafter nach § 35 Abs 1 EStG „verwertbare" GewSt-Messbträge an die Personenobergesellschaft „weitergereicht", um eine Berücksichtigung bei den Gesellschaftern jener Gesellschaft („Schlussgesellschafter") zu ermöglichen. Verfahrenstechnisch werde dies dadurch bewirkt, dass auf Ebene der Untergesellschaft eine gesonderte Feststellung des auf die Obergesellschaft entfallenden GewSt-Messbetrags stattfinde (§ 35 Abs. 3 Satz 1 EStG a.F.), der bei der Feststellung der anteiligen GewSt-Messbeträge der Obergesellschaft (wiederum nach § 35 Abs. 3 Satz 1 EStG a.F.) dem GewSt-Messbetrag der Obergesellschaft nach § 35 Abs. 3 Satz 4 EStG a.F. hinzugerechnet werde, um dann die Summe auf die Gesellschafter der Obergesellschaft zu verteilen. Bei mehrstufigen Beteiligungsverhältnissen (mehrstöckigen Personengesellschaften) erfolge die „Weiterleitung" so lange, bis eine Zuordnung an „Schlussgesellschafter" als natürliche Personen erfolgen könne. Schon hieraus ergebe sich, dass bei der Feststellung für eine Personenobergesellschaft nach § 35 Abs. 3 Satz 4 EStG a.F. (heute § 35 Abs. 2 Satz 5 EStG) eine Berücksichtigung nur von GewSt-Messbeträgen erfolgen dürfe, die aus einer unmittelbaren Beteiligung an einer Personengesellschaft stammen würden.	

295

Anhang 2

Gericht, Datum, Aktenzeichen	Wesentlicher (abstrakter) Inhalt der Entscheidung	Gleichstellung bejaht oder verneint?
	Aber selbst wenn man davon ausginge, dass in § 35 Abs. 3 Satz 4 EStG a.F. auch anteilige GewSt-Messbeträge gemeint seien, die aus einer mittelbaren Beteiligung an einer Mitunternehmerschaft stammen würden, so scheide hierbei eine Beteiligung aus, die über eine Kapitalgesellschaft, die ihrerseits an einer Personengesellschaft (Mitunternehmerschaft) beteiligt sei, vermittelt werde. Denn als „mitunternehmerisch" qualifiziere § 15 Abs. 1 Satz 1 Nr. 2 Satz 2 EStG eine mittelbare Beteiligung nur dann, wenn sie über eine oder mehrere Personengesellschaften erfolge. Dabei seien keine Anhaltspunkte dafür ersichtlich, dass der Begriff der Mitunternehmerschaft in § 35 Abs. 3 Satz 4 EStG a.F. anders zu verstehen sein könnte als in § 15 Abs. 1 Satz 1 Nr. 2 EStG. § 35 Abs. 3 Satz 4 EStG a.F. sei auch nicht im Wege einer verfassungskonformen Auslegung auf die streitgegenständliche Fallkonstellation anzuwenden. Die Abschirmung der Vermögenssphäre einer Kapitalgesellschaft gegenüber ihren Anteilseignern liefere einen sachlichen Differenzierungsgrund, Beteiligungen an einer Kapitalgesellschaft vom Regelungsbereich des § 35 Abs. 3 Satz 4 EStG a.F. auszunehmen. Die KG sei nicht in dem vorgenannten Sinne unmittelbar an einer Mitunternehmerschaft beteiligt. Die unmittelbare Beteiligung an der GmbH bedeute für die KG nicht zugleich eine mitunternehmerische Beteiligung im Sinne des § 15 Abs. 1 Satz 1 Nr. 2 EStG an der GmbH. Auch der Anteil der GmbH am GewSt-Messbetrag der anderen KG stamme aus Sicht der KG nach den vorgenannten Maßstäben nicht aus einer Beteiligung der KG an einer Mitunternehmerschaft, selbst wenn man davon ausginge, dass von § 35 Abs. 3 Satz 4 EStG a.F. auch mittelbare Beteiligungen an Mitunternehmerschaften erfasst würden.	
BFH 22. September 2011 IV R 42/09	Zwei natürliche Personen waren zu je 50 % an einer KG beteiligt. Komplementärin dieser KG war eine GmbH. Die KG war Organträgerin einer anderen GmbH, die ihrerseits zu 97 % an einer anderen KG beteiligt war. Es stellte sich die Frage der Einbeziehung von Anteilen der anderen GmbH an den GewSt-Messbeträgen der anderen KG im Rahmen der Feststellung des GewSt-Messbetrags der KG nach § 35 Abs. 3 Satz 4 EStG a.F. (jetzt § 35 Abs. 2 Satz 5 EStG).	Gleichstellung der mittelbaren mit der unmittelbaren Beteiligung **verneint** worden

Anhang 2

Gericht, Datum, Aktenzeichen	Wesentlicher (abstrakter) Inhalt der Entscheidung	Gleichstellung bejaht oder verneint?
	Dies wurde abgelehnt. Die streitbefangenen anteiligen GewSt-Messbeträge der anderen GmbH bei der anderen KG seien nach Ansicht des Bundesfinanzhofs zu Recht nicht in die Feststellung nach § 35 Abs. 3 Satz 1 EStG bei der KG einbezogen worden. Denn nach § 35 Abs. 3 Satz 4 EStG a.F. (jetzt § 35 Abs. 2 Satz 5 EStG) seien bei der Feststellung nach § 35 Abs. 3 Satz 1 EStG nur anteilige GewSt-Messbeträge einzubeziehen, die aus einer Beteiligung an einer Mitunternehmerschaft stammten. Hierzu zähle nicht die Beteiligung an einer Kapitalgesellschaft. Der „Durchleitung" anteiliger GewSt-Messbeträge durch eine Kapitalgesellschaft stehe die Abschirmwirkung der Vermögenssphäre der Kapitalgesellschaft gegenüber ihren Anteilseignern entgegen. Zur Vermeidung von Wiederholungen nahm der Senat auf sein Urteil vom 22. September 2011 – IV R 3/10 Bezug (vgl. oben).	
BFH 11. Oktober 2012 IV R 3/09	An einer KG waren eine natürliche Person sowie eine GmbH beteiligt. Die natürliche Person brachte ihren Kommanditanteil an der KG in eine andere KG gegen Gewährung von Gesellschaftsrechte an dieser anderen KG ein. Es stellte sich die Frage des Vorliegens der Voraussetzungen des gewerbesteuerrechtlichen Verlustabzugs der KG nach § 10a GewStG (insbesondere bzgl. der Unternehmeridentität). Die Voraussetzungen des gewerbesteuerrechtlichen Verlustabzugs der KG nach § 10a GewStG waren nach Ansicht des Bundesfinanzhofs nicht erfüllt. Die Inanspruchnahme des Verlustabzugs nach § 10a GewStG setze neben der Unternehmensidentität auch die Unternehmeridentität voraus. Letzteres bedeute, dass der Steuerpflichtige, der den Verlustabzug in Anspruch nehme, den Gewerbeverlust zuvor in eigener Person erlitten haben müsse. Der Steuerpflichtige müsse danach sowohl zur Zeit der Verlustentstehung als auch im Jahr der Entstehung des positiven Gewerbeertrags Unternehmensinhaber gewesen sein. Dementsprechend gehe beim Ausscheiden von Gesellschaftern aus einer Personengesellschaft der Verlustabzug gemäß § 10a GewStG verloren, soweit der Fehlbetrag anteilig auf die ausgeschiedenen Gesellschafter entfalle.	Gleichstellung der mittelbaren mit der unmittelbaren Beteiligung **verneint** worden

Anhang 2

Gericht, Datum, Aktenzeichen	Wesentlicher (abstrakter) Inhalt der Entscheidung	Gleichstellung bejaht oder verneint?
	Im Falle sog. doppelstöckiger Personengesellschaften (Oberpersonengesellschaft hält Anteil an Unterpersonengesellschaft) sei nach ständiger Rechtsprechung zu beachten, dass die Oberpersonengesellschaft nicht nur Gesellschafterin, sondern unter der Voraussetzung auch Mitunternehmerin der Unterpersonengesellschaft und damit Trägerin des Verlustabzugs sei, dass sie an letzterer Gesellschaft mitunternehmerisch beteiligt sei, d.h. selbst die allgemeinen Merkmale des Mitunternehmerbegriffs erfülle. Dies bedinge einerseits, dass ein Wechsel im Kreis der Oberpersonengesellschaft die Unternehmeridentität bzgl. der Unterpersonengesellschaft unberührt lasse. Andererseits ergebe sich daraus, dass der Verlustabzug nach § 10a GewStG selbst dann (anteilig) entfalle, wenn der aus einer Personengesellschaft ausscheidende Gesellschafter über eine andere Gesellschaft (Oberpersonengesellschaft) weiterhin mittelbar an der Unterpersonengesellschaft beteiligt bleibe. Hieran habe sich durch die mit dem StÄndG 1992 eingefügte Regelung des § 15 Abs. 1 Satz 1 Nr. 2 Satz 2 EStG zur (mittelbaren) Mitunternehmerstellung des Obergesellschafters an der Unterpersonengesellschaft nichts geändert. Die Vorschrift sei zwar auch gewerbesteuerlich zu beachten; sie lasse aber die mitunternehmerschaftliche Beteiligung der Oberpersonengesellschaft an der Unterpersonengesellschaft unberührt und habe deshalb lediglich zur Folge, dass der Verlustabzug nur im Rahmen des Sonderbetriebsvermögensbereichs des Obergesellschafters zulässig sei. Da der entstandene Verlust der KG in vollem Umfang auf die natürliche Person als Kommanditistin der KG entfiele, ginge dieser Verlust mit der Übertragung des Kommanditanteils auf die andere KG verloren, auch wenn die natürliche Person alleinige Kommanditistin der anderen KG sei (und damit mittelbar an der KG beteiligt bliebe) und (auch) an dieser zu 100 % vermögensmäßig beteiligt sei.	

Anhang 2

Gericht, Datum, Aktenzeichen	Wesentlicher (abstrakter) Inhalt der Entscheidung	Gleichstellung bejaht oder verneint?
FG München 29. Juli 2013 7 K 190/11	Eine niederländische Kapitalgesellschaft, die in Deutschland nur beschränkt steuerpflichtig war, war an einer inländischen vermögensverwaltenden Personengesellschaft beteiligt, die Eigentümerin eines inländischen Grundstücks war. Die niederländische Kapitalgesellschaft veräußerte ihre Beteiligung an der inländischen (vermögensverwaltenden) Personengesellschaft. Es stellte sich die Frage, ob die niederländische Kapitalgesellschaft dadurch gewerbliche Einkünfte im Sinne des § 49 Abs. 1 Nr. 2 Buchst. f Satz 1 EStG erzielte. Dies wurde vom Bundesfinanzhof verneint. Nach § 49 Abs. 1 Nr. 2 Buchst. f EStG (in der im Streitjahr 2003 geltenden Fassung) unterlägen Einkünfte, die durch die Veräußerung von unbeweglichem Vermögen im Sinne des § 49 Abs. 1 Nr. 6 EStG erzielt würden, als gewerbliche Einkünfte der beschränkten Einkommensteuerpflicht, sofern der gewerblich tätige Veräußerer über keine inländische Betriebsstätte verfüge. Nach § 49 Abs. 1 Nr. 2 Buchst. f Satz 2 EStG gelte dies auch dann, wenn die Einkünfte von einer Körperschaft ohne Sitz oder Geschäftsleitung, die einer inländischen Kapitalgesellschaft gleichsteht, erzielt würden. Die Kapitalgesellschaft niederländischen Rechts habe aber kein unbewegliches Vermögen veräußert, sondern lediglich einen Anteil ihres Kommanditanteils an der inländischen KG. Die Veräußerung eines Anteils an einer Personengesellschaft, in deren Gesamthandsvermögen sich ein im Inland belegenes Grundstück befinde, könne nicht mit der Veräußerung des Grundstücks gleichgestellt werden. Zwar liege eine gesamthänderische Beteiligung an dem im Inland belegenen Grundstück vor, diese sei zivilrechtlich jedoch nicht mit einer gegenständlichen Beteiligung identisch. Eine andere Betrachtung können auch für steuerliche Zwecke nicht erfolgen. Denn nach dem Wortlaut der Vorschrift sei eine Veräußerung von inländischem unbeweglichen Vermögen erforderlich; der Gesetzgeber habe dadurch nicht zum Ausdruck gebracht, dass die Veräußerung einer mittelbaren Beteiligung ausreiche. Es hätte dazu vielmehr einer entsprechenden Anordnung in § 49 Abs. 1 Nr. 2 Buchst. f EStG bedurft (wie dies auch bereits in § 23 Abs. 1 Satz 4 EStG der Fall sei).[842]	Gleichstellung der mittelbaren mit der unmittelbaren Beteiligung **verneint** worden

---

[842] Dies ist mittlerweile durch § 49 Abs. 1 Nr. 2 Buchst. f Satz 2 EStG erfolgt: „*§ 23 Absatz 1 Satz 4 EStG gilt entsprechend.*". § 23 Abs. 1 Satz 4 EStG lautet: „*Die Anschaffung oder Veräußerung einer unmittelbaren oder mittelbaren Beteiligung an einer Personengesellschaft gilt als Anschaffung oder Veräußerung der anteiligen Wirtschaftsgüter.*".

Anhang 2

Gericht, Datum, Aktenzeichen	Wesentlicher (abstrakter) Inhalt der Entscheidung	Gleichstellung bejaht oder verneint?
BFH 21. Oktober 2014 VIII R 22/11	Eine natürliche Person war an einer vermögensverwaltenden Personengesellschaft beteiligt, welche unter anderem an einer GmbH beteiligt war. Diese GmbH leistete Zahlungen im Rahmen einer Inkassoabwicklung, die von der natürlichen Person beauftragt wurde, an die natürliche Person (die GmbH behandelte diese Zahlungen als Rückzahlungen ihrer Verbindlichkeiten). Es stellte sich die Frage des Vorliegens der Voraussetzungen einer verdeckten Gewinnausschüttung (vGA) der GmbH zu Gunsten der natürlichen Person, die nur mittelbar über die Personengesellschaft an dieser beteiligt war. Es wurde festgestellt, dass die natürliche Person nicht als Gesellschafter der GmbH für Zwecke der Prüfung der vGA zu behandeln sei. Gesellschafterin der GmbH für Zwecke der Prüfung einer vGA sei die vermögensverwaltende Personengesellschaft. Denn Gesellschafter (Anteilseigner) gemäß § 20 Abs. 2a EStG a.F. sei entweder der zivilrechtliche Inhaber (§ 39 Abs. 1 AO) oder als Nichtgesellschafter der wirtschaftliche „Eigentümer" (§ 39 Abs. 2 AO) der Beteiligung. Auch die Bruchteilsbetrachtung (§ 39 Abs. 2 AO) aufgrund der Einordnung als vermögensverwaltende Personengesellschaft führe nicht dazu, dass die natürliche Person als Gesellschafterin der GmbH einzustufen sei. Eine unmittelbare Zurechnung der Beteiligung an einer Kapitalgesellschaft, die zum Gesamthandsvermögen einer vermögensverwaltenden Personengesellschaft gehöre, bei deren Gesellschaftern erfolge nur im Rahmen des § 17 EStG. Um eine solche Konstellation gehe es vorliegend nicht.	Gleichstellung der mittelbaren mit der unmittelbaren Beteiligung **verneint** worden
BFH 29. Januar 2015 I R 68/13	Eine GmbH war zu 95 % an einer ausländischen Kapitalgesellschaft beteiligt. Die GmbH ließ der ausländischen Kapitalgesellschaft Eigenkapital zukommen, mit dem diese eine Beteiligung an einer anderen ausländischen Kapitalgesellschaft erwarb. Die GmbH finanzierte die Gewährung des Eigenkapitals zugunsten der ausländischen Kapitalgesellschaft (die letztlich die Beteiligung an der anderen ausländischen Kapitalgesellschaft erwarb) mit einem Darlehen von einer mittelbaren Anteilseignerin der GmbH, für das sie dieser Darlehenszinsen zahlte, welche sie als Aufwand behandelte. Es stellte sich die Frage einer verdeckten Gewinnausschüttung (vGA) im Sinne des § 8a Abs. 6 Satz 1 Nr. 1 KStG a.F. hinsichtlich der geleisteten Zinszahlungen.	Gleichstellung der mittelbaren mit der unmittelbaren Beteiligung **verneint** worden

Gericht, Datum, Aktenzeichen	Wesentlicher (abstrakter) Inhalt der Entscheidung	Gleichstellung bejaht oder verneint?
	Dies wurde vom Bundesfinanzhof abgelehnt. Nach § 8a Abs. 6 Satz 1 KStG a.F. seien Vergütungen für die Überlassung von Fremdkapital, das eine Kapitalgesellschaft erhalten habe, vGA, wenn das Fremdkapital zum Zwecke des Erwerbs einer Beteiligung am Grund- oder Stammkapital an einer Kapitalgesellschaft aufgenommen werde (Nr. 1) und die insoweit unstreitigen Voraussetzungen der Nr. 2 gegeben seien. Diese Voraussetzungen lägen nicht vor. Von einer Aufnahme des Fremdkapitals zum Zwecke des Erwerbs einer Beteiligung könne nur dann die Rede sein, wenn der Schuldner mit der Valuta einen eigenen Beteiligungserwerb finanziere. Dass auch der Erwerb durch eine dritte Person nach einer Weitergabe der Mittel tatbestandsrelevant sein solle, lasse sich nicht aus dem Terminus (Erwerbs-) Zweck ableiten. Es reiche nicht aus, dass mit den Darlehensmitteln letztlich ein Beteiligungserwerb stattfinde. Daran könne auch ein „Gesamtplan" im Sinne einer finalen Verknüpfung der die streitgegenständlichen Darlehenszinsen auslösenden Fremdkapitalaufnahme mit dem tatsächlich vollzogenen Beteiligungserwerb bei einem Dritten nichts ändern. Es komme auch nicht in Betracht, den „mittelbaren Anteilserwerb" unter Hinweis auf einen ansonsten sachlich zu stark eingeschränkten Anwendungsbereich des § 8a Abs. 6 Satz 1 KStG a.F. einzubeziehen. Es sei Sache des Gesetzgebers, die tatbestandlichen Voraussetzungen einer Ausnahmevorschrift derart klar und eindeutig zu fassen. Der Gesetzgeber habe im Rahmen des § 8a KStG durchaus die Notwendigkeit gesehen, die Situation mittelbarer Anteilserwerbe ausdrücklich zu regeln, dies aber in § 8a Abs. 6 Satz 1 KStG a.F. nicht zum Ausdruck gebracht. Vielmehr könne man nur dem Wortlaut des § 8a Abs. 6 Satz 2 KStG a.F. (Beteiligungserwerb durch eine Personengesellschaft) die Absicht entnehmen, den mittelbaren Beteiligungserwerb zu erfassen. Damit gelte: Einschränkung des Anwendungsbereichs des § 8a Abs. 6 Satz 1 KStG a.F. auf den fremdfinanzierten Direkterwerb bzw. keine Anwendung des § 8a Abs. 6 Satz 1 KStG a.F. auf mittelbare Beteiligungserwerbe.	

Anhang 2

Gericht, Datum, Aktenzeichen	Wesentlicher (abstrakter) Inhalt der Entscheidung	Gleichstellung bejaht oder verneint?
BFH 20. Oktober 2016 VIII R 27/15[843]	Ein Ehepaar bezog Darlehenszinsen von einer GmbH, an der diese über eine andere GmbH mittelbar (jeweils) zu mehr als 10 % beteiligt waren. Es stellte sich die Frage, ob durch diese mittelbare Beteiligung die Voraussetzungen der Ausnahmevorschrift des § 32d Abs. 2 Satz 1 Nr. 1 Buchst. b EStG erfüllt waren (was zur Anwendung der tariflichen Einkommensteuer auf die vereinnahmten Darlehenszinsen führen würde). Dies wurde vom Bundesfinanzhof verneint. Die vereinnahmten Darlehenszinsen unterfielen dem Abgeltungsteuertarif des § 32d Abs. 1 Satz 1 EStG in Höhe von 25 % und nicht der tariflichen Einkommensteuer. Die Voraussetzungen der Ausnahmevorschrift des § 32d Abs. 2 Satz 1 Nr. 1 Buchst. b Satz 1 EStG (die zur Anwendung der tariflichen Einkommensteuer auf die Darlehenszinsen führen würde) würden durch die mittelbare Beteiligung an der die Darlehenszinsen zahlenden Gesellschaft nicht erfüllt; erforderlich sei vielmehr eine unmittelbare Beteiligung. Die Gleichstellung einer mittelbaren mit der unmittelbaren Beteiligung bedürfe im Grundsatz einer ausdrücklichen gesetzlichen Einbeziehung in den Tatbestand. Eine Ausnahme könne sich in Einzelfällen nur ergeben, wenn sich die Gleichstellung aus dem Sinn und Zweck einer Norm eindeutig ergeben würde. Im Rahmen des § 32d Abs. 2 Satz 1 Nr. 1 Buchst. b Satz 1 EStG bestehe für eine solche Gleichstellung jedoch keine Veranlassung. Mittelbar beteiligte Gesellschafter als Gläubiger der Kapitalerträge seien damit nicht vom Anwendungsbereich des § 32d Abs. 2 Satz 1 Nr. 1 Buchst. b Satz 1 EStG umfasst.	Gleichstellung der mittelbaren mit der unmittelbaren Beteiligung **verneint** worden

---

[843] Bestätigt wurde diese Auslegung, wonach im Rahmen der ertragsteuerrechtlichen Vorschrift des § 32d Abs. 2 Nr. 1 Satz 1 Buchst. b Satz 1 EStG keine Gleichstellung der mittelbaren mit der unmittelbaren Beteiligung erfolgt, auch nochmals am Rande des Urteils des BFH vom 9. Juli 2019 – X R 9/17 (DStR 2019, 2626 ff.). Da dieser Aspekt jedoch nur einen Randbereich dieses Urteils des BFH vom 9. Juli 2019 betraf, wurde darauf verzichtet, dieses Urteil in die vorliegende Rechtsprechungsübersicht zu übernehmen.

Anhang 2

Gericht, Datum, Aktenzeichen	Wesentlicher (abstrakter) Inhalt der Entscheidung	Gleichstellung bejaht oder verneint?
FG Köln 13. September 2017 2 K 2933/15 Revision beim BFH anhängig unter dem Az. I R 77/17	Eine Genossenschaft niederländischen Rechts war stets zu mindestens 10 % an einer vermögensverwaltenden Personengesellschaft beteiligt, welche ihrerseits 100 % der Anteile an einer AG hielt. Es wurde eine Gewinnausschüttung seitens der AG an die vermögensverwaltende Personengesellschaft vorgenommen, welche in Höhe von 33,605 % der Genossenschaft niederländischen Rechts zustand. Von dieser Gewinnausschüttung wurden zulasten der Genossenschaft niederländischen Rechts Kapitalertragsteuer in Höhe von 25 % der Ausschüttung, die der Genossenschaft niederländischen Rechts zustand, und SolZ in Höhe von 5,5 % der Kapitalertragsteuer einbehalten und an das Finanzamt abgeführt. Es stellte sich die Frage der Erstattung von Kapitalertragsteuer nebst SolZ gemäß § 50d Abs. 1 EStG in Verbindung mit § 43b Abs. 2 Satz 1 EStG (insbesondere da die Beteiligung über eine vermögensverwaltende Personengesellschaft gehalten wurde). Die Voraussetzungen wurden vom Bundesfinanzhof bejaht. Die Genossenschaft niederländischen Rechts sei im Zeitpunkt der Entstehung der Kapitalertragsteuer über die vermögensverwaltende Personengesellschaft an der AG zu mehr als 10 % beteiligt gewesen. Damit erfülle die Genossenschaft niederländischen Rechts die gesetzliche Mindestbeteiligungsquote gemäß § 43b Abs. 2 Sätze 1 und 2 EStG in Höhe von 10 %. Die Genossenschaft niederländischen Recht sei auch „unmittelbar" an der AG im Sinne des § 43b Abs. 2 Satz 1 EStG beteiligt. Die Beteiligung über die vermögensverwaltende Personengesellschaft stehe dem nicht entgegen. Dies ergebe sich aus der Zurechnungsregelung des § 39 Abs. 2 Nr. 2 AO. Hiernach würden Wirtschaftsgüter, die mehreren zur gesamten Hand zustehen würden, den Beteiligten anteilig zugerechnet, soweit eine getrennte Zurechnung für die Besteuerung erforderlich sei. Als allgemeine Zurechnungsvorschrift gelte § 39 Abs. 2 Nr. 2 AO nicht nur für die Besteuerung von natürlichen Personen, sondern auch für die Besteuerung von Kapitalgesellschaften, die an einer anderen Kapitalgesellschaft über eine Gesamthandsgemeinschaft beteiligt seien. Steuerrechtlich werde die Gesamthandsgemeinschaft dann als Bruchteilsgemeinschaft angesehen. Sei danach der Anteil am Gesellschaftsvermögen steuerrechtlich ebenso „eigener" Anteil wie der Anteil am Gemeinschaftsvermögen, liege in der Nutzung dieses Anteils am Gesamthandsvermögen die Nutzung eines „eigenen" Rechts.	Gleichstellung der mittelbaren mit der unmittelbaren Beteiligung **bejaht** worden

Anhang 2

Gericht, Datum, Aktenzeichen	Wesentlicher (abstrakter) Inhalt der Entscheidung	Gleichstellung bejaht oder verneint?
	Die vermögensverwaltende Personengesellschaft sei eine Gesamthandsgemeinschaft. Die getrennte Zurechnung sei für die Besteuerung erforderlich. Eine Zurechnung des Gesamthandsvermögens zu den einzelnen Beteiligten sei erforderlich, soweit nicht die Gesamthand Steuerschuldner sei. Ob diese Voraussetzung erfüllt sei, bestimme sich nach den einzelnen Steuergesetzen. Erforderlich sei die anteilige Zurechnung insbesondere im Einkommen- und Körperschaftsteuerrecht. In diesen Rechtsbereichen sei nicht die Gesamthandsgemeinschaft (die Gesellschaft), sondern seien die Gesellschafter Steuersubjekt. Dabei sei § 39 Abs. 2 Nr. 2 AO insbesondere auch auf die vermögensverwaltende Personengesellschaft, die z.B. – wie im Streitfall – Anteile an einer Kapitalgesellschaft halte, anzuwenden. Die getrennte Zurechnung sei im Sinne der Vorschrift für die Besteuerung erforderlich, weil eine vermögensverwaltende Personengesellschaft bei der Ertragsteuer – anders als z.B. bei der UStG und GrEStG, die die Erwerbsvorgänge der Gesamthandsgemeinschaft als solche besteuern würden – nur insoweit Steuerrechtssubjekt (partielle Steuerrechtsfähigkeit) sei, als sie in der gesamthänderischen Verbundenheit ihrer Gesellschafter die Merkmale eines Besteuerungstatbestandes verwirklichen würde, welche den Gesellschaftern für deren Besteuerung zuzurechnen seien. Die Anwendung des § 39 Abs. 2 Nr. 2 AO werde auch nicht – wie bei einer mitunternehmerischen Personengesellschaft – durch § 15 Abs. 1 Satz 1 Nr. 2 Hs. 1 EStG verdrängt. § 39 Abs. 2 Nr. 2 AO sei insbesondere auch bei der Ermittlung des Veräußerungsgewinns nach § 17 EStG anzuwenden, wenn die Anteile von einer vermögensverwaltenden Personengesellschaft gehalten würden. Folglich seien die Anteilsrechte für Zwecke der Besteuerung von Veräußerungsgewinnen den Gesellschaftern anteilig, d.h. so zuzurechnen, als ob sie an den Anteilsrechten zu Bruchteilen berechtigt wären. Es werde also durch die vermögensverwaltende Personengesellschaft „durchgegriffen". Vor diesem Hintergrund führe § 39 Abs. 2 Nr. 2 AO im Streitfall dazu, dass die Beteiligung der Genossenschaft niederländischen Rechts an der AG über die vermögensverwaltende Personengesellschaft als unmittelbare Beteiligung im Sinne des § 43b Abs. 2 Satz 1 EStG anzusehen sei. Für die Frage der Steuererstattung gemäß § 50d Abs. 1 Satz 2 EStG in Verbindung mit § 43b EStG gelte nichts anderes.	

Anhang 2

Gericht, Datum, Aktenzeichen	Wesentlicher (abstrakter) Inhalt der Entscheidung	Gleichstellung bejaht oder verneint?
	Die Bruchteilsbetrachtung führe im Streitfall auch dazu, dass die Beteiligung der Genossenschaft niederländischen Rechts an der AG die Mindestbeteiligungsquote in Höhe von 10 % überschreite. Denn die Verteilung der Wirtschaftsgüter einer Personengesellschaft, die den Gesellschaftern zur gesamten Hand zustehen würden, erfolge nach dem Verhältnis, in dem die Mitgliedschaftsrechte der einzelnen Beteiligten in allen ihren vermögensrechtlichen Beziehungen zu den Mitgliedschaftsrechten der anderen Beteiligten stehen würden. Soweit das Finanzamt geltend mache, dass die vermögensverwaltende Personengesellschaft zivilrechtlich Gesellschafter der Kapitalgesellschaft sei, würde dies kein anderes Ergebnis zu begründen vermögen. Denn § 39 Abs. 2 Nr. 2 AO gehe für die Besteuerung den allgemeinen Vorschriften des BGB vor. Die Auffassung des Senats werde auch durch § 8b Abs. 4 KStG bestätigt. Vermögensverwaltende Personengesellschaften müssten nicht in den Tatbestand des § 8b Abs. 4 Satz 5 KStG einbezogen werden, weil die Beteiligung im Fall ihrer Einschaltung gemäß § 39 Abs. 2 Nr. 2 AO ohnehin als unmittelbar zu behandeln sei.	
BFH 19. Juli 2018 IV R 39/10	An einer gewerblich tätigen KG als Unter-Personengesellschaft war eine weitere KG als Ober-Personengesellschaft beteiligt. Die Ober-Personengesellschaft bestand ausschließlich aus natürlichen Personen und war neben ihrer Beteiligung an der Unter-Personengesellschaft ausschließlich vermögensverwaltend tätig. Die Ober-Personengesellschaft veräußerte ihre Beteiligung an der Unter-Personengesellschaft mit Gewinn. Es stellte sich die Frage, ob dieser Veräußerungsgewinn der Ober-Personengesellschaft zum Gewerbeertrag der Unter-Personengesellschaft nach Maßgabe des § 7 Satz 2 GewStG gehörte. Dies wurde vom Bundesfinanzhof bejaht; der Veräußerungsgewinn der Ober-Personengesellschaft aus der Veräußerung ihres Kommanditanteils an der Unter-Personengesellschaft gehöre gemäß § 7 Satz 2 GewStG zum Gewerbeertrag der Unter-Personengesellschaft.	Gleichstellung der mittelbaren mit der unmittelbaren Beteiligung **verneint** worden

305

Anhang 2

Gericht, Datum, Aktenzeichen	Wesentlicher (abstrakter) Inhalt der Entscheidung	Gleichstellung bejaht oder verneint?
	Die Ober-Personengesellschaft erziele aus ihrer Beteiligung an der gewerblich tätigen Unter-Personengesellschaft gemäß § 15 Abs. 1 Satz 1 Nr. 2 Satz 1 EStG gewerbliche Einkünfte, auch wenn die Ober-Personengesellschaft selbst keine gewerbliche Tätigkeit im Sinne des § 15 Abs. 1 Satz 1 Nr. 1 EStG ausübe. Die Ober-Personengesellschaft gelte daher nicht als vermögensverwaltende Personengesellschaft, so dass die Anwendbarkeit der Regelung des § 7 Satz 2 GewStG nicht aus diesem Grund ausscheide. Unabhängig davon sei § 7 Satz 2 GewStG nicht dahin auszulegen, dass eine als Mitunternehmerin an einer anderen Personengesellschaft beteiligte, im Übrigen ihrerseits nur „vermögensverwaltend" tätige Personengesellschaft nicht vom Anwendungsbereich des § 7 Satz 2 GewStG erfasst werde. Dies gelte selbst dann, wenn – wie im Streitfall – an einer solchen Gesellschaft zum Zeitpunkt der Veräußerung des Mitunternehmeranteils ausschließlich natürliche Personen beteiligt seien. Nach § 7 Satz 2 Nr. 2 GewStG gehöre zum Gewerbeertrag auch der Gewinn aus der Veräußerung des Anteils eines Gesellschafters, der als Unternehmer (Mitunternehmer) des Betriebs einer Mitunternehmerschaft anzusehen sei, soweit er nicht auf eine natürliche Person als unmittelbar beteiligter Mitunternehmer entfalle. Für mittelbar beteiligte natürliche Personen sei weder nach dem Wortlaut der Vorschrift noch nach dem in den Gesetzesmaterialien zum Ausdruck gebrachten Normzweck eine solche Einschränkung (Gewerbesteuerfreiheit) vorgesehen. Aus dem Wortlaut des § 7 Satz 2 letzter Halbsatz GewStG folge, dass der Gewinn im Sinne des § 7 Satz 2 GewStG nur insoweit nicht zum Gewerbeertrag einer Mitunternehmerschaft gehöre, als er auf eine natürliche Person als unmittelbar beteiligter Mitunternehmer entfalle. Soweit der Gewinn auf eine beteiligte Ober-Personengesellschaft entfalle, sei er hingegen Teil des Gewerbeertrags. Dies gelte selbst dann, wenn bei einer doppelstöckigen Personengesellschaft an der veräußernden Ober-Personengesellschaft ausschließlich natürliche Personen beteiligt seien.	

Anhang 2

Gericht, Datum, Aktenzeichen	Wesentlicher (abstrakter) Inhalt der Entscheidung	Gleichstellung bejaht oder verneint?
	Schließe danach auch die mittelbare Beteiligung einer natürlichen Person an einer Unter-Personengesellschaft die Rechtsfolge des § 7 Satz 2 GewStG nicht aus, so stehe dies auch im Einklang mit dem in der Rechtsprechung des Bundesfinanzhofs vertretenen Grundsatz, mittelbare Beteiligungen unmittelbaren nicht gleichzusetzen. Vielmehr bedürfe es zu einer solchen Gleichstellung einer ausdrücklichen gesetzlichen Vorschrift, es sei denn, dass sich die Gleichstellung aus dem Sinn und Zweck der gesetzlichen Vorschrift eindeutig ergebe. Eine derartige Sonderregelung einer Gleichstellung von unmittelbaren und mittelbaren Beteiligungen sei dem § 7 Satz 2 GewStG jedoch nicht zu entnehmen.	
BFH Großer Senat 25. September 2018 GrS 2/16	Der Große Senat des Bundesfinanzhofs hat mit Entscheidung vom 25. September 2018 entschieden, dass die erweiterte gewerbesteuerrechtliche Kürzung gemäß § 9 Nr. 1 Satz 2 GewStG auch dann zur Anwendung kommen könne, wenn die die erweiterte Kürzung in Anspruch nehmende Gesellschaft an einer rein grundstücksverwaltenden, nicht gewerblich geprägten Personengesellschaft beteiligt sei.[844] Dabei war eine gewerblich geprägte GmbH & Co. KG an einer rein vermögensverwaltenden GbR beteiligt. Diese GbR war wiederum Eigentümerin einer Immobilie. Die GmbH & Co. KG machte für ihre aus der Beteiligung an der GbR bezogenen anteiligen Mieterträge die erweiterte gewerbesteuerrechtliche Kürzung gemäß § 9 Nr. 1 Satz 2 GewStG geltend. Das Finanzamt lehnte dies ab, weil „eigener Grundbesitz" im Sinne des § 9 Nr. 1 Satz 2 GewStG erfordere, dass das Grundstücksunternehmen (auch) zivilrechtlicher Eigentümer des Grundbesitzes sei; die wirtschaftliche Zurechnung zum Betriebsvermögen des Grundstücksunternehmens genüge dagegen nicht.	Gleichstellung der mittelbaren mit der unmittelbaren Beteiligung **bejaht** worden

---

[844] Der I. Senat des BFH hat dies mit Urteil vom 19. Oktober 2010 – I R 67/09, BStBl. II 2011, 367 dagegen anders entschieden (weswegen es auch zur Vorlage zum Großen Senat des BFH kam): Danach seien die Voraussetzungen der erweiterten gewerbesteuerliche Kürzung nach § 9 Nr. 1 Satz 2 GewStG nicht erfüllt, wenn sich eine grundstücksverwaltende GmbH an einer vermögensverwaltenden, nicht gewerblich geprägten KG beteilige. Das Halten dieser Beteiligung sei eine Tätigkeit, die nicht zu dem abschließenden Katalog an steuerlich unschädlichen (Neben-) Tätigkeiten eines Grundstückunternehmens gehöre. Zudem könne der von der vermögensverwaltenden KG verwaltete und genutzte Immobilienbestand auch nicht als ausschließlich „eigener" Grundbesitz der grundstücksverwaltenden GmbH zugerechnet werden. § 39 Abs. 2 Nr. 2 AO ändere daran nichts.

Anhang 2

Gericht, Datum, Aktenzeichen	Wesentlicher (abstrakter) Inhalt der Entscheidung	Gleichstellung bejaht oder verneint?
	Nach Auffassung des Großen Senats verwalte und nutze eine gewerblich geprägte Personengesellschaft ausschließlich eigenen Grundbesitz im Sinne des § 9 Nr. 1 Satz 2 GewStG auch dann, wenn eine Beteiligung an einer grundstücksverwaltenden, nicht gewerblich geprägten Personengesellschaft gehalten werde. Begründet wird dies damit, dass der zivilrechtlich im Eigentum der rein vermögensverwaltenden Personengesellschaft stehende Grundbesitz ihrer Gesellschafterin, also der gewerblich geprägten Personengesellschaft, anteilig als deren Betriebsvermögen zuzurechnen und in diesem Umfang zugleich „eigener Grundbesitz" der gewerblich geprägten Personengesellschaft sei. Somit richtet sich die Frage, ob „eigener Grundbesitz" im Sinne der gewerbesteuerrechtlichen Kürzung vorliege, nicht allein nach rein zivilrechtlichen, sondern nach den allgemeinen ertragssteuerrechtlichen Grundsätzen. In systematischer Hinsicht folge die gewerbesteuerrechtliche Bemessungsgrundlage den ertragsteuerrechtlichen Prinzipien der Gewinnermittlung. Zu diesen Prinzipien der Gewinnermittlung zähle auch die sog. Bruchteilsbetrachtung. Danach seien in den Fällen, in denen sich Steuerpflichtige an einer vermögensverwaltenden Personengesellschaft beteiligten, nach § 39 Abs. 2 Nr. 2 AO die Wirtschaftsgüter, die diesen an der Personengesellschaft beteiligten Steuerpflichtigen zur gesamten Hand zustünden, anteilig zuzurechnen, soweit eine getrennte Zurechnung für die Besteuerung erforderlich sei. Es sei nichts dafür ersichtlich, dass diese Bruchteilsbetrachtung im Rahmen der Ermittlung des Gewerbeertrags nicht zur Anwendung kommen könnte. Finde mithin im Tatbestand der erweiterten Kürzung im Sinne des § 9 Nr. 1 Satz 2 GewStG hinsichtlich des Tatbestandsmerkmals des eigenen Grundbesitzes die Grundsätze der Bruchteilsbetrachtung Anwendung, führe dies auch in systematischer Hinsicht dazu, dass der gesamthänderisch in einer vermögensverwaltenden Personengesellschaft gebundene Grundbesitz im Umfang der Beteiligung zugleich anteilig eigener Grundbesitz im Sinne dieser Vorschrift sei.	

Anhang 2

Gericht, Datum, Aktenzeichen	Wesentlicher (abstrakter) Inhalt der Entscheidung	Gleichstellung bejaht oder verneint?
	Das Eigentum der vermögensverwaltenden Personengesellschaft sei steuerrechtlich den hinter ihr stehenden Gesellschaftern anteilig zuzurechnen, so dass das im zivilrechtlichen Eigentum der Personengesellschaft stehende Grundstück daher eigener Grundbesitz der Gesellschafter der GbR (und damit der die erweiterte gewerbesteuerrechtliche Kürzung in Anspruch nehmenden GmbH & Co. KG) sei.	
BFH 27. Juni 2019 IV R 44/16	Eine gewerblich geprägte Personengesellschaft beteiligte sich an mehreren gewerblich geprägten, grundstücksverwaltenden Personengesellschaften. Es stellte sich die Frage, ob die gewerblich geprägte Personengesellschaft mit Blick auf ihre Beteiligungen an diesen gewerblich geprägten, grundstücksverwaltenden Personengesellschaften die erweiterte gewerbesteuerliche Kürzung gemäß § 9 Nr. 1 Satz 2 GewStG geltend machen durfte. Der Bundesfinanzhof lehnte die Voraussetzungen der erweiterten gewerbesteuerlichen Kürzung gemäß § 9 Nr. 1 Satz 2 GewStG ab, da das Halten einer Beteiligung an einer gewerblich geprägten, grundstücksverwaltenden Personengesellschaft keine Verwaltung und Nutzung eigenen Grundbesitzes im Sinne des § 9 Nr. 1 Satz 2 GewStG sei. Insoweit unterscheide sich die gegebene Konstellation von dem Fall der Beteiligung an einer nicht gewerblich geprägten, rein vermögensverwaltenden Personengesellschaft, welcher Gegenstand des Beschlusses des Großen Senats des BFH vom 25. September 2018 (GrS 2/16) gewesen sei (vgl. oben). Denn für die Zurechnung von Wirtschaftsgütern einer rein vermögensverwaltenden Personengesellschaft gelte die Bruchteilsbetrachtung gemäß § 39 Abs. 2 Nr. 2 AO. Nach Maßgabe der durch § 39 Abs. 2 Nr. 2 AO angeordneten Bruchteilsbetrachtung liege daher im Fall der Beteiligung an einer rein vermögensverwaltenden, grundstücksverwaltenden Personengesellschaft regelmäßig eigener Grundbesitz der Gesellschafter dieser vermögensverwaltenden, grundstücksverwaltenden Personengesellschaft für Zwecke des § 9 Nr. 1 Satz 2 GewStG vor.	Gleichstellung der mittelbaren mit der unmittelbaren Beteiligung **verneint** worden

Anhang 2

Gericht, Datum, Aktenzeichen	Wesentlicher (abstrakter) Inhalt der Entscheidung	Gleichstellung bejaht oder verneint?
	Anders liege der Fall jedoch bei der Beteiligung an einer grundstücksverwaltenden, gewerblich geprägten Personengesellschaft. Einkommensteuerrechtlich gehörten Wirtschaftsgüter, die zivilrechtlich oder wirtschaftlich Gesamthandsvermögen einer gewerblich tätigen Personengesellschaft seien, grundsätzlich zu deren Betriebsvermögen und nicht – auch nicht anteilig – zum Betriebsvermögen eines an einer solchen Gesellschaft Beteiligten. Insoweit werde § 39 Abs. 2 Nr. 2 AO durch § 15 Abs. 1 Satz 1 Nr. 2 Satz 1 EStG verdrängt. Dies gelte auch für gewerblich geprägte Personengesellschaften, da diese – obwohl nicht gewerblich tätig – nach § 15 Abs. 3 Nr. 2 GewStG als Gewerbebetrieb gelten würden. Dementsprechend könne das Halten einer Beteiligung an einer gewerblich geprägten Personengesellschaft (wie im vorliegenden Fall) nicht im Verwalten und Nutzen eigenen Grundbesitzes im Sinne des § 9 Nr. 1 Satz 2 GewStG bestehen. Dies führe letztlich zur Versagung der erweiterten gewerbesteuerlichen Kürzung gemäß § 9 Nr. 1 Satz 2 GewStG. Der gewerblich geprägten Personengesellschaft war daher mit Blick auf ihre Beteiligungen an mehreren gewerblich geprägten, grundstücksverwaltenden Personengesellschaften die erweiterte gewerbesteuerliche Kürzung gemäß § 9 Nr. 1 Satz 2 GewStG nicht zu gewähren.	

Anhang 3: Übersicht zur Kategorisierung der spezialgesetzlichen Gleichstellungsnormen des Ertragsteuerrechts[845]

Spezialgesetzliche Gleichstellungsnorm des Ertragsteuerrechts	Wortlaut der spezialgesetzlichen Gleichstellungsnorm	Kategorisierung der spezialgesetzlichen Gleichstellungsnorm
§ 3 Nr. 40 Satz 3 Hs. 2 EStG	Satz 1 Buchstabe a, b und d bis h ist nicht anzuwenden [also das Teileinkünfteverfahren, welches eine Steuerfreistellung der betrieblichen Beteiligungseinkünfte in Höhe von 40 % vorsieht, ist nicht anzuwenden; es kommt also zur vollständigen Besteuerung] auf Anteile, die bei Kreditinstituten und Finanzdienstleistungsinstituten dem Handelsbestand im Sinne des § 340e Absatz 3 des Handelsgesetzbuchs zuzuordnen sind; Gleiches gilt für Anteile, die bei Finanzunternehmen im Sinne des Kreditwesengesetzes, an denen Kreditinstitute oder Finanzdienstleistungsinstitute **unmittelbar oder mittelbar** zu mehr als 50 Prozent beteiligt sind, zum Zeitpunkt des Zugangs zum Betriebsvermögen als Umlaufvermögen auszuweisen sind.	Oberkategorie: Gleichstellungsnorm betrifft **beide Beteiligungsformen**. • Unterkategorie: Gleichstellung **unabhängig von der Rechtsform** der vermittelnden Gesellschaft im Falle der mittelbaren Beteiligung. • Unterkategorie: **Keine** weiteren besonderen Voraussetzungen für die mittelbare Beteiligung.

---

[845] Diese Übersicht zur Kategorisierung der verschiedenen spezialgesetzlichen Gleichstellungsnormen des Ertragsteuerrechts erhebt angesichts der Vielzahl derartiger Normen keinen Anspruch auf absolute Vollständigkeit. Es sollte jedoch der weit überwiegende Großteil solcher spezialgesetzlicher Gleichstellungsnormen des Ertragsteuerrechts im Rahmen dieser Übersicht bzw. der Analyse im Rahmen dieser Dissertation berücksichtigt worden sein.

Anhang 3

Spezialgesetzliche Gleichstellungsnorm des Ertragsteuerrechts	Wortlaut der spezialgesetzlichen Gleichstellungsnorm	Kategorisierung der spezialgesetzlichen Gleichstellungsnorm
§ 3 Nr. 70 Satz 4 EStG	Die Steuerbefreiung [in Höhe von 50 %; es kommt also zur vollständigen Besteuerung] entfällt auch rückwirkend, wenn die Wirtschaftsgüter im Sinne des Satzes 1 Buchstabe a vom Erwerber an den Veräußerer oder eine ihm nahe stehende Person im Sinne des § 1 Absatz 2 des Außensteuergesetzes überlassen werden und der Veräußerer oder eine ihm nahe stehende Person im Sinne des § 1 Absatz 2 des Außensteuergesetzes nach Ablauf einer Frist von zwei Jahren seit Eintragung des Erwerbers als REIT-Aktiengesellschaft in das Handelsregister an dieser **mittelbar oder unmittelbar** zu mehr als 50 Prozent beteiligt ist.	Oberkategorie: Gleichstellungsnorm betrifft **beide Beteiligungsformen**. • Unterkategorie: Gleichstellung nach Wortlaut **unabhängig von der Rechtsform** der vermittelnden Gesellschaft im Falle der mittelbaren Beteiligung. • Unterkategorie: **Keine** weiteren besonderen Voraussetzungen für die mittelbare Beteiligung.
§ 3c Abs. 2 Satz 2 EStG	Satz 1 [also Abzugsfähigkeit von Aufwendung auf 60 % beschränkt] ist auch für Betriebsvermögensminderungen oder Betriebsausgaben im Zusammenhang mit einer Darlehensforderung oder aus der Inanspruchnahme von Sicherheiten anzuwenden, die für ein Darlehen hingegeben wurden, wenn das Darlehen oder die Sicherheit von einem Steuerpflichtigen gewährt wird, der zu mehr als einem Viertel **unmittelbar oder mittelbar** am Grund- oder Stammkapital der Körperschaft, der das Darlehen gewährt wurde, beteiligt ist oder war.	Oberkategorie: Gleichstellungsnorm betrifft **beide Beteiligungsformen**. • Unterkategorie: Gleichstellung nach Wortlaut **unabhängig von der Rechtsform** der vermittelnden Gesellschaft im Falle der mittelbaren Beteiligung. • Unterkategorie: **Keine** weiteren besonderen Voraussetzungen für die mittelbare Beteiligung.

Anhang 3

Spezialgesetzliche Gleichstellungsnorm des Ertragsteuerrechts	Wortlaut der spezialgesetzlichen Gleichstellungsnorm	Kategorisierung der spezialgesetzlichen Gleichstellungsnorm
§ 3c Abs. 2 Satz 6 EStG	Satz 1 [also die Abzugsbeschränkung auf 60 % der Aufwendungen] ist außerdem ungeachtet eines wirtschaftlichen Zusammenhangs mit den dem § 3 Nummer 40 zugrunde liegenden Betriebsvermögensmehrungen oder Einnahmen oder mit Vergütungen nach § 3 Nummer 40a auch auf Betriebsvermögensminderungen, Betriebsausgaben oder Veräußerungskosten eines Gesellschafters einer Körperschaft anzuwenden, soweit diese mit einer im Gesellschaftsverhältnis veranlassten unentgeltlichen Überlassung von Wirtschaftsgütern an diese Körperschaft oder bei einer teilentgeltlichen Überlassung von Wirtschaftsgütern mit dem unentgeltlichen Teil in Zusammenhang stehen und der Steuerpflichtige zu mehr als einem Viertel **unmittelbar oder mittelbar** am Grund- oder Stammkapital dieser Körperschaft beteiligt ist oder war.	Oberkategorie: Gleichstellungsnorm betrifft **beide Beteiligungsformen**. • Unterkategorie: Gleichstellung nach Wortlaut **unabhängig von der Rechtsform** der vermittelnden Gesellschaft im Falle der mittelbaren Beteiligung. • Unterkategorie: **Keine** weiteren besonderen Voraussetzungen für die mittelbare Beteiligung.
§ 4h Abs. 2 Satz 2 EStG	Ist eine Gesellschaft, bei der der Gesellschafter als Mitunternehmer anzusehen ist, **unmittelbar oder mittelbar** einer Körperschaft nachgeordnet, gilt für die Gesellschaft § 8a Absatz 2 und 3 des Körperschaftsteuergesetzes entsprechend.	Oberkategorie: Gleichstellungsnorm betrifft **beide Beteiligungsformen**. • Unterkategorie: Gleichstellung nach Wortlaut **unabhängig von der Rechtsform** der vermittelnden Gesellschaft im Falle der mittelbaren Beteiligung. • Unterkategorie: **Keine** weiteren besonderen Voraussetzungen für die mittelbare Beteiligung.

Anhang 3

Spezialgesetzliche Gleichstellungsnorm des Ertragsteuerrechts	Wortlaut der spezialgesetzlichen Gleichstellungsnorm	Kategorisierung der spezialgesetzlichen Gleichstellungsnorm
§ 4h Abs. 5 Satz 3 EStG	§ 8c des Körperschaftsteuergesetzes ist auf den Zinsvortrag einer Gesellschaft entsprechend anzuwenden, soweit an dieser **unmittelbar oder mittelbar** eine Körperschaft als Mitunternehmer beteiligt ist [es kann also bei Vorliegen der Voraussetzung des schädlichen Beteiligungserwerbs auf Ebene der unmittelbar oder mittelbar an der Mitunternehmerschaft beteiligten Körperschaft zu einem Untergang des Zinsvortrags auf Ebene der Mitunternehmerschaft kommen].	Oberkategorie: Gleichstellungsnorm betrifft **beide Beteiligungsformen**. • Unterkategorie: Gleichstellung nach Wortlaut **unabhängig von der Rechtsform** der vermittelnden Gesellschaft im Falle der mittelbaren Beteiligung. • Unterkategorie: **Keine** weiteren besonderen Voraussetzungen für die mittelbare Beteiligung.
§ 6 Abs. 5 Satz 5 und Satz 6 EStG	Der Teilwert ist auch anzusetzen, soweit in den Fällen des Satzes 3 der Anteil einer Körperschaft, Personenvereinigung oder Vermögensmasse an dem Wirtschaftsgut **unmittelbar oder mittelbar** begründet wird oder dieser sich erhöht. Soweit innerhalb von sieben Jahren nach der Übertragung des Wirtschaftsguts nach Satz 3 der Anteil einer Körperschaft, Personenvereinigung oder Vermögensmasse an dem übertragenen Wirtschaftsgut aus einem anderen Grund **unmittelbar oder mittelbar** begründet wird oder dieser sich erhöht, ist rückwirkend auf den Zeitpunkt der Übertragung ebenfalls der Teilwert anzusetzen.	Oberkategorie: Gleichstellungsnorm betrifft **beide Beteiligungsformen**. • Unterkategorie: Gleichstellung nach Wortlaut **unabhängig von der Rechtsform** der vermittelnden Gesellschaft im Falle der mittelbaren Beteiligung. • Unterkategorie: **Keine** weiteren besonderen Voraussetzungen für die mittelbare Beteiligung.

Anhang 3

Spezialgesetzliche Gleichstellungsnorm des Ertragsteuerrechts	Wortlaut der spezialgesetzlichen Gleichstellungsnorm	Kategorisierung der spezialgesetzlichen Gleichstellungsnorm
§ 15 Abs. 1 Satz 1 Nr. 2 Satz 2 EStG	Der **mittelbar über eine oder mehrere Personengesellschaften** beteiligte Gesellschafter steht dem unmittelbar beteiligten Gesellschafter gleich; er ist als Mitunternehmer des Betriebs der Gesellschaft anzusehen, an der er mittelbar beteiligt ist, **wenn** er und die Personengesellschaften, die seine Beteiligung vermitteln, jeweils als Mitunternehmer der Betriebe der Personengesellschaften anzusehen sind, an denen sie unmittelbar beteiligt sind.	Oberkategorie: Gleichstellungsnorm betrifft **nur mittelbare Beteiligungsform**. • Unterkategorie: Gleichstellung nach Wortlaut **nicht unabhängig von der Rechtsform** der vermittelnden Gesellschaft im Falle der mittelbaren Beteiligung (vielmehr Personengesellschaft als vermittelnde Gesellschaft erforderlich). • Unterkategorie: **Weitere** besondere Voraussetzung für die mittelbare Beteiligung (nämlich eine ununterbrochene Mitunternehmerkette).

Anhang 3

Spezialgesetzliche Gleichstellungsnorm des Ertragsteuerrechts	Wortlaut der spezialgesetzlichen Gleichstellungsnorm	Kategorisierung der spezialgesetzlichen Gleichstellungsnorm
§ 15 Abs. 4 Satz 8 EStG	Verluste aus stillen Gesellschaften, Unterbeteiligungen oder sonstigen Innengesellschaften an Kapitalgesellschaften, bei denen der Gesellschafter oder Beteiligte als Mitunternehmer anzusehen ist, dürfen weder mit Einkünften aus Gewerbebetrieb noch aus anderen Einkunftsarten ausgeglichen werden; sie dürfen auch nicht nach § 10d abgezogen werden. Die Verluste mindern jedoch nach Maßgabe des § 10d die Gewinne, die der Gesellschafter oder Beteiligte in dem unmittelbar vorangegangenen Wirtschaftsjahr oder in den folgenden Wirtschaftsjahren aus derselben stillen Gesellschaft, Unterbeteiligung oder sonstigen Innengesellschaft bezieht; § 10d Absatz 4 gilt entsprechend. Die Sätze 6 und 7 [vgl. die beiden Sätze zuvor] gelten nicht, soweit der Verlust auf eine natürliche Person als **unmittelbar oder mittelbar** beteiligter Mitunternehmer entfällt.	Oberkategorie: Gleichstellungsnorm betrifft **beide Beteiligungsformen**. • Unterkategorie: Gleichstellung nach Wortlaut **unabhängig von der Rechtsform** der vermittelnden Gesellschaft im Falle der mittelbaren Beteiligung. Wohl auch andere Ansicht vertretbar. • Unterkategorie: **Keine** weiteren besonderen Voraussetzungen für die mittelbare Beteiligung.
§ 16 Abs. 3 Satz 4 EStG	Satz 2 [also der Buchwertansatz] ist bei einer Realteilung, bei der einzelne Wirtschaftsgüter übertragen werden, nicht anzuwenden, soweit die Wirtschaftsgüter **unmittelbar oder mittelbar** auf eine Körperschaft, Personenvereinigung oder Vermögensmasse übertragen werden; in diesem Fall ist bei der Übertragung der gemeine Wert anzusetzen.	Oberkategorie: Gleichstellungsnorm betrifft **beide Beteiligungsformen**. • Unterkategorie: Gleichstellung nach Wortlaut **unabhängig von der Rechtsform** der vermittelnden Gesellschaft im Falle der mittelbaren Beteiligung. • Unterkategorie: **Keine** weiteren besonderen Voraussetzungen für die mittelbare Beteiligung.

Anhang 3

Spezialgesetzliche Gleichstellungsnorm des Ertragsteuerrechts	Wortlaut der spezialgesetzlichen Gleichstellungsnorm	Kategorisierung der spezialgesetzlichen Gleichstellungsnorm
§ 16 Abs. 5 EStG	Werden bei einer Realteilung, bei der Teilbetriebe auf einzelne Mitunternehmer übertragen werden, Anteile an einer Körperschaft, Personenvereinigung oder Vermögensmasse **unmittelbar oder mittelbar** von einem nicht von § 8b Absatz 2 des Körperschaftsteuergesetzes begünstigten Steuerpflichtigen auf einen von § 8b Absatz 2 des Körperschaftsteuergesetzes begünstigten Mitunternehmer übertragen, ist abweichend von Absatz 3 Satz 2 rückwirkend auf den Zeitpunkt der Realteilung der gemeine Wert anzusetzen, wenn der übernehmende Mitunternehmer die Anteile innerhalb eines Zeitraums von sieben Jahren nach der Realteilung **unmittelbar oder mittelbar** veräußert oder durch einen Vorgang nach § 22 Absatz 1 Satz 6 Nummer 1 bis 5 des Umwandlungssteuergesetzes weiter überträgt; § 22 Absatz 2 Satz 3 des Umwandlungssteuergesetzes gilt entsprechend.	Oberkategorie: Gleichstellungsnorm betrifft **beide Beteiligungsformen**. • Unterkategorie: Gleichstellung nach Wortlaut **unabhängig von der Rechtsform** der vermittelnden Gesellschaft im Falle der mittelbaren Beteiligung. • Unterkategorie: **Keine** weiteren besonderen Voraussetzungen für die mittelbare Beteiligung.
§ 17 Abs. 1 Satz 1 EStG	Zu den Einkünften aus Gewerbebetrieb gehört auch der Gewinn aus der Veräußerung von Anteilen an einer Kapitalgesellschaft, wenn der Veräußerer innerhalb der letzten fünf Jahre am Kapital der Gesellschaft **unmittelbar oder mittelbar** zu mindestens 1 Prozent beteiligt war.	Oberkategorie: Gleichstellungsnorm betrifft **beide Beteiligungsformen**. • Unterkategorie: Gleichstellung nach Wortlaut **unabhängig von der Rechtsform** der vermittelnden Gesellschaft im Falle der mittelbaren Beteiligung. • Unterkategorie: **Keine** weiteren besonderen Voraussetzungen für die mittelbare Beteiligung.

Anhang 3

Spezialgesetzliche Gleichstellungsnorm des Ertragsteuerrechts	Wortlaut der spezialgesetzlichen Gleichstellungsnorm	Kategorisierung der spezialgesetzlichen Gleichstellungsnorm
§ 17 Abs. 6 EStG	Als Anteile im Sinne des Absatzes 1 Satz 1 gelten auch Anteile an Kapitalgesellschaften, an denen der Veräußerer innerhalb der letzten fünf Jahre am Kapital der Gesellschaft nicht **unmittelbar oder mittelbar** zu mindestens 1 Prozent beteiligt war, wenn 1. die Anteile auf Grund eines Einbringungsvorgangs im Sinne des Umwandlungssteuergesetzes, bei dem nicht der gemeine Wert zum Ansatz kam, erworben wurden und 2. zum Einbringungszeitpunkt für die eingebrachten Anteile die Voraussetzungen von Absatz 1 Satz 1 erfüllt waren oder die Anteile auf einer Sacheinlage im Sinne von § 20 Absatz 1 des Umwandlungssteuergesetzes vom 7. Dezember 2006 (BGBl. I S. 2782, 2791) in der jeweils geltenden Fassung beruhen.	Oberkategorie: Gleichstellungsnorm betrifft **beide Beteiligungsformen**. • Unterkategorie: Gleichstellung nach Wortlaut **unabhängig von der Rechtsform** der vermittelnden Gesellschaft im Falle der mittelbaren Beteiligung. • Unterkategorie: **Keine** weiteren besonderen Voraussetzungen für die mittelbare Beteiligung.
§ 20 Abs. 2 Satz 3 EStG	Die Anschaffung oder Veräußerung einer **unmittelbaren oder mittelbaren** Beteiligung an einer Personengesellschaft gilt als Anschaffung oder Veräußerung der anteiligen Wirtschaftsgüter.	Oberkategorie: Gleichstellungsnorm betrifft **beide Beteiligungsformen**. • Unterkategorie: Gleichstellung nach Wortlaut **unabhängig von der Rechtsform** der vermittelnden Gesellschaft im Falle der mittelbaren Beteiligung. • Unterkategorie: **Keine** weiteren besonderen Voraussetzungen für die mittelbare Beteiligung.

Anhang 3

Spezialgesetzliche Gleichstellungsnorm des Ertragsteuerrechts	Wortlaut der spezialgesetzlichen Gleichstellungsnorm	Kategorisierung der spezialgesetzlichen Gleichstellungsnorm
§ 23 Abs. 1 Satz 4 EStG	Die Anschaffung oder Veräußerung einer **unmittelbaren oder mittelbaren** Beteiligung an einer Personengesellschaft gilt als Anschaffung oder Veräußerung der anteiligen Wirtschaftsgüter.	Oberkategorie: Gleichstellungsnorm betrifft **beide Beteiligungsformen**. • Unterkategorie: Gleichstellung nach Wortlaut **unabhängig von der Rechtsform** der vermittelnden Gesellschaft im Falle der mittelbaren Beteiligung. • Unterkategorie: **Keine** weiteren besonderen Voraussetzungen für die mittelbare Beteiligung.
§ 32d Abs. 2 Nr. 3 EStG	Absatz 1 [also der besondere Abgeltungssteuersatz nach § 32d Abs. 1 EStG in Höhe von 25 %] gilt nicht 3. auf Antrag für Kapitalerträge im Sinne des § 20 Absatz 1 Nummer 1 und 2 aus einer Beteiligung an einer Kapitalgesellschaft, wenn der Steuerpflichtige im Veranlagungszeitraum, für den der Antrag erstmals gestellt wird, **unmittelbar oder mittelbar** a) zu mindestens 25 Prozent an der Kapitalgesellschaft beteiligt ist oder b) zu mindestens 1 Prozent an der Kapitalgesellschaft beteiligt ist und durch eine berufliche Tätigkeit für diese maßgeblichen unternehmerischen Einfluss auf deren wirtschaftliche Tätigkeit nehmen kann.	Oberkategorie: Gleichstellungsnorm betrifft **beide Beteiligungsformen**. • Unterkategorie: Gleichstellung nach Wortlaut **unabhängig von der Rechtsform** der vermittelnden Gesellschaft im Falle der mittelbaren Beteiligung. • Unterkategorie: **Keine** weiteren besonderen Voraussetzungen für die mittelbare Beteiligung.

Spezialgesetzliche Gleichstellungsnorm des Ertragsteuerrechts	Wortlaut der spezialgesetzlichen Gleichstellungsnorm	Kategorisierung der spezialgesetzlichen Gleichstellungsnorm
§ 35 Abs. 2 Satz 5 EStG	Bei der Feststellung nach Satz 1 sind anteilige Gewerbesteuer-Messbeträge, die **aus einer Beteiligung an einer Mitunternehmerschaft** stammen, einzubeziehen.	Oberkategorie: Gleichstellungsnorm betrifft **nur mittelbare Beteiligungsform**. • Unterkategorie: Gleichstellung nach Wortlaut **nicht unabhängig von der Rechtsform** der vermittelnden Gesellschaft im Falle der mittelbaren Beteiligung (vielmehr Mitunternehmerschaft als vermittelnde Gesellschaft erforderlich). • Unterkategorie: **Keine** weiteren besonderen Voraussetzungen für die mittelbare Beteiligung.
§ 49 Abs. 1 Nr. 2 Buchst. f Satz 2 EStG	§ 23 Absatz 1 Satz 4 gilt entsprechend.	Oberkategorie: Gleichstellungsnorm betrifft **beide Beteiligungsformen**. • Unterkategorie: Gleichstellung nach Wortlaut **unabhängig von der Rechtsform** der vermittelnden Gesellschaft im Falle der mittelbaren Beteiligung. • Unterkategorie: **Keine** weiteren besonderen Voraussetzungen für die mittelbare Beteiligung.

Anhang 3

Spezialgesetzliche Gleichstellungsnorm des Ertragsteuerrechts	Wortlaut der spezialgesetzlichen Gleichstellungsnorm	Kategorisierung der spezialgesetzlichen Gleichstellungsnorm
§ 51 Abs. 1 Nr. 1 Buchst. f) Doppelbuchst. bb) EStG	Die Bundesregierung wird ermächtigt, mit Zustimmung des Bundesrates 1. zur Durchführung dieses Gesetzes Rechtsverordnungen zu erlassen, soweit dies zur Wahrung?der Gleichmäßigkeit bei der Besteuerung, zur Beseitigung von Unbilligkeiten in Härtefällen, zur Steuerfreistellung des Existenzminimums oder zur Vereinfachung des Besteuerungsverfahrens erforderlich ist, und zwar: f) in Fällen, in denen ein Sachverhalt zu ermitteln und steuerrechtlich zu beurteilen ist, der sich? auf Vorgänge außerhalb des Geltungsbereichs dieses Gesetzes bezieht, und außerhalb des Geltungsbereichs dieses Gesetzes ansässige Beteiligte oder andere Personen nicht wie bei Vorgängen innerhalb des Geltungsbereichs dieses Gesetzes zur Mitwirkung bei der Ermittlung des Sachverhalts herangezogen werden können, zu bestimmen, bb) dass eine ausländische Gesellschaft ungeachtet des § 50d Absatz 3 nur dann einen Anspruch auf völlige oder teilweise Entlastung vom Steuerabzug nach § 50d Absatz 1 und 2 oder § 44a Absatz 9 hat, soweit sie die Ansässigkeit der an ihr **unmittelbar oder mittelbar** beteiligten natürlichen Personen, deren Anteil **unmittelbar oder mittelbar** 10 Prozent übersteigt, darlegt und nachweisen kann;	Oberkategorie: Gleichstellungsnorm betrifft **beide Beteiligungsformen**. • Unterkategorie: Gleichstellung nach Wortlaut **unabhängig von der Rechtsform** der vermittelnden Gesellschaft im Falle der mittelbaren Beteiligung. • Unterkategorie: **Keine** weiteren besonderen Voraussetzungen für die mittelbare Beteiligung.

321

Anhang 3

Spezialgesetzliche Gleichstellungsnorm des Ertragsteuerrechts	Wortlaut der spezialgesetzlichen Gleichstellungsnorm	Kategorisierung der spezialgesetzlichen Gleichstellungsnorm
§ 8 Abs. 7 Satz 1 Nr. 2 Satz 2 KStG	Satz 1 [„die Rechtsfolgen einer verdeckten Gewinnausschüttung sind bei Kapitalgesellschaften nicht bereits deshalb zu ziehen, weil sie ein Dauerverlustgeschäft ausüben"] gilt nur bei Kapitalgesellschaften, bei denen die Mehrheit der Stimmrechte **unmittelbar oder mittelbar** auf juristische Personen des öffentlichen Rechts entfällt und nachweislich ausschließlich diese Gesellschafter die Verluste aus Dauerverlustgeschäften tragen.	Oberkategorie: Gleichstellungsnorm betrifft **beide Beteiligungsformen**. • Unterkategorie: Gleichstellung nach Wortlaut **unabhängig von der Rechtsform** der vermittelnden Gesellschaft im Falle der mittelbaren Beteiligung. • Unterkategorie: **Keine** weiteren besonderen Voraussetzungen für die mittelbare Beteiligung.
§ 8a Abs. 2 KStG	§ 4h Abs. 2 Satz 1 Buchstabe b des Einkommensteuergesetzes ist nur anzuwenden [die Ausnahme von der Zinsschranke], wenn die Vergütungen für Fremdkapital an einen zu mehr als einem Viertel **unmittelbar oder mittelbar** am Grund- oder Stammkapital beteiligten Anteilseigner, eine diesem nahe stehende Person (§ 1 Abs. 2 des Außensteuergesetzes vom 8. September 1972 – BGBl. I S. 1713 –, das zuletzt durch Artikel 3 des Gesetzes vom 28. Mai 2007 – BGBl. I S. 914 – geändert worden ist, in der jeweils geltenden Fassung) oder einen Dritten, der auf den zu mehr als einem Viertel am Grund- oder Stammkapital beteiligten Anteilseigner oder eine diesem nahe stehende Person zurückgreifen kann, nicht mehr als 10 Prozent der die Zinserträge übersteigenden Zinsaufwendungen der Körperschaft im Sinne des § 4h Abs. 3 des Einkommensteuergesetzes betragen und die Körperschaft dies nachweist.	Oberkategorie: Gleichstellungsnorm betrifft **beide Beteiligungsformen**. • Unterkategorie: Gleichstellung nach Wortlaut **unabhängig von der Rechtsform** der vermittelnden Gesellschaft im Falle der mittelbaren Beteiligung. • Unterkategorie: **Keine** weiteren besonderen Voraussetzungen für die mittelbare Beteiligung.

Anhang 3

Spezialgesetzliche Gleichstellungsnorm des Ertragsteuerrechts	Wortlaut der spezialgesetzlichen Gleichstellungsnorm	Kategorisierung der spezialgesetzlichen Gleichstellungsnorm
§ 8a Abs. 3 Satz 1 KStG	§ 4h Abs. 2 Satz 1 Buchstabe c des Einkommensteuergesetzes ist nur anzuwenden, wenn die Vergütungen für Fremdkapital der Körperschaft oder eines anderen demselben Konzern zugehörenden Rechtsträgers an einen zu mehr als einem Viertel **unmittelbar oder mittelbar** am Kapital beteiligten Gesellschafter einer konzernzugehörigen Gesellschaft, eine diesem nahe stehende Person (§ 1 Abs. 2 des Außensteuergesetzes) oder einen Dritten, der auf den zu mehr als einem Viertel am Kapital beteiligten Gesellschafter oder eine diesem nahe stehende Person zurückgreifen kann, nicht mehr als 10 Prozent der die Zinserträge übersteigenden Zinsaufwendungen des Rechtsträgers im Sinne des § 4h Abs. 3 des Einkommensteuergesetzes betragen und die Körperschaft dies nachweist.	Oberkategorie: Gleichstellungsnorm betrifft **beide Beteiligungsformen**. • Unterkategorie: Gleichstellung nach Wortlaut **unabhängig von der Rechtsform** der vermittelnden Gesellschaft im Falle der mittelbaren Beteiligung. • Unterkategorie: **Keine** weiteren besonderen Voraussetzungen für die mittelbare Beteiligung.
§ 8b Abs. 3 Satz 4 KStG	Zu den Gewinnminderungen im Sinne des Satzes 3 gehören auch Gewinnminderungen im Zusammenhang mit einer Darlehensforderung oder aus der Inanspruchnahme von Sicherheiten, die für ein Darlehen hingegeben wurden, wenn das Darlehen oder die Sicherheit von einem Gesellschafter gewährt wird, der zu mehr als einem Viertel **unmittelbar oder mittelbar** am Grund- oder Stammkapital der Körperschaft, der das Darlehen gewährt wurde, beteiligt ist oder war.	Oberkategorie: Gleichstellungsnorm betrifft **beide Beteiligungsformen**. • Unterkategorie: Gleichstellung nach Wortlaut **unabhängig von der Rechtsform** der vermittelnden Gesellschaft im Falle der mittelbaren Beteiligung. • Unterkategorie: **Keine** weiteren besonderen Voraussetzungen für die mittelbare Beteiligung.

Spezialgesetzliche Gleichstellungsnorm des Ertragsteuerrechts	Wortlaut der spezialgesetzlichen Gleichstellungsnorm	Kategorisierung der spezialgesetzlichen Gleichstellungsnorm
§ 8b Abs. 4 Satz 4 und Satz 5 KStG	**Beteiligungen über eine Mitunternehmerschaft** sind dem Mitunternehmer anteilig zuzurechnen; § 15 Absatz 1 Satz 1 Nummer 2 Satz 2 des Einkommensteuergesetzes gilt sinngemäß. Eine dem Mitunternehmer nach Satz 4 zugerechnete Beteiligung **gilt für die Anwendung dieses Absatzes als unmittelbare Beteiligung.**	Oberkategorie: Gleichstellungsnorm betrifft **nur mittelbare Beteiligungsform.** • Unterkategorie: Gleichstellung nach Wortlaut **nicht unabhängig von der Rechtsform** der vermittelnden Gesellschaft im Falle der mittelbaren Beteiligung (vielmehr Mitunternehmerschaft als vermittelnde Gesellschaft erforderlich). • Unterkategorie: **Keine** weiteren besonderen Voraussetzungen für die mittelbare Beteiligung.

Anhang 3

Spezialgesetzliche Gleichstellungsnorm des Ertragsteuerrechts	Wortlaut der spezialgesetzlichen Gleichstellungsnorm	Kategorisierung der spezialgesetzlichen Gleichstellungsnorm
§ 8b Abs. 6 Satz 1 KStG	Die Absätze 1 bis 5 gelten auch für die dort genannten Bezüge, Gewinne und Gewinnminderungen, die dem Steuerpflichtigen **im Rahmen des Gewinnanteils aus einer Mitunternehmerschaft zugerechnet werden**, sowie für Gewinne und Verluste, soweit sie **bei der Veräußerung oder Aufgabe eines Mitunternehmeranteils auf Anteile im Sinne des Absatzes 2 entfallen**.	Oberkategorie: Gleichstellungsnorm betrifft **nur mittelbare Beteiligungsform**. • Unterkategorie: Gleichstellung nach Wortlaut **nicht unabhängig von der Rechtsform** der vermittelnden Gesellschaft im Falle der mittelbaren Beteiligung (vielmehr Mitunternehmerschaft als vermittelnde Gesellschaft erforderlich). • Unterkategorie: **Keine** weiteren besonderen Voraussetzungen für die mittelbare Beteiligung.

Anhang 3

Spezialgesetzliche Gleichstellungsnorm des Ertragsteuerrechts	Wortlaut der spezialgesetzlichen Gleichstellungsnorm	Kategorisierung der spezialgesetzlichen Gleichstellungsnorm
§ 8b Abs. 6 Satz 2 KStG	Die Absätze 1 bis 5 gelten für Bezüge und Gewinne, die einem Betrieb gewerblicher Art einer juristischen Person des öffentlichen Rechts **über andere juristische Personen des öffentlichen Rechts zufließen, über die sie mittelbar** an der leistenden Körperschaft, Personenvereinigung oder Vermögensmasse **beteiligt ist** und bei denen die Leistungen nicht im Rahmen eines Betriebs gewerblicher Art erfasst werden, und damit in Zusammenhang stehende Gewinnminderungen entsprechend.	Oberkategorie: Gleichstellungsnorm betrifft **nur mittelbare** Beteiligungsform. • Unterkategorie: Gleichstellung nach Wortlaut **nicht unabhängig von der Rechtsform** der vermittelnden Gesellschaft im Falle der mittelbaren Beteiligung (vielmehr juristische Person des öffentlichen Rechts als vermittelnde Gesellschaft erforderlich). • Unterkategorie: **Keine** weiteren besonderen Voraussetzungen für die mittelbare Beteiligung.
§ 8b Abs. 7 Satz 2 KStG	Gleiches [die Abs. 1–6 sind also nicht anzuwenden] gilt für Anteile, die bei Finanzunternehmen im Sinne des Kreditwesengesetzes, an denen Kreditinstitute oder Finanzdienstleistungsinstitute **unmittelbar oder mittelbar** zu mehr als 50 Prozent beteiligt sind, zum Zeitpunkt des Zugangs zum Betriebsvermögen als Umlaufvermögen auszuweisen sind.	Oberkategorie: Gleichstellungsnorm betrifft **beide Beteiligungsformen**. • Unterkategorie: Gleichstellung nach Wortlaut **unabhängig von der Rechtsform** der vermittelnden Gesellschaft im Falle der mittelbaren Beteiligung. • Unterkategorie: **Keine** weiteren besonderen Voraussetzungen für die mittelbare Beteiligung.

Anhang 3

Spezialgesetzliche Gleichstellungsnorm des Ertragsteuerrechts	Wortlaut der spezialgesetzlichen Gleichstellungsnorm	Kategorisierung der spezialgesetzlichen Gleichstellungsnorm
§ 8b Abs. 10 Satz 7 KStG	Die Sätze 1 bis 6 gelten entsprechend, wenn die Anteile an eine Personengesellschaft oder von einer Personengesellschaft überlassen werden, an der die überlassende oder die andere Körperschaft **unmittelbar oder mittelbar über eine Personengesellschaft oder mehrere Personengesellschaften** beteiligt ist.	Oberkategorie: Gleichstellungsnorm betrifft **beide Beteiligungsformen**. • Unterkategorie: Gleichstellung nach Wortlaut **nicht unabhängig von der Rechtsform** der vermittelnden Gesellschaft im Falle der mittelbaren Beteiligung (vielmehr Personengesellschaft als vermittelnde Gesellschaft erforderlich). • Unterkategorie: **Keine** weiteren besonderen Voraussetzungen für die mittelbare Beteiligung.
§ 8c Abs. 1 Satz 1 KStG	Werden innerhalb von fünf Jahren **mittelbar oder unmittelbar** mehr als 50 Prozent des gezeichneten Kapitals, der Mitgliedschaftsrechte, der Beteiligungsrechte oder der Stimmrechte an einer Körperschaft an einen Erwerber oder diesem nahe stehende Personen übertragen oder liegt ein vergleichbarer Sachverhalt vor (schädlicher Beteiligungserwerb), sind bis zum schädlichen Beteiligungserwerb nicht ausgeglichene oder abgezogene negative Einkünfte (nicht genutzte Verluste) vollständig nicht mehr abziehbar.	Oberkategorie: Gleichstellungsnorm betrifft **beide Beteiligungsformen**. • Unterkategorie: Gleichstellung nach Wortlaut **unabhängig von der Rechtsform** der vermittelnden Gesellschaft im Falle der mittelbaren Beteiligung. • Unterkategorie: **Keine** weiteren besonderen Voraussetzungen für die mittelbare Beteiligung.

Anhang 3

Spezialgesetzliche Gleichstellungsnorm des Ertragsteuerrechts	Wortlaut der spezialgesetzlichen Gleichstellungsnorm	Kategorisierung der spezialgesetzlichen Gleichstellungsnorm
§ 8c Abs. 1 Satz 4 KStG	Ein schädlicher Beteiligungserwerb liegt nicht vor, wenn 1. an dem übertragenden Rechtsträger der Erwerber zu 100 Prozent **mittelbar oder unmittelbar** beteiligt ist und der Erwerber eine natürliche oder juristische Person oder eine Personenhandelsgesellschaft ist, 2. an dem übernehmenden Rechtsträger der Veräußerer zu 100 Prozent **mittelbar oder unmittelbar** beteiligt ist und der Veräußerer eine natürliche oder juristische Person oder eine Personenhandelsgesellschaft ist oder 3. an dem übertragenden und an dem übernehmenden Rechtsträger dieselbe natürliche oder juristische Person oder dieselbe Personenhandelsgesellschaft zu jeweils 100 Prozent **mittelbar oder unmittelbar** beteiligt ist.	Oberkategorie: Gleichstellungsnorm betrifft **beide Beteiligungsformen**. • Unterkategorie: Gleichstellung nach Wortlaut **unabhängig von der Rechtsform** der vermittelnden Gesellschaft im Falle der mittelbaren Beteiligung. • Unterkategorie: **Keine** weiteren besonderen Voraussetzungen für die mittelbare **Beteiligung**.
§ 14 Abs. 1 Satz 1 Nr. 1 Satz 2 KStG	**Mittelbare Beteiligungen** sind [für Zwecke der finanziellen Eingliederung im Sinne der körperschaftsteuerrechtlichen Organschaft] zu berücksichtigen, **wenn** die Beteiligung an jeder vermittelnden Gesellschaft die Mehrheit der Stimmrechte gewährt.	Oberkategorie: Gleichstellungsnorm betrifft **nur mittelbare** Beteiligungsform. • Unterkategorie: **Gleichstellung** nach Wortlaut **unabhängig von der Rechtsform** der vermittelnden Gesellschaft im Falle der mittelbaren Beteiligung. • Unterkategorie: **Weitere** besondere **Voraussetzung** für die mittelbare Beteiligung: Beteiligung an jeder vermittelnden Gesellschaft gewährt die Mehrheit der Stimmrechte.

Anhang 3

Spezialgesetzliche Gleichstellungsnorm des Ertragsteuerrechts	Wortlaut der spezialgesetzlichen Gleichstellungsnorm	Kategorisierung der spezialgesetzlichen Gleichstellungsnorm
§ 14 Abs. 1 Satz 1 Nr. 2 Satz 4 KStG	Die **Beteiligung im Sinne der Nummer 1 an der Organgesellschaft** [also die unmittelbare Beteiligung an der Organgesellschaft] oder, bei **mittelbarer Beteiligung an der Organgesellschaft**, die Beteiligung im Sinne der Nummer 1 an der vermittelnden Gesellschaft, muss ununterbrochen während der gesamten Dauer der Organschaft einer inländischen Betriebsstätte im Sinne des § 12 der Abgabenordnung des Organträgers zuzuordnen sein.	Oberkategorie: Gleichstellungsnorm betrifft **beide Beteiligungsformen**. • Unterkategorie: Gleichstellung nach Wortlaut **unabhängig von der Rechtsform** der vermittelnden Gesellschaft im Falle der mittelbaren Beteiligung. • Unterkategorie: **Keine** weiteren besonderen Voraussetzungen für die mittelbare Beteiligung.
§ 14 Abs. 1 Satz 1 Nr. 2 Satz 5 KStG	Ist der Organträger **mittelbar über eine oder mehrere Personengesellschaften** an der Organgesellschaft beteiligt, gilt Satz 4 sinngemäß.	Oberkategorie: Gleichstellungsnorm betrifft **nur mittelbare** Beteiligungsform. • Unterkategorie: Gleichstellung nach Wortlaut **nicht unabhängig von der Rechtsform** der vermittelnden Gesellschaft im Falle der mittelbaren Beteiligung (vielmehr Personengesellschaft als vermittelnde Gesellschaft erforderlich). • Unterkategorie: **Keine** weiteren besonderen Voraussetzungen für die mittelbare Beteiligung.

Anhang 3

Spezialgesetzliche Gleichstellungsnorm des Ertragsteuerrechts	Wortlaut der spezialgesetzlichen Gleichstellungsnorm	Kategorisierung der spezialgesetzlichen Gleichstellungsnorm
§ 14 Abs. 1 Satz 1 Nr. 2 Satz 6 KStG	Das Einkommen der Organgesellschaft ist der inländischen Betriebsstätte des Organträgers zuzurechnen, der die **Beteiligung im Sinne der Nummer 1 an der Organgesellschaft** [also die bzw. bei unmittelbarer Beteiligung an der Organgesellschaft] oder, bei **mittelbarer Beteiligung an der Organgesellschaft**, die Beteiligung im Sinne der Nummer 1 an der vermittelnden Gesellschaft zuzuordnen ist.	Oberkategorie: Gleichstellungsnorm betrifft **beide Beteiligungsformen**. • Unterkategorie: Gleichstellung nach Wortlaut **unabhängig von der Rechtsform** der vermittelnden Gesellschaft im Falle der mittelbaren Beteiligung. • Unterkategorie: **Keine** weiteren besonderen Voraussetzungen für die mittelbare Beteiligung.
§ 32 Abs. 5 Satz 2 Nr. 5 KStG	Satz 1 gilt nur [Erstattung der einbehaltenen und abgeführten Kapitalertragsteuer], soweit Nr. 5 die Kapitalertragsteuer nicht beim Gläubiger oder einem **unmittelbar oder mittelbar** am Gläubiger beteiligten Anteilseigner angerechnet oder als Betriebsausgabe oder als Werbungskosten abgezogen werden kann; die Möglichkeit eines Anrechnungsvortrags steht der Anrechnung gleich.	Oberkategorie: Gleichstellungsnorm betrifft **beide Beteiligungsformen**. • Unterkategorie: Gleichstellung nach Wortlaut **unabhängig von der Rechtsform** der vermittelnden Gesellschaft im Falle der mittelbaren Beteiligung. • Unterkategorie: **Keine** weiteren besonderen Voraussetzungen für die mittelbare Beteiligung.

Anhang 3

Spezialgesetzliche Gleichstellungsnorm des Ertragsteuerrechts	Wortlaut der spezialgesetzlichen Gleichstellungsnorm	Kategorisierung der spezialgesetzlichen Gleichstellungsnorm
§ 34 Abs. 14 Satz 1 Nr. 1 KStG	Die §§ 38 und 40 in der am 27. Dezember 2007 geltenden Fassung sowie § 10 des Umwandlungssteuergesetzes vom 7. Dezember 2006 (BGBl. I S. 2782, 2791) sind auf Antrag weiter anzuwenden für 1. Körperschaften oder deren Rechtsnachfolger, an denen **unmittelbar oder mittelbar** zu mindestens 50 Prozent a) juristische Personen des öffentlichen Rechts aus Mitgliedstaaten der Europäischen Union oder aus Staaten, auf die das EWR-Abkommen Anwendung findet, oder b) Körperschaften, Personenvereinigungen oder Vermögensmassen im Sinne des § 5 Absatz 1 Nummer 9 alleine oder gemeinsam beteiligt sind, und 2. Genossenschaften, die ihre Umsatzerlöse überwiegend durch Verwaltung und Nutzung eigenen zu Wohnzwecken dienenden Grundbesitzes, durch Betreuung von Wohnbauten oder durch die Errichtung und Veräußerung von Eigenheimen, Kleinsiedlungen oder Eigentumswohnungen erzielen, sowie für steuerbefreite Körperschaften.	Oberkategorie: Gleichstellungsnorm betrifft **beide Beteiligungsformen**. • Unterkategorie: Gleichstellung nach Wortlaut unabhängig **von der Rechtsform** der vermittelnden Gesellschaft im Falle der mittelbaren Beteiligung. • Unterkategorie: **Keine** weiteren besonderen Voraussetzungen für die mittelbare Beteiligung.

Anhang 3

Spezialgesetzliche Gleichstellungsnorm des Ertragsteuerrechts	Wortlaut der spezialgesetzlichen Gleichstellungsnorm	Kategorisierung der spezialgesetzlichen Gleichstellungsnorm
§ 7 Satz 4 GewStG	§ 3 Nr. 40 und § 3c Abs. 2 des Einkommensteuergesetzes sind bei der Ermittlung des Gewerbeertrags einer Mitunternehmerschaft anzuwenden, soweit an der Mitunternehmerschaft natürliche Personen **unmittelbar oder mittelbar über eine oder mehrere Personengesellschaften beteiligt** sind; im Übrigen ist § 8b des Körperschaftsteuergesetzes anzuwenden.	Oberkategorie: Gleichstellungsnorm betrifft **beide Beteiligungsformen**. • Unterkategorie: Gleichstellung nach Wortlaut **nicht unabhängig von der Rechtsform** der vermittelnden Gesellschaft im Falle der mittelbaren Beteiligung (vielmehr Personengesellschaft als vermittelnde Gesellschaft erforderlich). • Unterkategorie: **Keine** weiteren besonderen **Voraussetzungen** für die mittelbare Beteiligung.

Anhang 3

Spezialgesetzliche Gleichstellungsnorm des Ertragsteuerrechts	Wortlaut der spezialgesetzlichen Gleichstellungsnorm	Kategorisierung der spezialgesetzlichen Gleichstellungsnorm
§ 10a Satz 10 Hs. 2 Nr. 2 GewStG	Auf die Fehlbeträge sind § 8c des Körperschaftsteuergesetzes und, wenn ein fortführungsgebundener Verlustvortrag nach § 8d des Körperschaftsteuergesetzes gesondert festgestellt wird, § 8d des Körperschaftsteuergesetzes entsprechend anzuwenden; dies gilt mit Ausnahme des § 8d des Körperschaftsteuergesetzes auch für den Fehlbetrag einer Mitunternehmerschaft, soweit dieser 1. einer Körperschaft unmittelbar oder 2. einer Mitunternehmerschaft, soweit an dieser eine Körperschaft **unmittelbar oder mittelbar über eine oder mehrere Personengesellschaften** beteiligt ist, zuzurechnen ist.	Oberkategorie: Gleichstellungsnorm betrifft **beide Beteiligungsformen**. • Unterkategorie: Gleichstellung nach Wortlaut **nicht unabhängig von der Rechtsform** der vermittelnden Gesellschaft im Falle der mittelbaren Beteiligung (vielmehr Personengesellschaft als vermittelnde Gesellschaft erforderlich). • Unterkategorie: **Keine** weiteren besonderen Voraussetzungen für die mittelbare Beteiligung.

Anhang 4: Übersicht zum Sinn und Zweck der spezialgesetzlichen Gleichstellungsnormen des Ertragsteuerrechts[846]

Spezialgesetzliche Gleichstellungsnorm des Ertragsteuerrechts	Wortlaut der spezialgesetzlichen Gleichstellungsnorm	Sinn und Zweck der spezialgesetzlichen Gleichstellungsnorm
§ 3 Nr. 40 Satz 3 Hs. 2 EStG	Satz 1 Buchstabe a, b und d bis h ist nicht anzuwenden [also das Teileinkünfteverfahren, welches eine Steuerfreistellung der betrieblichen Beteiligungseinkünfte in Höhe von 40 % vorsieht, ist nicht anzuwenden; es kommt also zur vollständigen Besteuerung] auf Anteile, die bei Kreditinstituten und Finanzdienstleistungsinstituten dem Handelsbestand im Sinne des § 340e Absatz 3 des Handelsgesetzbuchs zuzuordnen sind; Gleiches gilt für Anteile, die bei Finanzunternehmen im Sinne des Kreditwesengesetzes, an denen Kreditinstitute oder Finanzdienstleistungsinstitute **unmittelbar oder mittelbar** zu mehr als 50 Prozent beteiligt sind, zum Zeitpunkt des Zugangs zum Betriebsvermögen als Umlaufvermögen auszuweisen sind.	Kategorie(n): • Missbrauchs- und Gestaltungsverhinderungsvorschrift[847]

---

[846] Diese Übersicht zum Sinn und Zweck der verschiedenen spezialgesetzlichen Gleichstellungsnormen des Ertragsteuerrechts erhebt angesichts der Vielzahl derartiger Normen keinen Anspruch auf absolute Vollständigkeit. Es sollte jedoch der weit überwiegende Großteil solcher spezialgesetzlicher Gleichstellungsnormen des Ertragsteuerrechts im Rahmen dieser Übersicht bzw. der Analyse im Rahmen dieser Dissertation berücksichtigt worden sein.
[847] Vgl. *von Beckerath*, in Kirchhof, EStG-Kommentar, § 3 Nr. 40 EStG, Rn. 114.

Anhang 4

Spezialgesetzliche Gleichstellungsnorm des Ertragsteuerrechts	Wortlaut der spezialgesetzlichen Gleichstellungsnorm	Sinn und Zweck der spezialgesetzlichen Gleichstellungsnorm
§ 3 Nr. 70 Satz 4 EStG	Die Steuerbefreiung [in Höhe von 50 %; es kommt also zur vollständigen Besteuerung] entfällt auch rückwirkend, wenn die Wirtschaftsgüter im Sinne des Satzes 1 Buchstabe a vom Erwerber an den Veräußerer oder eine ihm nahe stehende Person im Sinne des § 1 Absatz 2 des Außensteuergesetzes überlassen werden und der Veräußerer oder eine ihm nahe stehende Person im Sinne des § 1 Absatz 2 des Außensteuergesetzes nach Ablauf einer Frist von zwei Jahren seit Eintragung des Erwerbers als REIT-Aktiengesellschaft in das Handelsregister an dieser **mittelbar oder unmittelbar** zu mehr als 50 Prozent beteiligt ist.	Kategorie(n): • Missbrauchs- und Gestaltungsverhinderungsvorschrift[848]
§ 3c Abs. 2 Satz 2 EStG	Satz 1 [also Abzugsfähigkeit von Aufwendung auf 60 % beschränkt] ist auch für Betriebsvermögensminderungen oder Betriebsausgaben im Zusammenhang mit einer Darlehensforderung oder aus der Inanspruchnahme von Sicherheiten anzuwenden, die für ein Darlehen hingegeben wurden, wenn das Darlehen oder die Sicherheit von einem Steuerpflichtigen gewährt wird, der zu mehr als einem Viertel **unmittelbar oder mittelbar** am Grund- oder Stammkapital der Körperschaft, der das Darlehen gewährt wurde, beteiligt ist oder war.	Kategorie(n): • Missbrauchs- und Gestaltungsverhinderungsvorschrift[849] • Rechtsprechungsbrechender Charakter[850]

---

[848] Vgl. BT-Drucksache 16/4779 vom 31. März 2007, Seite 37; BT-Drucksache 16/4026 vom 12. Januar 2007, Seite 36.

[849] Indem das Teilabzugsverbot gemäß dieser spezialgesetzlichen Gleichstellungsnorm des Ertragsteuerrechts nur in den Fällen der fehlenden Fremdüblichkeit eingreift (vgl. § 3c Abs. 2 Satz 3 EStG), sollte diese spezialgesetzliche Gleichstellungsnorm des Ertragsteuerrechts (auch) als Missbrauchs- und Gestaltungsverhinderungsvorschrift einzuordnen sein.

[850] Vgl. BT-Drucksache 18/3017 vom 3. November 2014, Seite 38.

Spezialgesetzliche Gleichstellungsnorm des Ertragsteuerrechts	Wortlaut der spezialgesetzlichen Gleichstellungsnorm	Sinn und Zweck der spezialgesetzlichen Gleichstellungsnorm
§ 3c Abs. 2 Satz 6 EStG	Satz 1 [also die Abzugsbeschränkung auf 60 % der Aufwendungen] ist außerdem ungeachtet eines wirtschaftlichen Zusammenhangs mit den dem § 3 Nummer 40 zugrunde liegenden Betriebsvermögensmehrungen oder Einnahmen oder mit Vergütungen nach § 3 Nummer 40a auch auf Betriebsvermögensminderungen, Betriebsausgaben oder Veräußerungskosten eines Gesellschafters einer Körperschaft anzuwenden, soweit diese mit einer im Gesellschaftsverhältnis veranlassten unentgeltlichen Überlassung von Wirtschaftsgütern an diese Körperschaft oder bei einer teilentgeltlichen Überlassung von Wirtschaftsgütern mit dem unentgeltlichen Teil in Zusammenhang stehen und der Steuerpflichtige zu mehr als einem Viertel **unmittelbar oder mittelbar** am Grund- oder Stammkapital dieser Körperschaft beteiligt ist oder war.	Kategorie(n): • Missbrauchs- und Gestaltungsverhinderungsvorschrift[851] • Rechtsprechungsbrechender Charakter[852]
§ 4h Abs. 2 Satz 2 EStG	Ist eine Gesellschaft, bei der der Gesellschafter als Mitunternehmer anzusehen ist, **unmittelbar oder mittelbar** einer Körperschaft nachgeordnet, gilt für die Gesellschaft § 8a Absatz 2 und 3 des Körperschaftsteuergesetzes entsprechend.	Kategorie(n): • Missbrauchs- und Gestaltungsverhinderungsvorschrift[853]

---

[851] Indem das Teilabzugsverbot gemäß dieser spezialgesetzlichen Gleichstellungsnorm des Ertragsteuerrechts nur in den Fällen der gesellschaftsrechtlich veranlassten Überlassung von Wirtschaftsgütern eingreift, sollte diese spezialgesetzliche Gleichstellungsnorm des Ertragsteuerrechts (auch) als Missbrauchs- und Gestaltungsverhinderungsvorschrift einzuordnen sein.
[852] Vgl. BT-Drucksache 18/3017 vom 3. November 2014, Seite 38.
[853] Vgl. BT-Drucksache 16/4848 vom 27. März 2007, Seite 48.

Anhang 4

Spezialgesetzliche Gleichstellungsnorm des Ertragsteuerrechts	Wortlaut der spezialgesetzlichen Gleichstellungsnorm	Sinn und Zweck der spezialgesetzlichen Gleichstellungsnorm
§ 4h Abs. 5 Satz 3 EStG	§ 8c des Körperschaftsteuergesetzes ist auf den Zinsvortrag einer Gesellschaft entsprechend anzuwenden, soweit an dieser **unmittelbar oder mittelbar** eine Körperschaft als Mitunternehmer beteiligt ist [es kann also bei Vorliegen der Voraussetzung des schädlichen Beteiligungserwerbs auf Ebene der unmittelbar oder mittelbar an der Mitunternehmerschaft beteiligten Körperschaft zu einem Untergang des Zinsvortrags auf Ebene der Mitunternehmerschaft kommen].	Kategorie(n): • Missbrauchs- und Gestaltungsverhinderungsvorschrift[854]
§ 6 Abs. 5 Satz 5 und Satz 6 EStG	Der Teilwert ist auch anzusetzen, soweit in den Fällen des Satzes 3 der Anteil einer Körperschaft, Personenvereinigung oder Vermögensmasse an dem Wirtschaftsgut **unmittelbar oder mittelbar** begründet wird oder dieser sich erhöht. Soweit innerhalb von sieben Jahren nach der Übertragung des Wirtschaftsguts nach Satz 3 der Anteil einer Körperschaft, Personenvereinigung oder Vermögensmasse an dem übertragenen Wirtschaftsgut aus einem anderen Grund **unmittelbar oder mittelbar** begründet wird oder dieser sich erhöht, ist rückwirkend auf den Zeitpunkt der Übertragung ebenfalls der Teilwert anzusetzen.	Kategorie(n): • Missbrauchs- und Gestaltungsverhinderungsvorschrift[855]
§ 15 Abs. 1 Satz 1 Nr. 2 Satz 2 EStG	Der **mittelbar über eine oder mehrere Personengesellschaften** beteiligte Gesellschafter steht dem unmittelbar beteiligten Gesellschafter gleich; er ist als Mitunternehmer des Betriebs der Gesellschaft anzusehen, an der er mittelbar beteiligt ist, **wenn** er und die Personengesellschaften, die seine Beteiligung vermitteln, jeweils als Mitunternehmer der Betriebe der Personengesellschaften anzusehen sind, an denen sie unmittelbar beteiligt sind.	Kategorie(n): • Missbrauchs- und Gestaltungsverhinderungsvorschrift[856] • Rechtsprechungsbrechender Charakter[857]

---

[854] Vgl. BT-Drucksache 16/1108 vom 27. November 2008, Seite 12.
[855] Vgl. BT-Drucksache 14/6882 vom 10. September 2001, Seite 33.
[856] Vgl. BT-Drucksache 12/1108 vom 3. September 1991, Seite 58 f.
[857] Vgl. BT-Drucksache 12/1108 vom 3. September 1991, Seite 58 f.

Anhang 4

Spezialgesetzliche Gleichstellungsnorm des Ertragsteuerrechts	Wortlaut der spezialgesetzlichen Gleichstellungsnorm	Sinn und Zweck der spezialgesetzlichen Gleichstellungsnorm
§ 15 Abs. 4 Satz 8 EStG	Verluste aus stillen Gesellschaften, Unterbeteiligungen oder sonstigen Innengesellschaften an Kapitalgesellschaften, bei denen der Gesellschafter oder Beteiligte als Mitunternehmer anzusehen ist, dürfen weder mit Einkünften aus Gewerbebetrieb noch aus anderen Einkunftsarten ausgeglichen werden; sie dürfen auch nicht nach § 10d abgezogen werden. Die Verluste mindern jedoch nach Maßgabe des § 10d die Gewinne, die der Gesellschafter oder Beteiligte in dem unmittelbar vorangegangenen Wirtschaftsjahr oder in den folgenden Wirtschaftsjahren aus derselben stillen Gesellschaft, Unterbeteiligung oder sonstigen Innengesellschaft bezieht; § 10d Absatz 4 gilt entsprechend. Die Sätze 6 und 7 [vgl. die beiden Sätze zuvor] gelten nicht, soweit der Verlust auf eine natürliche Person als **unmittelbar oder mittelbar** beteiligter Mitunternehmer entfällt.	Kategorie(n): • Missbrauchs- und Gestaltungsverhinderungsvorschrift[858]
§ 16 Abs. 3 Satz 4 EStG	Satz 2 [also der Buchwertansatz] ist bei einer Realteilung, bei der einzelne Wirtschaftsgüter übertragen werden, nicht anzuwenden, soweit die Wirtschaftsgüter **unmittelbar oder mittelbar** auf eine Körperschaft, Personenvereinigung oder Vermögensmasse übertragen werden; in diesem Fall ist bei der Übertragung der gemeine Wert anzusetzen.	Kategorie(n) • Missbrauchs- und Gestaltungsverhinderungsvorschrift[859]

---

[858] Vgl. BT-Drucksache 15/1518 vom 8. September 2003, Seite 13 f.
[859] Vgl. BT-Drucksache 14/6882 vom 10. September 2001, Seite 33 f.

Anhang 4

Spezialgesetzliche Gleichstellungsnorm des Ertragsteuerrechts	Wortlaut der spezialgesetzlichen Gleichstellungsnorm	Sinn und Zweck der spezialgesetzlichen Gleichstellungsnorm
§ 16 Abs. 5 EStG	Werden bei einer Realteilung, bei der Teilbetriebe auf einzelne Mitunternehmer übertragen werden, Anteile an einer Körperschaft, Personenvereinigung oder Vermögensmasse **unmittelbar oder mittelbar** von einem nicht von § 8b Absatz 2 des Körperschaftsteuergesetzes begünstigten Steuerpflichtigen auf einen von § 8b Absatz 2 des Körperschaftsteuergesetzes begünstigten Mitunternehmer übertragen, ist abweichend von Absatz 3 Satz 2 rückwirkend auf den Zeitpunkt der Realteilung der gemeine Wert anzusetzen, wenn der übernehmende Mitunternehmer die Anteile innerhalb eines Zeitraums von sieben Jahren nach der Realteilung **unmittelbar oder mittelbar** veräußert oder durch einen Vorgang nach § 22 Absatz 1 Satz 6 Nummer 1 bis 5 des Umwandlungssteuergesetzes weiter überträgt; § 22 Absatz 2 Satz 3 des Umwandlungssteuergesetzes gilt entsprechend.	Kategorie(n): • Missbrauchs- und Gestaltungsverhinderungsvorschrift[860]
§ 17 Abs. 1 Satz 1 EStG	Zu den Einkünften aus Gewerbebetrieb gehört auch der Gewinn aus der Veräußerung von Anteilen an einer Kapitalgesellschaft, wenn der Veräußerer innerhalb der letzten fünf Jahre am Kapital der Gesellschaft **unmittelbar oder mittelbar** zu mindestens 1 Prozent beteiligt war.	Kategorie(n): • Missbrauchs- und Gestaltungsverhinderungsvorschrift[861]

---

[860] Vgl. BT-Drucksache 16/3369 vom 9. November 2006, Seite 6.
[861] Vgl. BT-Drucksache 14/2683 vom 15. Februar 2000, Seite 114.

Anhang 4

Spezialgesetzliche Gleichstellungsnorm des Ertragsteuerrechts	Wortlaut der spezialgesetzlichen Gleichstellungsnorm	Sinn und Zweck der spezialgesetzlichen Gleichstellungsnorm
§ 17 Abs. 6 EStG	Als Anteile im Sinne des Absatzes 1 Satz 1 gelten auch Anteile an Kapitalgesellschaften, an denen der Veräußerer innerhalb der letzten fünf Jahre am Kapital der Gesellschaft nicht **unmittelbar oder mittelbar** zu mindestens 1 Prozent beteiligt war, wenn 1. die Anteile auf Grund eines Einbringungsvorgangs im Sinne des Umwandlungssteuergesetzes, bei dem nicht der gemeine Wert zum Ansatz kam, erworben wurden und 2. zum Einbringungszeitpunkt für die eingebrachten Anteile die Voraussetzungen von Absatz 1 Satz 1 erfüllt waren oder die Anteile auf einer Sacheinlage im Sinne von § 20 Absatz 1 des Umwandlungssteuergesetzes vom 7. Dezember 2006 (BGBl. I S. 2782, 2791) in der jeweils geltenden Fassung beruhen.	Kategorie(n): • Missbrauchs- und Gestaltungsverhinderungsvorschrift[862]
§ 20 Abs. 2 Satz 3 EStG	Die Anschaffung oder Veräußerung einer **unmittelbaren oder mittelbaren** Beteiligung an einer Personengesellschaft gilt als Anschaffung oder Veräußerung der anteiligen Wirtschaftsgüter.	Kategorie(n): • Missbrauchs- und Gestaltungsverhinderungsvorschrift[863] • Rechtsprechungsbrechender Charakter[864]

---

[862] Vgl. BT-Drucksache 16/2710 vom 25. September 2006, Seite 29.
[863] Vgl. BT-Drucksache 16/4841 vom 27. März 2007, Seite 56.
[864] Vgl. *Buge*, in Herrmann/Heuer/Raupach, EStG/KStG-Kommentar, § 20 EStG, Rn. 535.

Anhang 4

Spezialgesetzliche Gleichstellungsnorm des Ertragsteuerrechts	Wortlaut der spezialgesetzlichen Gleichstellungsnorm	Sinn und Zweck der spezialgesetzlichen Gleichstellungsnorm
§ 23 Abs. 1 Satz 4 EStG	Die Anschaffung oder Veräußerung einer **unmittelbaren oder mittelbaren** Beteiligung an einer Personengesellschaft gilt als Anschaffung oder Veräußerung der anteiligen Wirtschaftsgüter.	Kategorie(n): • Missbrauchs- und Gestaltungsverhinderungsvorschrift[865] • Rechtsprechungsbrechender Charakter[866]
§ 32d Abs. 2 Nr. 3 EStG	Absatz 1 [also der besondere Abgeltungssteuersatz nach § 32d Abs. 1 EStG in Höhe von 25 %] gilt nicht 3. auf Antrag für Kapitalerträge im Sinne des § 20 Absatz 1 Nummer 1 und 2 aus einer Beteiligung an einer Kapitalgesellschaft, wenn der Steuerpflichtige im Veranlagungszeitraum, für den der Antrag erstmals gestellt wird, **unmittelbar oder mittelbar** a) zu mindestens 25 Prozent an der Kapitalgesellschaft beteiligt ist oder b) zu mindestens 1 Prozent an der Kapitalgesellschaft beteiligt ist und durch eine berufliche Tätigkeit für diese maßgeblichen unternehmerischen Einfluss auf deren wirtschaftliche Tätigkeit nehmen kann.	Kategorie(n): • Begünstigungsvorschrift[867] • Rechtsprechungsbrechender Charakter[868]
§ 35 Abs. 2 Satz 5 EStG	Bei der Feststellung nach Satz 1 sind anteilige Gewerbesteuer-Messbeträge, die **aus einer Beteiligung an einer Mitunternehmerschaft** stammen, einzubeziehen.	Kategorie(n): • Begünstigungsvorschrift[869]

---

[865] Aufgrund des identischen Wortlauts im Rahmen der spezialgesetzlichen Gleichstellungsnorm des § 20 Abs. 2 Satz 3 EStG und der Vergleichbarkeit mit dieser spezialgesetzlichen Gleichstellungsnorm des Ertragsteuerrechts, welche vom Gesetzgeber ausdrücklich als Missbrauchs- und Gestaltungsverhinderungsvorschrift konzipiert wurde, sollte auch die spezialgesetzliche Gleichstellungsnorm des § 23 Abs. 1 Satz 4 EStG als solche Missbrauchs- und Gestaltungsverhinderungsvorschrift einzuordnen sein.
[866] Vgl. BT-Drucksache 12/5630 vom 7. September 1993, Seite 59
[867] Vgl. BT-Drucksache 16/7036 vom 8. November 2007, Seite 14.
[868] Vgl. *Pfirrmann*, in Kirchhof, EStG-Kommentar, § 32d EStG, Rn. 16.
[869] Vgl. BT-Drucksache 14/3366 vom 16. Mai 2000, Seite 119.

Anhang 4

Spezialgesetzliche Gleichstellungsnorm des Ertragsteuerrechts	Wortlaut der spezialgesetzlichen Gleichstellungsnorm	Sinn und Zweck der spezialgesetzlichen Gleichstellungsnorm
§ 49 Abs. 1 Nr. 2 Buchst. f Satz 2 EStG	§ 23 Absatz 1 Satz 4 gilt entsprechend.	Kategorie(n): • Missbrauchs- und Gestaltungsverhinderungsvorschrift[870] • Rechtsprechungsbrechender Charakter[871]
§ 51 Abs. 1 Nr. 1 Buchst. f) Doppelbuchst. bb) EStG	Die Bundesregierung wird ermächtigt, mit Zustimmung des Bundesrates 1. zur Durchführung dieses Gesetzes Rechtsverordnungen zu erlassen, soweit dies zur Wahrung?der Gleichmäßigkeit bei der Besteuerung, zur Beseitigung von Unbilligkeiten in Härtefällen, zur Steuerfreistellung des Existenzminimums oder zur Vereinfachung des Besteuerungsverfahrens erforderlich ist, und zwar: f) in Fällen, in denen ein Sachverhalt zu ermitteln und steuerrechtlich zu beurteilen ist, der sich?auf Vorgänge außerhalb des Geltungsbereichs dieses Gesetzes bezieht, und außerhalb des Geltungsbereichs dieses Gesetzes ansässige Beteiligte oder andere Personen nicht wie bei Vorgängen innerhalb des Geltungsbereichs dieses Gesetzes zur Mitwirkung bei der Ermittlung des Sachverhalts herangezogen werden können, zu bestimmen,	Kategorie(n): • Missbrauchs- und Gestaltungsverhinderungsvorschrift[872]

---

[870] Vgl. BT-Drucksache 18/8739 vom 8. Juni 2016, Seite 116 f.; BT-Drucksache 18/8345 vom 4. Mai 2016, Seite 14.
[871] Vgl. BT-Drucksache 18/8739 vom 8. Juni 2016, Seite 116 f.; BT-Drucksache 18/8345 vom 4. Mai 2016, Seite 14.
[872] Vgl. BT-Drucksache 16/12852 vom 5. Mai 2009, Seite 9.

Spezialgesetzliche Gleichstellungsnorm des Ertragsteuerrechts	Wortlaut der spezialgesetzlichen Gleichstellungsnorm	Sinn und Zweck der spezialgesetzlichen Gleichstellungsnorm
	bb) dass eine ausländische Gesellschaft ungeachtet des § 50d Absatz 3 nur dann einen Anspruch auf völlige oder teilweise Entlastung vom Steuerabzug nach § 50d Absatz 1 und 2 oder § 44a Absatz 9 hat, soweit sie die Ansässigkeit der an ihr **unmittelbar oder mittelbar** beteiligten natürlichen Personen, deren Anteil **unmittelbar oder mittelbar** 10 Prozent übersteigt, darlegt und nachweisen kann;	
§ 8 Abs. 7 Satz 1 Nr. 2 Satz 2 KStG	Satz 1 [„die Rechtsfolgen einer verdeckten Gewinnausschüttung sind bei Kapitalgesellschaften nicht bereits deshalb zu ziehen, weil sie ein Dauerverlustgeschäft ausüben"] gilt nur bei Kapitalgesellschaften, bei denen die Mehrheit der Stimmrechte **unmittelbar oder mittelbar** auf juristische Personen des öffentlichen Rechts entfällt und nachweislich ausschließlich diese Gesellschafter die Verluste aus Dauerverlustgeschäften tragen.	Kategorie(n): • Begünstigungsvorschrift[873] • Rechtsprechungsbrechender Charakter[874]
§ 8a Abs. 2 KStG	§ 4h Abs. 2 Satz 1 Buchstabe b des Einkommensteuergesetzes ist nur anzuwenden [die Ausnahme von der Zinsschranke], wenn die Vergütungen für Fremdkapital an einen zu mehr als einem Viertel **unmittelbar oder mittelbar** am Grund- oder Stammkapital beteiligten Anteilseigner, eine diesem nahe stehende Person (§ 1 Abs. 2 des Außensteuergesetzes vom 8. September 1972 – BGBl. I S. 1713 –, das zuletzt durch Artikel 3 des Gesetzes vom 28. Mai 2007 – BGBl. I S. 914 – geändert worden ist, in der jeweils geltenden Fassung) oder einen Dritten, der auf den zu mehr als einem Viertel am Grund- oder Stammkapital beteiligten Anteilseigner oder eine diesem nahe stehende Person zurückgreifen kann, nicht mehr als 10 Prozent der die Zinserträge übersteigenden Zinsaufwendungen der Körperschaft im Sinne des § 4h Abs. 3 des Einkommensteuergesetzes betragen und die Körperschaft dies nachweist.	Kategorie(n): • Missbrauchs- und Gestaltungsverhinderungsvorschrift[875]

---

[873] Vgl. BT-Drucksache 16/10189 vom 2. September 2008, Seite 70.
[874] Vgl. BT-Drucksache 16/10189 vom 2. September 2008, Seite 69.
[875] Vgl. BT-Drucksache 16/4841 vom 27. März 2007, Seite 74 f.

Anhang 4

Spezialgesetzliche Gleichstellungsnorm des Ertragsteuerrechts	Wortlaut der spezialgesetzlichen Gleichstellungsnorm	Sinn und Zweck der spezialgesetzlichen Gleichstellungsnorm
§ 8a Abs. 3 Satz 1 KStG	§ 4h Abs. 2 Satz 1 Buchstabe c des Einkommensteuergesetzes ist nur anzuwenden, wenn die Vergütungen für Fremdkapital der Körperschaft oder eines anderen demselben Konzern zugehörenden Rechtsträgers an einen zu mehr als einem Viertel **unmittelbar oder mittelbar** am Kapital beteiligten Gesellschafter einer konzernzugehörigen Gesellschaft, eine diesem nahe stehende Person (§ 1 Abs. 2 des Außensteuergesetzes) oder einen Dritten, der auf den zu mehr als einem Viertel am Kapital beteiligten Gesellschafter oder eine diesem nahe stehende Person zurückgreifen kann, nicht mehr als 10 Prozent der die Zinserträge übersteigenden Zinsaufwendungen des Rechtsträgers im Sinne des § 4h Abs. 3 des Einkommensteuergesetzes betragen und die Körperschaft dies nachweist.	Kategorie(n): • Missbrauchs- und Gestaltungsverhinderungsvorschrift[876]
§ 8b Abs. 3 Satz 4 KStG	Zu den Gewinnminderungen im Sinne des Satzes 3 gehören auch Gewinnminderungen im Zusammenhang mit einer Darlehensforderung oder aus der Inanspruchnahme von Sicherheiten, die für ein Darlehen hingegeben wurden, wenn das Darlehen oder die Sicherheit von einem Gesellschafter gewährt wird, der zu mehr als einem Viertel **unmittelbar oder mittelbar** am Grund- oder Stammkapital der Körperschaft, der das Darlehen gewährt wurde, beteiligt ist oder war.	Kategorie(n): • Missbrauchs- und Gestaltungsverhinderungsvorschrift[877]

---

[876] Vgl. BT-Drucksache 16/4841 vom 27. März 2007, Seite 75.
[877] Vgl. BT-Drucksache 16/6290 vom 4. September 2007, Seite 73.

Spezialgesetzliche Gleichstellungsnorm des Ertragsteuerrechts	Wortlaut der spezialgesetzlichen Gleichstellungsnorm	Sinn und Zweck der spezialgesetzlichen Gleichstellungsnorm
§ 8b Abs. 4 Satz 4 und Satz 5 KStG	Beteiligungen über eine Mitunternehmerschaft sind dem Mitunternehmer anteilig zuzurechnen; § 15 Absatz 1 Satz 1 Nummer 2 Satz 2 des Einkommensteuergesetzes gilt sinngemäß. Eine dem Mitunternehmer nach Satz 4 zugerechnete Beteiligung **gilt für die Anwendung dieses Absatzes als unmittelbare Beteiligung.**	Kategorie(n): • Missbrauchs- und Gestaltungsverhinderungsvorschrift[878] • Anpassung an die Rechtsprechung[879]
§ 8b Abs. 6 Satz 1 KStG	Die Absätze 1 bis 5 gelten auch für die dort genannten Bezüge, Gewinne und Gewinnminderungen, die dem Steuerpflichtigen **im Rahmen des Gewinnanteils aus einer Mitunternehmerschaft zugerechnet werden**, sowie für Gewinne und Verluste, soweit sie **bei der Veräußerung oder Aufgabe eines Mitunternehmeranteils auf Anteile im Sinne des Absatzes 2 entfallen.**	Kategorie(n): • Begünstigungsvorschrift[880]
§ 8b Abs. 6 Satz 2 KStG	Die Absätze 1 bis 5 gelten für Bezüge und Gewinne, die einem Betrieb gewerblicher Art einer juristischen Person des öffentlichen Rechts **über andere juristische Personen des öffentlichen Rechts zufließen, über die sie mittelbar** an der leistenden Körperschaft, Personenvereinigung oder Vermögensmasse **beteiligt ist** und bei denen die Leistungen nicht im Rahmen eines Betriebs gewerblicher Art erfasst werden, und damit in Zusammenhang stehende Gewinnminderungen entsprechend.	Kategorie(n): • Begünstigungsvorschrift[881]

---

[878] Aufgrund der durch die Vorschrift des § 8b Abs. 4 KStG festgesetzten Mindestbeteiligung von 10 % für Zwecke der Steuerfreiheit von Dividendenbezügen, wurde die spezialgesetzliche Gleichstellungsnorm des § 8b Abs. 4 Sätze 4 und 5 KStG auch als Missbrauchs- und Gestaltungsverhinderungsvorschrift eingestuft. Eine ausschließliche Zuordnung dieser spezialgesetzlichen Gleichstellungsnorm des Ertragsteuerrechts als solche mit allein rechtsprechungsanpassendem Charakter erscheint aber ebenso möglich.
[879] Vgl. BT-Drucksache 17/11314 vom 6. November 2012, Seite 1.
[880] Vgl. *Watermeyer*, in Herrmann/Heuer/Raupach, EStG/KStG-Kommentar, § 8b KStG, Rn. 202.
[881] Vgl. *Watermeyer*, in Herrmann/Heuer/Raupach, EStG/KStG-Kommentar, § 8b KStG, Rn. 218.

Anhang 4

Spezialgesetzliche Gleichstellungsnorm des Ertragsteuerrechts	Wortlaut der spezialgesetzlichen Gleichstellungsnorm	Sinn und Zweck der spezialgesetzlichen Gleichstellungsnorm
§ 8b Abs. 7 Satz 2 KStG	Gleiches [die Abs. 1–6 sind also nicht anzuwenden] gilt für Anteile, die bei Finanzunternehmen im Sinne des Kreditwesengesetzes, an denen Kreditinstitute oder Finanzdienstleistungsinstitute **unmittelbar oder mittelbar** zu mehr als 50 Prozent beteiligt sind, zum Zeitpunkt des Zugangs zum Betriebsvermögen als Umlaufvermögen auszuweisen sind.	Kategorie(n): • Missbrauchs- und Gestaltungsverhinderungsvorschrift[882]
§ 8b Abs. 10 Satz 7 KStG	Die Sätze 1 bis 6 gelten entsprechend, wenn die Anteile an eine Personengesellschaft oder von einer Personengesellschaft überlassen werden, an der die überlassende oder die andere Körperschaft **unmittelbar oder mittelbar über eine Personengesellschaft oder mehrere Personengesellschaften** beteiligt ist.	Kategorie(n): • Missbrauchs- und Gestaltungsverhinderungsvorschrift[883]
§ 8c Abs. 1 Satz 1 KStG	Werden innerhalb von fünf Jahren **mittelbar oder unmittelbar** mehr als 50 Prozent des gezeichneten Kapitals, der Mitgliedschaftsrechte, der Beteiligungsrechte oder der Stimmrechte an einer Körperschaft an einen Erwerber oder diesem nahe stehende Personen übertragen oder liegt ein vergleichbarer Sachverhalt vor (schädlicher Beteiligungserwerb), sind bis zum schädlichen Beteiligungserwerb nicht ausgeglichene oder abgezogene negative Einkünfte (nicht genutzte Verluste) vollständig nicht mehr abziehbar.	Kategorie(n): • Missbrauchs- und Gestaltungsverhinderungsvorschrift[884] • Rechtsprechungsbrechender Charakter[885]

---

[882] Vgl. *Rengers*, in Blümich, KStG-Kommentar, § 8b KStG, Rn. 462.
[883] Vgl. *Rengers*, in Blümich, KStG-Kommentar, § 8b KStG, Rn. 520.
[884] Vgl. BR-Drucksache 372/1/18 vom 11. September 2018, Seite 20.
[885] Vgl. *Suchanek*, in Herrmann/Heuer/Raupach, EStG/KStG-Kommentar, § 8c KStG, Rn. 22.

Anhang 4

Spezialgesetzliche Gleichstellungsnorm des Ertragsteuerrechts	Wortlaut der spezialgesetzlichen Gleichstellungsnorm	Sinn und Zweck der spezialgesetzlichen Gleichstellungsnorm
§ 8c Abs. 1 Satz 4 KStG	Ein schädlicher Beteiligungserwerb liegt nicht vor, wenn 1. an dem übertragenden Rechtsträger der Erwerber zu 100 Prozent **mittelbar oder unmittelbar** beteiligt ist und der Erwerber eine natürliche oder juristische Person oder eine Personenhandelsgesellschaft ist, 2. an dem übernehmenden Rechtsträger der Veräußerer zu 100 Prozent **mittelbar oder unmittelbar** beteiligt ist und der Veräußerer eine natürliche oder juristische Person oder eine Personenhandelsgesellschaft ist oder 3. an dem übertragenden und an dem übernehmenden Rechtsträger dieselbe natürliche oder juristische Person oder dieselbe Personenhandelsgesellschaft zu jeweils 100 Prozent **mittelbar oder unmittelbar** beteiligt ist.	Kategorie(n): • Begünstigungsvorschrift[886]
§ 14 Abs. 1 Satz 1 Nr. 1 Satz 2 KStG	**Mittelbare Beteiligungen** sind [für Zwecke der finanziellen Eingliederung im Sinne der körperschaftsteuerrechtlichen Organschaft] zu berücksichtigen, **wenn** die Beteiligung an jeder vermittelnden Gesellschaft die Mehrheit der Stimmrechte gewährt.	Kategorie(n): • Begünstigungs- bzw. Gestaltungsvereinfachungsvorschrift[887]
§ 14 Abs. 1 Satz 1 Nr. 2 Satz 4 KStG	Die **Beteiligung im Sinne der Nummer 1 an der Organgesellschaft** [also die unmittelbare Beteiligung an der Organgesellschaft] oder, bei **mittelbarer Beteiligung an der Organgesellschaft**, die Beteiligung im Sinne der Nummer 1 an der vermittelnden Gesellschaft, muss ununterbrochen während der gesamten Dauer der Organschaft einer inländischen Betriebsstätte im Sinne des § 12 der Abgabenordnung des Organträgers zuzuordnen sein.	Kategorie(n): • Missbrauchs- und Gestaltungsverhinderungsvorschrift[888] • Anpassung an die Rechtsprechung[889]

---

[886] Vgl. BT-Drucksache 17/15 vom 9. November 2009, Seite 19; BT-Drucksache 18/4902 vom 13. Mai 2015, Seite 47.
[887] Vgl. *Rödder/Liekenbrock*, in Rödder/Herlinghaus/Neumann, KStG-Kommentar, § 14 KStG, Rn. 207.
[888] Vgl. *Krumm*, in Blümich, KStG-Kommentar, § 14 KStG, Rn. 70; *Neumann*, in Gosch, KStG-Kommentar, § 14 KStG, Rn. 119a…
[889] Vgl. *Neumann*, in Gosch, KStG-Kommentar, § 14 KStG, Rn. 119a.

Anhang 4

Spezialgesetzliche Gleichstellungsnorm des Ertragsteuerrechts	Wortlaut der spezialgesetzlichen Gleichstellungsnorm	Sinn und Zweck der spezialgesetzlichen Gleichstellungsnorm
§ 14 Abs. 1 Satz 1 Nr. 2 Satz 5 KStG	Ist der Organträger **mittelbar über eine oder mehrere Personengesellschaften** an der Organgesellschaft beteiligt, gilt Satz 4 sinngemäß.	Kategorie(n): • Missbrauchs- und Gestaltungsverhinderungsvorschrift[890] • Anpassung an die Rechtsprechung[891]
§ 14 Abs. 1 Satz 1 Nr. 2 Satz 6 KStG	Das Einkommen der Organgesellschaft ist der inländischen Betriebsstätte des Organträgers zuzurechnen, der die **Beteiligung im Sinne der Nummer 1 an der Organgesellschaft** [also die bzw. bei unmittelbarer Beteiligung an der Organgesellschaft] oder, bei **mittelbarer Beteiligung an der Organgesellschaft**, die Beteiligung im Sinne der Nummer 1 an der vermittelnden Gesellschaft zuzuordnen ist.	Kategorie(n): • Missbrauchs- und Gestaltungsverhinderungsvorschrift[892] • Anpassung an die Rechtsprechung[893]
§ 32 Abs. 5 Satz 2 Nr. 5 KStG	Satz 1 gilt nur [Erstattung der einbehaltenen und abgeführten Kapitalertragsteuer], soweit Nr. 5 die Kapitalertragsteuer nicht beim Gläubiger oder einem **unmittelbar oder mittelbar** am Gläubiger beteiligten Anteilseigner angerechnet oder als Betriebsausgabe oder als Werbungskosten abgezogen werden kann; die Möglichkeit eines Anrechnungsvortrags steht der Anrechnung gleich.	Kategorie(n): • Missbrauchs- und Gestaltungsverhinderungsvorschrift[894] • Anpassung an die Rechtsprechung[895]

---

[890] Vgl. *Neumann*, in Gosch, KStG-Kommentar, § 14 KStG, Rn. 119a.
[891] Vgl. *Neumann*, in Gosch, KStG-Kommentar, § 14 KStG, Rn. 119a.
[892] Vgl. *Neumann*, in Gosch, KStG-Kommentar, § 14 KStG, Rn. 119a.
[893] Vgl. *Neumann*, in Gosch, KStG-Kommentar, § 14 KStG, Rn. 119a.
[894] Vgl. BT-Drucksache 17/11314 vom 6. November 2012, Seite 5.
[895] Vgl. BT-Drucksache 17/11314 vom 6. November 2012, Seite 1.

Anhang 4

Spezialgesetzliche Gleichstellungsnorm des Ertragsteuerrechts	Wortlaut der spezialgesetzlichen Gleichstellungsnorm	Sinn und Zweck der spezialgesetzlichen Gleichstellungsnorm
§ 34 Abs. 14 Satz 1 Nr. 1 KStG	Die §§ 38 und 40 in der am 27. Dezember 2007 geltenden Fassung sowie § 10 des Umwandlungssteuergesetzes vom 7. Dezember 2006 (BGBl. I S. 2782, 2791) sind auf Antrag weiter anzuwenden für 1. Körperschaften oder deren Rechtsnachfolger, an denen **unmittelbar oder mittelbar** zu mindestens 50 Prozent a) juristische Personen des öffentlichen Rechts aus Mitgliedstaaten der Europäischen Union oder aus Staaten, auf die das EWR-Abkommen Anwendung findet, oder b) Körperschaften, Personenvereinigungen oder Vermögensmassen im Sinne des § 5 Absatz 1 Nummer 9 alleine oder gemeinsam beteiligt sind, und 2. Genossenschaften, die ihre Umsatzerlöse überwiegend durch Verwaltung und Nutzung eigenen zu Wohnzwecken dienenden Grundbesitzes, durch Betreuung von Wohnbauten oder durch die Errichtung und Veräußerung von Eigenheimen, Kleinsiedlungen oder Eigentumswohnungen erzielen, sowie für steuerbefreite Körperschaften.	Kategorie(n): • Begünstigungsvorschrift[896]
§ 7 Satz 4 GewStG	§ 3 Nr. 40 und § 3c Abs. 2 des Einkommensteuergesetzes sind bei der Ermittlung des Gewerbeertrags einer Mitunternehmerschaft anzuwenden, soweit an der Mitunternehmerschaft natürliche Personen **unmittelbar oder mittelbar über eine oder mehrere Personengesellschaften beteiligt** sind; im Übrigen ist § 8b des Körperschaftsteuergesetzes anzuwenden.	Kategorie(n): • Missbrauchs- und Gestaltungsverhinderungsvorschrift[897] • Anpassung an die Rechtsprechung[898]

---

[896] Vgl. *Werning*, in Blümich, KStG-Kommentar, § 34 KStG, Rn. 95.
[897] Vgl. BT-Drucksache 15/4050 vom 27. Oktober 2004, Seite 58.
[898] Vgl. *Roser*, in Lenski/Steinberg, GewStG-Kommentar, § 7 GewStG, Rn. 393.

Anhang 4

Spezialgesetzliche Gleichstellungsnorm des Ertragsteuerrechts	Wortlaut der spezialgesetzlichen Gleichstellungsnorm	Sinn und Zweck der spezialgesetzlichen Gleichstellungsnorm
§ 10a Satz 10 Hs. 2 Nr. 2 GewStG	Auf die Fehlbeträge sind § 8c des Körperschaftsteuergesetzes und, wenn ein fortführungsgebundener Verlustvortrag nach § 8d des Körperschaftsteuergesetzes gesondert festgestellt wird, § 8d des Körperschaftsteuergesetzes entsprechend anzuwenden; dies gilt mit Ausnahme des § 8d des Körperschaftsteuergesetzes auch für den Fehlbetrag einer Mitunternehmerschaft, soweit dieser 1. einer Körperschaft unmittelbar oder 2. einer Mitunternehmerschaft, soweit an dieser eine Körperschaft **unmittelbar oder mittelbar über eine oder mehrere Personengesellschaften** beteiligt ist, zuzurechnen ist.	Kategorie(n): • Missbrauchs- und Gestaltungsverhinderungsvorschrift[899]

* * *

---

[899] Vgl. BT-Drucksache 16/6290 vom 4. September 2007, Seite 74.

Bonner Schriften zum Steuer-, Finanz- und Unternehmensrecht
hrsg. von Prof. Dr. Rainer Hüttemann, Prof. Dr. Andreas Herlinghaus und Prof. Dr. Stephan Schauhoff

Jan F. J. Lorenzen
Die Geltendmachung von Drittgläubigeransprüchen gegenüber Mitgesellschaftern in der Personengesellschaft
Die Diskussion um die Rechtsstellung des Personengesellschafters als Drittgläubiger seiner Gesellschaft hat nach einer Reihe jüngerer Entscheidungen des Bundesgerichtshofs neue Aktualität erlangt. Die Arbeit dient der Auflösung der Wertungswidersprüche, die dieser Doppelrolle des Gesellschafter-Drittgläubigers immanent sind. Hierbei widmet sich die Untersuchung insbesondere den Einschränkungen, denen der Gesellschafter-Drittgläubiger bei der Geltendmachung von Ansprüchen gegenüber seinen Mitgesellschaftern mit Blick auf die primäre Ausgestaltung der Haftung sowie die Höhe des Anspruchs unterliegt.
Bd. 32, 2019, 266 S., 24,90 €, br., ISBN 978-3-643-14388-4

Till Gröne
Korrespondierende Besteuerung gemäß §32a KStG
Verdeckte Gewinnausschüttungen und verdeckte Einlagen lösen steuerrechtliche Folgen sowohl bei der Körperschaft als auch beim Anteilseigner aus. Eine zutreffende Gesamtsteuerbelastung wird in der Zusammenschau beider Besteuerungsebenen nur erreicht, wenn die Steuer gleichermaßen gegenüber der Körperschaft und gegenüber dem Anteilseigner zutreffend festgesetzt wird. Um dies sicherzustellen, ermöglicht § 32a KStG punktuelle Durchbrechungen der Bestandkraft von Steuer- und Feststellungsbescheiden. Die vorliegende Arbeit unterzieht die Regelung des § 32a KStG einer detaillierten Analyse, mit dem Ziel, zur Beantwortung der zahlreichen durch die Vorschrift aufgeworfenen Auslegungsfragen beizutragen.
Bd. 31, 2017, 448 S., 69,90 €, br., ISBN 978-3-643-13820-0

Eva Juntermanns
Gesellschafterkonten im Handels- und Steuerrecht
Gesellschafterkonten dienen der Darstellung der kapitalmäßigen Stellung eines Gesellschafters innerhalb einer Personengesellschaft. Ihre Ausgestaltung kann abweichend von den gesetzlichen Vorgaben durch den Gesellschaftsvertrag festgelegt werden, womit sich ein hoher Gestaltungsspielraum für die Gesellschafter sowohl in gesellschaftsrechtlicher als auch in steuerrechtlicher Hinsicht eröffnet. Der Schwerpunkt dieser Arbeit liegt auf der Darstellung der Gesellschafterkonten eines Kommanditisten, unter besonderer Berücksichtigung seiner beschränkten Verlusttragung und Haftung sowie der steuerrechtlichen Implikationen der Gestaltungsentscheidungen.
Bd. 30, 2016, 214 S., 44,90 €, br., ISBN 978-3-643-13335-9

Iris Klein
Mitunternehmerbegriff
Bestandsaufnahme und Plädoyer für einen Verzicht auf die Mitunternehmerinitiative
Mitunternehmer ist nach ganz überwiegender Meinung, wer zumindest eine einem Gesellschafter wirtschaftlich vergleichbare Stellung hat, Mitunternehmerinitiative entfalten kann und Mitunternehmerrisiko trägt. Dieses Verständnis vom Mitunternehmerbegriff ist aber auch auf heftige Kritik gestoßen. Im Fokus der Kritik steht dabei insbesondere die Mitunternehmerinitiative. Die Autorin untersucht nach eingehender Analyse der BFH-Rechtsprechung und des Meinungsstands in der Literatur, ob die Mitunternehmerinitiative tatsächlich als Zurechnungskriterium für gewerbliche Einkünfte nach § 15 Abs. 1 Satz 1 Nr. 2 EStG erforderlich und geeignet ist.
Bd. 29, 2016, 250 S., 39,90 €, br., ISBN 978-3-643-13063-1

Eva-Maria Kraus
Die mitunternehmerische Innengesellschaft in der Gewerbesteuer
Bd. 28, 2015, 240 S., 44,90 €, br., ISBN 978-3-643-13043-3

Georg Lauber
Das Verhältnis des Ausgleichs gemäß § 304 AktG zu den Abfindungen gemäß den §§ 305, 327 a AktG
Bd. 27, 2014, 664 S., 69,90 €, br., ISBN 978-3-643-12722-8

LIT Verlag Berlin – Münster – Wien – Zürich – London
Auslieferung Deutschland / Österreich / Schweiz: siehe Impressumsseite

Tobias Keller
Der Grundsatz wirtschaftlicher Vermögenszugehörigkeit im Bilanzrecht
Auslegung von § 246 Abs. 1 S. 2 HGB und Abgrenzung zu § 39 AO
Bd. 26, 2014, 184 S., 44,90 €, br., ISBN 978-3-643-12562-0

Sebastian Falk
Die bilanzielle und ertragsteuerliche Behandlung eigener Anteile nach dem BilMoG
Bd. 25, 2013, 296 S., 44,90 €, br., ISBN 978-3-643-12316-9

Andrius Bielinis
Die Besteuerung der KGaA
Bd. 24, 2013, 424 S., 49,90 €, br., ISBN 978-3-643-12280-3

Marcel Gast
Die steuerliche Berücksichtigung von Darlehensverlusten des Gesellschafters einer Kapitalgesellschaft
Eine kritische Würdigung der „Eigenkapitalersatz-Rechtsprechung" des BFH im Lichte des MoMiG und der Abgeltungsteuer
Bd. 23, 2013, 224 S., 44,90 €, br., ISBN 978-3-643-12026-7

Markus Ley
Latente Steuern im Einzelabschluss nach dem Bilanzrechtsmodernisierungsgesetz
Bd. 22, 2013, 416 S., 44,90 €, br., ISBN 978-3-643-11949-0

Tobias Schwan
Steuerliche Begrenzungsmöglichkeiten der Vergütung von Vorstand und Aufsichtsrat
Bd. 21, 2012, 320 S., 39,90 €, br., ISBN 978-3-643-11899-8

Philipp Diffring
Umwandlung von Forderungen zur Sanierung von Kapitalgesellschaften
Gestaltungen und Privilegierungen im Steuer- und Wirtschaftsrecht
Bd. 20, 2012, 304 S., 44,90 €, br., ISBN 978-3-643-11868-4

Christian Lenz
Mitgliedsbeiträge privatrechtlicher Vereinigungen im Umsatzsteuerrecht
Bd. 19, 2012, 264 S., 34,90 €, br., ISBN 978-3-643-11572-0

Martin Rücker
Die Vereinsklassenabgrenzung
Eine Standortbestimmung unter Berücksichtigung der Pfadabhängigkeit des (Gesellschafts-)Rechts
Bd. 18, 2012, 176 S., 24,90 €, br., ISBN 978-3-643-11541-6

Sylvia Krey
Besteuerung sonstiger Leistungen
Eine Untersuchung unter besonderer Berücksichtigung der Einkommensteuerpflicht von privaten Spielgewinnen
Bd. 17, 2011, 328 S., 49,90 €, br., ISBN 978-3-643-11378-8

Stefan Wolf
Besteuerung der Bodenschatzverwertung
Bd. 16, 2011, 368 S., 44,90 €, br., ISBN 978-3-643-11386-3

Andrea Zimmermann
Spenden als verdeckte Gewinnausschüttungen
Bd. 15, 2011, 248 S., 44,90 €, br., ISBN 978-3-643-11375-7

LIT Verlag Berlin – Münster – Wien – Zürich – London
Auslieferung Deutschland / Österreich / Schweiz: siehe Impressumsseite

Michael Faber
Die Kommunen zwischen Finanzautonomie und staatlicher Aufsicht – Vorgaben zur Einnahmenoptimierung und Ausgabenkontrolle in der Haushaltssicherung
Eine Untersuchung vorrangig am Recht des Landes Nordrhein-Westfalen
Bd. 14, 2012, 248 S., 44,90 €, br., ISBN 978-3-643-11373-3

Julian Böhmer
Verdeckte Gewinnausschüttungen bei beherrschenden Gesellschaftern
Bd. 13, 2011, 408 S., 44,90 €, br., ISBN 978-3-643-11365-8

Tim Holthaus
Die Berücksichtigung von Bildungskosten im Einkommensteuerrecht
Eine einkommensteuersystematische und steuerverfassungsrechtliche Analyse unter besonderer Berücksichtigung des Bologna-Prozesses
Bd. 12, 2011, 368 S., 44,90 €, br., ISBN 978-3-643-11138-8

Jörg Stalleiken
Drittmittelforschung im Einkommen- und Körperschaftsteuerrecht
Unter besonderer Beachtung der Abgrenzung steuerbarer wirtschaftlicher Tätigkeiten von steuerfreier hoheitlicher Betätigung staatlicher Hochschulen
Bd. 11, 2010, 256 S., 34,90 €, br., ISBN 978-3-643-10595-0

Jürgen Müller
Die Beteiligung der Gemeinden an den Gemeinschaftsteuern
Bestand und Reform
Bd. 10, 2010, 232 S., 34,90 €, br., ISBN 978-3-643-10542-4

Carl-Christian Knobbe
Der Grundsatz der subjektiven Richtigkeit im Handels- und Steuerbilanzrecht
Bd. 9, 2009, 192 S., 34,90 €, br., ISBN 978-3-643-10317-8

Larissa Thole
Die Stiftung in Gründung
Bd. 8, 2009, 216 S., 34,90 €, br., ISBN 978-3-643-10075-7

Nadine Hopf
Das Verbot der doppelten Besteuerung bei Alterseinkünften
Eine verfassungsrechtliche Analyse im Kontext des Beitrags- und Leistungsgeflechts der Gesetzlichen Rentenversicherung
Bd. 7, 2009, 256 S., 44,90 €, br., ISBN 978-3-8258-1941-5

Christian Kühner
Die Steuerbefreiung der Berufsverbände
Anforderungen an Geschäftsführung und Satzung und analoge Anwendung der Gemeinnützigkeitsregeln
Bd. 6, 2009, 376 S., 54,90 €, br., ISBN 978-3-8258-1832-6

Robert Hintze
Indizien in der Finanzrechtsprechung
Bd. 5, 2008, 320 S., 44,90 €, br., ISBN 978-3-8258-1609-4

Katja Bidmon
Die Reform des Spruchverfahrens durch das SpruchG
Bd. 4, 2007, 288 S., 44,90 €, br., ISBN 978-3-8258-0066-6

LIT Verlag Berlin – Münster – Wien – Zürich – London
Auslieferung Deutschland / Österreich / Schweiz: siehe Impressumsseite

Lebenslauf

Ich wurde am 26. Februar 1989 geboren. Im März 2008 erlangte ich die allgemeine Hochschulreife.

Zum Sommersemester 2009 begann ich das Studium der Rechtswissenschaften an der Ruprecht-Karls-Universität Heidelberg. Ich belegte dort den Schwerpunktbereich Unternehmens- und Steuerrecht mit dem Teilbereich Steuerrecht. Diesen schloss ich im Juni 2013 mit der Universitätsprüfung im Rahmen der Ersten juristischen Prüfung in Baden-Württemberg ab. Die staatliche Pflichtfachprüfung im Rahmen der Ersten juristischen Prüfung in Baden-Württemberg legte ich schließlich im Juli 2014 ab.

Den juristischen Vorbereitungsdienst in Baden-Württemberg begann ich im Oktober 2014. Die Zweite juristische Staatsprüfung in Baden-Württemberg legte ich im Oktober 2016 ab.

Meine Promotionsstudien an der Rheinischen Friedrich-Wilhelms-Universität Bonn begann ich schließlich im Anschluss an meine Zeit als Rechtsreferendar im November 2016.

Seit dem 1. Januar 2017 arbeite ich bei der Sozietät Clifford Chance Deutschland LLP im Bereich Steuerrecht, zunächst als wissenschaftlicher Mitarbeit und seit dem 1. Dezember 2017 als Associate/Rechtsanwalt.

Ich bin verheiratet und habe zwei Söhne. Ich lebe mit meiner Familie in Frankfurt am Main.

Frankfurt am Main, September 2020   *Ruven Erchinger*